HAÏTI PRIORISE :
UN PLAN DE DÉVELOPPEMENT ALTERNATIF

HAÏTI PRIORISE : UN PLAN DE DÉVELOPPEMENT ALTERNATIF

OUVRAGE COLLECTIF SOUS LA DIRECTION DE

DR. BJORN LOMBORG
DR. NANCY DUBOSSE
DR. BRAD WONG

Copenhagen Consensus Center USA, Inc.

info@copenhagenconsensus.com
www.copenhagenconsensus.com

Cover design: rickszuecs.com, Rick Szuecs Design

Cet ouvrage a été produit dans le cadre du projet Haïti Priorise.

Le projet a été entrepris avec le soutien financier du gouvernement du Canada. Les opinions et interprétations contenues dans cet ouvrage sont celles des auteurs et ne reflètent pas nécessairement celles du gouvernement du Canada.

Canadä

ISBN: 978-1-940003-20-7

TABLE DES MATIÈRES

THÉMATIQUE : PAUVRETÉ ET ÉGALITE DE GENRE

THÉMATIQUE : ÉLECTRICITÉ ET ÉNERGIE

THÉMATIQUE : NUTRITION

THÉMATIQUE : SANTÉ

THÉMATIQUE : EAU ET ASSAINISSEMENT

THÉMATIQUE : AGRICULTURE ET DESASTRES NATURELS

THÉMATIQUE : INFRASTRUCTURES

THÉMATIQUE : SERVICES PUBLICS

INTRODUCTION

Dans un pays en voie de développement, consacrer des ressources publiques limitées à des problèmes illimités exige d'établir des priorités. Ce dilemme a poussé le Copenhagen Consensus Center à se pencher sur l'analyse coût-avantage comme cadre théorique afin de guider les allocations budgétaires. *Haïti Priorise,* nommé ainsi du fait de de sa nature participative, a eu pour objectif d'identifier les meilleures solutions aux défis de développement, de calculer les coûts et les avantages socio-économiques de chaque politique proposée et de classer ces propositions par ordre de pertinence et d'efficacité. Plus de sept cents idées ont été proposées par des experts locaux, portant sur une vingtaine de thématiques. Environ 80 idées prometteuses ont été retenues dans le but de déterminer leur rentabilité par rapport aux gourdes investies.

Les interventions à étudier ont été choisies sur la base de plusieurs critères. La *pertinence locale* : l'intervention répond-elle à la réalité haïtienne ? *L'intérêt international* : est-ce que l'intervention attire l'intérêt des partenaires internationaux du pays ? *La mesurabilité* : l'intervention a-t-elle des composantes qui sont mesurables ? *L'applicabilité* : est-ce que la mise en place de l'intervention peut être réalisée pendant une période de 5 ans ? *La capacité* : le gouvernement haïtien a-t-il les ressources (humaines, physiques, financières) pour la mettre en mouvement ? Le fait d'être *pilote* : est-ce que l'intervention fait ou faisait partie d'un programme pilote ou d'un programme en cours ? *L'effet multiplicateur* : l'intervention proposée a-t-elle des effets multiplicateurs dans d'autres secteurs ? Les interventions retenues ont répondu à la majorité des critères.

Par la suite, un panel d'éminents économistes, dont le lauréat du prix Nobel Vernon Smith, a épluché les rapports et s'est entretenu avec les chercheurs, dont la moitié sont haïtiens, sur la faisabilité des propositions et la fiabilité des données. Au final, nous comptons 40 chercheurs, autant d'experts sectoriels et réviseurs, environ 200 intervenants aux tables rondes, un conseil consultatif et, plusieurs ministères, organisations internationales, universités et organisations de la société civile comme participants actifs.

Le résultat : promotion des bonnes idées, campagne contre les mauvaises, un ensemble de rapports couvrant différents aspects de développement et engageant des perspectives variées. Les rapports, dans leur totalité, se trouvent en ligne sur le site web du Centre. Nous présentons ici un résumé de chaque rapport en mettant l'accent sur les particularités du contexte haïtien, la prépondérance des preuves résultant d'une revue de la littérature existante et l'identification des coûts et des avantages impliqués par la proposition.

Ce projet d'envergure a été conçu par le Copenhagen Consensus Center, un groupe de réflexion qui se consacre à la recherche des solutions les plus efficaces aux principaux problèmes mondiaux. L'objectif stratégique du Centre est de fournir aux décideurs et au public une expertise d'analyse coût-avantage, qui leur permet de prendre des décisions avisées et d'utiliser le plus efficacement des fonds. Avec la participation active d'éminents économistes à travers le monde, y compris des lauréats du prix Nobel, nos projets couvrent une grande variété de thèmes dont l'éducation, la nutrition, la santé, l'agriculture, l'eau et l'assainissement, le climat et beaucoup d'autres questions.

La méthodologie préconisée par le Centre se repose sur la théorie du « bien-être ».

Vu la capacité actuelle de production d'une entreprise et sa structure de coûts, serait-il profitable de produire une série supplémentaire considérant le prix du marché ? Du côté du consommateur, la décision d'acheter est un calcul entre le prix actuel du bien et l'utilité marginale (la somme qu'il acceptera de verser pour le bien en question). Les deux parties cherchent à optimiser leur bien-être. L'analyse marginale nous aide à déterminer le point idéal de production et de consommation.

Ceci est aussi utile pour les investissements publics. La connaissance du contrefactuel (la situation qui prédomine en absence de projet) est primordiale car les coûts et les avantages relatifs sont induits par le projet lui-même et pas par la situation actuelle. Il faut estimer les coûts et les avantages additionnels et les exprimer en terme monétaire pour pouvoir faire une comparaison. Ainsi, ces calculs nous donnent un moyen de comparer les propositions, quel que soit le sujet traité, et de faciliter les choix entre elles.

Identifier le contrefactuel a été le plus difficile. Les données statistiques sont parcellaires, non-informatisées, et n'ont pas d'assez de granularité pour tirer des conclusions quant à la population cible. Combien de personnes sont nées en 2015 ? Combien de parcelles de terre ont été vendues ? Quelle portion de pertes post-récolte est due à un manque de transport adéquat ? N'ayant aucune donnée précise, dans certains cas, il a fallu trouver des circonstances similaires dans un autre pays ou utiliser des études datées d'un certain temps.

Vu l'hétérogénéité de sa population, un gouvernement propose des programmes et projets, qui se présentent typiquement sous la forme de budget. Celui-ci est le point culminant d'une série de négociations exigeant certainement des compromis. Comment faire des choix de dépenses compte tenu de nombreux intérêts parfois divergents ? En supposant que l'objectif est l'optimisation d'utilité collective, les ressources publiques sont-elles affectées de manière à maximiser le bien-être général ?

C'est pourquoi le Centre préconise que les dépenses du gouvernement soient basées sur la rentabilité de la politique publique. Cette rentabilité est estimée par le ratio avantage-coût (RAC), qui démontre la relation entre les coûts identifiés pour le programme/projet et les avantages escomptés. Un RAC dépassant un (1) indique que l'intervention est rentable; moins de 1, l'intervention ne devrait pas être envisagée car les dépenses qu'elle engage ne seront pas récupérées. Cette méthodologie nous a permis de calculer les coûts et les avantages d'un assortiment de propositions. Ces calculs nous conduisent au RAC, qui sert de guide pour les prises de décisions en ce qui concerne les politiques publiques. Concrètement, le RAC représente la somme de gourdes que rapporterait l'intervention par rapport au coût d'investissement.

Beaucoup d'effort ont été fournis pour s'assurer que toutes les conséquences résultant de l'intervention soient identifiées. Pour y arriver, il a fallu prendre en considération tous les coûts : les coûts implicites, les coûts relatifs, ainsi que les coûts directs. Prenons, par exemple, la proposition d'étendre la scolarisation au primaire. Les frais scolaires ne couvrent pas le vrai coût de la prestation : il faut estimer les coûts des uniformes, de la formation des enseignants, du matériel didactique, du transport, de l'alimentation, etc... Offrir une prestation de qualité, selon les normes internationales, est coûteux. Dans le cas où le gouvernement voudrait aborder la question d'accès universel à l'éducation, il y a également le coût d'opportunité, la valeur de tout ce à quoi on a renoncé pour financer cet objectif.

Un coût évité est un avantage. Par exemple, on estime que la mise en place de l'intervention traitant de l'agrosylviculture (RAC 3,0) contribue à la baisse (4,2%) des morts dus à la malnutrition. Pour l'intervention sur l'informatisation du processus d'enregistrement des naissances (RAC 11), les calculs des avantages liés au coût de transport évité, à l'économie du temps et à la réduction des coûts pour le gouvernement s'élèvent à 9 millions USD.

Par contre, un avantage perdu est un coût. L'augmentation du salaire minimum des travailleurs domestiques (RAC 1,0) provoque un certain pourcentage de perte d'emploi, qui entraîne lui-même une diminution du pouvoir d'achat, une augmentation de la malnutrition et un plus grand nombre d'enfants qui ne vont pas à l'école. Ce coût se chiffre à 3,8 milliards de gourdes.

Les interventions ont été conceptualisées indépendamment et proviennent de différentes sources : le conseil consultatif composé des économistes locaux, les Objectifs de développement durable, les tables sectorielles et les ministères. Par conséquent, l'analyse s'est faite sans collaboration entre les chercheurs. Mais toutes les interventions présentées ici ont été élaborées en utilisant la même approche technique. D'ailleurs, les chercheurs ont utilisé une feuille de travail préformatée car certaines hypothèses ont été établies par le Centre : le taux de change, le taux de croissance économique et la taille de la population, entre autres.

Tous les coûts et les avantages ont été actualisés en utilisant des taux de 3%, 5% et 12%. L'objectif est de maximiser les valeurs actualisées nettes compte tenu du taux de préférence actuel, de l'incertitude liée au risque et du coût d'opportunité. Ceux-ci varient d'une intervention à l'autre, et nous avons fourni ce qui pourrait être assimilé à un menu pour les décideurs étatiques.

Pour certaines interventions, surtout celles traitant de la santé publique, de la nutrition et de l'eau et de l'assainissement, il fallait trouver un moyen de chiffrer les vies sauvées. La prolongation d'une vie est estimée en termes d'années de vie corrigées de l'incapacité (ACVI). Les ACVI se calculent en tenant compte du nombre d'années perdues pour cause de mortalité ou d'incapacité. Après l'intervention, ce sont des années de vie en bonne santé gagnées qui sont une mesure du gain. Pour évaluer cet avantage en terme monétaire, les années de vie en bonne santé gagnées par année furent multipliées par trois fois le PIB par habitant par année, ce qu'on appelle la valeur de vie statistique (VVS). Prenons comme illustration l'intervention traitant de la mortalité maternelle (RAC 11), à savoir un ensemble complet pour les soins de santé maternelle comprenant des soins prénataux, des soins qualifiés à la naissance, y compris la gestion des complications, et l'accès sécuritaire à l'avortement et les soins après l'avortement. Elle éviterait plus de 12 000 décès maternels et près de 74 000 décès de nouveau-nés sur la période étudiée (2018-2036), soit plus de 650 décès maternels et près de 3900 décès de nouveau-nés par an.

Le RAC est sensible aux fluctuations de certains paramètres socio-économiques. Par exemple, pour le rapport traitant de l'assainissement en milieu urbain (RAC 0,9), la longévité des latrines à fosse simple varie considérablement selon la taille de la famille. Le RAC tombe avec la fréquence d'utilisation. Un autre exemple peut être tiré du rapport traitant de la vaccination infantile (RAC 13). Les paramètres ayant le plus d'impact sur l'intervention sont le prix des vaccins et, par conséquence, le taux de change, les vaccins étant importés. Quand le prix des vaccins baisse, le RAC serait affecté positivement. Pour une variation à la baisse de 20% du taux de change, des avantages de 49,3 milliards de gourdes ont été enregistrés.

Haïti Priorise ne favorise aucune intervention particulière mais préconise que les RAC les plus hauts soient prioritaires pour le gouvernement haïtien, en tenant compte du retour élevé sur investissement. Ceci a été confirmé par le panel d'éminents économistes : parmi les dix premières interventions dans leur classement figurent celles ayant les plus grands RAC.

Le lecteur observera que l'intervention qui est en première position (réformer EDH, RAC 22) n'a pas le plus grand RAC (l'enrichissement de la farine de blé, RAC 24). Le Panel a classé les interventions, en prenant en considération les RAC mais également les argumentaires des chercheurs, ce qui démontre l'importance du contexte dans ce genre d'analyse. Il a été révélé que le manque d'infrastructure énergétique et physique est un défi colossal à la croissance économique. Quel que soit le domaine de l'intervention (commerce, santé, service publics, agriculture), le fait qu'il n'y ait pas d'infrastructure de base augmente considérablement les coûts de l'intervention et cela limite les avantages escomptés, certaines activités devenant infaisables, irréalisables.

Il y a des RAC qui retiennent l'attention. Ces interventions préconisées vivement par les experts locaux, pourraient être essentielles au développement mais n'ont pas des RAC élevés. Elles incluent l'assainissement amélioré en milieu urbain (RAC 1,0) ; l'expansion des programmes de microfinance (RAC 1,1) ; la production intensive de riz et le tarif de 20% sur les importations de riz (RAC 0,8) et l'augmentation des salaires du service public (RAC 1,0).

D'autres interventions étudiées se sont révélées être bénéfiques au-delà du problème ciblé. Celle traitant de la numérisation des archives foncières (RAC 2,6) dont les personnes empruntant au secteur financier informel comptent parmi les bénéficiaires. Ces personnes paient quatre fois plus en paiements d'intérêts que ceux empruntant au secteur formel. Ils jouiraient d'une réduction du taux d'intérêt découlant de la formalisation de leurs titres de propriété. Les avantages non actualisés s'élèveraient à 25,9 milliards de gourdes. Un autre exemple se trouve dans le rapport étudiant la construction de la route Gonaïves-Port de Paix (RAC 2,3). La finalisation des travaux de cette artère vitale, qui connecte le département du Nord-Ouest au reste du pays, amènera une réduction des pertes post-récolte évaluée à 15,3 milliards de gourdes sur une période de 25 ans.

D'une façon générale, le projet *Haïti Priorise* confirme les grands axes identifiés par le gouvernement haïtien comme secteurs prioritaires pour qu'Haïti soit considéré un pays émergent en 2030 :

- La décentralisation fiscale et administrative est incontournable (RAC 10). En outre, l'absence de l'état au niveau local et, par conséquence, le manque de régularisation de certains services publics (comme le vote électronique (RAC 10) et l'enregistrement des naissances (RAC 11) sont une véritable barrière au développement).
- L'énergie est un levier sur lequel toutes les autres interventions se reposent (RAC 22).
- Les interventions particulières et spécifiques (accès à la contraception, RAC 18 ; rétention des filles à l'école, RAC 4,4) sont nécessaires pour combler le fossé entre hommes et femmes. La preuve : ces dernières occupent encore les filières les moins rémunératrices, à savoir le secteur informel et celui des travailleurs domestiques.
- Il existe un lien étroit entre la sécurité alimentaire, l'agriculture et la nutrition. Toutes les propositions devraient prendre les trois en considération, ce qui nécessite une approche multidimensionnelle aux problèmes des importations d'aliments, de manque de productivité agricole et de malnutrition.
- Les investissements le plus rentables sont ceux ayant rapport à l'éducation et à la santé. Traduction : le développement des capitaux humains et leur épanouissement sont un aspect clé pour la cohésion sociale.

Bonne lecture.

AVANTAGES
SOCIAUX, ÉCONOMIQUES ET ENVIRONNEMENTAUX
POUR CHAQUE GOURDE DÉPENSÉE

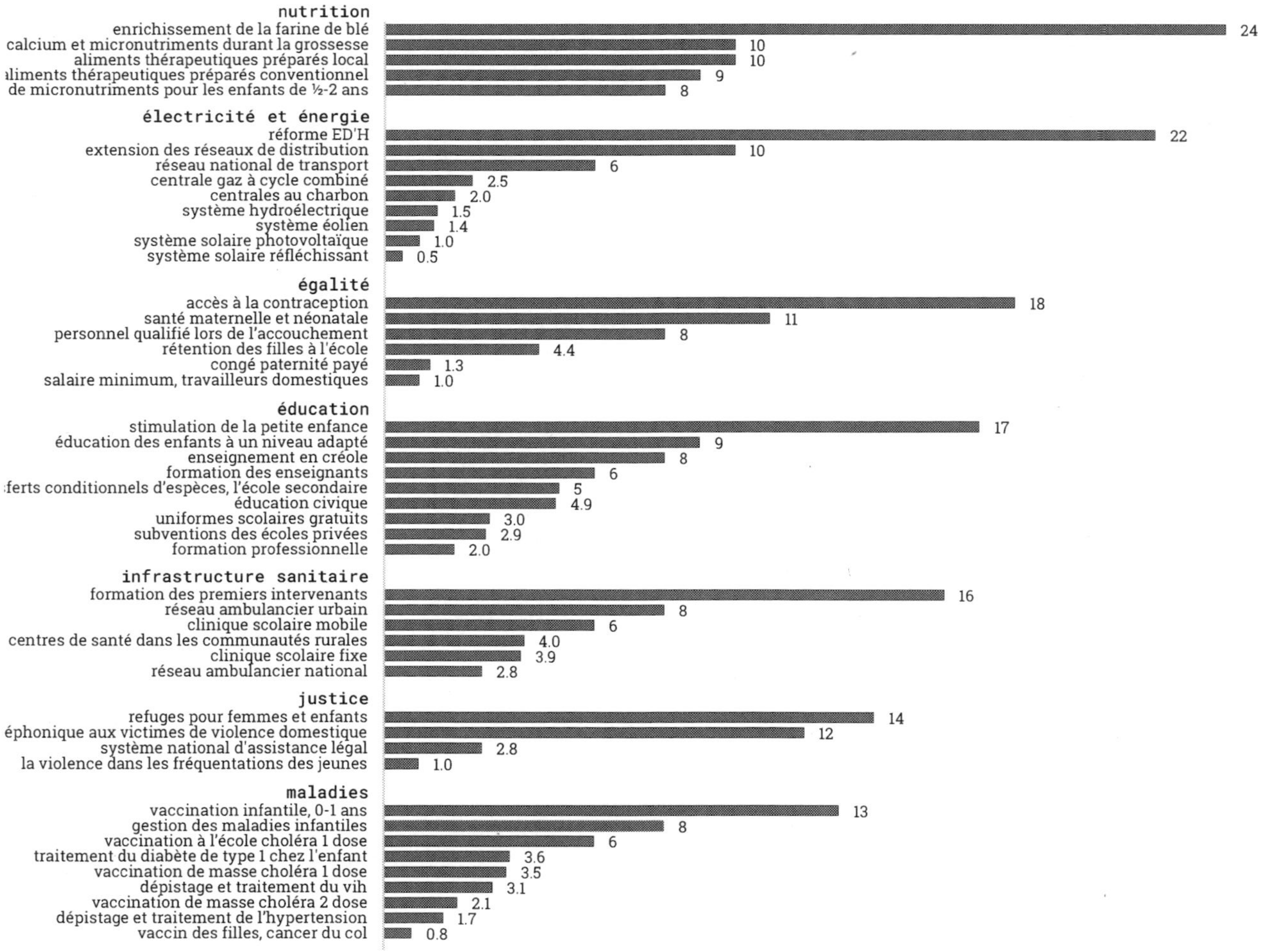

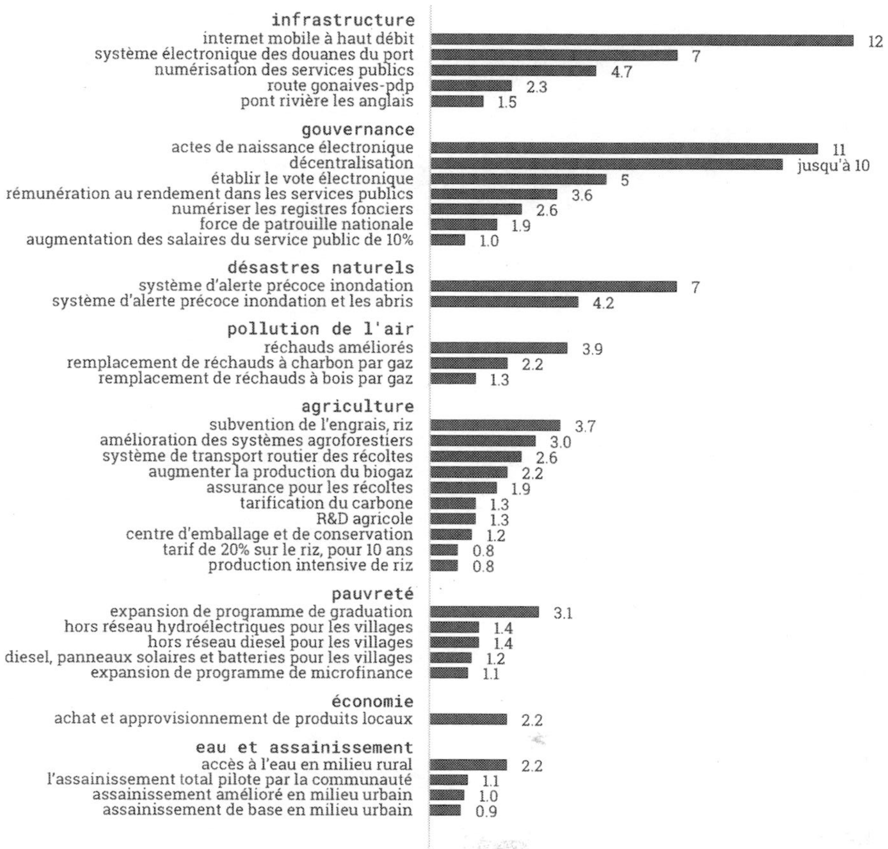

infrastructure
internet mobile à haut débit 12
système électronique des douanes du port 7
numérisation des services publics 4.7
route gonaives-pdp 2.3
pont rivière les anglais 1.5
gouvernance
actes de naissance électronique 11
décentralisation jusqu'à 10
établir le vote électronique 5
rémunération au rendement dans les services publics 3.6
numériser les registres fonciers 2.6
force de patrouille nationale 1.9
augmentation des salaires du service public de 10% 1.0
désastres naturels
système d'alerte précoce inondation 7
système d'alerte précoce inondation et les abris 4.2
pollution de l'air
réchauds améliorés 3.9
remplacement de réchauds à charbon par gaz 2.2
remplacement de réchauds à bois par gaz 1.3
agriculture
subvention de l'engrais, riz 3.7
amélioration des systèmes agroforestiers 3.0
système de transport routier des récoltes 2.6
augmenter la production du biogaz 2.2
assurance pour les récoltes 1.9
tarification du carbone 1.3
R&D agricole 1.3
centre d'emballage et de conservation 1.2
tarif de 20% sur le riz, pour 10 ans 0.8
production intensive de riz 0.8
pauvreté
expansion de programme de graduation 3.1
hors réseau hydroélectriques pour les villages 1.4
hors réseau diesel pour les villages 1.4
diesel, panneaux solaires et batteries pour les villages 1.2
expansion de programme de microfinance 1.1
économie
achat et approvisionnement de produits locaux 2.2
eau et assainissement
accès à l'eau en milieu rural 2.2
l'assainissement total pilote par la communauté 1.1
assainissement amélioré en milieu urbain 1.0
assainissement de base en milieu urbain 0.9

Classement des interventions par le comité d'éminents économistes[1]

1. Réformer EDH*
2. Enrichissement de la farine de blé
3. Stimulation de la petite enfance
4. Formation des premiers intervenants
5. Vaccination infantile, 0-1 ans
6. Santé maternelle et néonatale
7. Accès à la contraception
8. Personnel qualifié lors de l'accouchement
9. Expansion de l'Internet mobile haut débit
10. Système électronique pour les douanes portuaires
11. Actes de naissance électroniques
12. Calcium et micronutriments durant la grossesse
13. Poudre de micronutriments pour les enfants de ½-2 ans
14. Rétention des filles à l'école
15. Aliments thérapeutiques prêt à l'emploi intrants locaux
16. Éducation des enfants à un niveau adapté
17. Aliments thérapeutiques prêt à l'emploi conventionnels
18. Décentralisation
19. Extension des réseaux de distribution d'électricité
20. Numérisation des services publics
21. Refuges pour femmes et enfants
22. Réseau national de transport d'électricité
23. Formation des enseignants
24. Gestion des maladies infantiles
25. Système d'alerte précoce inondation
26. Vaccination à l'école contre le choléra à 1 dose
27. Transferts conditionnels de fonds de l'école secondaire
28. Clinique scolaire mobile
29. Centres de santé dans les communautés rurales
30. Système d'alerte précoce inondation et abris
31. Accès à l'eau en milieu rural
32. Formation professionnelle
33. Amélioration des systèmes agroforestiers
34. Vaccination de masse contre le choléra à 1 dose
35. Numérisation des registres fonciers
36. Assainissement total piloté par la communauté
37. Rémunération au rendement dans les services publics
38. Traitement du diabète de type 1 chez l'enfant
39. Réseau ambulancier urbain
40. Expansion de programme de graduation
41. Route Gonaïves-Port de Paix
42. Établir le vote électronique
43. Système de transport routier des récoltes
44. Subventions des écoles privées
45. Dépistage et traitement du VIH
46. Centrale au gaz à cycle combiné
47. Vaccination de masse contre le choléra à 2 doses
48. Réchauds améliorés
49. Éducation civique
50. Clinique scolaire fixe
51. Enseignement en créole
52. Système national d'assistance légale
53. Augmenter la production du biogaz
54. Réseau ambulancier national
55. Centrales au charbon
56. Force de patrouille nationale
57. Uniformes scolaires gratuits
58. Hors réseau hydroélectriques pour les villages
59. Dépistage et traitement de l'hypertension

1 Ketleen Florestal, membre du Comité d'éminents économistes, s'est absentée du classement des propositions traitant du secteur énergétique afin d'éviter la possibilité de conflits d'intérêt

60. Hors réseau diesel pour les villages
61. Système hydroélectrique
62. Expansion des programmes de micro-finance
63. Système éolien
64. Assurance pour les récoltes
65. Remplacement des réchauds à charbon par gaz
66. Centre d'emballage et de conservation
67. Assistance téléphonique aux victimes de violence domestique
68. Subvention de l'engrais, riz
69. Assainissement amélioré en milieu urbain
70. Système solaire photovoltaïque
71. Pont rivière Les Anglais
72. Achat et approvisionnement de produits locaux
73. R&D agricole
74. Assainissement de base en milieu urbain
75. Diesel, panneaux solaires et batteries pour les villages
76. Production intensive de riz
77. Remplacement des réchauds à bois par gaz
78. La violence dans les fréquentations des jeunes
79. Système solaire réfléchissant
80. Vaccin des filles, cancer du col
81. Tarification du carbone
82. Tarif de 20% sur le riz, pour 10 ans
83. Augmentation des salaires du service public de 10%
84. Salaire minimum, travailleurs domestiques**
85. Congé paternité payé

Le Comité d'éminents économistes considère et priorise des propositions spécifiques pouvant répondre aux défis identifiés. Ce qui est diffère de l'ordre de priorité des défis auxquels fait face Haïti. Un mauvais classement d'une proposition ne signifie pas que le problème soulevé est sans importance ou moins important.

Le classement de certaines propositions y compris le système national d'assistance légale, l'assistance aux victimes de violence domestiques et la numérisation de services publics, ont un mauvais classement du fait que les propositions n'avaient pas soulevées les préoccupations et les aspects importants des problématiques abordées de manière adéquate.

Le Comité d'éminents économistes souhaite spécialement souligner l'importance de résoudre le problème de la violence domestique, les lacunes dans le système juridique et l'importance d'améliorer la prestation de services publics.

Préoccupé par la violence domestique, le Comité voudrait souligner l'effet bénéfique que pourraient avoir les propositions ayant un meilleur classement sur la résolution de ce problème, tel que l'autonomisation financière des filles et des femmes. Ces considérations ont été prises en compte.

Le Comité voudrait également souligner l'importance de l'augmentation des salaires, en particulier chez les femmes, ainsi que l'enregistrement des naissances et la fourniture des pièces d'identité. Il recommande d'étudier un large éventail de mesures, y compris des améliorations au système existant, et que l'enregistrement électronique des naissances ne soit pas considéré de manière isolée.

Il faut accorder beaucoup d'attention aux structures institutionnelles et financières en ce qui concerne la mise-en-œuvre de ces propositions, comme celle de l'établissement d'un système de transport routier pour réduire les pertes post-récoltes.

En classant les priorités, le Comité a pris en compte les points forts et les faiblesses des propositions étudiées et a accordé de l'importance à la fois aux conditions préalables institutionnelles pour la mise en œuvre de ces interventions et aux aspects éthiques et/ou humanitaires.

Les réactions des membres du Comité

Madame Ketleen Florestal

Rank	Liste du comité	RAC	Rank	Liste de Ketleen Florestal	RAC
1	Réformer EDH	22	1	Formation des premiers intervenants	16
2	Enrichissement de la farine de blé	24	2	Poudre de micronutriments pour les enfants de ½-2 ans	8
3	Stimulation de la petite enfance	17	3	Enrichissement de la farine de blé	24
4	Formation des premiers intervenants	16	4	Stimulation de la petite enfance	17
5	Vaccination infantile, 0-1 ans	13	5	Formation des enseignants	6
6	Santé maternelle et néonatale	11	6	Expansion de l'Internet mobile haut débit	12
7	Accès à la contraception	18	7	Système électronique pour les douanes portuaires	7
8	Personnel qualifié lors de l'accouchement	8	8	Route Gonaïves-Port de Paix	2,3
9	Expansion de l'Internet mobile haut débit	12	9	Accès à la contraception	18
10	Système électronique pour les douanes portuaires	7	10	Personnel qualifié lors de l'accouchement	8
11	Actes de naissance électroniques	11	11	Santé maternelle et néonatale	11
12	Calcium et micronutriments durant la grossesse	10	12	Vaccination infantile, 0-1 ans	13
13	Poudre de micronutriments pour les enfants de ½-2 ans	8	13	Calcium et micronutriments durant la grossesse	10
14	Rétention des filles à l'école	4,4	14	Vaccination de masse contre le choléra à 1 dose	3,5
15	Aliments thérapeutiques prêt à l'emploi intrants locaux	10	15	Accès à l'eau en milieu rural	2,2
16	Éducation des enfants à un niveau adapté	9	16	Assainissement total piloté par la communauté	1,1
17	Aliments thérapeutiques prêt à l'emploi conventionnels	9	17	Refuges pour femmes et enfants	14
18	Décentralisation	10	18	Vaccination à l'école contre le choléra à 1 dose	6
19	Extension des réseaux de distribution d'électricité	10	19	Aliments thérapeutiques prêt à l'emploi intrants locaux	10
20	Numérisation des services publics	4,7	20	Gestion des maladies infantiles	8

RAC : ratio avantage-coût

La hiérarchisation des suggestions en termes de politiques fut un exercice très difficile, car les quatre membres du groupe d'experts ont été invités à classer 85 solutions proposées, touchant toutes des priorités urgentes. Ces solutions ont été évaluées à l'aide de l'analyse coût-avantage, et les rapports qui en découlent sont partagés avec les membres du groupe d'experts. Chaque membre a ensuite entrepris une évaluation des projets pour arriver à son propre classement des solutions proposées. Ces classements ont été affinés au cours de trois jours de présentations et de discussions avec les chercheurs. La médiane du classement individuel final des quatre membres du groupe d'experts a permis de constituer une liste collective de priorités.

Les résultats de l'analyse coût-avantage, en parallèle avec les documents détaillés des chercheurs et les réponses verbales aux questions du groupe, ont été utiles pour identifier les solutions les plus urgentes et potentiellement efficaces parmi l'ensemble d'excellentes idées proposées. Une grande partie des 20 meilleures solutions sélectionnées par le groupe d'experts présentaient des RAC à deux chiffres. Celles-ci faisaient aussi partie des huit premiers groupes parmi 15 groupes autour desquels ont été organisées les suggestions. En outre, la plupart des solutions retenues présentent le classement le plus élevé dans leurs groupes sectoriels. Ma propre liste des 20 meilleures solutions suit un modèle similaire et inclus plus de la moitié des priorités de la liste collective.

Dans le cadre de ma propre délibération des documents et des initiatives, j'ai également pris en considération les éléments suivants pour réaliser mon classement.

1. La clarté, l'exhaustivité et la rigueur de la recherche, en portant une attention particulière sur les hypothèses afin de déterminer s'il existe des aspects des coûts ou des avantages qui n'ont pas été inclus dans l'analyse, ou qui n'ont peut-être pas été correctement « mesurés ».
2. L'ampleur de l'impact anticipé sur le problème identifié, sur la pauvreté et le bien-être, et l'importance générale du sujet dans ce qui pourrait être la très longue liste des priorités nationales, en fonction de l'expérience professionnelle passée et actuelle.
3. Les effets externes positifs et négatifs potentiels ainsi que les effets potentiels des normes et des pratiques culturelles sur la faisabilité de la mise en œuvre de ces propositions et l'impact sur les équilibres macroéconomiques, tels que la balance des paiements.

Conformément à cette liste collective, les propositions qui visaient à résoudre les problèmes de nutrition, de santé et d'infrastructure sanitaire et, dans une certaine mesure, l'éducation faisaient partie de mes 20 priorités. Ces mesures étaient suivies de la préoccupation pour l'égalité entre les sexes, y compris une intervention considérée comme faisant partie du « domaine de la justice » dans l'analyse coût-avantage: offrir des abris aux femmes et aux enfants. Selon moi, le classement élevé des projets d'infrastructure tels que le haut débit mobile et le système de port électronique personnalisé, dans le classement du groupe d'experts, comme dans mon propre classement, signale la nécessité de promouvoir également la croissance et le développement tout en traitant les questions sociales.

M'étant personnellement retiré des délibérations sur l'énergie (et j'ai demandé que mon témoignage soit inscrit), les réformes de la société d'électricité publique (EDH) ne sont pas incluses dans ma liste des 20 meilleures solutions. Cependant, il est important de souligner que je reconnais les réformes dans le secteur de l'énergie comme essentielles au développement, même si tous les intervenants/parties prenantes ne sont pas nécessairement en accord sur la voie à suivre.

Il est également important de tenir compte de mon ajout de la route allant de Port-au-Prince à Gonaïves comme faisant partie des 20 meilleures solutions. Bien que cette proposition n'ait recueilli qu'un RAC de 2,3, je crois qu'il s'agit d'un exemple de solution pour lequel les avantages ont été sous-évalués. Mon évaluation positive a été renforcée par les arguments forts des jeunes au cours de leurs délibérations et leur mention de la route de Gonaïves à Port-au-Prince dans la liste des 10 meilleures solutions.

Enfin, je dois mettre en avant un problème lié à deux domaines thématiques qui m'ont conduit, ainsi que mes collègues d'Haïti, à insister sur l'ajout d'une clarification. Ces domaines étaient ceux de la ***violence conjugale*** et des ***salaires des travailleurs domestiques***. Au regard de ces mesures, nous avons insisté sur le fait que notre classement de propositions reflétait simplement le fait que les analyses ne présentaient pas de cas convaincants pour les initiatives spécifiques comme étant les initiatives adéquates pour atténuer les problèmes identifiés, et non le niveau d'importance de ces mesures. En effet, je reste convaincu que ces deux domaines nécessitent une intervention urgente et efficace.

Monsieur Raymond Magloire

Rank	Liste du comité	RAC	Rank	Liste de Raymond Magloire	RAC
1	Réformer EDH	22	1	Réformer EDH	22
2	Enrichissement de la farine de blé	24	2	Enrichissement de la farine de blé	24
3	Stimulation de la petite enfance	17	3	Stimulation de la petite enfance	17
4	Formation des premiers intervenants	16	4	Personnel qualifié lors de l'accouchement	8
5	Vaccination infantile, 0-1 ans	13	5	Santé maternelle et néonatale	11
6	Santé maternelle et néonatale	11	6	Accès à la contraception	18
7	Accès à la contraception	18	7	Force de patrouille nationale	1,9
8	Personnel qualifié lors de l'accouchement	8	8	Vaccination infantile, 0-1 ans	13
9	Expansion de l'Internet mobile haut débit	12	9	Rétention des filles à l'école	4,4
10	Système électronique pour les douanes portuaires	7	10	Accès à l'eau en milieu rural	2,2
11	Actes de naissance électroniques	11	11	Établir le vote électronique	5
12	Calcium et micronutriments durant la grossesse	10	12	Formation des premiers intervenants	16
13	Poudre de micronutriments pour les enfants de ½-2 ans	8	13	Refuges pour femmes et enfants	14
14	Rétention des filles à l'école	4,4	14	Calcium et micronutriments durant la grossesse	10
15	Aliments thérapeutiques prêt à l'emploi intrants locaux	10	15	Poudre de micronutriments pour les enfants de ½-2 ans	8
16	Education des enfants à un niveau adapté	9	16	Assistance téléphonique aux victimes de violence domestique	12
17	Aliments thérapeutiques prêt à l'emploi conventionnels	9	17	L'assainissement total piloté par la communauté	1,1
18	Décentralisation	10	18	La violence dans les fréquentations des jeunes	1
19	Extension des réseaux de distribution d'électricité	10	19	Décentralisation	10
20	Numérisation des services publics	4,7	20	Aliments thérapeutiques prêt à l'emploi conventionnels	9

RAC : ratio avantage-coût

Mon propre classement des interventions étudiées est étroitement aligné avec celui du comité. Parmi les dix premières, nous en partageons sept. J'aimerais limiter mes remarques aux deux interventions qui sont parmi celles que j'ai identifiées comme prioritaires mais qui ne se trouvent pas parmi les dix premières du groupe : la rétention des jeunes filles à l'école et l'accès à l'eau, les deux se concentrent sur la privation de services que connaissent les citoyens haïtiens en milieu rural.

Rétention des jeunes filles à l'école en milieu rural

l'intervention en question vise au maintien de jeunes filles à l'école au niveau du secondaire, dans des établissements privés, dans les zones rurales en Haïti. Elle prévoit l'octroi de bourses d'étude de quatre ans (frais de scolarité, matériel scolaire, uniformes, repas) aux élèves ayant bouclé le troisième cycle fondamental, soit la neuvième année de scolarité, afin de leur permettre de terminer pendant quatre ans leurs études secondaires.

L'analyse coût-avantage de cette proposition permet de calculer que pour chaque gourde investie il y aurait un important retour de 4,4 gourdes en termes économiques et sociaux, ce qui lui vaut de figurer à la $14^{\text{ème}}$ place dans l'échelle des 85 solutions examinées dans le cadre du projet Haïti Priorise. Dans notre appréciation de l'ensemble des 85 solutions envisagées, la rétention des filles fait l'objet d'une forte revalorisation et remonte en $9^{\text{ème}}$ position dans mon classement, $14^{\text{ème}}$ du groupe.

Du côté des investissements, sont considérés comme coûts directs dans la proposition le montant des bourses et les frais de gestion d'un fonds de subvention. Sont pris en compte comme coûts indirects, les frais de préparation et de vulgarisation et également les coûts d'opportunité (manque à gagner) pour les bénéficiaires.

Cette analyse relativement limitée des coûts implique certainement une sous-estimation dans la mesure où certains débours requis ou probables n'y sont pas inclus.

En effet, il est difficile d'envisager la mise en œuvre d'un tel projet, avec de bonnes chances de réussite, sans l'amélioration de la faible qualité de l'enseignement rural et notamment du niveau de formation des maîtres. Comme autre option, il s'agirait de relever sensiblement les salaires offerts dans les écoles rurales dans le but d'attirer des maîtres plus qualifiés augmentant ainsi les coûts d'exploitation et, par ricochet, les frais de scolarité. Dans les deux cas, des montants plus élevés de subvention seraient à considérer.

En outre, il est superflu de mentionner l'état de délabrement ou d'inadéquation des infrastructures scolaires en milieu rural (immeubles, équipements matériel et mobilier), dont la mise en forme, même sur une échelle minimale, serait éventuellement requise dans l'accomplissement des objectifs du projet. Cela contribuerait également à renchérir les coûts indirects et à gonfler les subventions requises.

Par contre, nombre de bénéfices découlant potentiellement de la rétention des jeunes filles au secondaire en milieu rural n'ont pas été retenus dans l'étude de la proposition. Dans certains cas parce qu'ils sont difficilement mesurables en raison du manque de données et dans d'autres parce qu'ils sont de nature globale et presque impossible à définir comme variables individuelles.

Par ailleurs, l'initiative en question est susceptible de générer des retombées à très long terme, voir même de nature intergénérationnelle. Leur exclusion de l'analyse coût-avantage est aussi justifiée par le fait que leur impact serait insignifiant dû au processus d'actualisation des valeurs qui se situent très loin dans le temps.

En ce qui concerne les avantages quantifiés spécifiquement dans l'analyse du projet, ils comprennent la capacité d'obtenir des meilleurs salaires et divers gains en matière de santé sous forme de réductions de la mortalité infantile et de l'incidence du VIH-SIDA et, aussi, moyennant la diminution des retards de croissance des enfants, de la grossesse précoce et de l'insuffisance pondérale à la naissance.

Il convient de souligner que les avantages salariaux d'un niveau plus élevé d'éducation sont plutôt problématiques en Haïti à court et peut-être même à moyen terme. Ceci est dû à la morosité économique qui sévit dans le pays depuis des lustres. Il en est de même de la présence de divers d'obstacles à la croissance d'ordre structurel.

En réalité, la grande majorité des étudiants ayant terminé le cycle secondaire ne trouve pas d'emploi et le petit nombre de ceux qui ont pu accéder au niveau universitaire non plus. A long terme cependant avec le desserrement des entraves et un processus de relance, la forte relation qui se vérifie internationalement entre niveau de formation et niveau de salaire pourra se concrétiser dans le pays.

Par rapport aux bénéfices liés à une meilleure santé, outre l'évitement du VIH-SIDA, la prévention, le contrôle et le traitement d'autres maladies endémiques ne dépendent pas de mesures techniques lourdes mais surtout de l'accès à une information appropriée et à son utilisation. On peut citer le choléra, la malaria et d'autres affections tropicales. Il ne fait aucun doute que l'intervention contemplée en augmentant le niveau d'éducation engendrera des résultats positifs dans ces domaines.

Bien plus importants, quoiqu'échappant à toute tentative d'évaluation chiffrée, sont les nombreux effets de nature globale, diffuse ou lointaine qui sont susceptibles d'être générés par le renforcement de l'éducation des jeunes filles en zone rurale. Il se pourrait que leur valeur éventuelle excède celle des bénéfices calculés.

Il s'agit tout d'abord, au niveau du traitement des genres, de l'égalité des sexes dans les champs de l'éducation et plus précisément du cycle critique de l'enseignement secondaire. Il s'agit encore de fournir des chances égales d'accès à la formation au niveau supérieure et à l'emploi aux deux sexes. Ces deux objectifs d'importance capitale, par rapport au redressement du statut d'infériorité traditionnelle de la femme par rapport à l'homme en Haïti, occupent un rang prioritaire.

Au plan régional, il représente un moyen de contribuer à lisser les différences entre villes et campagnes, entre résidents des zones urbaines et habitants des zones rurales qui ont pollué la vision des responsables du pays et leurs décisions depuis sa naissance, généralement au détriment des ruraux.

Etant donné le caractère matriarcal de la société haïtienne, en favorisant l'achèvement des études secondaires par les jeunes filles, on facilite aussi indirectement dans la longue durée, par voie de transmission de connaissances, de comportements et de valeurs, l'accès de leurs enfants à l'éducation, la santé et l'emploi.

La proposition de rétention des filles à l'école secondaire en milieu rural sera non seulement avantageuse pour les bénéficiaires directs, mais est en outre susceptible d'avoir un effet multiplicateur et de produire nombre de retombées sur leur environnement et la société en général, en matière de promotion des droits de l'homme ainsi que des valeurs citoyennes.

Il est mentionné dans l'étude du projet que plusieurs économistes considèrent que cette intervention constitue un des investissements les plus rentables dans les pays en voie de développement. Je partage entièrement cette opinion dans le cas d'Haïti.

Accès A L'eau En Millieu Rural

Près de la moitié de la population rurale haïtienne n'a pas accès à l'eau potable, un besoin humain fondamental. Il existe partiellement dans les campagnes un réseau de canalisations publiques muni de points d'eau équipés de pompes manuelles, lequel est en grande partie non fonctionnel. Les habitants des zones rurales s'approvisionnent en eau à partir de sources non protégées, de rivières et de mares, parfois éloignées et souvent en partage avec des animaux.

En outre, le transport par portage humain implique des pertes de temps et des efforts physiques importants. L'utilisation d'eau contaminée est à l'origine de nombreuses maladies, notamment la diarrhée, la typhoïde, le choléra et aussi la méningite et les hépatites.

La présente intervention vise à doter individuellement les communautés rurales de puits de forage et de pompes manuelles capables de desservir environ 60 ménages avec une gestion communales destinée à en assurer l'opération et l'entretien. Le RAC de ce projet qui s'élève à 2,2 ; soit un retour de 2,20 gourdes pour un débours de 1,00 gourde, est relativement faible. De ce fait, il occupe le 31ème rang parmi les 85 propositions analysées dans le cadre d'Haïti Priorise. Dans mon propre reclassement, il a été jugé approprié de lui accorder une plus grande priorité et de le replacer en 10ème position.

Les estimations des coûts d'investissements présentés dans l'étude de faisabilité reposent sur une base solide de données dérivée d'une longue expérience accumulée en Haïti et dans d'autres pays. Il n'y a pas donc pas lieu de questionner leur validité. Cependant, on observe la présence de nombreux puits de forage abandonnés munies de pompes inopérantes.

Il serait donc souhaitable d'examiner la suffisance des montants prévus pour la mise en place des organes de gestion communautaire (organisation de comités et formation des membres) ainsi que leur fonctionnement (frais de gestion et d'entretien). Ce qui, à notre avis, aurait peu de chance de conduire à des ajustements susceptibles de modifier de manière significative les aspects de rentabilité.

En ce qui concerne les avantages du projet, les bienfaits économiques de la réduction de la mortalité et de la morbidité causés par la diarrhée, calculée en termes d'AVCI, constitue le seul indicateur retenu en matière de bénéfices santé. Il est en effet reconnu que les affections diarrhéiques sont responsables de risques substantiels de mortalité et de morbidité dans le pays. Parmi les maladies hydriques, elle est celle pour laquelle on dispose de données relativement fiables.

Toutefois, depuis l'introduction du choléra par les forces des Nations Unies en octobre 2010, une véritable épidémie s'est abattue sur le pays qui a fait près de dix mille morts jusqu'à ce jour. Malgré une réduction du taux de pertes grâce aux efforts combinés des autorités haïtiennes et de la communauté internationale, on observe une recrudescence pendant les saisons des grandes pluies. Malheureusement, peu de données sûres sont disponibles sur l'incidence et l'évolution de cette maladie.

La prise en compte de l'impact de l'approvisionnement en eau potable des communautés rurales à partir de puits de forage et de pompes manuelles sur le contrôle de l'incidence du choléra ne manquerait pas de générer des bénéfices additionnels, améliorant ainsi la rentabilité du projet et son classement parmi les propositions retenues par Haïti Priorise. Il en serait de même pour l'incorporation à l'analyse des avantages santé liés à d'autres maladies hydriques citées au début de ce texte.

L'autre bénéfice signalé comme résultat de ce projet concerne les économies de temps liées à l'élimination des déplacements journaliers pour la collecte d'eau. Il s'agit d'un principe valable car le temps ainsi rendu disponible est utilisable pour d'autres travaux (ou pour des loisirs) et peut être valorisé. Toutefois, ce calcul économique ne tient pas compte de la pénibilité de l'effort évité, facteur qui serait en mesure du justifier une valorisation encore plus élevée du bénéfice en question.

De plus grande importance, les tâches de collecte et de transport d'eau sont presque toujours confiées à des femmes ou des enfants, pour des motifs économiques ou par tradition. En conséquence, l'élimination des tâches en question correspond à certaines valeurs humaines ou sociales, lesquelles même si elles ne sont pas capables d'être monétarisées ne sont pas pour le moins réelles.

En dernier lieu, est inclus comme avantage dans la proposition, l'amélioration de la qualité de vie des communautés rurales provenant d'une consommation accrue d'eau pour satisfaire leurs besoins physiologiques, hygiéniques et d'autres usages domestiques. Les calculs de cet avantage basés sur le volume d'eau additionnel consommé par ménage et par mois ne sont pas très explicites quant à leurs fondements techniques mais il s'agit d'une très faible composante des avantages totaux.

leçons qui peuvent être tirées de l'analyse de ce projet d'amélioration de l'accès des zones rurales à l'eau sont les suivantes.

En premier lieu, la rentabilité de l'intervention proposée concernant le forage de puits et l'installation de pompes manuelles serait sensiblement plus élevée que celle indiquée par l'étude de faisabilité (RAC 2,2), à cause de l'exclusion de certains avantages dus à la carence de données ou à des difficultés dans la détermination de leur valeur monétaire.

Par ailleurs, bien que l'accès des populations rurales à l'eau propre soit considérée comme un droit humain fondamental, il peut être pleinement justifié, comme souligné dans le document de projet, sur la base d'analyses coût-avantage.

Monsieur Kesner Pharel

Rank	Liste du comité	RAC	Rank	Liste de Kesner Pharel	RAC
1	Réformer EDH	22	1	Réformer EDH	**22**
2	Enrichissement de la farine de blé	24	2	Enrichissement de la farine de blé	**24**
3	Stimulation de la petite enfance	17	3	Formation des premiers intervenants	**16**
4	Formation des premiers intervenants	16	4	Vaccination infantile, 0-1 ans	**13**
5	Vaccination infantile, 0-1 ans	13	5	Expansion de l'Internet mobile haut débit	**12**
6	Santé maternelle et néonatale	11	6	Actes de naissance électroniques	**11**
7	Accès à la contraception	18	7	Extension des réseaux de distribution d'électricité	**10**
8	Personnel qualifié lors de l'accouchement	8	8	Décentralisation	**10**
9	Expansion de l'Internet mobile haut débit	12	9	Réseau national de transport d'électricité	**6**
10	Système électronique pour les douanes du port	7	10	Achat et approvisionnement de produits locaux	**2,2**
11	Actes de naissance électroniques	11	11	Numérisation des services publics	**4,7**
12	Calcium et micronutriments durant la grossesse	10	12	Système d'alerte précoce inondation	**7**
13	Poudre de micronutriments pour les enfants de ½-2 ans	8	13	Système d'alerte précoce inondation et abris	**4,2**
14	Rétention des filles à l'école	4,4	14	Accès à la contraception	**18**
15	Aliments thérapeutiques prêt à l'emploi intrants locaux	10	15	Stimulation de la petite enfance	**17**
16	Education des enfants à un niveau adapté	9	16	Santé maternelle et néonatale	**11**
17	Aliments thérapeutiques prêt à l'emploi conventionnels	9	17	Calcium et micronutriments durant la grossesse	**10**
18	Décentralisation	10	18	Education des enfants à un niveau adapté	**9**
19	Extension des réseaux de distribution d'électricité	10	19	Système électronique pour les douanes portuaires	**7**
20	Numérisation des services publics	4,7	20	Formation des enseignants	**6**

RAC : ratio avantage-coût

1. Réforme du service d'électricité

La mauvaise gestion du secteur de l'électricité, au cours des deux dernières décennies, a largement contribué à la détérioration de la situation socioéconomique en Haïti. En effet, aucun gouvernement n'a été capable de gérer les problèmes rencontrés dans le secteur de l'électricité, ce qui a grandement affecté l'économie haïtienne. Cela a mis une grande pression sur les finances publiques haïtiennes. Le ministère des Finances a fourni un soutien financier à l'entreprise publique, à hauteur de 200 millions de dollars par an, alors que seul 30% de la population haïtienne a accès à l'électricité moins de 12 heures par jour. Une diminution considérable des subventions dont bénéficie la compagnie électrique nationale Electricité d'Haïti faciliterait l'allocation de plus de fonds à des secteurs tels que l'éducation, la santé, l'environnement...

Les réformes structurelles devraient non seulement se concentrer sur l'augmentation de l'offre pour améliorer l'accès à l'électricité de plus de personnes, mais devraient également se faire aux niveaux juridique et institutionnel. Une nouvelle loi devrait être adoptée par le parlement afin de définir le rôle des différents acteurs (entreprises privées) qui ont émergé dans le secteur de l'énergie.

Ces réformes faciliteraient non seulement l'accès à l'électricité à davantage de personnes, mais pourraient améliorer la compétitivité de l'économie et conduire à une croissance économique durable. Le nouveau gouvernement devrait mettre en place une politique énergétique en tenant compte des énergies alternatives, plus propres pour l'environnement et plus durables. Le nouveau gouvernement devrait également envisager la création d'un pacte entre les différents acteurs (gouvernement, syndicat, producteurs privés et organisations de la société civile) afin de garantir la stabilisation du secteur de l'électricité. Une forte volonté politique est nécessaire pour relever les nombreux défis du secteur de l'énergie. En outre, les dirigeants politiques devraient avoir le courage de se concentrer sur les intérêts nationaux et laisser de côté les intérêts particuliers de certains groupes.

2. Enrichissement en micronutriments de la farine de blé

Le pays souffre d'un niveau élevé d'insécurité alimentaire qui touche particulièrement les femmes et les enfants. Les catastrophes naturelles qui ont frappé régulièrement Haïti au cours des dernières années, ont affecté considérablement le secteur agricole et aggravé l'insécurité alimentaire. Selon des enquêtes récentes menées par le Conseil National pour la Sécurité Alimentaire (CNSA), l'organisation officielle qui collecte des données sur l'insécurité alimentaire en Haïti, plus d'un million de personnes souffrent de ce problème.

Un tel projet permettrait de protéger les femmes enceintes et les jeunes enfants qui représentent un groupe très vulnérable de la population haïtienne. Cela pourrait aider à réduire le taux de mortalité infantile dans le pays qui a le taux le plus élevé de la région. Cela protégerait également les enfants haïtiens contre les handicaps permanents dont certains souffrent à cause de la malnutrition.

3. Formation de premiers intervenants

De nombreuses études internationales ont indiqué que les interventions d'urgence constituent un véritable défi pour les systèmes de santé dans les pays en développement. Les traumatismes représentent 16% de la charge de morbidité générale et les patients victimes de traumatismes sont six fois plus susceptibles de mourir dans les pays à faible revenu que dans les pays à revenu élevé. Les chercheurs ont déclaré que globalement, le nombre de décès médicalement évitables pourrait être divisé par deux en améliorant les mécanismes d'intervention d'urgence.

Le manque d'infrastructures convenables, l'insécurité routière, le mauvais accès aux soins de santé, etc.... sont considérés comme des facteurs de mortalité importants en Haïti. L'absence d'une politique de transport correcte a entraîné une augmentation de l'utilisation des motos comme moyen de transport, en particulier dans les zones urbaines. De nombreux accidents ont été enregistrés quotidiennement et contribuent aux pressions subies par les établissements médicaux.

4. Vaccination des enfants de 0 à 1 an

Haïti a le taux de mortalité infantile le plus élevé de la région des Caraïbes avec 59 décès pour 1 000 naissances vivantes. Le pays a également une très faible couverture vaccinale : 45 enfants sur 100 sont vaccinés. Pour améliorer la situation, les autorités sanitaires doivent investir dans plus d'établissements de santé et de personnel qualifié.

Ces investissements dans le système de santé auraient un impact positif sur la situation socioéconomique. Des études ont montré que chaque année de vie gagnée peut augmenter le PIB. En outre, une meilleure couverture vaccinale réduirait le temps de travail perdu par les parents lorsque leurs enfants sont malades, ce qui représente une perte de revenus considérable. La prévention des maladies infantiles pourrait avoir un impact positif sur la productivité des familles en permettant aux parents d'être plus disponibles au travail.

5. Développement du haut débit mobile

L'expansion d'Internet a créé de nombreuses opportunités pour les pays en développement aussi bien dans le secteur privé que dans le secteur public. Des études internationales ont trouvé une corrélation entre l'installation du haut débit et la croissance économique.

Haïti est confronté depuis longtemps au problème de la création d'entreprise, selon le classement réalisé par la Banque mondiale pour le projet Doing Business. En mettant en œuvre ce projet, le nombre de jours nécessaires pour créer une entreprise peut passer d'un nombre à trois chiffres à seulement 15 jours. Cela pourrait conduire à la formalisation des entreprises et augmenter la productivité et la croissance économique.

L'expansion du haut débit mobile pourrait également améliorer l'accès au financement qui constitue l'une des principales contraintes du développement économique en Haïti. L'étude a indiqué que l'accès au financement atteindrait les 7,4%, pour les petites et moyennes entreprises et stimulerait leur potentiel de 10% par an. Cela pourrait être considéré comme un outil important pour l'inclusion financière qui pourrait faciliter la lutte contre la pauvreté dans le secteur rural.

Haïti fait face à un autre grand défi en ce qui concerne l'enregistrement des titres de propriété. En réalité, le manque de titres de propriété et la résolution longue ou incertaine des litiges constituent des contraintes dans le domaine de la construction, en particulier dans le secteur du logement. L'étude estime que le nombre de jours nécessaires à l'enregistrement d'une transaction de propriété serait réduit à 14 jours contre plus de 300 jours actuellement.

Enfin, la numérisation des processus gouvernementaux par la formation de tous les agents de la fonction publique pourrait faciliter la mise en œuvre de la gouvernance électronique qui permettrait aux autorités nationales et locales d'améliorer les services publics dans de nombreuses zones reculées du territoire national.

6. Enregistrement électronique des actes de naissance

Haïti a été parmi les premiers pays des Caraïbes à être connectés à Internet dans les années 90. Cependant, le manque de vision des dirigeants politiques et économiques n'a pas favorisé l'adoption de politiques publiques et d'investissements pour faciliter un meilleur accès des services par la population.

Près de 30% des enfants de moins de 4 ans ne possèdent pas de certificat de naissance. Cela prive les enfants de leurs droits fondamentaux et risque de les condamner à l'exclusion. Étant donné que la majorité des mères haïtiennes accouchent chez elles, l'inscription d'un enfant peut être un processus long et fastidieux impliquant de multiples allers-retours dans les bureaux d'enregistrements. Plus de 340 000 jeunes enfants ne possèdent pas de certificat de naissance.

Pour résoudre ce problème, le gouvernement pourrait informatiser le processus d'enregistrement des naissances afin de fournir des certificats de naissance à tous les nouveau-nés et aux enfants jusqu'à l'âge de quatre ans. L'état civil a déjà entamé un processus de modernisation qui a abouti à la création de l'Office National d'Identification, dont la mission est d'identifier tous les Haïtiens dès leur naissance. Cette proposition pourrait affecter 2 millions d'enfants.

D'après l'étude, de nombreux avantages en découleraient et se poursuivraient tout au long de la vie des enfants : la numérisation permettrait de faire économiser du temps et des frais de transport aux demandeurs et de l'argent au gouvernement. Cela leur garantirait le droit à l'éducation et le droit de vote et leur permettrait d'accéder au système financier formel en tant qu'adultes.

7. Extension et mise à niveau du réseau de distribution

Avec moins de 20% de la population rurale ayant accès à l'électricité, les dirigeants haïtiens devraient chercher des solutions pour accroître la connexion sur l'ensemble du territoire. Le manque d'électricité en milieu rural entraîne une faible croissance économique, une faible création d'emplois et des niveaux élevés de pauvreté. Cela pousse les gens à se déplacer vers les villes, créant de grandes pressions dans les zones urbaines en ce qui concerne le logement et autres biens et services publics.

Le marché national de l'électricité est mal organisé, sans interconnexion. Le marché n'est pas bien réglementé par l'État, ce qui donne lieu à des défaillances du marché. La longue crise politique et économique que le pays a traversée au cours des dernières décennies a aggravé la situation dans le secteur de l'électricité. Cela a conduit à l'incapacité de la société d'État à couvrir les coûts financiers et à la nécessité d'importantes subventions déduites du budget national.

La mauvaise gestion de l'entreprise, l'environnement institutionnel fragile et le grand nombre de personnes vivant dans la pauvreté représentent les principaux facteurs du mauvais développement du secteur de l'électricité en Haïti. Ces problèmes ont réduit la capacité d'EDH à générer des fonds pour effectuer les investissements nécessaires afin de satisfaire la demande d'une population en perpétuelle croissance dans les zones urbaines.

Avec la mise en exécution de cette proposition, les vols ainsi que les coûts de la production d'électricité réduiront. Par conséquent, l'économie se développerait à un rythme plus élevé, ce qui pourrait conduire à la création d'emplois et à une réduction de la pauvreté.

8. Gouvernement décentralisé

Malgré de nombreux efforts réalisés par différents gouvernements au cours des dernières décennies, le pays est encore fortement centralisé et le pouvoir est concentré dans le gouvernement central. Cela encourage de nombreuses personnes à quitter leur département pour rejoindre la grande région métropolitaine de Port-au-Prince pour avoir plus de chances de trouver un emploi, ce qui entraîne une forte concentration de personnes dans le département de l'Ouest. Près de 40% de la population totale réside dans le département de l'Ouest, ce qui pose une grande difficulté aux gestionnaires municipaux dans l'aire métropolitaine pour fournir des services publics convenables aux communautés.

En donnant plus de pouvoir aux gouvernements municipaux et en assurant une meilleure gouvernance locale, les gens pourraient avoir accès à de meilleurs biens et services publics. Il y a un réel besoin de renforcer l'administration publique locale pour aider les maires élus à gérer les « communes ». L'étude recommande la création de conseils techniques au niveau municipal, la formation d'unités spéciales, et des allocations budgétaires pour ces unités.

L'étude indique que la décentralisation fiscale générerait plus de dépenses au niveau local et permettrait de réaliser des projets. L'autonomisation des populations locales rendrait les gens plus heureux et plus productifs et pourrait conduire à une croissance économique.

9. Réseau national de transport d'électricité

Haïti est classé dernier pays de la région Amérique latine et Caraïbes en ce qui concerne le nombre de personnes ayant accès à l'électricité. En effet, seulement 30% des Haïtiens sont connectés au réseau appartenant à la société d'Etat, Electricité d'Haïti (EDH). Un grand nombre de personnes vivant en milieu rural ne sont pas reliées au réseau national. Les coûts socioéconomiques sont donc très élevés pour les personnes tenues à l'écart du réseau.

Le réseau de transport national consiste à relier Port-au-Prince, Jacmel, Jérémie, Gonaïves, Cap-Haïtien, Môles Saint Nicolas, Fort-Liberté et la centrale de Péligre. Cela nécessiterait la construction d'environ 1 079 km de lignes électriques à haute tension reliant les principales villes du pays, l'extension de 12 sous-stations à travers le pays et la construction d'un centre national de contrôle de l'énergie.

Un tel investissement créerait un marché de l'électricité plus compétitif dont pourraient grandement bénéficier les entreprises privées en réduisant leurs coûts. Les personnes à faibles revenus des différents départements bénéficieraient également de l'intégration de sources d'énergie renouvelables plus propres, comme l'énergie solaire ou éolienne. Un meilleur accès à l'électricité, en particulier dans les zones rurales, ouvrirait la voie à de meilleurs services publics et réduire la pauvreté.

10. Approvisionnement en contenu local

Le manque d'avantage concurrentiel des entreprises locales a créé de grands coûts d'opportunité pour l'économie haïtienne. En effet, 70% de l'approvisionnement local est sous le contrôle d'entreprises étrangères, ne laissant que 30% pour les entreprises locales.

L'étude recommande l'adoption d'une mesure légale pour demander aux entreprises extérieures de sous-traiter 20% du contrat avec des entreprises locales, ce qui pourrait être bénéfique pour l'économie haïtienne avec plus d'argent dépensé localement et l'augmentation du nombre d'emplois dans de nombreuses communautés. Cela contribuerait également à un meilleur transfert de connaissances pour les entreprises locales.

Le processus d'approvisionnement haïtien est également affecté par la corruption générée par les institutions faibles. Par conséquent, une réforme importante de la gestion des finances publiques est nécessaire pour renforcer les institutions impliquées dans le processus d'approvisionnement.

Ce processus aussi appelé passation des marchés publics est affecté par des institutions faibles et un manque de coordination entre elles. Le « Conseil National des Marchés Publics » (CNMP) a besoin d'une plus grande autonomie de l'administration centrale. Les autorités financières devraient exercer une plus grande transparence en publiant tous les projets qui sont censés être réalisés avec le budget national au cours de l'exercice financier.

Les autorités au niveau municipal devraient être impliquées dans le processus afin de créer des opportunités pour les entreprises locales. La participation de ces entreprises au processus de passation des marchés publics créerait plus d'opportunités d'emploi dans les communautés locales et pourrait entraîner une croissance économique régionale.

Monsieur Vernon L. Smith

Rank	Liste du comité	RAC	Rank	Liste de Vernon Smith	RAC
1	Réformer EDH	22	1	Enrichissement de la farine de blé	24
2	Enrichissement de la farine de blé	24	2	Vaccination de masse contre le choléra à 2 doses	2.1
3	Stimulation de la petite enfance	17	3	Stimulation de la petite enfance	17
4	Formation des premiers intervenants	16	4	Actes de naissance électroniques	11
5	Vaccination infantile, 0-1 ans	13	5	Numérisation des services publics	4,7
6	Santé maternelle et néonatale	11	6	Système électronique pour les douanes portuaires	7
7	Accès à la contraception	18	7	Santé maternelle et néonatale	11
8	Personnel qualifié lors de l'accouchement	8	8	Vaccination infantile, 0-1 ans	13
9	Expansion de l'Internet mobile haut débit	12	9	Calcium et micronutriments durant la grossesse	10
10	Système électronique pour les douanes portuaires	7	10	Aliments thérapeutiques prêt à l'emploi intrants locaux	10
11	Actes de naissance électroniques	11	11	Rétention des filles à l'école	4,4
12	Calcium et micronutriments durant la grossesse	10	12	Aliments thérapeutiques prêt à l'emploi conventionnels	9
13	Poudre de micronutriments pour les enfants de ½-2 ans	8	13	Personnel qualifié lors de l'accouchement	8
14	Rétention des filles à l'école	4,4	14	Poudre de micronutriments pour les enfants de ½-2 ans	8
15	Aliments thérapeutiques prêt à l'emploi intrants locaux	10	15	Éducation des enfants à un niveau adapté	9
16	Éducation des enfants à un niveau adapté	9	16	Numérisation des registres fonciers	2,6
17	Aliments thérapeutiques prêt à l'emploi conventionnels	9	17	Transferts conditionnels de fonds de l'école secondaire	5
18	Décentralisation	10	18	Formation professionnelle	2
19	Extension des réseaux de distribution d'électricité	10	19	Formation des premiers intervenants	16
20	Numérisation des services publics	4,7	20	Expansion de l'Internet mobile haut débit	12

RAC: ratio avantage-coût

Mon travail pour Haïti est différent de ce que je faisais pour les programmes du Copenhagen Consensus. À l'époque, ma tâche consistait à avoir le meilleur retour sur investissement pour chaque dollar investi dans des projets dans le monde entier, de la santé à la production alimentaire en passant par l'eau, les nutriments et l'environnement ; tout cela en tenant compte des contraintes d'un budget qui impose d'établir des priorités.

Il est toujours nécessaire d'établir des priorités car les individus, les organisations, les gouvernements, ne peuvent pas tout faire et nous devons choisir. L'analyse coût-avantage (A/C) est un outil utile pour attirer l'attention sur les éléments les plus importants lorsque l'on étudie des activités soumises à des contraintes budgétaires susceptibles d'être favorisées. Cela permet en particulier de découvrir des programmes ayant un impact important avec un investissement relativement faible. Il est cependant essentiel que les experts fassent preuve d'un jugement pertinent pour ces analyses A/C en raison des interdépendances de regroupement, de l'ordre séquentiel et d'autres considérations qualitatives qui constituent une partie essentielle du processus de délibération. Cette différence entre Haïti et mes autres projets du Copenhagen Consensus est ce qui rend ce travail passionnant. La tâche est de relever les défis d'un pays où les projets doivent être organisés et conduire à une amélioration économique durable pour le pays.

L'histoire économique nous a appris que la caractéristique essentielle du succès est que celui-ci n'est possible que s'il vient de l'intérieur. Le développement économique occidental a été un processus d'amorçage qui a fusionné de nouvelles attitudes à l'égard de l'auto-développement et de la création d'opportunités dans les processus ascendants soutenus par un cadre de droits de propriété qui aligne les motivations de l'individu avec des opportunités de travail productives pour d'autres, bien au-delà de l'individu. Il n'y a eu aucune source d'aide extérieure pour aider ou faire obstacle à ce développement. La principale leçon à en tirer est que seuls les Haïtiens peuvent changer la tendance.

Ce défi est formidable, mais nous savons que cela doit être un effort venant de l'intérieur, fondé sur la liberté des individus et de leurs associations afin d'explorer et de développer de nouvelles opportunités commerciales pour produire et travailler.

Haïti peut prendre cette voie. La malédiction de l'aide étrangère est qu'elle se concentre sur la consommation et les transferts, plutôt que sur la production et les revenus qui soutiennent la consommation et développent sa capacité. L'aide étrangère peut aider à atteindre cet objectif uniquement si elle aide les gens à produire davantage pour eux-mêmes; autrement, l'aide peut faire plus de mal que de bien. Ce sera uniquement quand l'argent de l'aide aura augmenté les niveaux de santé et de productivité, les compétences, l'apprentissage et les nouvelles activités, que l'amélioration économique pourra se poursuivre.

Puisque notre modèle doit être basé sur le principe que seuls les Haïtiens peuvent être les acteurs du changement, du développement et d'un nouvel avenir, nous avons mis en place ce modèle dans nos protocoles d'étude et d'évaluation pour *Haïti Priorise* : le groupe d'experts, le comité consultatif et de nombreux documents ont fait l'objet de recherches par d'éminents économistes haïtiens identifiés plus loin dans ce rapport.

Pour chacune des solutions, j'aimerais demander : comment la proposition va-t-elle aider les Haïtiens à s'aider eux-mêmes ? Cela va-t-il favoriser la création de nouvelles entreprises ? Cela fait-il appel à des compétences et à des produits indigènes, ou cela les développe-t-il pour l'exportation ? Si cela aide à nourrir, à habiller et à loger des gens, ces produits sont-ils approvisionnés grâce à la croissance de l'industrie nationale ou *(et c'est tout aussi important), financés par une augmentation des exportations ?* Quels sont les obstacles actuels à la création de nouvelles entreprises ? Si cela était mon souhait, pourrais-je créer une nouvelle entreprise ? Devrais-je payer des taxes ? Pourquoi?

Classement des priorités

L'importance que j'accorde à l'objectif d'aider les Haïtiens à s'aider eux-mêmes économiquement conduit naturellement à une discussion sur les priorités pour Haïti que l'on peut classer en quatre catégories : les droits de propriété ; les opportunités commerciales pour les Haïtiens ; la nutrition et la santé ; la formation du capital humain.

Droits de propriété et opportunités commerciales pour les Haïtiens

Le renforcement des droits de propriété est essentiel pour offrir des opportunités commerciales aux Haïtiens. Cela fait donc l'objet d'une rubrique interdépendante.

En ce qui concerne le développement économique, il est essentiel que les gens aient le droit de choisir et d'agir de manière compatible avec la création de revenus et de richesses pour la société. Si vous et moi faisons affaire ensemble, c'est parce que nous avons tous les deux quelque chose à gagner de ces échanges non frauduleux. Si nous sommes libres d'utiliser ce gain pour nous spécialiser et augmenter nos bénéfices au-dessus de la demande de consommation, alors tous les autres bénéficient d'une augmentation des ventes, du travail et des investissements. Il n'y a pas d'autre moyen d'améliorer l'économie. Étant donné que les bénéfices de ce commerce sont mutuels, l'expression « donner en retour » que l'on entend souvent, dissimule le fait que les deux parties ont déjà donné pour recevoir.

Deux indicateurs de ces droits de propriété pour la liberté de croissance économique sont (1) le temps nécessaire pour créer une entreprise et (2) le temps nécessaire pour enregistrer un transfert de propriété foncière.

Pour Haïti, les nouvelles ne sont pas bonnes, mais il y a eu une nette amélioration : selon la Banque mondiale, 97 jours étaient nécessaires pour enregistrer une nouvelle entreprise en Haïti en 2016, contre 260 jours en 2003. Le nombre de procédures de création d'entreprise était de 12 en 2016, alors que la moyenne mondiale est de 7.

La Banque mondiale rapporte également qu'en Haïti, l'administration foncière est particulièrement fastidieuse. « En Haïti, par exemple, la réalisation d'un transfert de propriété d'un entrepreneur local à un autre prend plus de 10 mois et coûte 7,1% de la valeur de la propriété. Bien que des projets soient en cours pour moderniser le système d'administration foncière, le pays manque encore d'un système d'information géographique et d'une base de données pour vérifier les charges. » (Doing Business, 2016, p. 8)

Le Groupe de travail sur le droit foncier en Haïti rapporte que les problèmes comprennent :

- Une procédure qui n'est pas facile à comprendre, en particulier par les résidents à faible revenu.
- Des frais et dépenses trop élevés pouvant représenter jusqu'à 25% de la valeur de l'achat.
- Une documentation inadéquate : un acte de vente n'est pas juridiquement accepté en tant qu'acte, à moins qu'il soit correctement enregistré et transcrit auprès de l'Office National du Cadastre, ce qui est rare.

- Même après avoir été enregistré et transcrit, l'acte ne constitue pas un acte de propriété contre les revendications d'autrui car la DGI est légalement tenue d'enregistrer et de transcrire tous les actes qui lui sont présentés.
- Il n'est pas rare que la partie qui « vend » le terrain n'ait pas de titre légal sur le terrain.
- Enfin, en raison des lois sur l'héritage qui accordent des droits à tous les descendants, même les propriétaires possédant des titres enregistrés en bonne et due forme peuvent être entraînés dans un conflit au sujet de leurs terres.

Ces conditions créent une économie à faible consommation, gelée dans le temps, avec des initiatives individuelles dissipées dans des tentatives de résolution de réclamations irréconciliables au sujet d'actifs, loin de toute perspective de contribution au développement économique. Tant que ces conditions prévalent, toute aide est un transfert à sens unique qui ne fournit pas de formes durables de croissance endogène et perpétue la dépendance haïtienne à l'égard de la compassion des autres.

La bonne nouvelle est que le groupe de travail sur le droit foncier en Haïti existe et que des efforts ont été faits pour trouver une solution.

Les considérations ci-dessus tiennent compte de ma décision de classer quatre des solutions de la catégorie « droits de propriété » dans le top 20 :

(4) Actes de naissance électroniques

Nous sommes tout d'abord propriétaires de notre esprit et de notre corps, ce qui signifie une identité à la naissance et constitue la première étape de la formation du capital humain.

(5) Numérisation des services publics

Les citoyens ont droit à un service rapide de la part gouvernement et, à notre époque, cela signifie passer du papier au traitement numérique.

(6) Système électronique pour les douanes portuaires

L'efficacité accrue découlant de la numérisation du système de manutention des conteneurs accélérera les exportations et attirera les investisseurs.

(16) Numérisation des registres fonciers

Les droits de propriété étant un droit économique de premier ordre, il s'agit d'une condition nécessaire au bon fonctionnement des marchés. La numérisation de l'enregistrement des transferts de terrains réduit considérablement le temps de traitement et facilite la capitalisation de cet élément principal.

(20) Expansion de l'internet mobile haut débit

Il existe un large consensus (et suffisamment de preuves de recherche) sur le fait que l'accès à internet améliore la productivité économique grâce à des communications plus efficaces.

Les solutions ci-dessus, ainsi que celles fournissant de l'énergie à la population, se classent plus bas dans mon classement en raison de l'urgence de certaines des questions de nutrition, de santé et d'éducation qui seront abordées ci-dessous. En outre, il convient de noter que je considère que ces solutions proposées sont les plus directement liées à l'augmentation des possibilités de carrière pour les jeunes Haïtiens.

Il est important de comprendre que sans ces grands progrès pour traiter les certifications de transferts d'entreprises et de propriétés, les investissements nécessaires en matière d'énergie électrique et d'internet augmenteront simplement les niveaux de consommation d'Haïti financés par l'extérieur et perpétueront cette dépendance dans le futur.

Nutrition et santé

(1) Enrichissement en micronutriments de la farine de blé

Les retards de croissance, l'anémie, etc... sont tous des conséquences directes de la malnutrition, et les recherches sont claires : les Haïtiens souffrent de malnutrition. Cette solution propose d'enrichir le pain, qui est déjà largement consommé en Haïti.

(2) Vaccination de masse contre le choléra à 2 doses

Le choléra étant une conséquence malheureuse et involontaire de l'aide étrangère, la perte de vies humaines n'aurait pas pu être prévue. Néanmoins, plus de ressources devraient être accordées à une campagne de vaccination de masse.

(7) Santé maternelle et néonatale

Avec le taux de mortalité maternelle le plus élevé de la région, Haïti doit investir davantage dans la santé des femmes.

(8) Vaccination des enfants de 0 à 1 an

La science a déjà résolu le problème des maladies transmissibles de base grâce aux vaccins. Une réaffectation des ressources vers une vaccination universelle peut améliorer les chances que les nouveau-nés deviennent des citoyens productifs et en bonne santé.

(9) Calcium et micronutriments durant la grossesse

Le nombre d'enfants de faible poids à la naissance et la mortalité maternelle pourraient être considérablement réduits grâce à un apport de vitamines prénatales, ce qui améliorerait la qualité de la participation des femmes dans la société.

(10) Aliments thérapeutiques prêt à l'emploi intrants locaux

(12) Aliments thérapeutiques prêt à l'emploi conventionnels

L'avantage de la formule locale est qu'elle soutient la production locale, mais les deux réduiraient la malnutrition aiguë modérée dont souffrent 50% des enfants.

(13) Personnel qualifié lors de l'accouchement

Les avantages économiques découlant de la réduction de la mortalité et des infections maternelles comprennent une diminution de l'absentéisme au travail, une productivité accrue et une réduction des dépenses des ménages en matière de soins de santé

(14) Poudre de micronutriments pour les enfants de ½ - 2 ans

Cette période du développement d'un enfant étant cruciale pour ses résultats scolaires et sa santé générale, j'ai fait de cette solution une priorité.

(19) Formation de premiers intervenants

Comme pour les autres interventions de santé, il existe de graves ramifications économiques associées à l'absence de services de santé de base, qui ont un impact sur le potentiel de développement du pays.

Formation du Capital Humain

(3) Stimulation de la petite enfance

Comme pour les interventions sur les micronutriments et les ATPE, la formation du capital humain commence dès la naissance et non à l'âge de la scolarisation.

(11) Rétention des filles à l'école

Pour diverses raisons économiques et sociales, les filles des zones rurales n'ont pas le même accès à l'enseignement secondaire.

(15) Éducation des enfants à un niveau adapté

En plus de l'accès à l'éducation, les solutions concernant l'amélioration de la qualité de l'éducation sont également essentielles à la formation du capital humain.

(17) Transferts conditionnels de fonds de l'école secondaire

La pauvreté continue d'être un marqueur pour l'accès à l'éducation.

(18) Formation professionnelle

L'entrepreneuriat et l'emploi peuvent être directement stimulés par le soutien de compétences professionnelles pratiques.

Réflexions finales

Les initiatives de la route (41) et du pont (71) : qui vont les construire ? Peut-on autoriser des entreprises privées à construire la route/le pont en échange des péages perçus ? Les routes, les ponts et les infrastructures semblables souffrent partout de la politisation, avec des incitations initiales à la construction et des incitations en aval pour l'entretien.

La santé et l'éducation sont nécessaires à l'amélioration économique dans le monde moderne, mais elles ne suffisent pas. Les progrès réalisés dans ces secteurs en l'absence d'améliorations majeures de la capacité de l'économie haïtienne à offrir des opportunités aux jeunes constitueront un échec de l'effort global de développement pour l'économie haïtienne. Les jeunes ayant reçu une éducation mais n'ayant pas d'opportunité de travail chez eux, partiront chercher une vie meilleure ailleurs, la vie pour laquelle ils ont été préparés. Par conséquent, les programmes de santé et d'éducation doivent être liés à des réformes majeures dans l'état actuel des droits de propriété afin d'inverser le climat défavorable de liberté et d'opportunité des entreprises.

ÉDUCATION

Solutions éducatives : Formation professionnelle et éducation civique

GEORGE PSACHAROPOULOS[1, 2]

Résumé

Avec un revenu par habitant inférieur à 800$, Haïti figure parmi les pays les plus pauvres du monde. La question qui se pose en matière de politique consiste à savoir comment les fonds d'aide locale et internationale qui ont été versés au pays peuvent être utilisés de la manière la plus efficace qui soit, en vue d'améliorer le niveau de vie de la population.

Il est bien connu que l'éducation constitue un moteur du développement. Cet article traite de trois interventions/politiques éducatives possibles :

1. L'éducation civique au sein de l'enseignement secondaire du premier cycle, d'une durée de deux ans.
2. La formation professionnelle, d'une durée de trois ans après le premier cycle de l'enseignement secondaire.
3. Une année de césure alliant éducation civique et formation professionnelle, après le premier cycle de l'enseignement secondaire.

S'appuyant sur la théorie du capital humain et sur des données très limitées relatives à la situation spécifique d'Haïti, l'article propose une analyse coût-avantage des interventions en matière d'éducation alternative dans le pays.

Le ratio avantage-coût de l'investissement dans la formation professionnelle est de 2,0, il est de 4,09 dans l'éducation civique, et de 3,7 dans l'année de césure, à un taux d'actualisation social de 5%. En prenant en compte les nombreux avantages non commerciaux impliqués par l'éducation, les valeurs réelles pourraient représenter le double.

Introduction

Haïti a l'un des systèmes éducatifs les plus sous-développés du monde. Avec un score de 0,483, par rapport à une moyenne mondiale s'élevant à 0,711, le PNUD place Haïti à la 163ème place de son classement établi sur l'indice de développement humain (IDH), qui comprend un total de

1 Georgetown University

2 Je tiens à remercier Brad Wong ainsi que deux lecteurs anonymes pour leurs retours sur mon travail de préparation pour cet article, ils m'ont permis de réaliser des avancées et des améliorations considérables.

188 pays. Son taux d'analphabétisme, dépassant les 50% chez les adultes, est comparable à celui des pays de l'Afrique sub-saharienne. En moyenne, les haïtiens comptent 4,9 années de scolarité. En outre, 200 000 enfants ne sont pas scolarisés et un enfant sur quatre âgé de 5 à 14 ans travaille (Banque mondiale, 2015a ; UNDP, 2016).

Dans un tel contexte, l'objectif de cet article est d'évaluer les priorités en termes d'investissement dans l'éducation à Haïti, en mettant l'accent sur la formation professionnelle et l'éducation civique. L'article évalue les coûts et les avantages impliqués par trois possibles interventions éducatives :

a) L'éducation civique dans l'enseignement secondaire du premier cycle, d'une durée de deux ans.

b) La formation professionnelle, d'une durée de trois ans après le premier cycle de l'enseignement secondaire.

c) Une année de césure alliant éducation civique et formation professionnelle, après le premier cycle de l'enseignement secondaire.

Analyse du terrain

Des milliers d'analyses coût-avantage de politiques éducatives ont été menées au cours de ces 60 dernières années. Les rendements sociaux en moyen des investissements éducatifs dans les pays à faible revenu sont de 21,3% en primaire, 15,7% en secondaire, et 11,2% à l'enseignement supérieur[3]. Montenegro et Patrinos (2014) présentent un taux moyen de retour privé sur investissement de 9,7% pour une année de scolarité en Amérique latine et dans les pays des Caraïbes.

La Commission de l'enseignement a récemment rapporté des preuves au niveau mondial des coûts et avantages des investissements dans l'éducation des pays à faible revenu, en montrant l'augmentation des bénéfices de l'éducation à travers ses effets sur la santé. Le ratio avantage-coût pour les bénéfices induits par l'éducation est de 10, tandis que le RAC mesurant seulement les gains sur le marché est de 5[4].

Les priorités globales de l'investissement éducatif ont été très clairement démontrées par le lauréat du prix Nobel James Heckman (2008). La maîtrise des preuves empiriques provenant de centaines d'analyses avantage-coût qui évaluent les retours sur investissement dans l'éducation permet d'affirmer que les investissements réalisés dans les cycles inférieurs de l'enseignement destinés aux plus jeunes sont plus rentables que ceux réalisés dans les niveaux de scolarité supérieurs, et plus particulièrement dans la formation professionnelle.

Intervention 1 : Formation professionnelle

Le développement de la formation professionnelle repose sur une théorie très simple. Si les élèves apprennent un métier en particulier, ils seront à même d'exercer ce métier une fois leur diplôme obtenu. Puisque que tous les systèmes économiques ont besoin de plombiers, de menuisiers et d'électriciens, le système éducatif devrait ouvrir la voie de ces métiers en formant à de telles compétences. Cette logique a conduit à ce qu'on appelle l'approche des exigences en main

3 Psacharopoulos and Patrinos (2004)

4 Commission de l'Éducation (2016). Les bénéfices en matière de santé se traduisent par la réduction des taux de mortalité des adultes et des enfants de moins de cinq ans.

d'œuvre dans la planification de l'éducation, une approche dominante dans les années 1960 et 1970 dans la plupart des pays.

Aussi illogique que cela puisse paraître, de nombreuses études ont démontré qu'une telle planification ne marchait pas (Ahamad and Blaug, 1973). D'après de nombreux travaux d'évaluation des retours sur investissement dans la formation professionnelle et l'éducation générale, conduits dans les pays au revenu élevé comme dans ceux en voie de développement, l'investissement réalisé dans la formation professionnelle ne réussit pas le « test » coût-avantage (Psacharopoulos, 1987 ; Blattman, 2015).

Dans de nombreux pays, les rendements en termes de salaires des diplômes universitaires sont considérablement plus élevés que ceux provenant des qualifications professionnelles, des programmes de formation publics ou de la formation professionnelle pour adultes (Blundell, Dearden and Sianesi, 2005 ; Dearden et al., 2002 ; Dickerson, 2005 ; Carneiro and Heckman, 2003).

Une vaste étude de suivi de la Banque mondiale, réalisée auprès d'étudiant(e)s ayant suivi un cursus dans la formation professionnelle technique, a montré que les diplômé(e)s n'ont pas cherché ou trouvé d'emploi dans le secteur dans lequel ils/elles s'étaient formé(e)s.

Contrairement à ce que l'on pourrait penser, parmi les différentes niveaux d'instruction, l'enseignement secondaire général s'est avéré plus rentable que l'enseignement professionnel, et ce pour la raison suivante : si les diplômés de l'enseignement général et de la formation professionnelle gagnent plus ou moins des salaires équivalents après obtention de leur diplôme, la formation professionnelle des écoles du secondaire est environ deux fois plus onéreuse que la filière générale (Psacharopoulos and Loxley, 1985). Ces conclusions avaient notamment amené la Banque mondiale à modifier la répartition de son portefeuille de prêt à la fin des années 1990, délaissant les écoles d'enseignement professionnel du secondaire, que l'institution plébiscitait presque exclusivement depuis sa création.

Calcul des coûts et des avantages

Les coûts directs englobent les frais de scolarité, les uniformes, le matériel scolaire et 30% de la nourriture (Wong, 2016). Nous ne disposons d'aucune information relative au coût de l'éducation à Haïti. Cependant, la recherche scientifique internationale montre que le cursus professionnel/technique de l'enseignement secondaire coûte plus cher que la filière générale/académique. Une étude d'évaluation de la Banque mondiale comparant les filières générale et professionnelle au sein de l'enseignement secondaire a montré que, dans cinq pays en voie de développement, l'enseignement professionnel coûtait environ 50% de plus que l'enseignement général (Psacharopoulos, 1987), et cela en raison de la nécessité pour le cursus professionnel de se doter de laboratoires mais aussi d'enseignants spécialisés.

La formation professionnelle se déroule sur trois ans, de 15 à 17 ans (l'année des 17 ans étant comprise). Cela implique un coût de renoncement ou coût de salaires perdus calculé à partir du taux qui s'applique à l'enseignement secondaire du second cycle. Nous estimons que cela représente une croissance réelle des salaires de 2,7%.

Les ratios avantage-coût présentés dans le tableau 1 ont été obtenus en estimant les coûts et avantages à partir de différents taux d'actualisation.

Tableau 1. Ratios avantage-coût (en USD)

Taux d'actualisation	3%	5%	12%
Avantage en valeur actualisée ($US)	19 519	13 033	4 494
Coût en valeur actualisée ($US)	6 625	6 376	5 618
RAC	2,9	2,0	0,8

Intervention 2: Éducation civique

L'éducation civique constitue une extension tardive de la théorie du capital humain, décrite plus haut, auquelle elle s'est ajoutée (Coleman, 1988 ; Putman, 1993, Teachman et al., 1997). Construire des comportements citoyens contribue à la formation d'un capital social qui est censé avoir des retours économiques, ceux-ci se traduisant par d'autres formes de capital. Par exemple, au lendemain d'un tremblement de terre, il y aura peut-être moins de pillage si les gens se comportent de manière « civilisée ». L'éducation civique pourrait également permettre d'établir un contrat social entre l'État et les citoyens, qui n'existe pas à ce jour (World Bank, 2015b).

L'éducation civique fonctionne sur le mécanisme théorique suivant : elle promeut la cohésion sociale et la confiance (Dee, 2003, 2010 ; Heyneman, 2003). Elle cultive les compétences interpersonnelles afin de promouvoir la tolérance envers autrui, et participe à la promotion de la stabilité sociale et économique, de la résolution des conflits, de la participation politique, de la démocratie et d'une meilleur gouvernance, entre autres (Østby and Urdal, 2010; Whiteley, 2000, Gallego, 2010; Temple, 2001; Temple and Johnson, 1988). Un plus haut niveau de confiance au sein d'une société encourage l'investissement et réduit le coût des transactions commerciales (Sequeira et al., 2011 ; Stanely and Smeltzer, 2003 ; Rupasinga, 2000).

Littérature empirique

Compte tenu de la difficulté de mesurer le capital social intangible, il n'existe que très peu d'études empiriques portant sur l'impact positif de l'éducation civique sur l'économie. Le comportement citoyen n'est pas seulement construit par un programme d'éducation civique. De nombreuses études montrent que l'éducation, en général, pas nécessairement civique, améliore le comportement citoyen (Oreopoulos and Salvanes, 2011 ; Callego, 2010 ; Temple, 2001 ; Temple and Johnson, 1998).

L'impact de l'éducation sur le taux de criminalité figure parmi les effets que l'éducation a sur le comportement citoyen les plus étudiés. (Lochner and Moretti, 2004). Étant donné que l'éducation permet d'augmenter invariablement le niveau des salaires, les personnes ayant un niveau d'instruction plus élevé sont confrontées à un coût de renoncement supérieur en cas d'arrestation.

Sur un échantillon de 100 pays, le nombre d'années d'enseignement dans le primaire s'est avéré être un indicateur important de démocratie en termes de droits de vote et de libertés civiles (Barro, 1999). Aux Etats-Unis, les individus dont le niveau de scolarité est plus élevé sont plus susceptibles de déclarer qu'ils ont voté lors des dernières élections. Tandis que 52% des individus ayant décroché au niveau secondaire ont déclaré avoir voté, ce pourcentage s'élève à 67% chez les individus ayant terminé leurs études secondaires (lycée), à 75% chez les individus qui ont réalisé quelques années dans le supérieur (sans obtenir de diplôme) et à 84% chez les titulaires d'un diplôme d'études supérieures (Milligan, Moretti and Oreopoulos, 2004).

Calcul des coûts et des avantages

Nous estimons que l'éducation civique serait dispensée au cours des deux premières années de l'enseignement secondaire. La proposer plus tard ou hors des murs de l'école ne serait pas efficace, car il est plus difficile de changer le caractère et les comportements d'un individu à un âge plus avancé.

Nous estimons également que l'introduction d'un cours d'éducation civique dans le programme scolaire entraînerait une augmentation du coût unitaire de l'enseignement secondaire de 50% par rapport au coût général de l'enseignement, soit 306 USD.

Cette configuration n'inclut aucun coût de renoncement puisque nous comparons le coût supplémentaire de l'éducation civique aux bénéfices supplémentaires des diplômés.

Tableau 2. Ratios avantage-coût (RAC) de l'éducation civique pour un diplômé

Taux d'actualisation	3%	5%	12%
Bénéfices en valeur actualisée (USD)	2 062	1 381	495
Coûts en valeur actualisée (USD)	293	284	259
Ratio avantage-coût	7,0	4,9	1,9

Intervention 3 : Année de césure alliant formation professionnelle et éducation civique

La logique de cette intervention éducative repose sur le taux élevé de chômage chez les individus qui ont terminé leur enseignement secondaire du premier cycle et qui ne poursuivent pas leurs études. Au cours de cette année de césure, les jeunes qui ne suivraient pas des études complémentaires (l'enseignement secondaire de second cycle ou la formation professionnelle), seraient obligés de prendre une année de césure pendant laquelle des cours d'éducation civique ainsi qu'un enseignement professionnel leur seraient dispensés.

Il n'existe aucun travail de recherche dans aucun pays portant sur un tel programme d'une durée d'un an associant les deux types d'enseignement. Cette année étant prévue pour les jeunes âgés de 15 ans, le coût de renoncement serait équivalent aux revenus de ceux qui ont terminé leurs études dans l'enseignement secondaire du premier cycle multipliés par leur taux de participation au marché du travail, estimé à 40%.

On estime que le coût direct des études au cours de l'année de césure représente une moyenne pondérée de 50-50 du coût de la formation professionnelle et de l'éducation civile.

Tableau 3. Avantages et coûts pour un(e) élève suivant une année de césure alliant formation professionnelle et éducation civique

Taux d'actualisation	3%	5%	12%
Bénéfices en valeur actualisée (USD)	3 801	2 595	992
Coûts en valeur actualisée	1 040	1 040	1 040
Ratio avantage-coût	3,7	2,5	1,0

Conclusion : Implications en matière de politique

Cet article s'est intéressé à trois types d'éducation : la formation professionnelle, l'éducation civique et l'association des deux à travers une année de césure. Reposant sur une analyse coût-avantage, toutes les interventions éducatives sont associées à des ratios avantage-coût supérieurs à 1, sur la base d'un taux d'actualisation de 5%. En s'appuyant sur ces conclusions et en gardant à l'esprit les données recueillies, s'il fallait faire un choix parmi ces types d'éducation, c'est à l'éducation civique qu'il faudrait accorder la priorité.

Toutefois, une augmentation de l'offre de places à l'école ne suffit pas pour que ces places offertes soient occupées. Il est important de prendre en considération la demande. Ceux qui ne sont pas scolarisés reçoivent un salaire « fantôme », dans la production domestique ou le marché du travail des enfants, qui est supérieur aux bénéfices escomptés liés à la scolarisation. Cela étant conjugué à un niveau élevé de pauvreté et à un taux d'actualisation pour les liquidités de la famille, les places offertes à l'école restent inoccupées. Dans un tel contexte, les interventions pourraient comprendre des mesures incitatives, telle que des transferts d'argent liquide assortis de conditions pour les enfants scolarisés. De tels transferts ont été mis en application et ont connu un grand succès au Honduras, en Jamaïque, au Mexique, au Nicaragua et en Colombie (Rawlins and Rubio, 2005, Fiszbein et al., 2009).

En ce qui concerne la formation professionnelle, l'une des possibles politiques à mener consisterait à adopter une variante du modèle dual de formation allemand qui permet aux élèves d'effectuer une partie de leur formation dans une entreprise qui les parraine en partageant le coût de leur formation (Hamburg Chamber of Commerce, 2012). Cependant, un tel système présuppose l'existence d'entreprises qui soient disposées à y participer, ce qui représenterait un grand défi à Haïti.

Toute formation de compétences particulières devrait être dispensée près de l'entreprise, en associant les apprentissages en entreprise et dans la salle de classes, au sein d'écoles d'enseignement professionnel spécialisées. Apprendre sur le lieu de travail, plutôt qu'au sein de l'école d'enseignement professionnel, constitue un moyen plus efficace d'assurer le développement des compétences qui sont utiles à l'employeur.

Avant de se jeter dans le courant de la formation professionnelle, il est nécessaire de prendre en considération les conclusions d'une avalanche de récents travaux universitaires portant sur le sujet. Contrairement aux idées reçues, l'éducation de base (générale) peut représenter le meilleur chemin à suivre pour l'acquisition de compétences professionnelles qui interviendrait à un âge plus avancé, et de préférence à travers la formation sur le lieu de travail. Les nouvelles compétences dont les employeurs ont besoin de nos jours sont des compétences relationnelles (non techniques), tel que la langue, la communication et le travail d'équipe (Murnane and Levy, 1996 ; Heckman and Kautz, 2012). Posséder des compétences générales facilite la formation des travailleurs à des métiers de l'avenir, qui ne sont pas encore prévisibles.

Aussi la priorité devrait-elle être donnée à l'enseignement général plutôt qu'à la formation professionnelle, et ce pour la raison suivante : une base solide d'enseignement général facilite la spécialisation et la formation subséquentes. Par ailleurs, les actuels employeurs ont besoin d'employés qui soient plus faciles à former et qui possèdent des compétences relationnelles, tout en étant capables d'apprendre sur le tas (en travaillant), plutôt que de spécialistes pointus (Banque mondiale, 2013).

Les écoles doivent enseigner et veiller à ce que les élèves maîtrisent les « 3 R », c'est à dire la lecture, l'écriture et l'arithmétique (de l'anglais *reading, 'riting (writing) and 'rithmetic (arithmetic)),* et ce avant de les engager sur la voie de la soudure ou de la menuiserie. Les écoles doivent former à la communication et aux compétences sociales et leur donner la priorité face à tout cours formant à des métiers spécifiques.

La formation spécialisée pourrait être dispensée dans des écoles professionnelles prévues à cet effet, détachées du Ministère de l'Éducation. En outre, il est nécessaire d'inciter les entreprises à proposer des formations sur place, en milieu de travail.

Dans un pays possédant des caractéristiques en matière d'éducation telles que celles susmentionnées, il est difficile de donner la priorité à l'éducation professionnelle, au détriment de la nécessité de scolariser plus de filles, de maintenir leur présence à l'école et d'améliorer leur apprentissage, entres autres.

Enfin, l'introduction d'un Système d'informations sur la gestion de l'éducation (*Education Management Information System*) (EMIS, Abdul-Hamid, 2014) figure parmi les interventions qui pourraient avoir la meilleure rentabilité sur le long terme. Une politique publique ne peut être mise en place à partir du type de données dont nous avons disposé pour mener notre étude. Haïti ne peut pas continuer à se voir attribuer ces « trois petits points », ces « champs vides » ou encore cette mention « m » pour « *missing* » (manquant) dans les bases de données portant sur l'éducation.

Références bibliographiques

Abdul-Hamid, Husein., 2014. What Matters Most for Education Management Information Systems : A Framework Paper. SABER Working Paper Series;No. 7. World Bank Group, Washington, DC. © World Bank. https://openknowledge.worldbank.org/handle/10986/21586

Adelman, Melissa and David Evans (2016). "Why school enrollment is not enough: A look inside Haiti's classrooms", World Bank blog.

http://blogs.worldbank.org/education/print/why-school-enrollment-not-enough-look-inside-haiti-s-classrooms

Ahamad, B. and M. Blaug. eds. (1973). *The Practice of Manpower Forecasting*, Amsterdam: Elsevier; San Francisco: Jossey-Bass.

Barro Robert J., (1999). 'Determinants of Democracy', *Journal of Political Economy*, 107, 6 Pt. 2, S158-S183.

Becker, Gary S. (1964). *Human Capital: A Theoretical and Empirical Analysis with Special References to Education.* (Revised editions in 1975 and 1993). Chicago: University of Chicago Press.

Blattman, Christopher and Ralston, Laura (2015). "Generating Employment in Poor and Fragile States: Evidence from Labor Market and Entrepreneurship Programs". The World Bank. https://ssrn.com/abstract=2622220 or http://dx.doi.org/10.2139/ssrn.2622220

Blundell, R., Dearden, L., Meghir, C. and Sianesi, B. (1999). 'Human Capital Investment: The Returns from Education and Training to the Individual, the Firm and the Economy', *Fiscal Studies* vol. 20, no. 1, pp. 1–23.

Brunello, G. and Schlotter, M., 2011. "Non Cognitive Skills and Personality Traits: Labour Market Relevance and their Development in Education and Training Systems". IZA DP No. 5743.

Carneiro, Pedro Manuel and Heckman, James J., "Human Capital Policy", (2003). IZA Discussion Paper No. 821. */ The list contains additional entries on the subject consulted in writing this paper but not cited in the text

Coleman, J. S. (1988). "Social Capital in the Creation of Human Capital," *American Journal*

of Sociology, 94: S95–S120.

Dearden L, McIntosh S, Myck M and Vignoles A. (2002), "The Returns to Academic and Vocational Qualifications in Britain", Bulletin of Economic Research, 54, pp.249–274.

Dickerson A. P. 2005. "A study on rates of return to investment in level 3 and higher

Qualifications", Department_of_Trade_and_Industry, December 2005.

Dee, Thomas S. (2003). 'Are There Civic Returns to Education', Working Paper, Swarthmore,

Dee, Thomas S. (2010), 'Education and Civic Engagement', in Dominic J. Brewer and Patrick J. McEwan, eds., *Economics of Education*. Elsevier.

ECVMAS (2012). *Enquête sur les Conditions de Vie des Ménages Après Seisme*". Haiti Institute of Statistics.

Education Commission (2016). *The learning generation: Investing in education for a changing world.* The International Commission on Financing Global Education Opportunity (educationcommission.org).

Fiszbein, A., F. Ferreira and E. Skoufias, 2009. *Conditional cash transfers – Reducing present and future poverty.* The World Bank.

Focus Economics (2016). https://www.focus-economics.com/country-indicator/haiti/exchange-rate.

Gallego, A. 2010. "Understanding unequal turnout: Education and voting in comparative perspective", *Electoral Studies* 29 (2010) 239–248.

Haiti Government, Undated. "Enquête sur les conditions de vie en Haïti, Éducation". Chapitre 3.

Hamburg Chamber of Commerce, 2012. <http://www.hk24.de/en/training/348086/duale_system.html>

Heckman, J.J., and Kautz, T., 2012. "Hard Evidence on Soft Skills". IZA DP No. 6580.

Heyneman, S. (2003), "Defining the Influence of Education on Social Cohesion". *International Journal of Educational Policy, Research, and Practice,* Vol. 3&4, Winter 2002/3, pp. 73-97.

Hoeckel, Kathrin, 2008. "Costs and Benefits in Vocational Education and Training". OECD.

www.oecd.org/education/innovation-education/41538706.pdf

Knack, S. and Keefer, P. (1997). "Does Social Capital Have an Economic Payoff? Country Investigation," *The Quarterly Journal of Economics*, Vol. 112, No. 4 (Nov. 1997), pp. 1251-1288.

Kraft, C., (2013). "Is school the best route to skills? Returns to vocational school and vocational skills in Egypt". Population Center, University of Minnesota.

Lochner, L. (2011). "Nonproduction Benefits of Education: Crime, Health, and Good Citizenship", Chapter 2 in *Handbook of the Economics of Education Volume 4*, Volume 4 by Eric A Hanushek), Stephen J. Machin and Ludger Woessmann, eds. Elsevier.

Lochner, L., Moretti, E. (2004).The Effect of Education on crime: Evidence from Prison Inmates, Arrests, and Self-Reports. *American Economic Review* 94(1):155–189.

Milligan, K., Moretti, E., and Oreopoulos, P. (2004). Does education improve citizenship? Evidence from the United States and the United Kingdom. *Journal of Public Economics* 88, 1667–1695.

Mincer, J. (1974). *Schooling, Experience and Earnings*. New York: Columbia University Press.

Moenjak, Thammarak, and Christopher Worswick, (2003). "Vocational Education inThailand: A Study of Choice and Returns." *Economics of Education Review* 22 (1): 99–107.

Montenegro, Claudio E., and Harry Anthony Patrinos (2014). "Comparable estimates of returns to schooling around the World." The World Bank, Policy Paper 7020.

Murnane, R.J., and F. Levy,1996. *Teaching the New Basic Skills: Principles for Educating Children and Thriving in a Changing Economy*. The Free Press.

Newhouse, David and Daniel Suryadarma, (2011). "The Value of Vocational Education: High school type and labor market outcomes in Indonesia". *World Bank Economic Review*, 25 (2): 296-322.

OECD, 2006. *Measuring the Effects of Education on Health and Civic Engagement.* OECD.

Oreopoulos, P. and K. Salvanes, (2011). "Priceless: The Nonpecuniary Benefits of Schooling," *Journal of Economic Perspectives*, 25 (2): 159–184.

Psacharopoulos. G. (1985). "Curriculum Diversification in Colombia and Tanzania: An Evaluation". *Comparative Education Review*, 29 (4). Pp. 507-525.

Psacharopoulos, G. and W. Loxley (1985). *Diversified Secondary Education and Development: Evidence from Colombia and Tanzania* Baltimore: Johns Hopkins University Press.

Psacharopoulos. G. (1987). "To Vocationalize or Not to Vocationalize? That is the Curriculum Question." *International Review of Education* 33, no. 2 (1987): 187-211.

Psacharopoulos, G. (1995). "The Profitability of Investment in Education: Concepts and Methods." The World Bank, Human Capital Development and Operations Policy, Working Papers, no. 63.

Psacharopoulos, G. and A. Patrinos (2004). "Returns to investment in education: A further update," *Education Economics*. 12, no. 2, 2004: 111-135.

Pugatch, Todd (2012). "Safety Valve or Sinkhole? Vocational Schooling in South Africa." IZA Discussion Paper Series No. 7015. IZA Discussion Paper Series. Bonn, Germany.

Putnam, R.D. (1993). *Making Democracy Work: Civic Traditions in Modern Italy.* Princeton, NJ. Princeton University Press.

Rawlings, Laura B. and Gloria M. Rubio (2005). "Evaluating the Impact of Conditional Cash Transfer Programs", *The World Bank Research Observer*, Vol. 20, No. 1 pp. 29-55

Rupasinga, A. (2000). "Social Capital and Economic Growth: A County-level Analysis," *Journal of Agricultural and Applied Economics* 3(32): 565-572.

Said, Mona, and Fatma El-Hamidi, (2008). "Taking Technical Education Seriously in MENA: Determinants, Labor Market Implications and Policy Lessons." Economic Research Forum Working Paper Series No. 450.

Salehi-Isfahani, D.,2009." Education and Earnings in The Middle East: A Comparative Study of Returns to Schooling in Egypt, Iran, and Turkey," *Middle East Development Journal* 1 (2): 145-187.

Sequeira, Tiago Neves and Alexandra Ferreira-Lopes, (2011). "An Endogenous Growth Model with Human and Social Capital Interactions". *Review of Social Economy*, Vol. 69, No. 4: 465-493.

Stanely, D. and S. Smeltzer (2003). "Many Happy Returns: How Social Cohesion Attracts Investment". In L. Osberg, ed. *The Economic Implications of Social Cohesion.* University of Toronto Press.

Teachman, J. D., Paasch, K. and Carver, K. (1997). "Social Capital and the Generation of Human Capital," *Social Forces* 4(75): 1343-1359.

Temple, J. and Johnson, P.A. (1998). "Social Capability and Economic Growth," *The Quarterly Journal of Economics* 3, (113): 965-990.

Temple, J. (2001). "Growth effects of education and social capital in OECD countries. *OECD Economic Studies*, No. 33.

Thyne, C. (2006). "ABC's, 123's and the Golden Rule: The Pacifying Effect of Education on Civil War, 1980-1999." *International Studies Quarterly*, Vol. 50, 733-754.

UNDP (2015). *Human Development Report 2015.* UNDP.

UNDP (2016). Country profiles – Haiti. http://hdr.undp.org/en/countries/profiles/HTI

Unesco (2016a). Institute of Statistics. http://www.uis.unesco.org/Pages/default.aspx.

Unesco (2015b). *Education for All Global Monitoring Report.* Unesco.

Urwin, Peter, Giorgio Di Pietro, Patrick Sturgis and Gregor Jack (2008). "Measuring the Returns to Networking and the Accumulation of Social Capital: Any Evidence of Bonding, Bridging, or Linking?". *The American Journal of Economics and Sociology*, Vol. 67, No. 5 : 941-968.

USAID (1987). "Haiti: Education and human resources sector assessment". http://pdf.usaid.gov/pdf_docs/PNAAX491.pdf

White, T. Anderson, and Glenn Smucker (1998). "Social Capital and Governance in Haiti: Traditions and Trends." In the Challenges of Poverty Reduction. Report 17242-HA. Washington, D.C.: World Bank.

Whiteley, P. (2000). "Economic Growth and Social Capital," *Political Studies* 3(48): 443 466.

Wong, B. (2017). "Standardized cost of schooling - Haiti.xls".

World Bank, Undated. "Better spending, better services: A review of public finances in Haiti".

World Bank (2006). *Where is the Wealth of Nations? Measuring Capital for the 21st Century*, The World Bank, Washington D.C.

World Bank, (2013). *Jobs - World Development Report 2013.* The World Bank.

World Bank, 2015a. "Four Things You Need to Know About Education in Haiti". http://www.worldbank.org/en/news/feature/2015/03/12/four-things-you-need-to-know-about-education-in-haiti

World Bank (2015b). "Haiti: Towards a new narrative – Systematic country diagnostic". http://documents.worldbank.org/curated/en/319651467986293030/pdf/97341-SCD-P150705-IDA-SecM2015-0130-IFC-SecM2015-0071-MIGA-SecM2015-0046-Box391466B-OUO-9.pdf

World Bank, (2016). *World Bank Indicators.* http://data.worldbank.org/indicator/NY.GDP.PCAP.CD?locations=HT

World Value Survey (2016). http://www.worldvaluessurvey.org/wvs.jsp

Zak, P. J., and S. Knack (2001): "Trust and Growth," *Economic Journal*, 111 (470), 295–321.

Pour une formation profession-nelle modernisée en Haïti

JEAN SAMUEL VINCENT[1]

Depuis les années 1960 en Amérique latine, le concept de formation professionnelle évoque, selon les termes de Marcel Gabaud (2015) « *des structures mises en place par les autorités pour faire face au besoin de production d'une main d'œuvre qualifiée en dehors du système formel de l'Éducation* ». La formation professionnelle est censée être comprise dans le sens de programmes orientés vers les besoins du marché du travail et en phase avec la dynamique de développement économique et social actuelle.

Selon les prescrits du cadre légal haïtien, dont les premières législations datent de l'année 1973, la formation technique et professionnelle est confiée à l'Institut Nationale de la Formation Professionnelle (INFP) et au Centre Pilote de Formation Professionnelle (CPFP). Quoiqu'Haïti, selon les conclusions de Marcel Gabaud, n'ait pas encore un système national de formation professionnelle (SNFP), qui doit être « *une plateforme pour la valorisation des compétences pour l'emploi, la standardisation et la reconnaissance des formations et certifications délivrées dans le système, l'amélioration de l'accès et de la qualité de la formation, la définition d'une offre de formation en adéquation avec les besoins réels du marché de l'emploi, la promotion de la formation continue des travailleurs de toutes catégories et finalement la mise en œuvre d'un programme de validation des acquis de l'expérience, tout cela en accord avec les ministères sectoriels impliqués, les principaux acteurs et partenaires du SNFP* », le défi majeur demeure, à savoir, comment doter ce pays d'un système de formation professionnelle moderne répondant aux exigences de changements rapides d'un monde professionnel en grande mutation vers le numérique ?

Le numérique s'impose à nous !

De nos jours, le rythme auquel la technologie numérique avance dans tous les domaines nous pousse à nous demander si le professionnel d'aujourd'hui ne sera pas l'analphabète numérique de demain. La propension dans la technologie numérique à fournir des résultats rapides, à proposer des applications répondant rapidement aux besoins des professionnels nous impose une reconsidération sur la nécessité d'orienter la formation professionnelle en Haïti vers la modernité en intégrant dans les méthodes de formation et de travail du professionnel un haut niveau d'adaptabilité à la dynamique du changement.

En effet, les entreprises modernes sont de plus en plus sophistiquées et utilisent de plus en plus le numérique. Le niveau des exigences qui sera fait aux professionnels sera évidemment de plus en plus élevé. Le professionnel qui ne maîtrise pas ou ne manipule pas très bien les supports de l'outil numérique va se retrouver en grande difficulté ou, plus précisément « en retard de

1 Economiste, Spécialiste en développement

phase » par rapport à la norme. D'où, pour maintenir l'orientation de la formation professionnelle vers les besoins du marché du travail, il faut la prise en compte de cette nouvelle dynamique imposée par le numérique.

Dans le texte « Le numérique nous force à repenser la formation professionnelle », Marcel Gabaud (2017) donne un aperçu sur la difficile réalité de la prise en compte du numérique dans le travail du professionnel :

« *La culture du logiciel d'entreprise tend vers des logiciels très performants développés pour traiter tous les besoins des métiers. Les cahiers des charges sont souvent trop larges et interminables. Ce modèle a pour principal défaut de ne pas faciliter les itérations et les évolutions d'une version à l'autre. La conséquence est un manque d'adaptabilité à l'évolution constante des problématiques métiers. On assiste même à un glissement entre le besoin originel et la réponse au moment où la solution est disponible. A l'opposé, les Apps de la sphère privée sont mises à jour très régulièrement et évoluent rapidement. Il se crée un gap* technologique entre le domaine privé et le domaine professionnel, bien que les supports soient le plus souvent les mêmes (Ordinateur Portable, Smartphone, Tablette).

La transformation digitale vient réellement du privé. Cependant je pense que cette transformation se fait grâce à des nouveaux outils/logiciels. Lorsque l'on voit le nombre d'applications utilisées dans le privé comparé au milieu professionnel, la différence est flagrante. C'est l'accès à de nouvelles technologies qui provoque une demande de la part des professionnels. S'il n'y a pas d'outils ni d'opportunités technologiques, cela devient difficile de se projeter ! »

État des lieux dans la perspective de la modernité

Une étude de l'Observatoire du Groupe URD en Haïti (2014), portant sur les nouveaux métiers urbains en contexte post-séisme, fournit une analyse du marché de l'emploi des secteurs formels et informels, et présente la configuration des dispositifs de formation professionnelle (FP) à Port-au-Prince et dans l'aire métropolitaine. Le constat : « [...] ; déficit de liens entre les centres de formation, les entreprises et les autorités chargées de la régulation de ce secteur ; difficultés d'accès à la formation ; mauvaise qualité des curricula et leur incohérence avec les besoins des entreprises ». Ce sont là de sérieux facteurs de ralentissement, sinon de blocage, au développement d'un système de formation professionnelle qui ne s'articulent pas avec la modernité et encore moins avec les exigences du numérique.

Par ailleurs, depuis le tremblement de terre de 2010, les efforts de modernisation de l'enseignement professionnel en Haïti réalisés par les professeurs de la mission « Jules Verne » en vue d'une restructuration de la formation professionnelle dans les métiers du bâtiment constituent une initiative sérieuse, quoique sectorielle, pour aller dans le sens de la modernité d'un système de formation professionnelle. L'accord de coopération signé le 1er juillet 2010 par les Ministres haïtien et français de l'Éducation nationale, avec les cosignataires de la fondation Schneider, de l'entreprise Schneider, de l'Université Quisqueya, et de l'ONG « Aide et Action », vise à accompagner justement l'effort de modernisation de l'enseignement professionnel en Haïti et à appuyer l'Institut National de la Formation Professionnelle (INFP) et la Secrétairerie d'État à la formation professionnelle, dans leurs efforts afin de restructurer la formation dans les métiers du bâtiment. L'objectif visé par les deux Ministères est de pouvoir injecter rapidement chaque année sur le marché du travail, des citoyens respectueux des normes, bien formés, qui peuvent participer avec conscience professionnelle et compétence, à la reconstruction du pays et rapidement devenir économiquement indépendants.

D'après une source tirée sur le site Internet de Haïti Libre, « *Les professeurs de la mission « Jules Verne » ont assuré depuis août 2010 toute la logistique du programme ainsi que la coordination des interventions en Haïti, la centrale d'Aide et Action à Paris, se chargeant de collecter des fonds et un appui auprès d'entreprises et de partenaires institutionnels.* » Toujours d'après la même source, « *Parallèlement, les spécialistes de l'INFP procèdent à une refonte des curricula et des modalités de certification afin que la population et les entreprises puissent faire appel à des artisans bien formés et compétents. C'est dans cet esprit que l'INFP expérimente actuellement, dans deux centres de formation professionnelle de la zone métropolitaine, des cursus rénovés et recentrés qui permettent d'une part, que de jeunes apprentis motivés d'obtenir un Certificat d'Aptitudes Professionnelles (CAP) en quatre mois [500 heures de formation] et d'autre part, que les entreprises ou les particuliers, puissent faire appel à des jeunes bien formés, ayant déjà pu pratiquer leur métier à l'école et subir régulièrement des examens pratiques.* »

Nécessité d'un accompagnement adéquat des autorités publiques

Tout d'abord, il est incontournable que cette modernité dont il est question dans ce papier soit susceptible de générer des besoins budgétaires sérieux pour les autorités politiques haïtiennes. Les implications des interventions dans une formation professionnelle moderne sont nombreuses pour les pouvoirs publics du pays d'Haïti. Cela demanderait une redéfinition des objectifs des politiques publiques en matière d'offre de formation professionnelle non seulement pour pouvoir s'adapter à la modernité de ces interventions, mais surtout pour avoir la capacité à assurer leur suivi et leur continuité une fois que les fonds de l'aide seraient épuisés. Il est clair que les ressources budgétaires allouées à l'éducation devraient être révisées à la hausse pour permettre aux dirigeants d'assurer la poursuite de cette nouvelle dynamique dans le domaine.

Nous attirons l'attention sur le fait qu'à côté des retombées positives que des interventions dans le domaine de la formation professionnelle peuvent avoir sur le pays d'Haïti, en particulier, sur les professionnels qui verront leur valeur s'accroître, cela peut être porteur d'une stabilité sociale et politique, dans la mesure où le changement de comportement chez les jeunes a une valeur capitale pour permettre la relance du progrès et du développement du pays. Même si sur le plan touristique il y a beaucoup d'efforts qui sont faits pour amener des investissements étrangers dans le pays, il reste que l'instabilité politique que connait le pays d'Haïti est alimentée par des comportements populaires répulsifs vis-à-vis de ces investissements. Haïti gagnerait alors encore plus aussi bien en stabilité politique qu'en investissements étrangers attirés. C'est alors que les investisseurs étrangers reconnaitraient vraiment qu'« *Haiti is open for business* ».

Pour revenir sur les exigences budgétaires que nécessitent la mise en place et la modernisation d'un système de formation professionnelle en Haïti, il faut passer en revue la tendance des dépenses d'investissement de l'État haïtien dans le domaine de l'éducation de façon générale. En effet, le graphique 1 donne une idée de la répartition des parts du budget de l'État haïtien consacrées à l'Éducation. Il est clair que la part consacrée aux investissements dans le domaine accuse un manque sérieux quand on sait que les ressources domestiques sont généralement faibles (rapportées au dollar américain) et que l'on parle d'investissement dans l'Éducation de façon large et non d'investissements dans la formation professionnelle uniquement. La plus grande part des dépenses est pour payer les salaires et d'autres dépenses courantes. Pour preuve, d'après le document du Programme d'Interventions Prioritaires en Éducation (PIPE, 2013), « *Au cours des dix dernières années, bien qu'environ 77% des effectifs d'élèves et d'étudiants soient scolarisés dans le secteur privé, l'État a consacré 18% de son budget courant à l'éducation. Ce pourcentage concerne les exécutions budgétaires et non les crédits.* » Plus loin dans le même document, « *Pour 2010/11, les dépenses globales d'éducation sont estimées, toutes sources de financement confondues, y compris donc les dépenses des familles, à 600 millions de $ pour les dépenses courantes et 100 millions de $ pour l'investissement.* »

Graphique 1 : Évolution des parts du budget exécuté de l'État (fonds du Trésor public) consacré à l'éducation

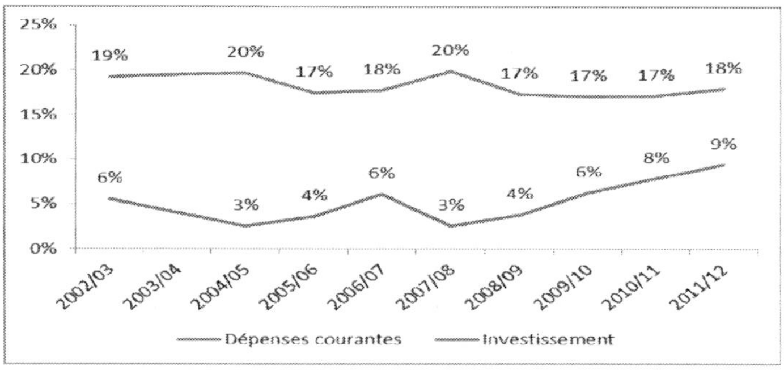

Sources : Lois de Finances et états d'exécution des dépenses budgétaires, Ministère de l'Économie et des Finances. Analyse de l'exécution du PIPE 2011/12, Ministère de la Planification et de la Coopération Externe.

Conclusion

De ce qui précède, d'aucuns s'accordent à reconnaître que c'est une situation difficile qui invite plus d'uns à une réflexion approfondie sur la mise en place et la modernisation d'un système de formation professionnelle en Haïti. Les efforts déjà consentis dans ce sens sont appréciables mais sûrement insuffisants. C'est un fait que les ressources budgétaires sont limitées, mais les autorités publiques doivent faire preuve de leur volonté politique afin de prendre des dispositions dans le sens de cette modernisation. L'enjeu est simple : on s'adapte, ou on reste à la traîne !

Références bibliographiques

Cécile Bérut, Les nouveaux métiers en contexte post-séisme dans la région métropolitaine de Port-au-Prince, Observatoire du Groupe Urgence, Réhabilitation, Développement (URD) en Haïti, Octobre 2014.

Pour les textes de Marcel Gabeau « Existe-t-il en Haïti un système national de formation professionnelle (SNFP) », 29 Mai 2015 & « Le numérique nous force à repenser la formation professionnelle », 5 Janvier 2017 : https://marcelgabaud.wordpress.com/formation-professionnelle-en-haiti/

MENFP, Programme d'Interventions Prioritaires en Éducation (PIPE) 2013-2016, Port-au-Prince, Décembre 2013.

Haïti Libre, Formation : Modernisation de la formation professionnelle, 24/06/2012 11:32:04 ; http://www.haiti-libre.com/article-5973-haiti-formation-modernisation-de-la-formation-professionnelle.html

Analyse comparative coûts-avantages d'interventions en matière d'enseignement primaire en Haïti

DAMIEN ÉCHEVIN[1]

Résumé

Le système d'enseignement primaire est hautement inefficace en Haïti : les enfants commencent l'école primaire deux ans plus tard en moyenne, et seulement 30% des enfants iront au-delà de la sixième. Comme dans la plupart des pays en développement, les rendements de l'enseignement primaire sont cependant relativement élevés ; par conséquent, les bénéfices potentiels d'interventions dans l'enseignement primaire devraient également être élevés. Afin d'étudier les priorités en matière d'investissement dans l'enseignement primaire en Haïti, cette étude fournit une comparaison des coûts et des bénéfices de quatre types d'interventions : l'enseignement dans la langue maternelle, la formation des enseignants, les subventions aux écoles privées et la fourniture gratuite d'uniformes scolaires.

Les quatre interventions considérées semblent être des investissements bénéfiques et pourraient être recommandées en soi. Cependant, il est important de noter que certaines d'entre elles pourraient s'avérer particulièrement bénéfiques et donc plus souhaitables. L'une des interventions la moins coûteuse et la plus efficace, est l'enseignement dans la langue maternelle. Elle présente un RAC élevé pour un coût de mise en œuvre relativement faible. La deuxième plus avantageuse semble être la formation des enseignants, bien que les coûts puissent s'avérer plus importants si l'objectif est de mettre en œuvre ce type d'intervention dans toutes les écoles haïtiennes. Le RAC pour les subventions d'écoles privées et les uniformes gratuits sont relativement inférieurs aux précédents, bien qu'ils semblent également être bénéfiques.

Introduction

Dans de nombreux pays en développement, l'expérience du terrain indique qu'il ne suffit pas de s'assurer que les enfants aillent à l'école. Les systèmes éducatifs doivent également garantir qu'une fois que les enfants sont en classe, ils puissent acquérir des compétences et des connaissances de base en vue d'un développement ultérieur. En Haïti, aujourd'hui, la majorité des enfants sont à l'école : plus de 90% des 14 ans. Cependant, bien que le taux d'inscription soit élevé, la qualité

1 *Économiste et chercheur associé, Université de Sherbrooke, CRCHUS et CIRPÉE*

de l'éducation est un défi majeur (Adelman et al., 2015a) : moins de 60% des élèves de CP iront jusqu'en sixième ; moins de deux tiers d'entre eux assistent aux examens de fin de sixième ; et, parmi ceux-ci, seulement trois quarts passent l'examen.

Malgré les améliorations, le système d'enseignement primaire est très inefficace : les enfants commencent l'école primaire deux ans plus tard qu'en moyenne et moins de 60% accèderont en dernière année du cycle (Adelman et al., 2015b). Les causes probables de ces résultats médiocres sont : l'insuffisance du temps passé en classe ; le temps de classe effectif dispensé aux étudiants qui peut être faible ; le manque de matériel pédagogique (le livre et le manuel ne sont utilisés en classe que 40% du temps) ; le problème de la langue d'enseignement au cours des premières années ; de plus, l'éducation reste relativement inefficace en raison de méthodologies dépassées. Cependant, l'absentéisme des enseignants ne semble pas être un problème, ce qui s'explique en partie par le programme d'incitation plutôt unique qui s'applique aux enseignants haïtiens (80% d'entre eux sont dans des écoles privées).

Une fois que les étudiants sont inscrits, de nombreux facteurs peuvent affecter l'apprentissage : les écoles doivent être ouvertes (ce qui est un problème en cas de chocs ou de catastrophes naturelles) ; les élèves et les enseignants doivent être présents ; les étudiants doivent être prêts à apprendre ; et les enseignants doivent avoir les compétences et la motivation nécessaires pour enseigner d'une manière efficace. En particulier, à long terme, l'amélioration de la formation des enseignants afin d'améliorer leur maîtrise du contenu, d'encourager la pratique et les commentaires dans la salle de classe et de respecter les normes sur la base d'un programme révisé devrait contribuer à améliorer l'enseignement et l'apprentissage des élèves.

Cette étude propose d'étudier les perspectives d'investissement dans l'enseignement primaire en Haïti. En particulier, elle fournit une analyse coût-avantage de quatre types d'intervention : enseignement de la langue maternelle, formation des enseignants, subventions aux écoles privées et fourniture gratuite d'uniformes scolaires.

Données et contexte

Système éducatif en Haïti

L'éducation formelle en Haïti est structurée à quatre niveaux : l'éducation préscolaire, l'éducation de base, l'enseignement secondaire et l'enseignement supérieur. L'éducation préscolaire est destinée aux enfants de 2 à 5 ans, et comporte quatre niveaux selon l'âge : poupons, petits, moyens et grands. Les deux premiers cycles - de la 1ère à la 6e année pour les enfants âgés de 6 à 11 ans - sont considérés comme un enseignement primaire. Par la suite, les enfants peuvent entrer dans des programmes de formation professionnelle ou continuer vers le troisième cycle de base (école secondaire inférieure), qui comprend trois échelons pour les enfants de 12 à 14 ans. De même, les programmes de formation professionnelle sont disponibles après le deuxième cycle du secondaire, ou les enfants peuvent continuer vers l'enseignement secondaire (secondaire supérieur), qui comprend trois ou quatre échelons selon le modèle suivi par l'école. L'enseignement supérieur (tertiaire) comprend une gamme de programmes universitaires, techniques et professionnels.

Admission, achèvement et apprentissage

En Haïti, le nombre d'élèves augmente de la 1ère à la 2e année, puis diminue en fonction des notes dans les régions rurales et métropolitaines, alors qu'il est plutôt stable dans d'autres régions urbaines. Cela signifie que le taux d'achèvement de l'école primaire est assez faible en Haïti (environ 50%), en particulier dans les zones rurales. Ainsi, compte tenu de ces trois étapes fondamentales, nous pouvons estimer la probabilité pour un enfant en âge scolaire de base d'acquérir des compétences et des connaissances de base à l'école. Dans le cas d'Haïti, cette probabilité est relativement faible. En effet, seulement 30% des enfants vont au-delà de la sixième. Ainsi, les interventions envisagées dans cette étude pourraient viser à améliorer les résultats au niveau de l'école primaire.

D'autre part, le taux d'échec/redoublement diminue avec l'année de scolarité, passant de 12% en première année à moins de 7% en cinquième année. En effet, le taux de passage augmente d'année en année. C'est ainsi que la possibilité de terminer l'école primaire augmente logiquement selon l'année en raison du processus de sélection. Un taux de passage plus élevé à la fin de l'école primaire est généralement considéré comme un indicateur attestant de la qualité de l'école. Cependant, même si les enfants terminent leur scolarisation, il n'est pas certain qu'ils développent des compétences et des connaissances suffisantes. En effet, selon Adelman et al. (2015a), de nombreux élèves, en particulier dans les communautés pauvres, semblent apprendre peu de l'enseignement primaire, pas même les compétences de base en matière d'alphabétisation et de calcul.

Écoles publiques et privées

L'offre d'écoles publiques en Haïti est limitée. Selon les données du recensement scolaire 2013/14, seules 16% des 16 993 écoles en Haïti sont publiques et elles accueillent 38% des élèves des écoles primaires et secondaires. Les écoles sont réparties en 2 653 (16%) écoles publiques et 14 340 (84%) écoles privées. 6 450 (38%) écoles sont situées dans des zones urbaines et 10 543 (62%) se situent dans des zones rurales.

Le nombre d'écoles privées a augmenté de façon exponentielle au cours des dernières décennies. En effet, en moins de 50 ans, le nombre d'écoles privées a été multiplié par plus de 20, alors que le nombre d'écoles publiques n'a que doublé. Un peu moins de la moitié des écoles primaires privées sont affiliées à une religion. Les écoles affiliées protestantes constituent la majorité de celles-ci. Peu de données sur les écoles privées sont systématiquement collectées au-delà des informations de base volontairement communiquées lors du recensement annuel de l'école. Plus de la moitié des écoles primaires ne sont pas encore officiellement reconnues par le gouvernement, qui développe actuellement un système de licences décentralisé avec de multiples niveaux de reconnaissance officielle.

Analyse documentaire sur les effets des interventions

Dans le contexte d'Haïti, divers types d'interventions peuvent être mis en œuvre, ce qui pourrait s'avérer efficace pour accroître l'accès et la qualité de l'enseignement. Spécifiquement, les interventions envisagées dans cette étude sont : l'enseignement dans la langue maternelle, la formation des enseignants, les subventions des écoles privées et la fourniture gratuite d'uniformes scolaires. Pour obtenir une analyse coût-avantage de ces interventions, nous devons tenir compte des éléments de preuve à partir de la documentation sur la corrélation entre les interventions et les changements dans les résultats éducatifs. Des centaines d'études existent en effet sur l'efficacité des interventions pour améliorer les résultats scolaires.

Par exemple, **l'enseignement dans la langue maternelle** devrait augmenter le niveau de scolarité des bénéficiaires (achèvement de l'école primaire), ce qui induira une augmentation des revenus futurs. Selon Bender et al. (2005), lorsque l'apprentissage est dans la langue maternelle, le décrochage est 1/3 de celui dans la langue non-maternelle au Mali, et de 25% moins élevé au Guatemala. Une telle intervention peut donc diminuer (en moyenne) de moitié environ l'écart d'éducation (par exemple, le taux de passage augmentera de 80% à 90%). Or, une modification du taux de passage entraîne une modification du flux d'élèves. Par exemple, en Haïti, si le fossé éducatif diminue de 50%, on s'attendrait à ce qu'environ 25% d'enfants supplémentaires terminent le primaire. En outre, on peut s'attendre à ce que le retard d'apprentissage diminue également d'environ 30% (ce qui correspond à l'effet de l'enseignement dans la langue maternelle sur le score d'alphabétisation) en raison de l'enseignement dans la langue maternelle (Cf. Bender et al.'s evidence for Mali). Cela aura à son tour une incidence sur les revenus futurs : Hanushek et Zhang (2009) ont, par exemple, estimé un impact de 8,8% sur les salaires pour une augmentation de 1 écart type du score d'alphabétisation en considérant 13 pays.

La formation des enseignants aura également un effet sur les résultats scolaires. De nombreux rapports ont souligné le fait que la qualité de l'enseignement est en moyenne plutôt faible en Haïti, et l'amélioration de la qualité de l'enseignement est apparue comme l'objectif principal du nouveau plan national d'éducation. Il n'est toutefois pas clair comment la formation des enseignants aura des effets bénéfiques importants sur les résultats scolaires. La plus grande préoccupation réside dans le fait que nous ne disposons pas de très bonnes informations quant à la façon de rendre les enseignants plus efficaces. Par exemple, Rivkin et al. (2005) ont constaté que les enseignants les plus efficaces semblaient identiques aux moins efficaces en termes de formation et d'expérience. De même, l'Unicef (2015, p.72) a conclu qu'« une grande partie de l'apprentissage des élèves est liée à des niveaux d'efficacité variables chez les enseignants et les écoles qui ont les mêmes ressources, plutôt qu'à l'environnement mesurable de l'élève, comme par exemple les manuels scolaires, les qualifications des enseignants, l'expérience ou la formation professionnelle. »

Les éléments factuels qui contribuent à former un bon enseignant ne sont tout simplement pas très fiables. Il semble clair que la scolarité antérieure, comme un diplôme d'enseignement ou un diplôme de maîtrise, n'explique pas les variations dans les résultats des tests, même si cela peut être dû à un manque de variation dans les niveaux de scolarité observés des enseignants. La formation continue devrait avoir de l'importance, mais les résultats sont également mitigés. L'expérience d'enseignement améliore la productivité (Harris et Sass, 2011), n'a aucun effet sur la productivité (Asim et al., 2017), ou réduit la productivité (Chingos et Petersen, 2011) selon l'étude et le contexte.

Selon Kremer et Holla (2009), **la fourniture d'uniformes scolaires gratuits** entraîne une réduction de 10% à 15% des taux de décrochage scolaire. Bien que Kremer et Holla ne prennent en compte que le décrochage, nous pouvons soupçonner des améliorations similaires à l'entrée.

Enfin, il faut attendre des effets positifs similaires **des subventions des écoles privées** qui devraient favoriser l'achèvement des études primaires en Haïti. En effet, Adelman et Hollande (2015) ont mis en évidence un meilleur accès à l'école primaire en raison du programme haïtien de renonciation aux frais de scolarité. En Haïti, les familles qui ont des difficultés à payer l'école retardent souvent la scolarisation de leurs enfants et les inscrivent de façon discontinue, en fonction de l'état de leurs finances. Cela peut expliquer un important retard scolaire : en effet, lorsque les enfants retournent à l'école, ils sont de retour dans la classe qu'ils ont abandonnée ou celle qu'ils ont manquée. De même, les enfants redoublent souvent lorsqu'ils n'ont pas été suffisamment présents à l'école au cours de l'année.

Calcul des coûts et avantages

La méthodologie est basée sur une approche de cohorte qui considère les coûts et les avantages pour une seule cohorte au cours de son cycle de vie. Cette approche simple peut être étendue à une approche de cohorte multiple plus complexe.

Pour les estimations avec une cohorte unique, la population ciblée pour l'intervention est arbitrairement fixée à 1000. Tous les coûts directs et les avantages directs (sauf les autres avantages salariaux et les coûts supplémentaires liés à l'enseignement) sont basés sur une moyenne de 1000 et le taux d'achèvement final. L'horizon temporel est de 55 ans pour une seule cohorte.

Enseignement de la langue maternelle

En Haïti, la scolarisation dans la langue maternelle, à savoir le créole, a fait l'objet de débats publics. Le débat a été amplifié par l'adoption de la Loi sur la création de l'Académie créole haïtienne le 23 avril 2013, 27 ans après la Constitution de 1987, dans laquelle une académie pour promouvoir le développement de la langue Créole était requise.

Tableau 1 : Coûts

Paramètres	Valeurs	Sources/Commentaires
Coût initial de l'enseignement dans la langue maternelle pour la cohorte*	6 536 $	4-5% du budget de l'éducation (Ouane-Glanz, 2011, Chap. 6)
Coût de formation pour 1 enseignant pour un programme d'études de 1 an	500 $	De MENFP (Gouv. Haïtien), ajustement pour le fait qu'une séance de formation est bonne pour 4 cohortes
Temps de renouvellement de la formation (années)	4	Hypothèse
Élèves par enseignant	40	Recensement scolaire
Coût total de la formation pour la population cible, un an*	10 807 $	Calcul
Fournitures supplémentaires, USD par enfant	16,80 $	En supposant que les nouvelles fournitures représentent 10% du coût total de l'enseignement
Coût de l'enseignement primaire, y compris l'alimentation minime par enfant, USD 2017	168 $	Hypothèse standardisée
Coût d'une moindre maîtrise dans une langue véhiculaire mondiale	-	Aucune preuve mais discutée dans l'étude

*Remarque : * Le coût est basé sur une moyenne de 1000 et 729, donc 865 ; l'hypothèse implicite étant celle d'une baisse linéaire au cours des 6 années passant de 1000 à 729.*

Tableau 2 : Avantages

Paramètres	Valeurs	Sources/Commentaires
Salaires pour ceux n'ayant pas terminé l'école primaire	996 $	ECVMAS
Salaires pour ceux ayant terminé l'école primaire	1 573 $	ECVMAS
% de l'augmentation de salaire liée à l'enseignement dans la langue maternelle	2,8%	Calcul
% d'impact sur les salaires pour une augmentation de 1SD Du score d'alphabétisation	8,8%	Hanushek and Zhang (2009)
% impact de l'instruction dans la langue maternelle sur le score d'alphabétisation	32%	Bender et al. (2005) (impact en termes de SD non déclaré)
Taux de chômage moyen au cours d'une vie, y compris formel and informel	23,8%	Données moyennes de la Banque mondiale et de la CIA.

Dispenser un enseignement dans la langue maternelle est susceptible d'être efficace en Haïti. Le créole est la seule langue parlée par tous les Haïtiens et plus de la moitié ne parlent que créole (un cinquième de la population haïtienne est capable de parler ou de comprendre le français, avec des degrés divers de compréhension et de performance), de sorte que le français comme langue officielle d'enseignement semble être un obstacle à la scolarisation.

Cependant, bien que l'enseignement de la langue maternelle puisse diminuer le décrochage scolaire et favoriser l'achèvement de l'école primaire, les retours à la pratique du créole sont limités. En effet, il existe des effets négatifs potentiels à être moins compétant dans une langue globale comme le français. Plus de 80% des locuteurs créoles dans le monde vivent en Haïti et les enfants devront donc apprendre une autre langue pour élargir leurs horizons économiques. De plus, si le créole devient la langue officielle d'enseignement, les écoles privées qui affichent le français comme langue officielle d'enseignement attireront les étudiants les plus riches.

Tableau 3 : RAC de l'enseignement dans la langue maternelle

Facteur d'actualisation	Avantages	Coûts	RAC
3%	4 588 425 $	339 814 $	13,5
5%	2 664 737 $	318 671 $	8,4
12%	600 177 $	258 923 $	2,3

À la suite des calculs pour une cohorte unique, nous constatons que le RAC associé à l›intervention de l›apprentissage dans la langue maternelle varie entre 2 (pour un taux d'actualisation de 12%) et 14 (pour un taux d'actualisation de 3%).

Formation des enseignants

Selon les chiffres du Ministère de l'Éducation Nationale et de la Formation Professionnelle (MENFP), les institutions publiques et non publiques offrant une formation initiale continue aux enseignants en primaire et secondaire sont responsables d'environ 400 diplômés chaque année. Ce nombre est insuffisant pour répondre aux besoins de l'enseignement primaire et secondaire du pays, d'autant plus que les enseignants sont souvent peu qualifiés et très anciens. Par conséquent, la deuxième intervention proposée est d'augmenter la formation continue pour les enseignants afin d'améliorer la qualité de l'enseignement en Haïti.

Tableau 4 : Coûts

Paramètres	Valeurs	Sources/Commentaires
Coût de formation pour 1 enseignant pour un programme d'études de 1 an	500 $	De MENFP, ajustement pour fait un an de formation dure pour de multiples cohortes
Temps de renouvellement de la formation (années)	4	Hypothèse
Élèves par enseignant	40	Hypothèse
Coût total de la formation pour la population cible, un an	9 375 $	Calcul
Coût de l'enseignement primaire, y compris l'alimentation minime par enfant, USD 2017	168 $	Hypothèse standardisée
Salaire d'un enseignant formé	3 391,20 $	A partir des données MENFP (Gouvernement Haïtien)
Salaire d'un enseignant non-formé	2 516,80 $	1.6 * le salaire suite à l'achèvement de l'école primaire
Salaire supplémentaire (cohorte)	16 395 $	

Tableau 5 : Avantages

Paramètres	Valeurs	Sources/Commentaires
Salaires pour ceux n'ayant pas terminé l'école primaire	996 $	ECVMAS
Salaires pour ceux ayant terminé l'école primaire	1573 $	ECVMAS
% d'augmentation de salaire liée à un enseignant formé	6,2%	Calcul
% d'impact sur les salaires pour une augmentation de 1 SD du score d'alphabétisation	8,8%	Hanushek & Zhang (2009)
% de l'impact de la formation des enseignants sur le score d'alphabétisation en termes de SD	11,4%	McEwan (2015) - Effet de 0.123 SD sur 12,9 mois de traitement
Taux de chômage moyen au cours d'une vie, y compris formel and informel	23,8%	Données moyennes de la Banque mondiale et de la CIA.

Une étude récente de McEwan (2015) a rassemblé 77 expériences randomisées qui ont évalué les effets des interventions scolaires sur l'apprentissage dans les écoles primaires des pays en développement. Il semble que la formation des enseignants ait l'un des effets les plus importants et les plus significatifs parmi les interventions, avec une taille d'effet moyen estimée sur les résultats des tests des élèves de 0,123 écart-type. Sur la base de cette hypothèse prudente, et en supposant qu'il n'y ait aucun impact sur les taux de décrochage scolaire et de redoublement, le RAC pour l'intervention de formation des enseignants varie de 2 à 10 pour l'approche à cohorte unique.

Tableau 6 : RAC de la formation des enseignants

Taux d'actualisation	Avantages	Coûts	RAC
3%	1 358 920 $	139 601 $	9,7
5%	789 196 $	130 801 $	6,0
12%	177 750 $	105 951 $	1,7

Subventions d'écoles privées

La troisième intervention considérée est la subvention des écoles privées. Un enjeu serait de savoir si la subvention pourrait se présenter sous la forme de bons d'achat ou de subventions aux frais de scolarité. Comme nous l'avons déjà mentionné, le programme d'exemption de frais de scolarité semble avoir un impact avéré sur la participation en Haïti. Cependant, en augmentant le ratio d'étudiant par enseignant, ce qui pourrait avoir un effet néfaste sur les résultats scolaires, les effets nets des subventions sont discutables.

Tableau 7 : Coûts

Paramètres	Valeurs	Sources/Commentaires
Coût des subventions des écoles privées, un an	168 $	ECVMAS
Coût total des subventions des écoles privées, un an	138 600 $	Calcul
Coût de l'enseignement primaire, y compris l'alimentation minime par enfant, USD 2017	168 $	Hypothèse standardisée

Tableau 8 : Avantages

Paramètres	Valeurs	Sources/Commentaires
Salaires pour ceux n'ayant pas terminé l'école primaire	996 $	ECVMAS
Salaires pour ceux ayant terminé l'école primaire	1573 $	ECVMAS
Économie des coûts de l'enseignement (foyers)	126 000 $	Calcul
Taux de chômage moyen au cours d'une vie, y compris formel and informel	23,8%	Données moyennes de la Banque mondiale et de la CIA.

En supposant un effet de 30% des subventions des écoles privées sur le pourcentage d'étudiants qui terminent l'école primaire, nous obtenons un RAC plus faible que pour les autres types d'intervention sur l'enseignement primaire considérés ici. En effet, le RAC varie de 1,5 à 4,1 lorsqu'il est calculé pour une cohorte unique.

Tableau 9 : RAC des subventions d'écoles privées

Taux d'actualisation	Avantages	Coûts	RAC
3%	3 096 307 $	750 823 $	4,1
5%	2 041 322 $	703 491 $	2,9
12%	833 761 $	569 841 $	1,5

Fourniture gratuite d'uniformes scolaires

L'uniforme scolaire représente une part importante des dépenses éducatives dans les pays en développement, et il est généralement considéré comme un obstacle sérieux à l'inscription scolaire.

Tableau 10 : Coûts

Paramètres	Valeurs	Commentaires
Uniforme par élève	51 $	
Coût total de l'uniforme pour la population cible, un an	39 844 $	Calcul
Coût de l'enseignement primaire, y compris l'alimentation minime par enfant, USD 2017	168 $	Hypothèse standardisée

Tableau 11 : Avantages

Paramètres	Valeurs	Sources/Commentaires
Salaires pour ceux n'ayant pas terminé l'école primaire	996 $	ECVMAS
Salaires pour ceux ayant terminé l'école primaire	1573 $	ECVMAS
Économies sur les uniformes (foyers)	38 250 $	Calcul
Taux de chômage moyen au cours d'une vie, y compris formel and informel	23,8%	Données moyennes de la Banque mondiale et de la CIA.

Le RAC pour cette intervention varie de 1,4 à 4,4 lorsque calculé pour une cohorte unique.

Tableau 12 : RAC des uniformes gratuits

Taux d'actualisation	Avantages	Coûts	RAC
3%	1 212 933 $	272 722 $	4,4
5%	778 222 $	255 529 $	3,0
12%	288 813 $	206 984 $	1,4

Conclusion

Cette étude présente l'analyse comparative coût-avantage de quatre programmes d'enseignement primaire : l'enseignement dans la langue maternelle, la formation des enseignants, les subventions des écoles privées et la fourniture gratuite d'uniformes scolaires.

Il est démontré que, en fonction des interventions considérées, les ratios avantage-coût varient de 3 à 8 lorsque nous considérons un taux d'actualisation de 5%, ce qui nous permet de prioriser certaines de ces interventions.

Une limitation importante des simulations est la disponibilité d'études sur l'impact causal réel des interventions. On peut utiliser des expériences randomisées et des évaluations d'impact dans d'autres pays, mais en réalité, les estimations dépendent fortement du pays et du contexte d'intervention. Donc, il est souvent difficile de généraliser les résultats obtenus dans ces contextes particuliers.

Tableau 13 : Tableau récapitulatif

Intervention	Actualisation	Avantage	Coût	RAC	Qualité des éléments de preuve
Enseignement dans la langue maternelle	3%	4 588 425 $	339 814 $	13,5	Élevée
	5%	2 664 737 $	318 671 $	8,4	
	12%	600 177 $	258 923 $	2,3	
Formation des enseignants	3%	1 358 920 $	139 601 $	9,7	Élevée
	5%	789 196 $	130 801 $	6,0	
	12%	177 750 $	105 951 $	1,7	
Subventions d'écoles privées	3%	3 096 307 $	750 823 $	4,1	Élevée
	5%	2 041 322 $	703 491 $	2,9	
	12%	833 761 $	569 841 $	1,5	
Uniformes gratuits	3%	1 212 933 $	272 722 $	4,4	Élevée
	5%	778 222 $	255 529 $	3,0	
	12%	288 813 $	206 984 $	1,4	

Les quatre interventions considérées semblent être des investissements bénéfiques et pourraient être recommandées en soi. Cependant, il est important de noter que certaines d'entre elles pourraient s'avérer particulièrement bénéfiques et donc plus souhaitables. L'une des interventions la moins coûteuse et la plus efficace, est l'enseignement dans la langue maternelle qui présente un RAC élevé pour un coût de mise en œuvre relativement faible. La deuxième plus avantageuse semble être la formation des enseignants, bien que les coûts puissent s'avérer plus importants si l'objectif est de mettre en œuvre ce type d'intervention dans toutes les écoles haïtiennes. Les RAC pour les subventions d'écoles privées et les uniformes gratuits sont relativement inférieurs aux précédents, bien qu'ils semblent également être bénéfiques.

Références bibliographiques

Asim, S., Chase, R. S., Dar, A. and Schmillen, A. (2017). Improving Learning Outcomes in South Asia: Findings from a Decade of Impact Evaluations. *The World Bank Research Observer*, 32(1), pp 75-106.

Adelman M., Baron, J. D., Bimpo, M., Evans, D. K., Simbou, A. and Yarrow, N. (2015a), Why Do Students Learn So Little? Seeking Answers Inside Haiti's Classrooms. Working Paper, World Bank, Washington DC.

Adelman, M., Baron, J. D., Bimpo, M., Evans, D. K., Simbou, A. and Yarrow, N. (2015b). Enhanced Teacher Monitoring for Student Results in Haiti. Working Paper, World Bank, Washington DC.

Adelman, M. and Holland, P. A. (2015). Increasing Access by Waiving Tuition: Evidence from Haiti. Working Paper, World Bank, Washington DC.

Bender, P., Dutcher, N., Klaus, D., Shore, J. and Tesar, C. (2005). In Their Own Language...Education for All. Education Notes, The World Bank, Washingon DC.

Chingos, M. M. and Peterson, P. E. (2011). It's Easier to Pick a Good Teacher Than to Train One: Familiar and New Results on The Correlates of Teacher Effectiveness. *Economics of Education Review*, 30(3), pp 449-465.

Dhaliwal, I., Duflo, E., Glennerster, R. and Tulloch, C. (2014). Comparative Cost-Effectiveness Analysis to Inform Policy in Developing Countries: A General Framework with Applications for Education, in Education Policy in Developing Countries, University of Chicago Press.

Evans, D., Kremer, M. and Mũthoni, N. (2009). The Impact of Distributing School Uniforms on Children's Education in Kenya. World Bank and JPAL.

Hanushek, E. A. and Zhang, L. (2009). Quality-Consistent Estimates of International Schooling and Skills Gradients. *Journal of Human Capital*, 3(2), pp 107-143.

Harris, D. N. and Sass, T. R. (2011). Teacher Training, Teacher Quality and Student Achievement. *Journal of Public Economics*, 95(7), pp 798-812.

Kremer, M. and Holla, A. (2009). Improving Education in the Developing World: What Have We Learned from Randomized Evaluations? *Annu Rev Econom*, 1, pp 513-542.

McEwan, P. J. (2015). Improving Learning in Primary Schools of Developing Countries: A Meta-Analysis of Randomized Experiments. *Review of Educational Research*, 85(3), pp 353-394.

Ouane, A. and Glanz, C. (2011). Optimising Learning, Education and Publishing in Africa: The Language Factor. UNESCO UIL/ADEA.

Rivkin, S. G., Hanushek, E. A. and Kain, J. F. (2005). Teachers, Schools, and Academic Achievement. *Econometrica*, 73, pp 417-458.

UNICEF (2015). The Investment Case for Education and Equity. UNICEF, NY.

Le socio capitalisme scolaire à la rescousse de l'accès universel à l'éducation en Haïti

YVROSE GUERRIER[1]

L'accès universel à l'éducation représente un grand défi qu'Haïti doit relever. Il se réfère à la possibilité offerte à tous de jouir des opportunités égales en éducation au mépris de leur classe sociale, de leur genre, de leur appartenance ethnique et de leurs déficiences physiques et mentales. Dans le Plan Stratégique de Développement d'Haïti (PSDH), cette thématique est prise en compte à travers le programme visant l'accroissement de l'accès à l'éducation préscolaire, fondamentale et secondaire.

En Haïti, on a beau recenser un meilleur taux d'accès à l'éducation, on se situe toujours en deçà des standards mondiaux et on questionne toujours la qualité dans la transmission du savoir. En effet, le Taux Net de Scolarisation (TNS)[2] dans l'enseignement fondamental complet est passé de 66,9% en 2011 à 75.5% en 2014[3]. Il y a donc, pour l'année 2014, environ trois enfants sur quatre de la tranche d'âge 6-14 ans qui sont scolarisés. La moyenne mondiale en termes de TNS se situe autour de 90%.

Si le TNS au niveau fondamental atteste qu'on se rapproche des standards mondiaux, au niveau secondaire, Il porte à soulever la question de la rétention des élèves à l'école. En effet, le TNS au niveau secondaire pour cette même année (2014) est de 13 % [4]. Donc, il y a une grande déperdition entre l'enseignement fondamental et le secondaire.

L'aspect de la rétention des élèves à l'école nous mène à nous interroger sur les mobiles qui poussent les élèves à poursuivre leurs études ou encore quelles stratégies mises en place par les établissements scolaires pour retenir les élèves à l'école ?

Pour répondre à ces questions, faisons un état de la situation de l'offre et de la demande scolaire en Haïti aux niveaux fondamental et secondaire. Les mesures pour aborder la question d'accès universel à l'éducation et de rétention scolaire prises par l'Etat haïtien, à travers le Ministère de l'Education Nationale et de la Formation Professionnelle (MENFP), seront également présentées.

L'intérêt de l'article, en traitant l'aspect d'accès universel à l'éducation et de rétention scolaire, s'inscrit dans le cadre des Objectifs de Développement Durable (ODD) pour l'éducation que s'approprie Haïti, étant un pays membre de l'Organisation des Nations Unies (ONU). L'objectif

1 Ministère de la Planification et de la Coopié, Université

2 Le Taux Net de Scolarisation (TNS) correspond au quotient de la population scolarisée et ayant l'âge officiel d'une scolarisation par rapport à la population scolarisable ayant l'âge officiel d'une scolarisation.

3 Résultat du Recensement Scolaire 2013-2014 (MENFP)

4 Résultat du Recensement Scolaire 2013-2014 (MENFP)

des ODD en éducation est de « garantir une éducation de qualité sans exclusion et équitable et promouvoir des possibilités d'apprentissage tout au long de la vie pour tous ». Cet objectif vise non seulement l'accès à l'éducation de qualité mais aussi la rétention scolaire. Il faut dire que ces deux termes sont intrinsèquement liés.

L'objectif visé dans cet article est de fournir une approche alternative à Haïti dans sa quête d'accès universel à l'éducation.

L'offre scolaire en Haïti

Concernant L'offre scolaire privée

L'offre scolaire en Haïti est fournie par le secteur privé et le secteur public. Elle est à forte prédominance privée (88% en 2010-2011) en ce sens que presque tous les établissements scolaires sont gérés par le secteur privé. Selon une étude de la Banque mondiale, 95% des enfants en âge préscolaire, 82% des élèves enregistrés dans le secteur primaire et 75% des élèves du cycle du secondaire et du troisième cycle fréquentent le secteur privé de l'éducation en Haïti.

Les écoles privées pratiquent des coûts exorbitants. Selon un article intitulé « L'école en Haïti, des coûts vraiment exorbitants » du Nouvelliste publié le 16 septembre 2014, le coût moyen pour les frais et l'écolage en Haïti au niveau du secondaire est estimé à environ 60 000 gourdes par an pour une bonne école. Ce coût est estimé à partir des données recueillies dans les écoles congréganistes.

À ce propos, Duval (2005) qualifie les écoles congréganistes parmi d'autres de « grandes écoles » jouant le rôle d'éclaireur du système en prenant des initiatives innovantes en termes de programme pédagogique. De son côté, Fausner (2006) a qualifié les écoles congréganistes « d'écoles performantes » qui sont dotées d'excellentes installations et d'enseignants de qualité.

Ces coûts de scolarité élevés traduisent l'exclusion des enfants avec des moyens économiques limités. Ces derniers se retrouvent dans le secteur public.

Concernant l'offre scolaire publique

L'offre scolaire publique se situant autour des 20%, se caractérise par l'absentéisme des professeurs, le manque de matériels et d'infrastructures scolaires et le manque de qualification des professeurs. L'accès aux écoles publiques pour les élèves à moyens économiques réduits est plus facile. Cependant, le secteur public ne parvient pas à absorber la demande d'éducation. Par ailleurs, combien de fois un parent qui, a mobilisé des frais de transport entre autres pour envoyer son enfant à l'école, a vu ce dernier revenir de l'école sans avoir suivi des cours à cause de l'absentéisme des professeurs ? Combien de fois un professeur qui, s'est juré de consacrer sa vie au service public en tant que fonctionnaire publique, s'est vu obligé pour survivre de tenir le même horaire pour un cours dans une école privée en attendant les arriérés de salaires ? Cela résume certains maux auxquels fait face l'offre scolaire publique.

La demande scolaire en Haïti

La demande des ménages pour l'éducation ne fait pas défaut en Haïti. Les ménages haïtiens sont conscients des externalités positives de l'éducation. Haïti est l'un des pays de la région, selon certains spécialistes, où les parents dépensent autant pour l'éducation de leurs enfants. Pour les ménages les plus pauvres, la cherté de l'école et la faiblesse de l'offre publique en infrastructures scolaires les forcent à garder leurs enfants à la maison même s'ils étaient déjà scolarisés. Ce qui explique les taux élevés de déperdition scolaire.

Le facteur financier joue un grand rôle dans la fréquentation scolaire en Haïti. D'après Emmus V (2012), le Taux Net de Fréquentation scolaire (TNF)[5] au niveau primaire est de 66 % pour les 20 % des ménages les plus pauvres alors qu'il atteint les 92 % pour les ménages les plus riches.

Les mesures du MENFP

Concernant l'offre scolaire

Le Programme de Scolarisation Universelle Gratuite et Obligatoire (PSUGO, 2011-2016) mis en œuvre par le MENFP ambitionne de scolariser sur cinq ans 1 500 000 enfants[6] à travers une triple stratégie : la prise en charge par l'État des dépenses éducatives dans les écoles fondamentales publiques, la subvention aux écoles non-publiques, la création et la construction d'écoles publiques.

Concernant la demande scolaire

L'appui à la demande est abordé via l'établissement d'un programme santé-nutrition sous forme de généralisation des cantines scolaires (déterminant majeur de rétention des enfants à l'école et agissant comme un filet de sécurité sociale).

Le Socialisme scolaire

L'offre scolaire publique en Haïti, telle que décrite précédemment, se caractérise principalement par une facilité d'accès due au caractère public de l'école. La propriété des moyens de production de l'éducation de l'école est collective. L'accès est effectué indépendamment de la classe sociale, du genre, de l'appartenance à un groupe quelconque. Une analyse de cette situation nous porte à avancer que l'école publique adopte une approche socialiste dans l'accès à l'éducation.

Le Capitalisme scolaire

L'offre scolaire privée en Haïti, telle que décrite précédemment, se caractérise principalement par un ensemble de dotations physiques, matérielles, pédagogiques et technologiques financées certes par les parents d'élèves mais constituant un cadre attrayant qui permet de retenir les élèves à l'école. L'école privée à travers des compétitions interclasses, des gains dans les concours nationaux, ses résultats au baccalauréat, ses manifestations culturelles, des foires, etc. construisent tout

5 Le taux net de fréquentation scolaire (TNF) pour le niveau primaire est le pourcentage de la population d'âge de fréquentation du niveau primaire (6-11 ans) qui fréquente l'école primaire.

6 D'après le Plan Opérationnel (PO) 2010-2015

un package de marketing pour attirer la clientèle, vendre le produit scolaire et fidéliser la clientèle. Une analyse de cette situation nous porte à avancer que l'école privée adopte une approche capitaliste dans la rétention des élèves à l'école.

Haïti, vers le Socio capitalisme scolaire

Ici, le concept de « socio capitalisme scolaire » calqué sur le concept de « capitalisme social [7] » reflète l'idée d'une redistribution de l'offre scolaire nécessaire pour inciter la population à une consommation plus large de la scolarité et destiné à stabiliser le système éducatif.

Ce concept de « socio capitalisme scolaire », de façon plus large, voit un système d'écoles dont l'accès est aisé en termes de coûts monétaires et le produit scolaire en terme de formation est d'excellente qualité. Un tel système doit rechercher une dimension managériale et organisationnelle efficace en termes de leadership, d'innovations et de vision pédagogique. Un tel système doit être bâti sur des constructions physiques adéquates.

L'idée centrale défendue dans cet article pourrait être formulée ainsi : « ***Soyons socialistes dans l'accès à l'éducation et capitalistes dans la rétention des élèves à l'école*** ». En d'autres termes, vulgariser l'accès en donnant de meilleures connaissances à moindre coût et développer des stratégies pour augmenter le sentiment d'appartenance de l'élève à son école c'est-à-dire le fidéliser. Combien d'écoles mettent des stratégies en place pour attirer l'élève mais ne consentent pas assez d'efforts pour retenir l'élève ? Avec le chaos provoqué par l'ère actuelle de la technologie, l'élève doit fournir un effort de concentration suffisant pour rester à l'école et obtenir de bons résultats. Avec la cherté du coût de la vie en Haïti, le parent de l'élève doit être suffisamment motivé pour renflouer le poste budgétaire de l'éducation de son enfant. Avec l'effritement du système de valeurs en Haïti antérieurement tourné autour de l'idée selon laquelle l'éducation est la clé de la réussite, l'école doit renouveler son approche et asseoir son hégémonie institutionnelle. Mais, il faut le concours de l'État haïtien. Sommes-nous encore en mesure d'établir des balises institutionnelles pour arrêter l'hémorragie des moins instruits aux grandes sphères de l'État ? Oui ? Non ? En attendant, cela agit comme un puissant facteur démotivant à l'accès universel à l'éducation…

7 Une organisation de l'économie, conçue dans le but d'établir un équilibre acceptable entre capitalisme (régime économique fondé sur l'appropriation privée des moyens de production) et socialisme (régime économique fondé sur la propriété collective des moyens de production).

INVESTISSEMENTS EN CAPITAL HUMAIN EN HAÏTI

Analyse Coût-Avantage De Certaines Interventions Sélectionnées En Matière D'éducation

ATONU RABBANI[1]

Résumé

L'éducation est l'un des déterminants les plus importants de la prospérité économique et peut expliquer une variation significative de la croissance économique dans tous les pays. En outre, l'investissement en capital humain est également un facteur important pour expliquer le gradient socio-économique à travers l'individu, voire une des principales forces derrière l'inégalité relative dans la société actuelle. Pour assurer la croissance économique à long terme en Haïti et un développement durable, Haïti a besoin de faire attention à son secteur de l'éducation et d'investir efficacement dans le capital humain en mettant l'accent sur l'éducation.

Les inégalités à la fois intra et inter générationnelles commencent tôt dans la vie, et l'éducation préscolaire a reçu beaucoup d'attention dans la littérature de l'économie de l'éducation. La complémentarité dynamique dans l'investissement en matière d'éducation suggère également que le retour sur investissement soit susceptible d'être plus élevé le plus tôt ces investissements sont effectués dans la vie. Toutefois, il est également important que l'investissement dans le capital humain par l'éducation continue au cours de la vie. Des interventions secondaires d'offre telles que l'amélioration des résultats d'apprentissage des enfants et des interventions secondaires de demande comme les transferts conditionnels en espèces peuvent également avoir des répercussions importantes sur les résultats éducatifs et aussi être rentables afin de pouvoir guider les finances publiques plus efficacement.

Introduction

Le capital humain joue probablement le rôle le plus important dans la détermination de la croissance et du développement économique à long terme ainsi que dans le bien-être des hommes (Barro et Lee 2013). Au cours des 60 dernières années, les compétences et le capital humain ont trouvé une base théorique très bien articulée dans de nombreuses branches des sciences sociales et en particulier en économie, telles que l'économie du travail et la croissance économique (Lucas 1988, Becker 1994). L'investissement dans l'éducation peut aussi avoir des effets externes positifs

1 Professeur associé, Département des Sciences Economiques, Université de Dhaka

significatifs (apprentissage entre pairs et transfert intergénérationnel de compétences) et donc des décisions en éducation basées sur l'intérêt privé peuvent conduire à un sous-investissement dans le capital humain d'un point de vue social. Il y a aussi des répercussions manquantes sur le marché, les enfants ne pouvant pas écrire un « contrat » avec les parents afin d'investir dans leur scolarité et des coûts d'opportunités plus élevés peuvent conduire les ménages à retirer les enfants des écoles (Pitt, Rosenzweig et Hassan 2012).

Investir dans le capital humain et la formation professionnelle a des implications politiques importantes, en assurant la croissance et le développement pour des pays comme Haïti qui aspirent à davantage de bien-être humain durable et à atteindre un stade pour assurer la satisfaction des besoins de base afin que tous leurs citoyens poursuivent une vie digne. L'investissement dans le capital humain par le biais de l'éducation est certainement un instrument essentiel pour atteindre cet objectif et dans ce court article, nous nous concentrerons sur certaines interventions en éducation qui pourraient contribuer au développement économique dans le contexte d'Haïti.

Historique et contexte

Haïti s'est engagé pour une éducation universelle et pour l'égalité des chances pour les enfants de toutes les couches économiques et de tous les emplacements géographiques selon une loi promulguée en 1982. Il a reconnu l'importance de l'éducation préscolaire (EP), la préscolarisation faisant officiellement partie du système éducatif. L'enseignement primaire obligatoire est de neuf ans avec deux cycles. Le second cycle (qui couvre les élèves entre les 12 à 14 ans) est également considéré comme secondaire inférieur par certaines écoles. La scolarité secondaire se termine à l'âge de 19 ans.

Sur le plan institutionnel, il y a une dominance des écoles privées en terme de qualité de l'éducation, cependant, les ménages sont supposés supporter le coût total de l'éducation. Des donateurs et des organisations religieuses ont pris le relais et beaucoup d'écoles sont fondées et maintenues grâce aux initiatives des donateurs. La qualité des enseignants est également un enjeu majeur et les instructeurs n'ont souvent pas les qualifications d'un enseignement de base[2].

Le secteur de l'éducation en Haïti a des problèmes couramment observés dans d'autres pays en développement. Haïti a un taux d'alphabétisation d'environ 64 pour cent pour les hommes et 57 % pour les femmes[3]. La scolarisation au primaire s'est considérablement améliorée ces dernières années mais le décrochage et la non-poursuite des études est un enjeu important pour le secteur de l'éducation en Haïti. Environ 50 pour cent des élèves finissent l'école primaire et un pourcentage beaucoup plus faible continue au niveau secondaire. C'est en partie parce que la qualité de l'éducation a été sujette à caution et parce que le système éducatif a eu du mal à mobiliser des enseignants de qualité impliquant les étudiants (Lunde [2008], p. 6). Les écoles privées ont également dominé le système éducatif haïtien nécessitant que les parents et les ménages paient pour leurs services. Cela a conduit à la fois à la non-participation et à plus d'abandons pour les enfants qui fréquentent l'école.

2 Voir Haiti Education Fact Sheet (2016) à https://www.usaid.gov/haiti/education (consulté le 19 février 2017).

3 Il est très difficile de trouver des données fiables pour Haïti provenant d'enquêtes qui sont représentatives au niveau national. Les chiffres de taux de littéracie proviennent d'un rapport de l'USAID cité à https://haitipartners.org/about-us/haiti-statistics/ (consulté le 19 février 2017).

On peut également observer la grande disparité dans la fréquentation scolaire entre les zones rurales et les centres urbains avec une participation généralement plus faible dans les dernières régions.

En fin de compte, la scolarisation peut être considérée comme une décision d'investissement en capital humain d'un point de vue parental. Donc, la décision d'un investissement optimal dépendra certainement de retombées attendues pour l'éducation (Becker, 1994). Ainsi, les interventions ou les programmes visant à augmenter l'intégration de la scolarité exigeront qu'on aborde soit le côté de l'offre ou le côté de la demande (ou les deux) de l'équation d'investissement dans l'éducation. Les trois interventions examinées dans le présent document viseront à les aborder.

L'éducation est un processus dynamique de formation de compétences

L'éducation est un processus dynamique en ce sens que le processus de formation des compétences (où « compétence » est utilisé dans le sens large du terme) se déroule sur une longue période de temps et peut commencer avant même la naissance. L'environnement in utero peut avoir des effets durables sur la vie d'un enfant, toutefois, nous nous concentrons ici surtout sur des interventions éducatives plus formalisées.

L'un des grands principes d'une éducation efficace consiste à reconnaître la complémentarité intertemporelle au cours de la vie d'une personne. Autrement dit, cette complémentarité signifie qu'investir plus tôt dans le capital humain dans la vie d'une personne abaissera le coût de l'investissement plus tard dans la vie et cela permettra également d'augmenter le retour sur investissement plus tard dans la vie (Heckman, 2008). Par exemple, une intervention de développement préscolaire bien conçue préparera mieux les enfants à intégrer la scolarisation plus tard (donc le coût pour atteindre le même niveau de compétence sera plus faible) et permettra aussi de récolter l'avantage d'un même niveau de scolarité à des stades ultérieurs de leur vie. Fondamentalement, cela suggère que le taux des retombées aura un gradient diminuant pendant la progression de la vie d'une personne. Cette relation a été bien exprimée par « l'équation de Heckman » (voir Cunha, et al. 2006 ; Heckman, 2008).

Il s'agit d'un principe important, que je vais utiliser dans cet article pour évaluer trois interventions éducatives différentes et pour estimer les ratios avantage-coût contextualisés pour Haïti en utilisant les informations disponibles. Comme évoqué plus tôt, l'éducation comme investissement en capital humain est essentielle pour un objectif à long terme de croissance économique et de développement social soutenu pour n'importe quel pays. Haïti présente quelques signes qui révèlent un sous-investissement dans l'éducation que l'on trouve communément dans d'autres pays en développement. La réussite des études est généralement faible et le secteur privé joue un rôle plus prépondérant en matière d'accès à l'éducation et les ménages doivent souvent payer le coût total de la scolarité. Alors que la qualité des écoles privées peut être acceptable (avec un absentéisme des enseignants faible, par exemple), cela crée un obstacle pour l'accès du côté de la demande et génère une fréquentation et une réussite scolaire inégales en Haïti.

En outre, il faut également des facteurs de production de qualité pour l'éducation. Le principal facteur de production pour l'éducation ce sont des enseignants qualifiés, qui sont en quantité limitée en Haïti. Certains estiment à environ 80 pour cent les diplômés d'Haïti qui quittent le pays pour trouver du travail ailleurs (Beine, Docquier et Rapoport 2008). Cela fait baisser davantage la demande pour l'éducation et contribue à de faibles résultats scolaires. Une solution globale pour le système éducatif d'Haïti nécessitera d'inclure certains de ces problèmes et dans cet article, nous abordons trois de ces problèmes.

Interventions proposées

Nous évaluons et faisons le bilan de trois interventions en matière d'éducation basées sur la littérature récente fondée sur des preuves rigoureuses que nous avons sur la possible efficacité de ces programmes. Ceci nous limite aux interventions pour lesquelles nous avons des preuves crédibles quant aux impacts de la formation d'apprentissage et de compétences sur les résultats du marché du travail. Pour une intervention (éducation préscolaire), nous avons des suivis à long terme et des estimations des effets sur les revenus des enfants qui ont bénéficié de l'intervention (García, Heckman et Prados 2016). Elle a aussi été essayée dans différents contextes au-delà des pays développés comme en Jamaïque (P. Gertler, J. Heckman, Al 2013) et a été évalué au Bangladesh (Hamadani, Al 2014). La politique d'éducation en Haïti a également reconnu et identifié la scolarisation préscolaire comme faisant partie du programme de l'éducation nationale.

Malheureusement pour les autres interventions (par exemple, l'amélioration des compétences par l'enseignement à un niveau approprié), il faut extrapoler à l'aide d'estimations quant aux impacts des apprentissages sur les revenus et relier les résultats de l'apprentissage avec les interventions proposées. Cela dit, les transferts conditionnels en espèces (TCE) pour stimuler l'éducation à différents niveaux de scolarité sont des programmes communs qui ont été expérimentés dans de nombreux contextes différents (Fiszbein et Schady 2009). Dans cet article, je vous propose des TCE au niveau secondaire, qui ont montré un potentiel afin d'encourager la réussite à l'école au niveau secondaire (Khandker, Pitt et Fuwa 2003). Cela peut même avoir davantage d'effet du côté de la demande sur un niveau inférieur d'enseignement au niveau primaire.

Un problème dont on a beaucoup parlé, spécialement pendant la période des OMD, a été la question de la qualité de l'éducation et des apprentissages contrairement à la fréquentation scolaire et aux résultats dans les tests de réussite. L'économie de l'éducation a mis l'accent davantage sur ces questions ces derniers temps. Donc j'ai choisi de proposer un suivi et un enseignement complémentaire issus des réussites antérieures des étudiants comme moyen de favoriser l'apprentissage et les compétences (Bayard, et collab 2007, Duflo, Dupas et Kremer 2011 ; voir également JPAL 2016). Pour cela, on tire profit des nombreuses heures de contact et également de la relative homogénéité d'une salle de classe qui peut aider les enseignants à adapter le matériel d'enseignement pour répondre aux besoins des étudiants[4].

Pour résumer, nous nous fions à l'approche du cycle de vie pour la formation professionnelle et la complémentarité dynamique qui donne à penser que l'éducation préscolaire (EP) devrait être amplifiée et qu'elle a le potentiel pour des ratios coût-avantage élevés (Cunha, et al. 2006). Nous nous concentrerons aussi sur deux autres interventions qui abordent le maintien des étudiants au niveau secondaire avec les transferts conditionnels en espèces (TCE) et également une intervention qui traite explicitement des résultats d'apprentissage ou des compétences (Fiszbein et Schady 2009).

4 Comme le lecteur critique anonyme de cet article le suggère, l'efficacité des interventions de compétences améliorées dépendra beaucoup des contextes et également de la disponibilité de facteurs complémentaires. Une condition préalable importante pour que l'intervention éducative soit efficace est d'avoir des enseignants de qualité, ce qui n'a pas été traité dans cet article. Ce point sera discuté dans le chapitre final.

Intervention 1 : Éducation préscolaire (EP)

Comme discuté préalablement, la complémentarité dynamique suggère que des interventions en matière d'éducation à un stade précoce dans la vie impliquent des retombées plus élevées à l'avenir. Aussi, n'importe quel investissement réalisé plus tôt aura également une plus longue période pour qu'une personne en tire parti. Des économistes du travail ont estimé les impacts des interventions EP dans différents contextes et ont trouvé des impacts à long terme de l'EP sur des rémunérations en augmentation, de meilleurs comportements concernant la santé et sur la réduction de la criminalité (Gautier, Thomas et Currie 2002, García, Heckman et Prados 2016). L'EP peut également protéger des effets nuisibles d'autres facteurs tels que les carences nutritionnelles qui peuvent réduire les facultés cognitives chez les enfants avec des effets durables tout au long de la vie d'une personne.

Ici, nous vous proposons une intervention simple où les enfants au niveau prématernelle reçoivent une EP pendant deux ans au sein d'un petit groupe de 25. L'intervention nécessitera deux facilitateurs formés à l'EP ainsi qu'un(e) assistant(e) dans des paramètres appropriés axés sur les enfants. Cela peut inclure une classe accueillante pour les enfants avec deux enseignants formés et éventuellement un(e) assistant(e). L'intervention implique que les enseignants utilisent des stimulants cognitifs impliquant des jouets et développent des compétences sociales via des jeux. Nous avons réalisé une conception et un calcul des coûts détaillés par le biais de multiples consultations avec des spécialistes de l'EP pour l'article sur les priorités du Bangladesh (Rabbani, 2016). Nous croyons que la conception de base est applicable plus généralement et que l'intensité va habituellement de pair avec, si ce n'est plus, les interventions EP sont généralement discutées et évaluées dans la littérature.

L'intervention s'adresse aux enfants de 4 et 5 ans en Haïti (les deux années de prématernelle). La démographie actuelle d'Haïti compte environ 516 000 enfants âgés de 4 à 5 ans. Nous supposons que le programme touchera facilement la moitié de cette population soit environ 258 000 enfants par an. Avec un coût unitaire de 79 dollars par élève par an et aussi des frais de scolarité supplémentaires causés par une productivité accrue dans la vie ultérieure de 0,61 année nous avons un coût par année de 7,1 milliards HTG par an à un faible taux d'actualisation de 3 % et de 6,9 milliards HTG à un taux d'actualisation modéré de 5 %.

D'autre part nous avons augmenté les revenus dus à l'EP d'environ 35 %. Nous supposons qu'une personne commence à récolter les avantages du marché du travail lorsqu'il ou elle commence à travailler à l'âge de 16 ans jusqu'à la retraite à l'âge de 55 ans, ce qui est une hypothèse prudente. La valeur actualisée totale de l'avantage par rapport à la durée de vie d'une cohorte de travailleurs sera d'environ 203,3 milliards HTG suggérant un RAC de 28,6 à un taux d'actualisation de 3 %. Au taux d'actualisation de cinq pour cent, la présente valeur actualisée des avantages futurs est de 229,1 milliards HTG pour le même groupe cible d'enfants. Ceci suggère un RAC de 16,5. De même, nous avons un RAC de 3,6 pour un taux d'actualisation de 12 pour cent.

Cela montre un RAC suffisamment élevé, ce qui est une justification éventuelle pour que le gouvernement et les donateurs investissent dans l'EP dans le contexte d'Haïti. Comme le suggère la littérature, l'EP peut potentiellement atténuer certains des effets néfastes causés par un sous-investissement dans d'autres dimensions telles que la nutrition (voir Gertler, Heckman, Al 2014 ; Hamadani, Al 2014). Les résultats sont également en ligne avec nos estimations préalables de RAC du Bangladesh et même de pays développés tels les États-Unis, qui ont déjà suffisamment investi dans le capital humain (Cunha, et al. 2006).

Intervention 2 : La lecture à un niveau approprié

Dans l'ère post-OMD, on porte une attention particulière à la qualité de l'éducation et comment l'assurer[5]. Au cours des dernières deux décennies, les efforts conjugués des gouvernements, des secteurs privés ou des ONG et des donateurs ont porté principalement sur la fréquentation scolaire. Cela a contribué à amener les enfants à l'école et à faire progresser les inscriptions. Cependant, terminer ses études reste un problème pour beaucoup d'enfants qui abandonnent l'école avant d'avoir terminé le niveau obligatoire de scolarité. Haïti n'y fait pas exception. Dans ce chapitre, nous reconnaissons que l'éducation a un coût d'opportunité élevé et à moins qu'il y ait une utilisation pour l'investissement (c'est à dire les retombées), il manquera des incitations pour que les ménages investissent sur les enfants[6].

La littérature récente sur l'économie de l'éducation a identifié de nombreuses innovations pédagogiques potentielles qui peuvent aborder les résultats et les compétences des élèves en matière d'apprentissage. Ce type d'intervention peut aider les élèves à augmenter leurs notes d'examens et signaler les capacités correspondantes à la demande dans un marché du travail en constante évolution. Le regroupement des élèves par groupes selon leur niveau d'apprentissage a montré un grand potentiel afin de remédier au manque de réussite en matière de compétences chez les élèves. On craint que ce regroupement puisse dissuader l'apprentissage par pair (Epple et Romano 2011). Cependant, la grande hétérogénéité peut rendre plus difficile et même inefficace la remédiation aux besoins spécifiques d'apprentissage des élèves pour les écoles et les enseignants.

Une façon de réduire l'hétérogénéité des élèves consiste à suivre les élèves selon leurs niveaux de réussite antérieure (telle que mesurée par, disons, des notes d'examens de langue ou de mathématiques), les regrouper selon leur performance antérieure et apporter un supplément à l'enseignement régulier avec des classes spéciales. En dehors de la justification théorique de l'intervention proposée de suivi de la réussite antérieure des étudiants et « de les instruire à un niveau approprié », nous avons aussi quelques évaluations rigoureuses venant du Kenya et de l'Inde soutenant principalement l'efficacité potentielle de ces programmes (voir Banerjee, et collab 2007, Duflo, Dupas et Kremer 2011).

Nous utilisons des informations à partir d'analyses de rentabilité antérieures et effectuons le ratio coût-avantage pour le suivi des élèves et l'enseignement supplémentaire à leurs niveaux (voir JPAL 2016).

Nous utilisons le revenu mensuel pour un haïtien avec un enseignement primaire de 2017 comme valeur de référence et nous utilisons le taux de croissance réel de 2,7 % comme précédemment. Nous partons du principe que le suivi et le tutorat supplémentaire auront lieu sur l'ensemble du niveau primaire (pour les enfants âgés entre 6 et 10 ans ou les années 1 à 5). Les analyses coût-avantage suggèrent qu'un investissement de 100 USD par an peut permettre une augmentation de la réussite des examens de 1,97 écart-type (voir JPAL [2016], aussi le tableau 2). Le programme ciblera environ 1,24 millions d'enfants d'un groupe d'âge approprié qui vont à l'école. Ainsi, nous nous concentrons sur les enfants qui sont actuellement inscrits à l'école. Cela revient à environ 870 000 enfants.

---

5 Pour une description de l'objectif, veuillez-vous référer à http://www.un.org/sustainabledevelopment/sustainable-development-goals/

6 Il peut y avoir un aspect du marché qui manque, les opinions des parents sur les retombées à l'école pouvant être différentes de celles des enfants et il n'est pas possible pour les enfants d'écrire un contrat avec leurs parents afin de prendre les décisions d'investissement optimales du point de vue des enfants.

Pour les avantages, nous utilisons les estimations de Hanushek et Zhang (2009) pour lier des compétences en littératie avec les retombées du marché du travail d'environ 8,8 pour cent pour une augmentation d'un écart-type de la note en littératie, ce qui suggère un gain composé d'environ 170 USD sur la durée de vie d'une personne.

Nous devrions encore noter que les coûts sont immédiats et les avantages s'additionnent dans le futur. A un taux d'actualisation de 3 %, le coût total à la valeur actuelle se monte à environ 28 milliards HTG. Avec un avantage estimé d'environ 402 milliards HTG, nous obtenons un RAC d'environ 14,5 pour l'enseignement complémentaire grâce au suivi des niveaux de réussite antérieure des étudiants. Avec une actualisation de 5 et 12 pour cent, nous obtenons des RAC d'environ 8,8 et 2,3. En se concentrant sur une actualisation modérée, alors nous obtenons des retombées raisonnables de 8,8 HTG pour chaque HTG investi en investissant dans les résultats d'apprentissages des enfants en leur enseignant à un niveau approprié, ce qui suggère que l'enseignement supplémentaire avec des classes plus homogènes peut avoir d'importants retours sur investissement.

Intervention 3 : Augmentation de la fréquentation de l'enseignement secondaire : à l'aide des TCE

Dans un monde en constante évolution où les technologies et les pratiques de gestion plus sophistiqués deviennent importantes pour être un membre productif de la population active, il est important de poursuivre les investissements en capital humain. Malgré des ressources limitées, un plan d'investissement se concentrant uniquement sur la fréquentation dans le primaire pourrait ne pas suffire pour un développement économique à long terme. Cependant, comme beaucoup de pays en développement, Haïti souffre également d'un faible taux de scolarisation et d'un taux de décochage élevé pour les niveaux de scolarité ultérieurs.

Les transferts conditionnels en espèces ont été fréquemment utilisés dans différents contextes pour accroître la scolarisation et le maintien à l'école (Fiszbein et Schady 2009). Dans ce chapitre, nous proposons et explorons l'utilisation des TCE afin de réduire le décrochage au niveau secondaire en Haïti. Nous évaluerons les plus faibles taux de décrochage dans un cadre dynamique avec des transferts de fonds conditionnels continues au fil des âges des élèves entre 11 et 15 ans (disons, années 6 à 10).

Parmi les enfants qui commencent la sixième année (ou le niveau d'éducation « secondaire »), seulement 30 pour cent des étudiants, au final, terminent ce niveau. Pour aller plus loin, nous prenons encore un effet moyen de 13,5 pour cent pour les TCE sur la fréquentation scolaire et la scolarisation basées sur six pays en développement, dont trois se trouvent dans la région d'Amérique latine (Mexique, Equateur et Chili).

Comme dans les deux précédents cas, nous montrons les coûts et les avantages au cours du cycle de vie pour un élève moyen. Les dépenses sont engagées les cinq premières années d'intervention, lorsque le transfert est considéré comme un bénéfice de même ampleur sur la même période, et des avantages supplémentaires commencent à s'accumuler de 16 jusqu'à 55 ans. On notera que les TCE ciblent presque toujours une population présentant certaines caractéristiques. La littérature suggère que le ciblage repose généralement sur l'état de la pauvreté ou l'emplacement (par exemple les régions urbaines opposées aux régions rurales). Compte tenu que le taux de pauvreté en Haïti est d'environ 40 pour cent, nous proposons d'utiliser les TCE pour cibler les ménages pauvres en Haïti ou les plus faibles 40 pour cent des ménages selon le niveau consommation et/ou de revenu du ménage dans le groupe d'âge approprié (11 à 15 ans)[7]. Ceci suggère une population d'environ 476 000 élèves en Haïti. Donc, en incluant les coûts directs et indirects, à un taux d'actualisation de 3 %, nous estimons le coût total des TCE à 17 milliards HTG. Au même taux d'actualisation de 3 %, les avantages additionnels suggèrent 129 milliards HTG avec un RAC de 7,6, le plus faible des trois interventions en matière d'éducation que nous avons évalué dans cet article. De même, à des taux d'actualisation de cinq et douze pour cent, nous trouvons un RAC pour les TCE pour l'enseignement secondaire en Haïti de respectivement 5,3 et 2,4.

Discussion générale

De nouveaux problèmes émergent à l'échelle mondiale avec des niveaux d'incertitude plus élevés. La mondialisation, comme elle a été expérimentée, pourrait faire face à une régression et faire correspondre les travailleurs avec le type de travail approprié soulèvera certainement plus de défis encore. Haïti possède actuellement le niveau de revenu le plus faible et le niveau de pauvreté le plus élevé de tous les pays voisins dans l'hémisphère occidental. Investir dans l'éducation est essentiel pour n'importe quel pays afin d'avoir le meilleur potentiel pour s'intégrer à la fois aux marchés de travail locaux et internationaux et il est absolument nécessaire pour les parties prenantes en Haïti de mettre l'accent sur la création d'une infrastructure éducative, ce qui nécessite la construction d'écoles, la formation d'enseignants de qualité et de les gérer avec les bonnes incitations et encourager la demande avec des subventions pour l'école.

Tableau 1: Récapitulatif des RAC pour les interventions proposées en matière d'éducation

Intervention	Actualisation	Avantage[a]	Coût[a]	RAC	Qualité des éléments de preuve
Interventions sur les deux années de la petite enfance en phase pré-primaire	3 %	203,31	7,11	24,7	Solide
	5 %	114,53	6,93	13,9	
	12 %	22,96	6,41	2,6	
Instruire les enfants à un niveau approprié	3 %	401,93	27,76	14,5	Solide, mais doit être contextualisé
	5 %	235,30	26,75	8,8	
	12 %	53,67	23,76	2,3	
TCE pour les enfants du niveau secondaire	3 %	128,70	16,98	7,6	Solide
	5 %	87,52	16,41	5,3	
	12 %	35,59	14,69	2,4	

Remarque. a Les chiffres des coûts et avantages sont en milliards HTG (unités de la devise locale).

Dans cet article, nous avons évalué trois interventions différentes en matière d'éducation abordant l'investissement en capital humain à différents moments de la vie d'une personne. Nous

7 Évidemment, toute intervention à court de caractère universel va probablement entraîner certaines erreurs de ciblage et des activités de maximisation de la rente. Les personnes en charge du ciblage peuvent prendre avantage de l'économie politique (disons, l'achat de voix). Toutefois, nous ignorons ces considérations politiques pour le moment.

nous sommes concentrés sur l'EP qui a le potentiel d'avoir un taux de retombé très élevé et qui a démontré de grands impacts sur les revenus de la vie future et dans d'autres dimensions telles que la réduction des activités extra légales et l'amélioration des résultats pour la santé. Cela a été essayé en Jamaïque et peut éventuellement être relié au contexte haïtien. On notera que l'EP a été utilisé pour atténuer certains des effets néfastes des carences nutritionnelles. Une intervention en matière de nutrition peut avoir le potentiel d'améliorer les résultats cognitifs et aussi les résultats d'apprentissage des élèves, toutefois, dans cet article, je me suis surtout concentré sur les interventions en matière d'éducation.

De plus, nous nous sommes concentrés sur l'amélioration de la qualité de l'enseignement par un tutorat supplémentaire basé sur les compétences préalables des élèves du niveau primaire et aussi par des subventions en espèces pour encourager les élèves à assister au cours et à rester dans les écoles au niveau secondaire. Le suivi des élèves a montré quelques promesses afin d'améliorer l'apprentissage et les compétences des élèves et a été essayé dans quelques contextes différents. Cependant, c'est l'un des nombreux outils qui ont été proposés. Les praticiens et les économistes de l'éducation ont appris beaucoup sur les différentes innovations pédagogiques avec des coûts-avantages similaires (voir JPAL 2016). Un facteur important que nous avons laissé de côté dans l'article est la disponibilité d'enseignants de qualité. Les diplômés d'Haïti ont tendance à émigrer du pays emportant leur formation avec eux. Cela pourrait empêcher ou atténuer certains des effets de l'intervention proposée.

Un investissement prudent et délibéré dans l'éducation sera indispensable pour concrétiser le potentiel des générations futures à Haïti avec des conséquences plus générales pour les pays avec un niveau de développement similaire à Haïti.

Références bibliographiques

Banerjee, Abhijit V, Shawn Cole, Esther Duflo, and Leigh Linden. "Remedying Education: Evidence from Two Randomized Experiments in India." *The Quarterly Journal of Economics* 122, no. 3 (2007): 1235-1264.

Barro, Robert J, and Jong Wha Lee. "A new data set of educational attainment in the world, 1950–2010." *Journal of development economics* 104 (2013): 184-198.

Becker, Gary S. *Human Capital: A Theoretical and Empirical Analysis, with Special Reference to Education.* The University of Chicago Press, 1994.

Beine, Michel, Frederic Docquier, and Hillel Rapoport. "Brain drain and human capital formation in developing countries: winners and losers." *Economic Journal* 118, no. 528 (2008): 631-652.

Bhuller, Manudeep, Gordon B Dahl, Katrine V Løken, and Magne Mogstad. "Incarceration, Recidivism and Employment." Working Paper, 2016.

Cunha, Flavio, James J Heckman, Lance Lochner, and Dimitriy V Masterov. *Interpreting the evidence on life cycle skill formation.* Vol. 1, in *Handbook of the Economics of Education*, 697-812. 2006.

Duflo, Esther, Pascaline Dupas, and Michael Kremer. "Peer effects, teacher incentives, and the impact of tracking: Evidence from a randomized evaluation in Kenya." *American Economic Review* 101, no. 5 (2011): 1739–1774.

Epple, Dennis, and Richard Romano. *Peer Effects in Education: A Survey of the Theory and Evidence.* Vol. 1B, in *Handbook of social Economics*, 1053–1163. Amsterdam: North-Holland, Elsevier, 2011.

Fiszbein, Ariel, and Norbert R Schady. *onditional cash transfers: reducing present and future poverty.* Washington, DC: The World Bank, 2009.

Garces, Eliana, Duncan Thomas, and Janet Currie. "Longer-term effects of Head Start." *The American Economic Review* 92, no. 4 (2002): 999-1012.

García, Jorge Luis, James J Heckman, and Duncan Ermini Leaf María José Prados. *The Life-cycle Benefits of an Influential Early Childhood Program.* Working Paper No. 22993, Cambridge, MA: NBER, 2016.

Gertler, Paul, et al. "Labor market returns to an early childhood stimulation intervention in Jamaica." *Science* 344, no. 6187 (2014): 998-1001.

Gertler, Paul, et al. "Labor Market Returns to Early Childhood Stimulation: A 20-year Followup to an Experimental Intervention in Jamaica." IRLE Working Paper No. 142-13, Berkeley, CA, 2013.

Hamadani, Jena D, et al. "Cognitive deficit and poverty in the first 5 years of childhood in Bangladesh." *Pediatrics* 134, no. 4 (2014): e1001-e1008.

Heath, Rachel, and A Mushfiq Mobarak. "Manufacturing growth and the lives of Bangladeshi women." *Journal of Development Economics* 115 (2015): 1-15.

Heckman, James J. "Schools, skills, and synapses." *Economic inquiry* 46, no. 3 (2008): 289-324.

JPAL. *Increasing Test Score Performance: What interventions are most effective at increasing student learning?* 2016. https://goo.gl/r1h7cL (accessed 1 29, 2016).

Khandker, Shahidur, Mark Pitt, and Nobuhiko Fuwa. "Subsidy to promote girls' secondary education: the female stipend program in Bangladesh." 2003.

Lucas, Robert E. "On the mechanics of economic development." *Journal of Monetary Economics* 22, no. 1 (1988): 3-42.

Lunde, Henriette. *Youth and education in Haiti: Disincentives, vulnerabilities and constraints.* Fafo Institute of Applied International Studies, 2008.

Pitt, Mark M, Mark R Rosenzweig, and Mohammad Nazmul Hassan. ""Human Capital Investment and the Gender Division of Labor in a Brawn-Based Economy." *American Economic Review* 102, no. 7 (2012): 3531-3560.

Rabbani, Atonu. *On Recognizing Skill Formation as a More Effective Development Strategy.* Copenhagen Concensus Center, 2016.

Scot, Thiago, and Aude-Sophie Rodella. *Sifting through the Data Labor Markets in Haiti through a Turbulent Decade (2001–2012).* Washington, DC : The World Bank, 2016.

Amélioration de la rétention des filles à l'école

Une analyse coût-avantage

MÉLISSA TORCHENAUD[1, 2]

Résumé

En dépit des conventions et déclarations, des interventions de différents projets d'appui à l'éducation de base, les disparités entre garçons et filles dans la scolarisation et la rétention restent préoccupantes surtout dans les pays en développement. En Haïti, beaucoup d'efforts restent encore à faire dans ce domaine pour arriver à une scolarisation à tous les niveaux pour les filles. L'objet de la présente étude est d'identifier, puis d'analyser les coûts et les avantages d'une intervention se rapportant à l'amélioration de la rétention des filles à l'école au niveau secondaire en milieu rural haïtien, qui apportera un maximum de profit par gourde dépensée.

L'intervention proposée est un programme d'octroi des bourses d'assistance scolaires qui prendront en compte les frais de scolarité de 6 583 filles les plus défavorisées des zones rurales du pays. Cette intervention engendrera des coûts directs tels que : le coût du montant de la bourse et le coût de gestion du fonds de la bourse. Les coûts indirects sont associés au coût d'opportunité du temps, au coût de vulgarisation du programme à travers le pays et au coût de réalisation d'une enquête pour l'identification des bénéficiaires. Les avantages espérés sont : des avantages salariaux, des avantages de l'incidence évitée du Virus de l'immunodéficience humaine (VIH), des avantages de la mortalité infantile évitée, des avantages de la grossesse précoce et du faible

---

1 *Économiste- Planificatrice, analyste de projet à la Direction de l'investissement public, Ministère de la Planification et de la Coopération Externe (MPCE)*

2 **Remerciements:** Qu'il me soit permis en quelques lignes de présenter mes plus amples remerciements à toutes les personnes qui m'ont aidé à mener à terme ce présent document de recherche. Tout d'abord mes profonds remerciements vont à Madame Nancy DUBOSSE, PhD, Chef de Projet « Haïti Priorise » au Copenhagen Consensus Center (CCC) qui, dès le début du projet m'a apporté un soutien inégal par ses conseils et recommandations permettant ainsi l'amélioration de ce présent travail de recherche. Ensuite, je remercie immensément Monsieur Brad WONG, PhD, Économiste en Chef au Copenhagen Consensus Center (CCC) qui a été mon accompagnateur lors de l'élaboration et de la conception de la feuille de calcul consolidant ainsi le travail de recherche. Ses feedbacks m'ont été d'une aide précieuse. Un remerciement spécial à Madame Melissa Adelman, PhD, Économiste Senior à la Banque mondiale. Ses critiques et recommandations m'ont permis d'améliorer le fond et la forme de ce présent document. Finalement, je tiens à exprimer mes sincères reconnaissances à tous ceux et celles qui m'ont d'une manière ou d'une autre aidée par leurs conseils, leur patience et leurs encouragements continuels. Sans leur soutien, la réalisation du travail de recherche ne serait pas possible.

poids à la naissance évités et des avantages du retard de croissance des enfants évité. Une analyse coût-avantage a permis de démontrer qu'investir dans ce projet serait rentable pour le pays. En effet, en se basant sur le critère d'analyse ratio avantage-coût (RAC), il a été prouvé que non seulement les filles sortiront largement bénéficiaires du programme, mais aussi et surtout que les gourdes investies dans cette intervention rapporteront d'énormes bénéfices économiques et sociaux pour le pays.

Liste des abréviations

APD : Aide publique au développement

BPN : Faible poids à la naissance

CCC : Copenhagen Consensus Center

CEDEF : Convention sur l'élimination de toutes les formes de discrimination à l'égard des femmes

DALY : Année de vie ajustées sur l'incapacité

DGI : Direction générale des impôts

DPCE : Direction de la planification et de la coopération externe

ECVH : Enquête sur les Conditions de vie en Haïti

ECVMAS : Enquête sur les Conditions de Vie des Ménages après Séisme

EMMUS : Enquête Mortalité, Morbidité et Utilisation des Services

EPT : Education pour tous

EPU : Enseignement primaire universel

FGRM : Fonds de garantie du revenu minimum

FSSAP: Female Secondary School Assistance Program

GTEF : Groupe de travail sur l'éducation et la formation

IHSI : Institut Haïtienne de Statistique et d'Informatique

MEF : Ministère de l'Économie et des Finances

MENFP : Ministère de l'Education Nationale et de la Formation Professionnelle

MSPP : Ministère de la Santé Publique et de la Population

MST : Maladie sexuellement transmissible

OCDE : Organisation de Coopération et de Développement Économique

ODD : Objectifs de Développement Durable

OMD : Objectifs du Millénaire pour le Développement

ONU : Organisation des Nations Unies

RAC : Ratio avantage-coût

SIDA : Syndrome d'immunodéficience acquise

SNA/EPT : Stratégie Nationale d'Action d'Éducation Pour Tous

TAR : Traitement antirétroviral

UNESCO : Organisation des Nations Unies pour l'Éducation, la Science et la Culture

UNFPA : Fonds des Nations Unies pour la Population

UNICEF : Fonds des Nations Unies pour l'Enfance

VIH : Virus de l'immunodéficience humaine

OMS : Organisation mondiale de la Santé

YLD : Années ajustées sur l'incapacité

Introduction

L'éducation joue un rôle important dans l'émancipation des filles et des garçons. Elle leur apporte les compétences et connaissances nécessaires pour rester en bonne santé, pour sécuriser un emploi mieux rémunéré et être actifs dans le développement de leur communauté et de la société en général. Depuis de nombreuses années, l'éducation des filles était négligée jusqu'en 1948 avec la Déclaration Universelle des Droits de l'Homme qui stipulait le droit à l'éducation de chaque individu. La Convention sur l'élimination de toutes les formes de discrimination à l'égard des femmes (1981) et des Objectifs du Millénaire pour le Développement (2000) renforcent cette détermination.

En dépit de toutes ces conventions et déclarations, les disparités entre garçons et filles dans la scolarisation et la rétention restent encore préoccupantes, particulièrement en Haïti. Pendant les années 2000, le pays affichait l'un des taux de scolarisation le plus faible à travers le monde avec un taux net de scolarisation qui se situe à environ 60 % selon l'UNICEF. Ces dernières années, le pays a connu d'importants progrès en termes de scolarisation : le niveau de fréquentation scolaire est passé de 50% (EMMUS 4) à 77% en 2012 (EMMUS 5).

Malgré ces remarquables avancées, il reste beaucoup à faire pour la rétention des élèves à l'école en Haïti. Alors qu'en 2012, environ 90% des enfants en âge de fréquenter l'école primaire étaient inscrits au dernier recensement des ménages, seulement 50% de ces enfants terminent l'école primaire et beaucoup moins complètent l'enseignement secondaire. Cependant, les filles abandonnent plus rapidement l'école que les garçons après l'âge de 14 ans. Cette différence, uniforme dans les zones urbaines et rurales, est probablement due en partie au fait que les filles progressent plus rapidement que les garçons[3]. De plus, selon l'annuaire statistique 2010-2011, environ 50% des filles en milieu rural abandonnent l'école dans la période de transition de la 9e année fondamentale à la 1ère année du secondaire. Cette situation reste préoccupante car les abandons scolaires coûtent chers au gouvernement et à la société en général.

Le défi est de déterminer les stratégies pour amener les filles à non seulement fréquenter beaucoup plus l'école mais également faire en sorte qu'elles puissent y rester, y progresser et terminer le cycle avec succès. Pour cela, l'État doit élaborer des politiques et des programmes, qui tiennent compte d'abord des raisons pour lesquelles les filles abandonnent plus facilement que les garçons et ensuite qui investissent dans la redistribution des ressources tout en ciblant l'éducation des filles et tout en adoptant des mesures spéciales pour réduire le nombre d'abandons scolaires des filles au niveau secondaire.

La Chine, l'Indonésie et l'Ouganda, parmi de nombreux autres pays, ont vu les effectifs des filles dans les écoles primaires augmenter après avoir réduit les frais de scolarité dans le cadre de réformes plus vastes de l'éducation. Ainsi, dans notre travail, nous proposons une interven-

---

3 Banque mondiale, 2016, Mieux dépenser, Mieux servir : Revue des finances Publiques p.16.

tion qui consiste en l'octroi de bourses d'étude secondaire aux jeunes filles de 14 à 19 ans dans le but d'améliorer le taux d'achèvement des filles à l'école. Pour déterminer si cette proposition représentera un bon investissement pour le pays, nous identifierons les coûts et les avantages qui pourraient résulter de sa mise en œuvre puis nous les analyserons.

La présente étude comporte quatre parties. Dans la première partie, une mise en contexte de l'éducation en Haïti sera présentée. La deuxième partie est celle de l'analyse documentaire autour de notre sujet de recherche. La troisième partie fera état de l'orientation théorique de notre travail. Dans la quatrième et dernière partie, nous présenterons les différents résultats de notre étude sur les coûts et les avantages que vont engendrer notre intervention. Nous procèderons également au calcul du ratio avantage-coût qui mesure le prix de chaque gourde investie dans le projet, avant de porter les conclusions et recommandations nécessaires.

Mise en contexte de l'éducation en Haïti

Le système éducatif haïtien est caractérisé par :

Une répartition inégalitaire de l'offre scolaire. L'offre est nettement dominée par le secteur privé et inégalement répartie sur le territoire. Plus de 80 % des écoles sont privées et donc payantes et les établissements secondaires sont fortement concentrés dans les zones urbaines.

Une inefficacité du système éducatif. On observe des taux de réussite scolaire très faibles lors des examens officiels du baccalauréat et des taux de déperdition scolaire très élevés : redoublement et abandon. Les élèves ne peuvent pas réellement répondre aux exigences. Le taux d'admission au secondaire est seulement de 21,5%. Le taux d'achèvement pour les deux premiers cycles fondamentaux était estimé à 66,2 % en 2012 soit une baisse de 1,8 points par rapport au 68 % de 2008. Le recensement de 2010 nous informe qu'au niveau du fondamental, sur une cohorte de 100% d'enfants admis en 1ère année, il n'y a que 50,8% qui arrivent jusqu'à la 6e année.

Une surpopulation dans les écoles nationales et les lycées. Les conditions physiques sont inadaptées à l'apprentissage et à l'élève. On constate un nombre élevé d'élèves par classe au point que certains assistent à l'année scolaire debout. Les écoles publiques manquent cruellement de matériels adéquats.

Une marginalisation du rural dans l'éducation. En milieu rural le taux de fréquentation scolaire calculé pour les enfants extrêmement pauvres est de 50% contre 59% pour l'Aire Métropolitaine. De plus, les filles du milieu rural sont moins scolarisées (taux proche de 50%) que celles de l'Aire Métropolitaine par exemple (taux proche de 70%). Le taux net de scolarisation au secondaire dans l'Aire Métropolitaine vaut 5,5 fois celui du milieu rural.

Des abandons scolaires majoritaires chez les filles en milieu rural. Dans l'ensemble du pays, le taux de fréquentation scolaire est plus élevé pour les garçons que pour les filles. De même l'écart est encore plus alarmant pour les zones rurales que celles urbaines. Et lorsque l'on prend en considération le niveau de revenu du ménage, le taux brut de scolarisation pour les élèves issus des ménages les plus riches est de loin plus élevé que celui des élèves des ménages les plus pauvres (71 % contre 23 %). Les derniers travaux d'enquête sur la pauvreté en Haïti confirment que la pauvreté est surtout concentrée dans le milieu rural avec un taux de contribution de 77 % pour la pauvreté extrême. Ainsi en milieu rural, les filles sont donc plus susceptibles d'abandonner leurs études en raison des difficultés économiques de leurs parents.

Analyse documentaire

Investir dans l'éducation des filles est l'un des moyens pour lutter contre la pauvreté. En effet, l'éducation des filles entraîne de nombreux avantages sur la société et sur l'économie d'un pays : l'éducation de la mère est cruciale pour sa propre santé. Si toutes les filles achevaient leurs études primaires, le nombre des décès maternels serait réduit des deux tiers, ce qui permettrait de sauver 98 000 vies. Scolariser les filles peut sauver des millions de vies : si toutes les filles achevaient leurs études primaires, la mortalité infantile diminuerait de 15 %. Si toutes les adolescentes suivaient des études secondaires, la mortalité infantile diminuerait de moitié, ce qui permettrait de sauver 3 millions de vies. L'éducation des mères améliore la nutrition des enfants. Si toutes les adolescentes suivaient des études secondaires, 12 millions d'enfants échapperaient aux retards de croissance imputables à la malnutrition. Les filles ayant accédées aux niveaux supérieurs d'éducation sont moins susceptibles d'avoir un enfant précoce. Si toutes les filles d'Afrique subsaharienne et d'Asie du Sud et de l'Ouest suivaient des études secondaires, le nombre d'adolescentes ayant un enfant à moins de 17 ans serait réduit de 60 %. Les femmes éduquées sont plus susceptibles de trouver un emploi. Au Brésil, seulement 37 % des femmes qui n'ont pas achevé leurs études primaires travaillent. Ce chiffre atteint 50 % si elles ont achevé leurs études primaires, et 60 % si elles ont suivi des études secondaires[4].

Dans notre programme, nous avions opté pour l'octroi des bourses aux filles en fonction des situations économique de leurs parents. Ces bourses sont un moyen d'inciter les filles à poursuivre leurs études secondaires. De nombreux pays ont déjà expérimenté le système de bourses aux filles défavorisées comme politique d'égalité des chances dans l'éducation.

Le programme national en vigueur au Bangladesh depuis 1994 est le « Female Secondary School Assistance Program » (FSSAP). Ce programme d'allocations pour les filles dans l'enseignement secondaire a eu un effet important sur les taux de scolarisation. Pour y avoir droit, les filles doivent fréquenter l'école durant au moins 75 % de l'année scolaire, obtenir certaines notes aux examens et contrôles, et rester célibataires. Les allocations sont versées directement sur leur compte bancaire, ce qui contribue à développer leur sens des responsabilités. Ceci a eu un impact positif sur la rétention des filles à l'école au Bangladesh.

La « *Bolsa Escola* », en français Bourse Ecole, est une innovation politique brésilienne lancée pour la première fois de 1993 à 1996 dans le district de Brasilia, Brésil par Cristovam Buarque, alors gouverneur de cet état. Ce programme, dont l'objectif est d'éviter le travail infantile et la désertion scolaire propose une aide financière aux familles les plus pauvres en échange d'une fréquentation assidue de l'école par leurs enfants. Il est par la suite repris dans différentes municipalités du Brésil. En 2004, la *Bolsa Familia* (Bourse Famille) remplace, au niveau fédéral, la *Bolsa Escola*, fondant en une seule, les différentes aides sociales versées aux familles défavorisées (concernant l'alimentation, le paiement du gaz et enfin l'école) dans le but de leur garantir davantage de ressources et d'apporter une action plus globalisée. Ce programme a eu un effet beaucoup plus significatif pour les filles dont les effectifs ont augmenté considérablement dans les écoles. Le Kenya et le Nicaragua ont aussi obtenu des résultats prometteurs avec des programmes de bourses.

4 UNESCO. Rapport mondial de suivi sur l'EPT, Fiche d'information, Octobre 2013

Théorie du capital humain

Du point de vue économique, l'éducation profite à la collectivité à travers la croissance, mais elle bénéficie de manière plus directe aux individus. Il est établi que l'investissement en capital humain est non seulement une source de revenus, mais il contribue à mettre à l'abri contre le chômage et la précarité. Notre étude s'appuie principalement sur la théorie du capital humain.

Les économistes ont reconnu l'importance des investissements consacrés aux êtres humains depuis les travaux précurseurs de Mincer (1958, 1974), Shultz (1961) et Becker (1962). Les dépenses consacrées à l'éducation, à la formation professionnelle, à la migration des travailleurs et aux soins de santé contribuent à accroitre la qualité de main d'œuvre et à hausser la productivité.

Le capital humain possède un impact positif sur la croissance économique. L'observation met en évidence le principe que le bénéfice de l'éducation obtenu au niveau de la société est nettement supérieur à la somme des bénéfices individuels. Ce résultat tient au fait que l'éducation affecte non seulement la productivité de l'individu mais également celle de son entourage. Les modèles macroéconomiques s'inspirent de la théorie de la croissance endogène (Romer, 1986) faisant du capital humain la principale source de la croissance économique.

Calcul des coûts et des avantages

Description de l'intervention

L'intervention proposée s'apparente aux types d'interventions liées aux ressources et à l'infrastructure présentés dans l'analyse documentaire qui visent l'expansion de l'éducation des filles, notamment en augmentant les effectifs, la fréquentation scolaire, la rétention, la réussite scolaire, les résultats et l'achèvement de l'apprentissage plutôt que sur les liens entre l'éducation des filles et l'égalité des sexes dans la société. Cette intervention s'inscrit dans une perspective à moyen et long terme.

Pour la réaliser, tout un programme sera mis en place. Ce programme comprendra une série d'activités centrées particulièrement sur les filles entre 15 et 19 ans des milieux ruraux les plus défavorisés du pays. Ces filles doivent-être en phase de transition du niveau fondamental au niveau secondaire. Les études révèlent en effet qu'on enregistre beaucoup plus de cas d'abandon scolaire des filles dans le secondaire. Ce constat est encore plus alarmant dans les milieux ruraux. Ainsi ce programme s'occupera de l'octroi des bourses d'assistance scolaires aux filles selon les critères de sélection suivants :

1. Le bénéficiaire doit être une fille.
2. Elle doit être admise en secondaire 1 (nouveau secondaire) ou 3ème secondaire (secondaire traditionnel).
3. Elle doit habiter dans les zones rurales les plus défavorisés du pays.
4. Elle doit avoir une moyenne générale supérieure ou égale à 60 sur 100 pour le niveau fondamental.
5. Elle devra fréquenter l'école durant au moins 80% de l'année académique.

Afin d'assurer une plus grande efficacité du programme, les écoles qui accueillent les bénéficiaires en leur sein doivent fournir régulièrement chaque année un rapport au MENFP sur l'état d'avancement académique de ces dernières (moyenne, nombre de retards, nombre d'absences…). À la fin de l'année scolaire, les bénéficiaires qui n'ont pas obtenu une moyenne générale de 50,5 sur 100, qui ont été absentes plus de 20% de l'année académique seront disqualifiées pour la bourse. L'intervention débutera l'année académique 2017-2018 et s'effectuera sur une période de 10 ans. Durant cette période, chaque année le programme financera les études secondaires d'un groupe de bénéficiaires de leur première année du secondaire jusqu'à la fin de leurs études classiques. La bourse comprendra le paiement des frais de scolarité, la fourniture de matériels académiques, la fourniture des uniformes et l'offre de deux repas chaque jour (le matin et à midi). Le programme pourrait être renouvelé au fil des ans.

Description et calcul des coûts

Les coûts inhérents (directs et indirects) à l'intervention sont ceux dus à la création du fonds pour l'octroi de bourses d'assistance scolaire aux filles terminant le dernier cycle fondamental (9e année). Les coûts directs à l'intervention sont : le coût de la bourse qui englobe les frais de scolarité, les dépenses pour les uniformes, les dépenses pour les matériels scolaires et les dépenses pour l'alimentation, et le coût de gestion du fonds de la bourse. Les coûts indirects comprennent : le coût de vulgarisation du programme auprès de la population rurale ; le coût de la réalisation d'une enquête pour l'identification des bénéficiaires, et le coût d'opportunité du temps qui représente la perte du temps que les filles consacrent aux tâches ménagères ou agricoles ou de leur contribution au revenu du ménage lorsqu'elles vont à l'école.

Tableau 1 : Coûts par bénéficiaire pour une année

Rubriques	Paramètres	Valeur	Source
Montant de la bourse	Coût moyen du montant de la bourse par bénéficiaire en Gourdes pour une année	29 782	Calcul
Gestion du fonds	Gestions des fonds de la bourse (% du coût de la bourse)	10%	Hypothèse
	Coûts de gestion du fonds en Gourdes	2 978	Calcul
Coût d'opportunité du temps par bénéficiaire			
	Coût d'opportunité du temps	27 669	Calcul
Vulgarisation du programme	Vulgarisation du programme (% du coût de la bourse)	5%	Hypothèse
	Coût de vulgarisation du programme	1 489	Calcul
Total coût par bénéficiaire	Coût par bénéficiaire en dehors de l'enquête	61 919	
Enquête sur l'identification des bénéficiaires	Coût de réalisation de l'enquête par bénéficiaire	5 317	Calcul
Coûts par bénéficiaire	Total des coûts en gourdes en 2017, par bénéficiaire	67 236	Calcul

Source : Feuille de calcul Excel de l'analyse coût-avantage de l'intervention en éducation pour l'amélioration de la rétention des filles à l'école en Haïti pour le projet Haïti Priorise, 29 novembre 2016

En se basant sur le fait que la bourse scolaire sera fournie pour les quatre années du secondaire, alors les coûts de l'intervention pour la première cohorte de bénéficiaires seront étalés sur quatre ans. En supposant que les prix réels restent les mêmes pendant ces quatre années alors les coûts totaux de l'intervention par bénéficiaire seront égaux à 67 236 gourdes pour une année d'étude et 268 944 gourdes pour les quatre ans. En finançant les 6 583 filles de la population cible, les coûts totaux de l'intervention pour la première cohorte de bénéficiaires s'élèveront à ***1 770 324 820 gourdes***.

Description et calcul des avantages

L'intervention assurera qu'un plus grand nombre de filles puissent continuer et achever leurs études secondaires. Cela entrainera maints avantages pour les filles particulièrement, et pour le pays tout entier d'une manière générale. Les avantages quantifiables et quantifiés dans notre travail sont : les avantages salariaux des filles, les avantages de la mortalité infantile évitée, les avantages de l'incidence évitée du VIH, les avantages du retard de croissance des enfants évité et les avantages de la grossesse précoce et d'insuffisance pondérale à la naissance (faible poids à la naissance) évitées.

Pour le calcul des avantages totaux, on suppose que sur toutes les 6 583 bénéficiaires de la première cohorte, 85 % d'entre elles achèveront avec succès leurs études secondaires. Ce qui va donner un total de 5 595 filles qui termineront leurs études. Les avantages pour une bénéficiaire par année d'étude au taux de 5% s'élèvent à 346 671 gourdes (tableau 22) et atteindront les 1 386 685 gourdes pour les quatre ans. En multipliant ces résultats par le nombre de filles susceptibles de terminer leurs études on obtient les avantages totaux pour le financement des études secondaires de la première cohorte de bénéficiaire qui sont égaux à ***7 758 674 639 gourdes***.

Tableau 2 : Avantages totaux par bénéficiaire pour une année en gourdes

Taux d'actualisation	Avantages salariaux	Avantages de la mortalité infantile évitée	Avantages du retard de croissance des enfants évité	Avantages de l'incidence du VIH évitée	Avantages de la grossesse précoce et du BPN évités	Total des avantages de l'intervention
3%	429 606	90 134	50 418	6 582	1 097	**577 838**
5%	261 665	61 064	19 482	3 992	468	**346 671**
12%	78 389	26 656	1 345	979	44	**107 414**

Source : Feuille de calcul Excel de l'analyse coût-bénéfice de l'intervention en éducation pour l'amélioration de la rétention des filles à l'école en Haïti pour le projet Haïti Priorise, 29 novembre 2016

En raison d'un manque de données fiables criant à travers le pays, certains avantages n'ont pas pu être quantifiés. Ce sont entre autres : la croissance économique plus rapide, la sécurité alimentaire pour la population, le bien-être familial, le bien-être de la femme.

Conclusion

Afin d'aider à l'amélioration de la rétention des filles à l'école, nous avons proposé à travers notre recherche, une intervention portant sur l'octroi de bourses scolaires aux filles susceptibles d'abandonner leurs études et qui habitent dans les milieux ruraux les plus défavorisées. A travers ce document, une analyse des coûts et des avantages que vont engendrer la mise en œuvre de cette intervention a été faite. L'estimation sommaire des coûts et des avantages nous a permis d'arriver à certaines conclusions. Les résultats obtenus traduisent que les impacts de l'intervention seront positifs et élevés pour chaque bénéficiaire du programme.

Tableau 3 : Récapitulatif des bénéfices et des coûts en gourdes

Intervention	Actualisation	Avantage	Coût	RAC	Qualité des éléments de preuve
Amélioration de la rétention des filles à l'école	3%	577 838	53 437	8,6	**Solide**
	5%	346 671	53 437	5,2	
	12%	107 414	53 437	1,6	

Source : Feuille de calcul Excel de l'analyse coût-bénéfice de l'intervention en éducation pour l'amélioration de la rétention des filles à l'école en Haïti pour le projet Haïti Priorise, 29 novembre 2016

Mais en réalité, les bénéfices totaux de l'intervention seront moindres. En effet le projet vise une efficacité de ciblage de 85% réduisant ainsi les bénéfices espérés de 15%. Alors le RAC principal de l'intervention est égal à 7,3 ; 4,4 et 1,4 respectivement à un taux de réduction de 3%, 5% et 12% (tableau 25). Ce qui signifie que chaque gourde investit dans ce programme apportera suivant le taux de réduction 7,3 ; 4,4 et 1,4 gourdes de bénéfices généraux. Ce qui nous pousse à dire que même quand les bénéfices seront légèrement plus bas, les impacts de l'intervention seront tout aussi élevés.

Vu l'importance de ces données, on peut affirmer que ce programme se révèlera être très efficace pour le pays. L'investissement dans l'éducation des filles confère véritablement de grands avantages aux filles elles-mêmes, à leur communauté et à la société tout entière. L'éducation peut avoir un effet multiplicateur en favorisant la promotion d'autres droits de l'homme (en particulier la santé et l'emploi, ainsi que l'égalité entre les sexes). Le gouvernement a donc intérêt à investir dans l'éducation des filles plus précisément dans ce programme pour arriver à établir l'égalité des chances au niveau secondaire.

Tableau 4 : Récapitulatif des coûts et des avantages totaux de l'intervention

Intervention	Actualisation	Avantage	Coût	RAC	Qualité des éléments de preuve
Amélioration de la rétention des filles à l'école	3%	12 932 295 058	1,770 324 820	7,3	**Solide**
	5%	7 758 674 639	1,770 324 820	4,4	
	12%	2 403 971 601	1 770 324 820	1,4	

Source : Feuille de calcul Excel de l'analyse coût-bénéfice de l'intervention en éducation pour l'amélioration de la rétention des filles à l'école en Haïti» pour le projet Haïti Priorise, 29 novembre 2016

Risques

Le principal risque qui pourrait menacer la mise en œuvre de l'intervention est d'ordre financier. Haïti rencontre constamment des problèmes budgétaires énormes. Elle n'arrive pas à collecter les ressources nécessaires au financement des projets de développement. Pour le cas de notre intervention, le MENFP pourrait être confronté à la difficulté de mobiliser assez de ressources internes dans le budget national pour le financement des frais de scolarité de toutes les boursières sélectionnées. A côté de ce risque nous avions également d'autres menaces tels que le non-respect des critères de sélection établis pour la bourse, la mauvaise gestion du fonds du programme, le risque que les bénéficiaires ne viennent pas régulièrement ou plus du tout à l'école durant l'année pour des raisons telles que les grossesses précoces ou les obligations à la maison. Ceci peut conduire au redoublement de certains bénéficiaires à la fin de l'année et du même coup à leur disqualification pour la bourse.

Recommandations

L'étude a permis non seulement d'analyser la situation scolaire des filles du niveau secondaire en Haïti, mais aussi d'identifier les facteurs qui leurs empêchent de poursuivre et d'achever leurs études. En plus du programme proposé, d'autres mesures devraient être entreprises, parmi lesquelles :

Mettre l'accent sur la qualité de l'éducation. Il faut non seulement augmenter le nombre de filles à l'école mais aussi mettre l'accent sur la qualité de l'éducation pour éviter que les filles ne soient pas bien préparées pour le secondaire. Il faudrait trouver un équilibre entre les objectifs quantitatifs et les améliorations qualitatives. Ainsi il faut améliorer la formation des enseignants.

Mobiliser les collectivités. Pour éduquer les filles, notamment dans les zones plus pauvres, il est indispensable de mobiliser les collectivités et de les faire s'engager à éduquer tous les enfants, à trouver des enseignants acceptables, à encourager les enseignants et les élèves, et à répondre aux besoins des écoles, des élèves et des enseignants.

Programme de cours d'éducation sexuelle dans les écoles. Il faut encourager des cours d'éducation sexuelle dans les écoles dans le but d'inciter les élèves à mieux se protéger contre tout risque de contracter une maladie sexuellement transmissible (MST) ou de tomber enceinte précocement.

Références bibliographiques

Banque Mondiale-MPCE-ONPES, 2014. Haïti : Investir dans l'humain pour combattre la pauvreté

Banque Mondiale, 2016. Mieux dépenser, mieux servir : Revue des finances publiques en Haïti

Barbara Herz, (janvier 2012). Éduquer les filles : les solutions qui marchent, p1-2

B. CHEDATI (novembre 2004) Pour une stratégie nationale de lutte contre l'abandon scolaire, Evaluation des activités du programme, Gouvernement du Maroc-UNICEF,

Christopher Colclough, (mars 2004). Comment instaurer l'égalité entre les sexes dans l'éducation ? P E R S P E C-T I V E S revue trimestrielle d'éducation comparée. Vol. XXXIV, n° 1

Elaine Unterhalter, Amy North, Jenny Parkes (Institute of Education, University of London), Madeleine Arnot (University of Cambridge) Cynthia Lloyd (Independent consultant), Lebo Moletsane (University of KwaZu-lu Natal), Erin Murphy-Graham (University of California, Berkeley), Mioko Saito (International Institute for Educational Planning, (juin 2014). Education Rigorous Literature Review, Girls' education and gender equality, UNESCO

Esther Velasco (mars 2004). Équité entre les sexes dans l'éducation pour tous : le Cambodge est-il bien parti ? P E R S P E C T I V E S revue trimestrielle d'éducation comparée. Vol. XXXIV, n° 1

Évelyne Trouillot Ménard, (Automne 2013). L'éducation en Haïti : inégalités économiques et sociales et question de genre. Haïti Perspectives, vol. 2 no 3

IHSI-MEF, 2003. Rapport sur l'Enquête sur les Conditions de Vie en Haïti (ECVH).

IHSI-MEF,2012. L'évolution des conditions de vie en Haïti entre 2007 et 2012 via l'Enquête sur les Conditions de Vie des Ménages après le Séisme (ECVMAS).

Isabel Byron et Jesusa Ona (mars 2004). Egalité des sexes et éducation pour tous introduction au dossier. P E R S P E C T I V E S revue trimestrielle d'éducation comparée. Vol. XXXIV, n° 1

Jacques-Michel Gourgues (Printemps 2016). Le paquet minimum intégré de services en éducation dans un état fragile Haïti Perspectives, vol. 5 no 1

Koura DIALLO (2001). L'influence des facteurs familiaux, scolaires et individuels sur l'abandon scolaire des filles en milieu rural, de la région de Ségou (Mali), Thèse de Doctorat (Ph.D.) Université de Montréal, Spécialité Sciences de l'Education

MENFP-DCE, (2012). Annuaire troisième cycle et secondaire recensement scolaire 2010-2011

MSPP, 2012. Enquête Mortalité, Morbidité et Utilisation des Services (EMMUS)

Nobuhiko Fuwa, Chiba University-2001. The Net Impact of the Female Secondary School Stipend Program in Bangladesh

ONU, (Octobre 2013). Rapport mondial de suivi sur l'EPT.

Programme des publications de recherche d'industrie Canada : Investissement et croissance de la productivité (Juin 2000, numéro 24)

Roser Cusso (2013). Impact des politiques de scolarisation des filles : Mauritanie, Sénégal, Tunisie, Inde, UNES-CO.

UNFPA (2013). La mère-enfant : face aux défis de la grossesse chez l'adolescente, p18-29

UNICEF, 2007. La non scolarisation au Maroc, Une analyse en termes de coût d'opportunité, p1

UNICEF, 2005. Progrès pour les enfants : un bilan de l'enseignement primaire et de la parité des sexes, numéro 2

Valerie Delaunay, Benedicte Gastineau, F. Andriomaro, (Décembre 2013). Statut familial et inégalités face à la scolarisation à Madagascar.

Analyse coût-avantage des interventions éducatives

MELISSA ADELMAN[1]

Dans le cadre du projet Haïti Priorise pour identifier et promouvoir des solutions efficaces aux problèmes de développement en Haïti, quatre articles analysent les coûts et les avantages de onze interventions éducatives qui ont reçu beaucoup d'attention (et qui, dans certains cas, semblent prometteuses) dans les pays en développement. Les onze interventions analysées varient considérablement : de l'élargissement de l'accès à une éducation de bonne qualité dès la petite enfance au fait de proposer des bourses d'études secondaires aux filles. Cependant, il apparaît que ces onze propositions ont des ratios avantage-coût supérieurs à 1,0 à des taux d'actualisation raisonnables et pourraient donc être considérées comme des interventions prometteuses à mettre en œuvre en Haïti. Comment interpréter ces résultats ?

Dans cet article, je présente d'abord un bref aperçu du contexte plus large du système éducatif haïtien dans lequel ces interventions seraient introduites, puis je synthétise les résultats des quatre articles et étudie la façon dont ces résultats peuvent être comparés aux investissements nationaux et internationaux réels dans l'éducation. Enfin, je soutiens que le fait de passer des promesses aux résultats dépend largement de la qualité de la mise en œuvre et que ces analyses coût-avantage devraient être combinées avec des évaluations réalistes de la faisabilité de la mise en œuvre afin de hiérarchiser les investissements.

Brève présentation du contexte éducatif en Haïti

Comme on le sait, Haïti fait face à de nombreux défis dans l'accès universel à une éducation de qualité à tous les niveaux. Alors qu'environ 90 % des enfants d'âge scolaire primaire étaient inscrits lors de la dernière enquête auprès des ménages en 2012, seulement 50 % environ des enfants terminent effectivement l'école primaire et un pourcentage encore beaucoup moins important termine l'éducation secondaire ou au-delà. En outre, depuis 2012, les défis économiques et plusieurs décisions politiques clés ont menacé les progrès réalisés au cours des années 2000, ce qui rend possible le fait que les taux d'inscription et de réussite aient effectivement diminué au cours des dernières années.

Au-delà des statistiques principales mentionnées ci-dessus, il existe des variations importantes en Haïti, car l'accès à l'éducation dépend beaucoup de la situation urbaine ou rurale, des ressources des ménages, du sexe, du handicap et d'autres facteurs. Par exemple, en ce qui concerne le sexe, alors que les filles quittent l'école plus rapidement que les garçons après l'âge de 14 ans, cette différence semble être principalement motivée par le fait que les filles progressent à l'école plus rapidement que les garçons, car de 15 à 19 ans davantage de femmes ont suivi une éducation secondaire que d'hommes (Cayemittes et al ; Banque mondiale, 2014 et 2016).

1 **Économiste principale, Banque mondiale**

En termes de financement et de fonctionnement de l'éducation, le secteur public continue de jouer un rôle mineur à tous les niveaux. Les écoles publiques ne fournissent une éducation qu'à environ 6 % des élèves de maternelle, 23 % des élèves de primaire et 26 % des élèves de secondaire, tandis que le reste fréquente une grande variété d'écoles religieuses, communautaires ou à but lucratif. En outre, les ressources publiques ne représentent qu'environ 30 % des dépenses totales consacrées à l'enseignement primaire, tandis que les ménages représentent environ 60 % et les donateurs internationaux le reste (Banque mondiale 2016). L'enseignement professionnel et technique est également largement financé et géré par le secteur privé. Cependant, le gouvernement joue un rôle important dans l'éducation universitaire.

Onze interventions prometteuses, en contexte

Avec ceci comme toile de fond, nous étudions les onze interventions analysées dans les quatre articles de Damien Echevin, George Psacharopoulos, Antonu Rabbani et Melissa Torchenaud. Je laisse de côté une étude qui justifierait le pourquoi de ces interventions par rapport à d'autres, ainsi que sur le fait que le niveau de spécification varie considérablement, du très spécifique (par exemple « Introduire un cours d'éducation civique dans le cursus du deuxième cycle du secondaire ») au très général (par exemple « Fournir une éducation préscolaire de qualité »). Au lieu de cela, en prenant ces interventions comme décrites dans leurs articles respectifs, le tableau ci-dessous compare les ratios avantage-coût estimés au niveau de 5 %.

Sur la base de ces estimations, nous pourrions simplement conclure que les investissements dans l'éducation de la petite enfance et dans la qualité de l'enseignement primaire figurent parmi les plus prometteurs pour Haïti en termes d'avantages nets attendus. Malgré plusieurs lacunes de l'analyse coût-avantage dans chaque article, cette conclusion est finalement bien en phase avec différentes analyses plus larges, y compris la célèbre courbe d'investissement de Heckman et des travaux antérieurs réalisés pour le Consensus de Copenhague pour le programme de développement post-2015 (Glewwe et Kraft 2014).

Comment ces résultats peuvent-ils être comparés à la répartition réelle du financement de l'éducation ? Ce n'est pas une question facile compte tenu des limites des données existantes, mais une analyse du financement international de 2014 révèle qu'environ 80 % est axé sur l'enseignement primaire, le reste étant consacré à l'enseignement secondaire (y compris professionnel), maternel et tertiaire. La décomposition des dépenses publiques par niveaux est encore plus difficile et il nous est impossible d'approfondir davantage qu'en disant qu'au moins 30 % (et probablement beaucoup plus) du budget du ministère de l'Éducation est consacré à l'éducation primaire, alors qu'une très petite partie (probablement bien inférieure à 10 %) est consacrée à l'éducation maternelle (Banque mondiale 2016). Non seulement elles se basent sur des données incomplètes, mais ces estimations tentent également de rendre compte de niveaux en constante mutation : les niveaux des financements internationaux en particulier fluctuent considérablement au fil du temps, tout comme le font les ressources nationales, au gré des priorités des administrations successives. En dépit de ces mises en garde, nous pouvons estimer (ou deviner) que le niveau primaire reçoit la majorité du financement de l'éducation publique, mais que ce financement continue d'être en deçà des besoins réels, alors que l'éducation maternelle reçoit très peu d'argent public par rapport aux bénéfices potentiels.

Cependant, le passage de l'identification de domaines prioritaires à une proposition plausible de financement et de mise en œuvre d'interventions est exactement le moment où de nombreux de travaux de développement s'arrêtent. Je donne deux exemples spécifiques basés sur les interventions analysées. Tout d'abord, on considère souvent que les investissements dans l'éducation de la petite enfance entraînent les types de bénéfices importants décrits par Rabbani uniquement si le service fourni est d'une qualité raisonnablement bonne. En Haïti, on part d'un système très variable mais dont l'offre est en moyenne de très faible qualité et presque sans financement ou contrôle public. Alors que le coût d'exploitation annuel moyen par élève utilisé par Rabbani d'environ 160 dollars US est raisonnable par rapport aux coûts connus en Haïti, les coûts de démarrage (financiers et politiques) pour affirmer l'autorité publique dans le secteur, en développant la capacité de gestion pédagogique et bureaucratique, et en améliorant les lieux physiques pour les classes afin d'atteindre un niveau minimal de qualité sont susceptibles d'être très élevés. En outre, même avec des bénéfices attendus élevés, l'identification d'une source de financement public fiable et récurrente pour investir dans la petite enfance est une tâche difficile dans un contexte où l'enseignement primaire et secondaire est sous-financé.

Deuxièmement, la discussion autour des interventions visant à améliorer la qualité de l'enseignement primaire repose sur l'hypothèse que la majorité des enfants sont à l'école. Si cela était vrai en 2012, comme mentionné ci-dessus, le financement public pour l'enseignement primaire ayant diminué au cours des années qui ont suivi, il y a également un risque pour les taux de scolarisation. Par conséquent, l'ampleur du financement de l'enseignement primaire et les ressources utilisées par le gouvernement devraient constituer une priorité absolue sur les autres interventions.

Au-delà de ce défi, en considérant les deux interventions de qualité qui ont les meilleurs ratios estimés ; l'enseignement de la langue maternelle et l'enseignement au bon niveau ; plusieurs facteurs suggèrent qu'une mise en œuvre efficace en Haïti serait plus coûteuse et généralement plus exigeante en ressources que ce qui était supposé. Tout d'abord, en ce qui concerne l'enseignement de la langue maternelle, le ministère de l'Éducation a déjà demandé aux écoles de commencer à enseigner aux élèves à lire et à écrire en créole haïtien plutôt qu'en français, mais des données anecdotiques suggèrent que la plupart des écoles ne s'y conforment pas. Il y a beaucoup de raisons à cela, y compris le fait que les parents préfèrent que leurs enfants apprennent le français et le manque d'autorité ministérielle sur un secteur largement privé (Adelman et al 2015). Ces raisons impliquent que les progrès (en cours) nécessitent l'établissement d'un consensus entre les acteurs, le développement de nouveaux matériaux en créole et une nouvelle formation des enseignants ; ce qui représente des efforts coûteux et longs qui ne sont pas pleinement pris en compte dans l'analyse. Au-delà d'Haïti, la plupart des preuves provenant d'évaluations rigoureuses des interventions sur la qualité de l'éducation dans les pays en développement (y compris sur l'enseignement au bon niveau) proviennent d'interventions mises en œuvre par des acteurs non gouvernementaux et les efforts visant à étendre ces interventions par le gouvernement se sont heurtés à une série de problèmes difficiles et parfois imprévisibles, ce qui entraîne des coûts, des efforts et des délais supplémentaires à surmonter (Bold et al 2013, Kerwin et Thornton 2015, Banerjee et al 2016).

En plus de ces exemples, la faisabilité de toute autre intervention analysée dans les quatre articles pourrait (et devrait) être soigneusement examinée à la lumière des problèmes connus dans ce contexte. En ce qui concerne les transferts conditionnels en espèces analysés par Rabbani et Torchenaud, un programme devrait tenir compte des coûts non seulement de la mise en place efficace des systèmes de base en partant de zéro, mais également de l'accord sur le ciblage, étant donné que les systèmes d'enregistrement d'identité ne fonctionnent pas et que 70 % de la population est pauvre ou vulnérable à la pauvreté (Banque mondiale). En ce qui concerne l'enseignement professionnel, comme l'a souligné à juste titre Psacharopoulos, les programmes existants en Haïti et dans de nombreux autres pays ont subi des coûts supplémentaires pour fournir une éducation corrective substantielle car les compétences de base et l'identification de la demande de main d'œuvre sont très faibles parce que les marchés sont largement informels et que pratiquement aucune information sur le marché du travail n'existe (Banque mondiale).

Tableau 1 : Estimations des ratios avantages-coûts pour onze interventions éducatives

Niveau d'éducation ciblé	Intervention	Auteur	Ratio avantage-coût à un taux d'actualisation de 5 %
École Maternelle	Intervention pour la petite enfance à la maternelle sur une durée de deux ans	Rabbani	13,9
Primaire	Enseigner au bon niveau	Rabbani	8,8
	Enseignement dans la langue maternelle	Echevin	8,4
	Former les enseignants	Echevin	6,0
	Subventions scolaires privées	Echevin	3,0
	Uniformes scolaires gratuits	Echevin	2,9
Secondaire	CCT pour l'école secondaire	Rabbani	5,0
	CCT pour les filles dans le secondaire	Torchenaud	6,9
Premier cycle de l'enseignement secondaire	Ajout d'un cours d'éducation civique aux programmes du secondaire	Psacharopoulos	4,9
Deuxième cycle de l'enseignement secondaire	Fournir un programme de formation professionnelle de 3 ans	Psacharopoulos	2,0
	Créer un programme d'une année d'éducation civique et professionnelle	Psacharopoulos	2,5

Conclusions

Compte tenu des résultats des quatre articles sur les interventions éducatives potentielles en Haïti, il est clair que, dans un contexte où les niveaux d'éducation et d'apprentissage sont si bas, presque toutes les interventions raisonnables pourraient avoir des avantages nets substantiels. Plus important encore, les résultats se concentrent sur la petite enfance et l'enseignement primaire, qui seraient susceptibles de fournir les plus grands avantages à long terme, conformément à la littérature plus large et à d'autres recherches sur l'éducation en Haïti. Cependant, les articles ne traitent pas de la faisabilité de la mise en œuvre des interventions analysées, dont une étude plus large des coûts et du temps nécessaires. C'est, je l'espère, la direction que prendra la conversation, car l'avenir d'Haïti sera façonné par le capital humain qu'il construit aujourd'hui.

Références bibliographiques

Adelman et al 2015 : http://hdl.handle.net/10986/22064

Banerjee et al 2016 : http://economics.mit.edu/files/11934

Bold et al 2013 : https://www.cgdev.org/publication/scaling-what-works-experimental-evidence-external-validity-kenyan-education-working

Glewwe et Kraft 2014 : http://www.copenhagenconsensus.com/publication/post-2015-consensus-education-perspective-krafft-glewwe

Kerwin et Thornton 2015 : http://www.jasonkerwin.com/Papers/MakingTheGrade/Kerwin%20and%20Thornton%20-%202015%20-%20Making%20the%20Grade.pdf

Banque mondiale 2014 : http://documents.worldbank.org/curated/en/222901468029372321/Reflections-for-evidence-based-policy-making

Banque mondiale 2016 : http://documents.worldbank.org/curated/en/239991467030775172/Mieux-d%C3%A9penser-servir-revue-des-finances-publiques-en-Ha%C3%AFti

PAUVRETÉ ET ÉGALITE DE GENRE

Coûts et Avantages de l'Expansion des Services de Santé Sexuelle et Génésique en Haïti

HANS-PETER KOHLER

Résumé

L'Expansion des services de santé sexuelle et génésique « *Rendre le planning familial accessible à tous* ») était une priorité élevée, afin de parvenir à un accès universel aux services de santé sexuelle et génésique d›ici 2030, et d›éliminer les besoins non satisfaits en matière de contraception moderne d›ici 2040. Le taux de fécondité d›Haïti reste le plus élevé de la région Amérique latine et Caraïbes, malgré le fait qu'il soit passé de 4,8 en 1994 à moins de 3 en 2015. Bien que le taux de prévalence des contraceptifs moderne d'Haïti (MCPR) ait considérablement augmenté, passant de 13,2% en 1994 à 31,3% en 2012, il reste le plus bas de la région d›Amérique latine et des Caraïbes. Les besoins non satisfaits en matière de planning familial demeurent à l›un des niveaux les plus élevés du monde, avec plus de 35% de la population ayant des besoins non satisfaits en matière de planning familial. Les problèmes d›approvisionnement, les facteurs socio-économiques et les problèmes socio-culturels relatifs à la fécondité et à la procréation ont contribué à ce niveau persistant de besoins non satisfaits. Les estimations des avantages et des coûts de l›expansion des services de santé sexuelle et génésique en Haïti suggèrent que les avantages dépassent considérablement les coûts d›investissement dans ces services : les ratios avantage-coût dépassent 23 si l'avenir est actualisé à un taux de 3% par an et reste supérieur à 17 avec un taux d'actualisation de 5% par an. Bien qu'Haïti ait progressé de manière importante dans la transition de la fécondité et que la croissance démographique ait atteint un pic il y a 2-3 décennies, le pays a encore des niveaux de capital humain relativement élevés et est en retard par rapport à d'autres pays d'Amérique latine et des Caraïbes en ce qui concerne la baisse de fécondité, les améliorations sanitaires et l'augmentation du capital humain.

Contexte et introduction

Les trajectoires démographiques sont actuellement plus diverses qu'au milieu et à la fin du 20e siècle. Les pays riches d'Europe, d'Asie et d'Amérique font face à un vieillissement rapide de leur population, tandis que les pays d'Afrique et certains pays d'Asie se préparent à la plus grande cohorte de jeunes que le monde ait connue. Et de nombreux pays parmi les plus pauvres du monde, en particulier en Afrique subsaharienne, continuent de faire face à une mortalité précoce, à une fécondité élevée et à des besoins souvent non satisfaits en matière de contraception[1].

1 Les besoins non satisfaits sont un concept utilisé par les démographes pour mesurer le nombre ou la proportion de femmes qui sont fécondes et sexuellement actives, mais qui n'utilisent aucune méthode de contraception malgré le fait qu'elles déclarent ne pas vouloir plus d'enfants ou vouloir retarder la naissance de l'enfant suivant.

L'expansion des services de santé sexuelle et génésique « *Rendre le planning familial accessible à tous* » était une priorité élevée, afin de parvenir à un accès universel aux services de santé sexuelle et génésique d›ici 2030, et d›éliminer les besoins non satisfaits en matière de contraception moderne d›ici 2040. Les ratios avantage-coût pour l›expansion de ces services sont susceptibles d'être très élevés, peut-être supérieurs à 90 dans les pays à forte fécondité en Afrique subsaharienne. Dans d›autres contextes, les ratios avantage-coût seraient probablement plus faibles car la transition démographique a déjà progressé, mais resteraient tout de même très favorables.

Tendances démographiques en Haïti

Haïti, avec une population actuelle de 10,8 millions de personnes, est un exemple important pour illustrer les domaines prioritaires concernant la démographie et de la dynamique des populations[2]. La densité de population est d'environ 390 personnes par kilomètre carré, et la population est concentrée le plus fortement dans les zones urbaines (52%) ainsi que dans les plaines et les vallées côtières.

Les développements démographiques, économiques et sociaux d'Haïti au cours des 50 dernières années ont été affectés par une instabilité politique extrême, une violence généralisée et un niveau élevé de discrimination sexiste. Tout cela a eu des implications importantes sur la capacité du pays à répondre aux besoins en matière de santé et de planning familial de sa population (Bertrand et al., 2015 ; Ward et al., 2015). Haïti a également été immensément affecté par la dégradation écologique dans les campagnes et la vulnérabilité aux catastrophes nationales, notamment les tremblements de terre, les ouragans et les inondations.

Un rapport récent examinant les accomplissements de 50 ans de planning familial en Haïti (Ward et al., 2015) décrit quelques-uns des énormes défis restants :

- Le taux de fécondité d'Haïti reste le plus élevé de la région Amérique latine et Caraïbes, malgré le fait qu'il soit passé de 4,8 en 1994 à moins de 3 en 2015 (d'après les World Population Prospects (Perspectives de la population mondiale) de l'ONU de 2015 ; une enquête DHS de 2012 a estimé le taux de fécondité à 3,5).
- Comme dans d'autres contextes, l'éducation a une forte influence : les femmes ayant suivi un enseignement supérieur (enseignement secondaire et au-delà) ont en moyenne 2,6 enfants contre 5,4 enfants pour celles qui ont arrêté l'école avant le secondaire.
- On observe un gradient similaire en ce qui concerne la richesse des ménages ; les femmes dans le quintile de richesse le plus bas (les 20% les plus pauvres) ont près de trois fois plus d'enfants (5,7) que les femmes dans le quintile de richesse le plus élevé (1,9).
- Bien que le taux de prévalence des contraceptifs moderne d'Haïti (MCPR) ait considérablement augmenté, passant de 13,2% en 1994 à 31,3% en 2012, il reste le plus bas de la région d'Amérique latine et des Caraïbes. Les besoins non satisfaits en matière de planning familial demeurent à l'un des niveaux les plus élevés du monde, avec plus de 35% de la population ayant des besoins non satisfaits en matière de planning familial : 20% ont besoin de limiter les naissances et 16% ont besoin d'espacer les naissances.

---

2 Les indicateurs de tendance démographique, de fécondité et de planning familial présentés dans cette section sont obtenus auprès de la Division de la Population de l'ONU (2015) et de Ward et al. (2015).

Les problèmes d'approvisionnement, les facteurs socio-économiques et les problèmes socio-culturels relatifs à la fécondité et à la procréation ont contribué à ce niveau persistant de besoins non satisfaits. Ces niveaux élevés de besoins non satisfaits, ainsi que la pauvreté généralisée et le manque d'accès continu à l'éducation et aux soins de santé, ont contribué à un taux élevé de mortalité infantile de 59 décès/1000 naissances vivantes. Bien que ce taux de mortalité infantile ait enregistré une nette amélioration au cours de la dernière décennie (79 décès pour 1000 naissances en 2007) il est plus de trois fois supérieur au taux global qui prévaut dans la région Amérique latine et Caraïbes.

Pourtant, la fécondité et la demande de planning familial évoluent rapidement, en particulier chez les jeunes femmes. Par exemple, le taux de fécondité des adolescentes est passé de 86/1000 naissances en 2000 à 66/1000 naissances en 2012, avec une utilisation de contraceptifs modernes multipliée par trois chez les femmes de 15 à 19 ans en union, passant de 7,1% en 2000 à 24,0% en 2012. Toutefois, en raison de l'évolution des préférences en matière de fécondité, cette augmentation du taux de prévalence contraceptive a eu peu d'effet sur les besoins non satisfaits de ce groupe d'âge, qui est resté inchangé à plus de 55% entre les enquêtes DHS de 2000 et 2012. Cette persistance élevée de besoins non satisfaits malgré une forte augmentation de l'utilisation de contraceptifs suggère que les désirs de la taille de la famille ont changé, alors que la connaissance et l'accès aux méthodes contraceptives n'ont pas suivi.

Comme beaucoup d'autres pays de la région, les prochaines décennies apporteront leur lot de transformations de la population d'Haïti avec des implications importantes pour le développement humain et économique. L'espérance de vie devrait continuer à augmenter relativement rapidement : de 50,8 ans en 1980, à 63,1 ans actuellement et 71,3 ans prévue en 2050. La structure de la pyramide des âges passera d'une population encore relativement jeune à une population caractérisée par un vieillissement modéré, avec une tranche de la population âgée de plus de 65 ans passant de 4,6% actuellement à 10%, tandis que la tranche de la population de moins de 15 ans passera de 34% à 23%. Mais clairement, même en 2050, Haïti n'aura pas une structure reflétant une population « vieille », comme celles prévues d'ici 2050 dans de nombreux pays développés ou plusieurs pays d›Amérique latine où un vieillissement rapide et important est prévu au cours des prochaines décennies.

Après avoir culminé à environ 2,3-2,4% par an lorsque la population d'Haïti était d'environ 6 millions à la fin des années 1980, la croissance démographique, actuellement estimée à environ 1,25% devrait diminuer jusqu'à atteindre moins de 0,5% d'ici 2050 lorsque la population devrait dépasser les 14 millions. La population d'Haïti aura alors augmenté de 30% par rapport à son niveau actuel, ce qui, en termes relatifs, est à peu près égal à la croissance de la population mondiale entre aujourd'hui et 2050, mais beaucoup plus que la croissance démographique des Caraïbes ou de la région Amérique latine et Caraïbes dans la même période.

Un facteur important contribuant à ce ralentissement de la croissance démographique est le déclin de l'indice synthétique de fécondité (l'ISF), qui est passé de 5,5 en 1970 à environ 3 en 2015, soit une baisse d'environ 2,5 enfants par femme (selon les Perspectives de la population mondiale de l'ONU 2015, une enquête DHS de 2012 estime un ISF de 3,5). Dans le même temps, les investissements pour les enfants ont augmenté, comme en témoigne l'augmentation du taux d'alphabétisation des jeunes femmes (âgées de 15 à 24 ans) d'environ 50% au début des années 1980 à 70-80% ces dernières années (Banque mondiale 2017). Alors que les perspectives de la population des Nations Unies prédisent une baisse de l'ISF jusqu'à passer en deçà du seuil de remplacement d'ici 2050, les taux actuels de besoins non satisfaits élevés et les résultats de santé génésique médiocres, indiquent que ce déclin continu de l'ISF exige des investissements importants dans les services de santé sexuelle et génésique et dans le planning familial. Si l'ISF se stabilisait à son niveau actuel, autour de 3 enfants par femme, la croissance de la population future serait nettement plus rapide et la population de 2050 atteindrait plus de 17 millions, contre 14,1 millions dans l'hypothèse d'un déclin continu de l'ISF.

Bien que Haïti ait progressé de manière importante dans la transition de la fécondité et que la croissance démographique ait atteint un pic il y a 2-3 décennies, le pays a encore des niveaux de capital humain relativement élevés et est en retard par rapport à d'autres pays d'Amérique latine et des Caraïbes en ce qui concerne la baisse de fécondité, les améliorations sanitaires et l'augmentation du capital humain.

Le défi actuel et futur pour Haïti est de récolter les avantages du *dividende démographique* (Bloom et al. 2002), c'est-à-dire le processus par lequel une structure d'âge favorable avec une grande partie de la population en âge de travailler peut faciliter un développement économique rapide. Le fait qu'Haïti puisse y parvenir de manière efficace dépendra à la fois de la dynamique de la population et des changements de la qualité de la population au cours des prochaines décennies.

Rendre le planning familial accessible à tous

L'expérience d'Haïti est un bon exemple pour comprendre l'importance des investissements soutenus dans les services de santé sexuelle et génésique. L'efficacité du programme de planning familial qui a contribué au déclin de la fécondité au cours des années 1970 et 1980 (figure 2) est largement reconnue. Ce programme familial a commencé dans les années 1960 avec un soutien solide des secteurs privé et public pour un programme national de planning familial intégré au programme de santé communautaire des nations (Ward et al., 2015).

Pourtant, l'instabilité politique et la violence des années 80 ont provoqué un renversement de cet engagement en matière de planning familial ; le Conseil National du Planning Familial a été dissous, le projet de sensibilisation au planning familial de la section publique a pris fin et les soutiens financiers à de nombreux services de santé sexuelle et génésiques ont été transférés vers des organisations internationales. De plus, au début des années 1980, les premiers cas d'infection par le VIH ont été diagnostiqués en Haïti et, à la fin des années 1980, le financement lié au VIH/SIDA avait dépassé celui du planning familial alors que le gouvernement et ses ONG partenaires luttaient pour contenir l'épidémie qui se propageait rapidement (Ward et al., 2015). Bien que des améliorations aient eu lieu plus récemment, les bouleversements politiques à répétition en Haïti ainsi qu'une faiblesse économique qui s'est poursuivie dans les années 2000 ont continué d'affecter les efforts visant à améliorer la santé et la vie des Haïtiens en général et la santé génésique et le planning familial en particulier. Par conséquent, Haïti n'a pas été en mesure d'égaler les résultats des autres pays de la région ALC en ce qui concerne la consolidation de la santé de la population et les progrès dans les services de santé sexuelle et génésique qui ont eu lieu au cours des années 2000.

Le tremblement de terre de 2010 et ses conséquences ont été un tournant décisif, car le système d'infrastructure et de santé déjà fragile d'Haïti a été gravement affecté par l'énorme séisme qui a frappé en janvier 2010. Plus de 250 000 personnes ont été tuées et plus d'un million ont été déplacées à l'intérieur du pays. Parmi les bâtiments détruits figuraient le Ministère de la Santé, l'école nationale des sages-femmes et l'école d'infirmières, ainsi que la moitié de tous les établissements de santé du secteur public, ce qui les a souvent rendus complètement inutilisables. En outre, de nombreux prestataires médicaux et professionnels de santé ont été tués, dont 14% des employés du Ministère de la Santé (Roberts, 2010). Les analyses des conséquences du tremblement de terre, ont montré, par exemple, que l'exposition au tremblement de terre a réduit l'utilisation des contraceptifs injectables (la méthode contraceptive moderne la plus répandue en Haïti) et a augmenté le nombre de grossesses (désirées ou non) car il a augmenté les besoins non satisfaits des femmes en matière de planning familial, a réduit l'accès aux préservatifs et peut-être aussi la capacité des femmes à exiger l'utilisation du préservatif dans leurs relations (Behrman et Weitzman 2016).

En réponse aux tendances ci-dessus, Haïti relance son programme de planning familial et tente de profiter de la coopération des organisations internationales. Les efforts visant à atténuer ces préoccupations, comprennent, par exemple, la politique de 2013 stipulant que la prestation de services de planning familial gratuits est requise dans tous les établissements de santé, y compris les infirmeries sur les lieux de travail. De plus, les prestataires de soins de santé sont tenus d'encourager les femmes avec plus de deux ou trois enfants à envisager une méthode contraceptive à action prolongée et divers programmes d'éducation sur le planning familial ont été conçus et mis en œuvre. Le Plan Stratégique National de la Santé de la Reproduction et de la Planification Familiale pour 2013-16 a également intégré le planning familial comme élément central pour atteindre deux objectifs: le ministère s'est engagé à offrir des services de santé génésique intégrés dispensés par du personnel qualifié, notamment des informations et des conseils sur les problèmes du planning familial, de la prévention de la transmission mère-enfant du VIH, du traitement de la violence sexiste à l'égard des femmes et des filles.

Calculs des coûts et des avantages

Obtenir des estimations raisonnablement fiables des avantages, des coûts et des ratios avantage-coût des programmes de planning familial reste très difficile, compte tenu d'une pléthore de problèmes d'estimation, d'une connaissance limitée des coûts du programme et d'une tâche encore plus difficile, évaluer les avantages micro et macroéconomiques de ces programmes.

Notre estimation des coûts repose sur les hypothèses suivantes :

- Les besoins non satisfaits en matière de planning familial en Haïti sont estimés à 35% (Haiti DHS 2013).
- En l'absence des données, les coûts nécessaires pour satisfaire les besoins actuellement non satisfaits en matière de planning familial sont tirés du Tableau 2.1 de Singh et al. (2014) *Bilan : les coûts et les avantages de l'investissement dans le planning familial et la santé maternelle et néonatale*, qui fournit une évaluation globale du coût total de l'expansion des services de planning familial. Les analyses suggèrent que l'expansion des services de santé sexuelle et génésique pour satisfaire 100% des besoins des pays non développés nécessiterait des dépenses de 9,1 milliards de dollars par année, contre 4,1 milliards de dollars actuellement. Cela donne un coût annuel de 23,60 $US par femme ayant un besoin de planning familial non satisfait.
- En multipliant ce coût par le nombre de femmes ayant des besoins non satisfaits en Haïti, le coût annuel total s'élève à 1 543 million de gourdes pour couvrir les besoins de planning familial non satisfaits en Haïti. Les coûts des années à venir dépendront des changements des désirs de fécondité et donc de la demande en planning familial, des changements de la taille de la population et de la structure par âge, ainsi que des changements des taux de mariage et de capital humain. Ces facteurs interagissent et, en l'absence d'estimations

détaillées des besoins non satisfaits de planning familial en Haïti, nous supposons que les mêmes dépenses seront consacrées pour une période de 20 ans pour répondre aux besoins non satisfaits en matière de planning familial sur la période 2016-35.

Les avantages des services élargis dans le domaine de la santé sexuelle et génésique considérés comme faisant partie de nos analyses sont basés sur les considérations suivantes :

Tout d'abord, les avantages découlant du fait que les programmes de planning familial peuvent réduire les dépenses en programmes sociaux en raison d'une croissance de la taille des cohortes de naissance moins rapide, et faire faire des économies grâce à un besoin réduit d'expansion du système scolaire, l'éducation, la mise en œuvre de programmes de vaccination ou la prestation de soins de santé pour les enfants. Cependant, ces économies peuvent être potentiellement trompeuses en ce qui concerne la réduction des coûts sociaux si les programmes de planning familial résultent également (comme le suggère une grande partie de la littérature récente) en des changements dans la demande de qualité de vie des enfants (y compris, par exemple, la santé et l'éducation scolaire des enfants) et en l'augmentation de l'éducation féminine. Étant donné que l'effet net n'est pas clair, nous ne tenons pas compte de ces avantages dans nos calculs de ratios avantage-coût.

Deuxièmement, les avantages des programmes de planning familial se produisent car la réduction de la fécondité, l'espacement des naissances et l'éventuelle réduction des naissances non désirées sont susceptibles de réduire la mortalité infantile et maternelle, et réduire les naissances qui présentent un risque élevé pour l'enfant et/ou pour la mère (pour un examen détaillé, voir Kohler 2013). Ces avantages doivent toutefois être évalués avec prudence, car il est souvent difficile de distinguer à quel point ces changements de mortalité et de santé maternelles et infantiles reflètent l'impact causal de l'expansion des programmes de planning familial sur la mortalité maternelle et infantile.

Troisièmement, nos analyses ont mis l'accent sur le fait que les programmes de planning familial, en plus de réduire la fécondité et la mortalité maternelle et infantile connexes, sont susceptibles d'entraîner des niveaux plus élevés d'éducation des femmes, des améliorations de la santé générale des femmes, une augmentation de la participation des femmes à l'emploi et une augmentation de leurs salaires, une amélioration de la santé des enfants (au-delà de l'effet sur la réduction de la mortalité infantile) et l'augmentation du capital humain des enfants. Plusieurs de ces facteurs affecteront la croissance économique et seront donc considérés comme faisant partie des avantages considérés ci-dessous. Et bien que ces conséquences soient susceptibles d'être désirables d'un point de vue politique au-delà de leurs contributions à la croissance économique, nous ne tiendrons pas compte des avantages supplémentaires du programme de planning familial (cycle de vie, distribution, inter-générations) en raison des difficultés à les évaluer dans le cadre de ce rapport.

Quatrièmement, et pour finir, les avantages des programmes de planning familial à grande échelle peuvent résulter des changements de la dynamique des populations et, en particulier, de la réduction des taux de croissance démographique, de la proportion de la population en âge de travailler et de l'augmentation des niveaux de capital humain et de la participation des femmes à l'emploi résultant d'une réduction de la fécondité au cours des prochaines décennies. Plusieurs études récentes suggèrent que la réduction des taux de croissance démographique de 1 pour cent dans les pays avec une fécondité actuellement élevée peut entraîner une augmentation du taux de croissance du PIB par habitant d'environ 1 pour cent (Ashraf et al. 2013 ; Karra et al., 2017 Kohler 2013). Compte tenu de l'incertitude des modèles sous-jacents, des connaissances encore limitées sur les interactions population-développement et des limites des estimations empiriques existantes, qui ont fait l'objet d'une discussion longue et parfois animée, cette découverte n'est qu'une règle de base ou un calcul approximatif. Néanmoins, si cette estimation selon laquelle la réduction des taux de croissance démographique de 1 pour cent dans les pays à la fécondité actuellement élevée pourrait entraîner une augmentation du taux de croissance du PIB par habitant d'environ 1 pour cent est précise, cela suggèrerait des ratios avantage-coût considérables pour les programmes de planning familial étant donné que cette modeste augmentation de la croissance économique est maintenue sur de longues périodes.

Tableau 1

Intervention	Taux d'actualisation	Avantage	Coût	RAC	Qualité des éléments de preuve
Besoins pleinement satisfaits en matière de contraception moderne	3%	543 593	23 638	23,00	Moyenne
	5%	357 091	20 185	17,69	
	12%	105 585	12 905	8,18	
	3%	556 036	23 638	23,52	Moyenne
	5%	364 157	20 185	18,04	
	12%	107 346	12 905	8,32	
	3%	587 145	23 638	24,84	Moyenne
	5%	381 823	20 185	18,92	
	12%	111 747	12 905	8,66	

Les avantages liés à la réduction de mortalité infantile et maternelle dus à la satisfaction des besoins non satisfaits en matière de planning familial sont obtenus en supposant que le développement des services de santé sexuelle et génésique affecte principalement l'espacement des naissances et le taux de mortalité des enfants de moins de cinq ans. La mortalité maternelle est réduite en raison de la diminution du nombre de naissances et d'avortements. On suppose que les femmes qui expriment un besoin de planning familial pour des raisons d'espacement des naissances retarderaient la fécondité, bénéficiant ainsi de la réduction du taux de mortalité des enfants de moins de 5 ans. Les besoins non satisfaits réduiraient également la fécondité car les femmes qui expriment un besoin de planning familial pour arrêter de procréer n'auraient pas d'enfants supplémentaires.

Analyse et conclusion

Plusieurs analyses récentes ont étudié la relation entre les besoins non satisfaits et le niveau de fécondité total (par exemple, Casterline et El-Zeini 2014, Garrido et Quiroga 2016), et indiquent une forte corrélation entre la réduction des besoins non satisfaits et la diminution de la fécondité. Il est pourtant peu probable que ces estimations reflètent une relation causale. Nos analyses sont basées sur l'hypothèse quelque peu conservatrice selon laquelle le fait de répondre aux besoins non satisfaits en matière de planning familial en Haïti réduirait la fécondité (ISF) d'environ 0,5, ce qui reflète, dans une certaine mesure, la différence entre les prévisions de fécondité moyenne et faible (ou entre les prévisions moyenne et haute) dans la projection World Population Prospect de l'ONU pour Haïti. Selon cette hypothèse, la croissance démographique en Haïti serait réduite de 0,5% au cours des 20 prochaines années.

Nos analyses reposent sur l'hypothèse que le fait de satisfaire les besoins non satisfaits en matière de planning familial en Haïti augmenterait la croissance économique par habitant de 0,25% par rapport à l'hypothèse de base ; la croissance supplémentaire étant due à l'accélération du changement de la structure par âge de la population et d'une accélération des réponses comportementales à la fécondité réduite qui se produirait autrement.

Certains avantages supplémentaires non pris en compte dans nos calculs, tels que les contributions à la réduction des infections par le VIH, tendent à accroître davantage les avantages et les ratios avantage-coût de l'investissement dans la santé sexuelle et génésique.

Bien que nos analyses se concentrent sur la « quantité de population », nous soulignons que la « qualité de la population » (ou le capital humain), comprenant des aspects tels que la santé et l'éducation, est un aspect important de la dynamique des populations qui est essentiel pour relever les défis des futurs changements démographiques, pour promouvoir les droits de l'homme et l'égalité des sexes et pour atteindre les avantages de la dynamique des populations en matière de développement social, économique et environnemental. La qualité de la population doit donc être considérée comme une composante inhérente de la dynamique des populations et, dans certains domaines (par exemple les politiques relatives au vieillissement de la population) les politiques liées à la qualité de la population visant à accroître l'apprentissage et l'adaptabilité tout au long de la vie et à atténuer les effets des maladies chroniques sont des politiques principales.

Références bibliographiques

Ashraf, Q. H., Weil, D. N. and Wilde, J. (2013). The effect of fertility reduction on economic growth. *Population and Development Review* 39(1): 97—130. doi:10. 1111/j.1728_4457.2013.00575.x.

Behrman, J. A. and Weitzman, A. (2016). Effects of the 2010 Haiti earthquake on women's reproductive health. *Studies in Family Planning* 47(1): 3—17. doi:10. 1111/j.1728_4465.2016.00045.x.

Behrman, J. R. and Kohler, H.-P. (2014). Population quantity, quality, and mobility. In: Allen, F., Behrman, J. R., Birdsall, N., Fardoust, S., Rodrik, D. et al. (eds.), *Towards a Better Global Economy: Policy Implications for Global Citizens in the 21st Century*, Oxford, UK: Oxford University Press, 2014.

Bertrand, J. T., Ward, V. and Santiso-Gálvez, R. (2015). Family planning in latin america and the caribbean: The achievements of 50 years. Measure Evaluation, Chapel Hill, NC, URL https://www.measureevaluation.org/resources/publications/tr-_15-_101.

Bleakley, H. (2010). Health, human capital, and development. *Annual Review of Economics* 2(1): 283—310. doi:10.1146/annurev.economics.102308.124436.

Bloom, D. E., Canning, D. and Sevilla, J. (2002). *The Demographic Dividend: A New Perspective on the Economic Consequences of Population Change*. Santa Monica, CA: RAND Corporation.

Bongaarts, J. (2016). Development: Slow down population growth. *Nature* 530(7591): 409–412. doi:10.1038/530409a.

Casterline, J. B. and El-Zeini, L. O. (2014). Unmet need and fertility decline: A comparative perspective on prospects in sub-saharan africa. *Studies in family planning* 45(2): 227—245. doi:10.1111/j.1728-_4465.2014.00386.x.

Ezeh, A. C., Bongaarts, J. and Mberu, B. (2012). Global population trends and policy options. *Lancet* 380(9837): 142—148. doi:10.1016/S0140-_6736(12)60696-_5.

Garrido, J. F. and Quiroga, D. E. (2016). Fertility decline and changes in unmet need in countries of Latin America and the Caribbean. Unpublished conference presentation, URL http://www.ipops.fr/fichier/rte/9/MU-TADEMO%2022%20-_%2023%20SEPTEMBRE%202016/PRESENTATIONS/session%201/Presentation_Fertility%20decline_FantaQuiroga.pdf.

Haiti DHS (2013). *Haiti DHS, 2012 - Key Findings (English, French)*. Measure DHS. URL http://dhsprogram.com/publications/publication-_SR199-_Summary-_Reports-_Key-_Findings.cfm.

Karra, M., Canning, D. and Wilde, J. (2017). The effect of fertility decline on economic growth in Africa: A macrosimulation model. *Population and Development Review* doi:10.1111/padr.12009.

Kent, M. M. (2010). Earthquake magnifies Haiti's economic and health challenges. Population Reference Bureau, Washington, D.C., URL http://www.prb.org/Publications/Articles/2010/haiti.aspx.

Kohler, H.-P. (2013). Population growth. In: Lomborg, B. (ed.), *Global Problems, Smart Solutions: Costs and Benefits*, Cambridge, MA: Cambridge University Press, 510—580. Working paper version available at http://repository.upenn.edu/psc_working_papers/34.

Kohler, H.-P. and Behrman, J. R. (2014). Population and demography: Benefits and costs of the population and demography targets for the post-2015 development agenda. Copenhagen Consensus Project: Post-2015 Consensus, URL http://www.copenhagenconsensus.com/post-_2015-_consensus/populationanddemography.

Miller, G. and Babiarz, K. S. (2016). Family planning program effects: Evidence from microdata. *Population and Development Review* 42(1): 7—26. doi:10.1111/j. 1728-_4457.2016.00109.x.

Mwaikambo, L., Speizer, I. S., Schurmann, A., Morgan, G. and Fikree, F. (2011). What works in family planning interventions: A systematic review. *Studies in Family Planning* 42(2): 67—82. doi:10.1111/j.1728-_4465.2011.00267.x.

National Research Council (1986). *Population Growth and Economic Development: Policy Questions*. Washington, D.C.: National Academy Press.

Population Council (2012). *Family Planning Programs for the 21st Century: Rationale and Design*. New York: The Population Council.

Prata, N. (2009). Making family planning accessible in resource-poor settings. *Philosophical Transactions of the Royal Society B: Biological Sciences* 364(1532): 3049—3065. doi:10.1098/rstb.2009.0162.

Roberts, R. (2010). *Responding in a Crisis: The Role of National and International Health Workers -- Lessons from Haiti*. London: Merlin.

Singh, S., Darroch, J., Ashford, L. and Vlassoff, M. (2014). Adding it up: The costs and benefits of investing in family planning and maternal and newborn health. Guttmacher

Institute Report, URL http://www.unfpa.org/adding-_it-_up. UN Population Division (2015). World Population Prospects, the 2015 revision: Key findings.

United Nations, Department of Economic and Social Affairs, Population Division, URL http://esa.un.org/unpd/wpp/.

UNFPA (2014). *ICPD Beyond 2014 Global Report*. New York, NY: United Nations. URL http://www.unfpa.org/public/home/sitemap/ICPDReport.

UNFPA, UNDESA, UN-HABITAT, IOM (2013). *Population Dynamics in the Post-2015 Development Agenda: Report of the Global Thematic Consultation on Population Dynamics*.

United Nations. URL http://www.worldwewant2015.org/file/313464/download/340868. Ward, V., Santiso-Gálvez, R. and Bertrand, J. T. (2015). Family planning in haiti. the achievements of 50 years. Measure Evaluation, Chapel Hill, NC, URL https://www.measureevaluation.org/resources/publications/sr-_15-_118h.

World Bank (2017). World Bank Open Data: Free and Open Access to Global Development Data. Accessed March 2017, URL http://data.worldbank.org/.

Vulgarisation de la méthode du collier une méthode traditionnelle pour l'augmentation du nombre de femmes qui utilisent la planification familiale en Haïti en utilisant le marketing social

JEAN PATRICK ALFRED[1]

Introduction

La population actuelle de la République d'Haïti est de 10,8 millions de personnes, 76% de la population vivant avec moins de 2 $ US par jour et 54% avec moins d'un dollar par jour. Cette évolution démographique, économique et sociale des 30 dernières années a été affectée par une instabilité politique extrême, ce qui a favorise l'entrée de groupes religieux diverses. Le tremblement de terre du 12 janvier 2010, en plus de provoquer plus de 300 000 morts, n'a pas facilité le rapport au poids démographique. Des analyses des conséquences des tremblements de terre, par exemple, ont montré que l'exposition au tremblement de terre a réduit l'utilisation des injectables, la méthode contraceptive moderne la plus répandue en Haïti, et a augmenté le nombre de grossesses actuelles et de grossesses non désirées, le tremblement de terre ayant significativement augmenté les besoins non satisfaits des femmes en matière de planification familiale. L'exposition au tremblement de terre a également réduit l'accès des femmes aux préservatifs et a peut-être aussi affecté leur capacité à négocier l'utilisation du préservatif dans leurs partenariats (Behrman et Weitzman, 2016). Tout cela, selon un rapport récent sur les réalisations de 50 ans de planification familiale en Haïti (Ward et al., 2015)

1 Ministère de la Santé Publique et de la Population

La problématique

La planification familiale a été le champ d'expérimentation d'étude et d'évaluation privilégié du marketing social, avec l'explosion démographique. Dans l'EMMUS V les données révèlent qu'un peu moins d'une femme sur trois (35%) a déclaré utiliser une méthode contraceptive : 31% utilisent une technique moderne et 3% une méthode traditionnelle. Le condom féminin (82 %), la stérilisation masculine (44 %), le DIU (35 %) et surtout la pilule du lendemain (19 %) sont les méthodes les moins connues par les femmes. En ce qui concerne les méthodes traditionnelles, on constate que la proportion de femmes qui en ont entendu parler est un peu plus faible que les méthodes modernes (89 % contre 100 %). C'est le retrait qui est la méthode la plus connue (83 %), suivie de la méthode du rythme (69 %). Les méthodes modernes les plus utilisées par les femmes en union sont par ordre décroissant les injections, le condom, la pilule, la stérilisation féminine et les implants tandis que pour les méthodes traditionnelles, c'est le retrait qui est le plus utilisée. Une analyse sommaire de la clientèle semble démontrer que les tabous, la religion, les effets secondaires liés aux méthodes modernes ouvrirait le champ à la conception et la promotion de méthodes naturelles dont l'efficacité serait prouvée et qui constituerait une réponse aux besoins de ce groupe cible partageant ces caractéristiques communes. Ainsi il serait intéressant vu la place des Églises dans la société haïtienne de lancer une campagne de marketing social d'une méthode naturelle de planification familiale « la méthode du collier » qui va dans le sens de la mission des églises et qui pourrait intéresser le groupe cible représenté par la population dont les convictions religieuses empêchent d'utiliser les techniques modernes de planification et dont le taux de fécondité est assez élevé.

Nous constatons que malgré le degré de connaissance très élevé de la contraception moderne en Haïti (99,8 %), la pratique demeure relativement faible et l'hypothèse de la cause serait la croyance d'une bonne partie de la population. Ainsi, la prévalence de la contraception moderne chez les femmes n'a augmenté que de 22 % en 2000 à 31 % en 2012. Cet indicateur accuse un retard par rapport à la prévalence de la contraception moderne moyenne en Amérique latine et dans les Caraïbes (67 %).

Ainsi nous nous proposons d'augmenter le nombre de personnes en union qui utilisent la méthode des jours fixes comme moyen de planification des naissances. Afin de réaliser un objectif de 15% des personnes en union qui utilisent la méthode des jours fixes, nous nous proposons de sensibiliser et de former 80% des leaders religieux à la méthode de planification de naissance des jours fixes et, en même temps, de nous assurer que 100% des prestataires offrent à leurs clients cette méthode qui ne sera pas refusée par les religieux.

Quels facteurs expliquent le constat actuel ? Quelles sont les faits ?

Le niveau de connaissance des utilisatrices de méthodes contraceptives était très élevé, 100% quelle que soit la catégorie de femmes. En ce qui concerne la connaissance par méthode spécifique, on constate que les femmes ont un peu moins fréquemment cité les méthodes traditionnelles que les méthodes modernes (83 % contre 100 %). La plus connue des trois méthodes traditionnelles demeure le retrait (76 %), suivie de la continence périodique (64 %) ; les méthodes populaires n'ont été citées que par 16% des femmes. Selon EMMUS 4, quelles que soient les caractéristiques sociodémographiques, plus de 99 % des femmes en union connaissent au moins une méthode de contraception moderne. Le constat est, qu'en dépit du niveau de connaissance très élevé des femmes en union sur les méthodes contraceptives, notamment les méthodes traditionnelles, leur utilisation reste relativement faible car il n'y a que 3% des femmes qui utilisent une méthode traditionnelle.

Facteurs expliquant le constat actuel

Il y a une faible implication des hommes dans les activités de santé de la reproduction en Haïti et ceci contribue à une faible utilisation des méthodes traditionnelles de contraception.

La conviction religieuse, les proscriptions de certaines religions, les préjugés et les tabous liés aux méthodes de contraceptions semblent être des barrières incontournables à une plus grande utilisation. Quand les leaders religieux proscrivent la planification familiale assez souvent, ils omettent de préciser qu'ils acceptent les méthodes traditionnelles et ils oublient d'en faire la promotion. C'est ce qui nous interpelle car en agissant sur ce levier nous pouvons arriver à une augmentation du nombre de femmes qui utilisent la planification familiale et à diminuer la fécondité.

Les programmes nationaux existants ont tendance à ne pas rendre disponible les méthodes traditionnelles et les prestataires n'en font généralement pas la promotion. Mais il est important de comprendre que les méthodes traditionnelles sont exigeantes et l'utilisation incorrecte est associée à des taux de grossesses élevés et ceci est utilisé parfois par les opposants aux méthodes traditionnelles pour en faire la promotion. Les méthodes naturelles nécessitent une période d'apprentissage pour harmoniser sa vie sexuelle en fonction de son cycle et son projet d'enfant et c'est pourquoi il faut vraiment une campagne de marketing social afin que la méthode devienne une méthode de choix des femmes.

Dans toute société, les règles admises, pas forcément formulées, doivent être respectées par tous les individus et Haïti n'est pas une exception à cette règle. Il faut comprendre le poids de la famille avec ce dicton « pitit se richès » les enfants garantissent de la richesse et ceci parfois détermine les choix.

La religion dicte également les comportements. Les leaders religieux sont perçus comme le représentant de Dieu et ils ont de grands pouvoirs et peuvent influencer les comportements et les décisions dans une direction ou l'autre. Et ils n'ont aucun problème avec l'utilisation des méthodes traditionnelles contraceptives. Mais par contre les responsables de programmes nationaux utilisent très peu ces méthodes.

Le pouvoir de décision est le plus souvent entre les mains de l'homme. Cet aspect est contre nous parce que généralement l'abstinence périodique est mal perçue par les hommes haïtiens. « La femme n'a pas le droit de refuser son corps à son mari sauf pour des raisons de maladies et de grande fatigue » dit-on, mais il y a eu beaucoup de progrès dans la lutte pour les droits des femmes en Haïti ce qui augmente la chance d'une telle stratégie.

Il y a une possibilité de diminuer le financement prévu pour les méthodes modernes de contraception car les méthodes naturelles coûteront moins chères et particulièrement la méthode du collier. 75% de la population haïtienne vit avec moins de 2,5 dollars US par jour et les femmes qui utilisent la PF sont de conditions socio-économiques élevées. (Entre 29 et 30 % dans les deux derniers quintiles) mais avec cette méthode du collier, la plupart des femmes étaient exclus par rapport à l'utilisation des méthodes modernes. Ceci nous permettra de briser le cycle de la pauvreté. Il y a une volonté politique pour le contrôle de la démographie en vue de stimuler la croissance économique et le Ministère de la Santé Publique et de la Population a fait des activités sur le repositionnement du planning familial et a même lancé une campagne de planification familiale. Il existe même un arrêté présidentiel faisant obligation à toutes les institutions de proposer la planification familiale à toutes les femmes, elle est gratuite dans toutes les institutions publiques mais malheureusement cette gratuité n'est effective quand les intrants sont disponibles.

Existence et leçons apprises d'autres campagnes

Le pays organise souvent des campagnes pour la planification familiale mais malheureusement, ils n'ont jamais eu les résultats escomptés. Car ils ne prennent pas en compte les méthodes naturelles qui ne sont pas prohibées par les Églises. Les autres programmes sont souvent réalisés pour satisfaire un bailleur sans aucune analyse de contexte. Ainsi, il sera capital pour la santé reproductive si on arrive à intégrer les méthodes naturelles et particulièrement la méthode du collier.

Dans notre pays, la communication autour des méthodes naturelles de régulation des naissances est très mal faite et ceci particulièrement par les personnels de santé. Au lieu d'encourager l'utilisation de ses méthodes à moindres coûts, les professionnels de la santé les découragent en mettant l'accent sur le peu qu'ils ont retenu de leur formation que ces méthodes étaient non fiables. C'est ce que nous voulons révolutionner en encourageant les prestataires à proposer les méthodes naturelles qui sont reconnues par l'OMS. Ainsi, nous pensons qu'en éduquant les adolescentes sur la physiologie du cycle menstruel, leur permettant de mieux maîtriser leur corps et leur sexualité en identifiant la glaire cervicale, sa sensation à la vulve et son aspect, elles arriveront à identifier leur période fertile et ainsi avoir des comportements responsables. Ceci nous permettra d'augmenter le nombre de femmes qui utilisent une méthode de planification familiale à moindre coût et briser ainsi le cycle de la pauvreté.

La violence familiale en Haïti[1]

ANKE HOEFFLER[2], JEAN GUY HONORE[3], ET ANASTASIA GAGE[4]

Résumé

La violence est un problème pour les droits de l'homme, la santé publique et le développement. Dans cet article, nous examinons la violence contre les femmes en Haïti, où, conformément à un certain nombre d'autres études, la forme la plus répandue est la violence familiale.

La violence familiale contre les femmes a des conséquences considérables, non seulement, elle provoque douleur et souffrance pour les victimes mais il en résulte des coûts pour la société dans son ensemble. Les femmes victimes de violence familiale sont plus susceptibles de se suicider, d'avoir des bébés présentant un faible poids, de contracter des maladies sexuellement transmissibles, ont plus de grossesses non désirées et sont moins susceptibles de terminer leurs études, de chercher un emploi. Les enfants qui grandissent dans des ménages abusifs sont également plus susceptibles de devenir des victimes ou des auteurs de violence familiale. Toutes ces conséquences génèrent des coûts au-delà des besoins médicaux immédiats de la victime.

L'objectif de cet article est d'examiner l'étendue du problème, de fournir des estimations des coûts, de proposer trois interventions possibles et d'estimer leur ratio avantage-coût (RAC), à savoir reconstruire un centre d'accueil pour femmes, mettre en place une assistance téléphonique nationale et un programme d'éducation pour prévenir la violence familiale chez les adolescentes.

Pour les deux interventions, centre d'accueil et assistance téléphonique, nous avons très peu de preuves de leur efficacité, et nous faisons des hypothèses prudentes de leurs avantages. Toutefois, les RAC sont entre 2,1 et 31,0. Pour la dernière intervention, le programme sur la violence lors des fréquentations, il y a beaucoup plus de preuves de l'efficacité dans la littérature de la santé publique. Cibler des adolescents, garçons et filles, est susceptible d'avoir des effets durables parce que, très souvent, les hommes et les femmes expérimentent les comportements qu'ils répètent plus tard dans la vie.

Introduction

La violence est un problème pour les droits de l'homme, la santé publique et le développement. Dans cet article, nous examinons la violence contre les femmes en Haïti, où, conformément à un certain nombre d'autres études, la forme la plus répandue est la violence familiale. La violence familiale est un problème grave en Haïti : selon les données EDS, environ quinze pour cent des femmes rapportent que leur partenaire les a agressées lors de la dernière année. La violence em-

1 Nous tenons à remercier Brad Wong pour ses encouragements et son soutien tout au long de ce projet, Nicholas Thomas pour son excellente aide à la recherche et un lecteur anonyme pour les commentaires et les suggestions utiles.

2 Université d'Oxford, département des sciences économiques

3 Université de Washington, département de la santé mondiale

4 Tulane University, département de la santé communautaire mondiale et des sciences du comportement

pêche non seulement les individus d'exprimer leur potentiel mais, dans son ensemble, la violence nuit aussi au développement de la société. La violence familiale a de nombreuses conséquences, y compris réprimer la voix des femmes et limiter leur effet. Les blessures, les traumatismes et la peur empêchent les femmes de s'exprimer, cherchant souvent du soutien et une prise en charge et cela inhibe souvent l'activité économique en dehors de leur foyer. Très peu de femmes signalent des agressions aux autorités, la violence familiale est donc un problème caché à la vue de tous.

L'objectif de cet article est d'examiner l'étendue du problème, de fournir des estimations des coûts, de proposer trois interventions possibles et d'estimer leur ratio avantage-coût (RAC).

La quantification d'un problème humain complexe comme la violence familiale se heurte à des difficultés. Elle exige des jugements éthiques et sociaux difficiles, par exemple comment donner une valeur à la vie, la douleur et la souffrance. Étant donné que les conséquences de la violence familiale sont multiples, il est difficile de définir chacune d'entre elles et de les mesurer. Les estimations des coûts qui en résultent devraient donc être considérées comme notre meilleure tentative pour quantifier ce problème social plutôt que d'arriver à une estimation précise. Cependant, bien que nous ne soyons pas en mesure de produire une estimation précise, nous pensons que ceci est un exercice intéressant car il nous encourage à réfléchir aux conséquences de la violence familiale.

Dans cet article, nous estimons que les coûts de santé de la violence familiale sont de l'ordre de 641 millions HTG par an, cela équivaut à 0,16 % du PIB. Par ailleurs, la charge de la santé résultant de la violence familiale peut être exprimée en pourcentage de la charge globale de la santé. 1,3 pour cent de toute la charge de la santé que les femmes expérimentent est due à la violence familiale. Cela conduit alors à la question de ce qui peut être fait pour réduire ces coûts. Nous étudions trois interventions possibles : la reconstruction d'un centre d'accueil pour femmes, la mise en place d'une assistance téléphonique nationale et un programme d'éducation pour prévenir la violence dans les fréquentations chez les adolescentes.

Contexte

Selon une étude internationale, la forme la plus répandue de la violence contre les femmes est la violence familiale, c'est à dire que l'auteur est soit un partenaire intime de la femme soit un membre de la famille (ONU, 2006, OMS 2013). Nous utiliserons la violence familiale et la violence conjugale de façon interchangeable dans cet article. Les hommes peuvent également être victime de violence familiale mais, pour Haïti, nous n'avons aucune donnée sur la victimisation des hommes et nous nous concentrons donc seulement sur l'analyse de la violence familiale contre les femmes.

La violence familiale contre les femmes a des conséquences considérables, non seulement, elle provoque douleur et souffrance pour les victimes mais il en résulte des coûts pour la société dans son ensemble. Les femmes victimes de violence familiale sont plus susceptibles de se suicider, d'avoir des bébés présentant un faible poids, de contracter des maladies sexuellement transmissibles, ont plus de grossesses non désirées et sont moins susceptibles de terminer leurs études, de chercher un emploi. Les enfants qui grandissent dans des ménages abusifs sont également plus susceptibles de devenir des victimes ou des auteurs de violence familiale (Hindin et al., 2008 ; Banque mondial 2012 : 152). Toutes ces conséquences génèrent des coûts au-delà des besoins médicaux immédiats de la victime.

Les données les plus récentes pour Haïti proviennent de l'enquête démographique et de santé (EDS), elles ont été recueillies en 2012 et nous résumons les données dans le tableau 1. Dans l'EDS, on demande aux femmes si elles ont été victimes de violences émotionnelles, physiques et sexuelles. Les VC physiques et sexuelles incluent par exemple : des coups de poing, des coups de pied, être battue, giflée, poussée, bousculée, étranglée, brûlée exprès, menacée avec une arme, physiquement forcée d'avoir des rapports sexuels, avoir des rapports sexuels en raison de la crainte que peut provoquer un partenaire et être obligée de faire quelque chose de sexuel qui est perçu comme humiliant ou dégradant. Nous nous concentrons sur la question de savoir si les femmes ont connu des violences physiques ou sexuelles au cours des 12 derniers mois parce que les mesures de la charge des maladies que nous utilisons ci-dessous ne tiennent pas compte de la violence émotionnelle et ne font pas de distinction entre violence physique et sexuelle. Les adolescentes sont plus susceptibles de subir des violences physiques et/ou sexuelles. Les principaux auteurs sont des petits amis, car peu de femmes sont mariées dans ce groupe d'âge. Beaucoup ont des relations dans le cadre de fréquentations, et si elles présentent des sévices physiques ou sexuels, cela conduira à une normalisation des relations violentes. Les femmes et les hommes répètent souvent ces comportements, expérimentés lors de fréquentations, plus tard dans la vie (Whitaker et al., 2004).

Tableau 1 : Incidence de la violence physique ou sexuelle par groupe d'âge l'an dernier, Haïti 2012

	Pourcentage rapportant des violences physiques ou sexuelles l'année passé	Pourcentage rapportant des violences physiques ou sexuelles graves l'année passé
15-19 ans	32,81 %	22,54 %
20-24 ans	21,34 %	13,79 %
25-29 ans	16,64 %	10,35 %
30-34 ans	11,86 %	8,47 %
35-39 ans	11,84 %	7,84 %
40-44 ans	9,72 %	7,24 %
45-49 ans	7,83 %	6,25 %
Total	14,59 %	9,87 %

Source : EDS, Haïti 2012

Nous trouvons qu'en moyenne 67 pour cent de toutes les femmes âgées de 15 à 49 ans ont déjà « eu un partenaire ». Cela varie en fonction du groupe d'âge, seule une minorité des plus jeunes femmes sont mariées ou cohabitent alors que 98 pour cent des femmes âgées de 45 à 49 ans ont déjà « eu un partenaire ». À l'aide de ces informations sur les femmes qui ont déjà eu un partenaire et les taux de prévalence rapportés dans l'EDS, nous calculons qu'environ 273 200 femmes ont été victimes de violences physiques et/ou sexuelles graves. Cela correspond à 9,4 % de la population des femmes de 14 à 49 ans. Ainsi, beaucoup de femmes font toujours face à de nombreuses menaces pour leur intégrité physique et leur bien-être mental en

Haïti aujourd'hui. Il s'agit plus probablement d'une estimation prudente car parmi les jeunes femmes, certaines peuvent avoir un partenaire intime mais ne pas affirmer qu'elles ont déjà « eu un partenaire ».

Il existe une littérature considérable sur l'impact sanitaire de la VC et les conséquences plus larges sur la santé de la VC sont analysées par Ellsberg et al. (2008). Les femmes victimes de VC ont des difficultés à marcher, des difficultés avec les activités quotidiennes et souffrent de douleurs, de pertes de mémoire, de vertiges et de pertes vaginales. Ils signalent également des taux significativement plus élevés de détresse émotionnelle, de pensées suicidaires et de tentatives de suicide. En se basant sur des études de pays, l'OMS (2013) conclut aussi que les femmes qui souffrent de VC sont 16 pour cent plus susceptibles d'avoir un bébé avec un faible poids à la naissance et dans certaines régions, elles sont 1,5 fois plus susceptibles de contracter le VIH et 1,6 fois plus susceptibles d'avoir la syphilis par rapport aux femmes qui ne sont pas victimes pas de violence familiale.

D'après les calculs de GHDx, seulement un certain nombre de conséquences sur la santé sont considérées. Les pertes de vies humaines attribuées à la VC sont dues à la violence interpersonnelle (homicide) et au suicide. Les pertes dues aux incapacités incluent les troubles dépressifs majeurs, la dysthymie (dépression légère persistante), le VIH/SIDA (la tuberculose et les résultats d'autres maladies), l'avortement, les fausses couches, les blessures en raison de la violence physique et l'automutilation. Pour Haïti, il n'y a aucune perte attribuée à l'avortement et aux fausses couches. Le VIH/SIDA est la principale cause d'années de vie perdues (14 629) alors que les pertes dues à la violence physique (3544) et au suicide (3997) sont à peu près comparables. La dépression est la plus grande cause pour les années perdues en raison de l'invalidité (6119). Il y a un certain nombre d'autres charges de la santé qui ne sont pas inclus, comme les autres maladies sexuellement transmissibles, le cancer du col utérin, la toxicomanie, les naissances prématurées (bébés de faible poids à la naissance). Ainsi, les estimations de GHDx sont vraiment susceptibles de minimiser les coûts de la violence.

Législation et aide aux victimes de VC

En Haïti, il y a une reconnaissance publique que la violence contre les femmes est un problème qui doit être abordé et que la VC est la forme la plus commune de violence sexiste.

Haïti a ratifié la Convention pour l'élimination de la discrimination à l'égard des femmes (CEDAW) le 7 avril 1981 et la Convention interaméricaine sur la prévention, la sanction et l'élimination de la violence faite aux femmes le 3 avril 1996. Les dispositions de ces traités internationaux peuvent être invoquées devant les tribunaux haïtiens, la Constitution haïtienne (Article 276-2) accordant le même statut aux traités internationaux ratifiés par Haïti et à la législation nationale et prévoyant l'abrogation de toutes les lois qui sont en contradiction avec les dispositions de ces traités internationaux.

Cependant, il y a un écart important entre la législation en vigueur et ce que les femmes et filles connaissent en raison des problèmes profondément enracinés dans le système de la justice pénale, qui ont été documentés ailleurs (Commission interaméricaine sur les droits de l'homme, 2005). Avant 2005, Haïti n'avait pas de législation spécifique sur la violence sexuelle et n'interdisait pas la violence contre les femmes dans son droit pénal. Le 11 août 2005, un amendement du Code pénal a reclassé le viol comme une offense criminelle, plutôt que comme un crime contre l'honneur (Le Moniteur, 160ème année, No.60). Haïti a également rédigé la loi-cadre sur la prévention, la sanction et l'éradication de la violence à l'égard des femmes pour une présentation au 50ème Parlement.

Pour atteindre l'objectif de prévention de la violence contre les femmes en Haïti, un certain nombre d'initiatives ont été générées, y compris la création de certaines institutions et politiques publiques dédiées à protéger les femmes et leurs droits. Les services disponibles pour les victimes de VC comprennent :

- Des centres d'accueils dans quatre départements du pays (Nord, Nord-Est, Sud-Est et Ouest) pour accueillir les femmes victimes de violence. Le centre d'accueil de l'Ouest a été détruit lors du tremblement de terre du 12 janvier 2010. Des services médico-légaux, psychosociaux, juridiques et sociaux sont fournis dans ces centres d'accueil, qui sont tous gérés par des organisations de femmes, le MCFDF jouant un rôle de coordination[5].
- Une assistance judiciaire avec le dépôt de plaintes auprès des autorités pour les survivants de VC. Le Bureau d'assistance légale relève du Ministère de la justice, mais n'est opérationnel que dans la région de Port-au-Prince. Les organisations de la société civile fournissent également une assistance juridique aux survivants de VC et les accompagnent souvent à la police et devant la Cour. Toutefois, bon nombre des représentants de ces organisations n'ont aucune formation juridique (PNUD, 2014).
- Un traitement médical et psychologique pour les victimes de viol ou d'agression sexuelle : plusieurs organisations de la société civile et des cliniques fournissent à la fois une assistance médicale d'urgence dans les 72 heures après une agression et des soins médicaux et psychologiques à long terme. La Commission des femmes victimes pour les victimes (KOFAVIV) en est un exemple. Haïti a également révisé le formulaire d'enregistrement des cas d'agression sexuelle afin d'harmoniser la collecte des données pour les cliniques et les organisations. Un protocole d'entente a également été signé entre le MCFDF et le Ministère de la Santé Publique et de la Population (MSPP) pour la fourniture d'un certificat médical gratuit en cas d'agression sexuelle.

Des campagnes de sensibilisation et de formation. Les organisations de la société civile ont mené des activités pour sensibiliser les gens sur les droits des femmes, des services sociaux, juridiques et médicaux disponibles pour les survivants de VC et sur les moyens de prévenir les infections sexuellement transmissibles. KayFanm est un exemple de ce type d'organisation[6].

Calcul des ratios avantage-coût (RAC)

Nous passons maintenant à la discussion des trois interventions possibles : la reconstruction d'un centre d'accueil dans l'Ouest, un service d'assistance téléphonique à l'échelle nationale et un programme de prévention de la violence lors des fréquentations des adolescentes.

---

5 Des informations détaillées à propos de l'utilisation de ces centres d'accueils en 2011 peuvent être obtenus ici: http://www.alainet.org/images/SOFA%20-Onzieme%20Rapport%20Bilan-%20%20decembre%20 2011-2.pdf, consulté le 14 Avril 2017

6 http://www.enfolien.net/index.php?option=com_content&view=article&id=103:documentaire-kay-fanm-le-centre-reviv-pour-la-rehabilitation-des-fillettes-et-adolescentes-violee -n & catid = 44: groups-and-associations& Itemid = 73, consulté le 14 avril 2017

Intervention 1 : Centre d'accueil

Le récent examen par Sullivan (2012) donne à penser que les centres d'accueil sont très efficaces pour assurer une sécurité immédiate et un soutien à plus long terme. Dans l'ensemble, le centre d'accueil a été extrêmement positif pour les femmes qui l'ont utilisé.

Il est cependant très difficile de quantifier les avantages d'un centre d'accueil. Nous adoptons l'approche suivante : la ville moyenne en Haïti a environ 70 000 habitants et un ensemble de quatre villages une population de 6 000 chacun. Étant donné un taux d'urbanisation d'environ 50 %, ce centre d'accueil toucherait environ 47 000 personnes, la moitié d'entre elles sont des femmes. C'est à peu près équivalent à 0,4 % de toutes les femmes et par conséquent 0,4 pour cent de toutes les victimes de VC. Étant donné que toutes les femmes n'ont pas connaissance du centre d'accueil, nous supposons qu'environ la moitié des décès et AVI sont évités.

En se basant sur Sullivan (2012), nous supposons que :

- 79 % des utilisateurs du centre d'accueil trouvent que le centre est bénéfique et que 10 pour cent ont trouvé qu'il augmentait la violence.
- 69 % des femmes sont aidées par un centre d'accueil. En utilisant les données de GHDx, cela représente environ un décès et 12 AVI évités par an.
- le centre d'accueil de Port-au-Prince soit construit en 2018 et utilisé jusqu'en 2046.
- les coûts de construction seront semblables à ceux d'un établissement de santé mais le centre d'accueil n'aura que la moitié du métrage carré (soit environ 10 millions HTG) et que le centre d'accueil sera pourvu de quatre employés à temps plein. Leur salaire est supposé être la moitié de la rémunération annuelle moyenne (environ 29 000 HTG par an). En outre, nous prévoyons les factures d'eau, d'électricité et de téléphone et l'entretien des bâtiments. Les coûts sont supposés augmenter chaque année de l'inflation actuelle de 2,7 % par an.

Intervention 2 : Service d'assistance téléphonique

À notre connaissance, Haïti n'a pas actuellement de service d'assistance téléphonique national pour les victimes de VC. Nous avons très peu d'indications à quel point les services d'assistance téléphonique sont efficaces dans la prévention et le traitement des victimes de VC. Ils sont populaires dans certains pays et dans certains cas le nombre d'appels téléphoniques augmente considérablement en réponse à l'information du public. Par exemple, en 2016 un soap opera populaire sur BBC Radio 4 a détaillé une histoire de VC se déroulant sur plusieurs mois et cela a entraîné une augmentation de 20 % des appels téléphoniques aux lignes d'assistance au Royaume-Uni.

Nous supposons qu'un service d'assistance téléphonique procurerait un avantage en évitant un pour cent des décès et AVI, mais nous n'avons aucune base réelle pour cette hypothèse. Les coûts d'un service d'assistance téléphonique seraient la location d'un bureau plus les coûts de fonctionnement de dix pour cent de la location de bureau. Quatre personnels à temps plein seraient employés au coût de la moitié du salaire moyen[7]. Les coûts de formation pour le personnel sont censés être de dix pour cent des dépenses de personnel. En outre, une campagne

7 Nous avons aussi calculé les RAC pour les salaires d'une rémunération moyenne. Les salaires représentant une relative faible partie du cout total de l'assistance téléphonique, les RAC restent dans la fourchette de 3,2 à 27.

d'information pour joindre toutes les femmes de 15-49 ans serait lancée lors de l'inauguration de la ligne d'assistance. L'effet de cette campagne d'information est supposé décliner au fil du temps, la prochaine cohorte de femmes étant à risque pour la VC, celle-ci aura besoin de nouvelles informations. Ainsi, nous prévoyons une campagne annuelle complémentaire.

Intervention 3 : Prévention de la violence lors des fréquentations des adolescentes

Il y a des preuves qu'enseigner à avoir des relations sûres et saines diminue l'incidence des agressions sexuelles (Sinclair et al., 2013), augmente les connaissances sur la VC (Gage et al., 2016) et réduit la VC physique/sexuelle (Foshee et al., 2005 ; Lundgren & Amin, 2015 ; Peskin et al., 2014 ; Taylor, Stein, Mumford et Woods, 2013 ; Wolfe et al., 2009) chez les adolescentes. L'accent est mis sur la prévention de la violence lors des fréquentations des adolescentes. Ces programmes ont été évalués pour leurs impacts aux États-Unis et au Canada.

Nous supposons que :

- un programme de prévention sur la violence lors des fréquentations commencera en 2018 et que nous observerons un impact sur la VC sur les adolescentes pendant quatre ans (la même période d'évaluation utilisée par Foshee et al. (2004)), après quoi l'effet décline.
- après quatre ans, il y aura des effets positifs, tels que la réduction de la consommation d'alcool, de la dépression, de l'automutilation etc., qui ont été associés avec les programmes de prévention de la violence lors des fréquentations des adolescentes. Nous ne savons pas quelle serait l'envergure des effets. Nous supposons une décroissance géométrique de l'efficacité, mais nous n'avons aucune base réelle pour ces hypothèses.
- la même réduction est valide pour les décès, car Foshee et al. (2004) a seulement observé des survivants de VC.
- le programme de prévention de la VC chez les adolescents est fourni à 15 ans, et que les effets durent « toute une vie ». Les adolescents âgés de quinze ans représentent 1/5 du groupe des 15-19 ans. Ainsi, nous appliquons les effets de la réduction à 1/5 du groupe des 15-19 ans. Lorsque la cohorte traitée grandit, nous supposons que le taux de prévalence concerne les groupes plus âgés, c'est à dire les 20-24, 25-29, etc.

Nous utilisons les coûts comme indiqué par Gage et al. (2016), à savoir trois jours de formation par enseignant et assistant et cinq jours de mise en œuvre. La délivrance de la formation s'est faite en dix sessions à environ 30 élèves, ils n'ont pas reçu de rémunération mais on leur a donné un rafraîchissement.

Une considération importante est combien d'élèves pourraient être touchés. Dans Gage et al. (2016) seulement 31 pour cent des parents ont donné leur consentement et actuellement seulement 25 pour cent des adolescents de 14 ans vont à l'école. Cela se traduit par un traitement de huit pour cent de tous les adolescents de 14 ans ou pour dire les choses différemment 627 groupes de 30 élèves bénéficieraient de l'enseignement.

Un autre facteur de coût est l'utilisation d'experts extérieurs et la production du matériel d'étude. Nous avons utilisé le coût du projet pilote, moins la formation des enseignants et la mise en œuvre, en supposant qu'une intensification réduirait les coûts d'impression. En supposant qu'un enseignant peut enseigner le programme à quatre groupes différents, 157 enseignants devront être formés. Les coûts des enseignants pour qu'ils délivrent cette intervention sont très élevés et les RAC sont donc faibles.

Pour les trois interventions, nous n'avons pas de bonnes estimations pour les coûts matériels, tels que les frais médicaux, les frais de justice pénale et les pertes de revenus. En Haïti beaucoup de femmes pourraient ne pas aller voir un professionnel de la santé pour leurs blessures, cela engendre donc de faibles coûts pour les soins médicaux. Étant donné que de nombreuses formes de VC ne sont pas signalées à la police et certaines d'entre elles ne sont même pas des infractions (viol au sein du mariage, par exemple) les coûts afin d'appréhender l'auteur, les coûts de jugement et de condamnation peuvent aussi être faibles. Beaucoup de femmes sont au chômage ou inactives, ainsi, la perte de rémunération est également considérée comme faible.

Tableau récapitulatif : RAC (valoriser un AVCI à une fois le PIB par habitant)

Intervention	Actualisation	Avantage	Coût	RAC	Qualité des éléments de preuve
Centre d'accueil	3 %	44 632 175,83	10 533 076,94	4,2	limitée
	5 %	47 826 702,83	10 222 712,19	4,7	
	12 %	25 644 633,5	10 114 775,92	2,5	
Service d'assistance téléphonique	3 %	75 333 942,2	18 189 343,69	4,1	aucun élément de preuve
	5 %	58 631 892,39	14 649 000,82	4,0	
	12 %	31 940 811,43	7 729 286,933	4,1	
Prévention de la violence lors des fréquentations	3 %	18 447 394	34 808 408	0,5	solide
	5 %	11 844 151	34 808 408	0,3	
	12 %	3 815 469	34 808 408	0,1	

Remarque : Les coûts matériels sont inclus.

Conclusions

Dans cet article, nous suggérons que la VC est un grave problème en Haïti. D'après les données de l'EDS, nous estimons qu'environ 273 200 femmes sont victimes de violences physiques et/ou sexuelles graves par an. Cela correspond à 9,4 % de la population des femmes de 14 à 49 ans. Il s'agit probablement d'une estimation prudente car parmi les jeunes femmes, certaines peuvent avoir un partenaire intime mais ne pas affirmer qu'elles sont dans une relation. Ainsi, beaucoup de femmes font toujours face à de nombreuses menaces pour leur intégrité physique et leur bien-être mental en Haïti aujourd'hui.

La VC peut avoir un certain nombre de conséquences. Certaines femmes sont tuées par leur partenaire, dans le monde environ 43 pour cent de toutes les victimes d'homicide sont tuées par leur partenaire actuel ou leur ancien partenaire (Stöckl et al., 2013). Pour Haïti, nous avons été incapables d'obtenir une répartition des homicides commis par auteur. D'autres effets incluent la dépression majeure, la dysthymie (dépression légère persistante), les maladies sexuellement transmissibles, le VIH/SIDA, le cancer du col utérin, l'avortement, les fausses couches, les naissances prématurées (bébés de faible poids à la naissance), la toxicomanie, les blessures en raison de la violence physique et l'automutilation. Ces conséquences de la VC ont été évaluées par Global Health Data Exchange (GHDx) et nous utilisons leurs données sur l'AVCI pour calculer les avantages des interventions proposées. L'utilisation de ces données est une lacune de notre étude car le GHDx ne semble pas utiliser d'informations spécifiques sur les pays pour calculer le risque attribuable dans la population (RAP) dans l'estimation des AVCI pour la VC en Haïti. Seulement quelques conséquences de la VC sont considérées, donc l'AVCI sous-estime probablement la charge de la VC.

Nous avons évalué trois interventions différentes : la reconstruction d'un centre d'accueil pour les femmes, un service d'assistance téléphonique national et un programme de prévention des violences lors des fréquentations des adolescentes.

Nous avons estimé les coûts matériels en plus de ces charges de santé, ces coûts matériels seraient les frais médicaux, la perte de salaires et les frais de justice pénale. Selon la littérature des Etats-Unis sur la criminalité, les coûts matériels de violence interpersonnelle sont beaucoup plus faibles que les coûts immatériels (ou les coûts de la santé). Étant donné que les avantages sont plus élevés lorsque ces coûts matériels sont considérés les RAC résultants sont légèrement supérieurs.

Pour les deux interventions, centre d'accueil et assistance téléphonique, nous avons très peu de preuves de leur efficacité et nous faisons des hypothèses prudentes de leurs avantages. Toutefois, les RAC sont entre 2,1 et 31,0. Pour la dernière intervention, le programme sur la violence lors des fréquentations, il y a beaucoup plus de preuves de l'efficacité dans la littérature de la santé publique. Cibler des adolescents, garçons et filles, est susceptible d'avoir des effets durables parce que très souvent les hommes et les femmes expérimentent les comportements qu'ils répètent plus tard dans la vie. Le programme SAVE Dates aux États-Unis a diminué la prévalence de la violence dans les fréquentations d'environ 56 pour cent. Ce programme d'études a été testé en Haïti (Gage et al., 2016) et a considérablement amélioré la connaissance de la VC. Cet essai indique que des conseils dans le cadre de SAVE Dates pourraient réduire sensiblement la fréquence de la VC chez les adolescents. Cependant, nous avons constaté que les coûts pour payer les enseignants à délivrer le programme SAFE Dates en dehors des heures d'école en Haïti rendaient la délivrance de cette intervention très coûteuse. Les RAC du programme de prévention chez les adolescentes sont plus faibles qu'un à moins que nous supposions des valeurs élevées d'AVCI et des taux d'actualisation faibles. Si le programme d'études national était adapté pour inclure des informations sur la violence lors des fréquentations afin qu'elles soient enseignées durant les heures scolaires, cela réduirait environ de moitié les coûts de délivrance et améliorerait donc les RAC.

Références bibliographiques

Cayemittes, Michel, Michelle Fatuma Busangu, Jean de Dieu Bizimana, Bernard Barrère, Blaise Sévère, Viviane Cayemittes et Emmanuel Charles. 2013. *Enquête Mortalité, Morbidité et Utilisation des Services, Haïti, 2012.*

Calverton, Maryland, USA : MSPP, IHE et ICF International.Foshee, V.A., Bauman, K.E., Ennett, S.T., Linder, G.F., Benefield, T. and Suchindran, C., 2004. Assessing the long-term effects of the Safe Dates program and a booster in preventing and reducing adolescent dating violence victimization and perpetration. American journal of public health, 94(4): 619-624.

Ellsberg, M., H.A.F. Jansen, L. Heise, C.H. Watts, C. Garia-Moreno (on behalf of the WHO Multi-country Study on Women's Health and Domestic Violence against Women Study Team). 2008. Intimate partner vilence and women's physical and mental health in the WHO multi-country study on women's health and domestic violence: an observational study. The Lancet 371: 1165-1172.

Foshee, V. A., Reyes, H. L., Gottfredson, N. C., Chang, L. Y., & Ennett, S. T. (2013). A longitudinal examination of psychological, behavioral, academic, and relationship consequences of dating abuse victimization among a primarily rural sample of adolescents. Journal of Adolescent Health, 53(6), pp. 723-729.

Gage, A.J., 2005. Women's experience of intimate partner violence in Haiti. Social Science & Medicine, 61(2), pp.343-364.

Gage, A.J. and Hutchinson, P.L., 2006. Power, control, and intimate partner sexual violence in Haiti. Archives of Sexual Behavior, 35(1), pp.11-24.

Gage, A.J., Honoré, J. G., and Deleon, J. 2016. Short-term effects of a violence prevention curriculum on knowledge of dating violence among high school students in Port-au-Prince, Haiti. Journal of Communication in Healthcare, 9(3): 178-189.

Hindin, M. J., S. Kishor and D. L. Ansara. 2008. Intimate Partner Violence among couples In 10 DHs countries: Predictors in Health Outcomes. DHS Analytical Studies No. 18. Calverton, Maryland, USA: Macro International Inc.

Inter-American Commission on Human Rights. 2009. "The Right of Women in Haiti to be Free From Violence and Discrimination." OEA/Ser.L/V/II, Doc. 64. https://cidh.oas.org/countryrep/Haitimujer2009eng/HaitiWomen09.toc.htm. Accessed March 19, 2017.

Lundgren, R., & Amin, A. (2015). Addressing intimate partner violence and sexual violence among adolescents: emerging evidence of effectiveness. *J Adolesc Health, 56*(1 Suppl), S42-50.

McCollister, K.E., M.T. French and H. Fang. 2010. The cost of crime to society: New crime-specific estimates for policy and program evaluation. Drug and Alcohol Dependence 108: 98-109.

Peskin, M. F., Markham, C. M., Shegog, R., Baumler, E. R., Addy, R. C., & Tortolero, S. R. (2014). Effects of the It's Your Game . . . Keep It Real program on dating violence in ethnic-minority middle school youths: a group randomized trial. *Am J Public Health, 104*(8), 1471-1477.

Sinclair J, Sinclair L, Otieno E, Mulinge M, Kapphahn C, Golden NH. 2013. A self-defense program reduces the incidence of sexual assault in Kenyan adolescent girls. Journal of Adolescent Health 53(3):374–80.

Sullivan, C.M. (2012, October). *Domestic Violence Shelter Services: A Review of the Empirical Evidence,* Harrisburg, PA: National Resource Center on Domestic Violence. Retrieved 24 February 2017, from: http://www.dvevidenceproject.org

Taylor, B. G., Stein, N. D., Mumford, E. A., & Woods, D. (2013). Shifting Boundaries: an experimental evaluation of a dating violence prevention program in middle schools. *Prev Sci, 14*(1), 64-76.

UN. 2006. Ending Violence Against Women: From Words to Action. United Nations. New York.

United Nations Development Programme (UNDP). 2014. Legal Aid for Women Victims of Gender Violence in the Caribbean: Identifying Gaps and Programmatic Responses. New York: UNDP Regional Bureau for Latin America and the Caribbean.

Vos, T., Astbury, J., Piers, L.S., Magnus, A., Heenan, M., Stanley, L., Walker, L. and Webster, K., 2006. Measuring the impact of intimate partner violence on the health of women in Victoria, Australia. Bulletin of the World Health Organization, 84(9), pp.739-744.

Whitaker et al (2006) on the prevention of IPV

Wolfe, D. A., Crooks, C., Jaffe, P., Chiodo, D., Hughes, R., Ellis, W., . . . Donner, A. (2009). A school-based program to prevent adolescent dating violence: a cluster randomized trial. *Arch Pediatr Adolesc Med, 163*(8), 692-699.

World Bank. 2012. The World Development Report 2012: Gender Equality and Development. Washington D.C.

WHO. 2013. Global and regional estimates of violence against women: Prevalence and health effects of intimate partner violence and non-partner violence. World Health Organization. Geneva.

Article sur le document de recherche d'analyse coût-avantage des interventions traitant la violence domestique

MÉLISSA TORCHENAUD[1]

Introduction

La société haïtienne fait face à de graves problèmes de discriminations et de violences envers les femmes. Alors que la population tend à faire le silence sur les impacts de cette discrimination alimentée par des violences sexuelles, ce mal mondial, continue à faire son chemin vers la destruction d'une partie non négligeable de la société haïtienne. Pour lutter contre ce fléau, les états caribéens, tout comme Haïti, s'appuient sur certaines conventions majeures qui ont fixé le cadre de la protection des femmes au niveau international ou régional parmi lesquelles la Convention sur l'Elimination de toutes les Formes de Discrimination à l'égard des Femmes (CEDAW) adoptée en 1979 par l'Assemblée des Nations Unies et ratifiée par Haïti en 1981. Depuis cette ratification, le gouvernement haïtien a fait quelques progrès pour lutter contre toutes formes de violence faites aux femmes.

En effet, actuellement il existe plusieurs centres de refuge à travers plusieurs départements du pays. Il y a aussi une assistance juridique pour déposer des plaintes auprès des autorités à la disposition des victimes de violences domestiques. De même, plusieurs organisations de la société civile mènent des activités de sensibilisation sur les droits des femmes, sur les services sociaux, juridiques et médicaux disponibles pour les victimes de violence et sur la façon de prévenir les infections sexuellement transmissibles. Cependant, ces efforts sont loin d'être suffisants pour répondre aux obligations nécessaires. Ainsi, le Copenhagen Consensus Center via le projet Haïti Priorise présente trois (3) types d'interventions qui pourraient aider à la lutte contre la violence domestique. À travers le document « Domestic violence in Haiti », une étude a été réalisée sur une analyse coût-avantage de ces interventions dans le but de déterminer si leur mise en œuvre sera efficace pour le pays et la société en générale.

L'intervention qui consiste à la reconstruction d'un centre de refuge pour les victimes de violences conjugales semble être pertinente pour faire face au problème à résoudre. En effet, dans le texte, la littérature suggère qu'ils sont très efficaces pour assurer une sécurité immédiate et un soutien à long terme. De plus, la violence à de profondes répercussions sur le bien-être physique, émotionnel, mental et social des victimes. Les traumatismes psychologiques restent l'un des problèmes les plus destructifs et les plus ruinants des violences sexuelles. Tous ces cas constituent des charges affectio-émotionnelles latentes pouvant dégénérer à tout moment si l'on n'aide pas les

1 Ministère de la planification et de la coopération externe

victimes à s'en sortir. De ce fait, la reconstruction de ce centre serait donc bien importante pour le pays et pour les femmes en particulier. En effet, les multiples services de soutien et d'accompagnement dans les formalités administratives qu'offre le centre, aideront les victimes de violence à mieux surmonter ces épreuves.

La violence basée sur le genre est un phénomène qui souvent reste dans le silence. Les facteurs de ce silence incluent la peur de la victime face à son agresseur, la peur à la stigmatisation, un manque de confiance dans le système judiciaire et un accès limité aux services. Les interventions proposées devraient touchées tous ces points.

Dans le but de lutter pour l'égalité des genres, l'administration Martelly-Lamothe a adopté la Politique d'Egalité femmes hommes (2014-2034) qui s'inscrit dans le cadre des engagements internationaux et régionaux auxquels a souscrit Haïti. Cette Politique permettra de rectifier de manière durable les inégalités entre les sexes dans toutes les sphères de la société, de recenser les grandes lignes d'actions concrètes de l'État et de dégager ses objectifs prioritaires pour les vingt prochaines années. Ce document prévoit la création de la Concertation Nationale de lutte contre les violences faites aux femmes (CN). Parmi ses attributions nous pouvons citer :

- proposer des avis et des actions ;
- s'assurer de la formation des acteurs intervenant dans la lutte contre la violence spécifique faite aux femmes et filles ;
- développer des outils techniques de prévention, de communication et de prise en charge ;

Ainsi, nous pouvons donc affirmer que les interventions s'inscrivent dans la filière des attributions de ce mécanisme à l'exception de la ligne d'assistance. Haïti ne dispose actuellement d'aucune ligne d'assistance nationale pour les victimes de violence. Il faudrait intégrer cette cellule dans les attributions de la CN.

Pour une meilleure efficacité du centre d'accueil et de soutien, il devrait également assurer la protection juridique des victimes sexuelles en offrant de multiples services d'accompagnement dans les formalités administratives. Ce centre devrait être également doté d'un service de soutien psychosocial. Il doit y avoir également des policières et avocats disponibles pour prendre en charge rapidement tous les cas de violences et pour faire les suites nécessaires.

La discrimination entre les sexes sur toutes ses formes réside aussi dans les comportements sociaux et culturels des hommes et des femmes qui ont des préjugés et des stéréotypes fondés sur l'infériorité de l'un des sexes. Aussi, l'intervention 3 prend en compte les mesures pour modifier les attitudes sociales et culturelles qui sont les causes profondes de la plupart des formes de violence visant les femmes seront prises. De même, il est recommandé de réaliser des ateliers de formation et de sensibilisation sur la vulgarisation de la politique d'égalité femme/homme et sur la promotion et la sensibilisation de la défense des droits des femmes. Ces ateliers pourraient fournir des renseignements plus précis sur les campagnes de sensibilisation concernant les droits des femmes prises jusqu'à présent et sur tout travail effectué avec les médias pour véhiculer des messages non stéréotypés sur les femmes/filles.

Droits humains sur le marché du travail[1]

MÉLISSA TORCHENAUD[2], JACQUES PHILIPPE ESTIME[3],
SAMUEL PHILIP JEAN-LOUIS[4]

Résumé

Les femmes représentent plus de la moitié de la population mondiale, cependant force est de constater que leur contribution aux chiffres d'activité, de croissance et de bien-être économique est nettement inférieure à leur véritable potentiel économique. L'égalité des droits sur le marché du travail reste encore un défi pour certains pays en développement.

Particulièrement en Haïti, les distorsions et les inégalités sociales qui sévissent sur le marché du travail formel empêchent les femmes d'évoluer à leur pleine capacité. De même, sur le marché du travail informel, les travailleurs domestiques, constitués majoritairement de femmes et d'enfants, subissent eux aussi des effets de l'inégalité du marché du travail. En effet, en plus d'être sous-rémunérés, ils se trouvent pratiquement exclus du système de protection du travail.

La présente étude traite deux interventions propres à supprimer certaines distorsions qui pèsent sur le marché du travail en identifiant et en analysant les coûts et les avantages qui apporteront un maximum de profit par gourdes dépensées.

La première intervention consiste à établir un congé de paternité de six (6) semaines, rémunéré et non-transférable accordé, à l'issue de l'accouchement de l'épouse ou de la conjointe de l'employé. Cette intervention est proposée dans l'objectif d'une plus grande équité de genre sur le marché du travail, en particulier pour garantir la participation entière et effective des femmes et leurs accès en toute égalité aux fonctions de direction à tous les niveaux de décision. En effet,

---

1 Qu'il nous soit permis en quelques lignes de présenter nos plus amples remerciements à toutes les personnes qui nous ont aidé à mener à terme ce présent document de recherche. Tout d'abord, nos profonds remerciements vont à Madame Nancy DUBOSSE, PhD, Chef de Projet « Haïti Priorise » au Copenhagen Consensus Center (CCC) qui, dès le début du projet nous a apporté un soutien inégalable par ses conseils et recommandations permettant ainsi l'amélioration du fond et de la forme de ce présent travail de recherche. Ensuite, nous remercions immensément Monsieur Brad WONG, PhD, Économiste en Chef au Copenhagen Consensus Center (CCC) qui a été notre accompagnateur lors de l'élaboration et de la conception de la feuille de calcul consolidant ainsi le travail de recherche. Ses feedbacks nous ont été d'une aide bien précieuse. Finalement nous tenons à exprimer nos sincères reconnaissances à tous ceux et celles qui nous ont, d'une manière ou d'une autre, aidés par leurs conseils, leur patience et leurs encouragements continuels. Sans leur soutien, la réalisation du travail de recherche ne serait pas une réussite.

2 Économiste et analyste de projet, Direction de l'Investissement Public, Ministère de la Planification et de la Coopération Externe

3 Économiste et analyste de projet, Unité d'Etude et de la Programmation, Ministère de la Planification et de la Coopération Externe

4 Économiste et analyste de projet, Direction de l'Aménagement du Territoire, de Développement Local et Régional, Ministère de la Planification et de la Coopération Externe

comme cela a été démontré dans le monde entier, les femmes bénéficient le plus lorsque les hommes prennent un congé de paternité.

La deuxième intervention implique une augmentation d'environ 43% du montant fixant le salaire minimum des travailleurs domestiques. Ce dernier se fixera donc à 250 gourdes au lieu des 175 gourdes de l'arrêté. On profitera par la même occasion de mettre en place des bases et des normes permettant de garantir les intérêts des travailleurs domestiques.

A travers ce document, une analyse coût-avantage a permis de démontrer qu'investir dans ces deux projets serait socialement bénéfique pour le pays et pour les femmes en particulier. En effet, il a été prouvé, d'une part, qu'octroyé des congés de paternité aux hommes sera bénéfique aux familles elles-mêmes et aux entreprises ; d'autre part, l'augmentation du salaire minimum des travailleurs domestiques assurera une amélioration de leur pouvoir d'achat.

Introduction

Le statut social d'un individu, tous sexes confondus, dépend dans une large mesure de son insertion sur le marché du travail qui est le lieu par excellence de distribution des salaires et des avantages sociaux. L'égalité de traitements sur le marché du travail que ce soit dans le secteur formel ou informel constitue encore un défi pour Haïti. Ce marché reflète des inégalités sociales, notamment celles liées au sexe ; les femmes s'y retrouvent marginalisées. La population féminine active est estimée à 38,4% selon les analyses statistiques publiées par l'IHSI[5]. Celui des hommes vaut 1,35 fois celui des femmes. Entre 20 et 35 ans, la progression des taux d'activité des femmes est moins rapide que celle des hommes, ce qui laisse entrevoir un problème de conciliation entre les obligations familiales et l'activité économique aux âges de procréation[6]. D'autant plus que d'après les données recueillies dans l'Enquête sur l'Emploi de l'Economie Informelle (EEEI - 2007), le taux de chômage des femmes est supérieur à celui des hommes : il s'élève à 19,2% contre 14,7% pour les hommes.

En outre, les femmes qui travaillent sont sur-responsabilisées, sans qu'elles disposent de revenus à la mesure des obligations sociales qui leur sont assignées. Dans le secteur formel, en plus d'avoir un moindre accès à certaines opportunités d'emploi que les hommes, les femmes occupent des emplois précaires et les revenus générés demeurent très faibles. On n'y compte que 32,7% de femmes dont 7% d'entre elles occupent des fonctions de responsabilité. En plus, même lorsqu'elles participent au marché du travail, les femmes continuent d'assumer la plus grande partie des tâches domestiques et de soin aux enfants. Ce qui entraîne une double charge de travail pour elles sans que ce niveau de contribution à l'économie de reproduction soit nulle part reconnu et évalué.

Le secteur informel quant à lui reste le plus accessible pour les femmes. Le document de politique d'égalité femmes hommes 2014-2034, réalisé sous l'administration Martelly-Lamothe, affirme qu'elles y travaillent à leur propre compte (83% contre 73% pour les hommes) et principalement dans le commerce. En effet, victimes de l'exclusion du système d'emploi formel et salarié, elles se retrouvent dans le secteur informel où elles occupent une part importante de 55,9%. Quelles sont les mesures les plus efficaces que peut prendre le gouvernement pour essayer d'améliorer cette chaotique situation de discrimination des femmes sur le marché du travail ?

5 IHSI, estimation de la population haïtienne, 2009

6 Enquête sur l'Emploi de l'Economie Informelle (EEEI), 2007 p.29

Parallèlement, on retrouve dans le secteur informel une catégorie de travailleurs composée majoritairement de femmes (88% de femmes contre 12% d'hommes[7]) appelés « travailleurs domestiques » ou «travailleurs de maison ». Ce groupe de travailleurs qui proviennent principalement des zones rurales du pays ne jouissent pas du même niveau de protection que les autres travailleurs et sont victimes d'abus divers tels : une surcharge de travail pour une faible rémunération, un traitement discriminatoire, une agression au quotidien, etc. Étant donné leur nombre élevé, leur inexpérience et leur manque de formation professionnelle avec souvent une éducation limitée, ils sont en position de faiblesse par rapport à la position dominante des employeurs dans la négociation de leur salaire qui se chargent de définir exclusivement les termes et les conditions de travail. Face à cette situation, les mesures prises par les services publics pour renforcer leur condition de travail restent insuffisantes. En effet, en mai 2016 un arrêté présidentiel a augmenté le salaire minimum de travailleurs domestiques le fixant à 175 gourdes, mais celui-ci reste encore insuffisant compte tenu de l'augmentation continue du coût de la vie. De ce fait, d'autres mesures doivent-être prises par le gouvernement pour renforcer leur protection sociale et lutter pour les droits des hommes dont le travail constitue une nécessité pour leur survie et un besoin pour ceux qui en bénéficient.

Deux interventions sont proposées dans le but d'apporter des éléments de solutions à ces accablantes situations :

Intervention 1 : Congé de paternité rémunéré et non-transférable

Dans la recherche d'une plus grande équité de genre sur le marché du travail, nous proposons d'établir un congé de paternité de six (6) semaines rémunérées et non-transférable accordé à l'issue de l'accouchement de l'épouse ou de la conjointe de l'employé. Cette intervention consiste à favoriser la valorisation des femmes sur le marché du travail. En effet, les employeurs sont réticents à l'idée d'embaucher des femmes en prétextant que les femmes pourraient être absentes durant de longues périodes dues à la maternité. Cela changera les préjugés qui font que les femmes sont prédisposées aux travaux domestiques et les hommes apportent le pain à la maison d'une part et, d'autre part, elle sera un frein à l'interruption quasi-certaine de la carrière des femmes sur le marché du travail après une naissance.

Intervention 2 : Augmentation du salaire minimum des travailleurs domestiques

Cette intervention implique une augmentation d'environ 43% du montant fixant le salaire minimum des travailleurs domestiques dans l'arrêté présidentiel publié le 1er mai 2016 par le Président Jocelerme Privert. Le salaire se fixera donc à 250 gourdes au lieu de 175 gourdes. Cette augmentation, prendra en compte les indices macroéconomiques conformément à l'article 4 de la loi de septembre 2009 sur le salaire minimum. L'objectif principal ici sera d'améliorer leur revenu afin de leur permettre de mieux subvenir à leur besoin et d'avoir un meilleur accès aux services de base.

La présente étude est divisée en deux parties. Dans la première partie, on traite la première intervention proposée « congé de paternité rémunéré et non-transférable ». La deuxième partie concerne la seconde intervention à savoir « l'augmentation du salaire minimum des travailleurs domestiques ». Pour les deux parties, la même méthodologie a été employée: une analyse docu-

7 Calcul à partir des données récoltées dans l'EMMUS 2012

mentaire autour du sujet que traite l'intervention en question est présentée; nous ferons état de l'orientation théorique de notre travail surtout dans le calcul des coûts et des avantages de chaque intervention; nous présenterons les différents résultats de notre étude sur les coûts et les avantages que vont engendrer chaque intervention, et pour conclure nous procéderons au calcul du ratio avantage-coût qui mesure le prix de chaque gourde investie dans le projet avant de porter les recommandations nécessaires.

PARTIE 1 : CONGÉ DE PATERNITÉ RÉMUNÉRÉ ET NON-TRANSFÉRABLE

Analyse documentaire

Le modèle familial qui repose sur un modèle où les rôles de père et de mère sont très différenciés sous-tendent l'image du père travaillant à l'extérieur du foyer et de la mère s'occupant de ses enfants est prégnant. Sur cette base, il se peut que les politiques familiales aient confirmé et consolidé, plutôt que rééquilibré, la division du travail entre les sexes. (Björnberg U., 1997).

Et pourtant, en octobre 2015, le Forum économique mondial a publié son rapport mondial sur les écarts entre les sexes, montrant que les pays ayant les économies les plus solides sont ceux qui ont trouvé des moyens d'améliorer la carrière des femmes, de combler les écarts de rémunération entre les sexes et de garder les femmes qui, dans la plupart des pays sont maintenant mieux éduquées que les hommes, attachées à la main-d'œuvre après qu'elles deviennent mères.

La littérature suggère deux mécanismes pour l'impact du congé de paternité sur l'emploi des hommes et des femmes. Tout d'abord, les attitudes des employeurs peuvent changer. Autrement dit, si un poste particulier requiert un investissement dans la formation professionnelle, les employeurs peuvent discriminer les femmes, prévoyant une absence fréquente en raison de la naissance des enfants et des activités d'éducation des enfants. Toutefois, si le congé de paternité permet aux hommes de passer plus de temps à l'extérieur de l'emploi, en supposant une prise considérable du congé de paternité, cela peut limiter la discrimination à l'égard des femmes. Deuxièmement, Becker (1985) a indiqué que des changements importants dans l'allocation du temps du ménage peuvent être réalisés par des modifications mineures dans les conditions initiales. Par conséquent, la modification de l'allocation du travail par congé de paternité pourrait changer la trajectoire du temps consacré aux activités de marché. En utilisant des données d'enquêtes à l'échelle de l'entreprise pour des entreprises privées dans 53 pays en développement, Amin et al (2016) constatent que la proportion de femmes dans le total des travailleurs pour une entreprise typique augmente jusqu'à 6,8% lorsque nous passons d'un pays qui ne prévoit pas de congé de paternité à un pays qui le fait.

Quelques exemples de congé de paternité[8]

En 1974, a été mis en place en Suède le congé parental remplaçant le congé de maternité valable dès le premier enfant. Il s'adresse aussi bien aux pères qu'aux mères. Cette loi a voulu gommer les différences biologiques entre les hommes et les femmes et a, de ce fait, supprimé le congé de maternité. Le congé parental dure 480 jours. La mère a droit à 60 jours qui lui sont réservés, tout comme le père. Les 360 jours restants sont à partager entre les deux parents. Les parents ont droit à 80% de leur salaire. En 1980, seulement 5% des pères suédois ont pris un congé parental ; 10 ans plus tard, ce n'était que 7%. Ce n'est que lorsque les congés non transférables et bien payés pour les pères ont été introduits en 1996, la prise annuelle de congé a rapidement augmenté à 77%. Un deuxième mois de congé a été mis en place en 2002 et les chiffres ont dépassé 90%.

En Allemagne, le congé parental a été réformé en 2007. Sa durée est passée de deux ans à un an maximum. Le nouveau dispositif encourage les pères à prendre leur part du congé parental : s'ils demandent les deux mois auxquels ils ont droit, le congé parental peut ainsi être porté à 14 mois au total au lieu de douze. Selon un rapport du ministère allemand de la Famille, 25% des pères ont demandé un congé parental en 2010 contre seulement 3,5% en 2006. Cette modification s'est accompagnée d'une revalorisation de l'indemnité versée à titre compensatoire. Désormais, le parent qui s'arrête de travailler pour élever son ou ses enfants touche 67% de son salaire net, plafonné à 1800 euros par mois. L'indemnité peut également être touchée par les parents qui réduisent leur temps de travail en-dessous de 30 heures par mois. Elle est en outre majorée de 10% pour chaque autre enfant de moins de six ans vivant au sein du foyer.

Au cours de la dernière décennie, la plupart des hommes et des femmes canadiens ont eu l'option de partager jusqu'à 35 semaines de congés payés (ce qui représente un supplément de 15 semaines de congé de maternité). Alors que le nombre de pères prenant un congé initialement augmentait (de 3% à 10% en un an seulement), l'adoption par les hommes du congé parental est restée à environ 12%. Lorsque la province de Québec a ajouté trois à cinq semaines de congé de paternité non transférable, elle s'est traduite rapidement par 82% des papas québécois prenant ce congé.

Le congé de paternité est un outil de modification du comportement qui a été montré pour stimuler la participation masculine dans le ménage, renforcer la participation des femmes à la population active et promouvoir l'équité entre les sexes dans les deux domaines. Un congé de durée différente selon les pays est accordé à tout employé masculin d'une entreprise à l'issue de l'accouchement de la conjointe. Cependant, les pères ne prennent le congé que s'il est bien rémunéré et non-transférable.

Le génie du congé de paternité est qu'il forme les habitudes domestiques et parentales des pères. Alors que le congé de paternité payé peut se révéler un cadeau inattendu, les plus grands bénéficiaires ne sont pas les hommes, voire les bébés. À long terme, les véritables bénéficiaires du congé de paternité sont les femmes, les entreprises et les nations. Ces dernières en profitent de la croissance lorsque les femmes avancent.

8 Andrea Doucet, 14 juin 2012, For equality, take fathers into account

Calcul des coûts et des avantages

Description de l'intervention et la population cible

L'intervention de congé de paternité s'adresse aux hommes employés dans l'administration publique et dans les entreprises publiques. En travaillant sur la tranche d'âge des 15-59 ans, on prend en compte l'ensemble de la population active. C'est une intervention qui prendra effet sur demande de l'employé à la suite de l'accouchement de son épouse ou de sa conjointe. Un total de six (6) semaines sera proposée en lieu et en place des cinq (5) jours initialement prévus dans la loi sur la Fonction Publique. Pour les besoins de l'analyse, l'intervention s'effectuera sur dix (10) ans, mais au vu des résultats atteints elle peut constituer une action gouvernementale de long terme. On prévoit une prise annuelle de 90% du congé par les pères sur toute la durée de l'intervention. En faisant cette intervention, on compte par voie de conséquence augmenter le pourcentage de femmes qui travaillent dans le secteur formel de 6,8% annuellement ; diminuer l'écart salarial entre les hommes et les femmes, actuellement de 32% en Haïti ; et, créer du temps libre à la maison pour les hommes.

Description et calcul des coûts

Les coûts inhérents (directs et indirects) à l'intervention sont ceux dus au congé de paternité et ceux dus au déplacement de l'emploi des hommes :

- Coût du congé de paternité

  Le coût du congé de paternité représente le montant à payer pour inciter les hommes à être plus présents durant les premières semaines du nouveau-né. Il prend en compte le nombre d'hommes qui vont accepter de prendre le congé pendant l'intervention, le salaire hebdomadaire et la durée du congé.

- Coût du déplacement de l'emploi des hommes

  Les expériences du congé de paternité dans les pays en développement nous montrent que le poids des femmes au sein du secteur formel augmente de 6,8% annuellement en instaurant un congé de paternité[9]. Les pères deviennent plus impliqués dans les soins à la maison et tendent à laisser le marché du travail. De ce fait, il y a une différence entre les revenus l'emploi formel et ceux générés par les femmes en travaillant dans le secteur informel, qui constituent un revenu alternatif. Ainsi, on mesure le déplacement de l'emploi des hommes en multipliant le nombre de femmes qui travaillent par cette différence de revenus.

Tableau 1 : Coûts en gourdes à un taux de réduction de 5%

Coûts du congé de paternité	**2 065 640 603**
Coûts du déplacement de l'emploi pour les hommes	71 900 449 667
Total	**73 966 090 271**

Source : Feuille de calcul Excel accompagnant le manuscrit, Une analyse du ratio avantage-coût des interventions en droits de l'homme et égalité de genre pour, pour le Projet Haïti Priorise, 6 décembre 2016

9 "Does Paternity Leave Matter for Female Employment in Developing Economies? Evidence from Firm Data" Mohammad Amin Asif Islam Alena Sakhonchik, World Bank Group, March 2016.

Description et calcul des avantages

L'intervention engendrera beaucoup de retombées positives pour la famille et la société en général. Les avantages attendus sont : l'augmentation de l'emploi des femmes, du temps libre pour les hommes et l'augmentation de la productivité pour les entreprises qui diversifient leur base.

- Avantage de l'augmentation de l'emploi des femmes

  Un congé de paternité payé signifie que plus de femmes restent dans la population active. Cet avantage est de la même ampleur que le coût du déplacement de l'emploi des hommes. Par voie de conséquence, une diminution de l'emploi des hommes entraîne une augmentation de l'emploi des femmes.

- Avantages du temps libre pour les hommes

  Cet avantage est de la même ampleur que le coût du congé de paternité.

- Avantages de la productivité pour les entreprises qui diversifient leur base

  La principale raison de l'écart salarial est que moins de femmes sont embauchées pour les emplois les mieux rémunérés. Il est prouvé que le congé de paternité payé entraîne une réduction de l'écart de rémunération. L'augmentation de la productivité pour les entreprises, qui s'ensuit de cette diminution, s'obtient en multipliant les avantages de l'augmentation de l'emploi des femmes par l'écart salarial actuellement de 32%.

Tableau 2 : Avantages totaux pour une année en gourdes

Descriptions des avantages	Gourdes
Avantage de l'augmentation de l'emploi des femmes	71 900 449 666,84
Avantage du temps libre des hommes	2 065 640 603,83
Avantage de la productivité pour les entreprises qui diversifient leur base	23 008 143 893,39
Total des avantages de l'intervention	96 974 234 164,05

Source : Feuille de calcul Excel accompagnant le manuscrit, Une analyse du ratio avantage-coût des interventions en droits de l'homme et égalité de genre, pour le Projet Haïti Priorise, 6 décembre 2016 ; taux de réduction de 5%.

PARTIE 2 : AUGMENTATION DU SALAIRE MINIMUM DES TRAVAILLEURS DOMESTIQUES

Analyse documentaire

Le travail des travailleurs domestiques consiste en diverses tâches : nettoyer le logement, cuisiner, faire la lessive et le repassage, garder les enfants, prendre soin des personnes âgées ou des malades de la famille, servir de jardinier, gardien ou chauffeur pour la famille, et même prendre en charge les animaux de compagnie[10].

Nombreux sont les facteurs expliquant l'augmentation de ce type de service à travers le temps. Pourtant, il n'est toujours pas apprécié à sa juste valeur au sein des sociétés et est souvent mal vu. Il est assimilé à du travail non qualifié parce qu'on juge traditionnellement que les compétences requises sont considérées comme naturelles. En dépit de l'importance grandissante que prenait le travail domestique dans les sociétés, certains aspects liés aux conditions de travail et à la rémunération de ces groupes de gens peines encore à refléter leur juste valeur. En ce sens, plusieurs travaux ont été réalisés par le Bureau International du Travail pour prôner une meilleure rémunération dans le travail domestique.

Les lois internationales sur le travail des travailleurs domestiques relatives à la fixation d'un salaire minimum ont été initialement établies pour conférer une protection aux groupes de salariés souffrant d'un faible niveau de rémunération et pour lesquels il n'existe pas d'autres dispositions efficaces en matière de fixation des salaires (OIT, 2002). Tenant compte de leur situation il devient donc important de se pencher sur leur vulnérabilité. En ce sens, la fixation d'un salaire minimum peut être considérée comme un instrument de protection sociale visant à réduire la pauvreté et à améliorer leur condition de vie.

En plus de faire partie des groupes de gens les plus vulnérables, leur rémunération ne leur permet pas d'avoir accès à un niveau de vie décent. Selon le rapport de la convention concernant le travail décent pour les travailleurs domestiques en 2011, l'un des principaux facteurs expliquant leur niveau de rémunération est leur faible niveau d'éducation. Parmi les autres facteurs nous pouvons également citer la sous-évaluation de leur travail, la faiblesse de leur pouvoir de négociation, et le caractère discriminatoire lors de la détermination de leur salaire. En ce sens, la convention n°131 sur la fixation des salaires minimum pour les pays en développement considère la détermination du niveau des salaires comme un moyen de combattre la pauvreté et aussi contribuer au développement économique et social[11].

A présent, la toute récente convention (n°189) en 2011 sur les travailleuses et travailleurs domestiques, souligne les mesures qui doivent être prises afin d'assurer que les travailleurs domestiques bénéficient du régime de salaire minimum, là où un tel régime existe, et que la rémunération soit fixée sans discrimination fondée sur le sexe[12]. Tous les états membre de l'OIT qui ont signé la convention N°131 doivent obligatoirement maintenir des méthodes adaptées aux conditions et aux besoins du pays, permettant de fixer et d'ajuster de temps à autre les salaires minima payables aux groupes de salariés protégés en vertu de la convention. Haïti est un pays membre de l'OIT mais n'a encore signé aucune de ces conventions. Pourtant, la ratification de ces conventions par les autorités étatiques représenterait une belle arme dans la lutte pour défendre les droits des travailleurs domestiques et assurer leur protection sur le marché du travail.

Malgré les difficultés rencontrées pour faire respecter la législation dans le secteur informel, il existe des éléments qui indiquent clairement en Afrique du sud et dans certains pays en développement que le salaire moyen des travailleurs domestiques a augmenté, sans perte d'emploi significative, depuis que le salaire minimum est entré en vigueur[13]. En effet, dans

10 Article 254 du décret du 24 Février 1984 actualisant le code du travail du 12 septembre 1961

11 C131 - Convention (n° 131) sur la fixation des salaires minima, 1970

12 Article 11 de la convention no 189

13 Tom Hertz, The Effect of Minimum Wages on the Employment and Earnings of South Africa 's Domestic Service Workers, Upjohn Institute Working Paper No. 05-120

l'étude réalisée par Hertz (2005) sur l'effet du salaire minimum sur le revenu des travailleurs domestiques en Afrique du Sud, il indique que les salaires réels, les gains mensuels, et les gains totaux de ces derniers ont augmenté depuis l'application de la législation sur le salaire minimum pour ces derniers alors que les heures de travail par semaine et l'emploi ont baissé.

En outre, l'étude réalisée par Dinkelman et Ranchhod (2012) démontre que l'augmentation du salaire des travailleurs domestiques n'a pas eu d'effet statistiquement significatif sur le marché de l'emploi contrairement à la théorie économique sur les marchés concurrentiels. Selon l'interprétation des auteurs, cette situation peut être considérée comme la preuve que les mesures contraignantes ne sont pas nécessaires pour que la loi sur le salaire minimum ait un impact significatif sur les secteurs informels des pays en développement, au moins à court terme.

Contrairement aux prévisions de la théorie économique sur l'application des salaires minimum, un bon nombre de document prennent le contrepied en montrant que les salaires dans le secteur informel augmentent après toute hausse du salaire minimum[14]. Selon une étude réalisée par Boeri et al (2010) dans le cas du Brésil, ils montrent à partir d'un modèle d'appariement simple que l'effet de phare peut être induit par des effets importants de tri et de composition entre le secteur formel, et le secteur informel et ainsi avoir des conséquences à la suite de l'augmentation du salaire minimum. En utilisant des données sur le Brésil, ils ont testé leur explication de « l'effet phare » ou « lighthouse effect », en associant le tri endogène des travailleurs par compétence dans les secteurs formel et informel. Ils ont donc constaté que le tri représente au moins un tiers de l›augmentation des salaires moyens dans le secteur informel après la hausse du salaire minimum. Cette contribution du tri à la dynamique des salaires dans le secteur informel augmente également avec le temps.

En plus de l'aspect économique de la question d'autres études ont également révélé que le salaire minimum de ces catégories de gens peut avoir un effet sur la santé des enfants vivant dans les pays à faibles revenus. Selon une étude réalisée sur 49 pays en développement, Majid et al (2016) montre la relation qui existe entre le retard de croissance chez les enfants des pays à revenu intermédiaires et le niveau du salaire minimum. Conformément à cette étude, une augmentation de 1% du salaire minimum a été associée à une diminution de 0,1% des scores de taille par âge. Les effets de l'augmentation du salaire minimum ont été observés chez les filles et les enfants de pères de moins de 35 ans, et de mères âgées entre 20 et 29 ans.

La plupart des études économiques s'intéressent le plus souvent aux effets du salaire minimum sur l'emploi et néglige parfois d'autres aspects. Rares sont les études qui montrent que le salaire minimum a un impact sur le capital humain et la scolarité. Il est plus courant de trouver dans les travaux empiriques les effets purement économiques du salaire minimum. Si nous considérons le salaire des travailleurs domestiques comme un transfert des employeurs aux travailleurs domestiques, il est possible de trouver d'autres effets de l'augmentation de leur salaire minimum. En effet, il existe de preuves dans de nombreux pays selon lesquelles les transferts en espèces ont permis de tirer des gains considérables dans l'accès aux services de santé et d'éducation, mesurés par l'augmentation des effectifs scolaires (en particulier chez les filles) et l'utilisation des services de santé (en particulier la santé préventive et la surveillance de la santé des enfants et femmes enceintes)[15].

---

14 Behind the Lighthouse Effect, Tito Boeri, Pietro Garibaldi, Marta Ribeiro. April 2010

15 Barrientos, A. and Hulme, D., 2008, Social protection for the poor and poorest in developing countries: reflections on a quiet revolution.

Cadre théorique

Plusieurs auteurs ont tenté de voir le lien entre le salaire minimum et le niveau de l'emploi sur le marché du travail. Les décisions de la firme peuvent être considérées comme celles qui seront prisent par les employeurs des travailleurs domestiques. Dans le modèle concurrentiel, la théorie conventionnelle prédit que la mise en place d'un salaire minimum va diminuer l'emploi. Ce salaire minimum va hausser les coûts de production des firmes. Comme on est dans un marché compétitif, la demande de travailleurs va diminuer, car elle coûte plus cher. Les travailleurs dont l'apport en productivité marginale n'est plus assez grand par rapport au nouveau salaire minimum seront donc remerciés. Ceteris paribus, une diminution de l'emploi sera constatée suite à la hausse du salaire minimum.

De ce point de vue, la perspective d'un meilleur salaire pourrait inciter les travailleurs domestiques à vouloir participer plus au marché du travail. Plus de gens du secteur informel pourraient être tentés de chercher du travail. En effet, les gens des classes les plus vulnérables qui ne travaillaient pas vont avoir une incitation financière à trouver un emploi.

La théorie néoclassique prévoit donc que la quantité de travail demandée va diminuer suite à une hausse du salaire minimum. Comme le salaire minimum est généralement plus élevé que le salaire déterminé par l'offre et la demande, on se retrouve donc avec un qui n'est pas celui déterminé par le marché du travail. Avec le salaire minimum, les employeurs vont vouloir engager moins de travailleurs.

Plusieurs auteurs se sont prononcés sur l'impact du salaire minimum sur l'emploi. Certains auteurs ont commencé à trouver des résultats différents : Hertz (2005), Dinkelman et Ranchod (2012). C'est le cas d'une étude phare de Card et Krueger (1994) qui a lancé un débat sur la question du lien entre le salaire minimum et l'emploi. La théorie du marché concurrentiel est ici aussi mise à l'avant-scène pour expliquer le résultat négatif sur l'emploi des adolescents. Les employeurs vont aussi vouloir diminuer leurs coûts de production en réduisant le nombre d'employés. Ce qui entraînera une diminution de la probabilité d'être employé.

Calcul des coûts et des avantages

Cette intervention implique une augmentation de 75 gourdes soit environ 43 % du montant fixant le salaire minimum des travailleurs domestiques, de 175 à 250 gourdes par jour. Le résultat final sera donc de parvenir à améliorer et encourager la protection des groupes de travailleurs qui sont exclus du système légal d'encadrement. Cette stratégie qui consiste à augmenter le salaire minimum des travailleurs domestiques pour contribuer au respect des droits de l'homme et aussi d'améliorer leur condition de vie aura de multiples avantages, notamment, une augmentation du revenu des travailleurs domestiques ce qui leur permettra ainsi d'avoir accès à de meilleurs services de bases.

L'analyse de cette intervention se fera suivant deux scénarios. Le premier tiendra compte de la réalité haïtienne par le fait que le marché de l'emploi est non concurrentiel, rempli d'aléas moraux, de distorsions et de sélections adverses. Suivant cette logique, il sera réalisé sous l'hypothèse que l'augmentation du salaire minimum ne va engendrer aucune perte d'emploi. Ainsi, le second scénario sera réalisé sous l'hypothèse que l'augmentation du salaire minimum des travailleurs domestiques engendrera une perte d'emploi conformément aux théories économiques sur les marchés concurrentiels.

La population cible de cette intervention est le nombre de travailleurs domestiques de la zone métropolitaine de Port-au-Prince, 8,86% des travailleurs domestiques se trouvent à la capitale, environ 214 462 travailleurs domestiques[16].

Pour le premier le nombre de travailleur domestique avant et après l'intervention ne changera pas. Pour le second scénario avec l'hypothèse de 5,57% de perte d'emploi, on aura une baisse des travailleurs domestiques après l'augmentation du salaire minimum, soit 205 176.

Description et calcul des coûts

Les coûts seront à la fois directs et indirects. Pour le scénario qui suppose qu'il n'y aura aucune perte d'emploi (scénario 1) il n'y aura qu'un seul coût direct qui est l'excédent perdu par les employeurs ainsi qu'un coût indirect qui est le coût supplémentaire des enfants inscrits à l'école. En outre, on suppose qu'il y aura un pourcentage des employeurs qui ne se conformeront à la loi ; ainsi, on a fixé le taux de conformité à 78%.

Tableau 3 : Coûts totaux de l'intervention en gourdes (scénario 1)

Coûts	Valeurs
Excèdent perdu par les employeurs	3 600 102 229
Coût supplémentaire des enfants inscrits	1 174 897 442
TOTAL	**3 774 999 671**

Source : Feuille de calcul Excel accompagnant le manuscrit, Une analyse du ratio avantage-coût des interventions en droits de l'homme et égalité de genre, pour le Projet Haïti Priorise, 6 décembre 2016

Pour le second scénario qui suppose une perte de 5,57% d'emploi, les coûts directs seront en plus de l'excédent perdu par les employeurs mais également la perte d'emploi dans le groupe des travailleurs domestiques. Et les coûts indirects pour ce dernier scénario seront : l'augmentation du retard de croissance chez les enfants de ces derniers et la baisse du taux de fréquentation scolaire de leurs enfants résultant de la perte de l'emploi des travailleurs domestiques qui seraient licenciés.

Tableau 4 : Coûts totaux de l'intervention en gourdes (scénario 2)

Coûts	Valeurs
Coûts supplémentaires des enfants scolarisés	174 897 442
Augmentation du retard de croissance chez les enfants des travailleurs domestiques	22 176 898
Excédents perdus par les employeurs	3 499 813 667
Perte en éducation	132 201 915
Total	**3 829 089 922**

Source : Feuille de calcul Excel accompagnant le manuscrit, Une analyse du ratio avantage-coût des interventions en droits de l'homme et égalité de genre, pour le Projet Haïti Priorise, 6 décembre 2016

16 IHSI(2012); EMMUS (2012)

Description et calcul des avantages

Les avantages de cette intervention se résument en deux grands points qui sont : l'augmentation du surplus des travailleurs domestiques qui est un avantage direct et l'augmentation du nombre d'enfants scolarisés qui est un effet indirect. Pour le premier scénario, partant de l'hypothèse qu'une augmentation du salaire minimum dans le secteur informel ne se traduit pas nécessairement par une perte d'emploi pour les travailleurs domestiques, le premier avantage qui a été quantifié est une augmentation du surplus des travailleurs domestiques : une amélioration du pouvoir d'achat. Par conséquence, il y a aussi une augmentation du nombre d'enfants des travailleurs domestiques qui seront scolarisés.

Tableau 5 : Avantages directs et indirects avec taux de réduction de 5% en gourdes (scénario 1)

Avantages	Valeurs
Surplus des travailleurs domestiques	3 600 102 229
Avantages des enfants supplémentaires inscrits	743 177 129
TOTAL	**4 343 279 358**

Source : Feuille de calcul Excel accompagnant le manuscrit, Une analyse du ratio avantage-coût des interventions en droits de l'homme et égalité de genre, pour le Projet Haïti Priorise, 6 décembre 2016

Pour les avantages calculés pour le scénario 2 ou on prévoit une perte d'emploi de 5,57%, 205 176 travailleurs domestiques garderont toujours leur travail et leurs enfants bénéficieront également d'une augmentation en scolarité.

Tableau 6 : avantages directs et indirects avec taux de réduction de 5% en gourdes (scénario 2)

Avantages	Valeurs
Surplus des travailleurs domestiques	3 412 562 618
Avantages des enfants supplémentaires inscrits	710 998 366
TOTAL	4 123 560 984

Conclusion

Pour essayer de résoudre certaines situations de discriminations et d'abus particulièrement envers les femmes, qui sévissent sur le marché du travail en Haïti, nous avons proposé deux interventions. La première concerne le secteur formel du travail et propose d'attribuer un congé de paternité rémunéré et non-transférable aux hommes. La littérature indique en effet que les femmes bénéficient le plus des congés de paternité. La seconde vise le marché du travail domestique qui fait partie du secteur informel. Elle consista à une augmentation du salaire minimum des travailleurs de domestiques. Leur salaire devra passer de 175 à 250 gourdes par jour.

A travers ce document, une analyse des coûts et des avantages que vont engendrer la réalisation de ces interventions a été faite. L'estimation sommaire des coûts et des avantages nous

Tableau 7 : Récapitulatif des avantages et des coûts en gourdes

Intervention	Réduction	Avantage annuel (millions, HTG)	Coût annuel (millions, HTG)	RAC	Qualité des éléments de preuve
Congé de paternité rémunéré et non-transférable	3%	12 644	9 644	1,31	Limitée
	5%	12 559	9 579	1,31	
	12%	12 280	9 367	1,31	
Augmentation du salaire minimum avec une perte d'emploi nulle	3%	4 776	3 775	1,27	Limitée
	5%	4 343	3 775	1,15	
	12%	3 820	3 775	1,01	
Augmentation du salaire minimum avec une perte d'emploi de 5,57%	3%	4 537	3 927	1,16	Limitée
	5%	4 124	3 829	1,08	
	12%	3 622	3 717	0,97	
Augmentation du salaire minimum avec une perte d'emploi de 5,57% du point de vue des travailleurs domestiques	3%	3 444	468	7,36	Moyenne
	5%	3 444	468	7,36	
	12%	3 444	468	7,36	
	5%	3 600	0	Infini	
	12%	3 600	0	Infini	

Source : Feuille de calcul Excel accompagnant le manuscrit, Une analyse du ratio avantage-coût des interventions en droits de l'homme et égalité de genre, pour le Projet Haïti Priorise, 6 décembre 2016

a permis d'arriver à certaines conclusions. Pour la première intervention, les résultats obtenus traduisent que les impacts de l'intervention seront positifs pour les hommes eux-mêmes, pour leu conjointes, leurs enfants, pour les entreprises et pour la société en général. En effet, le rapport avantage-coût (RAC) sera égal à 1,31. Cela signifie que chaque gourde investit dans ce programme apportera suivant 1,31 gourdes de bénéfices généraux.

La seconde intervention a été analysée en deux scénarios. Dans le premier scénario qui suppose une perte d'emploi nulle, les résultats obtenus indiquent que cette intervention sera neutre pour le pays. Économiquement parlant, il y aura un transfert de ressources des employeurs aux travailleurs domestiques. En effet, en calculant le RAC seulement pour les effets directs de l'intervention, il sera égal à l'unité car ce que reçoivent les employeurs, c'est ce que perdent les employeurs. Cependant, en prenant en compte également les effets indirects dans le calcul, le RAC sera légèrement plus haut. Il sera égal à 1,27 ; 1,15 et 1,01 respectivement au taux de réduction de 3%, 5% et 12%. Cela signifie que le projet apportera de légers avantages à la société en général. Mais en se penchant du point de vue des travailleurs domestiques, le RAC sera infini car ils recevront leurs salaires sans perdre en retour. Ce qui augmentera leur pouvoir d'achat, ils auront du même coup accès à la bonne nourriture et aux services sanitaires, éducation etc.

Dans le second scénario, qui suppose une perte d'emploi de 5,57%, le calcul du RAC avec les coûts et les avantages directs sera égal à 0,98. Le RAC étant inférieur à 1, alors économiquement l'intervention ne serait pas rentable pour le pays. Mais quand on prend aussi compte des effets indirects, le RAC augmentera légèrement et sera égal à 1,16 ; 1,08, 0,97 respectivement au taux de réduction de 3%, 5% et 12%. Ce résultat indique que le projet sera bénéfique à la société en général. Et finalement en calculant le RAC du point de vue des travailleurs domestiques, il sera égal à 7,4.

L'analyse « coût-avantage » sur l'augmentation du salaire minimum des travailleurs domestiques de la zone métropolitaine de Port-au-Prince nous a permis de faire le point sur la situation de ces derniers en tant que groupe vulnérable. Tout en faisant ressortir les coûts et avantages d'une telle intervention, certains facteurs pour une meilleure mise en œuvre sont essentiels. De ce fait, pour de meilleurs résultats, il faudra entre autres se pencher sur les points suivants :

Un contrat de travail pour les travailleurs domestiques. Tout contrat de travail fait obligation aux employeurs de respecter les conditions de travail de ces derniers. En effet, faire exigence aux employeurs de passer un contrat formel lors de l'embauche des travailleurs domestiques est un moyen pour réguler ce secteur et un moyen d'offrir à ce groupe de gens considérés comme vulnérables le sentiment d'appartenance à un secteur formel.

Redynamiser le service du travail au sein du Ministère des Affaires Sociales et du Travail. Pour parvenir au respect de la loi sur le salaire minimum des travailleurs domestiques il faut que les institutions concernées par cette intervention soient fortes. En redynamisant le service du travail de ce ministère, il sera donc possible de faire enregistrer les contrats de travail et de veiller au respect des termes du contrat.

Références bibliographiques

ILO. Haïti décret du 24 Février 1984 actualisant le code du travail du 12 septembre 1961

MCFDF. Avant-projet de loi sur le travail domestique, Août 2006.

IHSI, IRD, DIAL, NOPOOR, ANR. L'évolution des conditions de vie en Haïti entre 2007 et 2012. La réplique sociale du séisme, Juin 2014

OIT. Les travailleurs domestiques migrants en action, 6 Mars 2014

Fouda, Yolande. Étude sur les travailleurs domestiques au Cameroun, Mai 2010

Barrientos, Armando and David Hulme. Social Protection for the Poor and Poorest in Developing Countries: Reflections on a Quiet Revolution, Mars 2008.

Banda, Obinna Onukogu. Minimum wage policy and domestic workers in Zambia, Decembre 2013.

DFID. Cash Transfers Evidence Paper, Avril 2011

Hertz, Tom. The effect of Minimum Wages on the Employment and Earnings of South Africa's Domestic Service Workers, 2005.

Kea Tijdens and Maarten van Klaveren. Domestic workers their wage and work in 12 countries, Octobre 2011

Bureau international du travail. Systèmes de salaires minima, 2014

Bureau international du travail. Rapport IV, Travail décent pour les travailleurs domestiques, 99e session, 2010

Jones, Patricia. The Impact of Minimum Wage Legislation in Developing Countries where Coverage is Incomplete, December 1997

Lemos, Sara. The Effects of the Minimum Wage in the Formal and Informal Sectors in Brazil, Mars 2004

Dinkelman, Taryn and Vimal Ranchhod. Evidence on the impact of minimum wage laws in an informal sector: Domestic workers in South Africa, 2012

Neumark, David and William Wascher. Minimum wages and employment: a review of evidence from the new minimum wage research, Novembre 2006

Maloney, William F. and Jairo Nuñez Mendez. Measuring the Impact of Minimum Wages Evidence from Latina America, Aout 2004

Ruhm, C. (1998). The Economic Consequences of Parental Leave Mandates: Lessons from Europe. The Quarterly Journal of Economics, Vol. 113(1): 285-317

IZA World of Labor. Anonymous job applications and hiring discrimination, May 2014

MCDF, Politique d'Egalite Femmes-Hommes 2014-2034

IHSI-MEF. L'évolution des conditions de vie en Haïti entre 2007 et 2012 via l'Enquête sur les Conditions de Vie des Ménages après le Séisme (ECVMAS).

MSPP (2012).

Enquête Mortalité, Morbidité et Utilisation des Services (EMMUS)

Mohammad Amin, Asif Islam and Alena Sakhonchik. Does Paternity Leave Matter for Female Employment in Developing Economies? Evidence from Firm Data, World Bank Group, March 2016 http://unstats.un.org/unsd/gender/worldswomen.html

Appelbaum, Eileen and Ruth Milkman, Center for Economic and Policy Research 2011 Employer and Worker Experiences with Paid Family Leave in California

Chevalier, Emilie. Université René Descartes – Paris V, Mars 2006, Les bénéficiaires du congé paternité : Une analyse des pères par le congé de paternité

Muhammad Farhan Majid, Jose M. Mendoza Rodrígue, Sam Harper, John Frank, Arijit Nandi. Do minimum wages improve early life health? Evidence from developing countries, Soc Sci Med. 2016 Jun;158:105-13

Analyse des coûts et des avantages d'une expansion de la microfinance et du programme de graduation pour lutter contre la pauvreté

RIPHARD SERENT[1 2]

Résumé

Une expansion du programme de graduation et de la microfinance s'avère souhaitable en Haïti, bien que les avantages de la microfinance demeurent un peu mitigés, en termes de réduction concrète de la pauvreté sur le long terme, comme c'est le cas dans plusieurs pays à faibles revenus (Chemin, 2008 et Jameel, 2015). En fait, le manque de disponibilité de données secondaires sur les revenus générés par le programme de graduation, dans le cas d'Haïti, n'a pas permis de dégager une approche plus rigoureuse dans l'estimation des coûts et des avantages, contrairement au cas du Bangladesh. Cependant, en manipulant des données issues de l'évaluation de ce programme conduite par *Concern Worldwide* et *Fonkoze* (2014), et en ajoutant d'autres avantages liés à l'éducation et à la santé, autres que ceux considérés par Banerjee et al. (2015), on a trouvé un ratio avantage-coût (RAC) compris entre 0,89 et 5,10, avec une meilleure estimation de 3,09 dans un scenario réaliste, où l'on assume que tous les avantages durent sur une période de 5 ans. Ce qui prouve en Haïti, comme dans les autres pays étudiés, l'efficacité du programme de graduation dans la lutte contre l'extrême pauvreté, bien que les coûts soient relativement beaucoup plus élevés en Haïti (Sinha et Roy 2010 ; Simanowithz et Huda, 2009). D'un autre côté, avec un niveau de crédit moyen de 10 000 HTG par bénéficiaire dans un programme de microfinance, et en considérant un scénario où il existe un avantage modeste de 2,8% sur chaque gourde empruntée (basé sur Chemin, 2008), le RAC se retrouve dans la fourchette [1,08-1,18], dépendamment du taux de réduction. Donc, le RAC au niveau de la microfinance reste proche de 1. Ce qui pourrait confirmer que le microcrédit, dans le cas d'Haïti, n'a pas d'impact de transformation sur la pauvreté, comme c'est le cas dans plusieurs pays à faibles revenus ou à revenus intermédiaires faibles tels que l'Éthiopie, l'Inde, la Mongolie, le Mexique, les Philippines, la Bosnie-Herzégovine, le Maroc (Jameel, 2015). Toutefois, les effets multiplicateurs et les impacts non mesurés du microcrédit en termes d'autonomie financière des femmes, entre autres, ne doivent pas être négligés.

1 Économiste à Radio Vision et Professeur à l'Université Quisqueya et au CEDI

2 L'auteur est responsable du choix et de la présentation des faits contenus dans ce document de recherche et des opinions qui y sont dégagées, lesquelles ne sont pas nécessairement celles du Centre de Consensus de Copenhague et n'engagent pas non plus l'institution. Ce travail est réalisé sous la direction de l'économiste en chef Brad Wong, Ph.D. Toutes les idées exprimées dans le document sont de l'auteur, sauf celles citées en référence.

Liste des sigles et abréviations

ACA : Analyse coût-avantage
BRAC : Bangladesh rural advancement committee
BNC : Banque nationale de crédit
BRH : Banque de la République d'Haïti
CEPALC : Commission économique pour l'Amérique Latine et la Caraïbe
CGAP : Consultative Group of Assistance to the Poor
CLM : Chimen lavi miyò
CNSA : Coordination nationale de la sécurité alimentaire
DALYs : Disabilities adjusted life years
ECVMAS : Enquête sur les Conditions de Vie des Ménages après le Séisme
Fonkoze : Fondasyon kole zepòl
ODD : Objectifs de développement durable
ONPES : Observatoire national de la pauvreté et de l'exclusion sociale
PIB : Produit intérieur brut
RAC : Ratio avantage-coût
TUP : Targeting the ultra-poor
USAID : United States agency for international development
VPN : Valeur présente nette
ONU : Organisations des Nations Unies

Introduction

Plusieurs institutions internationales et des gouvernements de la région continuent d'exprimer leurs préoccupations face au ralentissement des efforts ces dernières années visant à réduire le phénomène de la pauvreté dans la région de l'Amérique latine et des Caraïbes, dans un contexte économique international déjà difficile. Si des efforts ont été consentis par les gouvernements, en collaboration avec des partenaires internationaux, pour réduire le seuil de l'extrême pauvreté de 24,5% en 2003 à 11% en 2013 et sortir environ 76 millions de personnes de la pauvreté (Banque mondiale, 2016, p.37), 39 % de la population restait toujours exposée au risque de basculer dans la pauvreté, et l'élargissement de la classe moyenne s'est ralenti, selon les experts de la Banque mondiale.

En Haïti, la situation s'avère beaucoup plus préoccupante que dans le reste de la région ; près de 60% de la population vit en dessous du seuil de la pauvreté et 24% dans l'extrême pauvreté. La détérioration croissante des principaux indicateurs socioéconomiques, les soubresauts du tremblement de terre de 2010 qui avait emporté près de 120% du PIB, les dégâts causés par le dernier ouragan Matthew, dont les pertes sont évaluées à 2,8 milliards de dollars, soit environ 30% du PIB et l'arrêt d'un ensemble de programmes de filet de sécurité[3] qui avait quand même des impacts non-négligeables sur les conditions de vies de certaines familles marginalisées vivant dans

3 Ti manman cheri, Kore etidyan, panye solidarite, Kore andikape, etc.

des zones reculées de la capitale (ONPES, 2013) sont, entre autres, des facteurs qui ont exacerbé le phénomène de la pauvreté dans le pays. Ce qui explique, entre autres, que le pourcentage de ménages vivant en sécurité alimentaire au niveau urbain s'alourdit, avec des taux plus élevés à Cité Soleil (66%), Gonaïves (49%) et Jérémie (48%) (CNSA, 2016). De plus, le ralentissement du rythme de croissance de l'économie depuis 2014 montre que des richesses ne sont pas créées pour la création nette d'emplois et l'amélioration des conditions de vie dans le pays.

Nonobstant le contexte économique et politique difficile, les institutions de microfinance continuent d'essayer de tenir le coup et d'offrir des services à un bon nombre de familles, dans le cadre de leur contribution dans la lutte pour la réduction de la pauvreté en Haïti. En fait, selon le dernier recensement de l'industrie de la microfinance en Haïti faite par l'USAID (2011), au 30 septembre 2010, le marché de crédit était évalué à 4,7 milliards de gourdes en termes de portefeuille brut, dont 1,78 milliards de gourdes pour les caisses populaires et le nombre de micro-entreprises et/ou petits opérateurs bénéficiaires (emprunteurs) du microcrédit était estimé à 208 998 (soit environ 5% de la population active) dont 48 905 sont des emprunteurs des caisses populaires. Avec une croissance moyenne de 2,9% l'an (USAID, 2011, p.38), le nombre d'emprunteurs devrait franchir maintenant la barre de 248 000 en 2016, d'après nos estimations.

C'est dans ce contexte que, dans le cadre de la recherche des solutions intelligentes de lutte contre la pauvreté et la pauvreté extrême en Haïti, ce travail analyse les coûts et les avantages d'une expansion de la microfinance et du programme de graduation. Le reste de l'étude est divisé en deux grandes parties. La première partie concerne une analyse documentaire qui passe en revue des études sur l'implication des programmes de graduation et de la microfinance dans la réduction de la pauvreté ainsi que le niveau des coûts et des avantages de l'implantation de ces programmes à travers des études de cas précis.

Analyse documentaire

Graduation

Les limitations de la microfinance, comme programme de développement, ont toujours été au centre des réflexions et des débats sur des politiques de lutte contre l'extrême pauvreté. On reproche à la microfinance de ne pas pouvoir toucher les couches les plus vulnérables pour deux raisons. D'abord il y a « peu d'approches innovantes du côté des ONG, en particulier pour les gens extrêmement pauvres, et ensuite, la microfinance a causé l'exclusion des plus pauvres dans les interventions non financières » (Sulaiman & Misha, 2016, p. 7). C'est dans ce contexte que d'autres programmes plus robustes de lutte contre l'extrême pauvreté ont émergé dans les années 2000, notamment le « Targeting the ultra-poor (TUP) implémenté par BRAC au Bangladesh, communément appelé *programme de graduation*, dirigé par le Groupe consultatif d'assistance aux pauvres (CGAP) avec de l'assistance financière de la Ford Foundation. Cette approche de graduation était lancée comme une amalgamation des expériences de la microfinance et 10 programmes pilotes ont été implémentés dans environ 10 pays à savoir, l'Éthiopie, Haïti, le Pérou, le Pakistan, le Ghana, le Honduras, l'Inde et le Yémen depuis 2006.

Beaucoup d'études ont été réalisées pour mesurer les impacts des programmes de graduation dans plusieurs pays, ainsi que les coûts associés à la mise en œuvre de ces programmes. Après une expansion du programme au Bangladesh, un essai contrôlé randomisé a été conduit pour mesurer les impacts directs et indirects des interventions. Bandeira et al (2013) ont trouvé que le programme augmente les revenus des ménages de bénéficiaires à 34%, comparé au groupe de contrôle à la fin de la deuxième année des interventions. Ce qui est intéressant, c'est que les avantages sont maintenus deux ans après les interventions avec les ménages de traitement ayant des niveaux de revenus à 38% plus élevé que le groupe de contrôle.

D'un autre côté, Sulaiman et Misha (2016) ont conduit une analyse des coûts et des avantages des programmes de graduation au Bangladesh. D'après leurs résultats les ratios avantage-coût de ces programmes se situe entre 2 et 3, comparé de manière plus spécifique au programme TUP, dont les estimations des ratios avantage-coût, avec de différents niveaux de taux de réduction (3%, 5%, 10%), se trouvent entre 1,21 et 5,76, tout en assumant de différents niveaux de continuation des gains de consommation (Sulaiman et Misha, 2016, p.25). Ce qui traduit des taux de rendement relativement élevés sur des investissements dans la réduction de la pauvreté.

Plus loin, Banerjee et al. (2015) ont conduit des évaluations randomisées du modèle TUP dans six pays (Ethiopie, Ghana, Honduras, Inde, Pakistan, et Pérou) et ont montré l'évidence des impacts positifs sur les moyens de subsistance des bénéficiaires dans cinq sur les six programmes pilotes à la fin de l'intervention, avec des retours sur investissement compris entre 133% et 433%, selon leur analyse des coûts et des avantages.

Les avantages considérés dans les calculs de Banerjee et al. (2015) et Sulaiman et Misha (2016) concernent seulement les gains de consommation, les épargnes et les actifs productifs. Ce qui veut dire que les avantages liés à la l'éducation des enfants et à la santé n'ont pas été considérés. C'est ce que nous autres, nous avons ajouté dans notre travail et qui nous a permis d'améliorer les ratios avantage-coût liés à une expansion du programme de graduation en Haïti.

En fait, aucune étude n'a encore évalué les impacts sur la formation des revenus des bénéficiaires du programme de graduation « *Chimen lavi miyò* » (CLM) de *Fonkoze* en Haïti. Cependant, à ce jour, deux grandes évaluations[4] de ce programme ont été conduites et ont montré l'évidence des impacts positifs du programme dans l'amélioration des conditions de vie des bénéficiaires. La première évaluation de la phase pilote a montré que 93% (140 sur 150) des bénéficiaires ont vu leur situation économique nettement améliorée et étaient éligible pour participer au programme de microcrédit (Ti kredi) de Fonkoze (Simanowithz et Huda, 2009). La deuxième tranche d'évaluation conduite lors de la phase d'expansion du programme (180 bénéficiaires) a montré des changements significatifs dans la capacité des bénéficiaires à améliorer leurs moyens de subsistance et leurs conditions de vie, en termes de meilleur logement, d'accès à des biens, d'amélioration de l'éducation des enfants, de condition de revenu et de statut social (Pain et al, 2015).

Micro-finance

La microfinance est souvent considérée comme un outil contribuant significativement à la réduction de la pauvreté. C'est la raison pour laquelle beaucoup d'études concernant ce domaine abordent l'évaluation de ses impacts sur la réduction de la pauvreté (De Silva, 2012 ; Hermes et Lensink, 2011, Rooyen et al, 2012). Toutefois, quand il s'agit de déterminer réellement l'impact de la microfinance sur la réduction de la pauvreté, les résultats des études sont très divergents. En fait, certaines études avancent que les programmes de microfinance sont loin de sortir les

4 Une .valuation du programme pilot (150 bree, KoreKoreé t une valuation du programme pilot (150 bree, KoreK

plus pauvres du cercle de l'extrême pauvreté (Coleman, 2006 ; Takahashi et al. 2010 ; Chemin, 2008). Tandis que d'autres acteurs impliqués dans le secteur et des organisations internationales comme la Banque mondiale, le Grameen bank et l'USAID, ainsi que d'autres chercheurs (Hiatt et Woodworth, 2006 ; Imai et al., 2012) soutiennent que la lutte contre la pauvreté peut aussi passer par un renforcement des programmes de micro-crédit dans les pays à faible revenus et dans les pays en développement, car, selon eux, ce dernier secteur a des impacts significatifs sur la réduction de la pauvreté.

En fait, des évaluations randomisées de sept pays[5] à travers le monde ont montré que le microcrédit n'a pas d'impacts transformatifs sur la pauvreté, mais il peut doter les ménages à faibles revenus de plus de liberté dans l'optimisation des stratégies pour gagner de l'argent, ou dans la façon de consommer et d'investir (Jameel, 2015, p. 1). Ces résultats vont de pairs avec les six évaluations randomisées de microcrédit conduites par Banerjee et al. (2015, p.19) qui ont trouvé peu d'évidence en termes d'effets de traitement dans les investissements avec des périodes de gestion relativement longues, telles que l'éducation et la santé, et également peu d'évidence en termes d'impacts de transformation sur des indicateurs sociaux.

Les études évaluant les impacts véritables de la microfinance sur la réduction de la pauvreté en Haïti sont très rares, malgré cette prédominance des institutions de microfinance en Haïti, dont le nombre était porté à 200 en décembre 2010, réparties en 175 caisses populaire et une vingtaine d'ONG/Associations/Fondations (USAID, 2011, p.6). Cependant, des rapports ont montré que les implications de ce secteur dans la mouvance du secteur financier du pays sont considérables. Par exemple, l'USAID (2011) étudie l'apport socio-économique des institutions de microfinance en Haïti, en se basant sur les emplois directs créés, la valeur ajoutée directe générée sur les portefeuilles de crédit et les revenus de salaires distribués, mais elle n'a pas investigué d'éventuelles implications directes de la microfinance dans la réduction de la pauvreté dans le pays. Cependant, pris au cas par cas, des rapports des institutions de microfinance comme ceux de Fonkoze (2014) veulent donner l'impression que le micro-crédit joue un rôle très important dans la lutte contre la pauvreté, notamment dans les zones les plus reculées du pays où l'accès à des services bancaires est difficile. Toutefois, ces rapports ne constituent pas en des recherches véritables sur l'impact du microcrédit sur la réduction de la pauvreté dans le pays.

Tableau 1 : Répartition des programmes de micro-crédit de Fonkoze (2013)

Programmes	# de clients	Prêt moyen ($US)	Portefeuille de crédit ($US)	Pourcentage de client gradués
Ti Kredi	11 058	35	846 913	84%
Solidarité	57 149	207	23 594 998	
Développement d'entreprise	366	3 562	1 588 823	
Prêt PME	59	28 581	3 687 175	
Zafèn	386	1 712	186 650	
Crédit pilot (Jeunes)	220	33	7 178	
Total	69 238			

Source : Rapport annuel de Fonkoze (2014)

5 Ethiopie, Maroc, Mexique, Inde, Bosnie et Herz) et une éEthiopie, Maroc, Mexiq

Fonkoze dispose d'une équipe d'évaluation d'impact « Social impact team » qui conduit régulièrement des évaluations des différents programmes de crédit, notamment « Ti kredi » et « Solidarité » à travers des interviews auprès des bénéficiaires. En 2013, avec un échantillon de 197, l'évaluation de l'équipe a révélé que 9% des clients de « Ti Kredi » ont quitté le cercle de l'insécurité alimentaire et 9% avaient la capacité de se procurer des actifs productifs (Fonkoze, 2010, p. 16). En ce qui concerne le programme "Solidarité", sur un échantillon de 137 clients, l'équipe d'évaluation a révélé que 50% des clients évoluaient vers une situation de sécurité alimentaire et 14% pouvaient envoyer tous leurs enfants à l'école, avec des progrès significatifs dans l'amélioration dans leurs conditions de vie (Fonkoze, 2014, p.17)

Plusieurs études dans des pays avec des contextes conjoncturels différents ont révélé que les programmes de microcrédit destinés aux communautés pauvres ont plutôt des effets positifs sur l'investissement dans les activités des travailleurs autonomes, mais en moindre proportion sur la consommation totale ou sur le revenu global (Attanasio et al. 2011, Augsburg et al. 2013). Des travaux de recherche montrent cependant que le microcrédit est souvent utilisé à des fins autres que l'investissement. Ces prêts aident aussi les gens à faire face aux baisses de leurs revenus en mettant à leur disposition les fonds nécessaires pour faire face à certains chocs imprévisibles (décès, maladie, etc.).

Les chercheurs Banerjee, Duflo, Glennerster et Kinnan (2010), analysent l'impact de l'accès au crédit en randomisant l'implantation de nouvelles agences d'IMF dans la communauté indienne de Spandana destinées aux femmes. Crépon, Devoto, Duflo et Parienté (2011) évaluent l'effet de l'accès au crédit en milieu rural en implantant aléatoirement de nouvelles agences de l'IMF à Al Amana (Maroc). Field, Pande, Papp et Rigol (2011) cherchent à analyser comment les conditions de remboursement affectent l'entrepreneuriat parmi les pauvres (en Inde). Giné, Yang et Goldberg (2011) se penchent sur l'impact d'un système d'identification personnelle sur le remboursement des prêts au Malawi.

Les analyses de Zohoré (2009) montrent que le microcrédit dans le Sud-ouest de la Côte d'Ivoire a un impact substantiellement positif sur l'autonomisation des femmes et des effets variables sur l'habitat et la consommation des ménages, ainsi qu'en matière de santé et d'éducation. Par contre, l'impact du microcrédit sur l'épargne ne peut être confirmé.

Parienté (2014) questionne l'efficacité du microcrédit au Maroc et analyse l'effet sur les conditions de vie des bénéficiaires par une approche expérimentale utilisée dans cinq pays (Bosnie, Mexique, Inde, Mongolie et Éthiopie). D'après les résultats de cette étude, les effets sont globalement limités sur le niveau de consommation, les dépenses de santé et d'éducation, avec peu de démarrage sur de nouvelles activités, cependant il y eut de l'expansion des activités. Cette approche a eu d'autres effets sur les pays mentionnés ci-dessus (effets positifs sur la sécurité alimentaire ; la détention d'actifs, l'activité, et le revenu).

Quoiqu'il soit difficile de mesurer sans biais l'effet de la microfinance sur une population-cible, les programmes de microcrédit un peu partout dans le monde ont des retombées positives dans le social : les conditions de vie des ménages (bénéficiaires) se sont nettement améliorées, le taux de fréquentation scolaire est à la hausse et beaucoup plus de gens ont accès aux soins de santé. Du point de vue économique, les revenus ont augmenté dans certains cas, les revenus sont devenus plus stables, ce qui a un effet positif sur la réduction de la vulnérabilité des bénéficiaires (à long terme) face aux chocs extérieurs et imprévisibles et l'économie dans son ensemble peut en profiter avec la réduction du taux de l'informel.

Calcul des coûts et des avantages

Les interventions préconisées dans le cadre de cette étude, pour aborder la question de la lutte contre la pauvreté et l'extrême pauvreté, consistent en deux éléments :

- Une expansion du programme de *graduation* ;
- Une expansion de la *microfinance*.

Le profil des bénéficiaires

L'une des caractéristiques premières du bénéficiaire du programme de graduation est celle d'une femme, chef de ménage, vivant dans l'extrême pauvreté, soit avec moins d'un dollar américain par jour. De plus, le bénéficiaire du programme de graduation répond au profil suivant :

- n'avoir aucun actif générateur de revenus ;
- n'avoir aucun enfant en âge d'aller à l'école qui fréquente un établissement scolaire ;
- ne pas avoir accès libre à l'alimentation et avoir souvent faim ;
- ne pas avoir accès aux soins de santé ou ne savoir pas comment y accéder, et ;
- ne recevoir aucune assistance d'aucune ONG

Il s'agit ici d'identifier les plus pauvres des pauvres, à travers une petite enquête, pour les stimuler vers un niveau où elles peuvent participer à des programmes de microcrédit.

Contrairement au programme de graduation, les bénéficiaires du programme de microfinance sont des femmes, chefs de ménages, vivant dans la pauvreté, soit avec moins de 2 $ par jour, et aussi des femmes exerçant déjà une activité économique génératrice de revenus, comme la cuisine de rue, le petit commerce, la haute couture, la pêche, etc. De plus, le bénéficiaire du programme de microfinance répond au profil suivant :

- avoir au moins un enfant ayant difficilement accès à l'éducation ;
- ne pas pouvoir se nourrir au moins trois fois par jour et avoir l'habitude d'avoir faim ;
- ne pas avoir accès aux soins de santé, et ;
- ne recevoir aucune assistance d'aucune ONG

L'identification de ces bénéficiaires sera faite à partir d'une analyse de leurs dossiers, conformément au formulaire préconisé par l'institution de crédit.

Pour le programme de graduation

Coûts

La méthodologie utilisée pour calculer les coûts d'une expansion du programme de graduation s'articule autour d'une estimation des différents coûts du programme en Haïti faite par Grameen Foundation et révisée par Sinha et Roy (2010) pour le compte de M-CRIL, ajoutée des coûts additionnels encourus par la société dont ne tient pas compte la Grameen Foundation. Les données sur les différentes catégories de coûts, mentionnées plus haut, ont affiché un coût total par bénéficiaire de 1491 $ US en 2009, soit environ 62 309 gourdes à l'époque. En utilisant l'inflation cumulative depuis 2009 (1,35), le coût total de l'implémentation du programme de graduation par bénéficiaire est porté à 84 403 gourdes en 2015. Tandis que les coûts additionnels par bénéficiaire, liés à l'éducation, supportés par la société passent de 9 629 de l'année 1 à 13 903 à l'année 5. Avec un contrefactuel de 50% sur l'année zéro et 25% pour les deux années précédentes, la valeur présente nette (VPN) du coût par bénéficiaire se situe entre 69 521 et 80 172, dépendamment du taux de réduction.

Un autre point de confort c'est qu'une estimation des coûts de l'implémentation du programme de graduation en Haïti en parité de pouvoir d'achat (PPP, 2015) affiche un niveau (3 961 $) supérieur à ceux de l'Inde, mais presque similaire à la moyenne de ceux du Ghana, de l'Ethiopie, du Pakistan et du Pérou (4 209 $, 2015 PPP). Cela veut dire que les programmes de graduation à l'avenir en Haïti ne seront pas différents des autres programmes implémentés n'importe où ailleurs.

Avantages

Une approche un peu nuancée a été utilisée pour calculer les avantages d'une expansion du programme de graduation. Le programme de graduation affiche toute une panoplie d'avantages, divisée en trois catégories à savoir les avantages courants et continus, les avantages statiques et les avantages à long terme. Contrairement à Banerjee et al. (2015) et Chemin (2008), notre travail a considéré les avantages liés à l'éducation et à la santé. Ce qui a favorisé une nette amélioration du ratio avantage-coût.

L'estimation des avantages est faite sur une période de 5 ans à partir d'une année de base (0) et les données secondaires ont été tirées des évaluations du programme de graduation CLM de Fonkoze, avec d'autres données tirées du *Global burden of disease* (2013), de l'ECVMAS (2012) et du marché lui-même. L'estimation des avantages courants et continues tient compte du revenu moyen des bénéficiaires calculé à partir des gains sur 1 an avec moins d'un dollar par jour ; entre 1$ et 2$ et plus par jour, tout en assumant un déclin de 10% sur l'ensemble de la période, puisque le programme de graduation est basé sur un score de revenu d'un indice de pauvreté. Elle tient aussi compte des gains liés à un meilleur logement calculé à partir des données de l'évaluation du CLM et la différence entre le prix de la location des deux niveaux de maison, et enfin des avantages liés à la santé, qui comprennent un meilleur assainissement, une réduction de la malnutrition sévère chez les enfants et la sécurité alimentaire, calculés à partir de l'approche DALY du Global Burden of Disease, avec un contrefactuel de 100% à 105% sur l'ensemble de la période.

Les avantages statiques qui regroupent les actifs productifs, l'épargne, la valeur d'un lit et d'une maison ont été calculés à partir des données de l'évaluation du programme CLM de Fonkoze et du prix du marché d'un lit d'une maison de base en tuff et en béton, avec une assomption de 33% de déclin des avantages au niveau des actifs productifs et de l'épargne. Enfin, les avantages à long terme qui concernent l'éducation calculés à partir des données de l'évaluation du programme CLM, de l'ECVMAS (2012) et les gains de revenus liés à une augmentation du nombre d'année scolaire, en assumant une croissance de 2,7% par an des revenus (comme pour la croissance moyenne réelle du PIB par an).

Pour le programme de microfinance

Coûts

Comme indiqué plus haut, les différents coûts associés à l'implémentation du programme de la microfinance, en fonction du portefeuille de crédit, concernent les coûts d'opérations (35%), de financement (4%) et de défaut de paiement (2%). Les données de l'USAID de 2006 à 2010 sur les deux premiers coûts et l'absorption de 2% de défaut de paiement nous permettent de calculer facilement le coût total par bénéficiaire à partir de la taille du crédit (10 000 HTG) par bénéficiaire, en multipliant le montant du crédit par les différents pourcentages de chaque coût. Les calculs indiquent un coût total par bénéficiaire de 4 074 sur chaque prêt de 10 000 HTG.

Avantages

Les avantages de la microfinance sont définis à deux niveaux : du côté de l'institution de microfinance et du côté du bénéficiaire/client. Le calcul des avantages se fait à partir du taux de rendement moyen sur le montant du crédit dans le secteur en Haïti (48%) trouvé en utilisant les données (2006-2010) de l'USAID (2011). L'estimation des avantages est diminuée avec un taux, le taux de défaut de paiement de 2% pour un niveau de crédit de 10 000 HTG. L'estimation donc des avantages de l'institution de microfinance se trouve entre 4 406 et 4 491 HTG par bénéficiaire dépendamment du taux de réduction. Tandis que du côté du bénéficiaire, deux scénarii ont été considérés pour calculer les avantages. Le premier consiste à considérer qu'il n'y pas d'avantage pour le consommateur en se basant sur les études de six pays de JPAL (2015) et l'autre scénario consiste à considérer qu'il y a un gain de 2,8% sur chaque gourde empruntée en se basant sur le modèle de Chemin (2008). Au niveau du premier scénario, les avantages du consommateur son nuls et sont égaux à ceux de l'institution de micro-crédit. Alors qu'au niveau du deuxième scénario, les avantages du consommateur sont calculés à partir des 2,8% de gain sur chaque gourde empruntée, à différent niveau de taux d'actualisation. Les avantages totaux de la microfinance par bénéficiaires sont trouvés en additionnant ceux du bénéficiaire et ceux de l'institution de microfinance.

Tableau 2 : Coûts et avantages d'une expansion de la microfinance et du programme de graduation

Interventions	Taux d'actualisation	Avantage	Coût	Ratio avantage-coût	Qualité des éléments de preuve
Graduation	3%	763 631	149 597	5,10	Solide
	5%	442 921	143 092	3,09	
	12%	110 029	123 768	0,89	
Microfinance	3%	4 759	4 074	1,18	Moyenne
	5%	4 668	4 074	1,15	
	12%	4 376	4 074	1,08	

Notes : Les coûts et les avantages de la graduation sont tirés du scénario neutre, tandis que ceux de la microfinance de l'assomption de 2,8% de gain sur chaque gourde empruntée

Les avantages non-mesurés

Il est clair que les programmes de graduation et de la microfinance ont un ensemble d'avantages qui ne sont pas quantifiés et qui peuvent être difficilement quantifiables. En plus de la création nette d'emplois, ces deux programmes favorisent indubitablement l'émancipation des femmes (Chemin, 2008, p. 482), à travers un cadre leur permettant de sortir de leur monde restreint pour entrer dans une nouvelle dynamique de socialisation ou d'intégration sociale, de réseautage, ceci leur permettant d'améliorer ainsi leur bien-être. De plus, certaines activités du programme impactent directement la formation des femmes bénéficiaires sur le plan professionnel en termes de *business skills*, ce qu'elles peuvent même transmettre à leurs progénitures. Entre autres, des études ont montré que le programme de graduation et de la microfinance engendrent toute une suite d'externalités positives dans les villages ou les localités d'intervention. Cependant, dans le cas d'Haïti il faudrait beaucoup plus de recherches pour mieux appréhender les différentes dimensions et l'étendue de ces avantages non mesurés.

Conclusion

Dans le cadre de notre travail, il était question d'analyser les coûts et les avantages d'une expansion du programme de graduation et de la microfinance, dans une perspective de recherche de solutions intelligentes quant à la lutte contre la pauvreté à différents niveaux dans le pays.

Une approche très nuancée dans le calcul des avantages du programme de graduation a montré que la valeur présente nette des avantages d'une expansion du programme est estimée à 442 021 gourdes par bénéficiaire, avec des coûts de l'ordre de 143 092 gourdes. Ce qui accuse un ratio avantage-coût de 3,09 en utilisant un taux d'actualisation de 5%. Cela traduit des retours intéressants sur des investissements liés à la réduction de la pauvreté. Plus loin, les coûts du programme en parité de pouvoir d'achat n'affichent pas de grandes différences par rapport à la moyenne d'un ensemble d'autres pays. Ce qui veut dire que les programmes de graduation à l'avenir en Haïti ne seront pas différents des autres programmes implémentés n'importe où ailleurs.

D'un autre côté, en utilisant des données tirées d'un recensement de l'industrie de la microfinance en Haïti conduit par l'USAID, et en assumant un gain de 2,8% sur chaque gourde empruntée, ce travail estime que les avantages d'une expansion de la microfinance sont de l'ordre de 4 673 gourdes, pour des coûts estimés à 4 045 gourdes. Ce qui accuse un ratio avantage-coût proche de l'unité (1) qui ne s'avère pas trop convaincant et qui a tendance à confirmer les thèses de plusieurs chercheurs qui croient que la microfinance n'augmente pas les revenus des bénéficiaires de manière substantielle et n'a pas des effets de transformation sur la pauvreté.

Si les perspectives d'une implémentation du programme de graduation s'avéraient plus prometteuses, on ne peut pas négliger l'importance des programmes de micro-crédit dans l'amélioration des conditions de vie d'une bonne partie de la population active. Toutefois, ce travail ouvre la voie à d'autres études qui pourraient explorer plus largement les implications des programmes de microfinance en Haïti, en tenant compte d'autres institutions de microcrédit autres que Fonkoze, dans la réduction de la pauvreté à travers une approche plus rigoureuse et plus robuste.

Références bibliographiques

Atanasio, O & al. (2011), Subsidizing vocational training for disadvantaged youth in Colombia: Evidence from a randomized trial, *American Economic Journal*. URL: http://www.aeaweb.org/articles.php?doi=10.1257/app.3.3.188

Augburg, B et al. (2015), The impacts of microcredit: Evidence from Bosnia and Herzegovina, *American Economic Journal*. URL: http://dx.doi.org/10.1257/app.20130272

Bandiera, O, Burgess, R, Das, N, Gulesci, S, Rasul, I and Sulaiman, M. 2013 "Can basic entrepreneurship transform the economic lives of the poor?", London School of Economics, London.

Banque de la République d'Haïti, 2016, note sur la politique monétaire, septembre 2016

Banque mondiale, 2016, Rapport annuel 2016, Washington

Bauchet J et al. (2011), Derniers résultats des études randomisées en microfinance, *Rapport CGAP et partenaires*.

Chemin, M, 2008, 'The benefits and costs of microfinance: evidence from Bangladesh', *Journal of Developpement Studies*, vol. 44 no.4, pp. 463-484

CNSA, 2016, Haiti: evaluation de la sécurité alimentaire en milieu urbain, en partenariat avec le World Food Program

Coleman, B E, 2006, 'Microfinance in Northeast Thailand: who benefits and how much'? *World Development*, 34(9), pp.1612-1638

Concern Worldwide et Fonkoze, 2014, Sustaining graduation: a review of the CLM program in Haiti

De Haas, R (2015), The impact of microcredit: Evidence from across the world, *EBRD impact brief*.

De Silva, I, 2012, 'Evaluating the impact of microfinance on savings and income in Sri Lanka: quasi-experimental approach using propensity score matching', *The Journal of Applied Economic Research*, 6(1), 47-74

Gubert, F & Roubaud, F (2005), Analyser l'impact d'un projet de micro-finance : l'exemple de Madagascar

Hamelin, A (2007), Les limites de l'utilisation du micro crédit dans la lutte contre la pauvreté : le cas du travail des enfants, *Université Robert Schuman de Strasbourg*.

Hermes, N and Lensink, R, 2011, 'Microfinance: its impact, outreach, and sustainability' *World Development*, 39(6), 881-2011

Hiatt, S R and Woodworth W P, 2006, 'Alleviating poverty through microfinance: village banking outcomes in Central America, *The Social Science Journal*, 43(3), pp.471-477

Imai, K S, Raghav G, Ganesh T and Samul K A, 2012, 'Microfinance and poverty – a macro perspective', *World Development*, 40(8), pp.1675-1689

Jameel, A L, 2015, 'Where credit is due', Policy Bulletin, Innovation for Poverty Action

ONPES, 2013, Monographie : Impact du programme ''EDE PEP'', avec l'appui de l'Union Européenne, Haïti

Pain, C, Vautravers, E & Descieux, 2015, Sustaining graduation: a review of the CLM program in Haiti, Institute of Developpement Studies, vol.46, no.2, pp.74-82

Parienté, W (2014), Quel impact du microcrédit ?, *Conférence CESSS*.

ResponsAbility (2016), Microfinance : Développement, prévisions, tendances.

Rooyen, C, Van, R, Stewart and T De Wet, 2012, The impact of microfinance in Sub-Saharan Africa: a systematic review of the evidence

Simanowitz A & Huda, K, 2009, 'A graduation pathway for Haiti's poorest: lessons learnt from Fonkoze, Enterprise Development and Microfinance, vol.20, no.2, pp.86-106

Singh, R J & Barton-Dock, 2015, Haiti: toward a new narrative, World Bank

Sinha, S & Roy, R, 2010, Costing global graduation program 2007-2009, Micro-Credit Ratings International Limited, Gurgaon, India

Sulaiman, M & Misha, F, 2016, Comparative cost-benefit analysis of programs for the ultra poor in Bangladesh, Bangladesh Priorities, Copenhagen Consensus Center

Takahashi, K, Takayuki, H and Kazunari T, 2010, The short-termpoverty impact of small-scale, collateral-free microcredit in Indonesia: a matching estimator approach. *The Developing Economies*, 48(1), 128-155

USAID, 2011, Recensement sur l'industrie de la micro-finance 2009-2010, Haïti

Zohoré, O K (2009), Analyse de l'impact économique et social de la microfinance dans le Sud-ouest de la Côte d'Ivoire, *Unité de Formation et de Recherches en Sciences Economiques et de Gestion (UFR/SEG)*

ÉLECTRICITÉ ET ÉNERGIE

Analyse coût-avantage de la réforme du secteur de l'énergie en Haïti

JUAN BELT, NICOLAS ALLIEN, BAHMAN KASHI, ET JAY MACKINNON[1]

Résumé

Haïti possède le secteur de l'énergie le plus sous-développé et inefficace des Amériques. De nombreuses tentatives de réforme passées ont échoué en raison d'un manque de volonté politique et de la corruption. Dans cet article, nous étudions un programme de réforme en plusieurs phases. Dans la première phase, le gouvernement d'Haïti (GDH) lance la corporatisation des unités d'Electricité d'Haïti (EDH), présente des contrats de gestion, des baux et des concessions, et privatise les unités EDH selon le cas. Si la première phase est un succès, nous proposons de passer à des phases ultérieures qui soutiendraient EDH. Les coûts ont été estimés en se basant sur un programme similaire de l'USAID. Notre estimation des avantages économiques repose sur une réduction prévue des pertes techniques qui résulterait d'une amélioration de la gestion et de l'investissement dans l'équipement, principalement des compteurs. L'électricité est évaluée au prix consommateur moyen ; le surplus consommateur associé à l'augmentation de la production n'a pas été inclus dans les bénéfices en raison de données insuffisantes sur la demande d'électricité en Haïti. Les avantages liés à la réduction des pertes non techniques n'ont pas été inclus dans l'analyse économique ; ces avantages financiers peuvent générer des avantages économiques futurs si la meilleure situation financière d'EDH augmente leur capacité à investir et diminue les coûts de production. Les ratios avantage-coût économiques et financiers de l'ensemble du projet sont estimés à 3,46 et 11,52 respectivement lorsqu'ils sont actualisés à 12 %. Ce résultat est basé sur des hypothèses prudentes sur les coûts et les avantages ainsi que les chances de succès de la première phase, et il est solide (c'est-à-dire qu'il est peu probable que la valeur actuelle nette attendue soit inférieure à zéro à un taux d'actualisation de 12 %.)

Acronymes

PTC&EM : Pertes techniques, commerciales et d'encaissement moyennes

RAC : Ratio avantage-coût

DABS : Da Afghanistan Breshna Sherkat

CODIS : Compagnies de distribution

1 Nous aimerions remercier le Dr Allen Eisendrath (USAID) pour avoir fourni des données sur le programme de réforme de la compagnie de distribution de Kaboul (DABS) et sur le secteur de l'électricité en Haïti et pour de nombreuses discussions utiles au fil des ans sur les contrats de gestion et leur potentiel de transformation des services publics. Toutes les erreurs sont de la responsabilité des auteurs.

EDH : Electricité d'Haïti

GDH : Gouvernement d'Haïti

BID : Banque interaméricaine de développement

PEI : Producteur énergétique indépendant

PASEK : Programme d'amélioration du service d'électricité de Kaboul

MW : Mégawatt

MWh : Mégawatt/heure

AAE : Accord d'achat d'énergie

USAID : United States Agency for International Development (Agence des États-Unis pour le développement international)

Introduction

Haïti possède le système d'énergie le moins développé dans l'hémisphère occidental. Cela s'explique en partie par un cadre institutionnel faible, où plusieurs acteurs interagissent dans un cadre réglementaire peu clair avec un manque de coordination stratégique et de leadership. Le ministère des Travaux publics, des Transports et de la Communication est l'organisme gouvernemental principal chargé du secteur de l'énergie, car il n'existe pas de ministère de l'énergie dédié. Les décrets de réorganisation du secteur de l'énergie publiés en janvier 2016 ont demandé la création d'un organisme de réglementation, mais à la date de rédaction de ce document, ces décrets n'ont pas encore été appliqués. Le service d'électricité, Electricité d'Haïti (EDH) exploite plus de 10 réseaux de distribution indépendants et non liés qui subissent des pertes techniques, commerciales et d'encaissement moyennes (PTC&EM) de 70 %. Ces réseaux ont des coupures de courant quotidiennes qui ont obligé la plupart des entreprises et de nombreux ménages à installer des générateurs dans leurs locaux pour y remédier. De nombreux observateurs considèrent que le manque d'énergie est l'un des obstacles les plus importants à la croissance économique.

Contexte du secteur de l'énergie

La puissance installée est d'environ 320 MW, dont 260 proviennent de générateurs qui consomment des combustibles liquides et 60 MW proviennent d'une énergie hydroélectrique. Cela rend le pays très vulnérable aux variations des prix du pétrole. Sur les 320 MW de puissance installée, seulement environ 55 % sont disponibles pour la production (176 MW). Il existe un certain nombre de producteurs d'énergie indépendants (PEI) qui ont signé des accords d'achat d'électricité (AAE) par des négociations directes plutôt que par des procédures d'appel d'offres. Les taux d'EDH sont en moyenne d'environ 0,30 dollar par kWh, ce qui est relativement élevé par rapport aux taux moyens dans les Caraïbes. Même à ces taux élevés, EDH nécessite plus de 200 millions de dollars par an de la part du Gouvernement haïtien pour lui permettre de payer ses obligations.

Le secteur de l'électricité en Haïti fait face à de nombreux défis. Parmi les principaux on trouve :

- Les pertes PTC&EM sont très élevées et ont été au cours des dernières années en moyenne d'environ 70 % de l'électricité totale générée ; les pertes commerciales et d'encaissement représentent 70 % des pertes totales ou environ 49 % de l'énergie totale produite.

- Le taux d'électrification est l'un des plus bas au monde. Seulement environ 12 % de la population est reliée au réseau de façon officielle, tandis qu'un pourcentage égal est relié de manière illégale.
- Il y a des coupures quotidiennes et les usagers ne reçoivent qu'entre 5 et 15 heures d'électricité par jour. En conséquence, même les petites entreprises et de nombreux ménages doivent posséder leurs propres générateurs et/ou batteries, ce qui constitue un obstacle important à la croissance économique.

Nous proposons deux types d'interventions dans le cadre d'un ensemble de réformes :

1. Des interventions pour améliorer le cadre réglementaire légal. Celles-ci seraient sous la responsabilité du ministère chargé de l'énergie et d'un organisme de réglementation qui finira par devenir autonome et responsable. Ces interventions soutiendront en premier lieu la corporatisation d'EDH et établiront la base des contrats de gestion, des baux, des concessions et de la privatisation des différentes unités d'EDH.
2. Des interventions pour améliorer l'efficacité d'EDH. Ces interventions soutiendront les différentes unités d'EDH avec une assistance et des équipements techniques, principalement des compteurs. Il est prévu que les différentes unités soient gérées par des contrats de gestion avec des moyens d'incitation pour les performances, les baux, les concessions, et que le service de Jacmel sera privatisé.

Analyse du contexte/documentaire

La condition économique d'Haïti a une influence et est influencée par la défaillance de son marché de l'électricité. Seulement 35 % des haïtiens ont accès à l'électricité par le réseau. Dans les régions rurales, ce chiffre est de 11 % (Banque mondiale, 2015). La consommation d'électricité par habitant en Haïti est nettement inférieure à celle des autres pays des Caraïbes et ne représente que deux pour cent de celle de la République dominicaine voisine (Banque mondiale, 2015, p. 5).

L'incapacité d'accéder à l'électricité a de sérieuses conséquences pour tous les Haïtiens, mais est particulièrement dangereuse pour les entreprises commerciales et industrielles. Le manque d'approvisionnement fiable en électricité est cité par les propriétaires d'entreprises comme l'obstacle le plus important au développement du secteur privé (Banque mondiale, 2015, p.5). Les entreprises d'Haïti sont confrontées à des coûts de l'électricité parmi les plus élevés de la région, ce qui rend difficile leur fonctionnement concurrentiel. Les ménages souffrent également du manque d'énergie disponible et sont forcés d'adopter des stratégies telles que l'utilisation de petits générateurs diesel pour alimenter les appareils ménagers, ou brûler de l'huile de kérosène pour la lumière. Les Haïtiens qui ont accès à l'électricité par le réseau doivent subir les coupures, et on estime que ceux qui sont reliés n'ont de l'électricité que pendant 5 à 9 heures par jour (Worldwatch Institute, 2014, p.26).

Le secteur de l'électricité en Haïti est également un lourd fardeau financier pour l'économie haïtienne. EDH nécessite un virement de 200 millions de dollars US chaque année pour couvrir les coûts d'exploitation. Ceci équivaut à 10 % du budget national ou 2 % du PIB (Banque mondiale, 2015, p.68). Les pertes financières significatives d'EDH sont en partie attribuables aux pertes commerciales et techniques élevées du réseau électrique qui empêchent EDH d'encaisser les recettes. Si EDH pouvait réduire suffisamment les pertes techniques et améliorer l'encaissement des paiements pour l'électricité consommée, il est possible qu'ils puissent fonctionner de manière plus durable sur le plan financier et réduire le fardeau pour le GDH. La réforme d'EDH pourrait entraîner d'autres interventions plus réalisables à la fois sur l'offre et la demande du marché de l'électricité en Haïti.

Bien qu'il soit difficile de prédire exactement la façon dont les réformes vont se dérouler en Haïti, il existe un précédent de grands avantages dus à la réforme du secteur de l'électricité dans d'autres parties du monde en développement. Les réformes que nous proposons sont fortement inspirées par le Programme d'amélioration du service d'électricité de Kaboul (PASEK) mis en œuvre par l'USAID en Afghanistan (USAID, 2017). À l'instar des Haïtiens, seulement 30 % des Afghans ont accès à l'électricité. Avant le PASEK, les pertes commerciales et techniques étaient également très élevées, à environ 60 %, ce qui est similaire à Haïti. Le PASEK s'est concentré sur la réforme de Da Afghanistan Breshna Sherkat (DABS), le service électrique national constitué en 2008. Grâce à un ensemble de réformes qui comprenaient la commercialisation du service électrique, des changements dans la structure de gouvernance, l'installation de compteurs intelligents, des changements dans les processus d'approvisionnement, la gestion du rendement et la suppression des raccordements illégaux, DABS a vu ses pertes PTC&EM diminuer de 60 % à 24 % en moins de cinq années. Bien qu'il soit peu probable qu'Haïti soit en mesure de reproduire exactement le succès du PASEK, même une fraction de ce niveau d'amélioration pourrait rendre la réforme possible.

D'autres pays ont montré les avantages potentiels de la réforme de l'énergie. Kozulj et Di Sbroivacca (2004) ont étudié les taux d'électrification avant et après la réforme sectorielle en Argentine, au Salvador et au Pérou et ont constaté de fortes augmentations dans tous les cas. Lors d'entretiens avec des collègues de l'USAID, il a été noté que les réformes impliquant des compteurs intelligents au Brésil, en Inde et dans d'autres pays entraînent des baisses significatives des pertes non techniques, dans certains cas jusqu'à 96 %.

Les projets d'énergie pour les marchés existants peuvent être classés en trois types : les projets de réforme des politiques et des institutions (RPI), les projets d'approvisionnement et les projets liés à la demande. Cette analyse coût-avantage sera axée sur un projet RPI conçu pour améliorer la politique et l'environnement réglementaire du secteur de l'énergie et pour améliorer l'efficacité du principal exploitant, Electricité d'Haïti (EDH).

Les avantages inclus dans l'évaluation d'un projet d'électricité se divisent en deux grandes catégories : (i) la réduction du coût de l'approvisionnement en électricité et (ii) la valeur de l'accès amélioré à l'énergie. Par exemple, si l'investissement dans la production entraîne le remplacement d'une centrale électrique inefficace par une plus efficace, la principale source d'avantages est l'économie qui résulte des gains d'efficacité. Toutefois, si l'investissement augmente la production totale, ce qui entraînerait un accès accru ou une fiabilité améliorée, les avantages découleraient alors principalement de la valeur de l'accès ou de la fiabilité améliorée pour les consommateurs. Il est également possible d'avoir des projets qui se traduisent par les deux types d'avantages.

La réforme institutionnelle d'EDH, si elle est couronnée de succès, peut entraîner une série d'avantages : une réduction des pertes techniques ; une réduction des pertes commerciales ; un risque de marché réduit pour les PEI résultant de la stabilité financière de l'exploitant, et une réduction des coûts d›exploitation d›EDH (amélioration de l›efficacité institutionnelle).

Compte tenu de l'insuffisance de l'approvisionnement en électricité d'EDH et des tendances du marché en matière de production distribuée aux consommateurs de toutes les classes sociales, il est raisonnable de supposer que toute réduction des pertes techniques devrait être appréciée du point de vue des consommateurs. Une estimation fiable de la valeur de l'électricité supplémentaire dans ce cas serait le coût de l'adaptation des consommateurs par unité d'électricité obtenue à partir de sources autres qu'EDH. Pour estimer la valeur, il faut savoir comment, en moyenne, les consommateurs de chaque classe sociale utilisent les panneaux solaires, les batteries, les onduleurs, les petits générateurs diesel, les bougies, le kérosène ou d'autres sources d'énergie pour pallier l'approvisionnement en énergie peu fiable d'EDH.

Figure 1 : Incidence de la réduction des pertes techniques

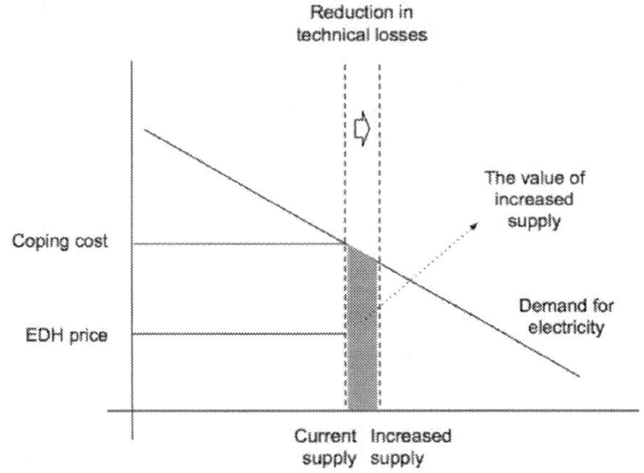

Une réduction des pertes commerciales ne se traduirait toutefois pas par de telles économies. Les pertes commerciales reflètent l'électricité consommée mais non payée à EDH. La consommation a une valeur même si elle ne se traduit pas par un paiement financier à EDH. Par conséquent, la majorité de ce qu'EDH tire d'une réduction des pertes commerciales est un transfert des consommateurs ou des revendeurs qui ne paient pas pour l'électricité. On pourrait soutenir que la valeur d'une unité d'électricité consommée et non payée peut être en moyenne inférieure à la valeur d'une unité d'électricité consommée et payée. En d'autres termes, la consommation sera à des niveaux inefficaces lorsque le prix est nul. Cela peut cependant être ignoré dans ce cas, car la différence est sur la marge, et les preuves anecdotiques reflètent qu'une part considérable des pertes commerciales est due au non-paiement des revendeurs de l'électricité. La réduction des pertes commerciales peut avoir pour conséquence l'indépendance financière et la durabilité d'EDH.

Les principaux avantages du projet sont une réduction des pertes. En termes d'analyse coût-avantage, les pertes techniques, commerciales et d'encaissement moyennes (PTC&EM) peuvent être divisées en pertes techniques et non techniques. Une réduction des pertes techniques constitue clairement un avantage économique. Dans le cas d'Haïti, où la demande en énergie est excédentaire, une réduction des pertes augmenterait l'énergie disponible pour les consommateurs, notamment en réduisant la durée des pannes d'électricité. La totalité de la réduction des pertes PTC&EM est un avantage financier pour EDH. Alors qu'une réduction des pertes commerciales et d'encaissement entraînerait vraisemblablement une réduction de la consommation pour les utilisateurs qui commenceraient à payer l'énergie, nous supposons dans notre modèle que les revenus ne vont pas diminuer car il existe une demande significative non satisfaite en Haïti.

Calcul des coûts et des avantages

Nous avons effectué des analyses à la fois économiques et financières. Pour l'analyse financière, nous avons inclus en tant qu'avantages la totalité de la réduction des pertes PTC&EM et les coûts du soutien direct d'EDH. Pour l'analyse économique, nous avons inclus uniquement en tant qu'avantage la réduction des pertes techniques et, en tant que coûts, tous ceux inclus dans l'analyse financière plus les coûts de la réglementation.

Le succès de la première phase de ce programme est soumis à un haut niveau d'incertitude, du type de ce qu'on retrouve souvent dans les projets d'exploration pétrolière. Dans de telles circonstances, nous avons décidé d'élaborer un processus décisionnel à l'intérieur du modèle. La décision porte sur l'arrêt ou la poursuite du projet à la fin de la première phase ; en fonction de l'échec ou du succès de la première phase, respectivement. Par conséquent, dans le cas de l'échec dans la première phase, le projet n'entraînera que les coûts de la première phase car les coûts et les avantages de la deuxième phase seront nuls puisque le projet s'arrêtera.

Veuillez noter que la première phase elle-même n'a aucun avantage puisqu'il s'agit uniquement de construire l'infrastructure pour mettre en place l'environnement pour la deuxième phase. En d'autres termes, les coûts de la première phase sont les coûts associés à la possibilité de mener la deuxième phase.

Coûts du projet

Les coûts comprennent les coûts annuels supposés de la dotation en personnel, de la réglementation des réformes et des équipements.

Dans la phase 1, une réforme réglementaire a lieu, dont le succès permet le démarrage des phases ultérieures. Ceci coûterait 4 millions de dollar. Pour les phases II et III, les coûts concernent l'amélioration d'EDH. Pour la phase II il s'agit de la mise en place de la réglementation, 0,3 millions de dollars, le personnel, 5,6 millions de dollars et les équipements, 2 millions de dollars par an. Nous nous attendons à ce que les coûts de ce processus soient plus élevés au début (en phase II) et qu'ils diminuent à mesure que le système devient plus efficace et peut s'autofinancer (phase III). C'est ainsi que, pour la phase III, il n'y a pas de coût pour la réglementation, mais le personnel s'attire un coût de 0,6 millions de dollars et les équipements, 1 million de dollars.

Auparavant, l'USAID a financé un projet visant à renforcer EDH, mais ce projet a échoué en grande partie. La principale raison de l'échec du projet est que la mise en œuvre effective n'a pas suivi la conception initiale du projet. L'USAID a d'abord accepté de financer un contrat de gestion par lequel une équipe de consultants administrerait EDH avec tous les pouvoirs pour prendre des décisions de gestion, y compris l'élaboration d'une stratégie d'entreprise, l'embauche et le licenciement, au besoin. Finalement, en raison de la pression politique, le contrat a été changé en un contrat du type assistance technique où les consultants ont apporté un soutien à la gestion d'EDH mais n'avaient aucun pouvoir pour prendre des décisions clés en matière de gestion. Au cours de ce projet financé par l'USAID, de nombreux problèmes ont été identifiés. Les principaux étaient :

- L'ingérence politique. Plusieurs administrateurs ont été remplacés après de courts délais et de nombreux projets entrepris n'étaient pas justifiés du point de vue économique ou financier.
- La corruption administrative présumée. Il a été affirmé que les employés d'EDH étaient de connivence avec des clients pour leur permettre d'éviter de payer l'énergie consommée.
- Le suremploi de personnel non qualifié. Une proportion significative du personnel n'était pas qualifiée et manquait des connaissances de base pour bénéficier des programmes de formation.
- Le manque de connaissances et de compétences en technologie de l'information (TI). Le manque de compétences informatiques de base rendait très difficile la modernisation de la facturation et de la gestion financière.
- La mauvaise coordination des donateurs. Beaucoup de donateurs ont mis en place des programmes de façon isolée, sans tenir compte de ce que faisaient les autres donateurs, perdant ainsi des ressources.

Compte tenu des problèmes abordés ci-dessus, un projet d'investissement classique pour soutenir EDH, comme le financement de compteurs et des technologies de l'information (TI), ne serait pas très efficace. Des projets semblables ont effectivement été réalisés récemment avec le soutien de la Banque mondiale et n'ont pas eu des résultats significatifs en vue de réduire les pertes PTC&EM. Nous avons effectué l'analyse coût-avantage des activités d'EDH en partant de l'hypothèse fondamentale que le Gouvernement d'Haïti (GDH) introduira une plus grande participation privée dans les 10 unités d'EDH. Étant donné que les différentes unités ont des niveaux d'efficacité très différents, comme les pertes PTC&EM le mesurent, les solutions varient pour chacune d'elles. Nous croyons qu'il est possible de conclure un contrat de gestion avec des mesures d'incitation à la performance, des baux, des concessions et une privatisation complète.

Avantages du projet

L'estimation des réductions potentielles des PTC&EM est évidemment très spéculative. Nous utilisons les données d'un projet financé par l'USAID (PASEK) avec la société de distribution d'énergie à Kaboul, en Afghanistan (DABS) comme référence pour estimer ces réductions de pertes pour EDH. Avant le projet financé par l'USAID, les pertes du DABS étaient de 60 %, similaires à celles d'EDH, et il y avait des ingérences politiques, un manque de personnel qualifié et de nombreux autres problèmes actuellement rencontrés par EDH.

Bien que l'amélioration du fonctionnement de DABS dans un environnement très conflictuel et corrompu soit très difficile, il pourrait être plus difficile d'obtenir des résultats similaires en Haïti. Par conséquent, nous supposerons que le taux d'amélioration des dix unités d'EDH prendra deux fois plus longtemps que l'amélioration de DABS. Les pertes totales d'EDH diminueraient de façon régulière de 70 % à 15 % en dix ans à compter de la phase II ; les pertes techniques diminueraient de 21 % à 5 % au cours de la même période. La réduction des pertes est évaluée à 0,30 USD/kWh. La valeur de cette réduction pour différents taux d'actualisation est affichée à 3.

Tableau 1 : Avantages des réductions des pertes techniques et commerciales

Taux d'actualisation	Valeur de la réduction des pertes techniques (Millions de dollars US)	Valeur de la réduction des pertes commerciales (Millions de dollars US)	Valeur totale de la réduction des PTC&EM (Millions de dollars US)
3 %	308,26	719,27	1 027,53
5 %	216,78	505,83	722,61
12 %	77,00	179,67	256,67

Nous énumérons les coûts, les bénéfices et les ratios avantage-coût pour le programme de réforme, tant du point de vue économique que financier, pour trois taux d'actualisation différents, en supposant que le projet a une chance de succès de 50 %. Les avantages économiques représentent la valeur actuelle attendue (pondérée de façon probabiliste) d'une réduction des pertes techniques. Les avantages financiers comprennent la valeur actuelle attendue des réductions de pertes techniques et commerciales. Les coûts économiques et financiers sont la somme des coûts de la phase I et la valeur *attendue* des coûts des phases II et III, puisque la phase II n'a lieu que si la phase 1 est une réussite.

Tableau 2 : Résumé des coûts prévus et des avantages de la réforme institutionnelle avant la phase 1 (Millions de dollars US, 2017)

	Économiques			Financiers		
Taux d'actualisation	Avantages attendus	Coûts attendus	RAC	Avantages attendus	Coûts attendus	RAC2
3 %	308,26	38,87	7,93	1 027,53	38,87	26,44
5 %	216,78	33,30	6,51	722,61	33,30	21,70
12 %	77,00	22,28	3,46	256,67	22,28	11,52

Conclusion

Les interventions proposées seraient très bénéfiques pour l'économie haïtienne. En utilisant des estimations prudentes des coûts et des avantages, le RAC serait de 3,46 (en supposant un taux d'actualisation de 12 %). Le plus grand risque pour la réforme est que le manque de volonté politique et la corruption entravent les actions nécessaires pour améliorer l'efficacité d'EDH. Ce risque est élevé, car les efforts passés de tous les principaux donateurs internationaux, y compris l'USAID, la Banque mondiale et la BID ont échoué. Pour atténuer ce risque, nous avons proposé que les donateurs imposent des conditions strictes pour financer le programme complet. Plus précisément, nous pensons que, à moins que certaines réformes clés ne soient mises en œuvre au cours des trois premières années du programme proposé, toutes les activités futures ne seront pas prises en charge. L'analyse a été effectuée avec une consultation très limitée des principaux acteurs et pourrait être considérée comme inférieure à ce qu'un donateur ferait au stade de l'identification dans le cycle de développement du projet. La prochaine étape consisterait à discuter avec le GDH, les donateurs potentiels et tous les autres acteurs principaux.

Références

Aguirre, J., 2014. Impact of Rural Electrification on Education: A Case Study from Peru. Centre de recherche, Universidad del Pacifico (Pérou) et Département d'économie 1-18.

Anonyme, 2017. IPP PPA Prices per kWh.

Anonyme, 2016. Interview with a Doctor.

Bloomberg New Energy Finance, Conseil mondial de l'énergie, 2013. World Energy Perspective: Cost of Energy Technologies.

Blum, N., Wakeling, R., Schmidt, T., 2013. Rural electrification through village grids - Assessing the cost competitiveness of isolated renewable energy technologies in Indonesia.

Brown, N.L., 1978. Solar Energy for Village Development.

Chen, S.X., Gooi, H.B., Wang, M., 2012. Sizing of energy storage for microgrids. IEEE Transactions on Smart Grid 3, 142–151.

Costa, P.M., Matos, M.A., 2006. Economic analysis of microgrids including reliability aspects, in: Probabilistic Methods Applied to Power Systems, 2006. PMAPS 2006. Conférence internationale IEEE, pp. 1–8.

Di Bella, C.G., Norton, L.D., Ntamatungiro, J., Ogawa, S., Samake, I., Santoro, M., 2015. Energy Subsidies in Latin America and the Caribbean: Stocktaking and Policy Challenges.

Earth Spark International, 2016. Les Anglais Micro-Grid Factsheet.

EarthSpark International, 2015. Scaling Sustainable Energy for All: EarthSpark International and the Case for Micro-grid Infrastructure.

Energy and Security Group, 2016. Haitian Solar Powered Microgrid Potential: Town Ranking Report.

EPRI, 2003. Costs of Utility Distributed Generators, 1-10 MW: Twenty-Four Case Studies.

ESMAP, 2002. Rural Electrification and Development in the Philippines: Measuring the Social and Economic Benefits.

Foroudastan, S.D., Dees, O., 2006. Solar Power and Sustainability in Developing Countries.

Golumbeau, R., Barnes, D., 2013. Connection Charges and Electricity Access in Sub-Saharan Africa.

Government of Haiti, Department of Public Works, Transportation and Communication, 2015. SREP Investment Plan for Haiti.

Greacen, C., Engel, R., Quetchenbach, T., 2013. A Guidebook on Grid Interconnection and Islanded Operation of Mini-Grid Power Systems Up to 200 kW.

Hotel in Port au Prince, 2016. Interview with an Anonymous hotel.

Hutton, G., Rehfuess, E., others, 2006. Guidelines for conducting cost-benefit analysis of household energy and health interventions, in: Guidelines for Conducting Cost-Benefit Analysis of Household Energy and Health Interventions. OMS.

Inland Revenue, 2016. General depreciation rates.

Banque interaméricaine de développement, 2014. Natural Gas in the Caribbean: Feasibility Studies (Final Report I and II).

IRENA, 2016a. The Power to Change: Solar and Wind Cost Reduction Potential to 2025.

IRENA, 2016b. Solar PV in Africa: Costs and Markets.

IRENA, 2015a. Renewable Energy in Hybrid Mini-Grids and Isolated Grids: Economic Benefits and Business Cases.

IRENA, 2015b. Renewable Power Generation Costs in 2014.

IRENA, 2015c. Battery Storage for Renewables: Market Status and Technology Outook.

IRENA, 2012a. Cenewable Energy Technologies Cost Analysis Series: Solar Photovoltaics.

IRENA, 2012b. Renewable Energy Technologies Cost Analysis Series: Hydro.

IRENA, IEA-ETSAP, 2013. CSP Technology Brief.

Ishigaki, Y., Kimura, Y., Matsusue, I., 2014. Optimal Energy Management System for Isolated Micro Grids.

Kashi, B., 2015. Risk management and the stated investment costs by independent power producers. Energy Economics 49, 660–668.

Kurtz, J., Saur, G., Ainscough, C., 2014. Backup Power Cost of Ownership Analysis and Incumbent Technology Comparison.

Larocque, A., 2014. Comprehensive Planning for Electric Power Supply in Haiti – Regulatory, Institutional & Tariff Report.

Larocque, A., Nadeau, D., Landry, M., 2014. Comprehensive Planning for Electric Power Supply in Haiti - Expansion of the Supply for Electricity Generation.

Lenin Balza, Christiaan Gischler, Nils Janson, Sebastian Miller, n.d. Potential for Energy Storage in Combination with Renewable Energy in Latin America and the Caribbean.

Lucky, M., Auth, K., Ochs, A., Fu-Berteaux, X., Weber, M., Konold, M., Lu, J., 2014. Haiti Sustainable Energy Roadmap.

Machala, M., 2011. Kerosene Lamps vs. Solar Lanterns. Université de Stanford.

McMannus, R., 2015. Interview with Rachel McMannus.

Mills, E., 2003. Technical and Economic Performance Analysis of Kerosene Lamps and Alternative Approaches to Illumination in Developing Countries.

Nicolas Allien, 2017. 100 kW diesel Quote.

NREL, 2014. Distributed Solar PV for Electricity System Resiliency.

Obama, B., 2017. The irreversible momentum of clean energy. Science 355, 126–129. doi:10.1126/science.aam6284

Paul L. Joskow, 2011. Comparing the Costs of Intermittent and Dispatchable Electricity Generating Technologies.

Pauschert, D., 2009. Study of Equipment Prices in the Power Sector.

Perkins Engines Company Limited, 2012. 400 Series 404D-22G ElectropaK.

Perkins Engines Company Limited, 2007. Perkins 1104D-E44TAG ElectropaK.

Rangarajan, K., Guggenberger, J., 2011. Cost Analysis of Renewable Energy-Based Microgrids for Rural Energy Management, in: IIE Annual Conference. Actes. Institute of Industrial Engineers-Publisher, p. 1.

Rao, N.D., Agarwal, A., Wood, D., 2016. Impacts of Small Scale Electricity Systems: A Study of Rural Communities in India and Nepal.

Singh, R.J., Barton-Dock, M., 2015. Haiti: Towards a New Narrative (Systematic Country Diagnostic.

Smith, K.R., Rogers, J., Cowlin, S.C., 2005. Household fuels and ill-health in developing countries: what improvements can be brought by LP gas? World LP Gas Association Paris, France.

Squires, T., 2015. The Impact of Access to Electricity on Education: Evidence from Honduras.

Staton, D.M., Harding, M.H., 1998. Health and Environmental Effects of Cooking Stove Use in Developing Countries.

Technical Aspects of Grid Interconnection, n.d.

Tetratech, 2013, Interinm Final Report: Lessons Learned During the Haiti Transmission Management Contract.

La Banque mondiale, 2017. Haiti Overview [WWW Document]. URL http://www.worldbank.org/en/country/haiti/overview (accessed 3.13.17).

The World Factbook — Central Intelligence Agency [WWW Document], n.d. URL https://www.cia.gov/library/publications/the-world-factbook/rankorder/2004rank.html (accessed 3.15.17).

Thys, P.K., 2017. Entretien avec Pierre Kénol Thys, spécialiste en énergie à la BID.

Tol, R.S.J., 2011. The Social Cost of Carbon.

UNdata | country profile | Haiti [WWW Document], 2017. URL http://data.un.org/CountryProfile.aspx?crName=haiti (consulté le 13/3/17).

United States Energy Information Administration (US EIA), 2017a. Cost and Performance Characteristics of New Generating Technologies, Annual Energy Outlook 2017.

United States Energy Information Administration (US EIA), 2017b. Short-Term Energy Outlook Data Browser - March 2017.

United States Energy Information Administration (US EIA), 2016. Carbon Dioxide Emissions Coefficients.

U.S. Energy Information Administration, 2016. Levelized Cost and Levelized Avoided Cost of New Generation Resources in the Annual Energy Outlook 2016.

Verner, D., Egset, W., 2007. Social Resilience and State Fragility in Haiti. World Bank Publications.

Wärtsilä, Marine Solutions, 2016. Wärtsilä 46F Product Guide.

Wilson, M., Jones, J.B., Audinet, P., 2010. Benefits of Electrification.

Banque mondiale, 2017. Data on Statistical Capacity: SCI Dashboard [WWW Document]. URL http://datatopics.worldbank.org/statisticalcapacity/SCIdashboard.aspx (consulté le 13/3/17).

Banque mondiale, 2008. The Welfare Impact of Rural Electrification: A Reassessment of the Costs and Benefits. La Banque mondiale.

Zhang, J., Smith, K.R., 2007. Household air pollution from coal and biomass fuels in China: measurements, health impacts, and interventions. Environmental Health Perspectives 848–855.

Pour une approche stratégique de la réforme de l'EDH

EDDY LABOSSIÈRE[1]

Introduction

L'électricité est une denrée rare en Haïti depuis des décennies. Presque toutes les études confirment qu'environ 30% des Haïtiens ont accès à l'électricité, ce chiffre tombe seulement à 6% en milieu rural.

L'offre d'énergie est constituée en grande partie par la biomasse à hauteur de plus de 87%, le reste est composé essentiellement de produits pétroliers. Les énergies d'origine non fossiles ou renouvelables sont quasiment négligeables en dépit du fait qu'en Haïti le soleil brille à longueur d'année, le vent souffle presque partout.

La demande d'énergie est à 76% résidentielle, 13% pour le transport, 9% pour l'industrie et les 2% restants pour d'autres besoins. L'EDH produit à peine 130 mégawatts alors que la demande dépasse les 500 mégawatts. Le prix[2] au kilowatts/heure est de 0,33 dollars américains contre 0,22 en République dominicaine. En Haïti, seulement 22% de la clientèle paie régulièrement sa facture de l'électricité d'État d'Haïti. Les recettes de l'EDH ne permettent pas de couvrir ses dépenses, et l'État Haïtien est obligé de lui accorder une subvention annuelle d'environ 200 à 300 millions de dollars américain en 2016.

En clair, le bilan énergétique d'Haïti est catastrophique et fait apparaître des dysfonctionnements. Dans le cadre de cette étude, nous allons mettre l'accent sur les difficultés de l'EDH dans le contexte du secteur énergétique en Haïti, et sur la réforme de l'EDH elle-même. Dans la réforme proposée et en conclusion, nous dégagerons la vision ou les orientations stratégiques pour avancer avec la réforme.

Difficultés de l'EDH / La problématique

Les dysfonctionnements au niveau de l'EDH se traduisent par des retards accumulés depuis les années soixante-dix, par rapport aux autres pays des Caraïbes et de l'Amérique latine qui ont réformé fondamentalement leur secteur énergétique[3]. Parmi ces pays, les principaux sont : le Chili (1986), l'Argentine (1990), la Colombie (1994), la République dominicaine (1996) et la Jamaïque

1 Président de l'Association haïtienne des économistes et membre du conseil consultatif du projet, *Haiti priorise.*

2 Prix 2014 EDH

3 Visualizing Energy Access in Latin America and the Caribbean,. Disponible sur: https://www.youtube.com/watch?v=4D46gbFntAM [Accessible le 04 juillet 2016].

(2001)[4]. Au niveau mondial, Haïti figure parmi les pays les moins compétitifs sur le plan énergétique[5]. Les chiffres suivants sont assez symptomatiques :

- 30% d'accès à l'électricité pour la population ; 6 % d'accès à l'électricité en zone rurale. 30 millions de latino-américains et de caribéens n'ont pas d'accès à l'électricité, 7 millions vivant en Haïti.
- Plus de 66 % environ de perte de la production totale en électricité en raison de l'inefficacité du réseau, des vols d'électricité et du déficit de recouvrement. En 2016, dans une étude annuelle publiée par l'Institut Choiseul concernant l'efficacité énergétique, Haïti est classée en dernière position sur 146 pays étudiés[6].
- 1 160 GWh représentent la consommation annuelle en Haïti, contre 14 500 pour la République dominicaine et 18 000 pour Cuba ;
- 111 KWh représentent la consommation annuelle per capita en Haïti, contre 1 350 pour la République dominicaine et 1 603 pour Cuba ;
- 244 MW est la puissance installée en Haïti, contre 5 400 pour la République dominicaine et 5 880 pour Cuba ;
- 200 – 300 millions de dollars de subventions de l'État au secteur énergétique par année, soit plus de 20% du PIB[7] en 2016 ;

Tableau de comparaison avec les pays voisins[8]

	Population	Consommation annuelle 2014 GWh	Puissance Installée (MW)	Consommation per capita kWh/ par an
République de Cuba	11 231 886	18 000	5 880	1 603
République dominicaine	10 738 451	14 500	5 400	1 350
République d'Haïti	10 442 801	1 160	244	111

Électricité d'Haïti, organisme d'État autonome à caractère industriel et commercial, créé par la loi du 9 Août 1971, suite à la nationalisation d'une entreprise privée : «Compagnie d'Eclairage

4 Voir : René Jean-Jumeau, « Perspectives pour le Secteur de l'énergie en HAITI », Présentation dans *Dialogue citoyen sur l'Énergie*, CDES/ObserveH, Jeudi 14 avril 2016, Primature.

5 Marc Antoine Archer, « Dialogue sur la Compétitivité Énergétique et le Cadre Réglementaire relatif à l'énergie en Haïti », Présentation dans *Dialogue citoyen sur l'Énergie*, CDES/ObserveH, 9 juin 2016, Primature.

6 Voir « Projet pour la réalisation du Plan de redressement financier d'EDH », *Présentation au Comité de Direction d'EDH et aux Autorités du secteur électrique 21 septembre 2016*, EDF septembre 2016.

7 Fritz Duroseau « Stratégie de croissance industrielle. Contraintes énergétiques et perspectives », Présentation dans *Dialogue citoyen sur l'Énergie*, CDES/ObserveH, Jeudi 18 août 2016, Primature.

8 Voir : Fidel Pérez Montes, Un Système électrique pour Haïti : Compétitivité énergétique et Cadre Règlementaire, Présentation dans *Dialogue citoyen sur l'Énergie*, CDES/Observe, Jeudi 13 juin 2016, Primature. Disponible sur : http://cdes.ht/telech/energie/energie_reflexions/2016_06_13-Competitivite-energetique-et-Cadre-Reglementaire-FPM.pdf. [Accessible le 02 décembre 2016].

« gérée à l'époque par «Stone and Webster Corporation «[9] publié dans le Moniteur[10] et officiellement inaugurée le 2 septembre 1971. L'année 1971 marque un tournant important dans l'histoire de l'Électricité d'Haïti. En effet, pour la première fois, la compagnie de l'électricité haïtienne allait mettre en fonction les services de la Centrale de Péligre, inaugurée le 22 juillet 1971. L'EDH est actuellement régie par le décret du 20 août 1989. Elle a la responsabilité ou le monopole des opérations de production, de transport, de distribution et de commercialisation de l'énergie électrique sur tout le territoire haïtien.

Son unique actionnaire est l'état Haïtien. Elle est placée sous la tutelle du Ministère des Travaux Publics, Transports et Communication (MTPTC) Système de régulation[11]. Le système de régulation s'articule autour d'un certain nombre de textes législatifs et règlementaires[12].

Mettre en application ces règlementations, décrets, arrêtés et lois demeurent un défi de taille pour l'État, l'EDH, les opérateurs, les fournisseurs et les usagers du secteur énergie.

Pour faire face à ces dysfonctionnements du secteur énergie, un dialogue avec les acteurs du secteur, doit permettre de définir une stratégie, un système de régulation et un mode opératoire articulés les uns aux autres.

La problématique de l'énergie avec une emphase sur l'énergie électrique en Haïti a retenu l'attention de tous les secteurs de la vie nationale, avec une volonté de faire des recommandations pour reformer l'EDH et tout le secteur énergétique[7]. Ces débats qui alimentent la réflexion dans le domaine de l'énergie en Haïti ont permis de faire des avancées significatives d'un point de vue microéconomique de la réforme de l'EDH. Mais étant donné les échecs[13] subis par toutes les tentatives de reformes dans le secteur et en particulier de l'EDH dans le passé, ne devrait-on pas de préférence aborder la problématique de modernisation de l'EDH à partir d'une approche globale et intégrée ?

Faire de la réforme de l'EDH une première priorité en considérant la seule approche microéconomique revoyant à une simple analyse coût-avantage nous paraît à la fois réducteur et dangereux. Pour poser honnêtement le problème de la réforme de l'EDH en 2017, nous devons prendre une posture stratégique en posant et répondre aux questions suivantes :

---

9 « Stone and Webster Corporation» est une firme américaine

10 Port-au-Prince, le Moniteur, décret aménageant la structure organisationnelle de l'électricité d'Haïti (EDH), 11 septembre 1989, p. 1

11 Voir le document de la Primature sur la réforme du secteur énergétique de Mai 2017

12 Les principaux sont : Le Décret régissant le Secteur de l'Énergie électrique ; Le Décret créant un organisme autonome à caractère administratif doté de la personnalité juridique et jouissant de l'autonomie financière dénommée : Autorité Nationale de Régulation du Secteur de l'Énergie (ANARSE) ; Le Décret créant un organisme autonome à caractère industriel et commercial, jouissant de la personnalité juridique et de l'autonomie financière dénommée : Électricité d'Haïti (EDH) ; Une règlementation obligeant les exploitants à maintenir et à renforcer la couverture végétale : définition des aires protégées de reforestation et de cultures énergétiques, etc.; Un arrêté permettant l'utilisation du réseau par les producteurs d'électricité à partir des sources d'énergies renouvelables, moyennant un péage (tarif, subventions croisées, utilisation préférentielle des énergies intermittentes, etc.) ; Un arrêté pour formaliser la micro-distribution conformément aux Décrets : 1er février 2006 relatif aux compétences des collectivités territoriales ; 2ème Décret du 3 février 2016 relatif à la mise en place de l'ANARSE.

13 Voir les reformes de gouvernement de Gerard Latortue et Michel J. Martelly dans le document CCI, les textes de loi de 2016 et documents de travail de la commission mise en place par le président Martely pour reformer l'EDH.

1. Ne devrait-on pas analyser le problème de la modernisation de l'EDH dans une perspective de changement de paradigmes de développement économique et social d'Haïti ?
2. La transition fiscale ou la réforme fiscale n'est-elle pas indispensable pour augmenter la pression fiscale, les recettes de l'Etat et trouver les fonds pour financer le développement du pays ?
3. La faiblesse du marché financier haïtien n'est-elle pas un frein au développement du secteur réel du pays, donc du secteur énergétique ?
4. Peut-t-on isoler le problème de la modernisation de l'EDH de celui de la faiblesse du secteur énergétique du pays ?
5. Renforcer l'État de droit avec un cadre légal approprie n'est-il pas un passage obligé pour toute réforme de l'EDH ?

La sécurité énergétique

Le secteur énergétique renferme à la fois de l'énergie fossile et l'énergie non conventionnelle ou non fossile (biomasse, éolienne, solaire etc.). La Primature, sur le développement du secteur énergétique[1] en général, propose donc de mettre en place une Délégation Générale à la Réforme du Secteur de l'Énergie (DGRSE), chargée de concevoir la stratégie de valorisation du potentiel énergétique composé des commissions techniques suivantes : micro-hydroélectricité, biomasse, solaire, éolien, énergie fossile, stockage, interconnexion nationale et régionale, aménagement du territoire, finances, fiscalité, législation.

L'accent est aussi mis sur la nécessité pour Haïti d'atteindre la sécurité énergétique. Dans le document de la Primature, il est précisé que :

> « Notre pays se doit de construire sa capacité à satisfaire de manière « autonome » ses besoins énergétiques, donc à assurer sa sécurité énergétique. En effet, le poids élevé du pétrole importé dans le total des énergies consommées rend la compétitivité du pays vulnérable aux chocs de prix externes. C'est le premier poste d'importation du pays, les produits alimentaires étant second. Outre le creusement du déficit de la balance commerciale, il faut noter l'effet sur les coûts et l'accès à l'énergie qui sont prohibitifs (10-15 cts le KWH dans les pays développés et émergents contre 25-33 cts en Haïti). »

Donc, le choix stratégique de la sécurité énergétique demeure essentiel. D'autant que la crise de notre capacité de production nous enjoint de développer des industries compétitives et durables dans tous les secteurs. Cette priorité confère à l'énergie une place centrale.

En ce qui concerne plus spécifiquement l'électricité, le solaire et l'hydraulique représentent de véritables industries énergétiques alternatives. Haïti doit développer une capacité de production dans ces secteurs industriels. Dans le domaine hydraulique, les bassins de l'Artibonite et la Grand' Anse constituent une rampe de lancement. S'agissant de l'électricité éolienne les possibilités sont énormes.

1 Document de la primature sur le secteur energie. Mai 2017

La réforme de l'EDH

Plusieurs tentatives ont été faites pour reformer ou moderniser l'Électricité d'État d'Haïti, mais sans insérer les reformes dans un cadre global de développement de l'ensemble du secteur énergétique du pays. Les bailleurs de fonds tels que la BID, l'USAID, et la banque Mondiale ont tenté d'aider l'EDH à se reformer soit à l'aide de contrat de gestion dans le cadre d'un partenariat public-privé, ou par la privatisation.

Dans le cadre de ce travail, nous faisons mention des deux expériences des gouvernements Latortue en 2004-2006 et Martelly en 2015-2016 et l'approche de réforme proposée par Belt et Kashi dans le cadre du projet Haïti Priorise de Copenhague.

a- Le gouvernement Latortue

dans le cadre du plan de coopération intérimaire (CCI) a présenté un plan de restructuration de l'EDH et ce, à partir de l'année 2004. Ce plan de restructuration visait tout d'abord la réorganisation, la réhabilitation et la reconfiguration structurelle de l'institution, ce plan de restructuration visant de rendre l'EDH plus performant. Pour y arriver, il a été prévu la mise en place de contrat de gestion dans la cadre d'un partenariat public privé et d'un processus pour privatiser EDH.

Sous la direction du premier ministre Gérard Latortue le processus est mis sur les rails par la signature de différents programmes selon les termes du « Cadre de coopération intérimaire » (CCI), mis en place avec les principaux bailleurs de fonds en Haïti. Le gouvernement intérimaire avait entamé le processus de privatisation de l'Électricité d'Haïti (EDH), privatisation posée comme une condition incontournable par l'USAID pour le déblocage des sommes nécessaires pour atténuer le problème d'approvisionnement de l'électricité dans le pays et particulièrement dans la zone métropolitaine de Port-au-Prince.

Avec la restructuration, on peut constater une progression significative du nombre moyen d'heures d'électricité par jour dans la zone métropolitaine au cours de la période des cinq ans avec sept heures en 2006, huit heures en 2007 et 2008, 11 heures en 2009 et 12 heures en 2010. Bien qu'une augmentation progressive du nombre d'heures ait été constatée au cours des années, l'objectif de rétablir le service d'électricité à 12 heures de courant par jour dans la zone métropolitaine de Port-au-Prince dès septembre 2004 n'a jamais été atteint et le déficit financier de l'EDH persistait.

b- Le gouvernement Martelly

Au mois d'octobre 2015, une commission présidentielle pour la réforme de l'énergie a été créée par le président Michel Joseph Martelly. Sa mission était, entre autres, de « renégocier les contrats avec les producteurs indépendants d'électricité, diagnostiquer le secteur d'énergie, évaluer la situation de l'EDH, et amener des investisseurs lourds dans le secteur ». L'objectif à court terme de la commission était de réviser les contrats léonins. Les résultats ne sont pas connus, à date. Mais un décret publié dans le Moniteur # 23 du mercredi 3 février 2016 a ouvert la porte du secteur de l'énergie aux investisseurs privés.

Selon les dispositions de ce décret, l'EDH n'a plus le monopole dans la production, le transport, la distribution et la commercialisation de l'électricité. Le marché est désormais libéré. Dans l'objectif de régulariser le secteur, un organisme portant le nom d'Autorité nationale de régulation du secteur de l'énergie (ANARSE) est créé. Nombreux sont ceux qui sont inquiets de disposition qu'ils qualifient même de « privatisation » de l'EDH. On notera que durant le gouvernement Martelly l'EDH recevait toujours une subvention de l'État.

L'étude analyse coût-avantage sur la réforme de l'EDH par Haïti-Priorise de Copenhague propose deux types d'interventions :

- Les interventions pour améliorer le cadre règlementaire légal. Celles-ci seraient sous la responsabilité du ministère chargé de l'énergie et d'un organisme de règlementation qui finira par devenir autonome et responsable. Ces interventions soutiendront en premier lieu la corporisation d'EDH et établiront la base des contrats de gestion, des baux, des concessions et de la privatisation des différentes unités d'EDH. La performance adéquate d'EDH au cours des trois premières années permettra la poursuite du programme.
- Les interventions pour améliorer l'efficacité d'EDH. Ces interventions soutiendront les différentes unités d'EDH avec une assistance et des équipements techniques, principalement des compteurs. Il est prévu que les différentes unités soient gérées par des contrats de gestion avec des moyens d'incitation pour les performances, les baux, les concessions, et que le service de Jacmel sera privatisé.

Les gouvernements Latortue et Martelly ont **échoué dans** leur tentative de réformer et dans leur démarche de modernisation de l'EDH qui est restée déficitaire. Le gouvernement est encore obligé de maintenir l'EDH sur perfusion avec une subvention annuelle de plus de 250 millions de dollar en 2017. Les propositions faites dans le cadre du Projet Haïti Priorise, pour les mêmes raisons semblent vouées au même sort.

La réforme proposée dans sa dimension stratégique[2]

Nous avons essayé de diagnostiquer les causes des échecs de la réforme de l'EDH depuis plus d'une décennie. Une tendance lourde se dégage, les reformes d'avant 2016 se sont concentrées seulement sur l'EDH en ignorant le reste du secteur énergétique. La réforme de l'EDH devrait pouvoir s'insérer à la fois dans un plan global de développement du pays et dans un plan sectoriel de développement de l'ensemble du secteur de l'énergie.

Nous avons aussi constaté que tous les plans de reformes proposés sont bien conçus techniquement, mais pèchent par un manque de vision globale et intégrée du secteur de l'énergie. Ainsi nous proposons un nouveau modèle tournant autour de cinq composantes intégrées les unes aux autres :

1. Analyser le problème de la modernisation d'EDH dans une perspective de changement de paradigme de développement économique et social d'Haïti. Mettre Haïti dans un cercle vertueux de croissance économique durable et de création d'emploi : ainsi les clients de l'EDH seront en mesure de payer leurs factures, les pertes dues au vol de coutant électrique seront réduites considérablement.
2. Pour financer ce développement économique du pays en 2017, une transition fiscale ou une réforme fiscale est indispensable, ainsi la pression fiscale passera de 13% à plus de 25% sur cinq années ;

2 Haïti doit avant tout récupérer des quatre niveaux de Gouvernance: La Gouvernance politique, économique, sociale et environnementale. Sinon on n'ira nulle part.

3. Il faut éliminer les obstacles au développement du marché financier Haïtien, favoriser le financement non bancaire et, du même coup, permettre le développement du secteur réel du pays, et mettre en place une architecture financière pour le secteur énergétique.
4. Moderniser l'EDH doit s'inscrire dans un plan de développement de l'ensemble du secteur énergie : hydro-électrique, biomasse, éolienne, solaire etc., ce qui permettra de desserrer l'étreinte sur l'EDH.
5. Renforcer l'État de droit et créer un cadre Légal approprié du secteur de l'énergie, ce qui est un passage obligé pour toute réforme de l'EDH.

Conclusion

L'approche microéconomique de la réforme de l'EDH prônée par la BID, USAID, la Banque mondiale etc., doit donc être abandonnée au profit du modèle globale de développement qui intègrerait à la fois un plan macroéconomique[3] de développement du pays et un plan de développement de l'ensemble du secteur énergétique[4], avec en vue la sécurité énergétique du pays. La mise en place d'un système solide de régulation de tout le secteur énergie et en tenant compte des retards accumulés par Haïti dans le domaine énergétique par rapport aux autres pays des Caraïbes est donc indispensable. Les pouvoirs exécutif et législatif ont l'obligation de fixer les choix et les orientations technologiques appropriés de façon à maintenir, sur le long terme, la compétitivité énergétique de la société haïtienne et à faciliter l'intégration régionale d'Haïti. Il demeure entendu qu'assurer la gestion de l'EDH par un contrat de gestion dans le cadre d'un partenariat public-privé ou même par la privatisation en tout ou en partie demeure des possibilités, dans un souci d'efficacité, d'efficience, de productivité et d'économie d'échelle.

3 Le développement va créer de l'emploi et les clients de l'EDH pourront payer leur facture d'électricité.

4 17 Voir document de la Primature: une politique nationale de restructuration et de développement du secteur de l'énergie. 9 Mai 2017.

La réforme de l'Électricité d'Haïti (EDH) : regard et approfondissement

BÉNAËL JEAN-LOUIS[1]

Résumé :

Ce travail commente et approfondit un aspect de l'intervention visant à reformer le secteur de l'énergie en Haïti, l'un des quatre articles relatifs au thème électricité hors réseau, publiés dans le cadre du projet « Haïti Priorise ». Il a été démontré que la réforme de l'EDH est non seulement un projet présentant des avantages économiques et financiers intéressants, mais aussi une condition *sine qua non* pour tout changement dans le secteur de l'énergie en Haïti. D'abord, le regard porté sur la réforme de l'EDH dans cet article a une fois de plus attiré l'attention sur la pertinence du projet. Ensuite, on a approfondi l'une des composantes des structures de gestion proposées (les contrats de gestion) en présentant la théorie de l'agence (principal-agent) comme cadre idéal pouvant porter les parties prenantes à agir pour une amélioration incrémentielle, ce qui ne fera que renforcer les chances de succès du projet.

Contexte général

Dans le cadre du projet Haïti Priorise, un quatuor de chercheurs (Dr. Bahman Kashi, Jay Mackinnon, Dr. Juan Belt, Nicolas Allien) avec un passé de présentation dans le milieu académique vient de produire quatre articles féconds sur l'électricité hors réseau en Haïti. L'un de ces travaux traite la réforme du secteur de l'énergie, cet article mérite en effet, une attention toute particulière, non seulement en fonction de sa pertinence mais aussi en raison du fait que nous sommes arrivés à un moment où tous les secteurs de la vie nationale sont d'avis que la situation du secteur de l'énergie, particulièrement EDH appelle à la réforme.

D'ailleurs le président Jovenel Moise, lors d'une interview accordée à la Télévision Nationale d'Haïti faisant le bilan de ses 100 premiers jours au pouvoir a annoncé qu'il allait résoudre le problème de l'électricité en Haïti. Il a présenté quatre mesures que son administration allait prendre pour apporter des solutions concrètes à ce problème. D'abord, il compte revoir les contrats des fournisseurs ; faire appliquer les deux décrets pris par l'administration Martelly en ce sens ; construire un réseau national reliant les dix départements et enfin mettre en place une structure qui va gérer la production, le transport et la commercialisation de l'énergie électrique.

Le président a également reconnu lui-même que non seulement les ressources disponibles sont limitées, mais aussi que le problème de l'électricité d'Haïti est complexe, alors comment optimiser l'impact de chaque gourde dépensée dans la réforme de l'EDH ? L'article sur la réforme que nous allons commenter dans les lignes suivantes a apporté de rigoureuses réponses à l'aide

1 Économiste, Superviseur Études et Recherches, Direction Marketing, SOGEBANK

d'analyses coût-avantage. Cependant, Haïti est un singulier petit pays comme disait Louis Joseph Janvier[2] à la suite d'une déconvenue politique. Pas mal d'interventions ont déjà été réalisées dans le secteur de l'énergie, beaucoup d'experts nationaux comme internationaux se sont déjà penchés sur la question, le tout s'est soldé soit pas des échecs purs et simples ou des succès peu probants. Ainsi, ce travail a pour but d'apporter des éléments supplémentaires aux considérations des auteurs en vue de renforcer les chances de succès du projet. Il est donc structuré suivant deux sections, la première section jette un regard sur l'efficacité de la réforme en fonction des informations tirées dans l'article, et la deuxième propose un renforcement des contrats de gestion grâce à la théorie de l'agence.

Regard sur la réforme de l'EDH

L'idée de réformer EDH n'est pas un phénomène nouveau, presque toute équipe qui prend la tête de l'institution annonce des reformes à grande ou à petite échelle, mais le résultat reste toujours le même. Une tentative de grande envergure a eu lieu en 1998, lorsqu'une équipe technique expérimentée s'inspirant de la loi du 26 septembre 1996[3], sous la houlette du Conseil de Modernisation des Entreprises Publiques (CMEP) a conclu qu'un contrat de gestion suivi d'une concession de l'EDH, aurait des bénéfices énormes pour le pays, mais le projet a été avorté parce qu'on n'a pas pu mobiliser les ressources financières nécessaires. Plus récemment, soit en 2015, une commission présidentielle a été formée pour aborder la question de la réforme de l'énergie en Haïti, le décret relatif a été publié dans le Moniteur # 23 du mercredi 3 février 2016. Mais jusqu'à maintenant, ce décret n'a pas été mis en application.

Donc, la nécessité de reformer EDH a toujours été d'actualité, Mais l'article (Analyse avantage-coût de la réforme du secteur de l'énergie en Haïti), se détache de toutes les démarches précédentes. Il ne s'agit pas uniquement d'un ensemble de mesures ou de recommandations mais surtout d'une analyse de la rentabilité du projet de la réforme. Il a été dit ce qui suit dans le rapport :

L'analyse effectuée ici est basée sur une chance de succès de 50 % pour la première phase du programme : l'intervention pour améliorer le cadre réglementaire juridique. Les tests de sensibilité montrent que le ratio avantage-coût économique attendu serait encore supérieur à un si la probabilité de réussite tombait à 8 % et le rapport avantage-coût financier serait supérieur à un même si la probabilité de succès n'était que de 2 %.

C'est la solidité ou encore la stabilité des résultats dans le temps qui est mis en exergue ici, on rappelle que pour un taux d'actualisation de 12%, les ratios avantage-coût économiques et financiers de l'ensemble du projet sont estimés respectivement à 3,46 et 11,52. Le retour sur investissement est donc évident et très peu risqué. Dorénavant, à travers cette intervention la lumière jaillie sur cette question de réforme de l'EDH qui a été un peu floue pendant longtemps mais surtout cruciale pour le fonctionnement de l'économie. Il revient donc aux autorités concernées de prendre les mesures nécessaires afin que le pays puisse profiter pleinement des avantages de la réforme de l'EDH tels que présentés dans l'article.

2 (1855-1915), journaliste, romancier, historien et diplomate haïtien

3 Loi sur la modernisation des entreprises publique, le Moniteur # 75-A

Approfondissement de l'intervention

Dans la structure de gestion présentée, des contrats de gestion avec incitation à la performance sont proposés pour les services des villes suivantes : Port-au-Prince, Petit Goave, St Marc, Gonaive, Cap-Haïtien, Mirebalais et Hinche. Dans ce cas précis, lesdits services restent la propriété de l'État mais seront gérés par une entreprise privée. Autrement dit, il s'agit d'une délégation d'un ensemble de décisions ou encore un transfert partiel de droit. Cette situation correspond parfaitement à la relation d'agence telle que développée par Jensen et Meckling (1976). Les auteurs définissent la relation d'agence comme « *un contrat dans lequel une ou plusieurs personnes ont recours aux services d'une autre pour accomplir en leur nom une tâche quelconque, ce qui implique une délégation de nature décisionnelle* ». Donc l'État est censé être le principal et l'entreprise gérante, l'agent. Par définition, l'agent est capable de mieux gérer l'entreprise faisant l'objet du contrat que le principal, il est supposé posséder plus de compétences ou d'informations que le principal. Dès lors, il existe des asymétries d'informations qui empêchent l'évaluation correcte des efforts de chacun. La nécessité s'impose alors de trouver des mécanismes incitatifs de révélation de l'information permettant à l'entreprise gérante de mettre en œuvre les moyens les plus adaptés pour trouver le meilleur résultat possible. À cet effet, la théorie de l'agence, tirant son nom de la relation d'agence permet de construire un système d'incitation et de surveillance qui empêche à l'entreprise gérante d'avoir un comportement susceptible de léser les intérêts de l'Etat qui, théoriquement devraient être les intérêts de la collectivité.

Ainsi, il y a deux conditions à respecter dans les contrats, d'abord la contrainte de participation et la contrainte de compatibilité des motivations. Selon la première, la rémunération offerte par l'État doit permettre aux gestionnaires d'avoir un niveau d'utilité au moins aussi élevé que celui qu'ils peuvent trouver ailleurs. Et pour la seconde, le contrat défini doit être tel qu'il est dans l'intérêt des gestionnaires de fournir le niveau d'effort compatible à la maximisation des profits. Ce niveau d'effort doit permettre aux gestionnaires de maximiser leurs revenus. En résumé, il revient à résoudre un problème de maximisation où les gains des gestionnaires dépendent de leurs efforts dans la réduction des pertes techniques et non techniques.

Cependant, l'éventuelle considération de cette théorie impliquera aussi des coûts supplémentaires pour les deux parties. Il y a d'un côté les dépenses de surveillance et d'incitation (S) qui doivent être supportées par l'État et les coûts d'obligation[4] (O) pour signaler la bonne exécution du contrat qui doivent être supportés par l'entreprise gérante.

Concrètement, supposons que l'entreprise gérante obtient initialement une rémunération R, de par sa rationalité individuelle, elle peut être tentée d'obtenir une rémunération supplémentaire notée λ, en faisant une gestion opportuniste[5] de l'entreprise. Mais en intégrant les coûts d'obligation, on a la situation suivante :

Coût	Revenu	Revenu net
Coût d'obligation (O)	Rémunération initiale (R) + Rémunération liée à la gestion opportuniste (λ)	R + λ - O

4 Ces coûts sont constitués par les dépenses pour couvrir des activités comme la publication des comptes, rapports etc.

5 L'optimisme peut être interprété ici comme une manipulation privée de l'information dans le but de privilégier son propre intérêt.

Selon ce mécanisme, à mesure que λ augmente, l'entreprise gérante (l'agent) doit dans le même temps effectuer plus de dépenses d'obligation pour rassurer l'État (le principal), elle doit donc arbitrer entre une augmentation de R et une augmentation de O, ce qui amène à une situation d'équilibre où l'optimisme de l'agent est limité par les coûts d'obligation qu'il subit.

Conclusion et recommandations

En ce début du troisième millénaire il n'est plus question de démontrer le rôle de l'énergie électrique dans le développement humain et économique ainsi que le bien-être de la société. Les avancées réalisées dans le monde en développement particulièrement dans des pays comme l'Afghanistan ou plus près de nous la République dominicaine nous montre clairement que la résolution des problèmes énergétiques n'est pas une démarche maléfique, mais plutôt un processus qui requiert non seulement de la volonté politique mais aussi un engagement de tout un chacun. Devant l'état lamentable du secteur de l'énergie en Haïti, la réforme de l'EDH est l'inévitable saut à faire pour trouver des solutions aux problèmes énergétique du pays. De plus, on a vu que contrairement à ce que l'on pourrait penser, la réforme est un investissement dont la rentabilité est presque sûre. Ce travail à apporter une modeste contribution, en développant un aspect (grâce à la théorie de l'agence) pouvant permettre à l'état ou aux éventuels donateurs de trouver une meilleure satisfaction dans les contrats de gestion. Mais un fait est clair, tant que l'État ne parvient pas à tisser des liens étroits entre lui-même et les citoyens, la réforme de n'importe quelle entité de l'administration n'aura guère de sens réel. De même, tant que l'État ne réussit pas à mobiliser les idées au sein de la société sur la façon d'aborder le problème de l'EDH, les avis des consultants ne seront jamais suffisants.

Ainsi, pour ne pas répéter les erreurs du passé, nous proposons d'insérer une phase préliminaire avant les interventions pour améliorer le cadre réglementaire de l'EDH. Cette phase consisterait à rassembler au tour d'une table, des acteurs stratégiques de la société (société civile, patronat, groupes socioprofessionnels, universités, syndicats…), porteurs des intérêts de la nation en matière d'énergie. À ce moment, les décisions que l'on va prendre pénétreront la société et reflèteront les attentes de toutes les couches de la population. Cette phase devrait normalement se solder par des mini réformes internes au sein de l'EDH qui aplaniront la voie pour l'implémentation des reformes telles que décrites dans l'article. À noter que les coûts estimés sont assez faibles pour ne pas influencer significativement les ratios avantage-coût.

Références bibliographiques:

Jensen et Meckling (1976), Theory of the firm: Managerial Behavior, Agency Costs, and Ownership Structure, Journal of Financial Economics

Ross. S, [1973], The economic theory of agency: the principal problem, from https://edisciplinas.usp.br/pluginfile.php/159813/mod_resource/content/1/Ross.pdf

CANTAVE Tony, Haïti aujourd'hui : réforme administrative ou réforme de l'état et décentralisation des pouvoir de décision, Haïti Perspectives, 2012

Commission Nationale Sur la Réforme administrative (CNRA), rapport de synthèse, Port-au-Prince novembre 1998

Frederic Gerald Chery, La Structuration de l'Economie & la réforme de l'état en Haïti, Imprimerie Henri Deschamps, 2012

LAUREUS J. A. Mathias, Introduction A La Théorie des Jeux et à L'Art de la Stratégie

Haïti :
TRANSPORT ET DISTRIBUTION DE L'ÉLECTRICITÉ

JEAN EDOUARD PAUYO[1]

Résumé

Ce document présente une évaluation des coûts et des avantages de deux interventions dans le domaine de l'énergie électrique en Haïti et de leurs ratios avantage-coût (RAC). Il s'agit de la construction d'un réseau national de transport d'électricité et la réhabilitation et l'extension des réseaux de distribution de l'électricité à travers les principales localités du pays. Spécifiquement, le rapport fait une analyse de la situation existante, évalue les coûts d'investissement et d'exploitation de ces interventions projetées ainsi que leurs impacts économiques et sociaux.

Haïti est un pays pauvre avec un taux de couverture d'électricité très faible. L'insuffisance de la production d'électricité constitue un obstacle au développement de ses potentiels économiques. Le système électrique est constitué par un ensemble de réseaux isolés alimentant certaines localités. Pour arriver à augmenter l'offre d'électricité, il y a lieu d'investir dans les infrastructures de livraison d'électricité à côté de la production. Les coûts des interventions proposées se révèlent cependant élevés par rapports aux contraintes financières du pays. Il convient donc de prioriser les investissements potentiels en fonction de leurs impacts escomptés.

Les résultats de l'étude montrent que des investissements directs de l'ordre de 1 628 millions de dollars américains s'échelonnant sur une période de 15 ans en réseau de transport d'électricité et des investissements directs d'environ 228 millions de dollars américains sur une période de 10 ans en réseaux de distribution. Ceux-ci se sont économiquement rentables pour des scénarios de valeurs actualisées aux taux de 3%, 5% et 12% sur les durées de vie des interventions. Par exemple, au taux d'actualisation de 5%, l'intervention réseau de transport présente un RAC de 6,18 et l'intervention réseaux de distribution présente un RAC de 10,02

Bien que les deux interventions présentent des avantages notables, il révèle cependant que beaucoup de conditions sont encore à remplir pour la mise en œuvre de ces interventions notamment des changements institutionnels et des mesures effectives de réduction des pertes commerciales.

1 Spécialiste en Energie BSEE, MBA

Introduction et contexte

Le but de ce document est de déterminer les ratios avantage-coût (RAC) de deux interventions dans le secteur de l'énergie électrique en Haïti. La première intervention est la construction d'un réseau national de transport national d'électricité et la seconde est la réhabilitation et l'extension des réseaux de distribution à travers le pays. L'étude inclut une analyse du contexte et de la situation existante, une projection de la demande, les spécifications techniques des ouvrages, l'évaluation les coûts des interventions ainsi que leurs avantages sur la durée de vie des interventions. L'analyse comprend, en outre, le calcul des ratios avantage-coût (RAC) pour différents taux d'actualisation.

La situation économique d'Haïti est catastrophique. La croissance peine à se manifester et la pauvreté est massive. La situation politique est instable depuis des décennies et les institutions nationales sont défaillantes. Il n'est pas surprenant que le problème énergétique et notamment celui de l'électricité soit si aigu. Il n'y pas moyen d'assurer la croissance économique d'Haïti sans la satisfaction de la demande d'électricité nécessaire à la société moderne. Haïti a cependant de nombreux potentiels économiques qui n'attendent que des conditions soient réunies pour se réaliser. Elle a des opportunités dans les secteurs minier, touristique, agricole, services, de la petite industrie, de l'agro-business qui sont freinées par l'insuffisance du système électrique.

L'étude adopte une perspective de l'économie comme un système dynamique, adaptative, sensible à son environnement[2]. Elle assume que les interventions sont susceptibles d'avoir des effets substantiels sur l'économie en offrant les bénéfices d'une énergie électrique en quantité, qualité et coût compétitifs à toutes les régions du pays.

Transformer l'économie haïtienne nécessite non seulement des infrastructures économiques adéquates mais aussi des institutions adaptées incluant, les règles du jeu, les valeurs, et les visions. Dans la perspective des systèmes dynamiques, l'économie s'adapte aux technologies et aux institutions. Ainsi, les réseaux électriques, à l'instar des réseaux routiers et de télécommunications peuvent avoir des effets multiplicateurs. Le réseau de transport permettra aux entreprises de distribution de s'approvisionner en énergie, capacité, et services auxiliaires sur la base de marchés concurrentiels de long ou court terme. Il permettra la satisfaction de la demande agrégée par des centrales plus efficientes à cause des économies d'échelle, de plus grande diversité de sources d'énergie, et de plus grande compétition. Le véritable problème de l'offre d'électricité est l'absence de conditions pour une offre fiable et à un coût raisonnable. Les consommateurs qui ont les moyens achètent leurs propres équipements de production d'électricité.

L'étude n'adresse pas directement les problèmes spécifiques de l'offre d'électricité mais assume un lien étroit d'une part entre les réseaux et d'autre part les structures des marchés de l'électricité, des technologies et des coûts de production. En outre, elle assume une corrélation forte et directe entre la consommation d'électricité par habitant avec la croissance économique.

Les interventions en réseaux ne sont pas des alternatives à la production d'électricité. Elles sont complémentaires aux infrastructures de production d'électricité. Le réseau de transport proposé est compatible avec toutes les technologies de production et sources primaires d'énergies : thermiques, ou renouvelables.

Le plus grand obstacle au développement du secteur électrique en Haïti est la faiblesse des institutions qui se manifeste notamment par la déficience du respect des droits de propriété, des règles élémentaires de justice, par des crises chroniques de gouvernabilité, du niveau généralisé

2 Beinhocker, E. D., (2007)

de corruption. La pauvreté constitue aussi un autre facteur de freinage. Une forte proportion de la population n'a pas les moyens de payer l'électricité mais considère cette commodité comme un besoin essentiel dont elle ne peut pas s'en passer. Cela conduit aux pratiques de vol flagrant et massif d'électricité qui n'est plus socialement répréhensible. Le vol d'électricité affecte sévèrement les revenus de l'EDH qui n'arrive plus à faire face à sa mission. Elle n'arrive pas à trouver en conséquence les fonds nécessaires à l'extension et à l'amélioration des infrastructures.

Le dysfonctionnement du système électrique d'Haïti s'aggrave de jour en jour, malgré les bonnes intentions qui ne s'accompagnent pas malheureusement de volonté et de capacité de redresser les institutions étatiques.

État des réseaux

Le système électrique d'Haïti est constitué de plusieurs réseaux régionaux indépendants. Ces réseaux à l'exception de celui de la zone métropolitaine de Port-au-Prince, sont alimentés par des groupes électrogènes de petites tailles. Les plus grandes centrales localisées dans les chefs-lieux départementaux exploitent des groupes de 500 kW à 1MW. Environ 35 petites municipalités sont alimentées par des unités de 60 kW à 500 kW.

Coûts de production

Les coûts de production sont élevés non seulement à cause des technologies utilisées mais aussi en raison de la structure du marché. En effet, selon un rapport du Ministère de l'Économie et des Finances, l'EDH achète de l'énergie de trois producteurs privés (SOGENER, HAYTRAC, EPOWER) et des centrales mixtes Pétion, Bolivar et Marti à un prix moyen de 0,2705 $ par kWh[3]. De plus, en 2006, l'EDH estimait que le coût des producteurs Independent atteignait 7,74 gourdes par kWh ou 9,50 gourdes en incluant le carburant[4]. Selon MTPTC, BME, and EDH (2006) Le coût moyen de l'électricité provenant de nouvelles centrales pourrait varier de 0,0879 $ à 0,0847 $ par kWh. Aussi selon Schnitzer, D. and al. (2014) le tarif de 0,35 $ par kWh chargé par EDH pourrait être réduit à 0,10 $/kWh si d'autres technologie étaient adoptées.

Technologies

Les coûts de production varient en fonction de la technologie. A cause de l'émiettement des réseaux électriques haïtiens, il n'est pas possible d'installer de groupes de très grande capacité sans causer des problèmes de stabilité. Certaines technologies comme les centrales à vapeurs et turbine à cycle combiné ne sont rentables qu'à partir d'un seuil minimum de 50 MW. L'utilisation de groupes de petites tailles induit des coûts financiers élevés, et accentue la pollution de l'air et des sols.

Les centrales de l'EDH dans la région métropolitaine de Port-au-Prince comprennent, en outre la centrale Hydro-électrique de Péligre de 54 MW, des centrales pouvant fonctionner au fioul lourd qui ont une taille variant de 7 à 10 MW. Selon MTPTC, BME, and EDH (2006), la zone métropolitaine est aussi alimentée par des producteurs indépendants opérant des groupes de petite taille variant de 1 à 2 MW.

3 Ministère de l'Économie et des Finances. (2014)

4 MTPTC, BME, and EDH (Novembre 2006)

Structures des marchés de l'électricité

Les structures des marchés de l'électricité en Haïti sont sensiblement différentes de ceux de la République dominicaine et de la Jamaïque essentiellement grâce à l'existence de réseau de transport national dans ces pays.

Le marché d'Haïti comprend cinq zones isolées, dont la zone métropolitaine, de Port-au-Prince de loin la plus importante, avec 60% de la demande totale et cinq autres régions isolées et une multitude de micro-réseaux. La production d'électricité dans les grandes villes est assurée en grande partie par des producteurs indépendants qui jouissent de situations de monopole ou d'oligopole. La demande de pointe du pays pour 2008 a été estimée à 215 MW, mais la production nette n'a été que d'environ 600 GWh. Haïti dispose de 72 groupes totalisant 155 MW soit en moyenne 2,15 MW par groupe.

La Jamaïque dispose d'un seul distributeur d'électricité intégré verticalement qui est chargé de la production, la transmission et la distribution d'électricité. Elle achète également de l'électricité de quatre producteurs indépendants. La demande de pointe du pays en 2008 a été de 622 MW, avec une production nette de plus de 4 100 GWh. La Jamaïque dispose de 32 groupes totalisant 769 MW soit en moyenne 24 MW par groupe.

La République dominicaine compte onze centrales thermiques privées, une centrale hydroélectrique appartenant à l'État, 5 grandes et 5 petites entreprises de production. Il existe trois sociétés de distribution privées et une société de distribution publique et une société de transport publique. La demande de pointe du pays pour 2008 était de 2 168 MW, avec une production nette de plus de 11 600 GWh. La République dominicaine dispose de 42 groupes totalisant 2 883 MW soit en moyenne 68,64 MW par groupe[5].

Taux d'accès et niveau de consommation

Le taux d'accès à l'électricité, qui est le rapport du nombre de ménages branchés (légalement ou illégalement) par rapport aux nombre total de familles, n'a pas changé sensiblement, il reste de 25% depuis des années selon toutes les sources. Par contre, la consommation par habitant a varié dans le temps. La consommation annuelle d'électricité per capita avait été de 84 kWh en 2000[6], de 30 kWh en 2004 et de 21 kWh en 2011[7]. Ces variations suggèrent les effets combinés de l'accroissement de la population et du déficit de la production énergétique. La demande augmente sous l'effet de la démographie galopante et de l'urbanisation rapide. Les villes se développent de manière anarchique et alourdissent la charge de l'EDH. Les ménages et les entreprises sont obligés de faire appel à des moyens alternatifs pour pallier aux défaillances du système électrique. Ils utilisent des groupes électrogènes, des batteries, et d'autres systèmes aux coûts élevés.

Qualité de service

La qualité du service fourni par l'EDH est déplorable à cause des rationnements journaliers et des coupures intempestives. Les pannes sont courantes, dues à des ruptures des conducteurs et des explosions de transformateurs de distribution sous l'effet des surcharges occasionnées par

5 Sources : NREL Energy Transition Initiative. http://www.nrel.gov et EDH

6 MTPTC, BME, and EDH (2006)

7 Worldwatch Institute (2014)

le piratage des réseaux. L'EDH arrive à fournir à peine 12 heures d'électricité par jour dans certains quartiers. En gros, l'accès à l'électricité est précaire et la qualité ne répond pas aux besoins du développement économique et social du pays. Le statu quo est insoutenable vu son impact sur la situation économique, sociale et politique. Deux interventions dans le domaine du transport et de la distribution présentent des occasions d'améliorer les performances techniques et économiques des systèmes électriques.

Calcul des coûts et des avantages

Les deux interventions objet de cette étude sont : (i) Réseau national de transport d'électricité et (ii) Réseaux de distribution. Elles sont indépendantes l'une de l'autre et ont été évaluées séparément. Elles visent chacune à contribuer à augmenter l'accès à l'électricité, améliorer la fiabilité et l'efficience du système électrique en Haïti en renforçant les réseaux de transport et de distribution.

Hypothèses

L'étude a été réalisée sur la base de certaines hypothèses :

- La projection de la demande est faite sur la période allant de 2017 à 2047 en assumant un taux de croissance annuelle de la demande de 5 % soit de 328 MW en 2017 à 1 390 MW en 2047 et un taux de croissance annuelle de l'énergie de 6% soit de 1 263 GWh en 2017 à 6,695 GWh en 2047. Cette prédiction est conservatrice parce qu'elle ne prend pas en compte de la demande latente qui est difficile à estimer considérant l'instabilité de la réalité haïtienne. Le taux de 5% est celui adopté par la plupart des études conduites par l'Électricité d'Haïti (EDH), la Banque mondiale, et autres consultants notamment celle de la firme-conseil Nextant[8].
- Le taux des pertes totales est estimé à 55% selon les données fournies par EDH. Nous avons assumé que 10% des pertes sont techniques et 45% sont des pertes commerciales dites non-techniques attribuables au vol d'énergie et à la sous-facturation. L'étude assume que chaque intervention contribuera à réduire des pertes techniques de 25%.
- Les investissements en réseau de transport sont échelonnés sur une période de 15 ans et évalués sur une période de 30 ans tandis que les investissements en réseaux de distribution sont échelonnés sur une période de 10 ans, évalués sur période de 20 ans.
- Le programme consiste en la construction de systèmes de livraison d'énergie électrique capables de fournir l'électricité de manière fiable à environ 50% de la population de la plupart des communes d'Haïti d'ici 2030.
- L'impact économique des interventions a été évalué sous l'hypothèse d'une corrélation forte entre consommation d'électricité et PIB. Les bénéfices escomptés sont aussi conditionnés à une stratégie de développement effective et un environnement propice. L'étude assume un impact de 4,70 $ de PIB par habitant pour chaque kWh additionnel consommé par habitant. Ce chiffre a été déterminé à partir des données de 2010 tirées de l'étude de Worldwatch Institute (2014).

8 Nextant a réalisé une étude d'interconnexion du réseau Inter-Caribéen pour le compte de la Banque mondiale.

Intervention Réseau national de transport

L'intervention Réseau national de transport vise à interconnecter les régions du pays dans un système intégré. Le réseau reliera les centres régionaux suivant : Port-au-Prince, Jacmel, Jérémie, Gonaïves, Cap Haïtien, Môle Saint Nicolas, Fort Liberté, et de la centrale de Péligre. Le développement d'un réseau national de transport d'électricité comprend trois composantes principales : (i) la construction d'environ 1 079 km lignes en haute tension reliant les principales villes du pays ; (ii) l'extension de 12 sous-stations à travers le pays et (iii) la construction d'un centre national de contrôle d'énergie

Les caractéristiques techniques détaillées des installations restent à déterminer par des études d'ingénierie. Le voltage nominal des équipements considéré appartient à la classe de 115-135 KV de tension nominale. Les pylônes pourraient en treillis métalliques en poteaux en bois. Les capacités des lignes et des sous-stations sont déterminées à partir de la projection de la demande de puissance sur le cycle de vie de l'intervention et de certains paramètres tels que le facteur de puissance et le facteur de charge. La répartition des charges régionales a été faite par extrapolation des charges actuelles. Les principales composantes des sous-stations incluent non seulement les transformateurs de puissance mais aussi les autres équipements majeurs tels que les disjoncteurs, les sectionneurs, les équipements de protection, de télécommande et de communications ainsi que les ouvrages de génie civil. Les caractéristiques des sous-stations sont montrées au tableau 5.1.

Tableau 5.1 Capacités des sous-stations

	2020			2032		
Sous-stations	QTE	Capacité MVA	Charge MVA	QTE	Capacité MVA	Charge MVA
Carrefour	3	20	62	3	20	111
Petit Gôave	2	5	6	1	5	12
Jacmel	2	10	13	1	10	23
Cayes	2	20	30	1	20	53
Jérémie	2	10	13	1	10	23
Gonaïves	2	20	39	2	20	70
Varreux	3	50	116	1	50	209
Môle Saint Nicolas	2	5	6	1	5	12
Fort Liberté	2	10	13	1	10	23
Péligre	2	50	78	1	50	139
Cap Haïtien	2	50	78	1	50	139
Port de Paix	2	5	6	1	5	12

Certaines de ces sous-stations existent mais seront renforcées

Coûts de l'intervention Réseau national de transport d'électricité

Les coûts de l'intervention réseau national de transport d'électricité comprennent les coûts d'investissement, et les coûts d'exploitation. Considérés négligeables, les coûts environnementaux ne sont pas estimés. Les coûts d'investissements, échelonnés sur deux périodes de 5 années, sont estimés au total à près de 1 628 millions de dollars.

Tableau 5.2 Coûts d'investissements Réseau national de transport
Coûts cumulatifs, millions de dollars courants, 2016

Composantes	2017-2021	2028-32	Total, millions US
Sous-Stations	348	189	537
Lignes HT	1 079		1 079
Centre de Contrôle d'Energie	8	4	12
Total	1 435	193	1 628

Les coûts d'exploitation et d'entretien du réseau de transport comprennent les charges liées à l'entretien des lignes qui sont estimées à environ 0,01 $/kWh et les coûts des pertes techniques en lignes. On assume que les coûts d'entretien ne varient pas d'un scénario à l'autre, par contre le taux des pertes techniques est réduit de 50% avec le réseau national.

Les avantages de l'intervention Réseau national de transport

Le réseau national de transport présente plusieurs avantages opérationnels, économiques et sociaux. Le réseau de transport national contribuera à créer les conditions de fonctionnement d'un marché compétitif d'électricité en gros ; le réseau national permettra de réaliser des économies d'échelles en rendant possible l'installation d'unités de production de plus grandes tailles et plus efficientes. Il permettra d'intégrer les sources d'énergies renouvelables plus propres telles le solaire et l'éolienne dont l'intermittence peut être palliée économiquement par le raccordement aux réseaux. Le réseau de transport permettra de réduire le coût de l'électrification rurale. Le réseau national contribuera à la réduction des coûts de défaillance du système électrique et ses effets négatifs sur l'économie nationale. Il entraîne aussi les avantages socio-économiques dont bénéficiera la population en termes d'amélioration des conditions de vie, d'éducation et de santé, et la réduction des émissions nocives de CO2.

- Réduction des coûts de production. L'étude a estimé, qu'en rendant possible le fonctionnement d'un véritable marché plus compétitif et l'adoption de technologies plus économiques, les coûts de production de l'énergie pourrait diminuer d'environ 0,10 $/kWh dans la zone métropolitaine et de 0,15 $/kWh en provinces. Sur la durée de vie du projet, la demande projetée est de 106 580 GWh et les économies en coût de production imputables au réseau de transport sont évaluées à 8,643 milliard de dollars, soit 0,08 $/kWh en moyenne.
- Réduction des coûts de l'énergie non-livrée. Selon plusieurs études menées dans des pays en développement comme Haïti, le coût de l'énergie non-livrée varie de 1,7 $ à 1,9 $ par kWh. Selon les données par l'EDH le coût de l'énergie non-livrée varie de 0,6 à 1,2 $/kWh ; Cette présente étude assume 1 $/kWh d'énergie non livrée. Un taux 50% de l'énergie non-li-

vrée et une réduction de 25% de l'énergie non livrée dont 50% sont attribuables au réseau de transport soit une économie de 6,6 milliards de dollars imputables au réseau de transport sur la durée de vie du projet.

Le tableau 5.3 résume les valeurs des avantages escomptés en termes de réduction des pertes techniques, des coûts de livraison de l'énergie non livrée en régions et à Port-au-Prince, et la réduction des coûts d'émission de CO2. La valeur estimée des impacts sociaux et économiques de l'intervention à 31 614 millions de dollars sur la durée de vie considérée de l'intervention.

Tableau 5.3 Estimation des avantages du réseau national de transport

Avantages	Millions USD
Réduction des pertes techniques	952
Réduction des coûts de l'énergie non livrée	6 415
Réduction des coûts de production Port-au-Prince	668
Réduction des coûts de production provinces	7 975
Réduction des émissions de CO2	1 347
Impact social	981
Impact économique	13 180
Valeur résiduelle	97
Total	31 614

Intervention Réseaux de distribution

L'intervention Réseau de distribution consiste en la réhabilitation de 1 920 km de lignes moyenne tension et basse tension, la construction de 1 350 km de lignes moyenne et basse tension, le raccordement d'environ 750 000 nouveaux abonnés par des compteurs électroniques pouvant être lus à distance, et la mise à jour du système de facturation.

Les coûts d'investissements du réseau de distribution sont résumés dans le tableau 5.4.

Tableau 5.4 : Coûts d'investissement en réseaux de distribution

Coûts	Millions USD
Construction de lignes de distribution	34
Réhabilitation de lignes de distribution	19
Acquisition et Installation de compteurs	75
Mise à jour du système de facturation	100
Total	228

Les avantages de l'intervention Réseau de distribution sont semblables à ceux de l'intervention Réseau national de transports décrits précédemment. Les réseaux de distribution servent d'une part à augmenter l'accès à l'électricité de 25% à plus de 50% de la population. Les impacts de l'intervention sur les réseaux de distribution peuvent se résumer par : (i) l'augmentation de l'efficacité opérationnelle par la réduction du taux des pertes techniques, des pannes, et des coûts de lecture des compteurs, (ii) la réduction de la pollution, (iii) l'amélioration des conditions socioéconomiques qui se mesureront par l'effet sur l'éducation, la santé de la population et son bien-être en générale et (iv) la croissance économique.

Les avantages de l'intervention sur les réseaux de distribution sont résumés dans le tableau 5.5.

Tableau 5.5: Estimation des avantages Réseaux de distribution

Avantages	Millions USD
Réduction des pertes techniques	449
Réduction des coûts d'énergie non livrée	3 022
Réduction des coûts de production P-au-P	135
Réduction des coûts de production provinces	1 610
Réduction des coûts de lecture des compteurs	22
Impact social	549
Impact économique	6 320
Total	12 107

Le tableau 5.6 résume les coûts et les avantages actualisés des interventions ainsi que leurs ratios avantage-coût (RAC) pour des taux d'actualisation de 3%, 5%, et 12%.

Tableau 5.6: Récapitulatif des ratios avantage-coût
Valeur actuelle nette, millions de dollars, 2016

Interventions	Taux d'actualisation	Avantage actualisé	Coût Actualisé	Ratio avantage-coût	Qualité des elementsde preuve
Réseau national de transport	3%	18 057	2 407	7,50	Solide
	5%	12 906	2 087	6,18	
	12%	4 940	1 500	3,29	
Réseaux de distribution	3%	8 306	769	10,80	Solide
	5%	6 577	657	10,02	
	12%	3 223	427	7,54	

Pour les deux interventions, il y a beaucoup d'avantages non mesurés en particulier : la réduction de vol d'électricité ; la réduction du niveau de crimes et l'amélioration du sentiment de sécurité; l'amélioration des conditions des femmes et des enfants en Haïti; la création d'emplois; l'amélioration de la balance commerciale, et la décentralisation économique.

Les résultats montrent que les interventions ont des RAC variant de 3,29 à 7,5 pour le réseau de transport et de 7,54 à 10,80 pour le réseau de distribution. Les interventions sont économiquement avantageuses pour les trois scénarios de taux d'actualisation de 3%, 5% et 12%.

Conclusion

Les deux interventions, *Réseau de transport* et *Réseaux de distribution* sont deux programmes importants pour le développement du secteur électrique en Haïti. Elles sont non seulement essentielles à la croissance économique du pays, mais aussi elles sont potentiellement rentables. Les deux interventions sont indépendantes l'une de l'autre mais se complètent. Leur conjonction amplifie les bénéfices de chacune d'elles. Le réseau national de transport permet d'une part de créer les conditions d'un marché plus efficace de l'énergie électrique mais aussi de livrer de l'énergie à des coûts plus économiques aux différentes régions du pays. Il permettra de réduire les coûts de production mais aussi d'améliorer la qualité de service, et d'impulser la croissance économique. La deuxième intervention réseaux de distribution permettra de distribuer l'électricité aux ménages et aux entreprises de manière fiable et économique. Elle contribue aussi à réduire les coûts de production et à favoriser la croissance économique en améliorant la productivité.

L'analyse montre que les deux interventions sont économiquement profitables à des taux d'actualisation de 3%, 5% et 12%. Par exemple, les interventions Réseau de transport et Réseaux de distribution ont respectivement des RAC de 6,18 et 10,2 aux taux d'actualisation de 5%. Cependant, la faisabilité financière de ces interventions est conditionnée à certains facteurs institutionnels. Les montants des investissements directs requis sont si importants pour un pays comme Haïti il est nécessaire que des conditions soient réunies pour attirer des investisseurs dans le secteur.

Ce rapport présente certaines limitations sans pour autant diminuer la force de ses conclusions par rapport à l'objectif poursuit. D'abord les coûts d'investissement sont des estimations brutes basées sur des projets similaires et non sur des résultats d'évaluations spécifiques pour les sites des interventions. Seulement des études d'ingénieries détaillées pourraient donner des coûts précis. Aussi aucune analyse de rentabilité financière des interventions n'a pas été réalisée. Les coûts des pertes non techniques et des stratégies pour les réduire n'ont pas été pris en compte. Certains avantages n'ont pas été non plus évalués par exemple, les effets positifs sur l'emploi, la condition des femmes et des enfants, et la décentralisation économique. Enfin, les bénéfices escomptés sont conditionnés à la réalisation de stabilité politique, de renforcement des institutions.

Références bibliographiques

Beinhocker, E. D., (2007), The Origin of Wealth, [Harvard Business School Press, Boston Massachusetts.

Francis, B.M, Moseley, L., Iyare, S. O. (2007). Energy Consumption and Projected Growth in Selected Caribbean Countries. Energy Economics 29-1224 -1232.

IEA. (2016). "How much carbon dioxide is produced per kilowatthour when generating electricity with fossil fuels?". Retrieved from https://www.eia.gov/tools/faqs/faq.cfm?id=74&t=11

Kwiatkowski, D., Phillips, P.C., Schmidt, P., Shin, Y., 1992. Testing the null hypothesis of stationarity against the alternative of a unit root. Journal of Econometrics 1, 159–178.

Mark Konold and Xing Fu-Bertaux. (2014). World Watch Institute. Feuille de route pour un système énergétique durable en Haïti.

MINISTÈRE DE L'ÉCONOMIE ET DES FINANCES. (2014) Direction des Études Économiques, Rapport Annuel 2013-2014.

MTPTC, BME, and EDH (2006) (Avec l'assistance technique de l'Agence Internationale de l'Energie Atomique) Haïti : Plan de Développement du Secteur de l'Energie 2007 – 2017.

MTPTC, BME, and EDH (Novembre 2006). (Avec l'assistance technique de l'Agence Internationale de l'Energie Atomique Les Enjeux et Défis de la Lutte contre la Pauvreté Stratégie de développement du sous-secteur de l'Electricité en Haïti (2006 à 2011).

MTPTC, BME, and EDH, (2012). Avant-Projet de Politique Energétique de la République d'Haïti. Port-au-Prince.

Musiliu O. OsenJudge. (2013). Power Outages and the Costs of Unsupplied Electricity: Evidence from Backup Generation among Firms in Africa. Business School, University of Cambridge, CB2 1AG, Cambridge, UK.

Nextant (2010). Caribbean Regional Electricity Generation, Interconnection, and Fuels Supply Strategy. World Bank Washington DC.

OLADE (September 2013). Diagnosis of Generation in Latin America & the Caribbean: Jamaica.

Oracle White Paper (2009). Serve Prepaid Customers Without Prepayment Meters Serve Prepaid Customers Without Prepayment Meters, The Smart Grid Lets Utilities Offer Prepayment Services with Little or No Extra Cost.

Reji Kumar Pillai (2005) Prepaid Electricity Meters and Issues related to implementation of Prepaid Metering Systems. Energy Central.

Schnitzer, D. and all. (2014). Microgrids for Rural Electrification: A critical review of best practices based on seven case studies. United Nations Fondation.

World Bank (2008). The Welfare Impact of Rural Electrification: A Reassessment of the Costs and Benefits: An IEG Impact Evaluation. Washington, D.C.

Worldwatch Institute (2014) Feuille de Route pour un Système d'Energie durable en Haïti.

http://www.worldwatch.org/system/files/Haiti-Roadmap-French.pdf.

Les trois articles suivants étaient élaborés comme un ensemble d'options en vue d'améliorer accès universel d'électricité en Haïti :

1. Comparaison des technologies de production d'énergie renouvelable à l'échelle du réseau électrique en Haïti
2. Utilisation des réseaux électriques isolés pour l'approvisionnement en électricité en Haïti
3. Comparaison des technologies de production d'énergie thermique à l'échelle du réseau de distribution public haïtien

Vue d'ensemble

Haïti n'a connu que très peu d'améliorations dans sa performance économique lors des dernières décennies. La croissance du PIB d'Haïti a atteint en moyenne 1,2% de 1971 à 2013, contre une croissance de 3,5% pour l'ensemble de l'Amérique latine et les Caraïbes (ALC) sur la même période (Banque mondiale, 2015, p.4). Le PIB par habitant a diminué en moyenne de 0,7% par année entre 1971 et 2013, (Banque mondiale, 2015, p. 4). Selon la Banque mondiale (2015, p.1), 59% des haïtiens sont considérés comme étant « pauvres », ce qui signifie qu'ils vivent avec moins de 2 $ par jour (2005 USD, PPP). 24% des haïtiens sont considérés comme étant « extrêmement pauvres », c'est à dire vivant avec moins de 1,25 $ par jour (2005 USD PPP).

La situation économique d'Haïti influence et est influencée par son marché de l'électricité jugé défaillant. Seuls 35% des haïtiens ont accès à l'électricité à travers les réseaux. Dans les zones rurales, cette proportion tombe à 11% (Banque mondiale, 2015). La consommation d'électricité par habitant en Haïti est bien plus faible que dans les autres pays des Caraïbes, et représente seulement 2% de la consommation par habitant de son voisin, la République dominicaine (Banque mondiale, 2015).

L'incapacité d'accéder à l'électricité implique de graves conséquences pour tous les haïtiens, mais elle nuit particulièrement aux entreprises commerciales et industrielles. L'absence d'un approvisionnement en électricité qui soit viable est citée par les chefs d'entreprise comme étant l'obstacle plus contraignant pour le développement du secteur privé. (Banque mondiale, 2015, p.5). Les entreprises haïtiennes doivent également faire face aux coûts d'électricité les plus élevés de la région, ce qui rend difficile l'exercice de leur activité face à la concurrence. Les ménages pâtissent également de cette pénurie d'électricité disponible, et se voient obliger d'adopter des stratégies d'adaptation, et d'utiliser notamment des petits générateurs diesel afin d'alimenter leurs appareils électro-ménagers, ou encore des lampes au kérosène pour se fournir en lumière. Ces haïtiens, qui n'ont pas accès à l'électricité à travers les réseaux, sont confrontés à des pénuries, et il est estimé que ceux qui bénéficient d'un réseau n'ont accès à l'électricité que pendant 5 à 9 heures par jour (Worldwatch Institute, 2014, p.26).

Enfin, le secteur de l'électricité du pays représente également un important fardeau financier pour l'économie d'Haïti. EDH a besoin d'un transfert moyen de 200 millions de dollars chaque année afin de couvrir les coûts d'exploitation. Cela représente 10% du budget national, soit 2% du PIB (Banque mondiale, 2015, p.68). Les pertes financières significatives d'EDH sont dues en partie au niveau élevé des pertes commerciales et techniques dans le réseau électrique, qui empêchent la compagnie de percevoir des revenus. Si EDH parvenait à réduire suffisamment la part des pertes techniques et à augmenter le recouvrement des paiements pour l'électricité consommée, il est raisonnable de dire que son fonctionnement serait financièrement plus viable. Réformer EDH permettrait d'accroître la faisabilité des autres interventions (voir les technologies de production d'énergie renouvelable, les réseaux électriques isolés, et les technologies de production d'énergie thermique) sur le marché de l'électricité du pays, aussi bien du côté de la demande que du côté de l'offre.

Comparaison des technologies de production d'énergie renouvelable à l'échelle du réseau électrique en Haïti

BAHMAN KASHI, JAY MACKINNON, JUAN BELT, NICOLAS ALLIEN

Résumé

À travers cet article, nous essayons de quantifier les coûts et avantages impliqués par l'installation d'une nouvelle capacité de production d'électricité à partir des technologies suivantes : l'énergie solaire photovoltaïque (PV), les centrales solaires thermiques à concentration (CSP), l'hydroélectricité et les turbines éoliennes. Nous étudions les coûts et avantages de leur mise en place respective en les comparant sur la base d'un scénario hypothétique dans lequel l'électricité est achetée à des producteurs indépendants d'électricité (PIE) thermique, sur la base des prix établis dans l'actuel Contrat d'achat d'électricité (CAE). Les avantages induits par l'installation d'une capacité de production d'électricité renouvelable se traduisent ainsi par la réduction des coûts pour le service énergétique haïtien, et par la réduction des émissions carbones à l'échelle du monde. Les coûts comprennent à la fois les coûts annuels moyens du capital, les coûts d'exploitation et les coûts de maintenance impliqués par l'installation d'une capacité de production d'un mégawatt (MW) à l'échelle du réseau électrique. Nous analysons la sensibilité des estimations du ratio avantage-coût (RAC) face aux variations du taux d'actualisation, au prix des carburants fossiles et à la « distribuabilité » de l'électricité produite.

Abréviations utilisées dans notre étude

CO_2 – Dioxyde de Carbonne

CSP – Centrale solaire thermodynamique à concentration (ou centrale solaire thermique à concentration), de CSP en anglais (concentrated solar power).

EDH – Électricité d'Haïti

PIB – Produit intérieur brut

GOH – Gouvernement d'Haïti

ONGI – Organisations non gouvernementales internationales

PIE - Producteur indépendant d'électricité

IRENA – Agence Internationale de l'énergie renouvelable (International Renewable Energy Agency)

kWh – Kilowatt Heure

ALC – Amérique latine et Caraïbes
BMD – Banque multilatérale de développement
MW – Mégawatt
MWh – Mégawatt Heure
E&M – Éxploitation et Maintenance
CAE – Contrat d'achat d'électricité
Solaire PV – Énergie solaire photovoltaïque (panneaux solaires)
USD – United States Dollar, dollar américain (unité de monétaire)
USD PPA – Dollars américains, dans l'hypothèse de la Parité de pouvoir d'achat

Introduction

Dans cet article, nous évaluons les coûts et les avantages obtenus en ajoutant un montant marginal de production d'énergie renouvelable à l'échelle du réseau aux infrastructures électriques d'Haïti.

Haïti possède un fort potentiel en matière d'exploitation d'électricité à partir d'énergies renouvelables. Le pays est extrêmement bien adapté à la production d'énergie solaire et d'énergie éolienne, et possède un potentiel hydroélectrique certes limité, mais qui n'en demeure pas moins important. Si Haïti pouvait exploiter ces ressources naturelles en question, le pays serait en mesure de produire une énergie propre à un coût assez bas, susceptible de faire des jaloux, y compris parmi des pays dits plus développés.

La plupart de l'électricité d'Haïti (85%) est produite par la combustion de combustibles fossiles tels que le diesel. En plus d'être économiquement inefficace, cela contribue au changement climatique. La dépendance du pays vis-à-vis des énergies fossiles rend aussi le pays vulnérable aux chocs pétroliers mondiaux.

Fort heureusement, les prix des sources d'énergie alternatives sont à la baisse. Le prix mondial des panneaux solaires a baissé de façon exponentielle, celui-ci étant devenu au cours de ces dernières années plus compétitif par rapport aux sources conventionnelles d'énergie. Le prix moyen des panneaux solaires en Europe a fortement chuté. Il est important de souligner qu'Haïti est tout à fait adapté à la production d'énergie solaire, le pays disposant d'un éclairement global horizontal (EGH) de 5-7 kWh/M2, une valeur deux fois plus élevée que celle dont dispose l'Allemagne, un pays qui a énormément investi dans le solaire (Worldwatch Institute, 2014, p.50).

Les turbines éoliennes deviennent elles aussi moins chères. En 2015, l'Agence internationale de l'énergie renouvelable (IRENA) a estimé que les éoliennes terrestres peuvent, dans des conditions climatiques idéales, produire de l'électricité à un prix aussi attractif que 0,05 $/kWh. Selon les régions, Haïti connaît des quantités de vent disponible variables. Cependant, les vents forts qui soufflent près des centres de population du territoire font de cette énergie une solution attractive pour le pays.

L'hydroélectricité possède également un grand potentiel. Elle est par ailleurs une source d'énergie largement utilisée à travers le monde et permettant de produire de l'électricité bon marché. Haïti possède déjà une capacité installée évaluée à 60 MW, qui fonctionne à divers degrés d'efficacité. Cependant, les études montrent que le pays peut compter sur une capacité hydroélectrique de 100 MW supplémentaires à l'échelle du réseau électrique (Worldwatch, 2014, p.63),

Tableau 7 : Récapitulatif des avantages et des coûts en gourdes

Intervention	Réduction	Avantage annuel (millions, HTG)	Coût annuel (millions, HTG)	RAC	Qualité des éléments de preuve
Congé de paternité rémunéré et non-transférable	3%	12 644	9 644	1,31	Limitée
	5%	12 559	9 579	1,31	
	12%	12 280	9 367	1,31	
Augmentation du salaire minimum avec une perte d'emploi nulle	3%	4 776	3 775	1,27	Limitée
	5%	4 343	3 775	1,15	
	12%	3 820	3 775	1,01	
Augmentation du salaire minimum avec une perte d'emploi de 5,57%	3%	4 537	3 927	1,16	Limitée
	5%	4 124	3 829	1,08	
	12%	3 622	3 717	0,97	
Augmentation du salaire minimum avec une perte d'emploi de 5,57% du point de vue des travailleurs domestiques	3%	3 444	468	7,36	Moyenne
	5%	3 444	468	7,36	
	12%	3 444	468	7,36	
	5%	3 600	0	Infini	
	12%	3 600	0	Infini	

Source : Feuille de calcul Excel accompagnant le manuscrit, Une analyse du ratio avantage-coût des interventions en droits de l'homme et égalité de genre, pour le Projet Haïti Priorise, 6 décembre 2016

qui pourrait être plus élevée si l'on prend en compte les productions à plus petite échelle. Si cette source d'énergie ne suffisait pas à satisfaire la hausse prévue de la demande énergétique à Haïti, elle pourrait intégrer plus largement un mix énergétique bon marché.

Les sources d'énergie renouvelable paraissent d'autant plus rentables si nous prenons en considération les coûts impliqués par les émissions carbones qu'elles permettent d'éviter. Si les consommateurs étaient tenus de payer pour les dommages susceptibles d'être causés par les émissions de CO_2 dans l'atmosphère, le coût des énergies renouvelables paraîtrait encore moins onéreux.

Théorie et hypothèses

Dans notre analyse, nous supposons qu'EDH, fournisseur public d'électricité (ou quelque autre acteur qui remplisse la même fonction) produira de l'électricité pour le réseau à partir de sources d'énergie renouvelable. Nous estimons la valeur de cette nouvelle production à travers la réduction des coûts impliquée pour EDH. Ces économies peuvent renforcer la stabilité financière du fournisseur, et/ou et peuvent s'étendre aux consommateurs sous la forme d'une réduction des prix ou d'une viabilité accrue.

Si la microéconomie nous apprend qu'un changement de la courbe de l'offre entraînerait en théorie un changement du prix payé par les consommateurs, il faut savoir que cette théorie est avant tout pertinente pour des marchés concurrentiels qui sont en équilibre. Les prix en électricité d'Haïti sont établis nationalement, et n'ont pas subi de changements depuis 2009. Par conséquent, nous ne souhaitons pas nous aventurer à faire des hypothèses concernant les implications pour les consommateurs des évolutions dans le coût de l'approvisionnement en électricité, et préférons plutôt concentrer notre attention sur la réduction des coûts assumés par le fournisseur. Cela rend notre estimation des avantages plus prudente.

Dans notre modèle, nous supposons que le coût de production d'électricité dans le scénario imaginé serait équivalent au prix moyen actuellement payé par les PIE, et tel qu'il est établi dans les CAE. Par conséquent, les avantages générés par la nouvelle production d'électricité correspondent à la valeur qu'EDH paie pour une telle production dans ce qui ressemble le plus à un marché. Il convient de signaler, que ce prix pourrait être une représentation déséquilibrée de la valeur dans le contexte où des distorsions du marché auraient lieu. Cependant, se baser sur les prix des CAE devrait nous permettre d'obtenir des estimations prudentes concernant les avantages.

Facteur de capacité et distribution

Le facteur de capacité est l'un des concepts fondamentaux de notre compréhension des avantages générés par les énergies renouvelables. Le facteur de capacité est l'une des variables permettant de mesurer la quantité d'électricité produite par une source d'énergie par rapport à sa production potentielle. Les énergies renouvelables dont nous traitons ne sont pas en mesure de produire un volume constant d'électricité, en raison des fluctuations que connaissent le vent, le soleil et les débits d'eau. Par conséquent, ce n'est pas parce qu'une capacité de 1 MWh est installée qu'il est possible de produire un MW toutes les heures.

Compte tenu du caractère intermittent du soleil, du vent et des débits d'eau, même lorsque ces sources produisent de l'électricité, il se peut qu'il n'existe pas de demande afin qu'elle soit consommée. En outre, il est possible que les technologies d'énergie renouvelable produisent plus d'électricité que le réseau ne peut en héberger. La capacité de transmission et de distribution du pays se trouve dans un piteux état, et la capacité d'adaptation aux fluctuations de l'approvisionnement n'est pas garantie. Dans notre modèle, nous utilisons le terme de « part distribuable de la production d'électricité » pour désigner cela.

Le facteur de capacité s'inscrit dans notre modèle en tant que multiplicateur pour chaque technologie, qui permet de convertir la quantité totale d'électricité qu'un générateur de 1 MW produirait en un an (8760 MWhs) dans des conditions idéales, en quantité d'électricité effectivement produite. Les estimations de notre facteur de capacité proviennent de l'agence IRENA (2015) et représentent des moyennes globales.

Il est possible que le réseau électrique sous-desservi d'Haïti ne puisse pas être en mesure de gérer toute l'électricité produite par certaines des technologies lorsque celles-ci tournent à plein régime, comme c'est le cas de l'énergie solaire lorsque le rayonnement est au plus fort dans une journée. Il est aussi probable que la part distribuable ne soit réduite en raison d'un décalage de la demande des consommateurs avec la production intermittente des énergies renouvelables.

Calculs des coûts et des avantages

Les parties suivantes permettront d'expliquer la façon dont nous avons évalué les coûts et avantages des différentes sources d'énergie renouvelable. Toutefois, avant d'expliquer comment nous les calculons, il nous paraît important d'expliquer quels sont les acteurs que nous incluons dans notre modèle.

Parmi les deux principaux acteurs, le premier que nous prenons en considération dans notre modèle est un groupe d'intervenants que nous avons baptisé le « Partenariat ». Ce groupe d'acteurs est chargé de financer, mettre en place et gérer l'intervention. Ce groupe pourrait simplement se limiter à EDH, ou à un autre producteur d'électricité indépendant, ou pourrait inclure un donateur, un mécène, une BMD, etc. Nous estimons que cet acteur est le premier bénéficiaire de l'amélioration de l'approvisionnement en électricité, et le premier payeur des coûts associés à la production. Le Partenariat est censé accumulé des avantages et des coûts pour Haïti, mais il est possible d'imaginer une situation où des donateurs étrangers transfèrent les coûts des acteurs haïtiens à des acteurs venus d'ailleurs.

Le second groupe d'intervenants que nous envisageons ici a été baptisé « Tous les pays ». Ce groupe d'acteurs se compose de toute personne dans le monde qui tire profit de la réduction d'émissions de CO2. Si ce groupe inclut les haïtiens, la part de la population haïtienne dans la population mondiale étant relativement basse, nous estimons qu'il est plus instructif de différencier ces avantages de ceux que nous appliquons à Haïti.

Les coûts et avantages de la production d'électricité s'appliquent au groupe « Partenariat » et les coûts et avantages impliqués par la réduction des émissions carbones s'appliquent au groupe « Tous les pays ».

Coûts

Dans notre modèle, nous examinons les deux principales sources de coûts : les coûts annualisés du capital ainsi que les coûts annualisés de l'exploitation et de la maintenance. Les coûts d'exploitation et de maintenance comprennent les coûts associés au travail consistant à garantir que la capacité de production installée puisse continuer de fonctionner tout au long de sa durée de vie. Cela inclut les coûts salariaux, les coûts de réparation et les coûts de remplacement de pièces. Notre modèle prend en compte les coûts fixes de l'E&M (les coûts étant encourus même si aucune électricité n'est produite), ainsi que les coûts variables de l'E&M (les coûts associés à chaque MWh supplémentaire produit).

Avantages

Le premier avantage que nous attribuons à notre intervention est la valeur de l'électricité produite qui revient au groupe « Partenariat ». Nous calculons ces avantages à partir du prix moyen de l'électricité, dans le cas où celle-ci a été acheté via un CAE, estimé en août 2016 à hauteur de 0,17 $/kWh, selon les données de Thys (2017). Nous nous basons sur une « distribuabilité » de 50% pour chaque type de technologie et sur les facteurs de capacité tirés de l'article d'IRENA (2015a).

Le deuxième avantage concerne la réduction des émissions carbones. Nous avons calculé cet avantage à partir d'estimations correspondant aux émissions de CO2 par kWh des générateurs électriques Diesel, qui, comme nous le suggérons, seraient remplacés par des énergies propres dans le cadre de nos interventions.

Ratios avantages-coûts

Nos estimations des ratios avantages-coûts de chaque intervention, calculés sur la base de trois taux d'actualisation différents, sont présentées ci-dessous dans le tableau 1.

Tableau 1 – Récapitulatif des ratios avantage-coût selon les hypothèses de base (à l'échelle d'Haïti)

Technologie	Taux d'actualisation	Avantages (USD/MW)	Coûts (USD/MW)	RAC Ratio avantages-coûts (RAC) économiques	Qualité des éléments de preuve
Vent	3%	$288610,08 $	$165273,88 $	1,75	Moyenne
	5%	$267824,84 $	$186372,23 $	1,44	
	12%	261748,80 $	274586,35 $	0,95	
Solaire PV	3%	176372,82 $	135944,45 $	1,30	Moyenne
	5%	163 670,74 $	160 423,95$	1,02	
	12%	159 957,60 $	262 774,95 $	0,61	
CSP	3%	240 508,40 $	396 608,68 $	0,61	Moyenne
	5%	223 187,37 $	471 670,14 $	0,47	
	12%	218 124,00 $	785 508,83 $	0,28	
Hydroélectricité	3%	416 881,22 $	216 798,04 $	1,92	Moyenne
	5%	386 858,11 $	254 666,88 $	1,52	
	12%	378 081,60 $	412 999,92 $	0,92	

Les ratios avantages-coûts (RAC) énumérés présentent une série de résultats compliqués à décrypter. Il paraît clair que les CSP représentent un mauvais investissement, mais les résultats correspondants aux autres technologies sont sensiblement plus ambigus. Les RAC correspondants à l'éolienne, à l'énergie solaire photovoltaïque et à l'énergie hydroélectrique, sont tous supérieurs à 1 lorsqu'on les actualise à des taux moindres, mais sont inférieurs à 1 lorsqu'on les actualise à un taux de 12%. Cela laisse entendre qu'il serait possible, grâce aux sources d'énergie renouvelable, de produire une électricité moins chère que celle produite par les PIE à partir du diesel, si l'on s'appuie sur taux d'actualisation sociale moindre. Toutefois, ces résultats se basant sur des hypothèses assez sensibles, nous ne souhaiterions pas affirmer que les énergies renouvelables offrent à Haïti un grand potentiel sans présenter une longue liste de conditions.

Il est important de rappeler que ces résultats s'appuient sur des hypothèses portant sur la distribuabilité des énergies renouvelables, le taux d'actualisation sociale, les coûts de la capacité de production installée et des taux d'actualisation. Toutes ces données pouvant être très spécifiques au contexte, il est recommandé de prendre en compte les changements auxquels sont sujettes leurs valeurs et les répercussions qui en découlent.

Analysons l'impact des facteurs de capacité et à la distribuabilité présentée dans nos résultats. Selon nos hypothèses de base, 50% de l'électricité potentiellement produite peut être distribuée dans le réseau électrique. Ce résultat s'appuie sur l'obsolescence des infrastructures électriques à Haïti, le manque de soutien institutionnel pour les énergies renouvelables et la nécessité de moderniser le centre de distribution de l'énergie d'EDH. Cependant, dans le cadre d'un scénario où des investissements significatifs seraient réalisés dans les réseaux électriques, il est probable que les énergies renouvelables dont la production est intermittente, comme c'est le cas de l'éolienne et du solaire, puissent avoir un niveau de distribuabilité différent. Dans le tableau 2, nous présentons les estimations que nous avons obtenues sur la base de notre modèle pour différents niveaux de distribuabilité, en s'appuyant sur un taux d'actualisation sociale de 5%.

Tableau 2 – Sensibilité des ratios avantage-coût économiques à la Distribuabilité (sur la base d'un taux d'actualisation de 5%)

Technologie	Distribuabilité			
	25%	50%	75%	100%
Vent	0,72	1,44	2,16	2,87
Solaire PV	0,51	1,02	1,53	2,04
CSP	0,24	0,47	0,71	0,95
Hydroélectricité	0,76	1,52	2,28	3,04

Remarque : Tous les chiffres se fondent sur un taux d'actualisation hypothétique de 5% et correspondent à 1MW de capacité de production installée.

Les résultats présentés dans le tableau 2 montrent qu'un niveau accru de distribuabilité de l'électricité permet aux énergies renouvelables (à l'échelle du réseau) d'obtenir des RAC nettement supérieurs. Dans l'hypothèse où le réseau serait équipé de manière adéquate afin de transmettre et distribuer la quantité d'énergie produite par les énergies renouvelables proposées ici, et où l'on serait en présence d'une demande excédentaire qui permettrait que l'ensemble de l'électricité produite soit consommé, nous pourrions imaginer des niveaux de distribuabilité plus élevés. Toutefois, plus les énergies renouvelables que nous incluons dans le mix énergétique de tous les réseaux sont intermittentes, plus il nous faut prendre en compte l'éventualité d'une offre excédentaire, et la forte baisse de la distribuabilité qui en découlerait. Il est également possible d'améliorer la distribuabilité à travers des solutions de stockage de l'énergie (telles que les batteries ou les centrales de pompage pour l'hydroélectricité), mais de telles considérations dépassent le cadre de notre analyse.

Conclusion

Dans l'ensemble, nos estimations semblent induire que certaines sources de production d'électricité renouvelable impliquent des bénéfices susceptibles d'être supérieurs aux coûts. Cela est dû, en partie, aux prix extrêmement élevés des CAE, ce qui permet à de nombreuses technologies de se comparer avantageusement.

Les centrales solaires thermiques à concentration représentent une source d'énergie qui ne semble pas viable à ce jour, principalement en raison des coûts élevés en capital que cette technologie implique. Notons toutefois que cela pourrait être amené à changer dans le futur. L'hydroélectricité paraît plus viable lorsqu'elle est calculée sur la base de taux d'actualisation sociale moindres et dès lors qu'un coût élevé du carbone est incorporé à notre modèle. Toutefois, il est important de rappeler qu'il n'existe qu'un nombre limité de sites pouvant accueillir des infrastructures hydroélectriques, et que par conséquent, les haïtiens ont besoin de recourir à d'autres technologies en vue de répondre aux besoins prévisionnels en électricité.

Quant à l'énergie solaire photovoltaïque et à l'énergie éolienne, il semble que toutes deux pourraient être utilisées dans le réseau électrique du pays, et plus particulièrement dans le contexte où la distribuabilité n'est pas un facteur contraignant. Cependant, si ces énergies deviennent largement exploitées, il est probable que leur caractère intermittent devienne problématique.

Bien qu'il existe des moyens d'adapter les sources d'électricité non distribuables, les nombreuses solutions qui se présentent coûtent cher. Il apparaît donc plus raisonnable d'équilibrer les sources d'électricité renouvelable avec une électricité d'origine thermique efficace.

De manière générale, les auteurs considèrent que les avantages et coûts de la production d'électricité sont propres à un contexte, et que les études sur la faisabilité spécifique à un site serviraient de base afin d'identifier les emplacements où les projets pourraient être menés de manière effective.

Néanmoins, il semblerait que dans certains cas, étant donné que le marché de l'électricité se développe en Haïti, les énergies renouvelables à l'échelle du réseau pourraient bien intégrer un nouveau mix énergétique national. Nous énumérons ci-dessous certains des points importants à retenir pour toute personne désireuse d'investir dans la production d'énergie renouvelable en Haïti :

1. L'énergie solaire concentrée ne semble actuellement pas viable économiquement, en raison des coûts élevés en capital qu'elle implique.
2. L'hydroélectricité est, et peut continuer d'être, un moyen économiquement efficace de produire de l'électricité.
3. L'énergie éolienne présente un énorme potentiel et devrait être considérée comme une possible source d'investissement.
4. Sur la base de nos hypothèses, l'énergie solaire photovoltaïque présente de potentiels avantages économiques, mais ceux-ci sont moindres en comparaison de ceux correspondant à l'énergie éolienne ou à l'hydroélectricité. C'est pourquoi, à l'heure d'envisager des investissements dans la production à l'échelle du réseau, nous recommandons de donner la priorité à ces deux types technologies plutôt qu'au solaire.
5. Les coûts et avantages de la production d'électricité sont sensibles à la distribuabilité, aux facteurs d'actualisation et aux prix de l'électricité vendue sur les marchés concernés. Les estimations contenues dans cet article se fondent sur des agrégations et hypothèses. Avant tout investissement, il sera nécessaire de mener des analyses sur la faisabilité des installations site par site.

Références bibliographiques

Aguirre, J., 2014. Impact of Rural Electrification on Education: A Case Study from Peru. Research Center, Universidad del Pacifico (Peru) and Department of Economics 1–18.

Anonymous, 2017. IPP PPA Prices per kWh.

Anonymous, 2016. Interview with a Doctor.

Bloomberg New Energy Finance, World Energy Council, 2013. World Energy Perspective: Cost of Energy Technologies.

Blum, N., Wakeling, R., Schmidt, T., 2013. Rural electrification through village grids - Assessing the cost competitiveness of isolated renewable energy technologies in Indonesia.

Brown, N.L., 1978. Solar Energy for Village Development.

Chen, S.X., Gooi, H.B., Wang, M., 2012. Sizing of energy storage for microgrids. IEEE Transactions on Smart Grid 3, 142–151.

Costa, P.M., Matos, M.A., 2006. Economic analysis of microgrids including reliability aspects, in: Probabilistic Methods Applied to Power Systems, 2006. PMAPS 2006. International Conference on. IEEE, pp. 1–8.

Di Bella, C.G., Norton, L.D., Ntamatungiro, J., Ogawa, S., Samake, I., Santoro, M., 2015. Energy Subsidies in Latin America and the Caribbean: Stocktaking and Policy Challenges.

Earth Spark International, 2016. Les Anglais Micro-Grid Factsheet.

EarthSpark International, 2015. Scaling Sustainable Energy for All: EarthSpark International and the Case for Micro-Grid Infrastructure.

Energy and Security Group, 2016. Haitian Solar Powered Microgrid Potential: Town Ranking Report.

EPRI, 2003. Costs of Utility Distributed Generators, 1-10 MW: Twenty-Four Case Studies.

ESMAP, 2002. Rural Electrification and Development in the Philippines: Measuring the Social and Economic Benefits.

Foroudastan, S.D., Dees, O., 2006. Solar Power and Sustainability in Developing Countries.

Golumbeau, R., Barnes, D., 2013. Connection Charges and Electricity Access in Sub-Saharan Africa.

Government of Haiti, Department of Public Works, Transportation and Communication, 2015. SREP Investment Plan for Haiti.

Greacen, C., Engel, R., Quetchenbach, T., 2013. A Guidebook on Grid Interconnection and Islanded Operation of Mini-Grid Power Systems Up to 200 kW.

Hotel in Port au Prince, 2016. Interview with an Anonymous hotel.

Hutton, G., Rehfuess, E., others, 2006. Guidelines for conducting cost-benefit analysis of household energy and health interventions, in: Guidelines for Conducting Cost-Benefit Analysis of Household Energy and Health Interventions. OMS.

Inland Revenue, 2016. General depreciation rates.

IRENA, 2016a. The Power to Change: Solar and Wind Cost Reduction Potential to 2025.

IRENA, 2016b. Solar PV in Africa: Costs and Markets.

IRENA, 2015a. Renewable Power Generation Costs in 2014.

IRENA, 2015b. Renewable Energy in Hybrid Mini-Grids and Isolated Grids: Economic Benefits and Business Cases.

IRENA, 2015c. Battery Storage for Renewables: Market Status and Technology Outlook.

IRENA, 2012a. Renewable Energy Technologies Cost Analysis Series: Hydro.

IRENA, 2012b. Renewable Energy Technologies Cost Analysis Series: Solar Photovoltaics.

IRENA, IEA-ETSAP, 2013. CSP Technology Brief.

Ishigaki, Y., Kimura, Y., Matsusue, I., 2014. Optimal Energy Management System for Isolated Micro Grids.

Kashi, B., 2015. Risk management and the stated investment costs by independent power producers. Energy Economics 49, 660–668.

Kurtz, J., Saur, G., Ainscough, C., 2014. Backup Power Cost of Ownership Analysis and Incumbent Technology Comparison.

Larocque, A., 2014. Comprehensive Planning for Electric Power Supply in Haiti – Regulatory, Institutional & Tariff Report.

Larocque, A., Nadeau, D., Landry, M., 2014. Comprehensive Planning for Electric Power Supply in Haiti - Expansion of the Supply for Electricity Generation.

Lenin Balza, Christiaan Gischler, Nils Janson, Sebastian Miller, Potential for Energy Storage in Combination with Renewable Energy in Latin America and the Caribbean.

Lucky, M., Auth, K., Ochs, A., Fu-Berteaux, X., Weber, M., Konold, M., Lu, J., 2014. Haiti Sustainable Energy Roadmap.

Machala, M., 2011. Kerosene Lamps vs. Solar Lanterns. Stanford University.

McMannus, R., 2015. Interview with Rachel McMannus.

Mills, E., 2003. Technical and Economic Performance Analysis of Kerosene Lamps and Alternative Approaches to Illumination in Developing Countries.

Nicolas Allien, 2017. 100 kW diesel Quote.

NREL, 2014. Distributed Solar PV for Electricity System Resiliency.

Obama, Barack. 2017. "The Irreversible Momentum of Clean Energy." *Science* 355 (6321): 126–29. doi:10.1126/science.aam6284.

Paul L. Joskow, 2011. Comparing the Costs of Intermittent and Dispatchable Electricity Generating Technologies.

Pauschert, D., 2009. Study of Equipment Prices in the Power Sector.

Perkins Engines Company Limited, 2012. 400 Series 404D-22G ElectropaK.

Perkins Engines Company Limited, 2007. Perkins 1104D-E44TAG ElectropaK.

Rangarajan, K., Guggenberger, J., 2011. Cost Analysis of Renewable Energy-Based Microgrids for Rural Energy Management, in: IIE Annual Conference. Proceedings. Institute of Industrial Engineers-Publisher, p. 1.

Rao, N.D., Agarwal, A., Wood, D., 2016. Impacts of Small Scale Electricity Systems: A Study of Rural Communities in India and Nepal.

Singh, R.J., Barton-Dock, M., 2015. Haiti: Towards a New Narrative (Systematic Country Diagnostic.

Smith, K.R., Rogers, J., Cowlin, S.C., 2005. Household fuels and ill-health in developing countries: what improvements can be brought by LP gas? World LP Gas Association Paris, France.

Squires, T., 2015. The Impact of Access to Electricity on Education: Evidence from Honduras.

Staton, D.M., Harding, M.H., 1998. Health and Environmental Effects of Cooking Stove Use in Developing Countries.

The World Bank, 2017. Haiti Overview [WWW Document]. URL http://www.worldbank.org/en/country/haiti/overview (accessed 3.13.17).

The World Factbook — Central Intelligence Agency [WWW Document], 2017 URL https://www.cia.gov/library/publications/the-world-factbook/rankorder/2004rank.html (accessed 3.15.17).

Thys, P.K., 2017. Interview with Pierre Kénol Thys, IDB Energy Specialist.

Tol, R.S.J., 2011. The Social Cost of Carbon.

UNdata Country Profile Haiti [WWW Document], 2017. URL http://data.un.org/CountryProfile.aspx?crName=haiti (accessed 3.13.17).

U.S. Energy Information Administration, 2016. Levelized Cost and Levelized Avoided Cost of New Generation Resources in the Annual Energy Outlook 2016.

Verner, D., Egset, W., 2007. Social Resilience and State Fragility in Haiti. World Bank Publications.

Wärtsilä, Marine Solutions, 2016. Wärtsilä 46F Product Guide.

Wilson, M., Jones, J.B., Audinet, P., 2010. Benefits of Electrification.

World Bank, 2017. Data on Statistical Capacity: SCI Dashboard [WWW Document]. URL http://datatopics.worldbank.org/statisticalcapacity/SCIdashboard.aspx (accessed 3.13.17).

World Bank, 2008. The Welfare Impact of Rural Electrification: A Reassessment of the Costs and Benefits. The World Bank.

Zhang, J., Smith, K.R., 2007. Household air pollution from coal and biomass fuels in China: measurements, health impacts, and interventions. Environmental Health Perspectives 848–855.

Utilisation des réseaux électriques isolés pour l'approvisionnement en l'électricité en Haïti

JAY MACKINNON, BAHMAN KASHI, NICOLAS ALLIEN, ET JUAN BELT

Résumé

Dans cet article, nous évaluons les coûts et avantages impliqués par l'installation de nouveaux réseaux électriques isolés en Haïti, pour quatre types de technologies de production d'électricité. Nous mesurons les coûts et avantages par rapport à un scénario hypothétique dans lequel nous supposons que les consommateurs s'adaptent à l'absence de réseau électrique en utilisant des lampes à kérosène pour se fournir en lumière, ainsi que des petits générateurs et du matériel de stockage pour produire de l'électricité et alimenter leurs appareils électroménagers. Nous envisageons différentes associations de technologies (mix technologiques) qui pourraient être utilisées en vue de produire et stocker de l'électricité. Ces technologies incluent les générateurs diesel, les panneaux solaires, les batteries et l'énergie hydroélectrique à petite échelle. Dans notre modèle, les avantages de l'installation de réseaux isolés se traduisent à la fois par une réduction des coûts pour les consommateurs, mais aussi par une réduction des émissions de dioxyde de carbone à l'échelle du monde. Les coûts estimés comprennent le capital moyen annualisé, les coûts d'exploitation et de maintenance associés à l'équipement nécessaire à la production et à la distribution, et dans certains cas, les coûts associés à la hausse des émissions carbones. Nous prenons en compte la sensibilité des estimations du ratio avantage-coût (RAC) aux variations du taux d'actualisation sociale et à la « distribuabilité » de l'électricité produite. Nos résultats suggèrent que les réseaux isolés représentent un moyen d'approvisionner en électricité les haïtiens habitant dans les zones les plus reculées plus rentable que les stratégies d'adaptation existantes.

Il est important de souligner que cette recherche consiste principalement en une étude de préfaisabilité et que ses résultats doivent donc être lus en tant que tels. Les sources secondaires de données utilisées dans notre travail sont brutes et il est nécessaire de recueillir des données primaires portant sur la plupart des hypothèses, et notamment en ce qui concerne les stratégies d'adaptation.

Abréviations

RAC – Ratio avantages-coûts

CCC – Copenhagen Consensus Centre

CO_2 – Dioxyde de Carbonne

EDH – Électricité d'Haïti

PIB – Produit intérieur brut

GOH – Gouvernement d'Haïti

ONGI – Organisations non gouvernementales internationales

PIE - Producteur indépendant d'électricité

IRENA - Agence Internationale de l'énergie renouvelable (*International Renewable Energy Agency*)

kWh – Kilowatt Heure

BMD – Banque multilatérale de développement

MW – Mégawatt

MWh – Mégawatt Heure

E&M - Exploitation et Maintenance

CAE – Contrat d'achat d'électricité

Solaire PV – Énergie solaire photovoltaïque (panneaux solaires)

Introduction

En vue de renforcer l'accès des haïtiens à l'électricité, les décideurs politiques ont plusieurs options devant eux. La première consiste à améliorer les infrastructures de transmission et distribution déjà en place afin d'étendre les réseaux existants aux zones reculées du pays. Cette option nécessite la réalisation d'investissements dans les lignes de transmission, ce qui peut s'avérer coûteux, notamment dans les zones reculées qui se trouvent suffisamment éloignées d'un réseau existant. Le développement des réseaux électriques existants se traduit également par une augmentation de la consommation au sein des marchés actuels où l'offre est déjà généralement insuffisante pour répondre à la demande.

Il semble désormais possible que, dans certains cas, l'installation de nouveaux réseaux possédant leur propre distribution et production puisse être préférée à une extension des réseaux existants. Mais les réseaux isolés présentent un inconvénient : dans la plupart des cas, l'électricité sera généralement produite à une bien plus petite échelle et pourrait être moins rentable par rapport aux méthodes de production d'électricité à l'échelle du réseau. Nous envisageons des technologies qui peuvent être utilisées à une petite échelle, telles que les panneaux solaires, les batteries, les générateurs diesel et les pico-hydroliennes. Si le prix de l'électricité produite par ces technologies peut s'avérer plus élevé, la valeur associée à l'approvisionnement en électricité de régions non électrifiées peut également s'avérer assez élevée. Cette valeur élevée, couplée avec l'absence de coûts de transmission, fait des réseaux isolés un moyen économiquement viable d'approvisionner en électricité les habitants des régions reculées du pays.

Dans cet article, nous proposons d'évaluer les coûts et avantages impliqués par l'installation de réseaux électriques isolés dans des zones reculées d'Haïti.

Théorie

Les réseaux isolés peuvent être utilisés en vue d'étendre l'accès à l'électricité à des communautés vivant dans des régions reculées. Dans notre modèle, nous supposons que les consommateurs ne sont pas en mesure d'acheter de l'électricité avant qu'un réseau ne soit installé. Cependant, nous supposons que leur demande en énergie est en partie satisfaite par des stratégies d'adaptation, telles que l'utilisation du kérosène pour l'éclairage ou, pour les plus riches, l'utilisation de petits générateurs diesel pour la production d'électricité sur place. C'est pourquoi nous considérons que les effets de l'approvisionnement en électricité représentent une évolution de la courbe de l'offre, cet approvisionnement n'alimentant pas, au contraire, un marché totalement nouveau. Les consommateurs consommeront de l'électricité à partir de nouveaux réseaux plutôt que de l'énergie à partir du kérosène et des générateurs diesel.

Dans notre analyse, nous supposons qu'un réseau électrique totalement nouveau sera installé. Même s'il existe en Haïti un nombre d'emplacements sur lesquels se trouvent déjà des infrastructures (cf. Earth Spark (2016)), calculer les coûts d'un réseau totalement nouveau, pour notre analyse primaire, devrait nous permettre de ne pas sous-évaluer les coûts. Nous verrons dans quelle mesure les variations des coûts en capital affectent nos résultats dans notre analyse de sensibilité, présentée plus loin dans notre travail.

Notre analyse se fonde, en partie, sur des données qu'il nous a été possible d'obtenir pour deux réseaux électriques haïtiens. Le premier est le micro réseau Les Anglais, qui alimente environ 450 consommateurs. Le second est le réseau Les Cayes, dont la portée est bien plus grande, puisqu'il alimente environ 45 000 consommateurs. Le réseau Les Anglais consistait initialement en un projet pilote mis en place par l'organisation à but non-lucratif Earth Spark, désireuse d'installer des micro-réseaux en Haïti. Le réseau Les Cayes fait partie des plus grands réseaux gérés par EDH en Haïti.

Les données utilisées énumèrent les consommations annuelles par catégorie de consommateurs. Dans des conditions idéales, nous pourrions estimer les fonctions de la demande en fonction de la taille des différents réseaux et utiliser ces fonctions afin d'évaluer la manière dont le surplus du consommateur augmente au regard des variations de l'offre. Cependant, étant donné que nous ne possédons que des données relatives à la quantité consommée pour les deux réseaux, dans un cas de figure où l'électricité est déjà disponible, l'évaluation des fonctions de la demande du consommateur représente un défi. Par conséquent, nous calculons le surplus du consommateur en multipliant la quantité consommée par les variations des prix que nos interventions entraînent (la différence entre les coûts liés aux stratégies d'adaptation et les coûts moyens de l'électricité produite). Cela revient à supposer que l'élasticité des prix de la demande est égale à zéro. Bien que cela ne paraisse pas réaliste, les conversations que nous avons eues avec les acteurs impliqués dans l'installation d'un micro-réseau nous ont enseigné que les changements dans les comportements des consommateurs sont généralement surestimés, l'élasticité des prix de la demande pouvant ainsi être assez faible. Nous reconnaissons les difficultés que cette méthode d'évaluation comporte, et nous encourageons les personnes concernées à recueillir plus de données sur la demande en électricité avant de réaliser des investissements dans les infrastructures.

Évaluation des coûts des stratégies d'adaptation pour l'éclairage

Afin d'estimer la hausse du surplus du consommateur chez les consommateurs qui acquièrent l'accès à l'électricité, il nous faut comprendre quels étaient les moyens avec lesquels ces derniers s'adaptaient au manque d'électricité avant cela, et évaluer les coûts que ces stratégies d'adaptation impliquaient. Nous pensons que les haïtiens qui n'ont pas accès à l'électricité utilisent généralement les lampes à kérosène pour s'éclairer. Brûler du kérosène représente un coût et n'offre pas un éclairage aussi efficace que l'utilisation d'ampoules électriques. Aussi, la comparaison des dépenses en éclairage des consommateurs avant et après l'amélioration de l'accès à l'électricité, ne permet-elle pas de mesurer l'amélioration de la qualité de l'éclairage.

En vue de rendre compte de cette dernière, nous avons manipulé les coûts de la lampe à pétrole afin de nous assurer que les coûts énergétiques s'expriment en termes de lumens. Cela nous permet de faire en sorte que le prix de l'éclairage avant et après l'intervention corresponde à la même quantité de lumière, celle-ci étant donc mesurée en lumens. C'est la méthode d'évaluation des coûts des stratégies d'adaptation utilisée par la Banque mondiale (2008).

Dans notre modèle, nous utilisons le prix du kérosène évalué à 200 gourdes par gallon (3.78541 litres), sur la base de nos discussions avec le personnel de l'organisation Earth Spark (2016). Cela revient à peine à plus de cinq gourdes par kWh d'énergie. Nous avons ensuite observé l'efficacité lumineuse exprimée en lumens (c'est à dire la quantité d'énergie nécessaire à la production d'un lumen) des lampes au kérosène et des ampoules électriques, à partir des données présentées dans Wilson et al. (2010). À partir de ces calculs, il nous est possible d'évaluer le coût de la lumière produite à partir des lampes kérosène, en nous basant sur le coût d'un kWh pour un lumen généré par une ampoule électrique. Nous utilisons cette estimation pour exprimer le coût de l'électricité chez les consommateurs qui, une fois l'électrification réalisée, n'utiliseraient l'électricité que pour s'éclairer. Chez ces consommateurs, nous nous retrouvons donc avec une estimation très élevée des coûts liés aux stratégies d'adaptation. Dans les cas où un réseau venait à être installé, nous recommandons de recueillir une quantité plus significative de données primaires afin d'avoir une idée plus précise du niveau de la demande en électricité.

Évaluation des coûts des stratégies d'adaptation pour la production d'électricité

Certains consommateurs utiliseront l'électricité pour alimenter leurs appareils électroménagers, comme les télévisions et les réfrigérateurs, et donc pas seulement pour s'éclairer. Les entreprises auront quant à elles besoin d'électricité pour faire fonctionner leurs machines. Nous avons évalué les coûts des stratégies d'adaptation associés à l'utilisation de petits générateurs diesel pour produire de l'électricité. Nous avons estimé les coûts de fonctionnement de ces appareils en associant les coûts en capital annualisés et les coûts du fioul. Nous avons ensuite divisé ces coûts par la production annuelle prévue afin d'obtenir un coût par kWh des stratégies d'adaptation à l'absence d'accès à l'électricité chez les ménages plus aisés et les entreprises. Chez ce groupe de consommateurs, nous supposons que le kérosène n'est pas utilisé pour l'éclairage, compte tenu, notamment, de son prix relativement élevé. Cela ne s'applique pas nécessairement à tous les cas, ce qui souligne la nécessité de recueillir des données plus pertinentes.

Facteur de capacité et « distribuabilité »

La distribuabilité et le facteur de capacité sont deux concepts centraux dans l'économie de l'énergie. Le facteur de capacité permet de mesurer la quantité d'électricité produite par une source d'énergie par rapport à sa production potentielle. Les technologies telles que les panneaux solaires et l'hydroélectricité ont des productions d'électricité variables, dépendant des conditions climatiques et du débit d'eau. La distribuabilité, quant à elle, décrit la part d'électricité produite pouvant être distribuée effectivement dans un réseau électrique et consommé. La distribuabilité est un concept important, notamment à l'heure d'envisager l'utilisation d'énergies renouvelables comme le solaire. Si un champ de panneaux solaires génère 30 kWh d'électricité, cela ne signifie pas que la totalité de cette quantité (30 kWh) sera consommée. La demande oscille au cours de la journée, reflétant les variations correspondant aux heures de travail, de loisir et de sommeil. Lorsqu'on utilise les énergies renouvelables, l'offre et la demande ne sont pas toujours synchronisées. Par conséquent, la distribuabilité correspond à la spécificité du réseau électrique sur lequel la nouvelle capacité de production est installée.

Le facteur de capacité et la distribuabilité s'inscrivent dans notre modèle comme de simples multiplicateurs pour chaque technologie, qui permettent de convertir la quantité totale d'électricité qu'un générateur de 1MW produirait en un an, dans des conditions idéales (soit un total de 8760 MWhs), en la quantité d'électricité distribuée escomptée. Nous supposons que le taux de distribuabilité est de 100% pour la production d'un réseau qui utilise uniquement le diesel, de 75% pour un réseau qui associe panneaux solaires et générateurs diesel, de 90% pour un réseau qui utilise solaire, diesel et batteries, et de 75% pour un réseau qui n'utilise que l'hydroélectricité.

Il est probable que les valeurs des facteurs de capacité ou de la distribuabilité diffèrent grandement de celles utilisées dans notre modèle. Le modèle que nous avons construit intègre différents scénarios pour le facteur de capacité, et peut nous renseigner sur la manière dont les coûts et avantages varient en fonction des niveaux (plus ou moins élevés ou faibles) des facteurs de capacité et de la distribuabilité. Lorsque des projets effectifs seront mis en place, il sera nécessaire de recueillir davantage de données afin d'obtenir des estimations plus exactes de ces facteurs.

Tailles des réseaux et catégories de consommateurs

Dans notre analyse, nous avons intégré quatre catégories de consommateurs. Il s'agit des petits ménages, qui n'utilisent que l'éclairage, des grands ménages et des petites entreprises, qui utilisent des appareils électroménagers, des grandes entreprises, qui consomment l'électricité pour le fonctionnent de leurs machines, et des établissements publics, tels que les hôpitaux.

Nous avons également pris en considération plusieurs tailles de réseaux : un petit et un grand. Le petit réseau a été calqué sur celui du village Les Anglais, d'une capacité de production d'électricité évaluée à 100kW. Ce dernier est davantage utilisé pour l'éclairage, et ne sert que les foyers et quelques entreprises. Le plus grand réseau que nous envisageons est calqué sur celui de Les Cayes, l'un des principaux réseaux non-isolés du pays, avec une capacité de production de 11600 kW. Ce réseau couvre un nombre bien plus élevé de consommateurs appartenant aux catégories des grands ménages et des entreprises.

Catégorie de consommateurs	% des connexions dans le petit réseau	% des connexions dans le grand réseau
Part du Consommateur 1 (Petits ménages – éclairage seulement)	67%	13,9%
Part du Consommateur 2 (Grands ménages et petites entreprises)	32%	84,6%
Part du Consommateur 3 (Grandes entreprises)	1%	0,5%
Part du Consommateur 4 (Établissements publics)	0%	0,9%

Calcul des coûts et avantages

Avant de présenter notre méthode de calcul, il nous paraît important d'expliquer quels sont les acteurs que nous incluons dans notre modèle. Parmi les deux principaux acteurs, le premier que nous prenons en considération dans notre modèle est un groupe d'intervenants que nous avons baptisé le « Partenariat ». Ce groupe d'acteurs est chargé de financer, mettre en place et gérer l'intervention. Ce groupe pourrait simplement se limiter à EDH, ou à un autre producteur d'électricité indépendant, ou pourrait inclure un donateur, un mécène, une BMD, etc. Cet acteur est le principal payeur des coûts associés à la production, et perçoit des revenus de la part des consommateurs qui achètent l'électricité.

Dans notre modèle, les consommateurs qui accèdent au réseau sont également considérés comme des acteurs. Ceux-ci bénéficient d'un prix moins cher étant donné qu'ils cessent d'adopter des stratégies d'adaptation et achètent désormais leur électricité. Ils effectuent donc des dépenses en électricité, celles-ci étant principalement transférées au groupe Partenariat.

Enfin, le groupe que nous avons nommé « Tous les pays » constitue le dernier acteur que nous intégrons dans notre modèle. Ce groupe d'acteurs se compose de toutes les personnes qui, à l'échelle du monde, tirent profit de la réduction d'émissions de CO2. Si ce groupe inclut les haïtiens, la part de la population haïtienne dans la population mondiale étant relativement basse, nous estimons qu'il est plus instructif de différencier ces avantages de ceux que nous appliquons à Haïti.

Les coûts et avantages de la production d'électricité s'appliquent au groupe « Partenariat » et que les coûts et avantages impliqués par la réduction des émissions carbones s'appliquent au groupe « Tous les pays ».

Les coûts

Dans notre modèle, nous examinons les deux principales sources de coûts : les coûts annualisés du capital (à la fois pour la distribution et pour la production) ainsi que les coûts annuels de l'exploitation et de la maintenance. La première catégorie de coûts comprend les coûts d'installation des générateurs et les coûts de mise en place des infrastructures du réseau. Nous avons obtenu les coûts des différentes technologies/sources de production d'électricité, tels qu'énumérés dans le tableau 1. Notre étude semble indiquer que les panneaux solaires, les batteries et les générateurs diesel ne réalisent que peu d'économies d'échelle. L'hydroélectricité, quant à elle, réalise d'importantes économies d'échelle, ce qui est en fait une solution très intéressante pour les plus grands réseaux (qui comptent les ressources en eau nécessaires).

Nous incluons également les coûts associés à l'installation de chaque système de production, à la location du terrain et à la formation du personnel. Les coûts étant calculés à partir de données internationales, il existe une certaine incertitude quant à la pertinence des estimations de prix pour Haïti. Nos estimations comprennent également les coûts du raccordement de l'ensemble des consommateurs au réseau.

Les coûts d'exploitation et de maintenance (E&M) comprennent les coûts associés au travail consistant à garantir que la capacité de production installée puisse continuer de fonctionner tout au long de sa durée de vie. Ces coûts incluent les coûts salariaux, les coûts de réparation, les coûts de remplacement des pièces, mais aussi les dépenses en fioul en cas d'utilisation de générateurs diesel. Nous avons pu obtenir des estimations des coûts, répartis en coûts fixes et en coûts variables.

Les avantages

Le premier avantage que nous attribuons à notre intervention correspond à la réduction des coûts pour les consommateurs, qui découle de leur consommation d'électricité, celle-ci remplaçant les stratégies d'adaptation telles que l'utilisation des lampes à kérosène. Nous évaluons cet avantage en comparant les estimations correspondant à ce que les consommateurs payaient (afin de s'adapter au manque d'accès à l'électricité) avant l'installation des réseaux isolés, avec le coût de l'électricité par kWh une fois l'installation des réseaux effectuée (la différence entre ces deux coûts permet donc de mesurer cet avantage). Dans notre analyse, nous supposons que le niveau de la consommation serait identique dans chacun des scénarios, mais que la production totale augmenterait en réaction à une baisse de la distribuabilité. Par conséquent, la valeur de l'électricité consommée est la même dans tous les cas de figure, mais la quantité produite diffère.

Le second avantage correspond à la réduction des émissions carbones. Nous calculons cet avantage à partir d'estimations des émissions de $CO2$ par kWh associées à la combustion de kérosène et à l'utilisation de générateurs diesel, et à partir des émissions carbones par kWh correspondant à la quantité d'électricité produite pour chaque cas de figure. En multipliant la différence entre ces émissions par le coût social du carbone, nous sommes à même de mesurer l'impact de notre intervention sur l'environnement. Les valeurs attribuées au coût social du carbone, calculées sur la base de plusieurs taux d'actualisation, sont tirées de Tol (2011).

Les ratios avantages-coûts

Les ratios avantages-coûts présentés dans les tableaux 1 et 2 suggèrent que les technologies proposées pourraient représenter un investissement net positif pour Haïti et pour le monde. Les réseaux de plus grande taille semblent générer, généralement, des avantages nets plus élevés. L'hydroélectricité semble aussi obtenir un RAC très élevé, mais ce dernier subit également une baisse plus marquée à des taux d'actualisation supérieurs.

Tableau 1 - Récapitulatif des ratios avantage-coût pour les petits réseaux (100 kW)

Mix technologique	RAC à 3%	RAC à 5%	RAC à 12%
Diesel uniquement	1,55	1,40	1,07
Diesel et solaire	1,24	1,09	0,78
Diesel, solaire et batteries	1,41	1,18	0,76
Hydroélectricité	1,83	1,41	0,78

Tableau 2 - Récapitulatif des ratios avantage-coût pour les grands réseaux (11 600 kW)

Mix technologique	RAC à 3%	RAC à 5%	RAC à 12%
Diesel uniquement	3,76	3,58	3,00
Diesel et solaire	4,59	3,32	2,36
Diesel, solaire et batteries	4,13	2,94	2,02
Hydroélectricité	12,17	7,65	3,95

Rappelons que ces résultats ont été obtenus sur la base d'hypothèses portant sur la distribuabilité des énergies renouvelables, les coûts de la capacité installée et les différents taux d'actualisation. Toutes ces données sont fortement liées au contexte, et c'est pour cette raison que nous devons tenir compte des implications des possibles variations dans les valeurs des éléments intégrés à notre modèle.

En premier lieu, il nous faut mesurer l'impact des facteurs de capacité et de la distribuabilité sur nos résultats. Selon nos hypothèses de base, nous supposons que les niveaux de distribuabilité se situent entre 75% et 100% pour l'ensemble des technologies. Cependant, nous pouvons imaginer des cas de figure où l'offre en électricité dans un réseau donné excède la demande, ou encore, où le caractère vétuste des infrastructures et l'inefficacité qui en découle rende impossible la distribution de volumes d'électricités donnés dans le réseau. Si la capacité de production des énergies renouvelables intermittentes est installée en quantité suffisante, et si la priorité en termes de distribution leur est accordée, alors cela pourrait entraver la capacité des générateurs diesel de distribuer toute leur production électricité.

Tableau 3 - Sensibilité des ratios avantage-coût économiques à la distribuabilité (petit réseau, sur la base d'un taux d'actualisation de 5%).

Technologie	Distribuabilité			
	25%	50%	75%	100%
Diesel uniquement	0,47	0,85	1,15	1,40
Diesel et solaire	0,54	0,87	1,09	1,25
Diesel, solaire et batteries	0,77	1,01	1,13	1,20
Hydroélectricité	1,41	1,41	1,41	1,41

Les résultats du tableau 3 montrent qu'un taux de distribuabilité plus faible peut amener le RAC à tomber sous la barre des 1. Il est plausible d'imaginer un réseau qui ne génère qu'une fraction de son potentiel de production pendant la durée de sa vie, surtout dans un pays aussi vulnérable aux catastrophes naturelles et à l'instabilité politique qu'Haïti. Si un ouragan ou un tremblement de terre venaient à endommager les installations de production d'électricité avant que leur durée de vie n'expire, il est probable que la quantité moyenne d'électricité distribuée soit bien inférieure à sa production potentielle dans des conditions idéales.

Conclusion

Dans l'ensemble, nos estimations semblent indiquer que les réseaux électriques isolés pourraient générer des avantages qui sont supérieurs aux coûts, mais ces résultats sont sensibles aux hypothèses intégrées à notre modèle. Parmi les technologies possibles, nous estimons que l'hydroélectricité à petite échelle et les générateurs diesel offrent des avantages intéressant par rapport aux coûts. Pour l'heure, le solaire nous paraît cher, bien que cela puisse changer avec le temps. Notre analyse de sensibilité indique que les résultats sont fortement liés à la distribuabilité, et que la hausse de la rentabilité est corrélée à la taille de l'échelle, notamment pour l'hydroélectricité.

Les projets énergétiques sont complexes, et les coûts et avantages peuvent largement varier en fonction des contextes. À l'heure d'envisager des investissements dans tout projet de développement de la capacité de production, il sera essentiel de conduire des études de faisabilité des installations site par site, celles-ci étant plus rigoureuses que notre rapport.

Nous concluons cet article par quelques recommandations générales destinées à toutes les parties désireuses d'investir dans les réseaux isolés en Haïti :

1. Les avantages associés à l'installation d'hydroélectricité peuvent être élevés, notamment dans les grands réseaux, et à condition que le capital n'implique pas de coûts élevés. Même à une petite échelle et avec un coût initial très élevée, l'hydroélectricité pourrait représenter une solution envisageable.
2. À l'heure actuelle, les panneaux solaires et les batteries ne semblent pas être les technologies les plus rentables pour injecter de l'électricité dans un réseau. Les générateurs diesel, en dépit de leurs émissions carbones, représenteraient un moyen plus rentable de produire de l'électricité. Mais cela risque de changer, à mesure que la technologie solaire se développe et/ou que les prix du pétrole grimpent.
3. Les coûts fixes associés au raccordement d'un consommateur au réseau électrique peuvent être assez élevés. Afin de maximiser la rentabilité, les réseaux devraient être idéalement installés (toutes choses étant égales par ailleurs) dans les régions où la consommation d'énergie par consommateur serait la plus élevée.

Références bibliographiques

Aguirre, J., 2014. Impact of Rural Electrification on Education: A Case Study from Peru. Research Center, Universidad del Pacifico (Peru) and Department of Economics 1–18.

Allien, N., 2016. Interview with EDH.

Anonymous, 2017. IPP PPA Prices per kWh.

Anonymous, 2016. Interview with a Doctor.

Bloomberg New Energy Finance, World Energy Council, 2013. World Energy Perspective: Cost of Energy Technologies.

Blum, N., Wakeling, R., Schmidt, T., 2013. Rural electrification through village grids - Assessing the cost competitiveness of isolated renewable energy technologies in Indonesia.

Brown, N.L., 1978. Solar Energy for Village Development.

Chen, S.X., Gooi, H.B., Wang, M., 2012. Sizing of energy storage for microgrids. IEEE Transactions on Smart Grid 3, 142–151.

Costa, P.M., Matos, M.A., 2006. Economic analysis of microgrids including reliability aspects, in: Probabilistic Methods Applied to Power Systems, 2006. PMAPS 2006. International Conference on. IEEE, pp. 1–8.

Di Bella, C.G., Norton, L.D., Ntamatungiro, J., Ogawa, S., Samake, I., Santoro, M., 2015. Energy Subsidies in Latin America and the Caribbean: Stocktaking and Policy Challenges.

Earth Spark International, 2016. Les Anglais Micro-Grid Factsheet.

EarthSpark International, 2015. Scaling Sustainable Energy for All: EarthSpark International and the Case for Micro-Grid Infrastructure.

Energy and Security Group, 2016. Haitian Solar Powered Microgrid Potential: Town Ranking Report.

EPRI, 2003. Costs of Utility Distributed Generators, 1-10 MW: Twenty-Four Case Studies.

ESMAP, 2002. Rural Electrification and Development in the Philippines: Measuring the Social and Economic Benefits.

Foroudastan, S.D., Dees, O., 2006. Solar Power and Sustainability in Developing Countries.

Golumbeau, R., Barnes, D., 2013. Connection Charges and Electricity Access in Sub-Saharan Africa.

Government of Haiti, Department of Public Works, Transportation and Communication, 2015. SREP Investment Plan for Haiti.

Greacen, C., Engel, R., Quetchenbach, T., 2013. A Guidebook on Grid Interconnection and Islanded Operation of Mini-Grid Power Systems Up to 200 kW.

Hotel in Port au Prince, 2016. Interview with an Anonymous hotel.

Hutton, G., Rehfuess, E., others, 2006. Guidelines for conducting cost-benefit analysis of household energy and health interventions, in: Guidelines for Conducting Cost-Benefit Analysis of Household Energy and Health Interventions. OMS.

Inland Revenue, 2016. General depreciation rates.

Inter-American Development Bank (IDB), 2014. Natural Gas in the Caribbean: Feasibility Studies (Final Report I and II).

IRENA, 2016a. The Power to Change: Solar and Wind Cost Reduction Potential to 2025.

IRENA, 2016b. Solar PV in Africa: Costs and Markets.

IRENA, 2015a. Renewable Power Generation Costs in 2014.

IRENA, 2015b. Renewable Energy in Hybrid Mini-Grids and Isolated Grids: Economic Benefits and Business Cases.

IRENA, 2015c. Battery Storage for Renewables: Market Status and Technology Outlook.

IRENA, 2012a. Renewable Energy Technologies Cost Analysis Series: Hydro.

IRENA, 2012b. Renewable Energy Technologies Cost Analysis Series: Solar Photovoltaics.

IRENA, IEA-ETSAP, 2013. CSP Technology Brief.

Ishigaki, Y., Kimura, Y., Matsusue, I., 2014. Optimal Energy Management System for Isolated Micro Grids.

Kashi, B., 2015. Risk management and the stated investment costs by independent power producers. Energy Economics 49, 660–668.

Kurtz, J., Saur, G., Ainscough, C., 2014. Backup Power Cost of Ownership Analysis and Incumbent Technology Comparison.

Larocque, A., 2014. Comprehensive Planning for Electric Power Supply in Haiti – Regulatory, Institutional & Tariff Report.

Larocque, A., Nadeau, D., Landry, M., 2014. Comprehensive Planning for Electric Power Supply in Haiti - Expansion of the Supply for Electricity Generation.

Lenin Balza, Christiaan Gischler, Nils Janson, Sebastian Miller, Potential for Energy Storage in Combination with Renewable Energy in Latin America and the Caribbean.

Lucky, M., Auth, K., Ochs, A., Fu-Berteaux, X., Weber, M., Konold, M., Lu, J., 2014. Haiti Sustainable Energy Roadmap.

Machala, M., 2011. Kerosene Lamps vs. Solar Lanterns. Stanford University.

McMannus, R., 2015. Interview with Rachel McMannus.

Mills, E., 2003. Technical and Economic Performance Analysis of Kerosene Lamps and Alternative Approaches to Illumination in Developing Countries.

Nicolas Allien, 2017. 100 kW diesel Quote.

NREL, 2014. Distributed Solar PV for Electricity System Resiliency.

Paul L. Joskow, 2011. Comparing the Costs of Intermittent and Dispatchable Electricity Generating Technologies.

Pauschert, D., 2009. Study of Equipment Prices in the Power Sector.

Perkins Engines Company Limited, 2012. 400 Series 404D-22G ElectropaK.

Perkins Engines Company Limited, 2007. Perkins 1104D-E44TAG ElectropaK.

Rangarajan, K., Guggenberger, J., 2011. Cost Analysis of Renewable Energy-Based Microgrids for Rural Energy Management, in: IIE Annual Conference. Proceedings. Institute of Industrial Engineers-Publisher, p. 1.

Rao, N.D., Agarwal, A., Wood, D., 2016. Impacts of Small Scale Electricity Systems: A Study of Rural Communities in India and Nepal.

Singh, R.J., Barton-Dock, M., 2015. Haiti: Towards a New Narrative (Systematic Country Diagnostic.

Smith, K.R., Rogers, J., Cowlin, S.C., 2005. Household fuels and ill-health in developing countries: what improvements can be brought by LP gas? World LP Gas Association Paris, France.

Squires, T., 2015. The Impact of Access to Electricity on Education: Evidence from Honduras.

Staton, D.M., Harding, M.H., 1998. Health and Environmental Effects of Cooking Stove Use in Developing Countries.

The World Bank, 2017. Haiti Overview [WWW Document]. URL http://www.worldbank.org/en/country/haiti/overview (accessed 3.13.17).

The World Factbook — Central Intelligence Agency [WWW Document], 2017 URL https://www.cia.gov/library/publications/the-world-factbook/rankorder/2004rank.html (accessed 3.15.17).

Thys, P.K., 2017. Interview with Pierre Kénol Thys, IDB Energy Specialist.

Tol, R.S.J., 2011. The Social Cost of Carbon.

UNdata Country Profile Haiti [WWW Document], 2017. URL http://data.un.org/CountryProfile.aspx?crName=haiti (accessed 3.13.17).

U.S. Energy Information Administration, 2016. Levelized Cost and Levelized Avoided Cost of New Generation Resources in the Annual Energy Outlook 2016.

Verner, D., Egset, W., 2007. Social Resilience and State Fragility in Haiti. World Bank Publications.

Wärtsilä, Marine Solutions, 2016. Wärtsilä 46F Product Guide.

Wilson, M., Jones, J.B., Audinet, P., 2010. Benefits of Electrification.

World Bank, 2017. Data on Statistical Capacity: SCI Dashboard [WWW Document]. URL http://datatopics.worldbank.org/statisticalcapacity/SCIdashboard.aspx (accessed 3.13.17).

World Bank, 2008. The Welfare Impact of Rural Electrification: A Reassessment of the Costs and Benefits. The World Bank.

Zhang, J., Smith, K.R., 2007. Household air pollution from coal and biomass fuels in China: measurements, health impacts, and interventions. Environmental Health Perspectives 848–855.

Comparaison des technologies de production d'énergie thermique à l'échelle du réseau de distribution public haïtien

JAY MACKINNON, BAHMAN KASHI, JUAN BELT, NICOLAS ALLIEN

Résumé

Dans cette étude, nous essayons de quantifier les coûts et les avantages de l'installation de nouvelles capacités de production d'électricité en Haïti à l'aide de générateurs thermiques à charbon, au gaz naturel et à mazout avec des niveaux d'efficacité différents. Nous considérons les coûts et les avantages par rapport à un scénario contrefactuel dans lequel l'électricité est achetée auprès des producteurs énergétiques indépendants (PEI) consommateur de diesel au tarif actuel des contrats d'achat d'électricité (CAE). Les avantages de l'installation de la capacité de production thermique viennent donc sous la forme d'économies de coûts pour la compagnie distributrice d'électricité d'Haïti, ainsi que, dans certains cas, d'émissions de dioxyde de carbone réduites pour le monde. Les coûts sont présentés en tant que coûts moyens annuels en capital, d'exploitation et de maintenance associés à l'installation et à l'exploitation d'un mégawatt (MW) de capacité de production à l'échelle du réseau, ainsi qu'à des émissions accrues de dioxyde de carbone dans certains cas. Nous considérons la sensibilité des estimations du ratio avantage-coût (RAC) aux variations du taux d'actualisation, du coût du carburant et du facteur de capacité pour chaque technologie. Nous considérons différents scénarios pour l'utilisation du carburant, chacun d'entre eux permettant des changements dans les coûts des intrants, le taux de chaleur et les émissions de carbone, en raison de l'incertitude quant à l'avenir du marché du gaz naturel dans les Caraïbes.

Abréviations dans ce rapport

CCA – Cycle Combiné Avancé

TCA – Turbine de Combustion Avancée

RCA – Ratio Coûts-Avantages

CCC – Cycle Combiné Conventionnel

TCC – Turbine à Combustion Conventionnelle

CO2 – Dioxyde de carbone

EDH – Electricité d'Haïti

PIB – Produit Intérieur Brut

GDH – Gouvernement d'Haïti

OING –Organisation Internationale Non-Gouvernementale
PEI – Producteur Énergétique Indépendant
IRENA –Agence internationale pour les énergies renouvelables
kWh – Kilowatt Heure
GNL – Gaz Naturel Liquéfié
BMD – Banque Multilatérale de Développement
MW – Mégawatt
MWh – Mégawatt Heure
GN – Gaz Naturel
E&E – Exploitation et Entretien
CAE – Contrat d'Achat d'Electricité
USD – Dollar américain

Introduction

Dans cette étude, nous évaluons les coûts et les avantages de l'ajout d'un montant marginal d'électricité thermique centralisée à l'infrastructure électrique d'Haïti.

Une des options pour améliorer l'approvisionnement d'électricité en Haïti réside dans l'installation d'une capacité de production thermique supplémentaire. L'énergie thermique est générée lorsque des combustibles sont brûlés. Cette énergie peut ensuite être convertie en énergie mécanique, qui peut ensuite être utilisée pour produire de l'électricité. Cette méthode de production d'électricité peut être simple et rentable (en fonction de la disponibilité locale du carburant), mais elle peut également contribuer de manière substantielle à la pollution et aux émissions de gaz à effet de serre. Les coûts des émissions doivent être pris en considération, mais ils doivent être évalués par rapport au potentiel d'énergie peu coûteuse qui est une condition préalable essentielle au développement économique d'Haïti.

Les types de combustibles utilisés dans les générateurs thermiques comprennent le charbon, le gaz naturel et un certain nombre de différents types d'hydrocarbures, tels que l'essence, le diesel ou le mazout lourd (HFO). Dans un pays comme Haïti, l'accès à certains carburants tel que le gaz naturel peut être limité ou très coûteux. Pour Haïti, l'importation de grandes quantités de gaz naturel nécessiterait des investissements substantiels dans un terminal spécialisé pour lequel les coûts d'investissement initiaux seraient importants. Bien qu'il y ait eu certains progrès à cet égard, comme le projet du Terminal de regazéification de Maurice Bonnefil LNG à Port Au Prince, qui disposera de 15 000 mètres cubes de capacité de stockage, des investissements importants seraient nécessaires pour sécuriser une chaîne d'approvisionnement à grande échelle pour le gaz naturel en dehors de Port au Prince. Toutefois, l'investissement peut être viable. Un rapport de la BID (2014) a suggéré qu'un marché pourrait être établi dans les Caraïbes et que le gaz naturel abordable pourrait être distribué avec un bénéfice économique net. Nous considérons un tel scénario comme un ajout à notre modèle, mais considérons un scénario de référence où le gaz naturel n'est pas disponible et les générateurs remplacent le gaz naturel par du mazout lourd (HFO).

Théorie

Dans notre analyse, nous supposons qu'EDH, le service public d'électricité d'Haïti (ou un autre acteur servant la même fonction) produira de l'électricité pour le réseau par la combustion de charbon, de gaz naturel ou de pétrole. Bien que l'analyse microéconomique de base nous indique qu'un changement dans la courbe de l'offre entraînerait théoriquement une variation du prix payé par les consommateurs, cette théorie n'est généralement pertinente que pour des marchés compétitifs en équilibre. Les prix de l'électricité en Haïti sont établis à l'échelle nationale et n'ont pas changé depuis 2009. Ainsi, nous choisissons d'omettre les conséquences pour les consommateurs d'une modification du coût de l'approvisionnement en énergie et de nous concentrer plutôt sur la réduction des coûts payés par le producteur d'électricité.

Dans notre modèle, nous supposons que le coût de la production électrique dans le scénario contrefactuel serait égal au prix moyen actuellement payé aux PEI par le biais de CAE. Ainsi, le bénéfice de l'électricité nouvellement produite équivaut à la valeur qu'EDH la paie dans ce qui s'approche le plus d'un marché de notre point de vue. Il convient de noter que les distorsions du marché pourraient faire de ce prix une représentation de valeur sans équilibre. Cependant, le recours à des prix CAE devrait nous donner une estimation prudente des avantages.

Facteur de capacité et distribution

Un concept central dans notre compréhension des avantages engendrés par la production thermique est la notion de facteur de capacité. Le facteur de capacité est une mesure de la quantité d'électricité produite par une source d'énergie par rapport à sa production potentielle. Les technologies de production d'électricité thermique devraient pouvoir générer une puissance de production relativement constante, à l'exception de certains temps d'arrêt à des fins de maintenance.

Dans le cas des sources de production renouvelables telles que l'énergie éolienne et solaire, l'intermittence de l'approvisionnement donne lieu à des cas où la technologie est produite mais l'énergie ne peut pas être distribuée dans le système. Ceci est souvent dû aux limites du système pour absorber l'excès ou le manque de demande en approvisionnement à ce moment-là. Les sources thermiques abordées ici sont légèrement différentes. Les petits systèmes thermiques tels que les transformateurs de courant (CT) et les générateurs diesel sont très flexibles, et peuvent être activés et désactivés selon les besoins du système. Les systèmes plus vastes avec un cycle de vapeur, comme le CC et le charbon, doivent fonctionner la plupart du temps car ils ont des périodes de refroidissement et de chaleur longues et coûteuses. Dans ces deux cas, l'offre n'est pas intermittente. Les technologies telles que le charbon sont souvent positionnées pour produire l'électricité de base : le volume d'électricité exigé en tout temps. Par conséquent, des tests de distribution ne sont pas effectués pour ces technologies, mais la sensibilité des résultats n'est testée que par rapport au facteur de capacité, ce qui est une question de planification plutôt qu'une source de risque.

Le facteur de capacité intègre notre modèle en tant que simple multiplicateur pour chaque technologie qui convertit la quantité totale d'électricité qu'un générateur de 1 MW pourrait produire en une année, s'il fonctionne sans interruption (8 760 MWh), par rapport à la production prévue planifiée dans le réseau électrique. Nos estimations des facteurs de capacité proviennent de l'EIA (2017) et représentent les moyennes américaines. Cependant, nous rehaussons le facteur de capacité pour certaines technologies qui sont habituellement utilisées pour satisfaire uniquement les pics de charge en Amérique (turbines à combustion à cycle non-combiné) ; il est courant d'observer l'utilisation de technologies telles que la turbine à gaz ou même diesel pour satisfaire la production de base des réseaux relativement plus petits.

Il est possible que le facteur de capacité soit encore plus élevé que celui indiqué dans notre modèle. Dans notre modèle, nous considérons les bénéfices marginaux de 1 MW supplémentaire de capacité. Étant donné qu'Haïti connaît un niveau élevé de demande excédentaire, il semble peu probable que l'offre excédentaire soit un problème à la marge. Même en considérant ces arguments, le modèle que nous avons construit comprend différents scénarios pour le facteur de capacité et peut nous indiquer comment les coûts et les bénéfices changent en réponse à des facteurs de capacité plus ou moins élevés.

Calcul des coûts et des avantages

Avant d'expliquer nos calculs des coûts et des avantages, il convient de définir les parties prenantes que nous avons incluses dans notre modèle. La première des deux principales parties prenantes que nous considérons dans notre modèle se nomme le « Partenariat ». Le Partenariat est le groupe d'acteurs responsables du financement, de la mise en œuvre et de la gestion de l'intervention. Il pourrait être limité à EDH, ou à un autre producteur d'énergie agissant de manière indépendante, ou pourrait inclure un donateur, un philanthrope, une BMD, etc. Nous considérons cette partie prenante comme le principal bénéficiaire de l'amélioration de l'approvisionnement en électricité et le principal payeur des coûts associés à la production. Le Partenariat est censé accumuler des avantages et des coûts pour Haïti, mais nous pouvons également envisager un cas de figure où les donateurs étrangers transfèrent les coûts des acteurs haïtiens à des acteurs d'ailleurs.

L'autre partie prenante que nous considérons se nomme « Tous les pays ». Cette partie prenante est composée d'autres personnes dans le monde qui bénéficient d'une réduction des émissions de CO2. Bien que cela inclue les Haïtiens, le pourcentage de la population mondiale composée d'Haïtiens est relativement faible, et nous considérons donc plus informatifs de distinguer ces avantages de ceux que nous appliquons à Haïti.

Le Partenariat assume les coûts et les avantages de la production d'électricité, mais les avantages (ou les coûts) des émissions de CO2 réduites (augmentées) sont attribués à Tous les pays.

Coûts

Dans notre modèle, nous considérons deux principales sources de coûts : le coût annualisé du capital et le coût annuel des opérations et de maintenance.

Le coût des opérations et de la maintenance correspond aux coûts associés pour s'assurer que la capacité de production installée puisse continuer à fonctionner pendant toute sa durée de vie. Il comprend les coûts de main-d'œuvre, les coûts de réparation et les coûts de remplacement des pièces. Dans le cas des technologies thermiques dont nous discutons, cela inclurait également les coûts du carburant. Notre modèle considère les coûts fixes d'E&E (les coûts engagés, même si aucune énergie n'est produite), ainsi que les coûts variables d'E&E (les coûts associés à chaque MWh supplémentaire produit).

Nous considérons trois scénarios pour les prix dans notre analyse. Le premier utilise les estimations de l'EIA (2017a) pour les coûts variables d'E&E, qui sont pertinents pour les États-Unis. Ces estimations supposent que les générateurs non-charbons brûleront du gaz naturel. En Haïti, cependant, il n'y aura pas le même accès aux carburants ou au gaz naturel qu'aux États-Unis. Le scénario 2 considère les mêmes types de combustibles utilisés, mais prend en compte des estimations des prix du gaz naturel en Haïti de la BID (2014) qui considère les investissements à grande échelle des installations de GNL dans les Caraïbes. Les prix du charbon dans le scénario 2 sont tirés de l'EIA (2017b), puis ont doublé pour tenir compte de l'expédition du charbon en Haïti. Le doublement du prix du charbon équivaut à un taux de fret d'un peu moins d'un centime par tonne de mille, en supposant que le charbon est expédié des États-Unis. Le scénario de base utilisé pour la majorité de notre analyse suppose les mêmes coûts pour le charbon en Haïti, mais suppose que les Haïtiens brûleront des mazouts lourds (HFO) au lieu du gaz naturel dans les générateurs non-charbons. Les prix des HFO proviennent de l'EIA (2017b) et reflètent les taux de chaleur les plus bas observés par l'EIA (2017a).

Avantages

Le premier avantage que nous attribuons à notre intervention est celui de la valeur de l'électricité produite pour le partenariat. Nous évaluons cet avantage en utilisant le prix moyen de l'électricité s'il avait été acheté par le biais d'un CAE qui, en août 2016, était de 0,166 USD/kWh selon Thys (2017). Nous utilisons des facteurs de capacité de 87%, qui se trouve dans l'étude d'US EIA (2017) comme estimation pour la production de la charge de base. Les données américaines ont suggéré que les turbines à combustion (TCC et TCA) avaient généralement un facteur de capacité plus faible, puisqu'elles n'étaient généralement utilisées que pour satisfaire le pic de demande. Toutefois, en considérant les ajouts marginaux par rapport au mix énergétique d'Haïti, il semble probable que toute nouvelle production générerait des bénéfices optimaux grâce à une utilisation possible optimale et serait ainsi similaire à la production de base. Les systèmes qui utilisent des technologies telles qu'un TC pour ne servir que le pic de demande dépendent souvent du nucléaire, de l'hydroélectricité et du charbon pour la charge de base, ce qui n'est guère le cas pour Haïti.

Le deuxième avantage (potentiel) est la réduction des émissions de carbone. Nous calculons cet avantage en utilisant les estimations des émissions de CO2 par kWh des générateurs diesel, qui seraient d'après nos suppositions, dans certains cas, remplacés par une électricité produite plus efficacement de par nos interventions. En multipliant les émissions annuelles réduites par le coût social du carbone, nous obtenons l'impact annuel de notre intervention sur l'environnement.

Ratios avantages-coûts

Si toutes les interventions étaient analysées correctement et si toutes les interventions étaient réalisables à une échelle appropriée, un donateur aux ressources limitées, qui considérerait toutes les parties prenantes sur un pied d'égalité, maximiserait (théoriquement) l'impact de son argent en finançant des interventions avec les meilleurs ratios avantage-coût. Néanmoins, dans la pratique, toutes les interventions n'auront pas été analysées de la même façon, et toutes les interventions ne seront pas réalisables à différentes échelles. Il est également important de se rappeler que la façon dont les coûts et les avantages sont distribués aux parties prenantes est une préoccupation pour la plupart des gens, de sorte qu'un ratio avantage-coût général peut ne pas constituer un moyen suffisant de prioriser les interventions. Surtout dans le cas des projets énergétiques, les coûts et les avantages seront très contextuels, et il existe de nombreuses limites à considérer simplement un RAC moyen. Nous avons tenté d'estimer les avantages de façon prudente afin de ne pas survendre d'éventuelles interventions potentiellement néfastes. Nos estimations des ratios avantage-coût économiques de chaque intervention, en utilisant trois taux d'actualisation différents, sont listées dans le tableau 1. Ces estimations s'appuient sur les hypothèses de base de la tarification sur le marché américain et l'utilisation de mazout lourd (HFO) pour toutes les technologies, à l'exception du charbon.

Tableau 1 - Récapitulatif des énergies renouvelables centralisées avec les hypothèses de base (USD 2017)

Technologie	Taux d'actualisation	Avantages (USD/MW)	Coûts (USD/MW)	Ratio avantage-coût (Global)	Qualité des éléments de preuve
Charbon	3%	1 265 119,20 $	617 240,02 $	2,05	Moyenne
	5%	1 265 119,20 $	648 290,52 $	1,91	
	12%	1 265 119,20 $	828 087,28 $	1,53	
TCC	3%	1 265 119,20 $	795 008,38 $	1,59	Moyenne
	5%	1 265 119,20 $	780 099,46 $	1,62	
	12%	1 265 119,20 $	826 915,11 $	1,53	
TCA	3%	1 265 119,20 $	690 306,03 $	1,83	Moyenne
	5%	1 265 119,20 $	684 409,89 $	1,85	
	12%	1 265 119,20 $	718 239,81$	1,76	
CCC	3%	1 281 158,09 $	517 758,96$	2,47	Moyenne
	5%	1 268 747,21 $	530 161,01 $	2,39	
	12%	1 265 119,20 $	582 015,07 $	2,17	
CCA	3%	1 291 165,51 $	486 300,60 $	2,66	Moyenne
	5%	1 271 010,90 $	500 136,25 $	2,54	
	12%	1 265 119,20 $	557 984,36 $	2,27	

Les ratios avantage-coût présentés suggèrent que les technologies de production thermique peuvent constituer un bon investissement pour Haïti et le monde. Le charbon semble générer un bon ratio avantage-coût pour des facteurs d'actualisation plus faibles, mais le RAC diminue de façon significative à mesure que le facteur d'actualisation augmente, probablement en raison du coût élevé en capital fixe du charbon. Pour tous les facteurs d'actualisation utilisés dans ce modèle, le cycle combiné avancé semble être un meilleur placement que le charbon, en raison d'une proportion plus élevée de coûts liés au fonctionnement et à l'entretien plutôt qu'aux dépenses en capital. Les générateurs à cycle combiné fonctionnent mieux dans notre analyse que les turbines à combustion conventionnelles, mais cela s'explique en partie par le fait que toutes les technologies sont supposées fournir la charge de base, bien que cela pourrait changer à mesure que nous modifions les hypothèses concernant le facteur de capacité.

Ces résultats sont basés sur des hypothèses concernant le facteur de capacité des technologies de production thermique, les coûts de la capacité installée et les taux d'actualisation. Tout cela peut s'avérer extrêmement spécifique au contexte et nous devrions donc considérer les implications des changements possibles dans la valeur des intrants du modèle.

Tout d'abord, considérons l'impact des facteurs de capacité sur nos résultats. Dans nos hypothèses de base, les générateurs produisaient de l'électricité pour le réseau 87% du temps. Cependant, nous pouvons imaginer des scénarios où l'offre d'électricité d'un réseau excède la demande, ou lorsque des inefficacités attribuables aux infrastructures vieillissantes rendent impossible la distribution de certains volumes d'électricité dans le réseau. Si la capacité des énergies renouvelables intermittentes est suffisamment installée, et si elles reçoivent une priorité de distribution, cela pourrait entraver la capacité des centrales thermiques du réseau à distribuer toute l'électricité qu'elles auraient pu, potentiellement, produire. Dans le tableau 2, nous présentons des estimations que nous obtenons de notre modèle pour différents niveaux de production, en supposant le scénario de base où le mazout lourd (HFO) est brûlé au lieu du gaz naturel.

Tableau 2 - Sensibilité du ratio coût-avantage économique au facteur de capacité (5% de taux d'actualisation)

Technologie	Facteur de capacité			
	21,75%	43,5%	65,25%	87%
Charbon	0,87	1,38	1,72	1,95
TCC	1,25	1,48	1,57	1,62
TCA	1,49	1,71	1,80	1,85
CCC	1,66	2,09	2,28	2,39
CCA	1,66	2,16	2,40	2,54

Les résultats du tableau 2 montrent comment un facteur de capacité plus faible rend les ratios avantage-coût des technologies avec des coûts d'investissement inférieurs plus attrayants, même si des niveaux d'efficacité inférieurs augmentent leurs coûts de fonctionnement. Notez que lorsque le facteur de capacité diminue de moitié par rapport à notre hypothèse de base, le charbon devient l'option la moins attrayante. Surtout dans un endroit aussi vulnérable aux catastrophes naturelles et aux turbulences politiques qu'Haïti, il pourrait être en fait possible d'imaginer une centrale électrique générant une fraction de sa production potentielle au cours de sa vie.

Considérons également les implications d'un prix CAE plus élevé, ce qui pourrait se produire dans le cas d'un choc pétrolier ou en raison d'un risque financier perçu plus élevé de la part des PEI. Une telle augmentation rehausserait la valeur relative de l'électricité générée par d'autres sources. Dans le tableau 3, nous montrons comment le RAC économique serait affecté pour tenir compte des différents prix de l'électricité.

Tableau 3 - Sensibilité du RAC économique par rapport à la valeur de l'électricité distribuée (5% de taux d'actualisation)

Technologie	Valeur de l'électricité (USD 2017 / kWh)			
	0,150 $	0,166 $	0,180 $	0,200 $
Charbon	1,76	1,95	2,12	2,35
TCC	1,47	1,62	1,76	1,95
TCA	1,67	1,85	2,00	2,23
CCC	2,16	2,39	2,59	2,88
CCA	2,30	2,54	2,75	3,06

Le tableau 3 montre comment la valeur de la production thermique augmente avec le prix de l'électricité vendu sur le marché. Haïti bénéficie actuellement des tarifs préférentiels du pétrole du Venezuela par le biais du programme Petrocaribe, mais une chute des prix mondiaux du pétrole pourrait exercer une pression sur la capacité du Venezuela à subventionner les exportations de pétrole. Si Haïti est confronté à un pic important dans le prix du pétrole observé, le gaz naturel ou le charbon pourrait paraître relativement plus attractif. D'une certaine façon, l'utilisation des mazouts lourds (HFO) comme combustible dans les générateurs augmente la vulnérabilité d'Haïti aux fluctuations des prix mondiaux du pétrole, alors que l'utilisation du charbon ou du gaz naturel pourrait prévenir une telle situation. Il est important de mentionner que le classement des technologies ne change pas en raison des fluctuations des prix CAE actuels, car ils produisent tous les mêmes résultats.

Nous sommes également intéressés par les avantages et les coûts associés à l'utilisation de différents carburants. Haïti est un pays insulaire qui aurait besoin d'importer du gaz naturel via un pipeline sous-marin ou via des bateaux d'autres pays. Ils pourraient également choisir de substituer les carburants à base de pétrole tels que les fiouls lourds (HFO) à la place, bien que ces carburants ne permettent pas aux générateurs de fonctionner efficacement. Dans le tableau 4, nous considérons trois scénarios. Le premier suppose que le gaz naturel et le charbon peuvent être achetés aux tarifs américains et s'appuie donc sur les coûts moyens variables d'E&E de l'EIA (2017) pour toutes les technologies. Le scénario 2 suppose également l'utilisation du gaz naturel et du charbon, mais suggère que les prix en Haïti varieraient considérablement. Le prix du gaz naturel provient des estimations de la BID (2014) relatives aux prix à l'importation en Haïti, qui comprennent les coûts moyens des investissements à grande échelle dans les infrastructures pour importer du gaz naturel. Les prix du charbon proviennent des données sur les prix d'exportation moyens du charbon de mars 2017 du site Web de l'EIA. Le troisième scénario a été utilisé jusqu'à présent comme notre point de comparaison, et suppose que les générateurs non-charbons utiliseront du mazout lourd (HFO) comme source de carburant. Nous supposons que les tarifs de mazout lourd seront à peu près les mêmes que les moyennes mondiales obtenues de l'EIA et que les prix du charbon sont les mêmes que pour le scénario 2. Dans le troisième scénario, nous modifions également le taux de chaleur et les émissions de carbone pour refléter le recours à des mazouts lourds au lieu du gaz naturel.

Tableau 4 - Ratios avantage-coût pour trois scénarios d'utilisation de carburant (point de vue mondial)

Technologie	Scénario 1 : prix du charbon domestique américain et du GN	Scénario 2 : Importation de charbon et tarifs du GN en Haïti	Scénario 3 : Importation de charbon et tarifs du mazout lourd en Haïti
Charbon	4,14	1,95	1,95
TCC	6,55	1,19	1,62
TCA	9,51	1,34	1,85
CCC	12,11	1,77	2,39
CCA	11,35	1,89	2,54

Remarque : toutes les estimations supposent un taux d'actualisation de 5%

D'abord, considérons le scénario 1 comme point de référence. S'il était possible d'accéder au gaz naturel et au charbon aux prix moyens des États-Unis, les générateurs fonctionnant au gaz naturel sont des moyens incroyablement rentables de produire de l'électricité. Le charbon semble relativement inintéressant, même lorsque comparé au générateur le moins efficace. Toutefois, ce scénario n'est pas susceptible d'être pertinent pour Haïti dans un avenir proche. Le scénario 2 considère les mêmes carburants, mais en utilisant des prix qui s'apparentent plus à leurs prix estimés si Haïti devait investir dans des infrastructures pour l'importation de gaz naturel liquide, tel que calculé dans l'étude de la BID (2014). Dans ce scénario, la production de charbon semble beaucoup plus attrayante, en raison de coûts du carburant beaucoup plus bas que les générateurs au gaz naturel. Le scénario 3, qui prend en compte les prix du mazout lourd (HFO), a pour effet de rendre les technologies non-charbon plus attrayantes que dans le scénario deux, mais pas plus attrayantes que le charbon. Étant donné que les scénarios 2 et 3 semblent pertinents pour Haïti, on peut en déduire que le charbon pourrait être la méthode la plus réalisable de production d'électricité thermique bon marché.

Conclusion

En général, nos estimations semblent supposer que la production d'électricité thermique produirait des avantages qui dépassent les coûts, selon un certain nombre d'hypothèses différentes. Le charbon se caractérise par des coûts d'investissement élevés et des coûts d'exploitation relativement faibles, ce qui signifie qu'il dégage des avantages optimaux lorsqu'il est utilisé autant que possible (c.-à-d. que le facteur de capacité est élevé) et lorsque les taux d'actualisation sont faibles. Les générateurs de gaz naturel ou de combustibles liquides sont caractérisés par des coûts d'investissement relativement faibles, mais des coûts d'exploitation plus élevés associés au carburant signifient qu'ils peuvent s'avérer une meilleure option que le charbon dans des scénarios où les générateurs ne fonctionnent pas 24 heures sur 24 (c.-à-d. des facteurs de capacité faibles) ou lorsque les coûts d'investissement (taux d'actualisation) sont plus élevés. Les générateurs à moindre efficacité (TCC ou TCA) pourraient s'avérer des investissements plus appropriés à l'avenir lorsque les charges de pointe et de base deviennent plus différenciées. Néanmoins, pour l'instant, toute l'électricité produite sera probablement considérée comme une charge de base, et nous accorderons donc une priorité aux investissements dans les technologies les plus efficaces. Les projets énergétiques sont complexes et les coûts et les avantages peuvent varier considérablement selon les différents contextes. Lorsque l'on envisage d'investir dans une augmentation de la capacité de production, quelle qu'elle soit, des études de faisabilité spécifiques au site beaucoup plus rigoureuses que notre rapport seront essentielles.

Nos principaux points à retenir pour les décideurs politiques :

1. Les technologies d'énergie thermique pourraient potentiellement aider à produire de l'électricité moins chère que celle actuellement achetée auprès des PEI.
2. Sur la base des hypothèses de notre modèle, la production au charbon semble moins rentable qu'avec les combustibles liquides comme les mazouts lourds (HFO).
3. Bien que les générateurs à cycle combiné aient un coût en capital plus élevé que les autres technologies de production non-charbon, ils sont également les plus rentables. Et bien que cela pourrait changer une fois que la demande de base est satisfaite et que le pic de demande devient une préoccupation plus urgente, nous considérons que l'investissement dans les générateurs à cycle combiné est une première étape logique vers l'amélioration de la capacité de production d'électricité en Haïti.

Références bibliographiques

Aguirre, J., 2014. Impact of Rural Electrification on Education: A Case Study from Peru. Research Center, Universidad del Pacifico (Peru) and Department of Economics 1–18.

Allien, N., 2016. Interview with EDH.

Anonymous, 2017. IPP PPA Prices per kWh.

Anonymous, 2016. Interview with a Doctor.

Bloomberg New Energy Finance, World Energy Council, 2013. World Energy Perspective : Cost of Energy Technologies.

Blum, N., Wakeling, R., Schmidt, T., 2013. Rural electrification through village grids - Assessing the cost competitiveness of isolated renewable energy technologies in Indonesia.

Brown, N.L., 1978. Solar Energy for Village Development.

Chen, S.X., Gooi, H.B., Wang, M., 2012. Sizing of energy storage for microgrids. IEEE Transactions on Smart Grid 3, 142–151.

Costa, P.M., Matos, M.A., 2006. Economic analysis of microgrids including reliability aspects, in: Probabilistic Methods Applied to Power Systems, 2006. PMAPS 2006. International Conference on. IEEE, pp. 1–8.

Di Bella, C.G., Norton, L.D., Ntamatungiro, J., Ogawa, S., Samake, I., Santoro, M., 2015. Energy Subsidies in Latin America and the Caribbean: Stocktaking and Policy Challenges. (Subventions énergétiques en Amérique latine et dans les Caraïbes: bilan et défis politiques.)

Earth Spark International, 2016. Les Anglais Micro-Grid Factsheet.

EarthSpark International, 2015 Scaling Sustainable Energy for All: EarthSpark International and the Case for Micro-Grid Infrastructure.

Energy and Security Group, 2016. Haitian Solar Powered Microgrid Potential: Town Ranking Report

EPRI, 2003. Costs of Utility Distributed Generators, 1-10 MW: Twenty-Four Case Studies.

ESMAP, 2002. Rural Electrification and Development in the Philippines: Measuring the Social and Economic Benefits.

Foroudastan, S.D., Dees, O., 2006. Solar Power and Sustainability in Developing Countries.

Golumbeau, R., Barnes, D., 2013. Connection Charges and Electricity Access in Sub-Saharan Africa.

Government of Haiti, Department of Public Works, Transportation and Communication, 2015. SREP Investment Plan for Haiti.

Greacen, C., Engel, R., Quetchenbach, T., 2013. A Guidebook on Grid Interconnection and Islanded Operation of Mini-Grid Power Systems Up to 200 kW. .

Hutton, G., Rehfuess, E., others, 2006. Guidelines for conducting cost-benefit analysis of household energy and health interventions, in: Guidelines for Conducting Cost-Benefit Analysis of Household Energy and Health Interventions. OMS.

Inter-American Development Bank. Natural Gas in the Caribbean: Feasibility Studies (Final Report I and II).

IRENA, 2016a. The Power to Change: Solar and Wind Cost Reduction Potential to 2025.

IRENA, 2016b. Solar PV in Africa: Costs and Markets.

IRENA, 2015a. Renewable Power Generation Costs in 2014.

IRENA, 2015b. Renewable Energy in Hybrid Mini-Grids and Isolated Grids: Economic Benefits and Business Cases.

IRENA, 2015c. Battery Storage for Renewables: Market Status and Technology Outlook.

IRENA, 2012a. Renewable Energy Technologies Cost Analysis Series: Hydro.

IRENA, 2012b. Renewable Energy Technologies Cost Analysis Series: Solar Photovoltaics.

IRENA, IEA-ETSAP, 2013. CSP Technology Brief.

Ishigaki, Y., Kimura, Y., Matsusue, I., 2014. Optimal Energy Management System for Isolated Micro Grids.

Kashi, B., 2015. Risk management and the stated investment costs by independent power producers. Energy Economics 49, 660–668.

Kurtz, J., Saur, G., Ainscough, C., 2014. Backup Power Cost of Ownership Analysis and Incumbent Technology Comparison.

Larocque, A., 2014. Comprehensive Planning for Electric Power Supply in Haiti – Regulatory, Institutional & Tariff Report.

Larocque, A., Nadeau, D., Landry, M., 2014. Comprehensive Planning for Electric Power Supply in Haiti - Expansion of the Supply for Electricity Generation.

Lenin Balza, Christiaan Gischler, Nils Janson, Sebastian Miller, Potential for Energy Storage in Combination with Renewable Energy in Latin America and the Caribbean.

Lucky, M., Auth, K., Ochs, A., Fu-Berteaux, X., Weber, M., Konold, M., Lu, J., 2014. Haiti Sustainable Energy Roadmap.

Machala, M., 2011. Kerosene Lamps vs. Solar Lanterns. Stanford University.

McMannus, R., 2015. Interview with Rachel McMannus.

Mills, E., 2003. Technical and Economic Performance Analysis of Kerosene Lamps and Alternative Approaches to Illumination in Developing Countries.

Nicolas Allien, 2017. 100 kW diesel Quote.

NREL, 2014. Distributed Solar PV for Electricity System Resiliency.

Paul L. Joskow, 2011. Comparing the Costs of Intermittent and Dispatchable Electricity Generating Technologies.

Pauschert, D., 2009. Study of Equipment Prices in the Power Sector.

Perkins Engines Company Limited, 2012. 400 Series 404D-22G ElectropaK.

Perkins Engines Company Limited, 2007. Perkins 1104D-E44TAG ElectropaK.

Rangarajan, K., Guggenberger, J., 2011. Cost Analysis of Renewable Energy-Based Microgrids for Rural Energy Management, in: IIE Annual Conference. Proceedings. Institute of Industrial Engineers-Publisher, p. 1.

Rao, N.D., Agarwal, A., Wood, D., 2016. Impacts of Small Scale Electricity Systems: A Study of Rural Communities in India and Nepal.

Singh, R.J., Barton-Dock, M., 2015. Haiti: Towards a New Narrative (Systematic Country Diagnostic.

Smith, K.R., Rogers, J., Cowlin, S.C., 2005. Household fuels and ill-health in developing countries: what improvements can be brought by LP gas? World LP Gas Association Paris, France.

Squires, T., 2015. The Impact of Access to Electricity on Education: Evidence from Honduras.

Staton, D.M., Harding, M.H., 1998. Health and Environmental Effects of Cooking Stove Use in Developing Countries.

The World Bank, 2017. Haiti Overview [WWW Document]. URL http://www.worldbank.org/en/country/haiti/overview (accessed 3.13.17).

The World Factbook — Central Intelligence Agency [WWW Document], 2017 URL https://www.cia.gov/library/publications/the-world-factbook/rankorder/2004rank.html (accessed 3.15.17).

Thys, P.K., 2017. Interview with Pierre Kénol Thys, IDB Energy Specialist.

Tol, R.S.J., 2011. The Social Cost of Carbon.

UNdata Country Profile Haiti [WWW Document], 2017. URL http://data.un.org/CountryProfile.aspx?crName=haiti (accessed 3.13.17).

U.S. Energy Information Administration (US EIA), 2017a. Levelized Cost and Levelized Avoided Cost of New Generation Resources in the Annual Energy Outlook 2017.

United States Energy Information Administration (US EIA), 2017b. Short-Term Energy Outlook Data Browser - March 2017.

United States Energy Information Administration (US EIA), 2016. Carbon Dioxide Emissions Coefficients.

Verner, D., Egset, W., 2007. Social Resilience and State Fragility in Haiti. World Bank Publications.

Wärtsilä, Marine Solutions, 2016. Wärtsilä 46F Product Guide.

Wilson, M., Jones, J.B., Audinet, P., 2010. Benefits of Electrification.

World Bank, 2017. Data on Statistical Capacity: SCI Dashboard [WWW Document]. URL http://datatopics.worldbank.org/statisticalcapacity/SCIdashboard.aspx (accessed 3.13.17).

World Bank, 2008. The Welfare Impact of Rural Electrification: A Reassessment of the Costs and Benefits. The World Bank.

Zhang, J., Smith, K.R., 2007. Household air pollution from coal and biomass fuels in China: measurements, health impacts, and interventions. Environmental Health Perspectives 848–855.

NUTRITION

Interventions de nutrition préventive

Reina Engle-Pierre, Christine P. Stewart, Hanqi Luo, Stephen A. Vosti, et Katherine P. Adams

Développer par voie communautaire le suivi des enfants souffrant de sous-alimentation modérée et aiguë sévère en utilisant une formule RUTF standard et une locale

Stephen A. Vosti et Katherine P. Adams

Commentaire :

Des jardins de santé publique pour lutter contre la malnutrition

Jean Patrick Alfred

Interventions de nutrition préventive[1]

REINA ENGLE-PIERRE[2], CHRISTINE P. STEWART[3], HANQI LUO[4], STEPHEN A. VOSTI[5], ET KATHERINE P. ADAMS[6]

Résumé

Les anémies et les carences en micronutriments affectent une grande partie de la population en Haïti. Les femmes enceintes et les jeunes enfants sont plus vulnérables à la malnutrition en micronutriments en raison de leurs besoins accrus en nutriments, les petites quantités de nourriture qu'ils consomment, et au fait que les carences au cours de cette étape de la vie peuvent conduire à des incapacités permanentes. L'anémie surtout pendant la grossesse est associée à un risque accru de mortalité infantile, d'accouchement prématuré et de faible poids à la naissance.

Dans la présente analyse, nous avons présenté la preuve et la raison de considérer trois stratégies d'intervention : des micronutriments multiples et du calcium fournis aux femmes enceintes, l'enrichissement de la farine de blé avec du fer et de l'acide folique et une distribution de micronutriments en poudre aux enfants âgés de 6 à 23 mois.

Nous avons estimé les coûts pour délivrer et intensifier les programmes. Nous avons estimé les avantages en se basant sur les années de vie sauvées (réduction de la mortalité maternelle, décès dus aux anomalies du tube neural, faible poids à la naissance et naissance prématurée), les pertes d'années de vie corrigées de l'incapacité évitées (en raison des effets actuels et futurs de l'anémie, d'un faible poids de naissance et d'une naissance prématurée), et les futurs gains de productivité en raison de la prévention d'un faible poids à la naissance.

Pour les trois interventions considérées, les estimations du ratio avantage-coût étaient largement supérieures à 1. Plus précisément, en supposant un taux d'actualisation de 5 % et l'évaluation des AVCI à 3 X PIB, les ratios avantage-coût étaient de : 10 pour la fourniture de suppléments en micronutriments multiples et de calcium aux femmes ; 24 pour l'enrichissement de la farine de blé en fer et en acide folique, et 8 pour la distribution de micronutriments en poudre aux jeunes enfants.

---

1 Les auteurs apprécient profondément les suggestions des personnes suivantes concernant 1) la structure possible des programmes de distribution de micronutriments : Lora Iannotti (Washington University, St Louis), Purnima Menon (IFPRI), Cornelia Loechl (AIEA) et 2) sur l'enrichissement des aliments : James Reimer (University of Notre Dame Programme d'Haïti), Omar Dary (USAID), Sarah Zimmerman et Helena Pachón (Food Fortification Initiative), Quentin Johnson (consultant indépendant) et Jamie Marks (Les Moulins d'Haïti). En outre, nous apprécions grandement les indications de Jean-Patrick Alfred, de plusieurs évaluateurs anonymes et particulièrement Brad Wong.

2 Professeur adjoint, Département de Nutrition, UC Davis

3 Professeur associé, Département de Nutrition, UC Davis

4 Candidat PhD, groupe Master en épidémiologie, UC Davis

5 Professeur associé, Département Economie de l'agriculture et des ressources, UC Davis

6 Assistant scientifique pour le projet, Département de Nutrition, UC Davis

Abréviations :

RAC, ratio avantage-coût; Copenhague Consensus, CC ; AVCI, année de vie corrigée de l'incapacité; EDS, Enquêtes démographiques et de santé ; ECVMAS, l'Enquête sur les Conditions de Vie des Ménages Après Séisme; PASBAF, Prévention de l'anencéphalie et du spina-bifida par l'acide folique ; ADF, anémie par déficience en fer ; TCI, troubles dus à la carence en iode ; PMN, poudre de micronutriments ; EAP, enfants en âge préscolaire ; RR, risque relatif ; EAS, enfants en âge scolaire ; FAP, femmes en âge de procréer.

Introduction

Les carences en micronutriments affectent des milliards de personnes dans le monde et contribuent à une augmentation de la morbidité et de la mortalité, particulièrement chez des groupes vulnérables tels que les jeunes enfants (Black et autres, 2013).

La grossesse est un moment critique pour le développement de l'enfant et la nutrition maternelle pendant la grossesse peut avoir des effets immédiats et à long terme sur la santé et la nutrition de l'enfant. Des problèmes indésirables à la grossesse, tels qu'une naissance prématurée et une petite taille pour l'âge gestationnel ou un faible poids à la naissance, augmentent le risque de mortalité infantile et ont d'autres conséquences à long terme (collaborateurs GBD 2015 AVCI et HALE, 2016). Environ 21 % des enfants nés au cours des 3 dernières années en Haïti avaient un poids insuffisant à la naissance (< 2500 g ; bien que le poids à la naissance n'ait été signalé que dans 26 % des naissances (Cayemittes et autres, 2013) et le taux estimé de naissances prématurées était de 14,1 % en 2010 (Boss et al., 2012).

Selon la dernière enquête EDS en Haïti, 49 % des femmes en âge de procréer et 65 % des enfants en âge préscolaire étaient anémiques (Cayemittes et autres, 2013). L'anémie pendant la grossesse a été liée aux problèmes indésirables à la grossesse (Rahman et autres, 2016). L'anémie peut être causée par plusieurs maladies, y compris certaines maladies infectieuses (paludisme, ankylostome, VIH), des carences nutritionnelles (fer, folates, vitamine B12) et d'autres causes (par exemple, perte de sang), mais une déficience en fer est considérée comme la principale cause d'anémie à travers de nombreux paramètres (Kassebaum et autres, 2010). L'anémie par déficience en fer est associée à une capacité de travail réduite chez les adultes et à un faible développement cognitif chez les enfants (Balarajan et autres, 2011).

La haute prévalence de l'anémie, ainsi que les résultats de plus petites études en Haïti, suggèrent que la carence en fer est courante. L'étude sur la charge mondiale de morbidité de 2015 a estimé que l'anémie par déficience en fer est la principale cause d'années vécues avec une incapacité à Haïti (GBD 2015). Dans un essai randomisé contrôlé chez les enfants âgés de 9 à 24 mois en Haïti rurale (n = 469), la consommation journalière de micronutriments en poudre contenant 12,5 mg de fer, 5 mg de zinc, 400 µg de vitamine A, 160 µg d'acide folique et 30 mg de vitamine C a réduit l'anémie (la prévalence de l'anémie, dans le groupe traité par rapport au groupe témoin, était respectivement de 24 % contre 43 %, après 2 mois d'intervention), indiquant qu'un ou plusieurs de ces nutriments (probablement le fer) limitait la synthèse correcte de l'hémoglobine (Menon et autres, 2007).

Très peu d'informations sont disponibles sur le bilan des folates chez les femmes en Haïti, mais l'incidence estimée des anomalies du tube neural est de 18 pour 10 000 naissances (Food Fortification Initiative, 2017), ce qui est trois fois plus élevé que l'incidence estimée de 5 pour

10 000 naissances, qui est considéré comme l'incidence« sous-jacente » des anomalies du tube neural en présence des interventions appropriées d'acide folique (Arth et autres, 2015).

L'iode est un nutriment essentiel qui joue un rôle clé dans la croissance et le développement. La carence en iode pendant la grossesse et chez les nourrissons et les jeunes enfants peut conduire à une hypothyroïdie, des anomalies congénitales et une altération du développement cognitif (Delong, 1994). La carence en iode a tendance à être répandue où l'iode du sol est faible, en particulier dans les zones montagneuses (qui couvrent environ 75 % d'Haïti). Plusieurs enquêtes précédentes ont révélé une teneur en iode urinaire très faible (< 50 µg/L) (Réseau mondial d'iode, UNICEF, USAID, 2016).

Cadre théorique

Les classes d'interventions disponibles pour combler les carences en micronutriments comprennent généralement la supplémentation, l'enrichissement (l'enrichissement industriel à grande échelle de la nourriture de base ou des condiments, ou l'enrichissement maison, comme avec les poudres de micronutriments), la diversification alimentaire (augmentation de la consommation d'aliments riches en nutriments, y compris le lait maternel) et les approches « sensibles à la nutrition », qui incluent des efforts tels que les programmes agricoles, les interventions sur l'assainissement et l'hygiène et les efforts de réduction de la pauvreté.

La diversification alimentaire et les interventions « sensibles à la nutrition » sont théoriquement préférables à la supplémentation et l'enrichissement, car elles offrent l'occasion d'aborder les multiples facettes d'un apport alimentaire et/ou d'un bilan nutritionnel inadéquat (par rapport à l'accent mis sur les éléments nutritifs uniques). Cependant, la quantité et la qualité des preuves de l'efficacité et du ratio de rentabilité de ces interventions sur l'état nutritionnel et d'autres effets sur la santé ont toujours été limitées, en partie en raison de la complexité de ces interventions.

Nous passons en revue la littérature sur 1) l'efficacité des suppléments de micronutriments multiples distribués aux femmes enceintes et le risque d'anémie maternelle et d'effets indésirables issus de la grossesse, 2) la supplémentation en calcium de la femme enceinte et le risque de mortalité maternelle (à cause d'une prééclampsie) et de naissance prématurée, 3) l'enrichissement de la farine de blé avec l'acide folique et les anomalies évitables du tube neural chez les nouveau-nés, 4) l'enrichissement de la farine de blé avec du fer et le risque d'anémie par déficience en fer chez plusieurs groupes de la population et 5) les poudres de micronutriments multiples et le risque d'anémie chez les enfants de 6 à 23 mois.

Les suppléments de micronutriments multiples et les suppléments de calcium distribués aux femmes enceintes.

Les suppléments de micronutriments multiples ont été comparés aux suppléments de fer ou de fer et d'acide folique pour un total de dix-neuf essais, dont 17 ont été inclus dans un récent examen systématique qui représente les données de 137 791 femmes (Haider et Blandine, 2015). Cette analyse a conclu que la supplémentation en micronutriments multiples a été associée à une réduction statistiquement significative du faible poids à la naissance de 12 % (RR = 0,88 ; IC 95 % : 0,85 et 0,90) et de la petite taille pour l'âge gestationnel de 9 % (RR = 0,91 ; IC à 95 % : 0,84-0,99). En revanche, les suppléments en micronutriments multiples n'étaient pas meilleurs que les suppléments de fer ou de fer et d'acide folique pour réduire le risque d'anémie maternelle.

L'hypertension artérielle pendant la grossesse peut augmenter le risque de mortalité et de morbidité maternelle et périnatale. La supplémentation en calcium pendant la grossesse offre une potentielle intervention pour réduire l'hypertension artérielle, réduisant ainsi le risque de prééclampsie et éclampsie, d'accouchement prématuré et de mortalité maternelle et infantile. La méta-analyse plus récente sur le sujet, comprenait un total de 13 essais de grande qualité qui ont concerné 15 730 femmes (Hofmeyr et al., 2014). La mise en commun des estimations suggère que cette intervention a le potentiel de réduire le risque de prééclampsie (RR = 0,45 ; IC 95% : 0,31 ; 0,65) et de naissance prématurée (RR = 0,76 ; IC 95 % : 0,60 ; 0,97), le risque de mortalité et de morbidité grave et a constaté que la supplémentation était associée à une réduction de 20 % du risque de ce résultat composite (RR = 0,80 ; 95 % IC : 0,65 ; 0,97).

Enrichissement de la farine blé en micronutriments multiples

La farine de blé peut être enrichie avec un certain nombre de vitamines et de minéraux. Haïti a actuellement une législation pour l'enrichissement obligatoire de la farine blé en fer, niacine, riboflavine et thiamine, bien que la forme chimique du fer ne soit pas claire. Les formes de fer diffèrent par leur coût, leur risque de réagir avec la matrice alimentaire et leur biodisponibilité (absorption).

Dans une méta-analyse de 15 études concernant des enfants en âge scolaire et préscolaire (n = 3, 096 participants), le RR combiné pour l'enrichissement en fer sur l'anémie était de 0,55 (IC 95 % : 0,42 ; 0,72) (Das et al., 2013). Parmi ces études, l'effet des aliments commerciaux transformés (aliments de sevrage, produits laitiers et pâtes alimentaires) sur l'anémie était de RR = 0,46 (IC 95 % : 0,28 ; 0,76 ; 10 études), et l'effet des aliments de base était de RR = 0,81 (IC 95 % : 0,60 ; 1,10 ; 5 études) ; les deux types de produits ont augmenté significativement les concentrations de l'hémoglobine.

Chez les femmes, Das et al. ont signalé un RR combiné de 0,68 (IC 95 % : 0,49 ; 0,93) pour 3 études (n = 1 180) sur l'effet de l'enrichissement en fer sur l'anémie chez les femmes (aliments de base : RR = 0,67 (IC 95 % : 0,39 ; 1,17) de 2 études). Les auteurs ont évalué à « modérée » la qualité de l'ensemble de preuves sur l'enrichissement en fer selon les critères de qualité de l'OMS (Guyatt et al., 2008). Ces résultats étaient généralement conformes à ceux d'une méta-analyse antérieure qui a signalé une augmentation significative de l'hémoglobine et un risque réduit d'anémie (RR = 0,59 ; IC 95% : 0,48 ; 0,71) et de carence en fer (RR = 0,48 ; IC 95 % : 0,38 ; 0,62) dans 60 essais contrôlés randomisés d'enrichissement en fer ou de bio fortification en divers aliments parmi différents groupes de population (Gera et al., 2012).

Poudres de micronutriments

Les poudres de micronutriments consistent en de petits sachets (~ 1 gramme) contenant un mélange micronutriments en poudre. Cette stratégie est nommée « enrichissement à domicile » ou « enrichissement sur le lieu d'utilisation » parce qu'on a appris aux personnes soignants des jeunes enfants à mélanger le contenu du sachet avec la nourriture de l'enfant immédiatement avant l'alimentation de l'enfant. Différentes formulations sont disponibles, le nombre de micronutriments allant de 3 à 16 (Salam et autres, 2013) ; différents schémas posologiques ont été également employés (différents groupes d'âge, fréquences et durées de consommation). Le schéma proposé énoncé dans la recommandation de l'OMS est de fournir un sachet par jour (contenant au moins du fer, de la vitamine A et du zinc) pendant un minimum de 2 mois pour les nourrissons et les enfants âgés de 6 à 23 mois dans les populations où la prévalence de l'anémie est de 20 % ou plus (OMS, 2011). Une étude antérieure a estimé que la prévalence de la carence en vitamine A chez les jeunes enfants en Haïti était de 32 % en 2005 (MSPP/UNICEF, 2005).

Dans la préparation de preuves pour formuler la recommandation de l'OMS sur la PMN, le comité consultatif a examiné les points de terminaison critiques comme l'anémie et l'hémoglobine et le bilan en fer et de croissance (OMS, 2011 ; De-Regil et al., 2011). Parmi les 6 essais contrôlés randomisés, le risque relatif moyen (RR) pour l'anémie était de 0,69 (intervalle de confiance à 95 % : 0,60 ; 0,78), c'est à dire une réduction de 31 % pour l'anémie chez les enfants ayant reçus le PMN (OMS, 2011). En outre, la carence en fer a diminué chez les nourrissons et les jeunes enfants dans 4 essais (RR : 0,49 ; IC 95 % : 0,35 ; 0,67).

Un examen systématique de 17 essais contrôlés randomisés publiés a rapporté les effets de la PMN sur l'anémie, la carence en fer, la carence en vitamine A, la carence en zinc, les problèmes anthropométriques et certains problèmes de morbidité (Salam et autres, 2013). Les auteurs ont signalé que la PMN avait significativement réduit la prévalence de l'anémie et de l'anémie par déficience en fer (avec des réductions du même ordre de grandeur que l'examen de 2011 par De-Regil et al.), mais n'avait aucune incidence sur les problèmes anthropométriques, y compris le retard de croissance.

Calcul des coûts et des avantages

Notre objectif était d'estimer les coûts et les avantages de la mise en œuvre de trois stratégies d'intervention : des micronutriments multiples et du calcium fournis aux femmes enceintes, l'enrichissement de la farine de blé avec du fer et de l'acide folique et une distribution de micronutriments en poudre aux enfants âgés de 6 à 23 mois.

Nous avons utilisé une approche « ingrédients » pour estimer les coûts d'intensification 1) livraison de plusieurs suppléments en micronutriments et en calcium aux femmes enceintes, 2) enrichissement de la farine de blé avec des micronutriments multiples, y compris le fer et l'acide folique et 3) distribution de poudres de micronutriments aux jeunes enfants. Les ressources et les coûts unitaires ont été estimés à partir de valeurs publiées, le cas échéant et des communications personnelles des contacts locaux et des experts du sujet. Les avantages ont été estimés par l'estimation de la taille de la population cible et le calcul des années de vie perdues (AVP) et des années de vie corrigées de l'incapacité (AVCI) évitées grâce au déploiement de ces interventions à des niveaux de couverture de la population cible. Les avantages sont considérés comme des multiples du PIB par habitant. Nous avons calculé la moyenne des coûts et des avantages sur une période de 12 ans, pour permettre un délai suffisant pour l'intensification de chacun des programmes.

Intervention 1 : Distribution de suppléments en micronutriments multiples et en calcium aux femmes enceintes.

Coûts

Coûts des suppléments. Ces coûts comprennent la supplémentation quotidienne avec 1 comprimé de MN et une consommation de 1,5 à 2,0 g de calcium élémentaire par voie orale, et les couts de transport et stockage.

Coûts des personnels de santé. Selon des estimations récentes, la couverture des soins prénataux (SPN) est relativement élevée avec environ 74 % des femmes en milieu urbain et 60 % des femmes rurales qui participent au minimum des 4 visites recommandées au cours de leur grossesse (EDS, 2012). Nous avons estimé la charge supplémentaire pour cette activité et le personnel supplémentaire qui aurait besoin d'être embauché pour gérer cet effort par-dessus la charge de travail existante (le nombre de visites prénatales, la communication avec les femmes sur les suppléments, et la distribution de nouveaux approvisionnements.

Les zones rurales peuvent être plus difficiles à atteindre et il est plus difficile pour les femmes de voyager de leur domicile à l'établissement de santé. Nous avons donc inclus un effort supplémentaire pour accroître la couverture des SPN dans les zones rurales en incluant les coûts des visites à domicile pour les femmes qui participent moins aux visites recommandées.

Formation et intensification. Nous avons supposé que le personnel SPN existant et celui supplémentaire devront se former sur cette nouvelle activité la première année de mise en œuvre : l'élaboration de la formation, la formation initiale et les formations de recyclage, les frais des formateurs, l'impression des brochures, affiches, et autre matériel promotionnel pour le changement de comportement.

Avantages

Les avantages comprennent la réduction de l'anémie maternelle ; la réduction de morts à la naissance; les années d'incapacité évitées en raison de la réduction du faible poids à la naissance; les pertes de productivité évitées en raison de la réduction du poids à la naissance; la réduction de la mortalité maternelle en raison de la prééclampsie, et le décès ou invalidité évitée en raison de la réduction de la naissance prématurée.

Intervention 2 : Enrichissement de la farine de blé en micronutriments multiples, y compris le fer et l'acide folique

Le blé n'est pas cultivé en Haïti, mais de grandes quantités de blé brut sont importées et moulues dans le pays. La farine de blé est également importée directement (estimée à environ 13 % du total des produits de blé importés) (Food Fortification Initiative, 2017), et nous considérons cela comme un candidat pour l'enrichissement, des normes pouvant être réécrites pour mandater un enrichissement de la farine importée. Nous avons supposé qu'un seul programme supervisant la stratégie et les coûts afférents, couvrirait à la fois la farine de blé importée et celle moulue dans le pays.

Coûts

Les coûts d'enrichissement de la farine de blé comprennent:

Les coûts d'installation qui se composent des matériels, des équipements de surveillance interne et des formations meunières. Les coûts ont été inclus pour les réunions et les formations afin de reformuler les normes pour inclure l'acide folique dans le prémélange. Une autre considération dans ce processus sera le prix de la farine et des produits connexes, et la nécessité éventuelle d'augmenter les prix pour couvrir les coûts de prémélange.

Les coûts liés à une enquête nationale sur le bilan en micronutriments, effectuées avant l'intensification du programme d'enrichissement, pour vérifier la nécessité du programme et pour servir de référence pour l'évaluation d'impact plus tard sur l'effet du programme quant au bilan en micronutriments, tel que recommandé par les directives de l'OMS sur l'enrichissement des aliments (Allen et al., 2006). Les frais sont inclus pour l'équipement et la formation d'un laboratoire afin de mesurer les échantillons de denrées alimentaires.

Les coûts récurrents sont le prémélange concentré en micronutriments, y compris les coûts du produit, les taxes et l'expédition. Les coûts de prémélange reposent sur les types et les quantités de nutriments inclus dans la formule. La deuxième catégorie de coûts récurrents est le suivi du programme, y compris un poste à temps plein, des réunions de coordination par an et les frais de déplacement pour les inspections et le prélèvement d'échantillons. Le coût des fournitures consommables pour l'analyse des aliments enrichis est inclus, un programme de surveillance intensif) à l'aide d'un appareil analyseur rapide, y compris le coût des réactifs, de l'expédition et des taxes). Nous incluons des coûts pour un poste de surveillance à plein temps, en plus de trajets, du matériel pour l'analyse et du soutien aux réunions de coordination, afin de refléter les efforts nécessaires pour s'assurer que le programme est mis en œuvre comme prévu.

Nous n'incluons toutefois pas, les coûts pour la promotion au public de la farine de blé enrichie, il est prouvé que des programmes d'enrichissement puissent être efficaces en l'absence de promotion sociale soutenue, et il y a peu de preuves que des messages pour un changement de comportement augmentent l'achat et la consommation des versions enrichies de denrées alimentaires par les consommateurs (cela peut être différent pour les aliments transformés enrichis tels que les nouilles instantanées ou des boissons qui sont commercialisés comme offrant des bienfaits pour la santé grâce à l'ajout de substances nutritives).

Avantages

Les avantages de l'enrichissement des aliments, s'accumulent seulement pour les personnes qui consomment régulièrement des aliments enrichis. Nous avons analysé les données ECVMAS afin d'estimer la proportion de ménages ruraux et urbains qui s'approvisionnent régulièrement en farine de blé et ses produits. La liste des aliments ECVMAS inclut la farine de blé, le pain et les biscuits ou beignets ; > 90 % des ménages urbains et ruraux avaient consommé un de ces produits au cours des 7 derniers jours, ceci dû en grande partie à la consommation de pain. Toutefois, la consommation quotidienne de pain a été indiquée par seulement 18 à 23 % des ménages. Les données quantitatives sur la quantité de farine de blé consommée par les différents membres du ménage seraient nécessaires pour évaluer l'impact de l'enrichissement de la farine sur l'adéquation des apports en micronutriments.

Les avantages prévus de l'enrichissement de la farine blé comprennent 1) la réduction des années de vie perdues en raison d'anomalies du tube neural chez les nourrissons et 2) la réduction des années de vie corrigées de l'incapacité par le biais de la réduction de l'anémie chez les femmes en âge de procréer (15-49 ans), les enfants en âge scolaire (5-14 ans) et les enfants en âge préscolaire (6-59 mois).

Intervention 3. Fourniture de suppléments en micronutriments aux enfants en bas âge

La distribution de PMN est supposée être un programme « passif » qui s'appuie sur la fréquentation des centres de santé par les enfants ou les personnes prenant soin d'eux pour distribuer les PMN.

Coûts

Trois types principaux de coûts sont estimés : 1) les coûts récurrents d'acquisition et de stockage des PMN et 2) les coûts récurrents pour la distribution par les personnels de santé et 3) la formation et les coûts de démarrage.

Avantages

La réduction de la prévalence de l'anémie chez les femmes et les enfants (en âge préscolaire et scolaire) a été calculée à partir des estimations de l'étude de l'efficacité de la distribution de PMN en Haïti (Menon et al., 2007). Selon cette étude, nous avons estimé la réduction pour l'anémie, comme le rapport de la prévalence de l'anémie corrigée selon l'âge dans le groupe PMN par rapport au groupe témoin, après 2 mois d'intervention : 24 % / 43 % = 0,56 ; soit une réduction d'environ 44 %.

Tableau récapitulatif. Résumé des avantages et coûts des interventions de nutrition préventive

Interventions	Taux d'actualisation	Avantage (en gourdes)	Coût (en gourdes)	RAC	Qualité des éléments de preuve
Multiples micronutriments et calcium durant la grossesse	3 %	134 225 463 045	8 608 059 239	16	Solide
	5 %	79 844 981 881	7 637 956 645	10	
	12 %	23 585 423 755	5 277 011 789	4	
Enrichissement de la farine de blé en multiples micronutriments	3 %	10 653 789 483	376 300 834	28	Solide
	5 %	7 938 064 315	331 312 834	24	
	12 %	3 941 811 576	222 722 324	18	
Suppléments de micronutriments pour les jeunes enfants	3 %	1 434 326 493	185 666 158	8	Solide
	5 %	1 200 675 600	157 324 005	8	
	12 %	670 266 308	91 665 515	7	

Conclusion

Nous avons examiné les possibilités de mise en œuvre (ou d'intensification) en Haïti de plusieurs interventions de nutrition préventive : la supplémentation en multiples micronutriments et en calcium pour les femmes enceintes, l'enrichissement de la farine blé en multiples micronutriments, et la livraison de poudres de micronutriments aux jeunes enfants. Nous avons trouvé des estimations de RAC pour les 3 interventions, allant de 8 pour les PMN distribués aux enfants à 24 pour l'enrichissement de la farine de blé (en supposant qu'un taux d'actualisation de 5 %).

Références bibliographiques

Aburto N, Abudou M, Candeias V, Wu T. Effect and safety of salt iodization to prevent iodine deficiency disorders: A systematic review with meta-analysis. 2014. Geneva: World Health Organization.

Alderman, H. and J. R. Behrman (2006). "Reducing the Incidence of Low Birth Weight in Low-Income Countries Has Substantial Economic Benefits." World Bank Research Observer **21**(1): 25-48.

Allen L, de Benoist B, Dary O, Hurrell R, editors. Guidelines on food fortification with micronutrients. Geneva: WHO; 2006.

Alvarado M. Trip Report, Haiti, October 04-06, 2011. Wheat flour production, wheat flour fortification, and bakery. 2011.

Arth A, Kancherla V, Pachón H, Zimmerman S, Johnson Q, Oakley GP Jr. A 2015 global update on folic acid-preventable spina bifida and anencephaly. Birth Defects Res A Clin Mol Teratol. 2016 Jul; 106(7):520-9.

Atta CA, Fiest KM, Frolkis AD, Jette N, Pringsheim T, St Germaine-Smith C, Rajapakse T, Kaplan GG, Metcalfe A. Global birth prevalence of spina bifida by folic acid fortification status: a systematic analysis. Am J Public Health. 2016 Jan; 106(1):e24-34.

Balarajan Y, Ramakrishnan U, Ozaltin E, Shankar AH, Subramanian S. Anaemia in low-income and middle-income countries. Lancet 2011;378:2123-35.

Black RE, Victora CG, Bhutta ZA, Christian P, de Onis M, Ezzati M, Grantham-McGregor S, Katz J, Martorell R, Uauy R, and the Maternal and Child Nutrition Study Group. Maternal and child undernutrition and overweight in low-income and middle-income countries. Lancet 2013; 382: 427-51

Blencowe H, Cousens S, Modelle B, Lawn J. Folic acid to reduce neonatal mortality from neural tube disorders. Int J Epidemiol 2010; 39:i110-i121

Blencowe H, Cousens S, Oestergaard MZ, Chou D, Moller A, Narwal R, Adler A, Vera Garcia C, Rohde SS, Say L, Lawn JE. Estimates for World Health Organisation, 2012

Cayemittes M, Fatuma Buangu M, Bizimana J, Barrére B, Sévère B, Cayemittes V, Charles E. *Enquête Mortalité, Morbidité et Utilisation des Services, Haïti, 2012.* 2013. Calverton, Maryland, USA : MSPP, IHE et ICF International.

Das JK, Salam RA, Kumar R, Bhutta ZA. Micronutrient fortification of food and its impact on woman and child health: a systematic review. Systematic Reviews 2013, 2:67

Delong, F. The disorders induced by iodine deficiency. Thyroid 1994, 4(1), 107-28.

De-Regil LM, Suchdev PS, Vist GE, Walleser S, Peña-Rosas JP. Home fortification of foods with multiple micronutrient powders for health and nutrition in children under two years of age. Cochrane Database Syst Rev. 2011 Sep 7;(9):CD008959. doi: 10.1002/14651858.CD008959.pub2.

Food Fortification Initiative. Country profiles. 2017. http://www.ffinetwork.org/country_profiles/index.phpcation Initiative.

Fox-Rusby JA, Hanson K. Calculating and presenting disability adjusted life years (DALYs) in cost-effectiveness analysis. Health Policy and Planning. 2001, 16(3): 326-331.

Gera T, Sachdev HS, Boy E: Effect of iron-fortified foods on hematologic and biological outcomes: systematic review of randomized controlled trials. Am J Clin Nutr 2012, 96(2):309–324.

GBD 2015 Disease and Injury Incidence and Prevalence Collaborators. Global, regional, and national incidence, prevalence, and years lived with disability for 310 diseases and injuries, 1990-2015; a systematic analysis for the Global Burden of Disease Study 2015. Lancet 2016; 388:1545-602.

GBD 2015 DALYs and HALE collaborators. Global, regional, and national disability-adjusted life-years (DALYs) for 315 diseases and injuries and healthy life expectancy (HALE), 1990-2015: a systematic analysis for the Global Burden of Disease Study 2015. Lancet 2016; 388 (10053): 1603-1658

Guyatt GH, Oxman AD, Vist GE, Kunz R, Falck-Ytter Y, Alonso-Coello P, Schunemann HJ: GRADE: an emerging consensus on rating quality of evidence and strength of recommendations. BMJ 2008, 336(7650):924–926.

Haider, B.A. and Z.A. Bhutta, Multiple-micronutrient supplementation for women during pregnancy. Cochrane Database Syst Rev, 2015(11): p. CD004905.

Hofmeyr, G.J., et al., Calcium supplementation during pregnancy for preventing hypertensive disorders and related problems. Cochrane Database Syst Rev, 2014(6): p. CD001059.

Horton S, Mannar V, Wesley A. Micronutrient Fortification (Iron and Salt Iodization). Best practice paper: new advice from CC08. 2013. Washington, D.C.: Results for Development (R4D). Accessed 9 March 2017: http://www.copenhagenconsensus.com/sites/default/files/bpp_fortification.pdf

Hurrell R, Ranum P, de Pee S, Biebinger R, Hulthen L, Johnson Q, Lynch S. Revised recommendations for iron fortification of wheat flour and an evaluation of the expected impact of current national wheat flour fortification programs. Food Nutr Bull. 2010; 31 (1S): S7-21.

International Drug Price Indicator Guide. Accessed 13 Jan 2017. http://erc.msh.org/dmpguide/classresult.cfm?language=english&year=2014&class_code=27.&class_code2=27.&class_name=Vitamins%20and%20minerals&action=class&display=yes

Iodine Global Network, United Nations Children's Fund (UNICEF), USAID. Technical Interagency Visit on the Haiti Iodine Deficiency Disorders (IDD) Prevention Program, 26-28 July 2016.

Jack SJ, Ou K, Chea M: Effect of micronutrient Sprinkles on reducing anemia: a cluster-randomized effectiveness trial. Arch Pediatr Adolesc Med 2012, 166(9):842-850.

Kassebaum NJ, Jasrasaria R, Naghavi M, Wulf SK, Johns N, Lozano R, Regan M, Weatherall D, Chou DP, Eisele TP, Flaxman SR, Pullan RL, Brooker SJ, Murray CJ. A systematic analysis of global anemia burden from 1990 to 2010. Blood. 2014 Jan 30; 123(5): 615-24.

Kumar MV, Rajagopalan S: Multiple micronutrient fortification of salt and its effect on cognition in Chennai school children. Asia Pacific Journal of Clinical Nutrition 2007, 16(3):505-511.

Luthringer CL, Rowe LA, Vossenaar M, Garrett GS. Regulatory monitoring of fortified foods : Identifying barriers and good practices. Global Health: Science and Practie 2015; 3(3): 446-461.

Marhone J, Dary O, Koo L, Kupka R, Pearce E, Eliancy K, Gorstein J. Haiti makes headway against IDD. August 2016. IDD Newsletter.

Menon P1, Ruel MT, Loechl CU, Arimond M, Habicht JP, Pelto G, Michaud L. Micronutrient Sprinkles reduce anemia among 9- to 24-mo-old children when delivered through an integrated health and nutrition program in rural Haiti. J Nutr. 2007 Apr;137(4):1023-30.

MSPP/UNICEF. Ministère de la Santé Publique et de la Population Fonds des Nations Unies pour l'Enfance. Enquête sur la prévalence de la carence en vitamine A et de la déficience en iode. Pétion-Ville, Haiti : LInstitut Haitien de l'Enfance, 20015.

Ngnie-Teta I, Ayoya MA, Favre R, Mamadoultaibou A, Saint-Fleur JE, Marhone Pierre J, Dos-Santos P. Iodine content in imported table salt in Haiti on the eve of a mandatory salt iodization bill. November 2012. IDD Newsletter.

Nicklas TA1, Kuvibidila S, Gatewood LC, Metzinger AB, Frempong KO. Prevalence of anaemia and iron deficiency in urban Haïtian children two to five years of age. J Trop Pediatr. 1998 Jun;44(3):133-8.

Osei AK, Rosenberg IH, Houser RF, Bulusu S, Mathews M, Hamer DH: Community-level micronutrient fortification of school lunch meals improved vitamin A, folate, and iron status of schoolchildren in Himalayan villages of India. Journal of Nutrition 2010, 140(6):1146-1154.

Pachón H, Spohrer R, Mei Z, Serdula MK. Evidence of the effectiveness of flour fortification programs on iron status and anemia: a systematic review. Nutr Rev. 2015 Nov; 73(11): 780-95.

Peña-Rosas JP, De-Regil LM, Garcia-Casal MN, Dowswell T. Daily oral iron supplementation during pregnancy. Cochrane Database of Systematic Reviews 2015, Issue 7. Art. No.:CD004736.

Rahman MM, Abe SK, Rahman MS, Kanda M, Narita S, Bilano V, Ota E, Gilmour S, Shibuya K. Maternal anemia and risk of adverse birth and health outcomes in low- and middle-income countries: systematic review and meta-analysis. Am J Clin Nutr. 2016;103:495–504.

Salam R, MacPhail C, Das JK, Bhutta ZA. Effectiveness of micronutrient powders (MNP) in women and children. BMC Public Health 2013, 13(Suppl 3):S22

Sayed AR, Bourne D, Pattinson R, Nixon J, Henderson B. Declin in the prevalence of neural tube defects following folic acid fortification and its cost-benefit in South Africa. Birth Defects Res A Clin Mol Teratol. 2008 Apr; 82(4): 211-6.

Shekar M, Kakietek J, D'Alimonte M, Sullivan L, Walters D, Rogers H, Dayton Eberwein J, Soe-Lin S, Hecht R. Investing in nutrition, the foundation for development. An investment framework to reach the global nutrition targets. http://thousanddays.org/resource/investing-in-nutrition/ Accessed 7 April 2017.

Silva LL, Augusto RA, Tietzmann DC, Sequeira LA, Hadler MC, Muniz PT, de Lira PI, Cardoso MA; ENFAC Working Group. The impact of home fortification with multiple micronutrient powder on vitamin A status in young children: A multicenter pragmatic controlled trial in Brazil. Matern Child Nutr. 2016 Dec 7. doi: 10.1111/mcn.12403.

Suchdev PS, Ruth LJ, Woodruff BA, Mbakaya C, Mandava U, Flores-Ayala R, Jefferds MED, Quick R: Selling Sprinkles micronutrient powder reduces anemia, iron deficiency, and vitamin A deficiency in young children in Western Kenya: a cluster-randomized controlled trial. The American Journal of Clinical Nutrition 2012, 95(5):1223-1230.

UNICEF. Sustainable elimination of iodine deficiency. 2008. New York: United Nations Children's Fund.

Varma JL, Das S, Sankar R, Mannar MG, Levinson FJ, Hamer DH: Community-level micronutrient fortification of a food supplement in India: a controlled trial in preschool children aged 36-66 mo. American Journal of Clinical Nutrition 2007, 85(4):1127-1133.

Von Oettingen J et al. Evaluation of Iodine Deficiency in Haitian Infants and Children. Presentation at Endocrine Society Meeting, Boston, Mass 1-4 July 2016. https://endo.confex.com/endo/2016endo/webprogram/Paper24378.html

World Health Organization. WHO recommendations on antenatal care for a positive pregnancy experience. 2016. Geneva: World Health Organization.

World Health Organization. Guideline: Fortification of food-grade salt with iodine for the prevention and control of iodine deficiency disorders. 2014. Geneva: World Health Organization.

World Health Organization. Guideline: Sodium intake for adults and children. 2012. Geneva: World Health Organization.

World Health Organization. Guideline: Use of multiple micronutrient powders for home fortification of foods consumed by infants and children 6-23 months of age. 2011. Geneva: World Health Organization.

Yakoob MY, Theodoratou E, Jabeen A, Imdad A, Eisele TP, Ferguson J, Jhass A, Rudan I, Campbell H, Black RE, Bhutta ZA. Preventive zinc supplementation in developing countries: impact on mortality and morbidity due to diarrhea, pneumonia and malaria. BMC Public Health. 2011 Apr 13; 11 Suppl 3:S23.

Original

Associate Professor, Department of Nutrition, UC Davis

Développer par voie communautaire le suivi des enfants souffrant de sous-alimentation modérée et aiguë sévère en utilisant une formule RUTF standard et une locale[1]

STEPHEN A. VOSTI[2] ET KATHERINE P. ADAMS[3]

Résumé

Le système national actuel de prévention et de traitement des sous-alimentations aiguës sévères (SAM) et modérées (MAM) n'atteint qu'environ 50% des enfants en Haïti. Pour cette raison, des milliers de jeunes enfants meurent inutilement chaque année de SAM non soignées, et dans une moindre mesure, de MAM. La plupart de ces décès pourraient être évités grâce à un dépistage élargi et des traitements, en approvisionnant les communautés avec une nourriture thérapeutique prête à l'emploi (RUTF), une intervention éprouvée, et peu onéreuse.

L'intervention proposée sur 12 ans améliorerait le dépistage et le traitement des sous-nutritions sévères et modérées pour les enfants âgés de moins de 5 ans (de 6 à 59 mois) en utilisant une nourriture thérapeutique standard et prête à l'emploi (RUTF).

---

1 Nous remercions, et sommes profondément reconnaissants pour leurs informations et conseils, à Patricia Wolff, Lora Iannotti, Brittany Hilker, Florence Jean Louis, et Moriah McArthur. Leur profonde compréhension des réalités haïtiennes et leur bonne volonté pour les « traduire » en termes pratiques pour cet important exercice de modélisation, ont rendu notre tâche possible et les résultats de nos efforts bien plus utiles. Nous avons aussi bénéficié grandement de la contribution de Brad Wong; ses sages conseils et sa supervision aux moments cruciaux de la collecte des données comme du processus de modélisation ont considérablement facilité notre tâche. Nous sommes aussi redevables à Bjorn Larsen, qui nous a apporté son aide d'expert afin d'affiner les estimations de mortalité utilisées dans cette analyse. Plusieurs relecteurs externes ont également fait des commentaires très utiles sur le mode de calcul et une version préliminaire de ce document. Jean Patrick Alfred, en particulier, nous a livré des commentaires précieux sur une des premières versions. Reina Engle-Stone et Christine Stewart ont aussi prodigué des commentaires très utiles. Comme toujours, nous sommes responsables de toutes erreurs et omissions qui apparaîtraient dans ce document comme dans le mode de calcul qui y est décrit.

2 Professeur Adjoint, Département de l'Agriculture et des Ressources Economiques, Université de Californie, Davis

3 Assistant Scientifique du Projet, Département de la Nutrition, Université de Californie, Davis

Le modèle avantage-coût est utilisé pour déterminer l'efficacité de l'intervention proposée. Les avantages sont mesurés en termes de nombre d'années de vie sauvées, suite à une mortalité infantile diminuée; et pour ceux qui se remettent avec succès de sous-alimentation sévère (SAM), les avantages comprennent aussi une période de vie sans les handicaps liés à la SAM. Les coûts de l'intervention proposée comprennent l'embauche et la formation de personnels de santé supplémentaires afin de dépister les enfants de moins de 5 ans, et d'infirmières afin de traiter davantage de cas de SAM et MAM. Les coûts comprennent aussi par avance les dépenses liées aux améliorations des systèmes de prévention et de traitement, et les coûts associés aux déplacements supplémentaires et à la supervision en vue d'étendre le dépistage et les traitements à des zones de plus en plus rurales et difficiles d'accès.

L'intervention proposée avec le produit standard RUTF est jugée particulièrement économe, ayant un ratio avantage-coût de 9,2 à un taux d'actualisation de 5% ; l'emploi d'une formule à base d'ingrédients locaux n'engendre que de petits changements dans les coûts, et donc le ratio avantage-coût, 9,6.

Acronymes

CMAM – Gestion Communautaire de la Sous-alimentation Aiguë (Community-Based Management of Acute Malnutrition)

DALY – Année de Vie corrigée de l'incapacité, ou AVCI (anglais DALY = YLD + YLL, pour Disability-Adjusted Life Year)

GAM – Sous-alimentation globale aiguë (WHZ<-2) (Global Acute Malnutrition)

MAM – Sous-alimentation modérée (-3<=WHZ<-2) (Moderate Acute Malnutrition)

MSPP -- Ministère de la Santé Publique et de la Population (Ministry of Public Health)

MUAC – Circonférence du bras (mesure de dépistage pour identifier les cas de SAM et MAM) (Mid-Upper-Arm Circumference)

RUTF – Nourriture thérapeutique prête à l'emploi (Ready-to-Use Therapeutic Food)

SAM – Sous-alimentation aiguë sévère (WHZ < -3) (Severe Acute Malnutrition)

WHZ – Rapport poids/taille en Z-score (autre mesure de dépistage) (Weight-for-Height Z-score)

YLD – Années de Vie perdues suite à un handicap (Years Lost Due to Disability)

YLL – Années de Vie perdues (Years of Life Lost)

Introduction

Il existe un consensus sur les aliments recommandés et les besoins en micronutriments des femmes enceintes et allaitantes (Hanson et al. 2015), comme sur les pratiques recommandées pour nourrir les bébés et jeunes enfants (UNICEF 2016b). En dépit des connaissances et des indicateurs de succès disponibles, les enfants des pays en voie de développements en général (UNICEF 2012), et d'Haïti (UNICEF 2015) en particulier, ne reçoivent pas d'alimentation adéquate[4], et donc subissent des conséquences nutritionnelles et sanitaires, qui, si elles ne sont pas

4 Nous reconnaissons que la maladie et les infections des plantes peuvent jouer des rôles significatifs sur la santé et l'état nutritionnel des enfants, et que ces facteurs demandent des investissements spécifiques pour être traités.

soignées, peuvent mener à des niveaux accrus de morbidité et de mortalité, et à des déficiences physiques et mentales à long terme pour ceux qui survivent (Black et al. 2103).

Ce document se concentre sur l'identification sur le terrain et le traitement des enfants qui consomment des doses bien inférieures aux apports alimentaires recommandés (et qui peuvent aussi souffrir de maladies et/ou d'infections) et dont les risques de mortalité augmentent en conséquence. Plus spécifiquement, nous décrivons une intervention qui augmenterait la prévention de la sous-alimentation aiguë sévère (SAM) et de la sous-alimentation aiguë modérée (MAM), en distribuant des traitements à la grande majorité des enfants qui souffrent de telles pathologies. L'intervention proposée envisage le renforcement des organismes existants et du personnel de santé qui effectue le dépistage et administre les traitements, en améliorant la coordination entre ceux-ci. Nous estimons les coûts et les avantages (en termes de vies sauvées, principalement) de l'intervention proposée sur 12 ans et concluons qu'elle serait efficace à moindre frais.

Bien que l'intervention proposée soit à échelle nationale et finirait par atteindre des enfants situés dans des zones très éloignées, pour des raisons pratiques cette intervention se concentre étroitement sur le fait de sauver les vies d'enfants dénutris âgés de 6 mois à 5 ans. C'est-à-dire, dans ce document, nous ne proposons *pas* un investissement global dans les zones rurales, qui réduirait l'insécurité alimentaire familiale ou la sous-nutrition des enfants en général. À la place, nous proposons un investissement qui se concentrera sur l'amélioration de l'état nutritionnel de groupes d'enfants choisis auxquels les systèmes alimentaires et économiques ont fait défaut – des enfants souffrant de SAM et MAM.

Envergure de la sous-alimentation infantile en Haïti

La sous-nutrition est un problème omniprésent en Haïti, particulièrement dans les zones rurales où le dépistage et (surtout) les services thérapeutiques manquent. En 2012, environ 5,2% des enfants de moins de 5 ans étaient dénutris ; 1,3% souffraient de SAM (WHZ<-3) et 3,9% souffraient de MAM (-3<=WHZ<-2) (UNICEF 2012). La sous-alimentation a augmenté parmi les enfants entre 2012 et 2015 pour plusieurs raisons (ONG Meds & Foods for Kids, communication). A l'heure actuelle, on estime que 6,2 % des 1,3 million d'enfants de moins de 5 ans souffrent de sous-alimentation globale (GAM) ; 4,5 % souffrent de MAM et 1,5 % souffrent de SAM (UNICEF 2015). Les enfants sous-alimentés suite aux séquelles de l'ouragan Matthew commencent seulement à être officiellement reconnus.

Les efforts récents et actuels pour parer à la sous-alimentation aiguë des enfants

En 2007, Haïti a commencé à expérimenter la Gestion Communautaire de la Sous-alimentation Aiguë (CMAM), des programmes conçus et dirigés par le MSPP, qui comprenaient la distribution par les communautés d'aliments thérapeutiques prêts à l'emploi (RUTF), alors reconnus mondialement comme plus efficaces et moins coûteux que les programmes en clinique pour soigner les SAM (Puett et al. 2013). Bien que les expériences haïtiennes avec les programmes CMAM aient connu des succès mitigés et généralement nettement inférieurs aux résultats obtenus dans d'autres pays en voie de développement, ces programmes CNAM ont été maintenus avec l'objectif déclaré de remédier aux facteurs institutionnels et variés qui contribuaient à leur faible efficacité et leur mauvais fonctionnement en Haïti (Phillips et Rhatigan 2011). Des programmes CMAM continuent d'être mis en œuvre en Haïti ; plus de 4 000 agents de santé polyvalents et issus des communautés (ASCPs) ont été formés par le système de santé haïtien (Alfred 2017), mais leur déploiement est limité aux zones géographiques situées près des routes majeures, et la coordination entre les personnes impliquées dans le dépistage et celles qui dispensent les traitements est souvent faible. Il est important de remarquer que les politiques de santé actuelles en Haïti permettent aux agents de santé de dépister le GAM, mais exigent que des infirmières traitent les cas identifiés de SAM et MAM, par conséquent les deux équipes d'agents de santé et d'infirmières doivent être renforcées pour accomplir les tâches prévues dans le cadre des interventions proposées.

Selon les rapports, 13 039 enfants souffrant de SAM ont reçu à temps des soins efficaces en 2015 (UNICEF 2015), sur un total estimé de 19322[5] ; une bien moindre proportion d'enfants souffrant de MAM ont reçu des traitements. Les ONG et organisations bénévoles privées sont actuellement responsables d'une partie significative des dépistages de SAM et MAM en Haïti, bien que les données permettant d'évaluer en détail leurs efforts, coûts, et effets ne soient pas disponibles. Quelques organisations annexent leurs activités de dépistage à d'autres programmes concernant la santé et la nutrition (par exemple, Meds & Foods for Kids), tandis que d'autres mènent leurs activités de dépistage en parallèle d'entreprises commerciales (par exemple, Boutik Sante). Quel que soit le mode opératoire adopté, les actions de dépistage et de traitement menées par ces organisations ont tendance à présenter plusieurs points communs: elles couvrent les coûts des agents de santé engagés dans le dépistage ; elles recherchent à la fois la SAM et MAM, en utilisant la MUAC (Mesure de la circonférence du bras) ; quelques-unes procurent des traitements, mais bon nombre renvoient vers des professionnels de santé en clinique où les traitements peuvent être administrés ; elles envoient en priorité en consultation les enfants atteints de SAM ; elles prennent en charge au moins quelques-uns des frais (comme le transport, etc.) dont doivent s'acquitter les accompagnateurs recherchant des soins ; et il y a d'ordinaire une limite aux nombre de fois où un enfant particulier peut recevoir un traitement ou des ressources pour obtenir des soins.

Les interventions proposées

Nous proposons deux interventions, qui visent toutes deux à étendre et améliorer (à l'identique) les programmes actuels publics menés par le MSPP et ceux des ONG pour dépister et soigner les jeunes enfants atteints de SAM et MAM. Une des deux interventions emploie une formule *standard* RUTF pour traiter à la fois SAM et MAM, bien que différentes quantités de RUTF soient utilisées dans chaque cas ; l'autre emploie une formule RUTF alternative qui fait un usage plus intensif des ingrédients *localement disponibles* mais qui satisfait à toutes les spécifications RUTF de l'UNICEF (Ryan et al. 2015). Étendre et améliorer les programmes de dépistage et de traitement nécessitera par avance des investissements en formation, rectification des projets et coordination, et des dépenses annuelles pour couvrir les salaires, déplacements et autres frais sur le terrain des agents de santé, l'obtention des produits, leur transport et frais de stockage, et les coûts de gestion d'ensemble des programmes. Pour les cas de SAM et MAM, le transport des accompagnateurs jusqu'aux centres de traitement, ou depuis ceux-ci, sont aussi compris dans le budget global de l'intervention.

5 Calculs des auteurs: 1 288 122 * 0,015.

Nous prévoyons des interventions de 12 ans (de 2017 jusqu'à 2028), les quatre premières années utilisées comme période de formation, de renforcement des capacités, et de mise à échelle des programmes, durant lesquelles les ressources humaines (y compris la formation des agents de santé et infirmières) et les ressources financières permettant d'appuyer (notamment) la coordination renforcée et les activités de suivi et d'évaluation seront accrues. En 2020, ce système amélioré et étendu opérera à pleine capacité et ce, pour les huit années suivantes. Dans le cas de la formule RUTF *locale*, des ressources sont budgétées lors de la première année pour l'identification et le perfectionnement de la formule locale, et pour affiner les processus de production permettant de la fabriquer sur place[6].

Il est prévu que les deux interventions soient pleinement opérationnelles la quatrième année (c'est à dire qu'à partir de 2020, un dépistage de la GAM sera effectué sur 95% des enfants de moins de 5 ans dans tout le pays, et que 95% de ceux identifiés comme souffrant de MAM ou SAM débuteront un traitement[7]). Ces interventions sauveront des vies et éviteront les périodes durant lesquelles les enfants vivent avec les infirmités de la SAM. La valeur de ces avantages pour la société augmente avec la durée de vie des cohortes d'enfants aux vies sont sauvées par les interventions proposées.

Il est important de noter que notre point de départ pour cette analyse était le statu quo concernant le dépistage et le traitement des SAM et MAM en Haïti. Le système actuel, qui peut dépister environ 80% des enfants, mais qui ne traite qu'environ 70% des cas de SAM et seulement 25% de ceux de MAM, souffre de ruptures de stocks chroniques en RUTF et ne paye pas régulièrement ses agents de santé ou ses infirmières. De plus, la coordination entre les individus et les organisations qui dépistent les enfants et ceux qui dispensent les traitements est faible. Nos interventions proposées effectuent des investissements par avance pour améliorer les performances du système global, mais se concentrent particulièrement sur le recrutement et la formation d'un plus grand nombre d'agents de santé et d'infirmières pleinement rémunérés, et sur l'augmentation substantielle des stocks de RUTF disponibles localement pour traiter les cas de SAM et MAM. Les interventions proposées remédient aussi au perpétuel problème des foyers pauvres en ressources et incapables d'assumer les frais de transport des allers et retours jusqu'aux cliniques de traitement – nous proposons de prendre en charge ces frais de transport hebdomadaires ou bihebdomadaires.

Les interventions proposées prévoient de faire usage des nombreuses relations entre public, ONG et privé existant dans « l'espace » de dépistage et de traitement des SAM et MAM. Il appartiendra au MSPP et à ceux qui mettront en œuvre l'intervention de choisir les partenariats adéquats afin que les services dispensés suivent le protocole et restent uniformes entre prestataires, comme efficaces et d'un bon rapport coût-efficacité. La nature de ces partenariats pourra varier géographiquement, par exemple dans les zones rurales reculées les ONG pourraient assurer un plus grand rôle dans le dépistage et traitement, tandis que dans les zones urbaines, les agents du secteur public seraient mieux placés, mieux dotés en personnel et équipements pour se charger de ces tâches. Ceci étant dit, le système actuel pâtit de plusieurs problèmes qui affaiblissent sa couverture et son efficacité : 1) des lacunes autour de sa considérable périphérie (le

6 Des méthodes pour identifier des formules RUTF alternatives existent (exemple, Ryan et al. 2015) ; une équipe composée de nutritionnistes, de techniciens agro-alimentaires et d'économistes devrait être assemblée pour développer et tester les formules alternatives.

7 Pour un éventail de raisons, tous les enfants qui entreprennent un traitement ne vont pas nécessairement jusqu'au bout ; le modèle identifie et « suit » ces enfants, parce que les coûts de leur traitement et profils de mortalité sont différents.

dépistage et surtout les options de traitement sont très limités dans la plupart des zones rurales); 2) des manques d'efficacité liés à l'échelle des opérations menées par de nombreuses petites organisations et activités ; 3) un manque de coordination entre organismes fournissant les *mêmes* services ; 4) un manque de coordination entre ceux qui effectuent le dépistage et identifient les cas de SAM et de MAM, et les cliniques, hôpitaux, etc. qui offrent des options thérapeutiques pour la plupart des cas de SAM cases, mais très peu pour les cas de MAM. Ces inefficacités et cette coordination peu optimale doivent être réformées pour que l'opération proposée ait un effet puissant et demeure efficace sur les coûts.

Hypothèses clés en rapport avec les interventions proposées[8]

Pour produire les estimations des avantages attendus et des coûts associés aux interventions proposées, les hypothèses suivantes ont été émises.

Concernant les avantages associés à la guérison d'un cas de MAM:

1. Sur l'ensemble des enfants atteints d'une MAM et qui sont en traitement, 2% mourront au cours du traitement (Lenters 2013), 12% abandonneront celui-ci en cours (Bachmann 2009; Nackers 2010; Wilford 2011; Puett 2013; Frankel 2015; Isanka 2016; selon des sources locales), 2% iront au bout du traitement mais s'y avèreront résistants (Nackers 2010; Wilford 2011; Puett 2013; Frankel 2015; Isanka 2016; selon des sources locales) et les 84% restants finiront leur traitement et guériront (Lenters 2013).
2. Le taux de mortalité dans un cas de MAM non soigné est de 1,5% (d'après Olofin 2013). Donc le nombre de décès d'enfants évités par traitement des MAM correspond à 1,26% (1,5% * 84% = 1,26%) du nombre total d'enfants identifiés avec ce type de sous-alimentation, et passés sous traitement.
3. Pour les enfants qui seraient morts de MAM avant 1 an, l'intervention sauve 63,5 années de vie (non actualisé). Pour les enfants qui en seraient morts à 1 an, elle sauve 64,5 années de vie. Pour ceux qui en seraient morts à 2 ans, 3 ans, et 4 ans, l'intervention permet de sauver respectivement 65,5 ; 65,6 et 64,9 années de vie. L'ensemble additionné, correspond à des années de vie perdues (YLL, ou Years of Life Lost).
4. Il n'y a pas de handicaps majeurs associés à une dénutrition modérée, par conséquent les années de vie perdues suite à un handicap n'entrent pas dans les calculs (YLD, ou Years Lost Due to Disability).
5. Pour les MAM, le total des années de vie corrigées de l'incapacité, ou AVCIs (anglais DALYs) est donc la somme des années de vie perdues (YLL, ou Years of Life Lost) par mort évitée dans chaque tranche d'âge, corrigé par le nombre de décès supplémentaires évités dans chaque tranche d'âge.
6. La formule RUTF locale est supposée être aussi efficace que la formule RUTF standard – n'entraînant pas de modification dans les calculs.[9]

8 Un jeu complet d'hypothèses est inclus avec le modèle dans la feuille du tableur. Les hypothèses fondées sur les études publiées et sur d'autres sources y sont citées, ainsi que tous les calculs utilisés pour générer tous les « composantes » de l'estimation des avantages et des coûts.

9 La formule locale pour Haïti n'est pas encore développée. Cependant, par choix de conception, elle satisfera à tous les critères de l'UNICEF concernant les RUTF destinées aux jeunes enfants souffrant de SAM (Ryan et al. 2015).

Concernant les avantages associés à la guérison d'un cas de SAM:

1. Sur l'ensemble des enfants atteints d'une SAM et qui sont en traitement, 4% mourront au cours du traitement (Lenters 2013), 12% abandonneront celui-ci en cours (Bachmann 2009; Nackers 2010; Wilford 2011; Puett 2013; Frankel 2015; Isanka 2016; selon des sources locales), 4% iront au bout du traitement mais s'y avèreront résistants (Nackers 2010; Wilford 2011; Puett 2013; Frankel 2015; Isanka 2016; selon des sources locales) et les 80% restants finiront leur traitement et guériront (Lenters 2013).
2. Le taux de mortalité dans un cas de SAM non soigné est de 6,5% (d'après Olofin 2013). Donc le nombre de décès d'enfants évités par traitement des SAM correspond à 5,2% (6,5% * 80% = 5,2%) du nombre total d'enfants identifiés avec ce type de sous-alimentation, et passés sous traitement.
3. Pour les enfants qui seraient morts de SAM avant 1 an, l'intervention sauve 63,5 années de vie (non actualisé). Pour les enfants qui en seraient morts à 1 an, elle sauve 64,5 années de vie. Pour ceux qui en seraient morts à 2 ans, 3 ans, et 4 ans, l'intervention permet de sauver respectivement 65,5 ; 65,6 et 64,9 années de vie. L'ensemble additionné, correspond à des années de vie perdues (YLL, ou Years of Life Lost).
4. Le rétablissement d'une SAM par retour à l'équilibre nutritionnel (défini comme WHZ >= -2 dans Lenters (2013), considéré comme 'suffisamment rétabli' pour éviter les handicaps consécutifs à une SAM) est escompté pour 80% des enfants traités pour SAM. Ces enfants qui retrouvent l'équilibre nutritionnel sont supposés avoir évité des handicaps sur une période de 6 mois (Puett et al. 2013). Les années de vie perdues suite à un handicap (YLD, ou Years Lost Due to Disability) sont ensuite calculées en appliquant un facteur de handicap de 0,128 (Salomon et al. 2015) sur 6 mois de vie.
5. Pour les SAM, le total des années de vie corrigées de l'incapacité, ou AVCIs (anglais DALYs) est donc la somme des années de vie perdues (YLL, ou Years of Life Lost) par mort évitée dans chaque tranche d'âge, corrigé par le nombre de décès supplémentaires évités dans chaque tranche d'âge, plus la somme des YLD par enfant s'étant rétabli d'une SAM dans chaque tranche d'âge, multipliée par le nombre d'enfants ayant évité un handicap par traitement de SAM dans chaque tranche d'âge.

Les enfants peuvent faire une rechute, c'est à dire qu'une fois guéris avec succès de SAM ou MAM, ils peuvent à nouveau être sous-alimentés de façon aiguë. Il n'y a pas de données disponibles en Haïti sur la proportion d'enfants soignés et qui rechutent. Pour traiter de cette question, nous postulons que jusqu'à ce que les enfants grandissent et sortent de la fourchette d'âge ciblée par l'intervention (6-59 mois), tous les enfants déjà guéris d'une SAM ou MAM, sont susceptibles de rentrer à nouveau dans le groupe d'enfants de leur âge dès l'année suivante, en tant que cas de SAM ou MAM[10].

Limites des interventions proposées

Les interventions proposées ont plusieurs importantes limites.

D'abord, tous les cas de SAM ne peuvent pas être traités avec succès par une formule RUTF. Des cas compliqués impliquant des infections, des maladies, ou d'autres problèmes médicaux

10 Bien que les coûts pour soigner un même enfant plusieurs fois de SAM ou MAM soient inclus dans le modèle, les avantages d'une vie sauvée ne sont comptabilisés qu'une seule fois.

doivent être traités en cliniques ou hôpitaux (Lenters et al. 2016) et le coût du traitement de ces cas peut être sensiblement plus élevé que celui des cas simples. Les frais liés à ces cas compliqués ne sont pas intégrés dans ce modèle. Cependant, la plus grande partie des avantages des interventions sont obtenus par la découverte et le traitement de cas de *MAM*, pour lesquels des complications et donc les taux de mortalité sont bien plus (Lenters et al. 2016). Par conséquent, l'omission de l'analyse des coûts de traitement d'un petit pourcentage de cas SAM compliqués ne devrait pas avoir un grand effet sur le ratio avantage-coût de l'intervention.

Deuxièmement, ces interventions ne « répareront » pas le système socio-économique qui continue de « produire » des milliers de cas de GAM chaque année. Des investissements globaux supplémentaires seront nécessaires pour réduire de manière significative et durable la pauvreté ; mais l'intervention que nous proposons sauverait des milliers de vies d'enfants pendant qu'en même temps des investissements visant à réduire la pauvreté pourraient être élaborés et mis en œuvre.

Troisièmement, les interventions proposées se concentrent sur le dépistage et le traitement d'*un plus grand nombre* d'enfants qui souffrent de SAM et MAM. Nous reconnaissons la nécessité d'investissements substantiels et d'apporter des améliorations au système *actuel* qui permet de dépister environ 80% des enfants Haïtiens et de traiter environ 70% des cas de SAM et 25% de ceux de MAM. Nous réservons des ressources substantielles dans ce but, mais d'autres ressources et (peut-être particulièrement) davantage de temps pourraient s'avérer nécessaires pour parfaire le système actuel.

Quatrièmement, les interventions proposées pourraient augmenter quelques-uns des coûts du système actuel. Par exemple, les agents de santé et infirmières actuels pourraient faire pression afin d'obtenir les mêmes salaires régulièrement payés, que nos « nouvelles » recrues recevrons. Aucune de ces potentielles « retombées économiques » entre l'intervention proposée et le système actuel n'est prise en compte dans le modèle développé et présenté ci-dessous : mais quelques-unes pourraient augmenter le ratio avantage-coût tandis que d'autres pourraient le réduire.

Dernièrement, et cela s'y rapporte aussi, le modèle ne peut pas prédire les nombreuses carences institutionnelles (par exemple, une incapacité à coordonner efficacement les activités du secteur public et celles des ONG en matière de dépistage et de traitement des enfants) qui pourraient réduire les avantages de l'intervention proposée ou saper son efficacité.

Calcul des Coûts et Avantages

Coûts estimés des interventions proposées

Les interventions proposées comprennent des coûts de formation et de programme, qui varient au cours de la période de 12 ans, principalement pour permettre le renforcement des moyens envisagés et la mise à niveau du programme durant les quatre premières années, mais aussi parce que la population d'enfants de moins de 5 ans et les taux de prévalence estimés des SAM et MAM varient au cours du temps.

Les coûts de formation, qui sont acquittés principalement durant les quatre premières années de l'intervention proposée[11], sont ceux nécessaire pour créer un groupe élargi d'agents de santé afin de dépister les SAM et MAM chez les jeunes enfants, et un groupe plus conséquent d'infirmières afin de traiter ces enfants. Ces agents de santé supplémentaires formés sont ensuite déployés, et les coûts sur le terrain comme les coûts de gestion du programme (y compris les coûts de supervision supplémentaires) liés à ces déploiements sont tous inclus dans nos estimations des coûts. Des infirmières supplémentaires sont également déployées en clinique, et l'activité sur le terrain, la gestion du programme, et (surtout) l'achat de RUTF, le transport, et les frais de stockage liés à leurs activités de traitement sont inclus dans les estimations des coûts. Encore une fois, tous les chiffres des coûts tiennent pour acquis le personnel actuel et les frais des activités actuelles de dépistage et de traitement des SAM et MAM, c'est à dire que nous nous concentrons seulement sur les coûts supplémentaires liés à l'élargissement et à l'amélioration des programmes nationaux pour mieux coordonner et impliquer les entités du secteur public et les ONG.

En ce qui concerne la répartition des coûts généraux pour les enfants âgés de 6 à 12 mois[12] en 2018, la première des années d'expansion de l'intervention, avec l'emploi du produit standard RUTF, environ 37% des coûts sont dus à l'acquisition, au transport et au stockage du produit RUTF utilisé pour traiter les cas de SAM et MAM. Les frais de formation et de personnel représentent aussi une large partie des coûts au cours de cette période de renforcement des moyens, de même que les frais de transport vers ou depuis les centres de traitement pour les enfants souffrant de SAM ou MAM et leurs accompagnateurs[13].

Avantages estimés des interventions proposées

Les avantages nationaux liés aux interventions proposées portent principalement sur la réduction des taux de mortalité spécifiques à certaines tranches d'âge, parmi le vaste segment de population d'enfants de moins de 5 ans qui seront dépistés et guéris de SAM et MAM, par conséquent ils peuvent contribuer à réduire considérablement les années de vie perdues (YLL) et les années passées avec un handicap consécutif au fait de survivre à une SAM non traitée au cours de la petite enfance. Le nombre de vies sauvées dépendra lourdement de la proportion d'enfants atteints de GAM, et particulièrement de la proportion d'enfants en sous-poids souffrant de SAM.

Vu que les sous-groupes de la population des moins de 5 ans, ont des taux de prévalence différents pour les SAM et MAM (Base de données mondiale de l'OMS sur la croissance et la malnutrition des enfants, 2014), pour chaque année de la période d'intervention proposée, la prévalence des SAM et MAM est aussi décomposée par tranche d'âge. Le tableau 1 présente les taux de prévalence prévus pour les SAM et MAM dans cinq tranches d'âge comprenant la population des moins de 5 ans en Haïti en 2017.[14]

11 Le modèle prévoit un peu de turnover du personnel ; les frais de formation des remplaçants, aussi bien agents de santé qu'infirmières, sont inclus dans le calcul des coûts.

12 La population cible d'enfants de moins de 5 ans est divisée en cinq tranches d'âge dans ce modèle : 6-12 mois, 1-2 ans, 2-3 ans, 3-4 ans, et 4-5 ans. Chaque tranche a ses propres caractéristiques (taille, taux de mortalité spécifique consécutive à une MAM ou SAM, etc.) et donc ses propres profils de coûts et d'avantages. Nous présentons les coûts de la tranche 6-12 mois ici ; les données des autres tranches sont disponibles dans le modèle.

13 Le coût du temps passé par les accompagnateurs à convoyer les enfants traités n'est pas inclus dans ce modèle.

14 Les taux de prévalence des SAM et MAM, spécifiques aux tranches d'âge, varient aussi au fil du temps, en fonction des taux de prévalence de GAM prévus pour les moins de 5 ans (voyez le tableau 2).

Tableau 1 – Taux de prévalence des SAM et MAM en 2017, population de moins de 5 ans, par tranche d'âge

Tranche d'âge (années)	SAM (%)	MAM (%)
0,5-0,99	2,54	7,54
1-1,99	0,77	6,40
2-2,99	0,77	2,17
3-3,99	0,88	2,97
4-4,99	1,54	3,89

Source: Prévu avec les informations de la Base de données mondiale de l'OMS sur la croissance et la malnutrition des enfants, 2014

Les interventions proposées augmenteront le nombre d'enfants dépistés pour la GAM (d'environ 70% à 95%) et par conséquent, augmenteront le nombre d'enfants atteints de SAM et de MAM qui débuteront un traitement[15,16].

L'augmentation des taux de dépistage et de traitement sauve des vies. Le nombre de vies sauvées parmi les enfants de 6 à 12 mois[17] est imputable à l'augmentation des dépistages et traitements pour les SAM et MAM pendant toute la durée des interventions proposées. Bien que le nombre de décès évités par traitement des SAM (6,5%) soit proportionnellement plus élevé que celui des MAM (1,5%), le « réservoir » de cas de MAM est bien plus grand que celui de SAM, donc le nombre de vies sauvés en améliorant le programme de traitement des MAM, dépasse celui du programme amélioré de traitement des SAM. Le nombre total de vies sauvées parmi la population de moins de 5 ans sur la période d'intervention proposée de 12 ans est de 5 768.

Analyse coût-avantage

Les avantages sont agrégés et actualisés pour chaque intervention de la façon suivante :

1. le nombre de vies sauvées suite au traitement des SAM et MAM est estimé pour chaque année de la période de simulation, puis actualisé de 3%, 5% et 12%, quelle que soit l'année au cours de laquelle ces vies sont sauvées ;
2. le nombre total de vies sauvées (actualisé, selon trois taux) lors de chaque année est ensuite pondéré par 3X le PNB, et 8X le PNB, en utilisant les estimations de PNB spécifiques à l'année qui ont été fournies ; et enfin

15 Dans les simulations effectuées avec le modèle, la proportion d'enfants identifiés comme souffrant de SAM et qui reçoivent consécutivement un traitement, augmente depuis le niveau du statu quo, passant de 70% à 95% pendant la période d'expansion. La proportion d'enfants identifiés comme souffrant de MAM augmente quant à elle de 25% à 95% pendant cette même période.

16 Les enfants atteints de SAM ou MAM ne sont pas tous traités jusqu'au bout ; certains meurent durant le traitement, d'autres abandonnent (peut-être parce que leur entourage choisit de ne pas poursuivre les soins). Le modèle tient compte ces cas et ajuste les coûts en conséquence.

17 Souvenez-vous, une fois de plus, que le modèle comporte quatre autres tranches d'âge, chacune avec ses propres taux de prévalence aux GAM et d'autres caractéristiques qui affectent à la fois les coûts et les avantages.

3. la valeur actuelle du flux d'avantages (DALYs * PNB, actualisé selon trois taux) liée à l'intervention est calculée et mise en parallèle avec le flux des coûts d'intervention symétriquement actualisé.

Le tableau 2 présente les mesures récapitulatives des avantages et des coûts estimés, actualisés à 3%, 5% et 12%, et les ratios avantage-coût qui en résultent, pour les deux interventions proposées, l'une employant une formule RUTF *standard*, et l'autre faisant appel à la formule RUTF *locale*. Notez que les ratios avantage-coût sont considérablement plus élevés que 1 pour les deux interventions, même avec un taux d'actualisation de 12%.

Notez aussi qu'identifier et produire une formule RUTF locale réduit les coûts associés à l'intervention proposée[18]; puisque les avantages attendus sont identiques, les ratios avantage-coût sont un peu plus élevés que ceux de la formule standard.[19]

Tableau 2 – Résumé des coûts de base et des avantages des interventions proposées

Intervention	Actualisation	Avantage (valeur DALY = 3XPNB)	Coût	RAC	Qualité des preuves
Traitement des sous-alimentations avec formule *standard* RUTF	3%	\$18 672 717 590	1 377 612 779 \$	13,6	Solide
	5%	\$10 846 435 954	1 184 266 481 \$	9,2	
	12%	\$2 936 319 276	729 543 281 \$	4,0	
Traitement des sous-alimentations avec formule *locale* RUTF	3%	\$18 672 717 590	1 316 062 103 \$	14,2	Moyenne
	5%	\$10 846 435 954	1 131 759 778 \$	9,6	
	12%	\$2 936 319 276	698 181 399 \$	4,2	

Source: Calculs des Auteurs

Conclusions

Des milliers de jeunes enfants haïtiens meurent inutilement chaque année. Beaucoup de ces décès seraient évitables en améliorant les programmes permettant de dépister et de traiter les enfants souffrant de SAM et MAM.

Dans ce document, nous proposons un investissement de 12 ans pour étendre et améliorer les programmes nationaux de dépistage et de traitement des cas de SAM et MAM chez les enfants de moins de 5 ans. Les interventions envisagées seraient gérées par le MSPP, un hybride des ONG et des institutions publiques qui se rassembleraient pour former un système efficace

18 Les coûts des ingrédients devraient diminuer de 20% ; les économies ainsi réalisées sur les coûts pourraient être plus élevées ou moins élevées pour Haïti, selon les relations entre l'offre et la demande relatives aux ingrédients, et la façon dont cette offre et cette demande sont affectées pendant la période d'intervention.

19 La réduction des coûts associée au développement et au passage à une formule locale dépendra fortement des coûts fixes pour y parvenir. Pour la formule standard, le ratio avantage-coût de l'intervention proposée est de 4,5. Si nous supposons une réduction de 20% pour les coûts des ingrédients, les coûts fixes liés au changement de formules lors de la première année pourraient être aussi élevés qu'environ 971 000 \$ (Dollars US) et le ratio avantage-coût serait toujours >= 4,5.

et coordonné. Nous proposons une période de renforcement des moyens de 4 ans au cours de laquelle le contingent nécessaire d'agents de santé supplémentaires (pour le dépistage) et d'infirmières (pour le traitement) serait embauché et formé, et les investissements requis pour améliorer la coordination et la supervision du système seraient effectués.

Le programme devrait sauver plus de 5 700 vies et des milliers d'autres auront l'avantage d'éviter un handicap consécutif aux cas de SAM non soignés. Bien qu'historiquement, le fardeau de la malnutrition ait eu tendance à pencher vers les garçons (par exemple, en 1994-1995, le ratio de prévalence des SAM entre les garçons et les filles était d'environ 1,8 {= 3,9 / 2,2} et pour le MAM d'environ 1,5 {= 11,2 / 7,6 }), des données plus récentes (de 2012) suggèrent que le fardeau de la SAM est maintenant plus élevé chez les filles (0,8 = 1,1 / 1,4), mais que le fardeau du MAM reste un peu plus élevé chez les garçons (1,2 = 5,6 / 4,8) (OMS, Base de données mondiale sur la croissance et la malnutrition des enfants, 2014). Si cette tendance historique dans la répartition de la malnutrition infantile se poursuit pendant le délai envisagé pour cette intervention, le fardeau du SAM et du MAM diminuera de manière disproportionnée sur les jeunes filles.

Les coûts du programme, estimés à plus de 1,4 milliard de gourdes (actualisés à 3%, ou environ 21,7 millions de dollars US, également actualisés à 3%) sont considérables, et la plupart des coûts en temps des accompagnateurs (non comptabilisés dans ce modèle) seraient assumés par des femmes chargées de conduire les enfants dans les centres de dépistage et de traitement. Cependant, lorsque les valeurs des vies sauvées sont compensées par les coûts de les sauver, les résultats suggèrent fortement que l'intervention proposée mérite d'être sérieusement considérée par les décideurs.

Nous concluons que l'expansion et l'amélioration des programmes nationaux de dépistage et de traitement des SAM et des MAM en utilisant la formule RUTF *standard* méritent d›être poursuivies. Investir dans le développement et l'utilisation d'une formule RUTF *locale* pour le traitement des SAM et MAM améliore modestement le ratio avantage-coût pour l'intervention proposée, mais il demeure une certaine incertitude quant à l'efficacité de la nouvelle formule.

Références bibliographiques

Alfred, Jean Patrick. 2017. Communication personnelle avec commentaires de lecture.

Bachmann, Max O. 2009. "Cost Effectiveness of Community-Based Therapeutic Care for Children with Severe Acute Malnutrition in Zambia: Decision Tree Model." *Cost Effectiveness and Resource Allocation*, 7(1): 2.

Black R, Victora CG, Walker SP, Bhutta Z, Christian P, De Onis M, Ezzati M, Grantham-McGregor S, Katz J, Martorell R, Uauy R, Maternal and Child Nutrition Study Group. Maternal and child undernutrition and overweight in low-income and middle-income countries. Lancet 2013;382:427-51.

Bhutta Z, Das JK, Rizvi A, Gaffey MF, Walker N, Horton S, Webb P, Lartey A, Black R, The Lancet Nutrition Interventions Review Group, Group MaCNS. Evidence-based interventions for improvement of maternal and child nutrition: what can be done and at what cost? Lancet 2013.

Collins, Steve. 2007. "Treating Severe Acute Malnutrition Seriously." *Archives of Disease in Childhood*, 92(5): 453-461.

Department for International Development (DFID). 2015. DIFD's Conceptual Framework on Agriculture. Department for International Development, UKAID, November, 2015.

Frankel, Sasha, Mark Roland, and Marty Makinen. 2015. Costs, Cost-Effectiveness, and Financial Sustainability of Community-Based Management of Acute Malnutrition in Northern Nigeria. Results for Development Institute, June 2015.

Hanson Mark A., Anne Bardsley, Luz Maria De-Regil, Sophie E. Moore, Emily Oken, Lucilla Poston, Ronald C. Ma, Fionnuala M. McAuliffe, Ken Maleta, Chittaranjan N. Purandare, Chittaranjan S. Yajnik, Hamid

Rushwan, Jessica L. Morris. The International Federation of Gynecology and Obstetrics (FIGO) recommendations on adolescent, preconception, and maternal nutrition: "Think Nutrition First." *International Journal of Gynecology and Obstetrics* 131 S4 (2015) S213-S253.

Isanaka, Sheila, Nicolas A. Menzies, Jessica Sayyad, Mudasiru Ayoola, Rebecca F. Grais, and Stéphane DoyoN. 2016. Cost Cnalysis of the Treatment of Ssevere Acute Malnutrition in West Africa. *Maternal & Child Nutrition*, 2016, DOI 10.1111/mnc.12398

Lenters, Lindsey M., Kerri Wazny, Patrick Webb, Tahmeed Ahmed, and Zulfiqar A. Bhutta. 2013. "Treatment of Severe and Moderate Acute Malnutrition in Low- and Middle-Income Settings: A Systematic Review, Meta-Analysis and Delphi Process." *BMC Public Health*, 13(Suppl 3): S23-S23.

Lenters, Lindsey, Kerri Wazny, and Zulfiqar A. Bhutt. 2016. Management of Severe and Moderate Acute Malnutrition in Children., in Black, R. E., R. Laxminarayan, M. Temmerman, and N. Walker, editors. 2016. Reproductive, Maternal, Newborn, and Child Health. Disease Control Priorities, third edition, volume 2. Washington, DC: World Bank. doi:10.1596/978-1-4648-0348-2. License: Creative Commons Attribution CC BY 3.0 IGO

Nackers, Fabienne, France Broillet, Diakite Oumarou, Ali Djibo, Valerie Gaboulaud, Philippe J. Guerin, Barbara Rusch, Rebecca F. Grais, and Valerie Captier. 2012. Effectiveness of Ready-to-Use Therapeutic Food Compared to a Corn/Soy-Blend-based Pre-mix for the Treatment of Childhood Moderate Acute Malnutrition in Niger. *Journal of Tropical Pediatrics*, Vol. 56, NO. 6, 2010

Olofin I, McDonald CM, Ezzati M, Flaxman S, Black RE, et al. 2013. Associations of Suboptimal Growth with All-Cause and Cause-Specific Mortality in Children under Five Years: A Pooled Analysis of Ten Prospective Studies. *PLoS ONE* 8(5): e64636. doi:10.1371/journal.pone.0064636

Phillips, Erica and Joseph Rhatigan. 2011. Treating Malnutrition in Haiti with Ready-to-Use Therapeutic Foods. Cases in Global Health Delivery. Harvard Medical School. GHD-014. April 2011.

Puett, Chloe, Kate Sadler, Harold Alderman, Jennifer Coates, John L. Fiedler, and Mark Myatt. 2013. "Cost-Effectiveness of the Community-Based Management of Severe Acute Malnutrition by Community Health Workers in Southern Bangladesh." *Health Policy and Planning*, 28(4): 386-399.

Salomon, Joshua A., Juanita A. Haagsma, Adrian Davis, Charline Maertens de Noordhout, Suzanne Polinder, Arie H. Havelaar, Alessandro Cassini, Brecht Devleesschauwer, Mirjam Kretzschmar, Niko Speybroeck, Christopher J. L. Murray, and Theo Vos. 2015. "Disability Weights for the Global Burden of Disease 2013 Study." The Lancet Global Health 3, no. 11: e712-e723.

UNICEF. 2012. State of the World's Children: Children in an Urban World. United Nations Children's Fund (UNICEF), February 2012.

UNICEF. 2016a. Ready-to-Use Therapeutic Food Price Data. (https://www.unicef.org/supply/files/Copy_of_RUTF_Prices_for_Internet_10.pdf).

UNICEF. 2016b. From the First Hour of Life: Making the case for improved infant and young child feeding everywhere. United Nations Children's Fund (UNICEF), New York, NY.

UNICEF, World Bank, and World Health Organization. 2016. Joint Malnutrition dataset from UNICEF, World Bank and WHO. (http://data.unicef.org/topic/nutrition/malnutrition/).

UNICEF. 2015. UNICEF Annual Report: Haiti.

Wilford, Robyn, Kate Golden, and Damian G Walker. 2011. "Cost-Effectiveness of Community-Based Management of Acute Malnutrition in Malawi." *Health Policy and Planning*, 10.1093/heapol/czr017.

WHO Global Database on Child Growth and Malnutrition. 2014. http://www.who.int/ (nutgrowthdb/database/countries/who_standards/hti_dat.pdf?ua=1)

Des jardins de santé publique pour lutter contre la malnutrition

JEAN PATRICK ALFRED

L'Institut Haïtien de Statistique et d'Informatique (IHSI) estime la population haïtienne à 10 911 819 habitants en 2015 (1) dont plus de 25% résident dans la zone métropolitaine de Port au Prince. Et elle pourrait atteindre 11,7 millions d'habitants en 2020 (2). Pour la période 2015-2020, l'espérance de vie à la naissance est estimée à 64,2 ans (60,6 ans pour la période 2005-2010), le taux brut de natalité est estimé à 24,1 pour 1000 habitants et le taux brut de mortalité à 8,2 décès pour 1000 habitants (2). L'indice synthétique de fécondité diminue régulièrement passant de 4 enfants par femme en 2006 à 3,5 en 2012 (3). Le pays est donc dans la possibilité de tirer profit de ce dividende démographique dans la mesure où la population en âge de travailler augmente plus vite que la population dépendante. Mais il faut que les hommes et les femmes soient en santé et bien nourris.

Le revenu national per capita en parité du pouvoir d'achat-PPA de 2014 est estimé à 820 dollars par la Banque mondiale. Avec une population qui croit en moyenne de 2% par an, toute croissance du PIB inférieur à 2% ne compense pas la pression démographique. L'État haïtien est dépourvu de ressources ce qui l'empêche de mener à bien des programmes sociaux et de développement économique durable. Haïti importe trois fois plus qu'il n'exporte. Les dons externes ont déjà diminué de 75% entre 2010 (1,8 milliards $ US) et 2015 (488 millions $ US). En 2015, il y a eu la sécheresse qui a sérieusement impacté le secteur agricole ce qui représente un cinquième du PIB principalement au service des pauvres qui ont tendance à avoir des enfants malnutris. Puis il y a eu la catastrophe naturelle Matthew qui a causé des pertes de l'ordre de 2,7 milliards de dollars, et ainsi provoqué la décapitalisation des agriculteurs, des éleveurs et des pêcheurs. Ainsi la pauvreté qui touche déjà les deux tiers de la population, pourrait s'accroitre et du coup l'augmentation des cas de malnutrition aigüe, modérée et sévère.

La faim est l'expression de l'absence d'emploi décent et productif. Car l'emploi décent permet aux ménages de disposer d'un revenu, de relever leur pouvoir d'achat et de réduire ainsi leur niveau d'insécurité alimentaire. Selon les données de l'enquête sur les conditions de vie des ménages après le séisme (ECVMAS) de 2012, les dépenses pour l'alimentation représentent 65 % des dépenses totales des ménages. Ce qui nous permet de constater que les ménages les plus pauvres dépensent presque trois quarts de leur revenu total dans l'alimentation. Même parmi les ménages les plus aisés, plus de la moitié des dépenses est consacrée à l'alimentation. (38). Or, dans le cadre d'une importante initiative visant à éliminer la malnutrition au plan mondial, des engagements concrets ont été pris concernant la mise en place des politiques et des investissements dont le but est de garantir à tous une alimentation plus saine et durable. Ainsi, la Déclaration de Rome sur la nutrition consacre le droit de chaque personne à l'accès à des aliments sûrs, nutritifs et en quantité suffisante. Elle engage les gouvernements à prévenir la malnutrition sous toutes ses formes, notamment la faim, les carences en micronutriments et l'obésité.

Au cours de cette rencontre, Mme Margaret Chan, Directrice générale de l'OMS, a déclaré notamment que « le système alimentaire mondial – du fait de sa dépendance de la production industrielle et de la globalisation des marchés – produit d'abondantes disponibilités, mais il crée quelques problèmes de santé publique. Une partie du monde dispose de très peu à manger, ce qui rend des millions de personnes vulnérables à la maladie et à la mort pour cause de carences nutritionnelles tandis qu'une autre partie du monde mange trop, ce qui répand l'obésité, réduit l'espérance de vie et propulse les coûts des soins de santé vers des niveaux astronomiques.»

Les pays signataires se sont engagés à obtenir des résultats spécifiques d'ici 2025 concernant les objectifs en matière de nutrition, y compris les objectifs existants pour améliorer la mortalité maternelle, infantile et la nutrition du jeune enfant, et pour réduire les facteurs de risque liés à la nutrition et qui sont responsables des maladies non transmissibles comme le diabète, les accidents cardiovasculaires et certains cancers.

Les systèmes alimentaires durables sont essentiels pour promouvoir une alimentation saine. Les gouvernements sont invités à promouvoir l'agriculture qui favorise une bonne nutrition en intégrant les objectifs de nutrition dans la conception et la mise en œuvre des programmes agricoles.

À cet effet, les gouvernements sont encouragés à renforcer au plan national la production et le traitement des denrées alimentaires, notamment chez les petits agriculteurs et les agriculteurs familiaux, en accordant une attention particulière à l›autonomisation des femmes.

La malnutrition fait le plus de mal dans les premiers stades de la vie. En conséquence, les pays doivent orienter leurs efforts pour répondre aux besoins nutritionnels des mères avant et pendant la grossesse et des nourrissons pendant les premiers «1 000 jours», de la conception à l'âge de deux ans. À cet égard, il convient de promouvoir et de soutenir l'allaitement exclusif au sein pendant les six premiers mois consécutifs à la naissance, et poursuivre l'allaitement jusqu'à l'âge de deux ans ou au-delà.

Si on veut bien comprendre ce qu'est la faim qui conduira à la malnutrition il faut juste regarder l'enfant de moins de 6 mois de « Asefi » qui pleure sans arrêt parce qu'elle a faim et sa maman du fait de l'allaitement exclusif n'est pas disponible pour le consoler avec le sein. Ou ses trois autres enfants qui ont faim et qui n'ont pas l'espoir d'avoir un repas au cours de la journée. Et bien tout naturellement ces enfants vont entrer en malnutrition ce qui représentera un coût socio-économique considérable pour la société. Cet argent aurait pu être investi dans d'autres secteurs qui pourraient être productifs dans le cadre de la croissance économique pour le développement de notre pays.

Haïti qui fut connu comme un pays essentiellement agricole dispose actuellement de peu de ressources dans un contexte de forte pression démographique. La pauvreté est omniprésente et les conditions de vie des familles demeurent très précaires : les ménages agricoles n'arrivent pas à produire suffisamment de céréales pour couvrir leur besoin. La population rurale dépend d'une agriculture familiale de subsistance fragile et extrêmement sujette aux aléas climatiques. La pénurie alimentaire des foyers a des conséquences directes sur l'état nutritionnel des populations.

Cette situation est directement liée au manque d'accès des femmes à la terre, à leur difficulté à disposer d'aliments non céréaliers, à leur faible taux d'alphabétisation, au manque d'hygiène et des pratiques de soins infantiles inadaptées (comme le sevrage précoce, l'utilisation d'aliments de complément inadéquats, une diversité alimentaire réduite).

Donc il est important en vue d'arriver à de bonnes perspectives et d'éliminer la malnutrition dans le pays d'arriver à la mise en place de programmes qui visent à réduire la vulnérabilité économique des familles les plus pauvres du pays, à améliorer leur régime alimentaire et à promouvoir l'adoption de bonnes pratiques de soins infantiles. L'agriculture de santé publique sera promu en utilisant des « *Jardins de la santé publique* » qui reposent sur :

Le développement de potagers (production de fruits, légumes, céréales et arachides) à la fois pour la consommation des familles et pour la revente sur les marchés;

La promotion de bonnes pratiques nutritionnelles à travers des formations et des sessions de sensibilisation (allaitement, hygiène, alimentation et nutrition);

Des démonstrations culinaires de recettes équilibrées, basées sur la disponibilité des produits des potagers et d'autres aliments locaux communément utilisés.

La promotion de farines infantiles enrichies produites par des unités locales de promotion pour la prévention de la malnutrition devra être intégrée dans les démonstrations.

Il est important, dans le but d'augmenter le nombre d'emploi comme cela est précisé plus haut, d'augmenter les activités de post-production agricole (conservation, transformation, stockage des légumes) afin d'améliorer la préservation de la nourriture pendant les périodes sèches

Tout ceci sera fait dans le but de permettre concrètement :

- Le renforcement de la disponibilité et l'accès aux aliments de qualité diversifiés
- L'amélioration de la santé des familles et des enfants
- La création des espaces d'échange et de discussion dans la communauté et entre les communautés
- L'augmentation des revenus des familles

Ces jardins de la santé publique constitueront une approche efficace pour lutter contre les carences alimentaires et permettre aux paysans de disposer de l'argent et d'améliorer la lutte contre la malnutrition.

Depuis quelque temps, on est en train de faire la promotion du moringa qui pourra être une des plantes de ces jardins de santé publique. D'un point de vue nutritionnel, ses feuilles sont particulièrement intéressantes.

La population haïtienne souffre de certaines carences, notamment de manques en vitamine A, en fer et en iode. Or cette molécule joue un rôle primordial dans le mécanisme de la vision ; la baisse de l'acuité visuelle est l'un des premiers signes apparents de carence en vitamine A. Or, il s'avère que le moringa semble intéressant dans le cadre d'une complémentation de l'alimentation en vitamine A : facile d'accès, 3 grammes de matière sèche de Moringa permettent de couvrir les besoins quotidiens d'une personne en vitamines A. Un arbre peut aisément couvrir les besoins d'une famille. Si, dans certains pays les feuilles sont traditionnellement consommées plutôt infusées, en sauce, en soupe ou en salade ; les propriétés nutritives du moringa sont altérées à la cuisson : mieux vaut le consommer en salade ou saupoudré sur les plats. Les apports en vitamine A peuvent ainsi s'ajouter à ceux des fruits (banane, mangue, etc.). Dans le moringa, les apports en fer (58 µg de fer/gramme de feuilles séchées[1]) et en protéines (0,25 g/gramme de feuilles séchées) sont qui plus est, assez importants. Donc l'introduction des feuilles de moringa dans l'alimentation doit être encouragée.

Les nombreuses qualités alimentaires de cette plante lui permettent d'être promue auprès de nombreux programmes de développement comme un moyen de lutte contre la malnutrition.

Si on veut résoudre les problèmes de l'insécurité alimentaire il faut vraiment investir dans l'agriculture, qui représente le secteur clé et donc la locomotive du développement économique du pays. Ainsi le développement de l'agriculture du pays et des jardins de santé publique va pouvoir à la fois de répondre au défi démographique en termes d'autosuffisance alimentaire et permettre la rentrée de devises dans le pays et ainsi d'éliminer la malnutrition.

Références bibliographiques :

Haïti, Tendances et perspectives de la population d'Haïti, des départements et communes, 2000-2015, Port au Prince, Institut haïtien de statistique et d'informatique-IHSI ; fév 2009.

Haïti, Projection de populations, Port au Prince, Institut haïtien de statistique et d'informatique-IHSI ; 2007.

http://www.ihsi.ht/pdf/projection/ProjectionsPopulation_Haiti_2007.pdf

Haïti, Enquête Mortalité, Morbidité et Utilisation des Services, EMMUS-V 2012, Port au Prince, MSPP ; 2013.

http://mspp.gouv.ht/site/downloads/EMMUS%20V%20web.pdf

Haïti, L'évolution des conditions de vie en Haïti entre 2007 et 2012. La réplique sociale du séisme. Port au Prince, Institut haïtien de statistique et d'informatique-IHSI ; juin 2014. http://www.ihsi.ht/pdf/ecvmas/analyse/IHSI_DIAL_Rapport%20complet_11072014.pdf

Haïti, Enquête Nationale de la Sécurité Alimentaire (ENSA), Conseil National de la sécurité Alimentaire (CNSA), Haïti 2011 http://www.cnsa509.org/Web/Etudes/Rapport%20final%20enquete%20nationale(ENSA).pdf

Assessment of Agricultural Knowledge, Science and Technology for Development (IAASTD), 2009.

Levard L. et Appolin, F., 2013. Répondre aux défis du XXIème siècle avec l'agroécologie : pourquoi et comment ?

Stassart P.M., Baret Ph., Grégoire J-Cl., Hance Th., Mormont M., Reheul, D., Stilmant D., Vanloqueren G., Visser M. 2012. L'agroécologie : trajectoire et potentiel pour une transition vers des systèmes alimentaires durables.

Ramaroson Rakotosamimanana, V. (2014). Étude des pratiques et croyances alimentaires pour comprendre la malnutrition à Madagascar. Intérêt de l'introduction des feuilles de Moringa oleifera.

Drewnowski, A. & Darmon, N. (2005). Food choices and diet costs: an economic analysis. Journal of Nutrition, 135(4), 900-904.

SANTÉ

Développement du réseau et du système d'ambulances
R. Christina Daurisca

Une analyse coût-avantage des projets d'infrastructures sanitaires
Stanley Jean-Baptiste

Avantages et coûts des modes de cuisson dans le contrôle de la pollution de l'air des foyers
Bjorn Larsen

Commentaire :
Le mode de cuisson des aliments, facteur de risques sanitaires en Haïti
Alexandra V. D. Pierre

Rapport de l'analyse des coûts et des avantages de l'intervention « Vaccination complète des enfants âgés de moins d'un an en Haïti par le renforcement des services de vaccination »
Magdine Flore Rozier Balde

Analyse coût-avantage de trois interventions sur les maladies non transmissibles en Haïti
Ryan K. Mcbain, M. Brian Hutchinson, Gene F. Kwan, Rachel Nugent

Commentaire :
Maladie rénale chronique : coût direct de la prise en charge optimale à Port-au-Prince
Audie Metayer, Jean Hugues Henrys, et Claire Randie Lajoie

Coûts et avantages de la vaccination des enfants et de la prise en charge des maladies courantes de l'enfant en Haïti
Karin Stenberg, Ludovic Queuille, Rachel Sanders, Marcus Cadet

Coûts et avantages des interventions visant à réduire la transmission et la charge de morbidité du VIH/AID en Haïti

Karin Stenberg, Ludovic Queuille, Rachel Sanders, Marcus Cadet

Une analyse coût-avantage des propositions traitant la santé maternelle

Karin Stenberg, Ludovic Queuille, Rachel Sanders, Marcus Cadet

Commentaire :
Analyse des trois études en santé

Claire Nicole Lebrun

DÉVELOPPEMENT DU RÉSEAU ET DU SYSTÈME D'AMBULANCES

R. CHRISTINA DAURISCA

Résumé

Il a été proposé de développer le système et le réseau ambulancier en Haïti en tenant compte des réalités nationales, du besoin d'arriver à sauver le plus de vies possible et d'avoir une intervention efficace.

Trois interventions ont été retenues : le développement du réseau urbain, celui du réseau national et la mise à profit des « premiers intervenants ». Les coûts et les avantages ont été calculés en considérant tous les foyers de dépenses. L'analyse a été faite sur la base du ratio avantage-coût qui considère les différents effets d'une telle intervention sur trois aspects : les traumatismes, les cardiopathies ischémiques et les urgences obstétricales. Celle-ci a démontré que pour tous les cas de figure et en combinant les 3 éléments d'action, ce ratio atteint jusqu'à 25. Ceci traduit un gain certain en avantages, décès évités et années de vie corrigées d'incapacité.

Prise individuellement, l'intervention proposant l'utilisation de premiers intervenants produit plus d'avantages (15,8 gourdes de « bénéfices » pour chaque gourde dépensée), environ 1 fois et demi plus que celle du développement du réseau urbain et 5 fois plus que le développement du réseau national (rural et urbain).

L'intervention utilisant les « premiers intervenants et les paramédics » devrait être combinée au développement du réseau urbain. Cette collaboration fournit un moyen fort d'arriver à une meilleure prise en charge et plus de vies sauvées au niveau du transport sanitaire des différentes urgences partout sur le territoire national. Elle reste un choix sûr.

Introduction

Sur le plan sanitaire, quelques secondes, quelques gestes peuvent faire la différence ; particulièrement quand il s'agit d'urgences, l'urgence se définissant par la mise en danger à brève échéance – l'heure ou la demi-journée – de l'intégrité physique, voire de la vie d'une personne[1]. Est aussi considéré comme urgence tout ce qui est ressenti comme tel par le patient.

La prise en charge des urgences constitue un véritable défi pour les systèmes de santé en général et pour ceux des pays en voie de développement en particulier. Une bonne partie de ces

1 Écrit par Droit-medical.com le 15 septembre 2008 dans la rubrique Evolution. Lien (http://droit-medical.com/actualites/evolution/208-urgence-medicale#ixzz4Hjd93OCC) consulté en décembre 2016

urgences est due à la survenue de traumatismes[2] hors de centres de soins et nécessite des services et soins préhospitaliers, c'est-à-dire avant d'arriver à l'hôpital. Les données à l'échelle internationale sont alarmantes. En effet, selon l'Organisation Mondiale de la Santé, les traumatismes représentent 16% de la charge de morbidité générale. La charge de mortalité et d'incapacité qui y est liée est encore plus importante dans les pays à revenu intermédiaire ou à faible revenu : 90% du fardeau total leur incombe. Une personne avec un traumatisme a 6 fois moins de chance de survie dans les milieux à faible revenu que dans ceux élevés. L'organisation en a fait une priorité sanitaire au niveau mondial. Ceci implique, entre autres, une mise en place de structures et de mécanismes spéciaux en dehors des institutions sanitaires mais en liaison avec celles-ci. Certaines études démontrent une diminution de 50% [3] des décès médicalement évitables après la mise en œuvre de système de prise en charge.

Dans les pays dits du Nord, les services ambulanciers gèrent une bonne partie des urgences et des traumatismes, ceci, même celles qui ont lieu en milieu hospitalier. Pour ce faire, ces services sont encadrés par des lois, répondent à des normes spécifiques et sont soutenus par des mécanismes associatifs et financiers multiples[4]. D'autres stratégies de collecte d'informations comme les enquêtes nationales sur les urgences, les rapports des services ambulanciers et les réformes des services préhospitaliers permettent une amélioration continue de ces services et un meilleur taux de réduction des séquelles. Le développement du secteur ambulancier est progressif et requiert non seulement une volonté politique mais aussi l'inclusion de tous les secteurs.

En Haïti, ce n'est qu'en 2012 qu'un centre ambulancier a été établi sur le territoire national, répondant ainsi à un besoin qu'il est impossible de reporter dans le temps. Cette institution se heurte à différentes limites de divers types comme l'insuffisance des ressources ou encore la centralisation. Il devient urgent de penser à un transport sanitaire plus structuré, plus englobant, prenant en compte les réalités du terroir (pays montagneux donc accessibilité réduite au niveau de certaines zones par exemple) et capable de permettre d'augmenter le nombre de vies sauvées le temps d'arriver à l'institution sanitaire la plus proche et la plus adaptée en termes de capacité de prise en charge.

Ce document propose trois interventions pour développer le système et le réseau des ambulances : le développement du réseau urbain, celui du réseau national et la mise à profit des « premiers intervenants ».

Analyse documentaire

L'urgence n'a pas d'heure ou de forme prédéfinie. Une fois connue et reportée, elle doit être prise en charge le plus rapidement possible pour limiter le risque de dommages ou de décès. Les services préhospitaliers, avant d'arriver au point fixe de prestation, rentrent en jeu permettant ainsi d'intervenir pendant toute la durée, de la récupération sur le lieu de survenance de l'urgence à

2 L'Organisation Mondiale de la Santé (OMS) définit le traumatisme comme étant un « dommage physique subi par un corps humain lorsqu'il est brutalement soumis à des quantités d'énergie (mécanique, thermique, chimique, rayonnée) qui dépassent le seuil de tolérance physiologique ou privé d'un ou plusieurs éléments vitaux comme l'oxygène et la chaleur)

3 Lignes directrices pour les soins essentiels en traumatologie, 2004, Organisation Mondiale de la Santé.

4 On peut citer la *Loi sur les services pré hospitaliers d'urgence* au Québec et l'*arrêté du 10 février 2009 fixant les conditions exigées pour les véhicules et les installations matérielles affectés aux transports sanitaires terrestres* en France.

l'institution sanitaire. Il devient alors primordial d'investir dans l'établissement ou l'amélioration d'un système de prise en charge des urgences (Olive C. Kobusingye et al., 2006).

Bon nombre d'études présentent les avantages liés à l'existence d'un tel système. Ainsi selon l'écrit cité précédemment, des soins prodigués tôt peuvent prévenir les décès liés au paludisme, des décès de l'ordre d'un million par année en Afrique sub-saharienne, et aussi ceux causés par les maladies respiratoires et diarrhéiques chez l'enfant ou encore ceux provoqués par les maladies non transmissibles comme l'hypertension ou le diabète.

Kobusingye et al. (2006) proposent aussi ce qui suit : pour 1 million de personnes, le nombre de traumatismes est estimé à 4 100 et les décès qui y sont associés à 900. Avec une capacité de réanimation au niveau des ambulances, 300 vies peuvent être sauvées.

Dans une population d'un million de personnes, il faut s'attendre à environ 1 100 décès liés au cas d'infarctus du myocarde et à peu près à 200 décès de suites de complications obstétricales. L'usage des services ambulanciers permet d'épargner 400 vies : urgences obstétricales et cardiopathies. Ceci fait un grand total de 700 quand s'y ajoutent les vies sauvées de traumatismes.

Dans le même courant d'idées, ces types d'interventions sont profitables aux femmes enceintes pour lesquelles, quant à risque, il est impossible de déterminer à l'avance chez qui les urgences se matérialiseront. Les complications obstétricales ont aussi une meilleure chance d'arriver à l'hôpital si le transport sanitaire est amélioré (Facilitating emergency obstetric care through transportation and communication, Bo, Sierra Leone. The Bo PMM Team. Samai O[1], Sengeh P., 1997)

Le rapport de 2002 de l'Organisation Mondiale de la Santé « Reducing risks, promoting healthy life » note que le pourcentage de la mortalité générale imputable aux traumatismes est de 21,7, un pourcentage qui atteint les 31,1% en termes de pertes d'années de vie corrigées de l'incapacité. Le même rapport stipule que dans la plupart des cas, ces traumatismes surviennent chez une population jeune et résiliente et sur laquelle les soins d'urgence adéquats ont un effet favorable.

Mock et al. (1998) ont conclu que les efforts concernant la prise en charge des traumatismes doivent se concentrer au niveau des soins préhospitaliers et de la traumatologie. Par ailleurs, selon le document *Health and economic benefits of improved injury prevention and trauma care worldwide,* il serait possible de sauver 72 millions de vie au niveau des pays sous-développés et en voie de développement avec la diminution de la mortalité par traumatisme via un investissement au niveau des soins traumatiques (qui incluent aussi les soins ambulanciers).

En termes d'organisation de ces soins préhospitaliers, la littérature offre des informations intéressantes. Si dans les pays développés, le débat se poursuit au niveau de l'efficacité de l'utilisation du transport sanitaire aérien (Gearhart et al. (1997), dans les autres pays (pays dits moins avancés), l'usage des moyens du bord comme la motocyclette semble porter ses fruits. En fait, il a été établi que le système ambulancier routier est plus rentable pour transporter des patients vers des institutions sanitaires à au plus 250 km du lieu de récupération (Brändström, 2014).

Il a été démontré que des laïcs formés en soins de premier secours sont efficaces pour donner une réponse appropriée en situation de traumatisme avec une diminution du taux de mortalité liée aux traumatismes (Husum, 2003). D'un autre côté, les professionnels paramédicaux doublés d'ambulances réduisent la survenue des décès préhospitaliers (Arreola-Risa et al.,2008).

Calculs des coûts et des avantages

Coûts

Pour calculer les coûts des différentes interventions, les sources d'informations privilégiées ont été les rapports statistiques 2014 et 2015 publiés par le MSPP. Les données concernant les urgences y sont puisées.

Le document de projet du Projet d'Investissement Public (PIP) 1313-1-12-50-14 a servi pour avoir une meilleure connaissance des attentes de l'Autorité Nationale de Santé en matière de réseau ambulancier. Les différentes rubriques de dépenses pour l'organisation et le fonctionnement des réseaux ambulancier et urbain sont tirées du dernier budget annuel (2016-2017) du Centre Ambulancier National (CAN). Le nombre de personnel selon l'intervention est calculé selon les hypothèses fournies par Kobusingye et al. (2006).

Les coûts concernant la formation des « premiers intervenants » reposent aussi sur les hypothèses de Kobusingye et al. (2006). Ceux liés au contexte spécifique haïtien (location d'une salle pour la formation, par exemple) sont calculés en fonction des réalités haïtiennes et des habitudes du MSPP.

Avantages

Les avantages sont calculés en termes de nombre de vies sauvées et de DALYS si telle ou telle intervention est mise en place. Les avantages ont été déterminés en se basant sur les hypothèses de Kobusingye et al. 2006. Partant des exercices de réduction (3%, 5% et 12%) de ces DALYS, une estimation monétaire de ces avantages est faite permettant ainsi d'arriver à l'analyse des ratios avantage-coût. Le taux de réduction de 5% a été retenu pour décanter les trois interventions.

Intervention « Établissement du réseau ambulancier urbain » - Calcul des coûts

Sur la base du travail d'Olive C. Kobusingye et al. (2006), pour le réseau ambulancier en milieu urbain, il est prévu :

- Une ambulance pour 30 000 habitants, donc 176 ambulances pour la population urbaine d'Haïti estimée à 5 327 640 millions d'habitants ;
- 10 ambulances par centre ambulancier, ce qui fait un total de 18 centres (calcul) ;
- Un coût de 5 525 000 gourdes par ambulance et de 6 330 000 gourdes par centre ambulancier (calcul) ;
- Un staff de 9 personnes (en rotation) par ambulance : si Kobusingye et al. (2006) proposent 7 personnes pour le staff d'une ambulance ; d'autres auteurs[5] en proposent 10. Partant du principe qu'une ambulance travaille 24h et qu'un staff de 2 personnes est requis pour chaque quart (8 heures) et qu'une période de repos de 2 jours est suggéré, 9 personnes devraient suffire comme staff par ambulance.
- Un superviseur pour 3 ambulances.

5 Annual update in intensive care and emergency medicine, 2015, Jean-Louis Vincent.

Tableau 1. Coûts (en gourde haïtienne) de l'intervention « Établissement réseau ambulancier urbain » pour un an

Rubriques/ressources	Quantité	Coût unitaire	Total	Hypothèses
Centre ambulancier	18	6 330 000,00	111 289 066,33	10 ambulances par centre
Ambulances	176	5 525 000,00	971 361 913,88	33 ambulances pour 1 million d'habitants
Total investissement			**1 082 650 980,21**	
Ambulanciers	1582	221 000,00	349 690 289,00	9 par ambulance
Superviseurs	53	598 000,00	31 540 692,73	1 pour chaque 3 ambulances
Fonctionnement-centre ambulancier	18	252 000,00	4 430 465,20	
Carburant-ambulance	176	50 000,00	8 790 605,56	20 000 km par année par ambulance
Maintenance-ambulance	176	360 000,00	63 292 360,00	
Total fonctionnement			**457 744 412,48**	
Total intervention « Établissement réseau urbain »			**1 540 395 392,69**	

Intervention Réseau ambulancier urbain - Avantages

Les avantages, basés sur les hypothèses formulées par Kobusingye et al. (2006), sont présentés dans le tableau ci-dessous. Cette intervention réduit de 33% les décès liés aux traumas, de 18% ceux liés aux cardiopathies ischémiques et de moitié les décès liés aux complications obstétricales.

Types	Pourcentage de réduction des décès	Nombre de décès évités	DALYS (non réduits)
Décès liés aux traumas	33%	1260	55
Décès liés aux cardiopathies ischémiques	18%	949	21
Décès liés aux complications obstétricales	50%	330	54

Intervention « Développement du réseau national » - Calcul des coûts

Pour le calcul des coûts du réseau urbain, les mêmes considérations hypothétiques de la première intervention tiennent. A celles-ci, pour le réseau rural, s'ajoutent les hypothèses suivantes :

- pré-positionnement des ambulances pour réduire considérablement les délais sachant qu'en milieu rural, beaucoup d'infrastructures routières font défaut ;
- 3 fois plus d'ambulances par million d'habitants qu'en milieu urbain, ce qui donne un total de 99 ambulances par million d'habitants ;

Tableau 2. Coûts (en gourde haïtienne) de l'intervention « Développement du réseau ambulancier national » pour un an

Rubriques/ressources	Quantité	Coût unitaire	Total	Hypothèses
Urbain				
Centre ambulancier	18	6 330 000,00	111 289 066,33	10 ambulances par centre
Ambulances	176	5 525 000,00	971 361 913,88	33 ambulances pour 1 million d'habitants
Total investissement			1 082 650 980,21	
Ambulanciers	1582	221 000,00	349 690 289,00	9 par ambulance
Superviseurs	53	598 000,00	31 540 692,73	1 pour chaque 3 ambulances
Fonctionnement-centre ambulancier	18	252 000,00	4 430 465,20	
Carburant-ambulance	176	50 000,00	8 790 605,56	20 000km par année par ambulance
Maintenance-ambulance	176	360 000,00	63 292 360,00	
Total fonctionnement			457 744 412,48	
Grand total urbain			1 540 395 392,69	
Rural				
Centre ambulancier	0	6 330 000,00	-	Stratégie de pré-positionnement
Ambulances	569	5 525 000,00	3 145 321 603,59	99 ambulances pour 1 million d'habitants
Total investissement rural			3 145 321 603,59	
Paramédics	6706	221 000,00	880 690 049,01	9 par ambulance
Superviseurs	171	598 000,00	102 258 000,00	1 pour 3 ambulances
Fonctionnement-centre ambulancier	0	252 000,00	-	Stratégie de pré-positionnement
Carburant-ambulance	569	50 000,00	28 464 448,90	20 000km par année par ambulance
Maintenance-ambulance	569	360 000,00	204 944 032,09	
Total fonctionnement			**1 817 672 547,28**	
Grand total rural			**4 962 994 150,87**	
Total intervention développement réseau national			**6 503 389 543,56**	

Intervention « Développement du réseau national » - Avantages

La toile de fond de détermination des avantages de cette intervention est constituée des hypothèses de Kobusingye et al. (2006). Cette intervention conduit à une réduction de 50% des décès par suite de complications obstétricales et de 18% en ce qui a trait à la mortalité liée aux cardiopathies ischémiques, tout comme le réseau urbain. Néanmoins, le pourcentage de réduction des décès liés aux traumas représente la moitié de celui attendu avec l'établissement du réseau urbain, le temps d'acheminement vers une institution de santé étant plus long en milieu rural qu'en milieu urbain. Les avantages sont résumés dans le tableau ci-dessous.

Tableau 4. Résumé des avantages de l'intervention « Développement du réseau national »

Types	Pourcentage de réduction des décès	Nombre de décès évités	DALYS (non réduits)
Décès liés aux traumas	*17%	1310	55
Décès liés aux cardiopathies	18%	1972	21
Décès liés aux complications obstétricales	50%	686	54

**Kobusingye et al 2006 proposent 33%, ce pourcentage a été réduit pour prendre en compte le temps d'acheminement vers une institution de santé*

Intervention Premiers intervenants et paramédics – Calcul des coûts

Les premiers intervenants

- 2 500 intervenants pour 1 million de personnes, ce qui fait un total de 27 695 intervenants pour la population nationale ;
- 20 intervenants par formateur donc 1 385 formateurs au total ;
- 2 jours de formation.

Les paramédics

Pour cette catégorie de profession paramédicale, les hypothèses sont les suivantes :

- 50 paramédics par 1 million d'habitants donc 554 nécessaires pour couvrir la population totale ;
- 10 par formateur, donc 55 formateurs en tout ;
- 25 jours de formation ;
- 1 kit par paramédic.

Le tableau qui suit présente les différents composants des coûts liés à l'intervention.

Tableau 5. Coûts (en gourde haïtienne) de l'intervention « Premiers intervenants et paramédics » pour un an

Rubriques/ressources	Quantité	Coût unitaire	Total	Hypothèses
Premiers intervenants (PI)	27695,08	549	15 209 828,57	2 500 premiers intervenants pour 1 million d'habitants
Formateurs	1385	4983,333333	6 900 691,67	1 formateur pour 20 intervenants
Formation (salles)	1385	20000	27 695 083,62	1 salle pour 20 intervenants
Matériels	1	1 800 180,435	1 800 180,44	1 dollar américain par premier intervenant
Total PI			51 605 784,29	
Paramédics	553,9017	19 770,83333	10 951 097,65	50 pour 1 million d'habitants
Formateurs (paramédics)	55,39017	62 291,66667	3 450 345,83	1 formateur pour 10 paramédics
Formation (salles)	55	250 000	13 847 541,81	1 salle pour 10 paramédics
Matériels	1	36 003,60871	36 003,61	1 dollar américain par paramédic
Matériels (kits)	1	478 571,045	478 571,04	16 dollars US par kit
Total paramédics			28 763 559,95	
Grand total (PI + Paramédics)			80 369 344,24	

Intervention « Premiers intervenants et paramédics » - Calcul des avantages

Les avantages de cette intervention, fondés sur les hypothèses de Kobusingye et al. (2006), portent exclusivement sur les décès liés aux traumas. Elle les réduit de 9%.

Tableau 6. Résumé des avantages de l'intervention « Premiers intervenants et paramédics »

Types	Pourcentage de réduction des décès	Nombre de décès évités	DALYS (non réduits)
Décès liés aux traumas	9%	715	34

Le tableau suivant résume cette section et présentent les coûts et avantages avec trois différents taux de réduction (3%, 5% et 12%). Les considérations faites dans ce document se basent sur les chiffres obtenus avec un taux de réduction de 5%. Chacun des avantages est évalué monétairement en fonction du Produit Intérieur Brut per capita de l'année dans laquelle une vie est sauvée ou le DALY évité. Ensuite, le total est actualisé par rapport au temps présent.

Tableau 7. Tableau récapitulatif des Ratio coûts-avantages selon l'intervention.

Intervention	Actualisation	Avantage	Coût	RAC	Qualité des éléments de preuves
Réseau ambulancier urbain	3%	5 987 016 701	544 734 858	11,0	Moyenne
	5%	4 406 893 345	561 559 893	7,8	
	12%	2 192 906 331	623 272 309	3,5	
Réseau ambulancier national	3%	8 772 312 411	2 253 275 495	3,9	Moyenne
	5%	6 587 200 390	2 320 046 967	2,8	
	12%	4 503 330 968	2 564 154 651	1,8	
Premiers intervenants and paramédics	3%	1 652 560 474	80 369 344	20,6	Solide
	5%	1 266 324 056	80 369 344	15,8	
	12%	637 862 961	80 369 344	7,9	

Conclusion

Fort des bénéfices de l'existence et de l'utilisation des services ambulanciers, il apparait primordial de mettre en place un système donnant le minimum à plus de clients/patients, tant que c'est possible avec les ressources mobilisables. Les calculs ont montré que les avantages dépassaient de loin les coûts, les différentes interventions proposent une optimisation des ressources montrant ainsi leur caractère efficient. Certes, des efforts au niveau du cadre légal et normatif sont à faire pour une meilleure mise en œuvre, elles n'en restent pas moins des solutions de premier choix compte tenu des réalités. La combinaison de l'utilisation des premiers intervenants et des paramédics et du développement du réseau urbain permet d'arriver à un combo ratio avantage-coût plus ainsi qu'à un effet sur le taux de mortalité lié aux traumas, cardiopathies ischémiques et complications obstétricales plus remarquables. Chemin faisant, il faudra encore moderniser ce système, élargir la gamme de services et renforcer le système traumatique institutionnel pour des résultats encore plus probants.

Références bibliographiques

Disease Control Priorities in Developing Countries. 2nd edition. Washington (DC): The International Bank for Reconstruction and Development / The World Bank; 2006. Chapter 68. Kobusingye OC, Hyder AA, Bishai D, et al. Emergency Medical Services. In: Jamison DT, Breman JG, Measham AR, et al., editors

Facilitating emergency obstetric care through transportation and communication, Bo, Sierra Leone. The Bo PMM Team. Samai O[1], Sengeh P

Health and economic benefits of improved injury prevention and trauma care worldwide Kobusingye OC, Hyder AA, Bishai D, et al

Low-cost improvements in prehospital trauma care in a Latin American city , 2008 Arreola-Risa C[1], Mock CN, Lojero-Wheatly L, de la Cruz O, Garcia C, Canavati-Ayub F, Jurkovich GJ.

Training pre-hospital trauma care in low-income countries: the 'Village University' experience, 2003 Husum H[1], Gilbert M, Wisborg T.

Trauma mortality patterns in three nations at different economic levels: implications for global trauma system development, 1998 J Trauma. **May; 44(5):804-12; discussion 812-4.**Mock CN[1], Jurkovich GJ, nii-Amon-Kotei D, Arreola-Risa C, Maier RV.).

Cost-effectiveness analysis of helicopter EMS for trauma patients, 1997, Gearhart PA1, Wuerz R, Localio AR.

The International Bank for Reconstruction and Development, 2006, The World Bank.

Rapport de l'Organisation Mondiale de la Santé, 2002, Organisation Mondiale de la Santé.

Traumatismes et violence, Les faits, 2014, Organisation Mondiale de la Santé.

Rapports Statistiques, 2013, 2014, 2015, Ministère de la Santé Publique et de la Population.

Annual update in intensive care and emergency medicine, 2015, Jean-Louis Vincent.

Lignes directrices pour les soins essentiels en traumatologie, 2004, Organisation Mondiale de la Santé.

Regional intensive care transports: a prospective analysis of distance, time and cost for road, helicopter and fixed-wing ambulances. Scandinavian Journal of Trauma, Resuscitation and Emergency Medicine, 22: 36, 2014, Brändström, H., Winsö, O., Lindholm, L., Haney, M.).

UNE ANALYSE COÛT-AVANTAGE DES PROJETS D'INFRASTRUCTURES SANITAIRES

STANLEY JEAN-BAPTISTE[1]

Résumé

Ce document présente l'analyse économique que supporte les investissements de deux projets de santé, l'un qui prévoit de doter les 125 sections communales dépourvues d'institutions d'un centre communautaire de santé (CCS), comme le précise le Paquet Essentiel de Services et l'autre qui prévoit une extension du projet de clinique mobile dans les cinq autres départements ou la mise en place de clinique dans les écoles publiques. L'objectif principal de ces deux projets est d'améliorer l'accès aux soins et services de santé pour le public cible. Ces projets visent à atteindre cet objectif par la mise en place dans les 125 sections qui misera sur l'attention primaire et une attention aux écoliers des écoles publiques de la tranche d'âge de 3-14 ans.

On réalise une analyse coût-avantage pour les principaux avantages espérés de ces projets, qui sont la prévention de la maladie, la réduction des symptômes de maladies, la réduction des maladies chroniques, et la réduction de la mortalité.

Tous ces avantages permettent de réduire le fardeau de la maladie ou l'Année de Vie Corrigée par le facteur d'Incapacité (AVCI), pour la population qui sera desservie par les CCS et les écoliers. Ensuite, ces avantages sont valorisés par le moyen du PIB per capita pour l'année 2016.

L'analyse portée sur l'ACVI montre que le projet de mise en place des CCS est viable pour un ratio avantage-coût de 4, avec un taux d'actualisation de 5%. Le même constat pour le projet clinique à l'école suivant la stratégie de clinique fixe, un ratio de 3,9 ; pour celle de clinique mobile à faible échelle un ratio de 4,7 et 5,6 pour la stratégie à grande échelle.

Introduction

Le système sanitaire haïtien a pour objectif principal de garantir l'accès universel et égalitaire aux services de santé à travers les activités de promotion, de prévention et de récupération de la santé. Les services sont fournis à travers trois niveaux de soins : le niveau tertiaire qui regroupe les hôpitaux spécialisés et universitaires; le niveau secondaire qui regroupe les hôpitaux départementaux, et le niveau primaire qui comprend trois échelons regroupant les hôpitaux communautaires de référence, les centres de santé dans les communes et les centres de santé communautaires dans les sections communales et la participation complémentaire du secteur privé. La haute direction du Ministère est en charge de formuler, de réguler et de coordonner les actions au niveau natio-

1 Planificateur-économiste, Ministère de la Santé Publique et de la Population

nal. Les départements sanitaires qui représentent le Ministère dans les dix départements ont la responsabilité d'assurer la prestation des services suivant les grandes lignes du Plan Directeur de Santé (PDS). Le secteur privé et parfois des organisations internationales proposent une offre de soins en vue de pallier aux faiblesses de l'État. De ses 11, 078, 033 habitants en 2016, le ministère de la Santé n'a pas de chiffre officiel sur la couverture sanitaire en Haïti. Souvent fait-on référence à une couverture de 60%.

La principale stratégie d'offre de soins est donnée par le manuel du Paquet Essentiel de Services (PES), anciennement Paquet Minimum de Service (PMS) qui fut introduit en 2006. Ce modèle présente une équipe pour la prestation de services au niveau du centre communautaire de santé (CCS), compose d'un aux-infirmière, comme prestataire clé, des agents de santé communautaires pour les activités de promotion au sein de la commune. Les équipes sont responsables d'une population de 5 000-6 000 habitants dans sa zone de desserte et réfèrent les cas qui dépassent leurs compétences aux niveaux supérieurs.

Haïti fait face à un défi pour organiser son système de santé, le relief du pays, la dispersion des ménages dans certaine région ou les plans d'urbanisation semblent absents, compliquent le travail de mise en place du réseau sanitaire. Les ressources qui lui sont alloués tendent à diminuer ces dernières années, de 10 % en 2013 à 4 % en 2016. De plus, la présence d'hôpitaux départementaux en milieu urbain engendre un déséquilibre dans la dispensation des services de soins, des pathologies qui pourront être traités à des niveaux inférieurs se retrouvent aux niveaux secondaires et même parfois tertiaires, en raison d'un manque de connaissance de la population des services disponibles et d'activité de promotion au niveau communautaire.

Les interventions

Centres communautaires de santé

Les différents reliefs du pays et l'absence de mise en application de plan d'urbanisation rendent d'autant plus difficiles cette offre dont les ressources sont déjà très maigres. Par contre, sans même parler de relief ou de disposition des habitats, l'accès aux soins reste un sujet préoccupant pour certaines couches de la société. Conscient de ce problème et de l'importance de l'accès universel aux soins de santé, le ministère de la Santé Publique et de la Population (MSPP) s'est donné comme objectif d'étendre le réseau du système de santé jusqu'à mettre une institution de santé dans chaque section communale du pays, comme étant la porte d'entrée dans le système de santé. Ainsi, le MSPP veut atteindre les 125 sections sur les 570 qui n'ont pas encore de centre communautaire de santé (CCS).

Comme préconisé, le système de santé haïtien devrait être en mesure de fournir des soins et services résolutifs de santé maternelle et infantile, d'assurer la prévention et de soigner les maladies transmissibles et de contrôler les maladies chroniques comme le diabète et l'hypertension. Le CCS dans le réseau de santé constitue ce qu'on appelle la porte d'entrée du système avec des ressources et une technologie adéquate pour répondre aux besoins d'une population déterminée.

Les cliniques scolaires

Outre les centres, le MSPP veut également porter une attention particulière aux enfants à l'école, car bon nombre d'enfants, malgré la présence des structures de santé dans les communes ou sections communales, n'ont guère accès aux services, faute de moyen. Comme rapporté dans l'EMMUS seul un tiers des parents ont recours aux services de santé pour leurs enfants. Dans cette optique, le MSPP en collaboration avec le ministère de l'Éducation a lancé en 2014 un projet pilote de cliniques mobiles dans les écoles publiques. Ce projet visait les écoliers de la tranche d'âge de 3 -14 ans, car la prise en charge pour un adolescent de plus de 14 ans devrait se faire au niveau institutionnel selon l'un des responsables du programme de clinique mobile.

Ce projet qui débuta en 2014 se voulait être une réponse ponctuelle au problème d'accessibilité et de disponibilité des soins aux enfants des zones marginalisés. Pour lancer le projet, un financement de 600 000 USD a été octroyé par la Banque Interaméricaine de Développement (BID)[2]. Avec trois autobus, le projet assurait la prise en charge clinique des écoliers des écoles nationales dans le département de l'Ouest. Par la suite, soit en 2016 quatre autres autobus ont été délivrés aux départements du Sud, du Nord, du Nord-Est et de la Grande-Anse. Avec deux visites par an dans chaque établissement, le projet a visité 98 écoles pour 20 474 élèves dépistés.

D'après le recensement de 2013 du ministère de l'Éducation Nationale, 24% des écoles du fondamental, 1er et 2ème cycle (primaire) et 17% du fondamental 3ème cycle disposeraient d'une infirmerie ou d'une trousse de premiers soins. Donc, un pourcentage de 76% et de 83% (fondamental 1/2 et 3ème cycle respectivement) d'écoliers ne disposent d'aucun recours aux premiers soins en cas de blessures ou malaises divers.

Le projet actuel offre les services suivants :

- consultations générales (examen clinique)
- contrôle de la vue, de l'audition et de la statique (le dos),
- mesures de la taille et du poids,
- vérification des vaccinations et dépistage des troubles d'apprentissage (langage, écriture...).
- éducation sanitaire
- déparasitage.

Des médicaments sont également fournis gratuitement aux enfants, selon les pathologies diagnostiquées. Au besoin, l'enfant est orienté vers d'autres spécialistes.

Les interventions pour lesquelles une analyse cout-avantage a été effectuée sont:

- *Une clinique mobile à l'école à faible échelle* : Cette intervention inclue le passage de l'autobus scolaire deux fois par an dans chaque école, avec comme personnel prestataire trois infirmières et un médecin en référence à la phase pilote lancée en 2014.
- *Une clinique mobile à l'école à grande* échelle : Contrairement à la première cette intervention projette des visites mensuelles avec le même staff pendant les dix mois de classe.
- *Une clinique fixe à l'école* : la clinique fixe à l'école qui représente l'alternative à cette phase pilote, aura comme staff un docteur qui fera une visite chaque deux semaines et une infirmière sur place durant les jours de classe.

2 http://lenouvelliste.com/lenouvelliste/article/135942/Trois-autobus-pour-des-cliniques-mobiles-scolaires

Les calculs des coûts ont pris en considération un paquet de soins comprenant entre autres l'éducation à l'hygiène (lavage des mains de manière régulière), des suppléments alimentaires (par exemple contre la déficience en anémie et en fer), un changement de comportement par la prévention et la réduction des symptômes et l'utilisation adéquate des prescriptions pour les maladies infectieuses (diarrhée, infections respiratoire) et des maladies chroniques telles que l'asthme et certaines maladies de la peau.

Dans l'extension de la clinique, deux cas sont à considérer dans le calcul des avantages, les avantages directs obtenus durant les années passées à l'école et les avantages indirects qui seront obtenus après le cycle fondamental. Car les cliniques à l'école offrent l'opportunité d'éduquer les enfants à des problèmes de santé avec des avantages qui vont au-delà de l'adolescence. Ce qui permet à ces dernières d'occuper une position unique quant aux avantages qu'elles procurent qui dépassent ceux de la plupart d'autres services (hôpitaux, centre de santé, centre communautaire).

Calculs des coûts et des avantages

Vu l'envergure des projets où les ressources qu'ils nécessitent sont importants et que les priorités sont nombreuses, une analyse en profondeur de ces projets devrait permettre à l'État de voir si ces projets sont viables ou non. De surcroit, par le fait que les avantages en santé sont moins tangibles que dans d'autres secteurs, l'analyse coût-avantage est donc un puissant outil dans le cadre de cette analyse. Peut-on prétendre que les CCS ont une plus grande couverture et devrait apporter de plus grands avantages que les cliniques à l'école qui ont un public plus restreint ? En outre, la clinique fixe à l'école a une présence plus accrue, mais la clinique mobile est moins coûteuse due à la nature de l'intervention de l'utilisation du staff et du capital. Dans ce cas, quelle est la meilleure intervention ? De telles interrogations peuvent paraitre simples et pourtant elles nécessitent une analyse des coûts et avantages qu'engendrent les interventions.

Les coûts

Les données de coûts pour la mise en place des CCS proviennent de l'étude de coûts des actes médicaux en Haïti[3], processus nettement détaillé dans la partie sur le calcul de coûts et de l'Unité d'études et de Programmation pour les coûts de construction et de support à la gestion de l'information. Les données de coûts pour l'extension de la clinique proviennent du projet pilote lancé en 2014.

Aussi faut-il remarquer du côté des centres communautaires que tous ceux qui vont utiliser les nouvelles structures ne seront tous de nouveaux adhérents au système, car certains utilisaient déjà les structures privées et/ou les centres des sections avoisinantes. Pour cela, on fait l'hypothèse que 50% des nouveaux utilisateurs n'avaient recours à aucun service. Les 50% restant représentent l'épargne de ressources qui équivaut aux coûts variables de fonctionnement des cliniques privées. Toutefois, puisque tous les anciens utilisateurs de structures privées ne vont pas se tourner vers les CCS, l'épargne nette est donc considérée comme étant la moitié, donc 25 % du coût variable.

Le coût associé à cet investissement pour la mise en place des CCS équivaut à 774 465 407 de gourdes. Ce financement implique des fonds d'investissement public. De manière générale, la construction de CCS ne dure que d'un an, sans considération des problèmes de décaissement. Le

3 Rapport préliminaire, cas du centre de Sante de portail Léogane, p.58

coût associé au projet de clinique dans les écoles s'élève à hauteur de 85 263 656 pour la stratégie à faible échelle, 357 215 348 gourdes pour la stratégie à grande échelle et 516 296 496 gourdes pour les cliniques fixes à l'école.

Les calculs pour la mise en place des CCS ont été obtenus sur base d'estimation à partir des données du rapport préliminaire de l'étude de coût des actes médicaux en Haïti. Le tableau utilisé à cet effet a été celui présentant les coûts de fonctionnement pour le centre de santé de Portail Léogane. Les coûts considérés dans ce tableau sont ceux qui correspondent aux services offerts dans un CCS et le personnel de service. Ce sont donc les coûts des unités de dépenses par nature de dépenses, adultes, prénatal, pédiatrique et la vaccination.

Le coût des services pré/post natal a été estimé séparément.

On assume que le coût par élève pour les cliniques fixes et à grande échelle est de 130 gourdes et la moitié pour la clinique à faible échelle. Les coûts d'extension des cliniques mobiles se basent sur les données de la phase pilote, le salaire du personnel à bord et le coût d'entretien des autobus. Sur la base du nombre d'école sans infrastructures de 1 648 et du nombre de visite par école pendant un an, (deux/an selon la clinique à faible intensité et dix/an selon la clinique à forte intensité) on a pu déterminer le nombre de jours nécessaires pour chaque stratégie. Puis en se référant au nombre de jours moyen de classe par an, on a pu obtenir le nombre d'autobus additionnels qui est de 9 pour la stratégie à faible intensité et 75 pour la stratégie à forte intensité.

Les coûts de mise en œuvre des cliniques fixes ont été établis en fonction de la surface en mètre carré, soit $12m^2$ et le prix par mètre carré que requiert une infirmerie multipliée par le nombre d'écoles sans structure, le coût pour le personnel médical a été obtenu à partir de la grille salariale en vigueur au MSPP. Moyennant un taux d'actualisation de 3% sur l'investissement, la somme du coût annuel de l'investissement et les coûts d'opération nous ont donné le coût annuel de fonctionnement des cliniques fixes à l'école.

Les avantages

Les avantages principaux furent calculés sur hypothèse que les CCS et les cliniques scolaires réduiraient l'incidence de certaines maladies. Ci-dessous une description des problèmes de santé majeurs retenus pour l'analyse des avantages dus à la mise en place des CCS et de l'extension du projet de clinique à l'école.

On fait l'hypothèse dans cette étude que ces interventions pourraient réduire la morbidité de 50% au cours de la vie des bénéficiaires après le cycle du fondamental. Mais les avantages de santé des interventions auprès du public scolaire vont au-delà des soins et services procurer sur place, car la sensibilisation des enfants sur les problèmes de santé peut avoir des répercussions sur leur vie future.

Par ailleurs, la première estimation obtenue à partir du *Global Burden of Diseases* a ensuite été ajustée pour refléter le fait que certains écoliers ont accès à des alternatives de santé, ce qui fait baisser entre autres les avantages qu'apportent les cliniques à l'école. Les facteurs d'ajustement sont les suivants :

- Pour les cliniques mobiles et fixes à l'école, on admet que 33% des écoliers bénéficieront de ces cliniques[4], car ces derniers n'ont généralement pas recours aux services de santé auprès des institutions publiques.

4 Par le fait qu'il n'existe pas de données sur l'utilisation des services de santé par les écoliers en Haïti, les 33% représentent le pourcentage de mère qui cherche des traitements médical pour leurs enfants dans des structures privées contre 67 % dans les structures publiques ou mixtes selon l'EMMUS V.

- Pour les cliniques à forte intensité ou fixes, on suppose que 67 % auront des avantages partiels (soit 50% du total des avantages), car ces derniers utilisent généralement les structures publiques avec une orientation préventive et éducationnelle, mais avec une plus faible intensité que du côté des cliniques à grande intensité et fixes.
- Pour la clinique à faible intensité, 67% des écoliers n'en tireront aucun avantage, car les avantages qu'ils reçoivent des centres qu'ils fréquentent généralement ont la même portée que celle que procure la clinique à faible intensité.

Principales maladies identifiées chez les moins de 20 ans	Les principales maladies identifiées chez les 20 ans et plus	Les principales causes de mortalité identifiées chez les enfants	Les principales causes de mortalité identifiées chez les 20 ans et plus
La déficience en fer et anémie	La déficience en fer et anémie	Les infections respiratoires faibles	Les maladies diarrhéiques
L'asthme	L'asthme	La méningite,	La tuberculose
Les infections respiratoires	Les infections respiratoires	Les maladies diarrhéiques,	Les infections respiratoires
Les maladies diarrhéiques	Les maladies diarrhéiques	Les blessures non intentionnelles,	Les blessures
Les troubles d'anxiété	Les troubles d'anxiété	La coqueluche,	Le diabète
Les troubles dépressives	Les troubles dépressives	L'asthme,	
Les maladies de la peau et sous-cutanées	Les maladies de la peau et sous-cutanées	L'épilepsie et	
Les blessures non intentionnelles	Les blessures non intentionnelles	Les blessures	
La migraine	La migraine		
L'épilepsie	L'épilepsie		
Les douleurs au dos et du cou	Les douleurs au dos et du cou		
Les maladies des organes des sens	Les maladies des organes des sens		
Otite moyenne			

Le calcul des avantages se fait à partir des années de vie vécues avec l'incapacité (AVI) et les années de vie perdues (AVP) évitées. Les totaux des AVCI évitées pour les différentes interventions ont ensuite été multipliés par le PIB/capita pour obtenir les avantages en valeurs monétaires. Toutefois, faut-il préciser que les avantages pour les CCS est la somme des avantages de santé et l'épargne de ressources qu'engendrent l'intervention, épargne qui est de 25% du coût variable de fonctionnement des 125 CCS.

Ratios avantage-coût

Une comparaison entre les coûts et les avantages (en gourdes) des interventions nous permet d'obtenir les ratios avantage-coût associés à chaque intervention. Ainsi pour la clinique fixe on obtient un ratio de 3,9 ; contre un ratio de 4,7 et 5,6 pour les stratégies à faible et grande intensité, respectivement. Et enfin un ratio avantage-coût de 4 pour la mise en place des cliniques.

Tableau récapitulatif

Interventions	Taux d'actualisation	Avantage	Coût	Ratio avantage-coût	Qualité des éléments de preuve
Mise en place de CCS	3%	4 133 543 950	730 993 910	5,7	Solide
	5%	3 065 668 058	774 465 406	4,0	
	12%	1 772 089 364	953 452 677	1,9	
Clinique mobile à faible échelle	3%	469 077 335	83 807 706	5,6	Solide
	5%	403 890 130	85 263 656	4,7	
	12%	322 574 894	90 895 685	3,5	
Clinique mobile à grande échelle	3%	2 371 512 277	345 082 431	6,9	Solide
	5%	2 001 604 697	357 215 348	5,6	
	12%	1 542 515 386	404 148 922	3,8	
Clinique fixe à l'école	3%	2 371 512 277	507 603 974	4,7	Solide
	5%	2 001 604 697	516 296 496	3,9	
	12%	1 542 515 386	552 640 713	2,8	

Ce tableau présente pour différents taux d'actualisation généralement utilisés dans l'évaluation des projets de santé. Les coûts présents dans ce tableau sont des coûts annuels de fonctionnement en prenant en compte la durée de vie des investissements, 25 ans pour les cliniques fixes, 20 ans pour les CCS et 10 ans pour les cliniques mobiles.

Conclusion

Le MSPP en tant qu'entité chargée de garantir des soins et services de santé à la population haïtienne, met l'accent depuis quelques années sur l'accès universel aux sévices de santé. Des dizaines de projets de construction de centre de santé, d'hôpitaux communautaires, de mise en place de réseau d'ambulance ont été mis en œuvre en ce sens. La mise en place des CCS dans les sections et l'extension du projet clinique mobile s'inscrivent donc dans ce cadre. Toutefois puisque de tels projets sont d'une envergure nationale, une analyse économique permet d'apprécier les apports de tel investissement pour le public cible.

A travers l'identification, la quantification des coûts, des avantages et des indicateurs de décision. L'analyse a permis de statuer sur le fait que les montants envisagés pour de tels projets valent la peine d'être investi et auront un impact positif pour la population.

Puisque dans le domaine de l'analyse coût-avantage, les méthodologies varient en fonction des spécificités des pays. Cette analyse jettera les bases de l'analyse coût-avantage pour le secteur de la santé et cette méthodologie pourrait servir en vue d'inspiration à d'autres analyses du même type.

Bien que l'analyse puisse être effectuée en se basant sur la littérature internationale, il est important de noter l'importance d'un système d'information sanitaire et de la production de données fiables en vue d'obtenir des résultats qui refléteraient le plus proche possible la réalité du pays.

En outre, les résultats de cette étude peuvent aider à freiner la mise en œuvre de projets fantaisistes et sans impact et entrainer une culture d'analyse de projet en vue de rendre les investissements publics plus efficaces.

Références bibliographiques

Ejemot-Nwadiaro RI, Ehiri JE, Arikpo D, Meremikwu MM, Critchley JA. Hand washing promotion for preventing diarrhoea. Cochrane Database Syst Rev 2015:CD004265. doi:10.1002/14651858.CD004265.pub3.

Edejer TT, Aikins M, Black R, Wolfson L, Hutubessy R, Evans DB. Cost effectiveness analysis of strategies for child health in developing countries. BMJ 2005;331:1177. doi:bmj.38652.550278.7C [pii]\r10.1136/bmj.38652.550278.7C.

Aiello AE, Coulborn RM, Perez V, Larson EL. Effect of hand hygiene on infectious disease risk in the community setting: a meta-analysis. Am J Public Health 2008;98:1372–81. doi:10.2105/AJPH.2007.124610.

Lasmar L, Fontes MJ, Mohallen MT, Fonseca AC, Camargos P. Wheezy Child Program. World Allergy Organ J 2009;2:289–95. doi:10.1097/WOX.0b013e3181c6c8cb.

Chisholm D. Cost-effectiveness of First-line Antiepileptic Drug Treatments in the Developing World: A Population-level Analysis. Epilepsia 2005;46:751–9. doi:10.1111/j.1528-1167.2005.52704.x.

Iannotti L, Dulience SJ-L, Joseph S, Cooley C, Tufte T, Cox K, et al. Fortified Snack Reduced Anemia in Rural School-Aged Children of Haiti: A Cluster-Randomized, Controlled Trial. PLoS One 2016;11:e0168121. doi:10.1371/journal.pone.0168121.

Richer L, Billinghurst L, Linsdell MA, Russell K, Vandermeer B, Crumley ET, et al. Drugs for the acute treatment of migraine in children and adolescents. In: Richer L, editor. Cochrane Database Syst. Rev., vol. 4, Chichester, UK: John Wiley & Sons, Ltd; 2016, p. CD005220. doi:10.1002/14651858.CD005220.pub2.

Luby SP, Agboatwalla M, Feikin DR, Painter J, Billhimer W, Altaf A, et al. Effect of handwashing on child health: a randomised controlled trial. Lancet 2005;366:225–33. doi:10.1016/S0140-6736(05)66912-7.

Das et al (2016), Interventions for adolescent mental health: An overview of systematic reviews, Journal of Adolescent Health, 59 (2016) S49-S60

Salam et al [2016], Interventions to prevent unintentional injuries among adolescents: a systematic review and meta-analysis, Journal of Adolescent Health, 59 (2016) S76-S87

Ministère de la Santé Publique et de la Population (2105),Paquet Essentiel de Services

Ministère del'Education Nationale et de la Formation professionnelle(2011),Annuaire Fondamentale 1_et 2 et du 3ieme du secondaire

Unité de Santé Internationale/MSPP (Octobre 2014), Etude des coûts des actes médicaux en Haiti,rapport préliminaire

Avantages et coûts des modes de cuisson dans le contrôle de la pollution de l'air des foyers

BJORN LARSEN[1]

Résumé

Selon des études du *Global Burden of Disease (GBD) Project* (Projet sur la charge mondiale de morbidité), près de 2,9 millions de personnes sont mortes en 2015 à cause des émissions nocives de particules fines PM2.5 dues à l'utilisation domestique de combustibles solides tels que le bois, le charbon, le charbon de bois et de déchets agricoles pour la cuisson des aliments. Cela fait de la pollution de l'air des foyers (PAF), un des facteurs de risque principaux des pays en voie de développement.

Selon les estimations de cette étude, plus de 8 200 personnes en Haïti sont mortes à cause du PAF en 2016. Cela fait de la PAF le quatrième facteur de risque le plus grave en termes de décès et d'invalidité, après la malnutrition de la mère et de l'enfant, le sexe non-protégé et l'hypertension, selon le *Global Burden of Disease Project 2015.*[2]

Environ 95% de la population en Haïti dépendait des combustibles solides pour cuisiner en 2012 (bois et charbon de bois en quantités semblables), au lieu de 40% à l'échelle mondiale. Le taux de progression des combustibles propres pour cuisiner, tel que le GPL, est le plus faible des Amériques.

Très peu de foyers en Haïti ont adopté les cuisinières améliorées à bois et à charbon de bois qui possèdent une combustion plus efficace et plus propre et polluent moins. À en juger par les études sur l'exposition aux Amériques et dans d'autres régions, l'exposition moyenne aux particules fines PM2.5 en Haïti des membres d'un foyer peut être donc de l'ordre de 100-200 $\mu g/m^3$ lors de l'utilisation d'une cuisinière à bois et de l'ordre de 50-100 $\mu g/m^3$ lors de l'utilisation d'une cuisinière à charbon de bois, en fonction de l'emplacement de la cuisinière au sein du foyer. Ces niveaux d'exposition sont 5 à 20 fois supérieurs à celui de 10 $\mu g/m^3$ préconisé par l'OMS dans sa directive annuelle relative à la qualité de l'air ambiant (AQG) ; ils provoquent des effets graves sur la santé tels que maladie cardiaque, crise cardiaque, cancer du poumon et maladies respiratoires.

L'objectif de cette étude est d'apprécier les avantages et les coûts des installations de cuisinières améliorées qui permettent de réduire la pollution de l'air aux particules fines PM2.5 des foyers haïtiens due à l'emploi des combustibles solides pour cuisiner. Concrètement, les interventions sont des programmes de promotion pour l'adoption :

1 *Économiste environnemental, Freelance,* Email: BL@Bjorn-Larsen.com, web: http://bjorn-larsen.com

2 http://www.healthdata.org/haiti

- De cuisinières à bois ou à charbon et
- De cuisinières utilisant le GPL ou l'éthanol

Les avantages des cuisinières améliorées utilisant de la biomasse (*ICS-W* et *ICS-C*) sont près de quatre fois plus importants que les coûts, tandis que ceux des cuisinières à GPL ou éthanol sont 1,2 à 2,2 fois supérieurs aux coûts.[3] Toutefois, les bénéfices sur la santé d'une cuisson au GPL ou à l'éthanol sont près de 2,5 fois plus importante qu'avec une cuisinière améliorée à bois et 50% plus élevés qu'avec une cuisinière améliorée au charbon de bois. Ainsi, les modes de cuisson propres utilisant le GPL et l'éthanol sont les seules solutions sur le long terme pour lutter contre la PAF.

Acronymes

FA	Fraction attribuable
ALRI	Infection aiguë des voies respiratoires inférieures
BC	Bronchite chronique
AVC	Maladie cérébro-vasculaire
CCC	Copenhagen Consensus Center
BPCO	Broncho-pneumopathie chronique obstructive
MCP	Maladie cardio-pulmonaire
DALY	Années de vie corrigées de l'incapacité
CMM	Charge mondiale de morbidité
PIB	Produit intérieur brut
PAF	Pollution de l'air des foyers
CA	Cuisinière améliorée
CPI	*Cardiopathie ischémique*
CP	Cancer du poumon
GPL	Gaz de pétrole liquéfié
$\mu g/m^3$	Microgramme par mètre cube
PF	Particules fines
PPA	Parité du pouvoir d'achat
RR	Risque relatif
VVS	Valeur d'une vie statistique
YLD	Années potentielles de vie perdues par maladie
YLL	Années potentielles de vie perdues par mort prématurée
OMS	Organisation mondiale de la Santé

3 Ces *RAC* sont des estimations moyennes basées sur un taux d'actualisation de 5% et une évaluation des bénéfices sur la santé de 3 fois le PIB per capita par années potentielles de vies perdues évitées par maladie, par mort prématurée ou de maladie ajustée de l'incapacité.

Introduction

L'objectif de cette étude est d'évaluer les avantages et les coûts des opérations de cuisinières améliorées en Haïti qui favorisent la réduction de la pollution de l'air aux particules fines PM2.5 due à l'emploi de combustibles solides pour la cuisine.

L'usage de combustibles solides pour cuisiner provoque une grave pollution de l'air des foyers (PAF) à l'intérieur et à l'extérieur des habitations. Selon des études du *Global Burden of Disease (GBD) Project* (Projet sur la charge mondiale de morbidité), près de 2,9 millions de personnes sont mortes en 2015 à cause des émissions nocives de particules fines PM2.5 dues à l'emploi de combustibles solides (Forouzanfar et al, 2016). Cela fait du PAF l'un des premiers facteurs de risque sur la santé dans les pays en développement.

La PAF est aussi un problème de santé majeur en Haïti. Selon les estimations de cette étude, plus de 8 200 personnes en Haïti sont mortes à cause de la PAF en 2016. Cela fait de la PAF le quatrième facteur de risque le plus grave en termes de décès et d'invalidité, après la malnutrition de la mère et de l'enfant, le sexe non-protégé et l'hypertension, selon le *Global Burden of Disease Project 2015.*[4]

Environ 95% de la population en Haïti dépendait des combustibles solides pour cuisiner en 2012 (bois et charbon de bois en quantités semblables), selon l'enquête Haïti *DHS* 2012. Très peu de foyers ont adopté les cuisinières améliorées qui possèdent une combustion plus efficace et plus propre et polluent moins. De plus, le taux de progression du GPL, est le plus faible des Amériques.

Haïti est gravement déboisé et la couverture forestière représente moins de 4% du territoire (Banque mondiale, 2016a). Près de 7 tonnes de bois sont nécessaires pour produire 1 tonne de charbon de bois (Ashden, 2013). Une cuisinière à charbon de bois consomme environ 0,5-0,8 tonne de charbon de bois par an (Ashden, 2013 ; Bossuet et Serar, 2014). Cela est équivalent à 3,5-5,5 tonnes de bois. Cela représente plusieurs fois la quantité de bois approximative de 1,4 tonne que consomme une cuisinière améliorée à bois.

Les biocombustibles sont chers étant donné la rareté des forêts. Un kilo de charbon de bois coûte environ 0,5 $. Ainsi, un foyer peut dépenser 0,75–1 $ de charbon de bois quotidiennement, sachant que 54% de la population vit avec moins de 1 $ par jour selon une étude de 2012 (Banque mondiale, 2016a).

Au cours des dernières années, plusieurs projets, organisations et entreprises ont commencé à faire la promotion des cuisinières améliorées (CA) et des combustibles propres. Plusieurs cuisinières améliorées au charbon de bois ont été recommandées par différentes entreprises et ont bénéficié de donations internationales. Un projet fait également la promotion de fourneaux et de cylindres au GPL pour les foyers haïtiens (*SWITCH Project*). Des fourneaux à l'éthanol sont aussi recommandés (*Project Gaia*) dans certains pays d'Afrique avec une éventuelle production d'éthanol. Une première étude indique qu'il est compétitif avec le GPL.

Emploi domestique des biocombustibles solides

Globalement, jusqu'à 41% des foyers dépendent principalement des combustibles solides pour la cuisine en 2010 (Bonjour et al., 2013). Les taux de fréquence d'utilisation des combustibles

4 http://www.healthdata.org/haiti

solides sont particulièrement élevés en Afrique sub-saharienne et dans plusieurs pays d'Asie, et ils sont élevés dans plusieurs pays d'Amérique latine et des Caraïbes (ALC). Le Honduras, le Nicaragua et le Guatemala ont des taux entre 40% et 60% ; en Haïti ils dépassent les 90%.

En général, l'utilisation de combustibles modernes (à savoir GPL, gaz naturel, électricité) à la place de combustibles solides pour cuisiner augmente avec le PIB per capita[5]. La fréquence d'utilisation de combustibles modernes en Haïti est très proche de celle correspondant à son PIB per capita.

Environ 95,5% de la population en Haïti vivaient dans des habitations où la cuisine aux combustibles solides prédominait en 2012 selon le *Haïti DHS* 2012. Les combustibles solides étaient presque à égalité entre le bois et le charbon de bois, ce dernier étant le combustible principal dans les zones urbaines tandis que le bois l'était dans les zones rurales.

Près de la moitié de la population cuisinait en plein air, plus d'un tiers dans un bâtiment séparé et 15% cuisinaient dans leur maison en 2012. Parmi les foyers qui utilisaient des combustibles solides, presque tous ceux qui cuisinaient dans leur maison employaient principalement le charbon de bois, alors que la moitié des foyers utilisant le bois cuisinaient dans un bâtiment séparé et l'autre moitié en plein air. La fréquence d'utilisation des combustibles solides en 2016 est évaluée à 94% à partir des projections historiques.

Exposition aux particules fines PM2.5

Les concentrations de l'air en particules fines PM2.5 provenant de l'emploi de biocombustibles solides pour cuire les aliments atteignent souvent plusieurs centaines de microgrammes par mètre cube (µg/m^3) dans la cuisine, et dépassent largement les cent microgrammes dans les autres pièces (OMS, 2014). Malheureusement il n'existe pas de recherches exhaustives sur le PAF en Haïti.

Des études chiffrées de cinq pays d'ALC ont trouvé des concentrations moyennes de PM2.5 dans les cuisines égales à 130-1020 µg/m^3 sur une période de 24-48 heures dans les familles qui cuisinent directement sur le foyer ou dans des fourneaux traditionnels. Les mêmes études ont montré que les concentrations moyennes avaient baissé à 50-340 µg/m^3 dans les mêmes cuisines après y avoir installé des cuisinières améliorées, souvent équipées de cheminées.

Certaines recherches se sont concentrées sur les effets de masse d'une cuisine aux combustibles solides. Ainsi, une étude effectuée dans une zone rurale du Mexique a mesuré les concentrations extérieures de PM2.5. Dans les cours extérieures des maisons, on a trouvé une valeur moyenne de 80 µg/m^3 sur une période de 48 heures et de 60 µg/m^3 sur la place communautaire avec une différence minime de concentration avant et après l'installation de cuisinières améliorées munies de cheminées (Zuk et al, 2007). Une autre étude réalisée au Honduras dans une zone semi-urbaine et une zone rurale de communautés utilisant les combustibles solides pour la cuisine, a mesuré des concentrations moyennes de PM2.5 de 215 µg/m^3 sur une journée de 8 heures à l'extérieur des habitations avec des cuisinières amé-

5 La plus forte relation dans ALC entre les taux de fréquence d'utilisation des combustibles modernes pour la cuisine et le PIB per capita est chez les pays avec un PIB per capita < 8,000 $, avec R^2=0.74 (19 pays). Le rapport est également fort pour des revenus plus élevés avec R^2=0.68 chez les pays avec un PIB per capita < 16,000 (31 pays). Le rapport entre la Parité du Pouvoir d'Achat (PPA) ajustée au PIB per capita et l'utilisation des combustibles modernes est semblable à celui avec un PIB per capita aux prix de marché avec R^2=0.70.

liorées équipées de cheminées et de 358 μg/m³ avec des foyers ou des fourneaux traditionnels (Clark et al., 2010).

D'autres études mettent en exergue le rôle des technologies et de l'entretien des cuisinières améliorées et des cheminées. Une étude au Pérou a montré que plus de 20% des foyers avaient une cheminée au-dessus du feu. Cependant, les concentrations de PM2.5 n'étaient pas plus basses statistiquement que celles des familles ne possédant pas de cheminées, ce qui laisse penser qu'une grande partie de la fumée se répandait dans la cuisine depuis le feu avant d'atteindre la cheminée et/ou que les cheminées étaient inefficaces (Pollard et al, 2014). Également, au Pérou, Hartinger et al (2013) prouvèrent que l'utilisation correcte des cuisinières améliorées ainsi que leur entretien et leur réparation convenables étaient essentiels pour réduire les concentrations de PM2.5 à l'intérieur des habitations et ce, dès la première année. Au Honduras, les niveaux d'exposition personnelle aux PM2.5 et leurs concentrations intérieures diminuaient nettement après une amélioration de la qualité des cuisinières (Clark et al, 2010).

L'exposition individuelle est l'indicateur important en termes d'effets sur la santé des PM2.5 domestiques. Dans les habitations où l'on cuisine sur un foyer ouvert, l'exposition individuelle moyenne[6] de la personne qui cuisine était de 200 μg/m³, soit 20 fois le seuil de PM2.5 recommandé dans la directive annuelle de l'OMS relative à l'air ambiant extérieur. L'exposition individuelle moyenne après l'installation d'une cuisinière améliorée était proche de 80 μg/m³, soit encore huit fois supérieur au seuil de l'OMS.

L'exposition des femmes adultes, par le fait que la personne qui cuisine est le plus souvent une femme, est utilisée comme point de référence pour l'exposition individuelle dans l'estimation des effets sur la santé de la pollution de l'air des foyers, ainsi que pour les avantages et les coûts des types de cuisinière dans le chapitre suivant de ce rapport. L'exposition des hommes adultes et des jeunes enfants a été établie à 60-85% de celle des femmes adultes. En outre, la cuisine de la maison est employée comme emplacement de référence car les expositions individuelles à une cuisson en pleine air ou dans un bâtiment séparé ont été établies à 60-80% de celle à une cuisson à l'intérieur de la maison.

Effets sur la santé et coût des PM2.5 d'origine domestique

Les effets sur la santé d'une exposition de longue durée aux PM2.5 dans un environnement domestique provenant de l'utilisation de combustibles solides comprennent : (i) la cardiopathie ischémique (CPI), (ii) la maladie cérébro-vasculaire (crise cardiaque), (iii) le cancer du poumon (CP) et (iv) la broncho-pneumopathie chronique obstructive (BPCO) chez les adultes, et (v) l'infection aiguë des voies respiratoires inférieures (*ALRI*) chez les enfants de moins de cinq ans et les adultes. Ce sont tous des effets majeurs sur la santé mis en évidence par le *Global Burden of Disease (GBD) Project* (Forouzanfar et al., 2016). Les pourcentages imputables traduits en nombre de décès annuel s'élèvent à 8 241 morts en 2016. C'est plus de 9% du nombre absolu de décès dans le pays. Les décès et les maladies résultant de la PAF représentent près de 263 000 années de vie corrigées de l'incapacité (*DALY*) perdues au sein de la population d'Haïti en 2015.

Les effets sur la santé provenant de la pollution de l'air d'origine domestique peuvent être évalués comme un coût pour la société en employant des méthodes d'évaluation économique. En appliquant une valeur par *DALY* de 1, 3, et 8 fois le PIB per capita, l'actualisation (à 3, 5, et 12%) du DALY traduit le fait qu'un décès qui survient ou qui est évité aujourd'hui représente des années de vie en bonne santé dans le futur. Ainsi, l'actualisation exprime la « valeur présente » ou celle de ces années aujourd'hui.

Opérations de contrôle de pollution

L'objectif de ce rapport est d'évaluer les avantages et les coûts des opérations de cuisinières améliorées qui permettent de réduire la pollution de l'air aux PM2.5 d'origine domestique provenant de l'utilisation de combustibles solides pour la cuisine en Haïti. Concrètement, les opérations sont des campagnes de promotion pour l'adoption domestique de cuisinières améliorées aux biocombustibles ou de cuisinières utilisant des combustibles propres, à savoir GPL et éthanol.

Le succès de telles campagnes de promotion, à savoir des taux élevés d'adoption par les foyers et un usage durable des différents types de cuisinière, dépendra de facteurs tels que l'acceptation par les foyers des caractéristiques des différents types de cuisinière préconisés, des conditions de financement, de la perception des avantages que procurent ces cuisinières, du programme de suivi concernant le contrôle et la promotion de l'emploi durable des cuisinières ainsi que leur entretien et leur réparation. (Hanna et al., 2016 ; Miller et Mobarak, 2015; Mobarak et al., 2012).

Ainsi, pour qu'il y ait une adoption de cuisinières plus propres à grande échelle en Haïti, plusieurs critères influençant les taux d'adoption doivent être examinés tels que : le coût initial élevé des cuisinières améliorées au charbon de bois, ainsi que des cuisinières au GPL et à l'éthanol ; le coût annuel élevé du GPL et de l'éthanol ; la personnalisation des cuisinières en fonction des préférences des utilisateurs ; un crédit échelonné des cuisinières ; des campagnes d'information bien ciblées et une approche communautaire semblable aux programmes d'assainissement complet et de suppression des latrines sauvages.

La situation de l'emploi des combustibles solides en Haïti est un peu différente de celle de la majorité des pays en développement dans la mesure où le charbon de bois est largement utilisé pour la cuisine. Cela justifie le fait que les cuisinières améliorées à bois et au charbon de bois soient évaluées séparément, afin de fournir une perspective correcte des mérites économiques et de santé publique des stratégies de réduction de pollution de l'air d'origine domestique. De plus, étant donné qu'il existe une campagne de promotion pour les fourneaux à l'éthanol en Haïti (et il y a peut-être une option viable pour le GPL), le choix de l'éthanol est également évalué en comparaison avec le GPL.

L'usage domestique des combustibles solides a des effets sur la communauté. La fumée provenant de l'utilisation des combustibles entre dans les habitations d'autres familles et contribue à la pollution de l'air extérieur ambiant. Une cuisinière améliorée munie d'une cheminée ou simplement une hotte permettant de ventiler la fumée provenant d'un foyer ouvert ou de n'importe quel fourneau peut être efficace pour les familles ayant installé ces accessoires, mais cela contribue à augmenter la pollution de l'air extérieur ainsi que celle des habitations voisines. Seuls les combustibles qui ne dégagent pas de fumée et les technologies qui le permettent peuvent éviter ces conséquences.

Afin d'obtenir les bénéfices maximums par unité de frais engagés en énergie domestique et en opérations de promotion de cuisinières, toutes les familles devraient participer et ainsi créer une communauté libre de combustibles solides ou, pour le moins, une communauté sans fourneaux traditionnels. Ce concept peut s'appliquer aux zones rurales où chaque communauté est un hameau isolé des autres et s'apparente à une communauté libre de latrines sauvages comme dans les programmes d'assainissement globaux dont on fait souvent la promotion ou gérés par les communautés.

Les avantages après opération

Exposition aux particules fines PM2.5 après opération. On s'attend à ce que l'emploi de cuisinières améliorées à bois ou au charbon de bois (CA), au GPL ou à l'éthanol réduise notablement l'exposition des membres d'une famille aux PM2.5. Une réduction de l'exposition de 40% au cours de la durée de vie d'une CA est probablement plus réaliste et ce taux a été appliqué ici pour les familles cuisinant dans la maison[6]. La combustion du GPL et de l'éthanol produit très peu d'émissions de PM et par conséquent, ils sont considérés comme étant des combustibles pour la cuisine relativement propre. Dans le cas où la communauté adopte pleinement le GPL ou l'éthanol, un niveau d'exposition individuel de 25 $\mu g/m^3$ s'applique à tous les membres du foyer.

Bénéfices sur la santé des opérations. Les réductions – ou bénéfices sur la santé – sont plus importants pour les familles qui cuisinent dans la maison que pour celles cuisinant dans un bâtiment séparé ou en plein air. Les réductions en pourcentage des effets sur la santé dans le cas d'une adoption totale du GPL ou de l'éthanol par la communauté sont sensiblement plus importantes que dans le cas d'une adoption partielle. Cela provient d'une pollution communautaire réduite due à l'adoption totale et par conséquent d'une diminution de l'exposition individuelle aux PM2.5 de 35-50 $\mu g/m^3$ à 25 $\mu g/m^3$. Au total, plus de 4 150 décès peuvent être évités chaque année par l'adoption entière du GPL ou de l'éthanol par la communauté. Si après une totale adoption, le niveau d'exposition tombe à 10 $\mu g/m^3$ au lieu de 25 $\mu g/m^3$, alors ce sont 5 900 décès qui sont évités annuellement.

Le fait de passer à une cuisinière améliorée (CA), au GPL ou à l'éthanol a aussi des inconvénients. Les principaux avantages sont la consommation réduite de bois ou de charbon de bois, qu'ils soient ramassés ou achetés, ainsi que la réduction du temps de cuisson. L'ampleur de ces bénéfices dépendra des modalités actuelles de cuisson, du type de cuisinière améliorée, des habitudes culinaires des familles, du coût des combustibles et de l'appréciation des économies de temps par les membres du foyer. L'utilisation de l'éthanol présente aussi un avantage financier s'il existe une production locale de ce combustible.

Économies de combustible. Les rendements énergétiques courants pour les cuisinières traditionnelles ou la cuisson à même le feu sont de l'ordre de 13-18% pour le bois et de 9-12% pour les déchets agricoles et les déjections animales. Les rendements signalés pour les cuisinières améliorées utilisant les biocombustibles sont de 23-40% pour le bois et de 15-19% pour les déchets agricoles (Malla et Timilsina, 2014). Pour ce qui est du charbon de bois, deux cuisinières améliorées commercialisées en Haïti ont la réputation de fournir des économies de combustible de 43-55%. Il s'agit de la cuisinière *D&E Eco Recho* (Ashden, 2013) et de la *Prakti Wouj* (Bossuet et Serrar, 2014), principalement employé dans les zones urbaines. La valeur des économies peut être évaluée en se basant sur le prix du marché qui était d'environ 20,5 gourdes/kg et une consommation de charbon de bois estimée à 1,5 kg par famille et par jour chez les familles utilisant une cuisinière traditionnelle[7].

---

6 Une réduction de 40% au cours de la vie utile d'une CA au bois traduit une détérioration linéaire de la réduction d'exposition de 55% la première année à 25% la quatrième année, période après laquelle la cuisinière est soit remplacée soit rénovée.

7 On signale une consommation de 1,3-2,3 kg par famille et par jour en zone urbaine en Haïti (Ashden, 2013 ; Bossuet et Serrar, 2014).

En ce qui concerne le bois de chauffage, principalement utilisé dans les zones rurales, la valeur des économies peut être évaluée en se basant sur un temps de récolte de 30 minutes par famille et par jour chez les familles utilisant des fourneaux traditionnels ou des foyers ouverts, sur le salaire horaire d'une femme égal à 10 gourdes et sur une valeur de temps égale à 50% du taux de rémunération d'une femme. Ce critère a été retenu car la plupart du temps, ce sont les femmes (ou les enfants) qui se consacrent au ramassage du bois. D'un autre côté, la valeur du bois de chauffage peut être estimée en se fondant sur le prix du bois en zone rurale qui était d'environ 5 gourdes/kg en 2016 ou 4,3 gourdes/kg au prix réel de 2014. La consommation de bois de chauffage est estimée à 1 400 kg par famille et par an[8].

Économies de temps de cuisson. Typiquement, les familles des pays en développement passent 3 à 5 heures par jour à cuisiner. Hutton et al. (2006) signalent qu'il faut 11 à 14% moins de temps pour bouillir de l'eau avec une cuisinière améliorée *Rocket* ou avec une au GPL qu'avec un foyer ouvert. Siddiqui et al. (2009) rapportent que la durée quotidienne de combustion pour la cuisine dans une communauté semi-rurale de Karachi était inférieure de 30 minutes chez les familles utilisant le gaz naturel que chez celles employant le bois, et que le temps passé à cuisiner était réduit de 40 minutes. Jeuland et Pattanayak (2012) considèrent qu'une cuisinière améliorée au bois permet d'économiser environ 10 minutes par jour et qu'une cuisinière au GPL diminue le temps de cuisine de 1 heure. Garcia-Frapolli et al (2010) signalent que le temps passé à cuisiner avec une cuisinière *Patsari* équipée d'une cheminée au Mexique est réduit d'environ une heure par famille et par jour. 15-30 minutes de temps effectif sont économisées.

Ce rapport admet une économie de temps de cuisine de 15 minutes par jour avec une cuisinière améliorée au bois ou au charbon de bois et de 30 minutes si le GPL ou l'éthanol est utilisé, par comparaison avec une cuisinière traditionnelle ou un foyer ouvert. Pour ce qui est des économies de temps de ramassage du bois de chauffage, une valeur de temps égale à 50% des taux de rémunération des femmes est appliquée pour évaluer les économies du temps passé à cuisiner.

Production d'éthanol. L'éthanol utilisé pour la cuisson peut être produit localement en Haïti, contrairement au GPL. Cela représente un avantage économique supplémentaire. Une famille haïtienne peut consommer environ 220 litres par an pour la cuisine. Cette estimation se base sur une consommation de 30 kg de GPL par personne et par an et sur les rendements énergétiques relatifs et l'efficacité des cuisinières au GPL et à l'éthanol. Le coût de l'éthanol est signalé à environ 0,6 par litre[9]. Si les avantages économiques d'une production locale sont assimilés à une marge bénéficiaire de 10%, alors le bénéfice d'une production locale est de 2,7 gourdes par litre, soit 594 gourdes par an.

Les avantages qui n'ont pas été pris en compte dans ce rapport sont : les avantages sur le climat global dus à une consommation réduite de biomasse, les bénéfices écologiques provenant d'une récolte moindre de biomasse et la diminution des impacts environnementaux résultant d'une production réduite de charbon de bois.

8 Estimation basée sur une consommation de GPL de 30 kg par personne et par an, un rendement énergétique du bois de chauffage de 15 MJ par kg et une efficacité énergétique des cuisinières traditionnelles et du foyer ouvert de 15%.

9 http://cleancookstoves.org/about/news/01-29-2015-partner-spotlight-novogaz.html

Coûts des opérations

Coût des cuisinières. Le prix et la durée de vie des cuisinières considérés dans cette étude sont regroupés dans le tableau 1. Le coût correspond à des cuisinières munies de deux feux ou à celui de deux munies d'un seul feu afin de dissuader les familles d'utiliser leur fourneau traditionnel ou le foyer ouvert.

Tableau 1. Estimation du prix des cuisinières, 2016

	Cuisinière améliorée -Bois	Cuisinière améliorée -Charbon de bois	Cuisinière GPL**	Cuisinière-Éthanol
Coût de la cuisinière (gourdes)*	2 200	4 500	5 600	4 500
Durée de vie utile de la cuisinière (années)	4	4	10	10
Coûts annualisés des cuisinières (taux d'actualisation de 3%, 5% et 12%)	575	1 175	637	512
	591	1 209	691	555
	647	1 323	885	711

** Prix réels de 2014. ** comprenant un réservoir de 12 l et un détendeurSource : Estimations de l'auteur.*

Coûts du GPL et de l'éthanol. La consommation de GPL est de 30 kg par personne et par an pour les familles qui cuisinent uniquement au GPL (Kojima et al, 2011). Le coût du combustible est globalement 10 fois le coût annualisé d'une cuisinière au GPL ou à l'éthanol.

Tableau 2. Coûts estimés des combustibles, 2016

	LPG	Ethanol
Consommation de fuel (personne/an)	30 kg	50 litres
Consommation de fuel (foyer/an)	130 kg	220 litres
Coût (gourdes)*	45 par kg	27 par litre
Coût du fuel (gourdes/foyer/yan)	5 800	5 940

** Prix réels de 2014. Basés sur 1$/kg de GPL et de 0.6$/l d'éthanol. Source : Estimations de l'auteur.*

Coût de l'entretien de la cuisinière et des programmes de promotion. Le coût des opérations inclue aussi l'entretien et les réparations des cuisinières améliorées, ainsi que de celles au GPL et à l'éthanol. Le montant annuel de l'entretien et des réparations est estimé à 5% du prix d'achat de la cuisinière.

Le succès d'une adoption de combustibles modernes et de cuisinières améliorées exige une activité de promotion, une participation de la communauté et des programmes de changement comportemental. Le montant de ces programmes s'élève à 10 $ par famille la première année (promotion et suivi) et à 2 $ pour les années suivantes (suivi) [10].

10 Garcia-Frapolli et al. (2010) appliquent un coût similaire pour l'entretien et la réparation d'une cuisinière *Patsari* dans la région de Mexico de Purepecha, et un coût de programme de 25 $ par cuisinière.

Ratios avantage-coût (RAC)

Les *RAC* des cuisinières améliorées (CA) et de celles au GPL et à l'éthanol sont regroupés dans le tableau 3 pour le cas des bénéfices sur la santé exprimés en DALY évalués à 3 fois le PIB per capita et actualisés à 5%[11]. Ces RAC sont des moyennes englobant les trois emplacements des cuisines.

Les avantages des cuisinières améliorées utilisant de la biomasse sont en moyenne près de quatre fois supérieurs aux coûts. Les *RAC* des cuisinières améliorées au bois (*ICS-W*) sont très proches de ceux des cuisinières améliorées au charbon de bois (*ICS-C*). Cela provient du fait que les plus faibles bénéfices obtenus sur la santé des *ICS-C* sont compensés par les plus grands avantages non liés à la santé résultant des économies de combustibles.

Les avantages des cuisinières au GPL et à l'éthanol sont en moyenne près de 1,25 à 2,15 fois supérieurs aux coûts. Les *RAC* résultant d'un passage du charbon de bois au GPL ou à l'éthanol sont plus importants que pour les anciens utilisateurs de bois de chauffage. Cela provient des plus grands avantages non liés à la santé résultant des économies de charbon de bois. Les *RAC* de l'éthanol sont légèrement supérieurs à ceux du GPL, grâce à l'avantage économique supplémentaire d'une production locale d'éthanol.

Les *RAC* d'une cuisson au GPL ou à l'éthanol sont beaucoup plus faibles que ceux obtenus avec une CA à cause du coût de ces combustibles. Cependant, les bénéfices sur la santé d'une cuisson au GPL ou à l'éthanol sont deux fois plus importants qu'avec une CA au bois de chauffage et environ 50% supérieurs à une CA au charbon de bois. Par conséquent, les énergies propres telles que le GPL et l'éthanol sont la seule option pour combattre efficacement les conséquences sur la santé des combustibles solides. En d'autres termes, les CA peuvent représenter la solution la plus rentable comme le montre les ratios avantage-coût élevés, mais non la stratégie la plus efficace.

Tableau 3. Récapitulatif des *RAC* moyens des opérations de cuisinières, 2016*

Interventions	RACs
Cuisinières améliorées au charbon et au bois (ICS-C and ICS-W)	3,85
Cuisinières au GPL et à l'éthanol pour les foyers cuisinant actuellement au bois (W)	1,25
Cuisinières au GPL et à l'éthanol pour les foyers cuisinant actuellement au charbon de bois (C)	2,15

** Bénéfices et coûts sont annualisés au taux d'actualisation de 5%. Source : Estimations de l'auteur*

Conclusion

Pas moins de 94% de la population en Haïti cuisinent avec des combustibles solides, bois de chauffage et charbon de bois étant à parts égales. Près de la moitié des familles cuisinent à l'extérieur, plus d'un tiers dans un bâtiment séparé et 15% dans la maison. Presque toutes les familles employant des combustibles solides cuisinent à même le feu ou avec une cuisinière tradition-

11 Dans ce cas, les bénéfices sur la santé monétisés sont seulement un peu plus faibles qu'en utilisant la VVS pour les décès évités dans la méthodologie proposée par la Banque mondiale (2016b) (voir chapitre 4).

nelle. Cela fait de la pollution de l'air des foyers provoquée par les combustibles solides un problème majeur de santé publique en Haïti avec plus 8 200 décès en 2016.

Les cuisinières améliorées (CA) au bois ou charbon de bois apportent des bénéfices qui sont 3,7 à 4,1 fois supérieurs à leurs coûts quand les DALY sont évalués à 3 fois le PIB per capita avec un taux d'actualisation de 5%. Cuisiner au GPL ou à l'éthanol est beaucoup plus cher à cause du prix des combustibles, mais néanmoins à des rapports coûts-avantages de 1,2-2,3. Les bénéfices sur la santé du GPL ou de l'éthanol sont 1,5 à 2,5 fois plus importants que lorsque l'on cuisine avec une CA, aussi cette option est-elle la seule à pouvoir combattre sur le long terme les conséquences sur la santé des combustibles solides.

L'utilisation par une famille de combustibles solides pour cuisiner affecte les autres familles voisines. La fumée est emportée par le vent jusqu'aux habitations environnantes et pollue aussi l'air ambiant extérieur. Par conséquent, on a tout intérêt à développer des programmes de promotion de cuisinières qui cherchent à éradiquer les cuisinières traditionnelles et éventuellement celles utilisant les combustibles solides, sur le modèle des programmes d'assainissement et de suppression des latrines sauvages gérés par les communautés.

References

Ashden (2013). G&E Green Enterprises Haiti. Case Study.

Baumgartner, J., Schauer, J., Ezzati, M., et al. (2011). Indoor air pollution and blood pressure in adult women living in rural China. *Environmental Health Perspectives,* 119(10): 1390-95.

Bonjour, S., Adair-Rohani, H., Wolf, J., Bruce, N.G., Mehta, S., et al. (2013). Solid fuel use for household cooking: Country and regional estimates for 1980-2010. *Environmental Health Perspectives,* 121(7): 784-90.

Bossuet, J. and Serrar, M. (2014). Prakti design: the challenge of clean combustion for the poor. *Field Actions Science Report.* Vol 7.

Burnett, RT., Pope, CA III., Ezzati, M., Olives, C., Lim, SS., et al. (2014). An integrated risk function for estimating the global burden of disease attributable to ambient fine particulate matter exposure. *Environmental Health Perspectives,* 122: 397-403.

Clark, M., Bachand, M.,, Heiderscheidt, J., Yoder, S., Luna, B., et al. (2013). Impact of a cleaner-burning cookstove intervention on blood pressure in Nicaraguan women. *Indoor Air,* 23(2): 105-14.

Clark, M., Reynolds, S., Burch, J., et al. (2010). Indoor air pollution, cookstove quality, and housing characteristics in two Honduran communities. *Environmental Research,* 10: 12-18.

Clark, M., Peel, J., Burch, J., Nelson, T., Robinson, M., Conway, S., Bachand, A., and Reynolds, S. (2009). Impact of improved cookstoves on indoor air pollution and adverse health effects among Honduran women. *International Journal of Environmental Health Research,* 19(5): 357-368.

Cynthia, AA., Edwards, RD., Johnson, Rosas, IA., et al. (2010). Indoor particle size distributions in homes with open fires and improved Patsari cook stoves. *Atmospheric Environment,* 44: 2881-86.

Cynthia, AA., Edwards, RD., Johnson, M., Zuk, M., et al. (2008). Reduction in personal exposures to particulate matter and carbon monoxide as a result of the installation of a Patsari improved cook stove in Michoacan Mexico. *Indoor Air,* 18(2): 93-105.

Desai, MA., Mehta, S., and Smith, K., (2004): Indoor Smoke from Solid Fuels: Assessing the Environmental Burden of Disease at National and Local Levels.Environmental Burden of Disease Series, No. 4. World Health Organization.

Dherani, M., Pope, D., Mascarenhas, M., Smith, K., Weber, M., and Bruce, N. (2008). Indoor air pollution from unprocessed solid fuel use and pneumonia risk in children aged under five years: a systematic review and meta-analysis. Bulletin of the World Health Organization, 86:390-98.

Fitzgerald, C., Aguilar-Villalobos, M., Eppler,. AR., et al. (2012). Testing the effectiveness of two improved cookstove interventions in the Santiago de Chuco Province of Peru. *Sci Total Environ,* 420: 54-64.

Forouzanfar, M., Afshin, A., Alexander, L., Anderson, HR., et al. (2016). Global, regional, and national comparative risk assessment of 79 behavioural, environmental and occupational, and metabolic risks or clusters of risks, 1990–2015: a systematic analysis for the Global Burden of Disease Study 2015. *Lancet*, 388: 1659-724.

Forouzanfar, MH., Alexander, L., Anderson, HR., et al. (2015). Global, regional, and national comparative risk assessment of 79 behavioural, environmental and occupational, and metabolic risks or clusters of risks in 188 countries, 1990–2013: a systematic analysis for the Global Burden of Disease Study 2013. *Lancet*, 386: 2287–323.

Garcia-Frapolli, E., Schilmann, A., Berrueta, V., et al. (2010). Beyond fuelwood savings: Valuing the economic benefits of introducing improved biomass cookstoves in the Purépecha region of Mexico. *Ecological Economics*, 69(12): 2598–2605.

Habermehl, H. (2007). Economic evaluation of the improved household cooking stove dissemination programme in Uganda. German GTZ.

Hanna, R., Duflo, E., and Greenstone, M. (2016). Up in Smoke: The Influence of Household Behavior on the Long-Run Impact of Improved Cooking Stoves. *American Economic Journal: Economic Policy*, 8(1): 80-114.

Hartinger, SM., Commodore, AA., Hattendorf, J., Lanata, CF., et al. (2013). Chimney stoves modestly improved indoor air quality measurements compared with traditional open fire stoves: results from a small-scale intervention study in rural Peru. *Indoor Air*, 23(4): 342-52.

Helen, St G., Aguilar-Villalobos, M., Adetona, O., et al. (2015). Exposure of pregnant women to cookstove-related household air pollution in urban and periurban Trujillo, Peru. *Arch Environ Occup Health*, 70(1):10-8. doi: 10.1080/19338244.2013.807761.

Hutton, G., Rehfuess, E., Tedioso, F., and Weiss, S. (2006). Evaluation of the costs and benefits of household energy and health interventions at global and regional levels. World Health Organization.

Jeuland, M. and Pattanayak, S. (2012). Benefits and costs of improved cookstoves: Assessing the implications of variability in health, forest and climate impacts. PLoS ONE 7(2): e30338. doi:10.1371/journal.pone.0030338.

Joon, V., Kumari, H., Chandra, A., and Bhattacharya, M. (2011). Predicting exposure levels of respirable particulate matter (PM2.5) and carbon monoxide for the cook from combustion of cooking fuels. International Conference on Chemistry and Chemical Process 2011. IPCBBE vol. 10: 229-32. Singapore.

Kojima, M., Bacon, R., and Zhou, X. (2011). Who uses bottled Gas? Evidence from households in developing countries. Policy Research Working Paper 5731. World Bank.

Kurmi, OP., Semple, S., Simkhada, P., Smith, WC., and Ayres, JG. (2010). COPD and chronic bronchitis risk of indoor air pollution from solid fuel: a systematic review and meta-analysis. *Thorax*, 65: 221-228.

Lam N, Africano S, Humphrey S, Pennise D. (2012). Indoor Air Quality Impact of an Improved Chimney Wood Stove in Peri- Urban Honduras.

Li, Z., Sjodin, A., Romanoff, L., Horton, K., et al. (2011). Evaluation of exposure reduction to indoor air pollution in stove intervention projects in Peru by urinary biomonitoring of polycyclic aromatic hydrocarbon metabolites. *Environment International*, 37: 1157–1163.

Lim, S.S., Vos, T., Flaxman, A.D., Danaei, G., et al. (2012). A comparative risk assessment of burden of disease and injury attributable to 67 risk factors and risk factor clusters in 21 regions, 1990-2010: a systematic analysis for the Global Burden of Disease Study 2010. *Lancet*, 380: 2224-60.

Malla, S. and Timilsina, G. (2014). Household cooking fuel choice and adoption of improved cookstoves in developing countries: A review. Policy Research Working Paper 6903. World Bank.

Masera, O., Edwards, R., Armendariz-Arnez, C., et al. (2007). Impact of Patsari improved cookstoves on indoor air quality in Michoacan, Mexico. *Energy for Sustainable Development*, 11(2): 45-56.

McCracken, JP., Schwartz, J., Diaz, A., Bruce, N., Smith, KR. (2013). Longitudinal relationship between personal CO and personal PM2.5 among women cooking with woodfired cookstoves in Guatemala. *PLOS ONE*, 8(2): e55670.

McCracken J, Smith KR, Stone P, Díaz A, Arana B,Schwartz J. (2011). Intervention to lower household wood smoke exposure in Guatemala reduces ST-Segment depression on electrocardiograms. *Environ Health Perspect*, 119: 1562-68.

McCracken, JP., Smith, KR., Díaz, A., Mittleman, MA., Schwartz, J. (2007). Chimney stove intervention to reduce long-term wood smoke exposure lowers blood pressure among Guatemalan women. *Environmental Health Perspectives*, 115(7): 996-1001.

Mehta, S., Shin, H., Burnett, R., North, T., and Cohen, A. (2013). Ambient particulate air pollution and acute lower respiratory infections: a systematic review and implications for estimating the global burden of disease. *Air Qual Atmos Health*, 6: 69-83.

Miller, G., and Mobarak, A.M. (2015). Learning about New Technologies through Social Networks: Experimental Evidence on Non-Traditional Stoves in Rural Bangladesh. *Marketing Science,* 34 (4): 480-499.

Mobarak, A.M., Dwivedi, P., Bailis, R., Hildemann, L., and Miller, G. (2012). The Low Demand for New Cookstove Technologies. *Proceedings of the National Academy of Sciences*, 109(27): 10815-20.

Northcross, A., Chowdhury, Z., McCracken, J., Canuz, E., and Smith, K. (2010). Estimating personal PM2.5 exposures using CO measurements in Guatemalan households cooking with wood fuel. *J Environ Monitoring*, 12: 873-78.

Po, JYT., FitzGerald, JM., and Carlsten, C. (2011). Respiratory disease associated with solid biomass fuel exposure in rural women and children: systematic review and meta-analysis. *Thorax*, 66: 232-239.

Pollard, S., Williams, D'A., Breysse, P., Baron, P., et al. (2014). A cross-sectional study of the determinants of indoor environmental exposures in households with and without chronic exposure to biomass fuel smoke. *Environmental Health*, 13: 21.

Pope CA III, Burnett RT, Turner, M, et al. (2011). Lung cancer and cardiovascular disease mortality associated with ambient air pollution and cigarette smoke: shape of the exposure-response relationships. *Environmental Health Perspectives,* 119(11): 1616-21.

Pope CA III, Burnett RT, Krewski D, et al. (2009). Cardiovascular mortality and exposure to airborne fine particulate matter and cigarette smoke: shape of the exposure-response relationship. *Circulation,* 120: 941-948.

Pope CA III, Burnett RT, Thun MJ, Calle, E., Krewski, D., Ito, K., and Thurston, G. (2002). Lung cancer, Cardiopulmonary mortality, and Long-term exposure to Fine particulate air pollution. *Journal of the American Medical Association*, 287: 1132-1141.

Shin, H., Cohen, A., Pope III, C., Ezzati, M., et al. (2013). Critical issues in combining disparate sources of information to estimate the global burden of disease attributable to ambient fine particulate matter exposure. Working Paper prepared for Methods for Research Synthesis: A Cross-Disciplinary Workshop. October 3, 2013. Harvard Center for Risk Analysis.

Siddiqui, AR., Lee, K., Bennett, D., Yang, X., Brown, KH., Bhutta, ZA., and Gold, EB. (2009). Indoor carbon monoxide and PM2.5 concentrations by cooking fuels in Pakistan. Indoor Air, 19:75-82.

Smith KR, Bruce N, Balakrishnan K, Adair-Rohani H, Balmes J, Chafe Z, Dherani M, Hosgood DH, Mehta S, Pope D, Rehfuess E, et al. (2014). Millions Dead: How Do We Know and What Does It Mean? Methods Used in the Comparative Risk Assessment of Household Air Pollution. *Annu. Rev. Public Health,* 35: 185-206.

Smith, K., Mehta, S., and Feuz, M. (2004). Indoor air pollution from household use of solid fuels. In: Ezzati, M. et al . (eds): Comparative quantification of health risks: global and regional burden of disease attributable to selected major risk factors. World Health Organization.

Terrado, E. and Eitel, B. (2005). Pilot commercialization of improved cookstoves in Nicaragua. ESMAP Technical Paper 085. World Bank. Washington DC. USA.

Titcombe, M., and Simcik, M. (2011). Personal and indoor exposure to PM2.5 and polycyclic aromatic hydrocarbons in the southern highlands of Tanzania: a pilot-scale study. *Environmental Monitoring and Assessment*, 180: 461-476.

WHO (2014). WHO guidelines for indoor air quality: household fuel combustion. World Health Organization. Geneva, Switzerland.

WHO (2009). Estimated deaths and DALYs attributable to selected environmental risk factors, by WHO member states, 2004. World Health Organization. *Downloadable at:*

http://www.who.int/quantifying_ehimpacts/national/countryprofile/intro/en/index.html

WHO (2004). Comparative quantification of health risks: Global and regional burden of disease attributable to selected major risk factors. World Health Organization. Geneva, Switzerland.

Winrock (2008). Peru healthy kitchen/healthy stove pilot project. Winrock International under cooperative agreement with USAID. December 2008.

World Bank (2016a). World Development Indicators. World Bank. Washington DC. USA.

World Bank (2016b). Methodology for valuing the health impacts of air pollution: Discussion of challenges and proposed solutions. Prepared by Urvashi, N. and Sall, C. World Bank. Washington DC. USA.

Zuk, M., Rojas, L., Blanco, S., Serrano, P., et al. (2007). The impact of improved wood-burning stoves on fine particulate matter concentrations in rural Mexican homes. *J Exposure Sci and Environ Epidemiology*, 17:224-32.

LE MODE DE CUISSON DES ALIMENTS, FACTEUR DE RISQUES SANITAIRES EN HAÏTI

ALEXANDRA V. D. PIERRE, ING. ARCH.[1]

Les combustibles de cuisson les plus utilisés par les ménages en Haïti sont le bois énergie et les produits pétroliers. Le bois énergie représente 71 des 80 % de la demande énergétique nationale couverte par les ressources locales (Jean René Marcoux, 2014), soit 9 % du produit intérieur brut du pays en 2003 (Jean-Pierre Angelier, 2005) et plus de 4 fois la quantité de pétrole consommée. En effet, le bois de feu fait l'objet d'une consommation annuelle de 3,4 à 3,7 millions de tonnes métriques, soit 1,6 à 1,7 millions de tonnes d'équivalent en pétrole. De ce total, jusqu'à 37 % sont transformés en charbon de bois pour un rendement de 18 % en poids de carbonisation (Jean-Pierre Angelier, 2010) et pour une consommation annuelle de 250 à 280 000 tonnes (Peter Young, 1997). De ce fait, il devient envisageable que 95,5 % des ménages haïtiens se servent, seul ou accompagné, du bois énergie dans la cuisson de leurs aliments (Bjorn Larsen, 2012).

Les produits pétroliers, quant à eux, répondent à une demande nationale en combustible fossile de 24 % par an (Jean René Marcoux, 2014). Ils bénéficient d'un taux annuel de croissance d'importation de 7,3 % pour le Gaz de Pétrole Liquéfié (GPL) et de 9,3 % pour le kérosène depuis 1999 (Jean-Pierre Angelier, 2005). Le GPL, un mélange de propane et de butane, provient surtout de la République dominicaine par camion-citerne et de Trinidad par petits bateaux-citernes. Le kérosène est lui aussi importé par bateau-citerne surtout du Venezuela (Alexandre Racicot, 2011). À eux deux, ils sont distribués sur le territoire national via des opérateurs tels que Total, Nationale, Texaco, Esso et dans des commerces généralistes. Même si Haïti consacre jusqu'à 50 % de ses devises d'exportation à leur importation (Alexandre Racicot, 2011), les produits pétroliers ne participent qu'à hauteur de 8 % aux activités domestiques. De plus, la consommation de kérosène est 2 fois plus élevée que celle de GPL, plus prisée dans l'éclairage à cause d'une insuffisance d'accès à l'électricité.

Ce taux élevé d'utilisation de bois énergie notamment dans la cuisson des aliments a généré une économie de devise de l'État haïtien estimée à 88 millions de dollars américains (Jean-Pierre Angelier, 2005). Car visiblement, ce combustible solide soutient une réponse locale se substituant aux produits pétroliers par rapport à une demande énergétique nationale grandissante. Il génère un revenu de subsistance pour 150 000 personnes : travailleurs ruraux, distributeurs, revendeurs urbains impliqués dans la filière énergétique marchande. Malgré qu'il soit 80 % plus cher en marmite que par sac, il entretient une commercialisation au détail qui conserve l'accessibilité aussi à ses dérivés. Toutefois, cette thésaurisation se heurte à un coût économique estimé à 1,6 milliards de dollars américains (Alexandre Racicot, 2011), en raison de répercussions sociales et environnementales non négligeables en Haïti.

1 Alexandra V. D. PIERRE est Ingénieure Architecte, avec une double maîtrise en éducation au développement durable, en eau et environnement. Elle travaille actuellement en tant que professionnelle senior du Ministère de l'environnement.

Car, le bois énergie nécessite indubitablement une matière première bois dont le rythme de collecte est désormais supérieur au rythme de régénération ligneuse du pays. Ce qui diminue fortement le potentiel de terres arables et fragilise grandement l'ensemble des écosystèmes d'une Haïti à 1,2 % de couverture forestière (Ministère de l'environnement, 2013). Il accuse une perte de 80 % d'énergie au moment de sa production (Mildred D. Régis et Wilfrid St-Jean, 2001), aggravée par des pratiques d'utilisation de combustibles et des appareils de cuisson de faible rendement. De plus, sa combustion incomplète dégage des polluants aériens nocifs auxquels sont particulièrement exposés les femmes et les enfants. Si le perpétuel recours au bois énergie par les ménages issus du seul pays en développement de l'Amérique semble soutenir une meilleure nutrition, il affecte néanmoins un droit fondamentalement humain : le droit à la santé. Sachant que 58,5 % d'Haïtiens en situation de pauvreté n'arrivent pas à satisfaire leurs besoins de base et que 23,8 % en pauvreté extrême n'arrivent pas à satisfaire leurs besoins alimentaires (Institut haïtien de statistique et d'informatique, 2014), l'incidence du mode de cuisson sur la santé des ménages mériterait donc d'être élucidée.

Selon la Banque mondiale, la pollution atmosphérique, aux côtés de l'agriculture, de l'eau et des catastrophes écologiques, constitue un des problèmes environnementaux les plus graves auxquels sont confrontés les pays en développement. Partant de ce constat, il en résulte à travers le monde que « plus de 4 millions de personnes meurent prématurément de maladies imputables à la pollution de l'air domestique due à la cuisine à base de combustibles solides » (Organisation mondiale de la santé, 2016). Sachant que plus de 90 % du bois énergie est consommé dans le Sud économique, les ménages en situation de pauvreté ou de pauvreté extrême des pays à revenu faible ou intermédiaire comme ceux d'Haïti sont plus susceptibles d'être affectés. Manifestement, ils se servent d'équipements de cuissons rudimentaires qui, en brûlant mal le bois énergie, produisent des fumées de composants fort toxiques. Ces fumées contiennent des polluants atmosphériques dont l'exposition prolongée est néfaste pour le système respiratoire, les yeux, le système immunitaire (Dr. Vinod Mishra, recueilli dans le numéro : La santé, la pauvreté, l'environnement du magazine numérique : Notre planète d'ONU environnement). Et, plus ou moins accentués par la sensibilité des personnes (Direction santé publique de Montréal-Centre, 2017), ces polluants sont également à la base de décès prématurés d'accidents vasculaires cérébraux, de cardiopathie ischémique, de bronchopneumopathie chronique obstructive (BPCO), de pneumonie et de cancer du poumon (Organisation mondiale de la santé, 2016).

Ce sont :

- le monoxyde de carbone (CO) qui peut provoquer des maux de tête, des nausées, des étourdissements et une aggravation de l'angine chez les personnes ayant des problèmes cardiaques;
- les composés organiques volatils (COV) qui peuvent provoquer des irritations des voies respiratoires, des maux respiratoires, le cancer (exemple du benzène) et contribuent au smog;
- l'acroléine et le formaldéhyde qui peuvent provoquer des irritations des yeux et des voies respiratoires;
- les particules fines (PM2,5) qui peuvent provoquer des irritations des voies pulmonaires, des aggravations des maladies cardiorespiratoires et une mortalité plus hâtive;
- les oxydes d'azote (NOx) qui peuvent provoquer des irritations du système respiratoire, des douleurs lors de l'inspiration, de la toux, des œdèmes pulmonaires et aussi des pluies acides;

- les hydrocarbures aromatiques polycycliques (HAP) dont certains sont soupçonnés ou considérés mutagènes ou cancérigènes;
- les dioxines et furannes, probablement cancérigènes (Direction santé publique de Montréal-Centre, 2017).

Dans cette liste, les particules fines de diamètre aérodynamique inférieur ou égal à 2,5 micromètres (PM2,5) sont les plus préoccupantes. Elles sont si petites qu'elles se déposent directement à la surface des alvéoles pulmonaires en cas d'inhalation. Elles affectent ainsi le système respiratoire et cardiovasculaire en causant l'irritation et l'inflammation des bronches (Direction santé publique de Montréal-Centre, 2017). Puis, lorsque les pièces de cuisson sont insuffisamment ventilées, leur teneur dans les fumées domestiques peut atteindre une concentration 100 fois supérieure aux niveaux acceptables (Organisation mondiale de la santé, 2016). Dès lors, 12,2 % des 95,5 % des ménages en Haïti utilisant le bois énergie deviennent particulièrement vulnérables aux PM2,5 lorsqu'ils cuisinent dans une pièce interne à l'habitation principale, exposés à 100 % ; contre 46,2 % qui le font encore à l'extérieur, exposés à 60 % et 35,6 % dans une pièce séparée de l'habitation principale, exposés à 80 % (Bjorn Larsen, 2016). D'autre part, la cuisson au bois de feu, premier combustible des ménages, est généralement associée à un degré d'exposition plus important que celle au charbon de bois. L'exposition au feu de charbon de bois est connue pour dégager 60%, 65% et 75% du feu de bois en PM2,5 selon que le feu ait effectivement été allumé à l'extérieur, dans une pièce de cuisson séparée de l'habitation principale ou dans l'habitation. Ces résultats confirment donc que même si la teneur en PM2,5 diminue à mesure que la pièce de cuisson est ventilée, elles n'en demeurent pas moins présentes dans l'environnement immédiat de tout espace de cuisson, incriminant le type de combustible adopté.

En outre, les femmes haïtiennes subissent à 100 % l'exposition aux PM2,5 dans la cuisson des aliments, contrairement aux hommes qui subissent 60 % et les enfants de plus de 5 ans 85 % de celles des femmes (Bjorn Larsen, 2016). Mais, les enfants de moins de 5 ans auront tendance à subir le même degré d'exposition que leur mère, étant plus dépendants d'elle. D'ailleurs, chez eux, plus de la moitié des décès par pneumonie sont dus à l'inhalation de matières particulaires provenant de la pollution de l'air intérieur (Organisation mondiale de la santé, 2016). Ensuite, puisque les femmes préparent généralement les repas en Haïti, elles sont les premières victimes désignées de maladies imputables aux PM2,5. De même, elles sont les premières victimes à pâtir d'un coût social extrêmement important car, elles passent beaucoup de temps à ramasser et à transporter le bois énergie souvent éloigné de leur habitation. Elles passent beaucoup de temps à faire cuire les aliments à cause d'appareils de cuisson de faible efficacité et de combustibles de faible rendement. Elles consacrent une grande partie des revenus du ménage à l'achat de combustibles solides. Elles souffrent souvent de problèmes respiratoires chroniques du fait de la pollution de l'air dans l'espace de cuisson. Elles sont plus sujettes aux attaques vu la distance à parcourir avec le bois énergie et aux traumatismes tels que les brûlures, les douleurs, les yeux rougis, vu qu'elles allument régulièrement le feu de cuisson. Elles rendent vulnérables leur fœtus ou leurs enfants de moins et de plus de 5 ans à cause de leur notable exposition.

Tout compte fait, si 22 % des membres des 95,5% des ménages utilisant le bois énergie dans la cuisson sont morts d'accidents vasculaires cérébraux, 24 % de cardiopathie ischémique, 39 % de BPCO, 42 % de pneumonie et 32 % de cancer du poumon, en 2016, Haïti a compté 8 241 morts prématurés de maladies imputables aux PM2,5 (Bjorn Larsen, 2016). En se référant aux estimations locales d'Année de Vie Corrigée de l'Incapacité (AVCI), ces 8 241 morts ont chacun perdu 31,9 années de vie en bonne santé. Ce qui est relatif à un coût économique moyen de 14,5 milliards de gourdes, soit l'équivalent de 3,6 % du Produit Intérieur Brut (PIB) par habitant d'Haïti (Bjorn Larsen, 2016). Cette estimation a été obtenue en croisant des taux d'actualisation de 3 %, 5 % et 12 % à des valeurs arbitraires de 1, 3, et 8 fois le PIB par habitant, applicables à la méthodologie de calcul de l'AVCI. Cependant, par pleine utilisation d'appareils de cuisson aux produits pétroliers, il serait possible de sauver au moins 4 152 Haïtiens sur les 8 241, soit 51 % de morts en moins par an (Bjorn Larsen, 2016). L'exposition aux PM2,5 serait donc réduite de 52 % par pleine adoption et de 34 % par partielle adoption. Ce qui implique que sur 20 ans, il y aurait un gain sanitaire de 77 à 85 % (Bjorn Larsen, 2016), amplement profitable aux femmes et aux enfants. Les appareils de cuisson améliorés au bois énergie n'ont pas été pris en compte dans cette évaluation puisqu'ils ne prônent des résultats de réduction qu'entre 12 et 26 %.

L'adoption entière et partielle d'appareils de cuisson aux produits pétroliers favorise également l'égalité des chances et promeut l'autonomisation des femmes en Haïti. Elles gagnent jusqu'à une heure par jour sur le temps de cuisson (Jeuland and Pattanayak, cités par Bjorn Larsen, 2016) grâce à des appareils et à des combustibles plus performants, à des ustensiles sans dépôt de particules de suie. Ce gain de temps est équivalent à un taux de rémunération de 10 gourdes par heure par ménage en milieu rural et de 20 gourdes par heure par ménage en milieu urbain. Avec plus de temps à consacrer à leur développement personnel, elles peuvent donc exercer des activités génératrices de revenus autres. En prime, sur le long terme, elles économisent jusqu'à 900 gourdes par ménage par an en milieu rural et jusqu'à 1 800 gourdes par ménage par an en milieu urbain qui peuvent désormais être allouées à d'autres dépenses du foyer. Ensuite, avec la valeur ajoutée santé, elles passent plus de temps de qualité avec les autres membres du ménage, sans oublier combien leurs enfants plus robustes, sevrés de tâches domestiques de collecte et d'achat de combustibles, pourront mieux se consacrer à leur éducation.

Si l'utilisation d'appareils de cuisson aux produits pétroliers semble bénéfique à l'atténuation de la vulnérabilité des ménages et à la santé des usagers en terme de réduction d'exposition aux PM2,5, elle se heurte néanmoins à un défi de taille qui nuit à leur popularisation : leur coût. En Haïti, l'achat d'appareils et de bonbonne au GPL nécessite un investissement de départ trop important pour des ménages urbains qui utilisent 23 fois plus de charbon de bois (Jean-Pierre Angelier, 2005). Leur transport et leur réapprovisionnement ne sont pas commodes, davantage pour les marchands de rue, étant donné qu'ils sont plus encombrants, que l'achat de combustibles est trop peu fractionnable et que les fournisseurs sont soumis à des horaires fixes de fonctionnement. Mais malgré ces inconvénients, le GPL est considéré comme socialement valorisant dans la cuisson pour les ménages urbains tandis que pour les ménages ruraux, le kérosène est mal accepté (Jean-Pierre Angelier, 2005). Ce qui explique pourquoi il est consommé à hauteur de 1 % dans ce milieu malgré une disponibilité, un achat, un transport, un stockage très favorable à des ménages habituellement en situation de pauvreté. À noter que l'achat d'un appareil de cuisson au kérosène est 10 fois moindre que celui à la bonbonne au GPL (Jean-Pierre Angelier, 2005) et que le combustible est facilement accessible à partir de détaillants. Cependant, la collecte de bois permet un approvisionnement en énergie même lorsque les ménages ruraux ne disposent pas de revenus monétaires, confirmé par une utilisation 44 fois plus importante que le kérosène (Jean-Pierre Angelier, 2005). En revanche, que ce soit pour les appareils de cuisson au GPL priorisés en milieu urbain et pour ceux au kérosène priorisés en milieu rural, à l'ensemble de ces produits pétroliers subsiste une fluctuation de prix à la hausse rudement pénalisante pour les consommateurs finaux.

Haïti, ayant adopté les objectifs de développement durable, combattant la pauvreté, la faim, l'illettrisme, la dégradation de l'environnement et la discrimination envers les femmes. Cela impliquerait de garantir l'accès à une énergie de cuisson propre et efficace. Agir sur le mode de cuisson des aliments, les facteurs de risques sanitaires d'exposition aux PM2,5 pour des ménages généralement en situation de pauvreté ou de pauvreté extrême nécessiterait la prise de mesures énergiques de court, moyen et long terme :

Mise en œuvre d'une campagne de sensibilisation tout public

Il s'agit avant tout de faciliter la transition des ménages vers une énergie propre par le truchement d'une campagne de sensibilisation qui mette l'accent sur la déforestation causée par l'utilisation non rationnelle du bois énergie, sur le témoignage avéré de ménages cibles ordinaires ayant effectivement réalisé des économies de temps et d'argent en passant à des appareils de cuisson plus performants, sur l'impact d'une exposition continue aux PM2,5 à effet recrudescent de voisinage en voisinage sur la qualité de l'air dans les espaces de vie. La société haïtienne étant culturellement très attachée à la famille, il serait plus sûr de toucher l'opinion publique en présentant l'impact d'une cuisson aux combustibles traditionnels sur les femmes et les enfants. Lancer des messages positifs même en dénonçant des réalités navrantes est une stratégie adaptée pour sensibiliser sans culpabiliser.

Production d'appareils de cuissons traditionnels améliorés

La pauvreté énergétique constitue l'une des causes majeures favorisant l'exposition combinée de 82,3 % d'Haïtiens en situation précaire aux PM2,5. Ce polluant atmosphérique influe négativement sur l'espérance de vie locale en bonne santé et positivement sur les changements climatiques. Même si l'amélioration des appareils traditionnels de cuisson ne permet pas une réduction notoire des expositions, c'est déjà un premier pas vers la réduction de l'usage de combustibles. Toutefois, il ne s'agit pas seulement de favoriser de massifs investissements financiers du secteur privé, des institutions à but non lucratif, et des investissements techniques contextuels des centres de recherche locaux. Il s'agit de former les ferblantiers à la production d'appareils améliorés et de les encadrer par des mesures incitatives dans l'acquisition de matières premières nécessaires à leur fabrication. Car, ces artisans ont développé une proximité si grande avec les populations locales que, grâce à une production moins gourmande en énergie et facilement accessible dans le commerce informel, la pression sur la ressource bois s'en trouverait amplement réduite. Des combustibles de substitution à prix compétitifs tels que les briquettes et le charbon minéral peuvent également être introduits. Puis, parallèlement, une partie des tenants de la filière énergétique marchande peut être employée à la sauvegarde et/ou à la relance d'espaces boisés en Haïti. Ils auraient une connaissance de la ressource bois qui serait certainement à valoriser.

Diffusion d'appareils de cuisson aux énergies propres

La pauvreté énergétique dans le contexte d'un pays en voie de développement tel qu'Haïti peut être contrôlée entre autres par l'application d'une politique stratégique axée sur l'accès à des appareils de cuisson aux énergies propres. Les sources d'énergie domestique comme les produits pétroliers seront priorisés dans un premier temps car, l'exposition aux PM2,5 est véritablement réduite. Il s'agit de diffuser des appareils productifs adaptables à tout type d'activité de cuisson tels que des réchauds, des fours, des fourneaux et de fournir des bonbonnes de produits pétroliers de plus faible capacité de stockage que les 25 livres. Des appareils adaptables soutiennent une cuisson des aliments aussi bien dans les habitations, dans les rues que dans les commerces. Des bonbonnes de produits pétroliers de plus faible capacité favorisent un approvisionnement moins coûteux, même si plus fréquent. Sachant que le prix des appareils de cuisson aux énergies propres représente un montant important dans le budget des ménages, un système de microcrédit avec des propositions fonctions du profil financier des demandeurs pourrait concéder à leur acquisition. Il n'est pas à exclure l'éventualité d'une distribution gratuite d'appareils de cuisson par les compagnies de stations d'essence. Elles détiennent leur retour sur investissement pendant l'exercice d'achat continu de combustibles pétroliers. Pour éviter que le pays ne soit face à une demande en importation de produits pétrolier trop importante, il serait souhaitable qu'il soit mis en place des stratégies collaboratives créatives d'acquisition moins onéreuses. La diversification de l'énergie domestique est à explorer, tout en maintenant sensiblement le même rendement des appareils de cuisson, avec l'électricité, l'éolienne, le solaire, la méthanisation. De même, les agents économiques de vente ou de revente antérieurement impliqués dans la filière marchande du bois énergie peuvent devenir des fournisseurs d'appareils de cuisson aux énergies propres.

En conclusion, quels que soient les efforts déployés pour enrayer l'impact des modes de cuissons des aliments sur la santé, ils ne sauraient être efficaces sans une institution leader renforcée, responsable de la gouvernance rationnelle du secteur énergétique. De plus, la pérennité des efforts ne sauraient être garantie quand bien même ils seraient consentis, sans un processus de certification de production des appareils de cuisson. Cette certification permettra de maintenir les standards de qualité et d'efficacité des appareils dans un souci de préservation de la santé et de l'environnement en Haïti.

Bibliographie et sitographie sélectives

Benefits and Costs of Cooking Options for Household Air Pollution Control, Bjorn Larsen, Décembre 2016

La crise du bois de feu, la véritable crise de l'énergie dans les pays les plus pauvres du sud, Bernard BRET, 1975 : http://archives-fig-st-die.cndp.fr/actes/actes_2007/bret/article.htm

Analyse de la substitution entre combustibles dans le secteur résidentiel en Haïti, Jean-Pierre Angelier, 12 août 2005 : http://www.bme.gouv.ht/energie/Energie%20m%E9nages%20Ha%EFti-%20CEPALC.pdf

L'expérience du recho mirak : retour sur trois décénnies de promotion des foyers améliorés en Haïti, Thomas Thivillon, 2013 : http://www.entrepreneursdumonde-energie.org/uploads/5/7/0/8/57085585/articlefacts.pdf

Analyse de la filière bois de feu et dérivés, Wilfrid Saint Jean, 3 Août 2009 : http://www.forumhaiti.com/t7041-analyse-de-la-filiere-bois-de-feu-et-derives-par-wilfrid-saint-jean

Analyse de la substitution entre combustibles dans le secteur résidentiel en Haïti, Jean-Pierre Angelier, 2005 : https://hal.archives-ouvertes.fr/halshs-00120739/document

Durabilité de combustibles de substitution au bois énergie en Haïti – filières renouvelables pour la cuisson des aliments, Alexandre Racicot, 2011 : http://www.websrh.org/durabilitedecombustibles.pdf

Pollution de l'air à l'intérieur des habitations et la santé, Organisation mondiale de la sante, Février 2016 : http://www.who.int/mediacentre/factsheets/fs292/fr/

Haïti promeut d'augmenter le taux de sa couverture forestière à 4% d'ici à 3 ans, Ayitinews, 5 juin 2013 : http://ayitinews.com/haiti-promet-daugmenter-le-taux-de-sa-couverture-forestiere-a-4-dici-a-3-ans/

Le chauffage au bois, Direction santé publique de Montréal-Centre, 2017 : http://www.mddelcc.gouv.qc.ca/air/chauf-bois/

Fumées et feux, Vinod Mishra : http://www.ourplanet.com/imgversn/122/french/mishra.html

Rapport de l'analyse des coûts et des avantages de l'intervention "Vaccination complète des enfants âgés de moins d'un an en Haïti par le renforcement des services de vaccination"

MAGDINE FLORE ROZIER BALDE[1]

Résumé

Le présent rapport de l'analyse des coûts et des avantages intervient sur un sujet de très grande importance dans le domaine de la santé en Haïti. Il s'agit de l'immunisation des enfants de moins d'un an dans l'objectif de pallier au problème de la mortalité infantile en Haïti.

Sachant qu'en Haïti, des enfants meurent chaque année à cause des maladies évitables par les vaccins et que la couverture vaccinale est faible, il faut donc une prise en charge sérieuse afin de réduire considérablement le taux de mortalité infantile. D'après les dernières données de l'enquête EMMUS V[2], le taux de mortalité infantile est très élevé soit 59 pour mille et seulement 45 enfants sur 100 ont reçus toutes les doses de vaccins. Les raisons avancées sont l'inaccessibilité due à l'éloignement des centres de santé, le manque de disponibilité des vaccins, l'insuffisance du personnel de santé qualifié, une infrastructure sanitaire de mauvaise qualité, etc.

L'intervention vise d'une part, la mise en place de personnels qualifiés pour l'administration des vaccins et d'autre part la disponibilité des équipements de base nécessaire pour garantir des services de vaccination de qualité. Elle sera exécutée sur une période de cinq (5 ans), qui débutera en 2017 pour prendre fin en 2021, sur toute l'étendue du territoire.

Les résultats sont estimés sous forme de ratio avantage-coût qui exprime les bénéfices attendus pour chaque gourde dépensée. L'analyse estime que la mise en œuvre de l'intervention permet à Haïti d'éviter plus de 16 000 décès dus aux maladies évitables par la vaccination telle que : la diphtérie, le tétanos néonatal, la coqueluche et la rougeole. Selon la Direction du Programme Elargi de Vaccination (DPEV)[3], la rougeole et le tétanos néonatal en particulier sont la cause de la plupart des décès enregistrés chaque année chez les enfants de moins de 5 ans. Ainsi, la vaccination complète reste l'un des investissements les plus bénéfiques dans le domaine de la santé.

1 Economiste, Ministère de la Planification et de la Coopération Externe
2 Enquête Mortalité, Morbidité et Utilisation des services (EMMUS-V), MSPP (2012).
3 Evaluation de la Prestation des Services, de Soins de Santé, EPSSS, MSPP, p. 57. 2013, Port au prince.

Introduction

Au cours de ces dernières années, Haïti enregistre une amélioration significative dans la prestation des services de santé infantile. Les résultats des enquêtes sur la mortalité, la morbidité et l'utilisation des services (EMMUS V) ont montré que la couverture vaccinale est passée de 34% en 2000 à 41% en 2006 pour atteindre 45% en 2012. Le taux de la mortalité infantile, était de 80 pour 1 000 en 2000 tandis qu'en 2012, il est passé à 59 pour 1 000 naissances vivantes. Ces améliorations sont le résultat des efforts consentis par le inistère de la Santé Publique et de la Population(MSPP) avec l'appui de certains organismes locaux et internationaux pour réduire le taux de mortalité infantile et améliorer la couverture vaccinale. Des avancées positives ont été réalisées dans ce domaine avec la marche du Programme Elargi de Vaccination (PEV).

Malgré tout, le taux de mortalité infantile reste très élevé. Les raisons avancées sont l'inaccessibilité due à l'éloignement des centres de santé, le manque de disponibilité des vaccins, l'insuffisance de personnel de santé qualifié, etc.

Les maladies infectieuses demeurent l'une des principales causes des décès infantiles. Avec un taux élevé à 20,4% des IRA (Infections Respiratoires aigus) chez les enfants, seulement 45 enfants sur 100 ont reçu toutes les doses de vaccins. Cette situation alarmante risque de s'aggraver d'autant plus que le taux de natalité s'accélère alors que le pays sombre dans la pauvreté. Les nouveau-nés sont donc exposés à toutes sortes de maladies. Ces derniers nécessitent une prise en charge sérieuse afin de réduire considérablement le taux de mortalité infantile dû par les maladies évitables par la vaccination telles que : la diphtérie, le tétanos, la coqueluche, la rougeole.

Ainsi, les interventions et les efforts déjà consentis doivent s'inscrire dans une logique de continuité. L'intervention ci-dessous a été mise sur pied dans le but de réduire considérablement le taux de mortalité infantile.

Présentation de l'intervention

L'intervention « Vaccination complète des enfants âgés de 0-1 an en renforçant les services de vaccination sur tout le territoire » a pour objectifs de :

- Contribuer à la réduction de la mortalité infantile dans le pays.
- Porter la couverture vaccinale nationale à 90% d'ici 2020
- Disposer du personnel qualifié en Programme Élargi de Vaccination (PEV) à tous les niveaux pour la prestation des services de vaccination
- Améliorer la qualité des services de vaccination offerte par les 644 institutions sanitaires de la zone d'étude (tout le territoire national)

Ce renforcement comporte deux volets : le premier consiste à mettre en place des personnels qualifiés pour l'administration des vaccins et le deuxième est de rendre disponible les équipements de base nécessaires pour garantir des services de vaccination de qualité.

Volet1 : Mise en place de personnels qualifiés :

Le personnel de santé qualifié est essentiel pour parvenir à une gestion et une prestation de service de vaccination efficace. Ce volet de l'intervention vise à la formation à tous les niveaux du personnel des services de vaccination en Programme Élargi de Vaccination (PEV). Il comprend la formation et le recyclage du personnel en PEV. Ce qui permettra de maintenir et d'augmenter le niveau de couverture vaccinale et la qualité de la vaccination.

Volet 2 : Disponibilité des équipements de vaccination nécessaires dans tous les services de vaccination des institutions sanitaires :

Les vaccins compris dans la vaccination complète de l'enfant sont définis dans le calendrier vaccinal établi par le Ministère de la Santé Publique et de la Population (MSPP) en conformité avec les recommandations de l'Organisation Mondiale de la Santé (OMS). Pour l'année 2013[4], la vaccination complète de l'enfant comprenait : le BCG contre la tuberculose, la dose Polio 0 à la naissance, les trois doses de pentavalent contre la diphtérie, le tétanos, la coqueluche, les trois doses du vaccin contre la polio et le vaccin contre la rougeole[5]. Selon le calendrier vaccinal, tous ces vaccins doivent être administrés à l'enfant au cours de sa première année de vie. Ainsi, ce volet de l'intervention tend à rendre disponible d'une part, tous ces vaccins en quantité suffisante dans les institutions sanitaires et d'autre part, les autres équipements de base comme les matériels d'injection (seringues et aiguilles…). L'intervention prévoit aussi le transport des vaccins.

L'intervention vise à atteindre 60% des enfants de moins d'un an non vacciné en Haïti. Soit un total de 864 846 enfants âgées de 0 à 1 an qui seront immunisés dans les cinq prochaines années (2017-2021). Le taux de couverture vaccinale nationale sera porté graduellement et respectivement à 60% en 2017 ; 70% en 2018 ; 80% en 2019 ; pour atteindre 90% d'ici 2020 et 2021. Ainsi, toutes les institutions sanitaires du pays qui offrent les services de vaccination seront renforcées dans le cadre de ce projet.

Calculs des coûts et des avantages

Méthode d'estimation des coûts

Tous les coûts importants liés à l'intervention sont basés sur les hypothèses suivantes :

- *Coût des équipements vaccination.* Le coût total de la vaccination a été calculé à partir des données fournies par l'OMS et le MSPP sur le coût unitaire par enfant vacciné qui se chiffre à 78 $ USD en 2016. Ce montant a été ajusté par l'inflation annuellement sur toute la durée de l'intervention. Aucun coût additionnel d'administration des vaccins n'a été ajouté.
- Ne sachant pas quel pourcentage des enfants furent vaccinés pour les deux tranches d'âges de 0 et 1 an, et le coût de 78 $ étant pris comme le coût total des vaccins requis pour éviter les maladies infantiles par enfant, les calculs tiennent compte seulement du nombre de naissances par année au lieu de la somme des enfants âgées de 0 an et de 1 an pour éviter des doublons.
- *Coût des matériels d'injection.* Le coût des matériels d'injection a été estimé par le chercheur sur la base de celui qui a été calculé dans le PPAc[6] du MSPP. Dans le cadre de cette intervention le coût des matériels d'injection représente 60% du coût estimé dans le PPAc.
- *Coût du transport et d'entretien de l'intervention. Le* coût du transport et le coût d'entretien du projet représentent respectivement 2% et 5% du coût des vaccins et des matériels d'injection.

4 La liste des vaccins incluse dans la vaccination complète de l'enfant se modifie chaque année

5 Rapport statistique 2013, MSPP.

6 PPAc: Plan Pluriannuel Complet du programme élargi de Vaccination 2011-2015

- *Coût de la formation du personnel.* Le coût total de la formation du personnel de vaccination estimé dans le Plan Pluriannuel complet du PEV 2011-2015 du MSPP a été retenu et ajusté à l'inflation dans le cadre de ce travail.

Avantages escomptés

- *Avantage de la réduction du taux de mortalité infantile.*

  L'intervention « Immunisation des enfants », avec un pourcentage d'efficacité de 90%, permettrait d'éviter 16 506 décès infantiles. La valeur actuelle des avantages économiques de ces décès évités montre que pour une valeur de DALY estimée à 3x le PIB per capita et un taux d'actualisation de 5%, le pays gagnerait 32 milliards de gourdes pour toutes les vies sauvées avec l'intervention.

- *Économie en soin de santé*

  Dans la situation de base (sans intervention), le nombre d'enfant atteint d'une IRA en Haïti chaque année est estimé à plus de 106 929, soit un taux d'IRA de 20,4 %[7]. Avec l'intervention, le nombre d'enfants a été réduit de moitié (10,2%), soit 53 465 enfants. Ainsi, La valeur actuelle des bénéfices (revenus) épargnés par le système de santé ou les parents en soins curatifs pour les enfants atteint d'IRA est estimée à plus de 16 millions de gourdes durant toute l'intervention.

- *Avantage de la vaccination pour les parents :*

  En plus des impacts directs de la vaccination sur la réduction du taux de mortalité, les vaccins contribuent aussi à réduire les handicaps à long terme dus aux maladies infectieuses chez les enfants. L'enfant handicapé contraint un parent actif, plus particulièrement la mère, à interrompre ses activités professionnelles pour rester à son chevet. Ainsi, la vaccination des enfants permet aux parents de faire non seulement des économies financières mais aussi d'augmenter leurs temps productifs.

  Les résultats de l'analyse des avantages de la vaccination pour les parents montrent que, sans l'intervention, l'IRA sera responsable du handicap de plus de 2 000 enfants chaque année en Haïti. Les mères de ces enfants handicapés ne peuvent pas travailler convenablement et cela affecte largement l'économie de la famille. Avec l'intervention, les parents pourront économiser en moyenne plus de 61 millions de gourdes par année. La valeur actuelle totale des revenus gagnés par les parents sur la durée de l'intervention est estimée à 281,7 millions de gourdes.

- *Avantages économiques et coûts économiques totaux*

  Globalement, les avantages économiques au taux d'actualisation de 5% sont de l'ordre de 32,3 milliards de gourdes pour un coût total de 2,4 milliards de gourdes.

Rapport Coût-Avantage (RAC)

Le ratio avantage-coût est estimé comme la valeur actualisée des bénéfices sur la valeur actualisée des coûts. Il nous permet de mesurer les bénéfices escomptés par la société pour chaque gourde investie dans la vaccination infantile. Les résultats de l'analyse coût-avantage de l'intervention montrent que pour une réduction de 5%, le rapport coût-avantage est de 13, le ratio étant supérieur à l'unité (1) cela implique que le rendement attendu est 13 fois plus grand par

7 EMMUS V

rapport à chaque gourde dépensée. Par conséquent, l'intervention est bénéfique comme illustrée au tableau ci-dessous.

Tableau récapitulatif (tous les coûts et avantages sont en gourdes)

Intervention	Actualisation	Avantage	Coût	RAC	Qualité des éléments de preuves
Vaccination complète des enfants de 0-1 an	3%	51 700 040 844	2 515 927 655	21	Solide
	5%	32 298 188 123	2 411 997 070	13	
	12%	11 003 713 106	2 105 122 115	5	

Analyse de sensibilité

Les paramètres ayant le plus d'impact sur l'intervention sont le prix des vaccins et le taux de change. Les vaccins sont des intrants importants pour la mise en œuvre de l'intervention. Naturellement, quand le prix des vaccins baisse en dessous de 78 $ USD soit 62 $ USD par enfant vacciné, c'est-à-dire une variation à la baisse de 20% du prix des vaccins, le ratio avantage-coût (RAC) serait affecté positivement. Ainsi, pour une valeur réduite à 3%, le RAC est estimé à 21. Alors, le projet devient beaucoup plus rentable. A l'inverse, toute hausse du prix des vaccins réduit de manière significative le rapport coût-avantage.

La même observation a été faite pour le taux de change, toute variation à la hausse réduit le RAC. Pour une variation à la baisse de 20% du taux de change, des avantages de 49,3 milliards de gourdes ont été enregistrés.

L'analyse de sensibilité indique que la variation des paramètres comme : l'inflation et le coût de consultation n'ont pas d'impact significatif sur les ratios avantage-coût de l'intervention.

Conclusion

Enfin de compte, nous venons de voir plusieurs éléments essentiels dans l'analyse coût-avantage de ce projet de vaccination complète des enfants âgés de 0 à 1 an en Haïti. Il reste un fait que le taux de mortalité infantile au pays est le plus élevé dans les Caraïbes ; parallèlement, la couverture vaccinale nationale qui pourrait remédier à cette situation, reste très faible et on constate un déficit de formation des prestataires de soins dans le domaine. Ainsi, l'intervention à réaliser consiste à vacciner complètement les enfants âgées de 0-1 an sur tout le territoire national tout en renforçant les services de vaccination. Alors, pour une bonne évaluation de cette intervention, comme nous venons de le voir, nous avons recouru à l'approche «analyse coût-avantage». Les résultats de l'analyse montrent que les coûts estimés sont nettement inférieurs par rapport aux avantages escomptés. Par exemple, à un taux d'actualisation de 5%, le ratio avantage-coût montre que pour chaque gourde investie, le rendement attendu est de treize (13) fois plus. Ainsi, les interventions visant la réduction de la mortalité infantile par l'immunisation des enfants vont procurer une réduction considérable sur les coûts de santé, un rendement sur l'argent investi, et d'autres avantages économiques pouvant augmenter le bien-être de la population haïtienne.

Le projet étant économiquement viable et bénéfique il parait plausible qu'un investissement dans ce domaine soit un choix judicieux et louable.

Références bibliographiques

MSPP (2013), « Enquête Mortalité, Morbidité et Utilisation des Services (EMMUSV) Haïti 2012 », Port-au-Prince.

MSPP (2014), « Évaluation de la Prestation des Services de Soins de Santé (EPSSS) 2013 » Port-au-Prince.

MSPP (2011) « Plan Pluriannuel complet du Programme Elargi de Vaccination PPAc-PEV 2011-2015 » Port-au-Prince.

MSPP (2014) « Rapport Statistique 2013 » Port-au-Prince.

MSPP (2013) « Plan Stratégique National pour la santé Intégrale de l'Enfant en Haïti 2014-2019 », Port-au-Prince.

Karna Georges KONE, 2011, Analyse des coûts et financement des soins de santé primaires dans la zone goavienne, en Haïti, Médecin du Monde.

Sites internet consultés :

1.- file:///F:/IFPMA-IVS-FR_FactSheet3-17.1.13.pdf

2. - https://www.unicef.org/haiti/french/health.html

3. - www.unicef.org/french/supply/index_57476.html

ANALYSE COÛT-AVANTAGE DE TROIS INTERVENTIONS SUR LES MALADIES NON TRANSMISSIBLES EN HAÏTI

DR RYAN K MCBAIN[1], M. BRIAN HUTCHINSON[2], DR GENE F KWAN[3], DR RACHEL NUGENT[4]

Résumé

Les maladies non transmissibles et les facteurs de risque associés représentent la moitié de tous les décès en Haïti, plus que le VIH/SIDA et le paludisme combinés. Pourtant, la grande majorité des ressources du secteur de la santé s'adressent aux maladies infectieuses. Afin d'examiner les arguments économiques pour un investissement dans le traitement et la prévention des maladies non transmissibles en Haïti, nous avons évalué les ratios avantage-coût associés aux trois programmes pour traiter la charge des maladies cardiovasculaires, du diabète de type 1 et du cancer du col utérin.

Nous avons sélectionné trois interventions éventuelles en matière de santé, basées sur des preuves empiriques et la facilité de mise en œuvre : (1) une campagne médiatique sur l'hypertension artérielle, une initiative de dépistage et de fourniture de médicaments antihypertenseurs pour ceux ayant une tension artérielle systolique > 160 mm Hg ; (2) une campagne de vaccination contre la virus du papillome humain (VPH) pour prévenir le cancer du col utérin ; et (3) améliorer l'identification et le traitement des enfants se présentant d'eux-mêmes dans des établissements avec diabète de type 1.

Nous avons trouvé que le ratio avantage-coût est supérieur à 1 dans chaque cas : 1,74 pour l'intervention sur l'hypertension artérielle, 3,84 pour la campagne de vaccination contre le VPH et 3,59 pour le traitement du diabète de type 1. En termes de santé, ces trois interventions devraient éviter 1 015 accidents vasculaires cérébraux et attaques cardiaques chaque année, 1 046 décès dus au cancer du col utérin chaque année, ainsi que 500 décès dus au diabète de type 1 au total.

Les interventions pour traiter des MNT en Haïti doivent être considérées comme étant rentables et sauvant des vies, ainsi que présentant un retour sur l'investissement positif dans une perspective avantage-coût. L'adoption de ces interventions permettrait d'économiser environ 1 900 vies par an pour environ 9 % du budget annuel du ministère de la Santé. Nous espérons que ces résultats fassent parties d'exercices plus larges de définition de priorités quant à l'allocation des ressources, dont le rapport de rentabilité et le retour sur investissement sont une partie.

1 Partners In Health

2 RTI International

3 Partners In Health et Boston University School of Medicine

4 RTI International

Introduction

Les quatre plus importantes maladies non transmissibles (MNT) causes de mortalité sont, à l'échelle mondiale, les maladies cardiovasculaires, le cancer, les maladies respiratoires et le diabète, représentant plus de 30 millions de décès par an [1]. Plus des trois quarts d'entre eux surviennent dans les pays à faible revenu et à revenu intermédiaire (PFR-PRI).

Malgré ces éléments de preuve, les affectations de fonds, tant nationaux qu'internationaux, ont été fortement axées sur les maladies infectieuses. Une étude récente, par Sridhar et Batniji (2008), a révélé que les quatre plus grands donateurs en santé mondiale allouent 1029 $ par décès évité dû au VIH/SIDA, comparé à 3 dollars par décès évité dû à des maladies non transmissibles [3]. Pendant ce temps, le Forum économique mondial a estimé que 30 000 milliards $ de coûts seront observés au cours des 20 prochaines années si la morbidité et la mortalité associées aux maladies non transmissibles restent sans réponse [4].

L'absence d'investissements sur ces maladies n'est pas faute d'interventions rentables. Un nombre croissant de preuves ont démontré que les interventions pour chacune des quatre plus importantes MNT cause de mortalité sont rentables [5]. Par exemple, les médicaments antihypertenseurs pour prévenir les cardiopathies ischémiques et les AVC [6] et la vaccination contre le VPH pour prévenir le cancer du col utérin [7] sont rentables dans la plupart des milieux à faibles ressources. Cependant, la plupart de ces analyses sont déconnectées du contexte local dans lequel les décideurs pourraient envisager la mise en œuvre [7], [8]. Échouer à articuler la portée, l'échelle, les coûts et les avantages dans des milieux à faibles ressources crée le potentiel pour que les ministères négligent les occasions claires pour investir dans la santé de la population comme une fin en soi, mais aussi comme un moyen plus large de stimuler l'économie : grâce à la contribution d'une population active saine et productive [9].

Les maladies non transmissibles et le contexte haïtien

Haïti représente un cas de paradigme. Avec une énorme charge en matière de maladie, l'espérance de vie moyenne est de 63 ans, la plus faible dans l'hémisphère occidentale [10]. Toutefois, le gouvernement dépense seulement 12 $ par habitant par an en matière de santé pour ses citoyens [11], [12]. La majorité (80 %) des dépenses de santé est donc de leur poche et est prise en charge par le biais de l'aide internationale. Les maladies non transmissibles représentent plus de la moitié de tous les décès en Haïti [13].

L'hypertension artérielle : charge de la maladie et intervention

L'hypertension artérielle systolique, principal facteur de risque de l'AVC et les épisodes de maladie cardiaque ischémique, causent 17,8 pour cent de tous les décès en Haïti [15]. Environ 47 pour cent des habitants de Port-au-Prince souffrent d'hypertension, ce qui signifie qu'ils ont des niveaux de tension artérielle systolique ≥140 mmHg [16]. En milieu rural, à Fontaine en Haïti, des taux élevés d'hypertension artérielle ont été trouvés dans un échantillon opportun de résidents, avec 23,4 % des hommes et 40,2 % des femmes déclarées comme souffrant hypertension [17].

L'hypertension artérielle est due à plusieurs facteurs. La mission mondiale sur l'hypertension de l'OMS (2013) dresse la carte du rôle concomitant des déterminants sociaux (logement, revenu, éducation), des comportements (par exemple : mauvaise alimentation, sédentarité, usage nocif de l'alcool ou du tabac) et des facteurs de risque métaboliques (obésité, diabète), sur l'augmentation des niveaux de tension artérielle [18]. En Haïti, la mesure dans laquelle les facteurs de risque comportementaux jouent un rôle dans l'hypertension est difficile à cerner compte tenu d'un manque général de preuve et surtout d'enquêtes représentatives au niveau national. Néanmoins, les preuves descriptives et les enquêtes transversales fournissent des preuves concernant le régime alimentaire, l'activité physique et l'usage nocif de l'alcool ou de tabac.

En Haïti, les apports en sel peuvent faire partie d'une mauvaise alimentation qui peut augmenter la tension artérielle. Alors que peu d'études formelles sur les apports en sel ont été entreprises, Kenerson (2014) décrit les attachements culturels et culinaires au sel en Haïti, y compris l'utilisation du sel comme agent de conservation dans un pays où la réfrigération reste rare ; la croyance commune que le sel imprègne vitalité et force, et ; la forte utilisation de sel dans les plats créoles traditionnels [19]. En partenariat avec le ministère de la Santé, Jean Charles (2014) estime que la consommation de sel d'un haïtien est en moyenne de 30 à 35 grammes par jour, presque neuf fois la limite que l'OMS recommande par jour [20]. Un récent sondage opportun (s'inspirant des étapes des enquêtes de l'OMS) de 572 personnes à Fontaine en Haïti a évalué des niveaux beaucoup plus bas de consommation de sel : environ 13,3 grammes par jour [17].

Le référentiel de données de l'observatoire de la santé mondiale de l'OMS ne contient pas toutes les données sur la prévalence d'une faible activité physique chez les adultes pour Haïti [21]. Une étude transversale de 1 620 adultes à Port-au-Prince a classé 31,3 % des hommes et 36,9 % des femmes comme sédentaires, ce qui signifie qu'ils ont participé pour la plupart à des activités de loisirs pendant le temps libre et qu'ils n'ont pas effectué un travail physiquement actif [22]. Les tendances rurales en matière d'activité physique peuvent être différentes. Les habitants de Fontaine travaillent en moyenne environ 202 heures-MET par semaine [17], à peu près l'équivalent de 50 heures de jardinage ou 61 heures de marche rapide par semaine [23]. Environ 13 % des hommes fument quotidiennement (inférieur à la moyenne des PFR), comparativement à 3,4 % des femmes (supérieur à la moyenne des PFR) [24]. Dix pour cent de la population masculine consomme de l'alcool en excès, ce qui signifie qu'ils ont consommé plus de 60 grammes d'alcool pur au moins une fois au cours du mois [25].

Alors que la tension artérielle est modifiable avec des changements de comportement et un traitement approprié, plusieurs études font état d'un faible taux de sensibilisation des Haïtiens sur l'hypertension. Une enquête de 2001 sur la population basée sur 382 habitants de Port-au-Prince estime que parmi les 93 individus identifiés comme souffrant d'hypertension, 61 % n'étaient pas au courant qu'ils avaient une tension artérielle élevée [26]. Trois seulement de ceux qui *étaient* au courant étaient effectivement soignés. Une étude plus récente de 2016 a trouvé des niveaux de sensibilisation tout aussi faibles, mais parmi ceux qui étaient au courant de leur état, 90 pour cent avaient été traités, bien que, parmi eux, deux sur cinq avaient encore une hypertension non maîtrisée [27].

Étant donné la nécessité d'augmenter la prise de conscience, de produire des changements de comportement et d'augmenter le contrôle de l'hypertension existante, mais aussi compte tenu d'une vaste littérature sur les interventions possibles pour traiter l'hypertension [28], nous vous proposons une intervention qui contient deux volets : l'éducation et le traitement clinique. Nous évaluons une campagne médiatique pour éduquer les gens sur la façon de réduire la consommation de sel alimentaire et comment atténuer les autres facteurs qui influent sur l'hypertension. La campagne encouragera les auditeurs et les téléspectateurs à venir dans des dispensaires locaux pour un dépistage et des tests de tension artérielle. À ces dispensaires locaux, les personnes qui sont diagnostiqués avec des niveaux de tension artérielle systolique (TAS) $\geq$ 160 seront admissibles au traitement clinique. Au cours de l'année, ces personnes seront encouragées à participer à un programme de traitement complet, y compris à un schéma thérapeutique (amlodipine et hydrochlorothiazide), à des tests diagnostic et à quatre visites à la clinique. Ces consultations cliniques incorporent des conseils sur les facteurs alimentaires et comportementaux qui peuvent améliorer l'état d'hypertension des individus.

Diabète de type 1 : charge de la maladie et intervention

Bien que peu de données primaires existent en Haïti, les cliniciens de Partners in Health en Haïti estiment que seulement 10-15 pour cent des 3 952 enfants haïtiens de moins de 15 ans (estimation) souffrant de diabète de type 1 ont accès à l'insuline, en se basant sur un examen de leurs établissements. De faibles taux d'accès aux traitements ont été signalés dans un contexte plus large en Afrique subsaharienne. Une récente analyse groupée des enquêtes représentatives au niveau national dans 12 pays d'Afrique subsaharienne ont indiqué que parmi les personnes souffrant de tout type de diabète, seulement un dixième signalait utiliser de l'insuline et un quart utiliser des médicaments oraux [33].

Plusieurs études récentes dans les PFR-PRI témoignent de la façon dont les niveaux de disponibilité et d'accessibilité des prix de l'insuline peuvent varier considérablement dans des contextes différents. Dans une enquête dans six pays, Morgane et al. (2007) ont examiné qu'au moins un type d'injection soluble d'insuline était disponible dans un échantillon de points de vente en médecine publique [34]. Zéro pour cent des points de vente publique au Pakistan ont réuni ce critère, suivi par le Bangladesh (5 %), le Népal (8 %), le Malawi (25 %) et le Brésil et le Sri Lanka (40 %). Les prix se sont aussi avérés prohibitifs dans un certain nombre de contextes, les auteurs signalant que le travailleur de gouvernement au salaire le plus bas au Brésil verserait l'équivalent 2,8 jours de salaire pour acheter une cure d'insuline d'un mois, comparée à 19,6 jours de salaire au Malawi.

De faibles niveaux de disponibilité et d'accessibilité des prix sont induits par une variété de facteurs nationaux et internationaux. Les taxes sur la valeur ajoutée (TVA) et autres majorations, frais de distribution, manque de concurrence entre les fabricants d'insuline, distribution variée, politiques gouvernementales et une analyse de nécessité inadéquate à des niveaux bas du système de santé ont tous un rôle à jouer dans le coût et la disponibilité au final des fournitures clés pour contrôler le diabète, y compris l'insuline, les glucomètres, les bandelettes de test glycémique et les seringues [36].

En Haïti, les preuves académiques publiées sont rares, mais les interviews et les reportages suggèrent que la politique nationale et le secteur privé jouent un rôle dans la disponibilité et le coût des soins aux diabétiques [37], [38]. Sans accès à l'insuline ou à d'autres outils de diagnostic du diabète sauvant des vies afin de faciliter la surveillance de la glycémie sanguine, les résultats médicaux de 1922 sont une réalité en Haïti en 2017.

Nous évaluons une intervention sur deux fronts qui agit à la fois au niveau politique et au niveau de l'individu. Au niveau politique, nous évaluons une intervention hypothétique pour éliminer les obstacles au niveau national (*par exemple,* douane et distribution ou taxes sur la valeur ajoutée). Nous n'identifions pas une intervention politique spécifique, parce que nous ne trouvons pas une analyse politique ou d'autres preuves académiques qui diagnostiquent les obstacles nationaux explicites, faisant baisser la disponibilité et l'accessibilité des prix de la médecine du diabète et des outils de diagnostic essentiels en Haïti.

Au niveau individuel, nous évaluons les coûts et les avantages de fournir un accès à la médecine de sauvetage et au traitement clinique. Notre intervention comprend quatre visites annuelles dans une clinique locale pour chaque patient, une fourniture annuelle de l'insuline et des seringues et des tests diagnostiques ou de tout autre équipement qui peut faciliter le contrôle de niveaux de glycémie sans dangers, y compris des bandelettes de test du glucose, un test d'hémoglobine A1 et un glucomètre Glucosafe. Les séances cliniques incorporent l'éducation des patients sur les pratiques exemplaires pour maintenir des niveaux de glucose et prévenir les situations d'urgence.

Cancer du col utérin : charge de la maladie et intervention

Le cancer est estimé être la deuxième cause de mortalité pour les maladies non transmissibles en Haïti, après les maladies cardiovasculaires [15]. Le cancer du col utérin constitue une grande partie de la charge oncologique en Haïti pour les femmes. L'incidence estimée du cancer du col utérin chez les femmes haïtiennes est entre 20,3 (GLOBOCAN [39]) et 50,02 (GBD [13]) pour 100 000 habitants et environ 19 pour cent des années de vie perdues en raison de tous les types de cancer sont le résultat du cancer du col utérin [13].

La majorité des cas de cancer du col utérin ont une étiologie virale, résultant de l'infection via la transmission sexuelle du virus du papillome humain (VPH) [40]. Les deux types de VPH les plus communs, VPH 16 et 18, sont associés à 73 pour cent de tous les cas de cancer du col utérin dans le monde [41]. En Haïti, à tout moment, environ 35 % de la population féminine a un VPH, et dans les zones où le VIH est endémique, le dépistage du cancer du col utérin peut être positif pour des lésions précancéreuses pour environ 15 à 20 % de la population [42].

Dans un échantillon communautaire de 9 769 femmes à Port au Prince et à Léogane, Walmer et al., (2013) ont trouvé que l'exposition au VPH est corrélée avec le fait d'être plus jeune à l'âge de la première expérience sexuelle et avec un nombre plus élevé de partenaires sexuels [43]. Chez les femmes qui ont eu un premier rapport sexuel à l'âge de 13-17 ans et ont eu des relations sexuelles avec trois ou plusieurs partenaires durant leur vie, 24,3 % avaient contracté des VPH, comparé à 12,9 % des femmes qui ont eu leur premier rapport sexuel plus tard que 22 ans et n'ont eu qu'un partenaire sexuel au cours de leur vie.

Les résultats du cancer du col utérin sont les seuls qui répondent aux diverses interventions sanitaires complètes qui abordent des domaines tels que la lutte contre les maladies infectieuses, l'éducation à la santé communautaire et les systèmes de prestation de soins aux malades chroniques. Les pays avec des programmes bien organisés pour dépister et traiter le cancer du col utérin à un stade précoce peuvent empêcher plus de 70 % des cas de mortalité qui y sont liés [44]. En Haïti, toutefois, la capacité de détecter et de traiter le cancer du col utérin est actuellement limitée. Une inspection visuelle de l'acide acétique (IVA) est le principal test de diagnostic qui permet d'identifier des lésions cervicales précancéreuses, avec une cryothérapie de suivi disponible pour neutraliser des excroissances anormales [45]. L'IVA est disponible au niveau des soins de santé primaire ; cependant, il n'y a aucune donnée à signaler concernant la couverture de la population totale quant au dépistage du cancer du col utérin [*ibid.*]. Une fois que le cancer du col utérin devient envahissant, la chirurgie est la première option disponible, mais parce que les cancers ne sont souvent pas identifiés avant des stades tardifs, les résultats varient [46]. Les médicaments de chimiothérapie sont importés et souvent en quantité limitée et la clinique de radiothérapie la plus proche clinique est en République dominicaine [45], [47].

Une exposition au VPH à un jeune âge et l'absence générale d'options de dépistage et de traitement soulignent la nécessité de mesures préventives. La prévention du cancer du col utérin peut être radicalement impactée par une intervention clinique prophylactique. Actuellement, il existe deux types de vaccins qui offrent l'immunité pour les souches à haut risque des VPH 16 et 18 [48]. Une étude de modélisation de PRIME publiée dans The Lancet a examiné les campagnes de vaccination contre le VPH dans 179 pays et déterminé que les campagnes de vaccination contre le VPH sont susceptibles d'être très rentables dans presque tous les pays du monde [49].

En Haïti, la vaccination pour la prévention du VPH a été mise en place [50]. Toutefois, la portée de ces programmes a été limitée dans sa durabilité et sa couverture géographique, par l'absence de vaccin disponible et ne fait pas actuellement partie du Paquet Essentiel des Services.

Nous évaluons un programme en milieu scolaire afin de distribuer et d'administrer trois doses de vaccin contre le VPH aux filles de 10 ans à l'école primaire. Les études ont révélé que, dans une grande variété de paramètres, les modèles de distribution en milieu scolaire sont très efficaces, en particulier là où les niveaux de scolarisation et de rétention sont élevés. En Haïti, le taux net de scolarisation chez les filles (2008-2012) est de 78 % [51].

Calcul des coûts et avantages

Estimations de la couverture

Pour réduire la charge des maladies non transmissibles en Haïti, nous proposons que le gouvernement haïtien mette en œuvre trois interventions (décrites ci-dessus) pour traiter les principaux facteurs de morbidité et de mortalité : les maladies cardiovasculaires, le diabète de type 1 et le cancer du col utérin. Afin d'examiner les coûts et les avantages de chacun, nous avons modélisé des scénarios dans lesquels un certain niveau de couverture de la population est atteint pour chaque groupe de population ciblé, par rapport à la couverture de base. Le tableau 1 présente une vue d'ensemble.

Pour l'hypertension, parmi les patients inscrits, nous avons ajusté la couverture pour une adhésion au fil du temps. Dans le cadre de l'hypertension, nous avons supposé que 54 % resteraient sous traitement dans un horizon de 8,5 ans, en se basant sur un examen systématique par Cramer et al. (2008) [53]. Pour le diabète, nous avons supposé une adhésion à 100 % en se basant sur une morbidité grave et un taux de mortalité élevé si le traitement n'est pas maintenu ; et pour les vaccins du cancer du col utérin, nous avons supposé 80 % d'acceptation du vaccin en se basant sur un article récent de Levin et al. (2013) [54].

Le tableau 1. Population cible et la couverture, par intervention

Épidémiologie clinique

Pour l'intervention sur l'hypertension, on a supposé que ceux qui ont survécu à un accident cardiaque ou à un AVC, expérimenteraient une qualité de vie, liée à leur santé, réduite en conséquence. La probabilité de conséquences légères, modérées et sévères, mais aussi les dégénérescences associées à la santé, provenaient de l'étude de la charge mondiale de morbidité de 2015 [15]. Pour les interventions sur le diabète et le cancer du col utérin, nous n'avons fait aucune hypothèse sur la santé globale des patients qui subissent un traitement. Nous avons supposé que la qualité de vie liée à santé, suite à l'intervention, serait comparable à celle de la population générale.

En outre, nous avons supposé une désutilité associée aux inscriptions pour les soins du diabète, résultant de la charge associée à la surveillance de l'insuline, aux injections de routine et au fait de faire face aux séquelles de la maladie. Nous avons estimé cette désutilité équivalente à 0,05 sur une échelle de 0 à 1, à peu près similaire à celle associée à l'inscription à l'ART chez les patients atteints du VIH, comme indiqué dans l'étude de la charge mondiale de morbidité de 2015.

Table 1. Population cible et couverture, par intervention

	Population cible	Couverture de base Intx	Objectif de couverture Intx
Hypertension artérielle	Adultes, âgés de 30 à 69 ans	10 %	51 %
Diabète	Enfants, âgés de 0 à 15 ans	25 %	75 %
Cancer du col utérin	Filles, âgées de 10 ans	1 %	67 %

Prévisions des coûts

Pour chaque intervention, les coûts ont été recueillis dans une perspective axée sur l'activité. Plus précisément, pour l'intervention sur l'hypertension artérielle, cela comprenait les coûts de production et de publicité de la campagne médiatique, le dépistage de l'hypertension et les visites de traitement dans les établissements de santé et le coût des médicaments antihypertenseurs. Pour l'intervention sur le diabète, cela comprenait notamment les tests de diagnostic et les visites de traitement, les consommables associés et le coût de l'insuline et les majorations pour tenir compte des obstacles structurels qui empêchent l'insuline d'être fournie. Enfin, pour l'intervention du cancer du col utérin, cela comprenait le coût de la vaccination dans les écoles, ainsi que le vaccin lui-même.

Analyse

Pour évaluer les avantages, nous avons estimé les niveaux réduits des taux de mortalité et de morbidité avec chaque intervention, en se basant sur l'espérance de vie moyenne corrigée et l'âge moyen d'apparition associée à chaque condition, c'est à dire accident cardiaque, cancer et diabète. Nous avons également estimé l'espérance de vie moyenne en Haïti atteinte, en l'absence de l'apparition de la condition.

Le tableau 2 présente les coûts, les avantages et les ratios avantage-coût pour chaque programme d'intervention en Haïti, en appliquant un taux d'actualisation de 3 %, 5 % et 12 % et en supposant que la valeur d'une année de vie statistique est l'équivalent de trois fois le PIB moyen par habitant en Haïti.

Le tableau 2. Tableau récapitulatif : Coûts et avantages annualisés et ratio avantage-coût

Intervention	Actualisation	Avantage	Coût	Ratio avantage-coût	Qualité des éléments de preuve
Hypertension artérielle	3 %	19 724 075 $	9 889 278 $	1,99	Faible / Moyenne
	5 %	17 189 505 $	9 889 278 $	1,74	
	12 %	11 384 789 $	9 889 278 $	1,15	
Diabète	3 %	19 883 152 $	4 403 441 $	4,52	Faible / Moyenne
	5 %	15 786 614 $	4 403 441 $	3,59	
	12 %	8 460 594 $	4 403 441 $	1,92	
Cancer du col utérin	3 %	10 822 086 $	2 032 963 $	5,32	Faible / Moyenne
	5 %	7 797 983 $	2 032 963 $	3,84	
	12 %	3 941 041 $	2 032 963 $	1,94	

Chaque intervention a varié en portée, en échelle, ainsi qu'en termes de niveau de morbidité et de mortalité évitée. Dans le cas de l'hypertension, l'intervention la plus chère, la campagne d'information vise à toucher environ 2 millions d'Haïtiens âgés de 30 à 69 ans, 400 000 de ces personnes ayant une hypertension artérielle systolique sévère (> 160). Couplé avec l'inscription pour les soins et l'adhésion d'environ 50 % de ceux qui arrivent dans les établissements, nous nous attendions à ce que cela évite 520 AVC et 495 crises cardiaques par an, ce qui se traduit par 11 884 années de vie perdues en raison de décès prématurés et 524 années vécues avec des handicaps.

L'intervention sur le diabète devrait toucher 3 162 enfants de moins de 15 ans qui se présentent dans les hôpitaux avec des symptômes non contrôlés du diabète de type 1. On a estimé que les améliorations des tests, du diagnostic et de l'offre d'insuline évitaient 506 décès, ce qui se traduit par 13 916 années de vie perdues en raison d'une mortalité prématurée.

Enfin, pour la campagne de vaccination contre le VPH, cela devrait atteindre 93 336 filles de 10 ans inscrites à l'école primaire chaque année et éviter 1 494 cas de cancer du col utérin, soit 19 869 années de vie perdues en raison d'une mortalité prématurée et 5 229 années de vie vécues avec des handicaps.

Les analyses de sensibilité ont fait varier les estimations vers le haut et vers le bas. Lorsque les coûts ont été augmentés de 50 % pour chaque intervention, tous les ratios avantage-coût sont restés supérieurs à un dans le scénario de base. L'hypertension est passée d'un RAC de 1,74 à 1,16. Pour le diabète de type 1, il est passé de 3,59 à 2,39 et pour le cancer du col utérin de 3,84 à 2,56.

Augmenter et diminuer les risques d'épisodes d'AVC et d'IHD, et les taux de mortalité dans l'intervention sur l'hypertension a entraîné des RAC significativement différents. Dans le scénario bas le RAC a chuté à 0,4, tandis que dans le scénario haut, il est passé à 9,0. Changer l'état de la santé pour refléter le poids de l'invalidité de la charge mondiale de morbidité a donné lieu à moins de 2 % de variations pour le RAC de l'hypertension et a été négligeable pour le RAC du cancer du col utérin, démontrant la mesure dans laquelle une mortalité élevée et une perte prématurée de la vie induit le cumul des avantages dans notre analyse.

Discussion et conclusion

Nous avons évalué les ratios avantage-coût associés aux trois programmes pour traiter la charge des maladies cardiovasculaires, du diabète de type 1 et du cancer du col utérin. En se basant sur les meilleures informations disponibles à ce jour, nous constatons que les interventions simples de prévention et de traitement pour traiter les charges de morbidité de l'hypertension, du diabète et du cancer en Haïti sont rentables. En termes monétaires, chaque 1 $ investi pour l'hypertension conduit à 1,74 $ en retour ; chaque 1 $ investi dans les soins aux diabétiques conduit à 3,59 $ en retour et chaque 1 $ investi en soins du col utérin conduit à 3,84 $ en retour. Par ailleurs, le coût total annuel des trois interventions, 16,33M $, représente 9 % du budget annuel du ministère haïtien de la Santé [63].

En termes de santé, ces trois interventions devraient éviter plus de 1000 accidents vasculaires cérébraux et crises cardiaques par an, 1 000 décès par cancer du col utérin, ainsi que 500 décès dus au diabète de type 1 au total. La rentabilité et le retour sur investissement de ces interventions, sont tous les deux, corroborés par un large nombre de preuves dans la littérature empirique démontrant la valeur pour l'argent des interventions afin de traiter les maladies non transmissibles avec de faibles ressources [8], [64], [65]. Cependant, ceci représente la première analyse qui examine ces questions de politique en s'intéressant au contexte spécifique d'Haïti. En outre, la plupart des hypothèses intégrées, telles que la capacité pour une intensification à l'échelle nationale et l'adhésion au traitement, ont été prudentes, suggérant que la rentabilité en terme de santé et la rentabilité économique pourraient être encore plus grandes que celle présentées ici.

Cela dit, il y a deux principales limites à cette analyse. Tout d'abord, de nombreux points de données du recueil de données primaires étaient absents, obligeant les auteurs à se tourner vers des estimations internationales. Cette question a été également abordée, en partie, par l'incorporation des analyses de sensibilité. Deuxièmement, des interventions sur l'hypertension et le diabète sont consacrées au traitement plutôt qu'à la prévention. Sur le long terme, il serait idéal d'incorporer un plus vaste éventail d'activités de prévention, ciblant idéalement les jeunes générations, pour prévenir les maladies avant qu'elles commencent.

En fin de compte, dans tous les milieux où le budget pour investir dans la santé est drastiquement limité, notamment en Haïti, les coûts d'opportunité pour investir dans un domaine comme celui des maladies non transmissibles doivent être pesés par rapport aux coûts d'opportunité pour investir dans d'autres priorités en soins de santé et dans d'autres secteurs au-delà de la santé. De même, l'adoption de politiques dépendra de la collaboration étroite entre les ministères au-delà du ministère de la Santé, y compris notamment le ministère des Finances et de l'Éducation. Néanmoins, ce rapport fournit une justification fondamentale solide de la faisabilité économique et de l'avantage à établir des priorités pour le traitement et la prévention des maladies non transmissibles au-delà du statu quo d'aujourd'hui.

Références

[1] OMS, «Noncommunicable diseases: fact sheet," 2015. [En ligne]. Disponible à: http://www.who.int/mediacentre/factsheets/fs355/en/. [Consulté le 24 Janvier 2017].

[2] J. J. Miranda, S. Kinra, J. P. Casas, G. D. Smith, and S. Ebrahim, "Non-communicable diseases in low- and middle-income countries: context, determinants and health policy," *Trop Med Int Health*, vol. 13, no. 10, pp. 1225–1234, Oct. 2008.

[3] D. Sridhar and R. Batniji, "Misfinancing global health: a case for transparency in disbursements and decision making," *The Lancet*, vol. 372, no. 9644, pp. 1185–1191, Sep. 2008.

[4] World Economic Forum, "The global economic burden of non-communicable diseases," World Economic Forum; Harvard School of Public Health, Geneva, 2011.

[5] D. Maher, N. Ford, and N. Unwin, "Priorities for developing countries in the global response to non-communicable diseases," *Global Health*, vol. 8, p. 14, Jun. 2012.

[6] S. S. Lim *et al.*, "Prevention of cardiovascular disease in high-risk individuals in low-income and middle-income countries: health effects and costs," *Lancet*, vol. 370, no. 9604, pp. 2054–2062, Dec. 2007.

[7] M. Fesenfeld, R. Hutubessy, and M. Jit, "Cost-effectiveness of human papillomavirus vaccination in low and middle income countries: a systematic review," *Vaccine*, vol. 31, no. 37, pp. 3786–3804, Aout. 2013.

[8] P. Revill and M. Sculpher, "Cost effectiveness of interventions to tackle non-communicable diseases," *BMJ*, vol. 344, p. d7883, Mar. 2012.

[9] D. Mayer-Foulkes, "A Survey of Macro Damages from Non-Communicable Chronic Diseases: Another Challenge for Global Governance," *Global Economy Journal*, vol. 11, no. 1, pp. 1–27, 2011.

[10] World Bank, "Life expectancy at birth, total (years)," World Bank, Washington DC, 2017.

[11] CIA, "CIA world factbook: budget," CIA, Washington DC, 2015.

[12] OMS, "General government expenditure on health as a percentage of total government expenditure (%)," WHO, Geneva, 2015.

[13] "Global Burden of Disease Results Tool," *IHME Global Health Data Exchange*. [En ligne]. Disponible à: http://ghdx.healthdata.org/gbd-results-tool.

[14] IHME, "GBD Compare | Viz Hub," *IHME Global Health Data Exchange*, 2017. [En ligne]. Disponible à:https://vizhub.healthdata.org/gbd-compare/.

[15] IHME, "Global Burden of Disease (GBD)," 2016. [En ligne]. Disponible à: http://www.healthdata.org/gbd. [Accessed: 25-Jan-2017].

[16] E. D. Jean-Baptiste, P. Larco, N. Charles-Larco, C. Vilgrain, D. Simon, et R. Charles, "Glucose intolerance and other cardiovascular risk factors in Haiti. Prevalence of Diabetes and Hypertension in Haiti (PREDIAH)," *Diabetes Metab.*, vol. 32, no. 5 Pt 1, pp. 443–451, Nov. 2006.

[17] V. B. Polsinelli, N. Satchidanand, R. Singh, D. Holmes, and J. L. Izzo, "Hypertension and aging in rural Haiti: results from a preliminary survey," *J Hum Hypertens*, vol. 31, no. 2, pp. 138–144, Feb. 2017.

[18] "A global brief on Hypertension: Silent killer, global public health crisis," OMS, 2013.

[19] J. G. Kenerson, "Hypertension in Haiti: The Challenge of Best Possible Practice," *J Clin Hypertens*, vol. 16, no. 2, pp. 107–114, Fev. 2014.

[20] R. R. Jean-Charles, "Challenges in Hypertension: The Haiti Experience," *J Clin Hypertens*, vol. 16, no. 2, pp. 97–98, Fev. 2014.

[21] WHO, "Prevalence of insufficient physical activity among adults - Data by country," *Global Health Observatory data repository*, 2015. [En ligne]. Disponible à: http://apps.who.int/gho/data/node.main.A893?lang=en. [Consulté le 8 février 2017].

[22] E. D. Jean-Baptiste, P. Larco, N. Charles-Larco, C. Vilgrain, D. Simon, and R. Charles, "Glucose intolerance and other cardiovascular risk factors in Haiti. Prevalence of Diabetes and Hypertension in Haiti (PREDIAH)," *Diabetes Metab.*, vol. 32, no. 5 Pt 1, pp. 443–451, Nov. 2006.

[23] Harvard Health Publications, "MET-hour equivalents of various physical activities," *Harvard Women's Health Watch*, n.d. [En ligne]. Disponible à: http://www.health.harvard.edu/staying-healthy/met-hour-equivalents-of-various-physical-activities.

[24] The Tobacco Atlas, *Country Fact Sheet - Haiti.*.

[25] WHO, "Global Alcohol Report - Haiti," 2014.

[26] M. L. Shipp, "Awareness status and prevalence of hypertension in a group of urban Haitians: findings of a population-based survey," *Ethn Dis*, vol. 11, no. 3, pp. 419–430, 2001.

[27] L. Pierce, A. Shannon, J. Sonnenfeld, M. Pearlmutter, H. Previl, and J. E. Forrester, "Hypertension prevalence and knowledge assessment in rural Haiti," *Ethn Dis*, vol. 24, no. 2, pp. 213–219, 2014.

[28] R. Khatib *et al.*, "Patient and healthcare provider barriers to hypertension awareness, treatment and follow up: a systematic review and meta-analysis of qualitative and quantitative studies," *PLoS ONE*, vol. 9, no. 1, p. e84238, 2014.

[29]R. Madeb, L. G. Koniaris, and S. I. Schwartz, "The discovery of insulin: the Rochester, New York, connection," *Ann. Intern. Med.*, vol. 143, no. 12, pp. 907–912, Dec. 2005.

[30]P. Huber, "Juvenile diabetes," *University of Nebraska Medical Center*, 1935.

[31]T. Podar *et al.*, "Mortality in patients with childhood-onset type 1 diabetes in Finland, Estonia, and Lithuania: follow-up of nationwide cohorts," *Diabetes Care*, vol. 23, no. 3, pp. 290–294, Mar. 2000.

[32]R. G. Miller, A. M. Secrest, R. K. Sharma, T. J. Songer, and T. J. Orchard, "Improvements in the life expectancy of type 1 diabetes: the Pittsburgh Epidemiology of Diabetes Complications study cohort," *Diabetes*, vol. 61, no. 11, pp. 2987–2992, Nov. 2012.

[33]J. Manne-Goehler *et al.*, "Diabetes diagnosis and care in sub-Saharan Africa: pooled analysis of individual data from 12 countries," *Lancet Diabetes Endocrinol*, vol. 4, no. 11, pp. 903–912, Nov. 2016.

[34]S. Mendis *et al.*, "The availability and affordability of selected essential medicines for chronic diseases in six low- and middle-income countries," *Bull. World Health Organ.*, vol. 85, no. 4, pp. 279–288, Apr. 2007.

[35]D. Beran, M. Ewen, et R. Laing, "Constraints and challenges in access to insulin: a global perspective," *The Lancet Diabetes & Endocrinology*, vol. 4, no. 3, pp. 275–285, Mar. 2016.

[36]D. Beran, J. S. Yudkin, et M. de Courten, "Access to care for patients with insulin-requiring diabetes in developing countries: case studies of Mozambique and Zambia," *Diabetes Care*, vol. 28, no. 9, pp. 2136–2140, Sep. 2005.

[37] P. Babaria and A. O'riordan, "A Haitian Boy's Needless Death From Diabetes," *The New York Times*, 14-Nov-2013.

[38]W. Dorce, "Interview: Diabetes in Haiti," *T1International*, 2013..

[39]GLOBOCAN, "Estimated cancer incidence, mortality and prevalence worldwide in 2012," 2012. [Online]. Available: http://globocan.iarc.fr/Default.aspx. [Consulté le 25 janvier 2017].

[40]P. Petignat and M. Roy, "Diagnosis and management of cervical cancer," *BMJ*, vol. 335, no. 7623, pp. 765–768, Oct. 2007.

[41]N. Li, S. Franceschi, R. Howell-Jones, P. J. F. Snijders, and G. M. Clifford, "Human papillomavirus type distribution in 30,848 invasive cervical cancers worldwide: Variation by geographical region, histological type and year of publication," *Int. J. Cancer*, vol. 128, no. 4, pp. 927–935, Feb. 2011.

[42]M. A. Kane, J. Sherris, P. Coursaget, T. Aguado, and F. Cutts, "Chapter 15: HPV vaccine use in the developing world," *Vaccine*, vol. 24 Suppl 3, p. S3/132-139, Aug. 2006.

[43]D. K. Walmer *et al.*, "Human Papillomavirus Prevalence in a Population of Women Living in Port-au-Prince and Leogane, Haiti," *PLOS ONE*, vol. 8, no. 10, p. e76110, Oct. 2013.

[44]H. De Vuyst, G. M. Clifford, M. C. Nascimento, M. M. Madeleine, and S. Franceschi, "Prevalence and type distribution of human papillomavirus in carcinoma and intraepithelial neoplasia of the vulva, vagina and anus: a meta-analysis," *Int. J. Cancer*, vol. 124, no. 7, pp. 1626–1636, Avr. 2009.

[45]"SITUATIONAL ANALYSIS OF CERVICAL CANCER PREVENTION AND CONTROL IN THE CARIBBEAN," PAHO & Healthy Caribbean Coalition, 2013.

[46]"Innovation Initiative Model 3a: Cancer Care and Control in Haiti," *Global Task Force on Expanded Access to Cancer Care and Control*, n.d. [En ligne]. Disponible à: http://gtfccc.harvard.edu/icb/icb.do?-keyword=k69586&pageid=icb.page342751.

[47]V. DeGennaro *et al.*, "Development of a Breast Cancer Treatment Program in Port-au-Prince, Haiti: Experiences From the Field," *JGO*, vol. 2, no. 1, pp. 9–14, Feb. 2016.

[48]WHO, "Human papillomavirus (HPV) and cervical cancer," *WHO*, 2016. [En ligne]. Disponible à: http://www.who.int/mediacentre/factsheets/fs380/en/. [Accessed: 24-Jan-2017].

[49]M. Jit, M. Brisson, A. Portnoy, and R. Hutubessy, "Cost-effectiveness of female human papillomavirus vaccination in 179 countries: a PRIME modelling study," *Lancet Glob Health*, vol. 2, no. 7, pp. e406-414, Jul. 2014.

[50]S. Wittet, S. Goltz, and A. Cody, "Progress in Cervical Cancer Prevention The CCA Report Card 2015," Cervical Cancer Action: A Global Coaliation to STOP Cervical Cancer, 2015.

[51]UNICEF, "Haiti: statistics," *UNICEF*, 2013. [En ligne]. Disponible à: https://www.unicef.org/infobycountry/haiti_statistics.html. [Consulté le 24 janvier 2017].

[52]L. Bruni *et al.*, "Global estimates of human papillomavirus vaccination coverage by region and income level: a pooled analysis," *The Lancet Global Health*, vol. 4, no. 7, pp. e453–e463, Jul. 2016.

[53]J. A. Cramer, Á. Benedict, N. Muszbek, A. Keskinaslan, and Z. M. Khan, "The significance of compliance and persistence in the treatment of diabetes, hypertension and dyslipidaemia: a review," *Int J Clin Pract*, vol. 62, no. 1, pp. 76–87, Jan. 2008.

[54] A. Levin, S. A. Wang, C. Levin, V. Tsu, and R. Hutubessy, "Costs of Introducing and Delivering HPV Vaccines in Low and Lower Middle Income Countries: Inputs for GAVI Policy on Introduction Grant Support to Countries," *PLoS One*, vol. 9, no. 6, Jun. 2014.

[55] C. Patterson, L. Guariguata, G. Dahlquist, G. Soltész, G. Ogle, and M. Silink, "Diabetes in the young - a global view and worldwide estimates of numbers of children with type 1 diabetes," *Diabetes Res. Clin. Pract.*, vol. 103, no. 2, pp. 161–175, Feb. 2014.

[56] GLOBOCAN, "Estimated cancer incidence, mortality and prevalence worldwide in 2012," 2012. [Online]. Available: http://globocan.iarc.fr/Default.aspx. [Consulté le 25 janvier 2017].

[57] R. K. McBain *et al.*, "Rethinking the cost of healthcare in low-resource settings: the value of time-driven activity-based costing," *BMJ Global Health*, vol. 1, no. 3, p. e000134, Nov. 2016.

[58] W. K. Viscusi and J. E. Aldy, "The Value of a Statistical Life: A Critical Review of Market Estimates Throughout the World," *Journal of Risk and Uncertainty*, vol. 27, no. 1, pp. 5–76, Aug. 2003.

[59] M. Y. Bertram *et al.*, "Cost–effectiveness thresholds: pros and cons," *Bull World Health Organ*, vol. 94, no. 12, pp. 925–930, Dec. 2016.

[60] L. A. Robinson, J. K. Hammitt, A. Y. Chang, and S. Resch, "Understanding and improving the one and three times GDP per capita cost-effectiveness thresholds," *Health Policy Plan*, vol. 32, no. 1, pp. 141–145, Feb. 2017.

[61] "WHO | Thresholds for the cost–effectiveness of interventions: alternative approaches," *OMS*. [En ligne]. Disponible à: http://www.who.int/bulletin/volumes/93/2/14-138206/en/. [Consult: 02-Mar-2017].

[62] "The World Health Report 2002: reducing risks, promoting healthy life.," World Health Organization, Geneva, 2002.

[63] World Bank, "Health expenditure, public (% of GDP)," 2014. [En ligne]. Disponible à:http://data.worldbank.org/indicator/SH.XPD.PUBL.ZS. [Consulté le 27 janvier 2017].

[64] D. T. Jamison *et al.*, *Cost-Effective Strategies for Noncommunicable Diseases, Risk Factors, and Behaviors*. The International Bank for Reconstruction and Development / The World Bank, 2006.

[65] R. Beaglehole *et al.*, "Priority actions for the non-communicable disease crisis," *The Lancet*, vol. 377, no. 9775, pp. 1438–1447, Avr. 2011.

Maladie rénale chronique : Coût direct de la prise en charge optimale à Port-au-Prince

AUDIE MÉTAYER[1], JEAN HUGUES HENRYS[2], CLAIRE RANDIE LAJOIE[3]

Résumé

Il s'agit d'une étude sur la maladie rénale en Haïti et le coût direct de sa prise en charge optimale, à travers des déterminants majeurs comme l'hypertension artérielle et le diabète. Il vise à venir en renforcement d'autres travaux destinés à sensibiliser sur la place et le financement des maladies non transmissibles.

A partir d'une grille élaborée en fonction des objectifs de prise en charge, les prix des composantes de cette prise en charge sont additionnés. L'addition des différents prix détermine le coût d'une séance de dialyse à partir duquel se dégage le coût mensuel et annuel direct de la prise en charge de la maladie rénale terminale. Les prix retenus sont en priorité ceux perçus par les structures publiques.

41 570,00 gourdes (608 19 $USD) et 501 590,00 gourdes (7338,54 $USD) représentent respectivement les coûts directs mensuels et annuels de la prise en charge médicale d'un insuffisant rénal chronique terminal dialysé. Ces sommes représentent les dépenses assumées par le dialysé dans le centre public, soit 25% du coût de la prise en charge en privé.

Les résultats de ce travail expriment le coût important que consentent les dialysés dont le revenu est faible. Par comparaison au coût dans le privé, une subvention importante est assurément apportée dans le centre public par l'État haïtien confronté à ses propres limites. Les dépenses incluses qui sont minimales pour une prise en charge optimale ne tiennent pas compte des comorbidités et des extra consultations ou hospitalisations. D'où la nécessité de penser à une subvention budgétisée des mesures préventives.

Introduction

L'insuffisance rénale chronique est caractérisée par une altération progressive des fonctions rénales consécutives à la survenue de lésions parenchymateuses irréversibles sous l'influence de divers facteurs, dont les plus incriminés dans le monde actuellement sont le diabète et l'hypertension artérielle. Ces affections non transmissibles auxquelles Haïti est aussi confrontée, notamment l'hypertension artérielle, sont des déterminants étiologiques majeurs mais aussi des facteurs associés et aggravants qui entraînent, dans une population, une certaine morbidité dont

1 Néphrologie. Laboratoire de recherche FMSS/UNDH

2 Santé publique. Laboratoire de recherche FMSS/UNDH

3 Etudiante en Médecine. FMSS/UNDH

l'ampleur ne peut laisser indifférente une politique de santé. Ainsi, pour sensibiliser et faciliter l'intervention sur ces maladies en Haïti, cet article se propose d'apprécier le coût direct de la prise en charge de la maladie rénale, dans sa complexité et ses conséquences, à travers l'hypertension artérielle et le diabète, à Port-au-Prince, en février 2017.

Contexte - Justification

Ce travail s'inscrit dans le prolongement ou l'accompagnement de toute étude qui traite du coût direct de la prise en charge des maladies non transmissibles. Puisque la maladie rénale en Haïti est attribuable essentiellement à l'hypertension artérielle et au diabète comme causes, conséquences ou facteurs d'aggravation, une estimation du coût direct de sa prise en charge peut servir d'outil capable de guider des opérations destinées à financer les soins médicaux ayant trait à ces maladies. Il fait intervenir un ensemble de considérations dont : les particularités et les déterminants de la maladie rénale elle-même, les progrès scientifiques mondiaux sur cette thématique, la réalité haïtienne autour de l'existant dans ce domaine.

Les particularités de la maladie rénale [1] – L'insuffisance rénale chronique encore dénommée maladie rénale chronique s'affirme par un déficit durable du taux de filtration glomérulaire (TFG< 60ml/mn/1,73m^2). Elle se démarque de l'insuffisance rénale aigue par son caractère progressif, la détérioration de toutes les fonctions rénales excrétrices, régulatrices et endocriniennes, et son irréversibilité. Elle entre dans le groupe des affections accusées de « tueuses silencieuses » à cause de son installation et son évolution souvent sans bruit. Elle est l'aboutissement d'une affection rénale souvent influencée par des facteurs comme le diabète et l'hypertension artérielle à l'origine d'agression des structures glomérulaire, tubulaire, interstitielle ou vasculaire. Elle passe par plusieurs stades dont le débutant, le modéré et le sévère, pour aboutir au terminal, bien connu sous la dénomination d'insuffisance rénale chronique terminale (IRCT). A ce dernier stade s'impose une suppléance ou un traitement qui peut être par ordre décroissant en termes de coût : l'hémodialyse, la dialyse péritonéale et la transplantation rénale.

Les déterminants de la maladie rénale [2] – Les facteurs qui influencent l'insuffisance rénale varient d'un milieu à l'autre. Selon l'Institut National de la Santé et de la Recherche Médicale (INSERM) de France, cette maladie est liée dans presque un quart des cas à une hypertension artérielle et un autre quart à un diabète, responsables, les deux, de lésions vasculaires qui altèrent les reins. D'après une étude de 2003, dix ans après le début d'un diabète, un tiers des patients développe une insuffisance rénale dont 6 % à un stade avancé.

Les avancées scientifiques mondiales – Au niveau mondial, un adulte sur dix souffre d'une affection rénale, soit près de 600 millions de personnes selon un communiqué de la "Journée Mondiale du Rein" publié à 09 :08 le 8 mars 2017. L'OMS prévoit une augmentation de la prévalence de la maladie rénale chronique de 17% dans les 10 ans à venir. Chaque année, en raison d'un diagnostic tardif, des millions de personnes décèdent prématurément d'IRC et des complications cardiovasculaires qui lui sont associées.

La piste de solution - Face à l'ampleur que prend la maladie rénale dans le monde, il a été introduit à partir de 2006, le deuxième jeudi de mars, la « Journée Mondiale du Rein » dans un objectif de sensibilisation. Sur les onze thèmes déjà retenus, les références autour du diabète et des affections cardio-vasculaires ont figuré quatre fois. L'accent est donc mis sur la nécessité de combattre l'hypertension artérielle et le diabète qui constituent avec l'obésité les trois causes majeures de maladie rénale. La négligence de ces maladies causales entrave la possibilité de détection précoce et de réduction ou d'arrêt d'une évolution souvent silencieuse. Le contraire, grâce aux médicaments, aux mesures hygiéno-diététiques évite le stade de la dialyse avec son coût exorbitant.

Éstimation du coût de la prise en charge en dialyse - Selon la Cour des Comptes en France, les coûts annuels de prise en charge en dialyse sont de : 53 028 € pour la péritonéale non assistée et 87 036 € pour l'hémodialyse en centre lourd. Tandis que la transplantation rénale vaut 53 273 € la première année, puis seulement 13 536 € par la suite [3]. Le coût global pour l'assurance maladie en France s'élève à 2,1 milliards € en 2005. Selon la Haute Autorité de santé (HAS), en 2007, le montant était de 4 milliards d'euros, pris en charge par l'Assurance maladie [4]. Le coût varie en fonction de l'âge et des comorbidités.

La réalité haïtienne – Haïti, dispose en 2017 de 8 néphrologues pour environ 11 millions d'habitants, et de quatre centres de dialyse, tous, à Port-au-Prince, dont un centre public implanté en 2001. Le salaire minimum de référence, en fonction des catégories de travailleurs, varie de 175 gourdes à 340 gourdes par journée de huit heures de travail [5]. En 1997, les premières données sur la fréquentation du Service de Médecine Interne de l'Hôpital de l'Université d'Etat d'Haïti (HUEH) par les malades rénaux ont révélé environ 4 à 6 nouveaux cas d'IRCT par mois [6]. L'étiologie première est l'HTA (57%). En 2006, l'étude PREDIAH de la FHADIMAC [7] soutient que, dans la région métropolitaine de Port-au-Prince, la prévalence du diabète ajustée à l'âge est de 4,8 % chez l'homme et 8,9 % chez la femme. Une hypertension est trouvée chez 48,7 % des hommes et 46,5 % des femmes et sa fréquence dans la population de 40 ans et plus est de 69,1 % chez l'homme, et 67,2 % chez la femme. En 2013, un modèle de prise en charge de l'IRC adapté à Haïti est soutenu au congrès du Collège Haïtien de Médecine Interne (CHAMI) par un néphrologue haïtien. Il s'agit d'une variante des modèles de prise en charge de l'IRC, qui tient compte de la réalité du milieu. Elle se rapproche du modèle de prise en charge soutenu par Bourquin et Martin, des hôpitaux universitaires de Genève [8]. En Haïti, les généralistes et les internistes sont très impliqués dans la prise en charge précoce (Tableau 1).

Tableau 1. Du Diagnostic à la prise en charge de l'insuffisance rénale en Haïti en 2013

Médecin Généraliste	Médecin Interniste
Diagnostiquer	Diagnostiquer Surveiller
Médecin Néphrologue	
Diagnostiquer Surveiller (Spécialiser la surveillance) Traiter	

Source- http://www.chamihaiti.org

Au total, la prise en charge des patients souffrant d'insuffisance rénale chronique terminale, représente un enjeu médical et financier majeur dans une société. La dialyse est un traitement coûteux, environ 80 000 € par an et par patient en France. Financée ou non par une assurance maladie, cette prise en charge doit tenir compte des coûts associés : traitements médicaux, nourriture, transports, etc. La dialyse, selon plus d'un, peut appauvrir. D'où la nécessité pour les acteurs d'un système de santé de se tourner vers des évaluations économiques régulières de la prise en charge de ce groupe de maladies non transmissibles.

Méthodologie

Nous abordons la maladie rénale, deux de ses déterminants majeurs, et le coût direct de sa prise en charge optimale au stade terminal en Haïti. A cet effet, trois paramètres sont considérés :

- Les objectifs de cette prise en charge
- Les outils de la prise en charge
- Le financement de la prise en charge

1- *Les objectifs de prise en charge de l'insuffisance rénale chronique terminale* (Tableau 2) sont des considérations techniques qui guident les décisions et les actes médicaux.

Tableau 2. Objectifs de prise en charge d'une maladie rénale terminale

Diagnostic	Surveillance	Traitement
Recherche de facteurs d'aggravation Evaluation de la progression Contrôle des complications	Surveillance spécialisée Réalisation pratique du suivi Rythme du suivi	Mesures hygiéno-diététiques Thérapeutiques spécifiques Hémodialyse

2- *Les outils ou éléments de prise en charge* sont les investigations et les moyens thérapeutiques utilisés pour prévenir, contrôler les troubles liés à la maladie. Ce sont :

- Les consultations médicales,
- Le counseling
- Les visites médicales des dialysés pendant les séances
- Les bilans paracliniques
- Les médicaments
- Les mesures hygiéno-diététiques
- Les séances de dialyse

3- *Le financement de la prise en charge* regroupe le montant, en monnaie locale, engagé pour atteindre les objectifs de diagnostiquer, surveiller et hémodialyser. Elles peuvent être divisées en deux catégories :

Le financement obligatoire à la réalisation optimale de prise en charge :

- Le bilan mensuel pour diagnostiquer (hémogramme, chimie et ionogramme sang, bilan phosphocalcique et lipidique)
- Le bilan spécifique annuel pour surveiller (électrocardiogramme, uricémie et bilan protéique)

- Les séances de dialyse (transport, frais de la séance et nourriture) et les médicaments spécifiques antianémiques (érythropoïétine, fer, acide folique) pour suppléer au déficit rénal et traiter.

Le financement des adjuvants autour des séances de dialyse

- Les médicaments autres (IEC, furosémide, statine, carbonate de calcium) pour traiter.
- Les consultations mensuelles et les visites médicales des dialysés pour la surveillance.
- Le counseling mensuel en vue de la sensibilisation sur les mesures hygiéno-diététiques.

Une grille est élaborée en fonction des objectifs de prise en charge pour recueillir les prix des outils ou éléments de prise en charge utilisés selon un rythme standardisé. Les prix retenus par le travail sont ceux de a, b et c perçus par les structures publiques sauf si le service ne se donne ou n'est fiable qu'en privé. L'addition des différents prix détermine le coût d'une séance de dialyse à partir duquel se dégage le coût annuel direct de la prise en charge de la maladie rénale terminale. L'ajout de d, e et f informe sur le coût direct minimal de prise en charge de la maladie rénale au stade terminal.

Les éléments non inclus dans le coût de prise en charge sont :

- Les comorbidités
- Les infrastructures et le matériel de diagnostic et de soins
- Les frais de service du personnel médical et infirmier
- Les examens complémentaires et médicaments non spécifiques à la dialyse

Résultats

Les composantes du calcul du coût direct de la prise en charge de l'IRCT.

1. Consultation + Counseling + Bilan mensuel
2. Dialyse + Visite médicale pendant la séance
3. Bilan annuel
4. Médicaments

Le taux de change est calculé à 68,35 gourdes pour 1 $USD et de 1,0737 $ USD pour 1€. Les résultats de nos calculs apparaissent au tableau 3.

Tableau 3. Coût direct de la prise en charge de l'IRCT par dialysé

#	Outils de prise en charge	Coût mensuel			Coût annuel		
		GDES	USD	EURO	GDES	USD	EURO
1.	Consultations…	4 075	59,61	55,51	48 900	715,43	666,32
2.	Séance de Dialyse…	29 280	428,38	398,97	351 360	5140,60	4 787,74
3.	Bilan annuel	0	0,00	0,00	2 750	40,23	37,46
4.	Médicaments	8 215	120,20	111,94	98 580	1442,28	1 343,28
Total		41 570	608,19	566,44	501 590	7 338,54	6 834,81

41 570,00 gourdes et 501 590,00 gourdes représentent respectivement les coûts directs, mensuel et annuel, de la prise en charge médicale d'un insuffisant rénal chronique terminal dialysé. Ces sommes représentent la dépense assumée par le dialysé dans l'unique centre public de dialyse, soit 25% de celle consentie en privé. A titre de comparaison, les coûts moyens mensuels et annuels sont respectivement de 2 400 $USD et de 28 800 $USD quand la prise en charge se fait dans une structure privée.

Discussion

Cette étude s'inscrit dans le cadre des travaux du « Laboratoire de recherche sur les maladies non transmissibles » sur l'insuffisance rénale chronique. Celle-ci étant la cause ou la conséquence de certaines affections, comme l'hypertension artérielle et le diabète, l'étude regroupe cette catégorie de maladies non transmissibles et traite de leur impact sur la santé et l'économie. En abordant plus précisément le coût direct de la prise en charge de l'insuffisance rénale en Haïti, notre travail intervient sur un aspect de la problématique du financement de ces maladies dans un pays à ressources limitées.

Au même titre que les maladies infectieuses en Haïti, et en regard de ce que rapporte la littérature médicale actuelle sur les maladies non transmissibles, l'hypertension artérielle, le diabète et la maladie rénale s'installent en force comme de sérieux problèmes de santé publique. A l'Hôpital de l'Université d'Etat d'Haïti (HUEH) seul, la prévalence de l'insuffisance rénale chronique terminale est élevée. Les résultats de l'étude PREDIAH nous situe par rapport à la prévalence élevée du diabète et de l'hypertension dans la population, alors que toute négligence dans la prise en charge de l'hypertension artérielle et du diabète peut entraîner au bout de dix ans une insuffisance rénale terminale nécessitant l'hémodialyse. En notant que cette dernière, la plus onéreuse de toutes les méthodes thérapeutiques, est la seule disponible en Haïti, et que le salaire minimum de référence d'Haïti est faible, il y a lieu de prêter une attention soutenue aux maladies non transmissibles.

Par ailleurs, le système est confronté à un déficit en professionnel soignant spécialisé, un manque de structures et de matériels adéquats que la néphrologie haïtienne a contourné en impliquant les médecins non spécialistes dans la prise en charge précoce de ces maladies considérées pour la plupart comme des tueuses silencieuses. Ce qui est clairement explicité par la méthodologie de ce travail qui accorde, dans cette prise en charge, une place stratégique aux objectifs et a fait le choix d'un bilan minimal mais efficient à réaliser dans les structures publiques au choix du malade.

Les résultats de ce travail expriment le coût important que consentent les dialysés dont le revenu est faible. Ils indiquent également, en tenant compte du montant de la prise en charge dans le privé, que l'État haïtien, malgré qu'il soit confronté au manque de ressources financières et à la complexité des priorités, de toute évidence, doit subventionner le centre public d'environ 75% du montant dépensé au privé. Il faut aussi noter que les dépenses incluses qui sont minimales pour une prise en charge optimale ne tiennent pas compte des comorbidités et des extra consultations ou hospitalisations. D'où la nécessité de penser à des modes appropriés de financement des mesures préventives.

Conclusion

La prise en charge de l'insuffisance rénale en Haïti inclut celle de ses déterminants majeurs, le diabète et l'hypertension artérielle. Cette étude, loin de cerner la problématique de financement de la prise en charge de ce groupe de maladies non transmissibles dans un pays à ressources limitées, ouvre toutefois une porte pour approfondir la question, renforcer les études déjà conçues autour de la thématique et sensibiliser sur la solution accessible qui est la prévention. Le système de santé haïtien doit consulter continuellement les données disponibles sur les pathologies en général. Il doit observer la mutation continue qui se fait régulièrement sans aucun doute au niveau des indicateurs de santé pour actualiser au besoin les priorités.

Références bibliographiques

1- Maladie rénale chronique chez l'enfant. Mise à jour : 01-12-2014 - 2010-2011 UMVF - Université Médicale Virtuelle Francophone

2- Dossier réalisé en collaboration avec le Pr Christian Combe, Université Bordeaux Segalen, Service de néphrologie transplantation dialyse du Centre Hospitalier Universitaire de Bordeaux et Unité Inserm 1026 - Mars 2012

3- Mis à jour le mercredi, 06 mai 2015 12:34 - Écrit par Yvanie le mardi, 05 mai 2015 03:21

4- www.has-sante.fr: Annexes–Évaluation médico-économique des stratégies de prise en charge de l'insuffisance rénale chronique terminale en France

5- http://lenouvelliste.com/lenouvelliste/article/159204/I.arrete-fixant-le-salaire-minimum-enfin-publie#sthash.vvmelHB96.dpuf

6- Métayer A. Du diagnostic à la prise en charge de l'insuffisance rénale en Haïti en 2013. chamihaiti.org [online] http://www.chamihaiti.org/dr-audie-metayer-du-diagnostic-à-la-prise- en-charge-de-l'insuffisance-rénale-en-haiti-en-2013/ (2013).

7- Jean-Baptiste E, Larco P, Charles-Larco N, Vilgrain C, Simon D, Charles R: Glucose intolerance and other cardiovascular risk factors in Haiti (PREDIAH) 2006

8- Bourquin V, Martin P. Y: Insuffisance rénale chronique : prise en charge. Hôpitaux Universitaires de Genève : Service de Médecine interne générale, Service de Néphrologie 2006

Coûts et avantages de la vaccination des enfants et de la prise en charge des maladies courantes de l'enfant en Haïti[1]

KARIN STENBERG[2], LUDOVIC QUEUILLE[3], RACHEL SANDERS[4], MARCUS CADET[5]

Résumé

Haïti a le taux de mortalité infantile le plus élevé dans la région. En 2013, le taux de mortalité des moins de cinq ans (décès pour 1000 naissances vivantes) a été estimé à 69, par rapport à une moyenne régionale de 18. 49 décès d'enfants par jour sont en grande partie évitables.

Les principales causes de décès chez les enfants âgés de 1-5 à 9 mois sont les infections respiratoires inférieures aiguës (IRIA) représentant 32% de la mortalité, les maladies diarrhéiques représentant quant à elle 16%. On estime que 8 500 enfants meurent chaque année de ces deux causes.

Cette analyse estime les coûts et les avantages de l'élargissement de la couverture vaccinale infantile et la prise en charge des maladies courantes de l'enfant en Haïti ; dont la mise en œuvre permettra la prévention de décès d'enfants.

Les ratios avantage-coût les plus élevés sont obtenus pour la vaccination de routine. Lorsque les avantages et les coûts sont actualisés à 5%, le ratio avantage-coût est estimé à environ 10. La couverture élargie pour inclure le vaccin antipneumococcique ramène le RAC entre 3 et 5.

L'élargissement de la prise en charge de la diarrhée et de la pneumonie, principalement par le biais de soins communautaires, a un RAC compris entre 6 et 7. Enfin, combiner un vaste programme de vaccination avec les coûts et l'impact de la prise en charge de la diarrhée et de la pneumonie entraîne des RAC estimés d'environ 4,5 – ce qui est toujours un retour sur investissement élevé.

Notre analyse indique que la mise en œuvre d'un paquet complet de soins préventifs et curatifs permettrait d'éviter plus de 71 000 décès d'enfants sur la période étudiée (2018-2036) s'il est universellement disponible (95% de couverture) et de réduire le taux de mortalité des moins de cinq ans de 62%.

---

1 Les auteurs tiennent à remercier le Dr Dr C. Faye (OPS Haïti, Conseiller en immunisation) et le Dr J. Pedroza (Conseiller des systèmes et services de santé de l'OPS en Haïti) pour leurs contributions.

2 Organisation Mondiale de la santé, Genève, Suisse

3 Organisation Panaméricaine de la Santé, Port-au-Prince, Haïti

4 Avenir Health, Washington DC, USA

5 Ministère de la Santé Publique et de la Population, Port-au-Prince, Haïti

Acronymes

IRIA : Infections Respiratoires Inférieures Aiguës
RAC : Ratio avantage-coût
BCG : Vaccin Bacille Calmette Guerin
ACA : Analyse Coût-Avantage
RCA : Ratio coût-avantage
DTP3 : Troisième dose de vaccin contre la diphtérie et l'anatoxine tétanique et la coqueluche
PEV : Programme Elargi de Vaccination
AGEC : Analyse Générale de l'Efficacité des Coûts
PIB : Produit Intérieur Brut
EMMUS : Enquête Mortalité, Morbidité et Utilisation des Services
AVS : Année de Vie Saine
HTG : Gourde haïtienne
PCIME : Pris en Charge Intégrée des Maladies de l'Enfant
TMI : Taux de Mortalité Infantile
LiST : *Lives Saved Tool* (Outil de Vies Sauvées) pour la santé maternelle et infantile
MCV1 : 1ère dose de vaccin contre la rougeole
SRO : Solution de Réhydratation Orale
POL3 : 3ème dose de vaccin contre la polio
TMM5 : Taux de mortalité des moins de cinq ans (décès entre l'âge de 0 et 4 ans, pour 1 000 naissances vivantes)
MSPP : Ministère de la Santé Publique et de la Population
TMN : Taux de Mortalité Néonatale
VAN : Valeur Actuelle Nette
VAP13 : Vaccin antipneumococcique conjugué
PNS : Politique Nationale de Santé
ODD : Objectif de Développement Durable
TDS : Total des Dépenses de Santé
USD : Dollar US
EOUCNV : Estimations OMS/ UNICEF de la Couverture Nationale Vaccinale

Introduction

Haïti est considéré comme un « État fragile » en raison de la faible performance des indicateurs de développement humain, de faibles scores en matière de gouvernance en raison de l'instabilité politique chronique et des institutions faibles. En outre, le pays comporte un risque élevé d'urgences causées par diverses catastrophes naturelles. Des crises environnementales, économiques et politiques se produisent fréquemment. La croissance économique est limitée. Le pays souffre d'une forte dépréciation de la monnaie, d'une inflation élevée (14% en 2016) et d'un déficit commercial élevé (Haïti importe trois fois plus qu'il n'exporte).

En dépit de ces défis, la santé globale de la population s'est améliorée ces dernières années. L'espérance de vie globale est passée de 54 ans en 1990 à 63 ans en 2013 (OMS 2016a). Cependant, les taux de mortalité et de morbidité globaux des maladies transmissibles et infectieuses demeurent plus élevés que pour les autres pays de la région Amérique latine et Caraïbes, et les indicateurs de santé en Haïti sont plus comparables aux pays à faible revenu.

Les dépenses totales de santé actuelles par habitant sont de 61,5 $ US (en 2014 au taux de change moyen). La part des dépenses publiques en santé est limitée - estimée à moins de 10% des dépenses totales de santé. Pour l'exercice en cours (2016/2017), la part du budget de la santé dans le secteur de la santé, qui n'a cessé de diminuer pendant 20 ans, représentait moins de 5% du budget national malgré une cible de 15% fixée par la politique nationale de santé (2012). Les principales sources de financement en matière de santé sont des dépenses privées, les paiements directs « de la poche » augmentent et représentent généralement plus de 50% des dépenses en matière de santé ; ainsi que le financement externe de donateurs - qui tend à se concentrer sur les résultats à court terme et n'est pas conforme aux priorités nationales. Le financement externe est volatil avec de grandes fluctuations au fil du temps en réponse à diverses crises sanitaires (le pic étant la période post-tremblement de 2010), ce qui a permis une durabilité limitée du financement pour renforcer les fondements du système de santé. En outre, la majorité des fonds externes contournent le gouvernement, limitant ainsi le renforcement des institutions publiques. Cela contribue à l'existence de programmes verticaux et à la multiplicité des projets qui posent des défis au ministère de la Santé (MSPP) pour mener les processus globaux de gouvernance du secteur de la santé. L'offre de services de santé est limitée et fragmentée, avec des inégalités dans l'accessibilité et l'utilisation des services.

Avec les Objectifs de développement durable post-2015 (ODD), les pays adoptent un vaste programme de développement, où l'objectif de la santé (ODD3) joue un rôle clé pour le développement durable. ODD3 comprend une cible traitant spécifiquement de la santé infantile, à savoir la fin des décès évitables de nouveau-nés et les enfants de moins de 5 ans, d'ici 2030, tous les pays ayant pour objectif de réduire la mortalité néonatale à au moins 12 pour 1000 naissances vivantes et la mortalité des moins de 5 ans à au moins 25 pour 1000 naissances vivantes.

Compte tenu des ressources limitées disponibles dans les pays à faible revenu comme Haïti, les décisions doivent être prises avec attention quant à la meilleure façon d'investir le financement disponible. Ce document présente les résultats d'une analyse coût-avantage (ACA) pour la vaccination des enfants et la prise en charge de maladies courantes chez l'enfant en Haïti. Les ratios avantage-coût (RAC) indiquent la valeur des avantages obtenus pour chaque gourde haïtienne investie ; et sont un type de preuve qui peut être utilisé pour informer les discussions politiques autour de l'établissement des priorités. Il ne devrait cependant pas être le seul, car d'autres critères tels que l'équité, la faisabilité, la viabilité financière et l'acceptabilité auront également un poids important pour éclairer les décisions concernant l'allocation des ressources.

Santé infantile en Haïti

Le taux de mortalité des enfants de moins de cinq ans en Haïti a été réduit de plus de moitié entre 1990 et 2015. Cependant, à 69 décès pour 1 000 naissances vivantes, il reste bien au-dessus de la moyenne régionale. La Bolivie et le Honduras, parmi d'autres pays pauvres de la région, sont parvenus à des TMM5 beaucoup plus faibles. Haïti a également connu une forte augmentation du TMM5 suite au séisme catastrophique de 2010. En appliquant le dernier TMM5 estimé (2015) au nombre projeté d'enfants vivant en 2017, il en résulte environ 17 760 décès d'enfants survenus en 2017 - soit 49 décès par jour.

Sur les décès totaux survenus chez les enfants de moins de cinq ans, 36% (un sur trois) est supposé avoir lieu lors du premier mois, avec un taux estimé de mortalité néonatale de 25,4[6]. 75% (trois sur quatre) des décès d'enfants sont supposés avoir lieu au cours de la première année, donc un TMI estimé de 52,2 en 2015. Les 25% de décès restants surviennent dans les années 1 à 4 de la vie. Exprimé d'une autre manière, 52 enfants sur 1000 ne survivent pas à leur premier anniversaire et 69 enfants sur 1000 n'atteignent pas cinq ans. Ces décès sont en grande partie évitables grâce à l'élargissement de l'accès à des soins de santé abordables et de qualité.

Les principales causes de décès chez les nouveau-nés sont traitées à travers des interventions périnatales, et une analyse distincte a été effectuée pour analyser ces interventions.[7] Dans cet article, nous nous concentrons sur les décès après l'âge de 1 mois. Les principales causes de décès chez les enfants âgés de 1-5 à 9 mois sont des infections respiratoires inférieures aiguës (IRIA) représentant 32% de la mortalité et des maladies diarrhéiques représentant 16% (tableau 1).

Tableau 1. Causes de la mortalité infantile, selon le groupe d'âge

Cause de décès	0-27 jours	1-59 mois	0-4 année(s)
VIH/AIDS	0	1,1	0,7
Maladies diarrhéiques	1	15,9	10,4
Coqueluche	0,2	2,6	1,7
Tétanos	0,8	0	0,3
Rougeole	0	0	0
Méningite/encéphalite	0	5,6	3,5
Choléra	0	0,4	0.2
Infections respiratoires inférieures aiguës	6,5	31,8	22,5
Prématurité	30,7	3	13,2
Asphyxie de naissance et traumatisme de naissance	25,7	2,8	11,2
Sepsis et autres affections infectieuses du nouveau-né	18,6	0	6,8
Autres conditions transmissibles, périnatales et nutritionnelles	6,8	14,4	11,6
Anomalies congénitales	8	6,4	7
Autres maladies non transmissibles	0,3	4,8	3,2
Blessures	1,3	11,2	7,6

Source : observatoire mondial de la santé, http://apps.who.int/gho/data/view.main.ghe3002015-HTI?lang=fr. Estimations pour 2015.

6 En raison du mauvais système d'enregistrement civil pour les naissances et les décès en Haïti, nous utilisons les estimations de l'ONU pour la mortalité infantile dans notre analyse.

7 L'analyse dans notre document complémentaire pour *Haïti Priorise* des coûts et les avantages de fournir des soins spécialisés avant et pendant la naissance en Haïti comprend des interventions pour améliorer la survie des nouveau-nés.

Les infections respiratoires inférieures – ou la pneumonie – constituent la deuxième cause la plus fréquente de décès prématuré chez l'ensemble de la population, et la maladie diarrhéique la quatrième cause la plus fréquente (IHME, 2016). En considérant le décès et l'incapacité combinés, ces deux conditions sont la deuxième et la troisième cause de perte de vie saine (IHME, 2016).

Les taux de mortalité globale sont plus élevés dans les zones rurales où l'accès aux services est plus limité. En outre, il existe des inégalités de survie entre riches et pauvres, ainsi que par lieu de résidence.

Immunisation

La vaccination infantile est l'un des investissements les plus efficaces dans la santé publique. Une analyse des changements dans la couverture vaccinale de BCG, DTP3, VCR1 et POL3 d'Haïti depuis 1980 indique une tendance à la hausse assez stable similaire à celle des autres pays de la région [Queuille L. & V. Ridde (2016)]. Cependant, il y a eu une baisse récente de la couverture en 2014 (Illustration 2). Les responsables du PEV attribuent cette baisse de la couverture vaccinale aux pénuries de matériel vaccinal (vaccins, seringues, etc.) à différents niveaux de la chaîne d'approvisionnement, expliqué en partie par des retards de financement. [Queuille L. & V. Ridde (2016b). P.114.].

Avec une couverture vaccinale limitée, le nombre d'enfants non vaccinés a atteint 120 520 en 2014[8]. Ces enfants restent exposés à des épidémies de maladies évitables par la vaccination. L'analyse des changements dans la couverture vaccinale a montré que les disparités selon le sexe, le statut urbain rural et le statut socioéconomique ont diminué, mais les différences demeurent pour le niveau d'éducation maternelle et la province géographique (EMMUS II, EMMUS III, EMMUS IV, EMMUS V).

Le Programme élargi de vaccination (PEV), développé depuis 1983, est dirigé par le Département du PEV du ministère de la Santé publique et de la Population (MSPP). Il est géré par le Comité de coordination inter-organisations (CCI) présidé par le Ministre de la santé. Le Plan de vaccination pluriannuel complet (PVPC) 2016-2020 cible les nouveau-nés, les enfants de moins d'un an, les enfants de 1 à 4 ans et les femmes enceintes, dans le but d'atteindre un niveau national de couverture efficace pour tous les vaccins du PEV aux enfants âgés de moins d'un an pour atteindre au moins 95% d'ici 2020.

Selon les derniers rapports nationaux de santé publiés (2012/2013), un cinquième des dépenses de santé actuelles par fonction a été consacré aux soins préventifs (19%) ; et 3% des dépenses de santé actuelles par zone ont été consacrées à la vaccination (MSPP de la République d'Haïti (2015b)).

Prise en charge des maladies infantiles

La gestion intégrée des maladies de l'enfance (GIME) est une stratégie efficace et peu coûteuse qui vise à améliorer l'état de santé des enfants aux niveaux institutionnel et communautaire. La GIME a été adoptée par le ministère de la Santé publique et de la Population (MSPP) en 1995 comme stratégie clé pour améliorer la santé des enfants en Haïti. Il comprend la gestion des cas de diarrhée et de la pneumonie comme stratégies clés pour améliorer la santé des enfants.

8 Direction du programme élargi de vaccination (PEV)/MSPP (2016), page 25

En Haïti, trois éléments programmatiques essentiels ont été identifiés pour la mise en œuvre de la GIME : 1) l'amélioration du partenariat entre les établissements de santé et les communautés 2) des soins adéquats et accessibles combinés à l'information communautaire 3) la promotion de pratiques familiales clés pour la santé et la nutrition des enfants[9]. Cependant, un examen de 2004 a noté que la mise en œuvre a été difficile [Arrive E, Perez P, Pierre LMW (2004)].

Le MSPP a élaboré un Plan stratégique national pour une Santé infantile intégrée 2014-2019 [MSPP (2013)). P.50]. Il vise à contribuer au renforcement du système de santé en assurant l'accès aux services de santé de base sans obstacles financiers, géographiques ou sociaux pour répondre aux besoins des enfants et améliorer leur situation sanitaire en Haïti. Certaines des cibles comprennent :

- 100% des établissements de santé proposant une GIME
- Au moins 80% des agents de santé communautaires formés à la GIME communautaire
- Au moins 80% des établissements de santé fournissant des soins gratuits aux enfants de moins de 5 ans
- Un taux de mortalité réduit des moins de cinq ans à 50 décès pour 1 000 naissances vivantes.

La politique nationale de santé (PNS) a été définie en 2012 pour une période prospective de vingt-cinq ans 2012-2037 [MSPP de la République d'Haïti (2012a).]. Elle vise à réduire la morbidité et la mortalité associées aux principaux problèmes de santé identifiés, en fonction d'un système de soins de santé adéquat, efficace, accessible et universel. Il est opérationnalisé par le Plan de santé (PDS) 2012-2022 [MSPP de la République d'Haïti (2012b)]. Dans le PDS, la santé des enfants est couverte par la composante du renforcement de la prestation des services de santé. Il comprend cinq domaines liés à la réduction de la mortalité infantile : i) la santé néonatale ; ii) les enfants touchés par le VIH ; iii) la prise en charge intégrée des maladies de l'enfance (PCIME), et notamment la vaccination; iv) la nutrition ; et v) la santé scolaire.

En 2013, seulement la moitié des établissements de santé (52%) ont fourni une prestation de base[10]. [Institut Haïtien de l'Enfance (IHE) et ICF International. 2014.] L'accès aux services de santé est fortement limité par les obstacles financiers et géographiques. Le coût est la principale raison de ne pas consulter. Sept femmes sur dix ne demandent pas d'aide médicale faute d'argent, tandis que 43% ne demandent pas d'aide médicale en raison du manque de transport.

Description des interventions

L'objectif de cette étude est d'estimer le coût, les avantages et le rendement relatif de l'investissement dans la prévention et la prise en charge des maladies courantes de l'enfant en Haïti[11]. L'approche globale adoptée ici consiste à projeter l'impact sur la santé et les coûts liés à l'intensification des interventions de santé infantile, en particulier (i) les services de vaccination ; et (ii) la prise en charge des infections respiratoires et des maladies diarrhéiques. Les résultats de santé

9 Peter J Winch, Karen Leban, Larry Casazza, Lynette Walker et Karla Pearcy (2002). Un cadre de mise en œuvre pour la prise ne charge intégrée domestique et communautaire des maladies de l'enfance. HPP

10 En outre, les installations individuelles n'offrent pas systématiquement tous les services sur une base quotidienne

11 L'analyse présentée ici partage une méthodologie commune avec deux autres analyses menées pour le projet Haïti Priorise : pour la prestation de soins spécialisés avant et pendant la naissance, et des interventions visant à réduire la transmission et la charge de morbidité du VIH / sida.

projetés sont traduits en avantages économiques et comparés aux coûts projetés, afin de tirer des ratios coût-avantage.

Nous modélisons une extension de quatre paquets, comme suit :

Paquet 1 (P1) PEV de routine.

Ce paquet comprend des vaccins qui ont été livrés en Haïti dans le cadre du Programme élargi de vaccination (PEV) en 2015, traitant la rougeole, la diphtérie, la coqueluche, le tétanos, la polio, la diarrhée et la tuberculose[12].

Paquet 2 PEV de Routine + vaccins additionnels

Le paquet 2 comprend les mêmes vaccins que ceux du P1, avec l'ajout du vaccin anti-pneumococcique conjugué (appelé VAP13) qui protège contre 13 types de bactéries pneumococciques. Le vaccin pneumococcique protège efficacement contre la pneumonie (Lucero MG, Dulalia VE, Nillos LT et al., 2009).

Paquet 3 Prise en charge des maladies de l'enfant

Comme on l'a vu plus haut, la pneumonie et la diarrhée sont des causes importantes de la mortalité infantile prématurée. Nous envisageons donc un ensemble d'interventions visant à remédier à ces maladies infantiles grâce à des soins de santé primaires.

Paquet 4 Santé infantile combinée

Le quatrième paquet est une combinaison de soins préventifs et curatifs. Le tableau 2 récapitule les paquets considérés.

Tableau 2. Paquets considérés dans l'analyse

Paquet	Interventions
Paquet 1. PEV Routine 2015	Vaccins : BCG, Antipolio, Anti-rougeoleux dose unique, DTC/ Penta, Antirotavirus
Paquet 2. PEV Routine 2015 + PCV-13	Vaccins : BCG, Antipolio, Anti-rougeoleux dose unique, DTC/ Penta, Antirotavirus + VAP13.
Paquet 3. Prise en charge des maladies courantes de l'enfant	Solution de réhydratation orale + zinc Antibiothérapie orale pour la pneumonie Antibiotiques pour le traitement de la dysenterie
Paquet 4. Combinaison PEV Routine + VAP13 + Prise en charge des maladies courantes de l'enfant	Vaccins : BCG, Antipolio, Antirougeoleux dose unique, DTC/ Penta, Antirotavirus + PCV13. Solution de réhydratation orale + zinc Antibiothérapie orale pour la pneumonie Antibiotiques pour le traitement de la dysenterie

L'analyse est menée pour un horizon temporel de 20 ans, de 2017 à 2036. Les coûts et les avantages sont effectivement collectés pendant 19 ans, à partir de l'année 2018, avec l'année 2017 en tant que comparateur (base de référence).

Nous analysons les coûts et les avantages résultant de la mise en place de toutes les interventions et paquets à deux niveaux de couverture cible : 80% et 95%. L'objectif étant d'évaluer

12 Le paquet PEV actuel comprend également l'IPV (vaccin inactivé contre la polio) et rubéole rougeole : cependant, ces vaccins n'ont pas été inclus dans notre analyse.

comment les ratios avantage-coût peuvent varier selon les différents niveaux cibles[13]. Dans les cas où la couverture actuelle d'une intervention est déjà supérieure à l'un des niveaux de couverture cible, la sortie pour cette intervention est de zéro.

L'analyse a été réalisée à l'aide d'un outil récemment développé : *Spectrum – General Cost Effectiveness Analysis* (*GCEA* : Analyse de l'efficacité des coûts). Cet outil est développé par l'Organisation mondiale de la santé afin de soutenir l'intégration de l'analyse coût-efficacité dans la plate-forme d'outils largement utilisée qu'est Spectrum pour l'établissement des priorités et la prise de décision[14]. Spectrum se compose de plusieurs modèles logiciels largement utilisés pour la modélisation de projection en matière de santé, et notamment l'outil *Lives Saved Tool* (*LiST*: Outil de vies sauvées) pour la santé maternelle et infantile. *LiST* est un modèle développé par l'*Institute for International Programs* (Institut pour les programmes internationaux) à la *Johns Hopkins Bloomberg School of Public Health* (Ecole pour la santé publique Johns Hopkins Bloomberg), afin de soutenir les projections de l'impact sur la santé de l'intensification des interventions de santé et de nutrition sur la santé maternelle, néonatale et infantile. Ce modèle est utilisé depuis plus de 10 ans et fait régulièrement l'objet de mise à jour pour intégrer les dernières données de la littérature scientifique et des enquêtes auprès des ménages (voir Walker N et al (2013a) et Walker N et al (2013b)).

Calcul des coûts et des avantages

Estimation des coûts

Nous estimons quatre types de coûts associés à chaque paquet :

- Les produits de base : par exemple, les médicaments, les vaccins, les fournitures et les tests de laboratoire nécessaires pour chaque service.
- Les coûts de la chaîne d'approvisionnement et les déchets de produits de base : ces coûts sont inclus en pourcentage (%) de la majoration du coût des produits.
- Les coûts de livraison de services (jours de lit d'hospitalisation, visites ambulatoires) – qui comprennent les coûts opérationnels et les horaires des travailleurs de la santé.
- Les coûts du programme : ils comprennent les coûts administratifs pour l'exécution du programme, ainsi que la formation et la supervision.

La perspective prise en compte pour l'estimation des coûts consiste à inclure uniquement les coûts directs encourus par le système de santé. Nous n'incluons donc aucun coût indirect engagé par les ménages ou les personnes qui recherchent des soins, par exemple pour les transports, les pertes de revenus, etc[15].

---

13 Notre présentation des résultats se concentre sur le scénario de couverture à 95%, ce qui correspond à une couverture universelle.

14 http://www.avenirhealth.org/software-spectrum.php

15 Une analyse des recherches antérieures entreprises pour les processus du *Copenhagen Consensus* au Bangladesh et en Haïti a démontré une grande variation dans la mesure avec laquelle les coûts des ménages ont été incorporés.

Tableau 3. Estimations finales utilisées dans le modèle pour le coût du programme en vue d'exécuter un programme efficace mettant en œuvre 10 interventions à un niveau de couverture total (USD 2014)

Catégorie	Estimation initiale	Avec ajustement pour le prix de la moto	Avec ajustement pour la quantité de moto
1. Ressources humaines spécifiques au programme	1 454 601	1 454 601	1 454 601
2. Formation	489 251	489 251	489 251
3. Supervision	2 034 719	2 034 719	2 034 719
4. Surveillance et évaluation	877 196	877 196	877 196
5. Infrastructure et équipement		-	
6. Transport	345 958	357 071	1 331 408
7. Communication, média et sensibilisation	25 333	25 333	25 333
8. Promotion	-	-	-
9. Gestion générale du programme	139 873	139 873	139 873
SOMME	**5 366 930**	**5 378 042**	**6 352 380**
Remarque		Ces estimations ont été utilisées pour la santé infantile	Ces estimations ont été utilisées pour l'immunisation

Estimation des avantages

L'impact sur la santé est estimé en termes d'années de vie en bonne santé gagnées. Pour évaluer les avantages en termes monétaires, les années de vie en bonne santé gagnées par année sont multipliées par le PIB par habitant estimé par année.

En plus d'attribuer une valeur en dollars ($) à la valeur intrinsèque de la santé, les populations plus saines apportent également des avantages supplémentaires, et notamment une productivité du travail plus élevée et une réduction des dépenses de traitement.

Calcul des ratios avantage-coût

Les ratios avantage-coût (RAC) estime le retour sur investissement, c'est-à-dire les avantages économiques qui seraient réalisés pour chaque dollar investi.

Les quatre paquets entraîneront une réduction significative de la mortalité infantile (tableau 5). On estime que la prise en charge des maladies courantes de l'enfance (P3 et P4) a des gains plus importants en termes de décès évités et de réduction des taux de mortalité que l'augmentation de la couverture vaccinale.

Tableau 4. Décès évités grâce à la vaccination des enfants et à la prise en charge de maladies courantes chez l'enfant, total 2018-2036 (estimations modélisées)

Paquet	Niveau de couverture cible (%)	Décès des moins de 5ans évités	Décès des moins de 5ans évités (moyenne annuelle)	TTM5 réalisé	TMI réalisé
Paquet 1. PEV Routine 2015	80	14 691	773	66	50
	95	24 437	1 286	64	49
Paquet 2. PEV Routine 2015 + VAP-13	80	29 119	1 533	63	48
	95	41 599	2 189	61	47
Paquet 3. Prise en charge des maladies de l'enfant	80	72 388	3 810	59	46
	95	95 377	5 020	55	44
Paquet 4. Combinaison PEV Routine + VAP13 + Prise en charge des maladies de l'enfant	80	52 816	2 780	55	43
	95	71 461	3761	51	41

Le tableau 5 présente les ratios avantage-coût estimatifs des paquets mis en place à 80% et 95% de couverture. Lorsque les avantages et les coûts sont actualisés à 5%, les ratios avantage-coût pour l'immunisation sont plus élevés pour les vaccins de routine (P1) que pour un paquet élargi comprenant le vaccin antipneumococcique (P2). L'élargissement de la couverture avec le paquet actuel de vaccins a un RAC d'environ 10, tandis que l'inclusion du vaccin antipneumococcique ramène le RAC entre 3 et 5, selon les hypothèses de prix pour le vaccin VAP-13.

L'élargissement de la prise en charge des cas de diarrhée et de pneumonie, principalement par le biais de soins communautaires, a un RAC compris entre 6 et 7. Enfin, la combinaison d'un vaste programme de vaccination avec les coûts et l'impact de la diarrhée et de la pneumonie entraîne des RAC estimés d'environ 4,5 - ce qui constitue toujours un retour sur investissement élevé.

Tableau 5. Tableau récapitulatif des ratios avantage-coût, en fonction de l'impact projeté sur la santé par rapport au coût projeté, à des taux d'actualisation sélectionnés (scénario graduel)

Paquet	Couverture cible	RAC 3%	RAC 5%	RAC 12%
Paquet 1. PEV Routine 2015	80%	14,2	9,4	3,8
	95%	15,6	10,4	4,3
Paquet 2. PEV Routine 2015 + VAP-13*	80%	4,9	3,2	1,3
	95%	5,5	3,7	1,5
Paquet 3. Prise en charge des maladies de l'enfant	80%	9,4	6,3	2,7
	95%	10,2	6,8	2,9
Paquet 4. Combinaison PEV Routine + VAP13 + Prise en charge des maladies de l'enfant	80%	6,4	4,3	1,8
	95%	6,7	4,5	1,9

Les ratios des coûts de prestations sont légèrement supérieurs à 95% par rapport à 80%, reflétant l'augmentation des rendements d'échelle alors que les coûts fixes (les coûts relativement importants du programme) sont répartis sur le nombre de personnes atteintes.

Conclusion

L'objectif de cette étude est d'estimer le coût, les avantages et le retour sur investissement relatif qui découlent de la vaccination des enfants et de la prise en charge des maladies courantes de l'enfant en Haïti.

Le SDG3 comprend une cible spécifique de 3,1 pour la mortalité infantile, à savoir la fin des décès évitables de nouveau-nés et d'enfants de moins de 5 ans, tous les pays ayant pour objectif de réduire la mortalité des moins de cinq ans à au moins 25 pour 1000 naissances vivantes. Nos projections n'atteignent pas une cible aussi faible que 25, mais atteignent presque la cible de 50 dans le cadre de la politique nationale de santé infantile. L'intensification de la vaccination et de la prise en charge des maladies courantes de l'enfant peut donc constituer un rôle important et représenter des « fruits à portée de main » pour le secteur de la santé en vue d'améliorer la santé de la population. Notre analyse indique que l'élargissement de la vaccination peut entraîner des avantages environ 10 fois supérieurs aux coûts encourus pour les vaccins traditionnels et 3 à 5 fois plus élevés lors de l'incorporation de nouveaux vaccins. Le traitement (non compliqué) de la maladie diarrhéique et de la pneumonie chez les enfants aurait des RAC de 6-7.

Les avantages liés à l'investissement en matière de santé infantile ont des taux de rendement élevés qui vont au-delà des gains de santé à court terme ; ils comprennent les gains de productivité à plus long terme et un développement durable. Ces avantages démontrés devraient être pris en considération ; et des stratégies doivent être mises en place pour s'assurer que les décès facilement évitables soient évités.

Références bibliographiques

Arrive E, Perez P, Pierre LMW (2004). Integrated management of childhood illness. The example of Haiti. University Agency of La Francophonie.

Avenir Health, Spectrum – General Cost Effectiveness Analysis (GCEA) – Beta version (not publicly available).

Burton A. & al. (2009). WHO and UNICEF estimates of national infant immunization coverage: methods and processes. Bulletin of WHO ; 87: 535-541. Doi: 10.2471 / BLT.08.053819.

Lucero MG, Dulalia VE, Nillos LT, et al. Pneumococcal conjugate vaccines for preventing vaccine-type invasive pneumococcal disease and pneumonia with consolidation on x-ray in children under two years of age. Cochrane Database Syst Rev 2009. http://www.ncbi.nlm.nih.gov/pubmed/19821336.

EMMUS V. Cayemittes, Michel, Michelle Fatuma Busangu, Jean de Dieu Bizimana, Bernard Barrère, Blaise Sévère, Viviane Cayemittes et Emmanuel Charles. 2013. Enquête Mortalité, Morbidité et Utilisation des Services, Haïti, 2012. Calverton, Maryland, USA : MSPP, IHE et ICF International.

EMMUS IV. Cayemittes, Michel, Marie Florence Placide, Soumaïla Mariko, Bernard Barrère, Blaise Sévère, Canez Alexandre. 2007. Enquête Mortalité, Morbidité et Utilisation des Services, Haïti, 2005-2006. Calverton, Maryland, USA : Ministère de la Santé Publique et de la Population, Institut Haïtien de l'Enfance et Macro International Inc.

EMMUS III. Cayemittes, Michel, Marie Florence Placide, Bernard Barrère, Soumaïla Mariko, Blaise Sévère. 2001. Enquête Mortalité, Morbidité et Utilisation des Services, Haïti 2000. Calverton, Maryland, USA : Ministère de la Santé Publique et de la Population, Institut Haïtien de l'Enfance et ORC Macro.

EMMUS II. Cayemittes, Michel, Antonio Rival, Bernard Barrère, Gérald Lerebours, et Michaèle Amédée Gédéon. 1995. Enquête Mortalité, Morbidité et Utilisation des Services (EMMUS-II), Hai~i 1994/95. Calverton, Maryland USA : Institut H~tien de l'Enfance et Macro International Inc.

Foster S and Bryant M, 2013. A Framework for Estimating Benefits of Investing in Maternal, Newborn, and Child Health, Department of International Health, Boston University School of Public Health, Boston, USA.

FNUAP/ ONUSIDA/OPS-OMS/ UNICEF (2017). Projet conjoint SNU/Canada <Résilience du système de santé maternelle, néonatale et infantile dans le Sud et la Grand'Anse – Haïti>. UNFPA, Port-au-Prince, Haïti. p.80.

Gouvernement de la République d'Haïti/Système des nations Unies/Banque interaméricaine de développement/ Banque Mondiale (2017). Evaluation des besoins post catastrophe pour le cyclone Matthew (Haïti). Port-au-Prince, Haïti p.100

IHME (2016) Haiti country profile (http://www.healthdata.org/haiti)

IHE et ICF International. Soins de Santé, Haïti, 2013. Rockville, Maryland, USA

Institut Haïtien de l'Enfance (IHE) et ICF International. 2014. Évaluation de Prestation des Services de *Soins de Santé, Haïti, 2013.* Rockville, Maryland, USA : IHE et ICF International

Jamison, D. T., P. Jha, R. Laximinarayan, and T. Ord. 2012. "Infectious Disease, Injury and Reproductive Health." Copenhagen Consensus 2012 Challenge Paper.

Jerome J, Ivers L. Community Health Workers in Health Systems Strengthening: A qualitative evaluation from rural Haiti. AIDS (London, England). 2010;24(Suppl 1):S67-S72. doi:10.1097/01.aids.0000366084.75945.c9.

Koné Georges (2011). Analyse des coûts et financement des soins de santé primaire dans la zone goavienne en Haïti. Médecins du Monde (MDM), Port-au-Prince.

Miller S and Belizan JM 2015. The true cost of maternal death: individual tragedy impacts family, community and nation. Reproductive Health 2015 12:56 DOI: 10.1186/s12978-015-0046-3

MSPP de la République d'Haïti (2012). Politique nationale de santé (PNS). MSPP, Port-au-Prince, Haïti.

MSPP de la République d'Haïti (2012b). Plan directeur de santé 2012-2022. MSPP, Port-au-Prince, Haïti..

MSPP (2013). Plan stratégique national pour la santé intégrale de l'enfant en Haïti 2014-2019. MSPP/OPS-OMS, Port-au-Prince, Haïti.

MSPP of the Republic of Haiti (2015a) unite d'etudes et de programmation (UEP) , RAPPORT STATISTIQUE 2015

MSPP of the Republic of Haiti (2015b). National Health Accounts 2012-2013. MSPP, Port-au-Prince, Haiti.

Direction du programme élargi de vaccination (PEV)/MSPP (2016). Plan pluriannuel complet 2016-2020 en faveur de la vaccination. DPEV/MSPP, Port-au-Prince, Haïti.

MSPP/OPS-OMS (2016). Calcul des coûts du plan pluriannuel complete en faveur de la vaccination 2016-2020. Port-au-Prince, Haïti. Fichiel Excel.

MSPP, Costing du Plan Stratégique Santé de la Reproduction et Planification Familiale 2013-2016. Costs extracted for IEC, Training, Supervision and M&E

Queuille L. & V. Ridde (2016a). Analyze the performance of the expanded immunization program to strengthen its financial sustainability - Haiti. Strategic Information Note. PAHO / WHO, Port-au-Prince, Haiti. P.4].

Queuille L. & V. Ridde (2016b). Aide-mémoire d'évaluation de la viabilité financière du programme élargi de vaccination - Haïti. MSPP-OPS/OMS, Port-au-Prince, Haïti. p.114.].

Queuille L. (2017). Estimation des coûts du PPAc 2016-2020 – Haïti. Note d'information stratégique (Mars 2016)/ MSPP-OPS/OMS, Port-au-Prince, Haïti..

PAHO (2017). Health In The Americas.WDC: PAHO, 2017. A paraître.

Sarley D, Allain L, Akkihal A. Estimating the global in-country supply chain costs of meeting the MDGs by 2015. Arlington, Va, USAID/DELIVER Project, 2009. Available at: http://pdf.usaid.gov/pdf_docs/PNADP080.pdf. See Table 5.

Salomon et al Common values in assessing health outcomes from disease and injury: disability weights measurement study for the Global Burden of Disease Study 2010. Lancet 2012. https://www.ncbi.nlm.nih.gov/pubmed/23245605

Stenberg, Karin et al. 2014 Advancing social and economic development by investing in women's and children's health: a new Global Investment Framework. The Lancet , Volume 383 , Issue 9925 , 1333 - 1354

UNDP République d'Haïti (2014). Rapport OMD 2013 – Haïti un nouveau regard. Résumé exécutif. Port-au-Prince. p.4).

UNFPA, ICM, WHO (2014), The State of the World's Midwifery (SoWMy) 2014: A Universal Pathway. A Woman's Right to Health.

USAID, Analyse de Coûts du Paquet Minimum des Services de santé (PMS) d'Haïti 2011. Santé pour le Développement et la Stabilité d'Haïti / Pwojè Djanm: Analyse de Coûts du Paquet Minimum (PMS) à Haïti, 2011 Cambridge MA: Santé pour le Développement et la Stabilité d'Haïti—Pwojè Djanm; Management Sciences for Health, 2012.

USI/CRCHUM, Unité de santé internationale / Université de Montréal (2011). Coûts de la prise en charge de la santé maternelle, périnatale et reproductive en Haïti. Université de Montréal, Port-au-Prince/Montréal.

Walker N, Tam Y, Friberg I. Overview of the Lives Saved Tool (LiST). (2013a) BMC Public Health; 2013: 13(Suppl 3): S1. http://www.ncbi.nlm.nih.gov/pmc/articles/PMC3847271/.

Walker N (a), Yenokyan G, Friberg IK, Bryce J. (2013b). Patterns in coverage of maternal, newborn, and child health interventions: projections of neonatal and under-5 mortality to 2035. Lancet. 2013 Sep 21;382(9897):1029-38. doi: 10.1016/S0140-6736(13)61748-1.;

WHO (2005) World Health Report 2005: Make every mother and child count

WHO, UNFPA, UNICEF and Mailman School of Public Health. Averting Maternal Death and Disability (AMDD) (2009): Monitoring emergency obstetric care: A Handbook

WHO (2015) Health Statistics 2015

WHO, UNICEF, UNFPA, World Bank Group and the United Nations Population Division (2015). Trends in maternal mortality: 1990 to 2015. http://www.who.int/reproductivehealth/publications/monitoring/maternal-mortality-2015/en/

WHO (2016a) Health Statistics 2016

WHO (2016b) Global strategy on human resources for health: workforce 2030.

Winfrey W, McKinnon R, Stover J. Methods used in the Lives Saved Tool (LiST). BMC Public Health 2011, 11(Suppl 3): S32. http://www.ncbi.nlm.nih.gov/pmc/articles/PMC3231906/.

Coûts et avantages du traitement préventif visant à réduire la transmission et la charge de morbidité du VIH/AID en Haïti[1]

KARIN STENBERG[2], LUDOVIC QUEUILLE[3], RACHEL SANDERS[4], MARCUS CADET[5]

Résumé

Haïti possède l'un des taux les plus élevés d'infection par le VIH/sida de cette région (1,35% de prévalence). Le VIH/sida était la principale cause de décès en 2005, mais lors des dix années suivantes il a été dépassé par les maladies coronariennes et cérébro-vasculaires, et est maintenant la troisième cause de décès la plus fréquente. Cependant, elle reste la principale cause de décès chez les jeunes et la principale cause combinée de décès et invalidités (IHME, 2016). Au cours de la dernière décennie, les efforts visant à freiner l'épidémie ont entraîné des progrès significatifs. Le taux de nouvelles infections a diminué de 54% et plus de la moitié des Haïtiens vivant avec le VIH ont accès à un traitement antirétroviral (TAR).

Cette étude estime les coûts et avantages de l'augmentation de la couverture des interventions liées au VIH/sida en Haïti. Notre analyse envisage d'étendre le traitement comme les soins, en particulier par la généralisation du dépistage et du traitement du VIH selon la politique mondiale actuelle de traitement avec la prévention.

Nos estimations indiquent que les plans préventifs actuels de sensibilisation éviteraient environ 200 décès pendant la période 2018-2036 (une moyenne de 20 par an), alors que l'augmentation du traitement à 80% ou 95% éviterait entre 20 000 et 35 000 décès respectivement pendant la même période.

En ce qui concerne la prévention de nouvelles infections par le VIH, le « traitement comme prévention » éviterait environ deux fois plus (plus de 6 000 nouvelles infections). L'effet entre l'incubation du VIH et le moment de la mort sans traitement (qui peut être de 8 à 11 ans) entraîne un nombre relativement faible de décès évités pour les interventions préventives pendant la période considérée. Dans le cadre de l'augmentation modélisée, la prestation du TAR ralentit le taux du nombre de CD4 et entraîne des gains significatifs dans les Années de Vie en Bonne Santé (HLY) pour la population infectée.

1 Les auteurs tiennent à remercier le Dr A. Monfiston (Spécialiste de la Lutte Contre le VIH et Santé Reproductive en Haïti auprès de l'"OPS/OMS) et le Dr J. Pedroza (Conseiller en Services et Système de Santé en Haïti auprès de l'OPS/OMS) pour leurs contributions ciblées.

2 Organisation Mondiale de la santé, Genève, Suisse

3 Organisation Panaméricaine de la Santé, Port-au-Prince, Haïti

4 Avenir Health, Washington DC, USA

5 Ministère de la Santé Publique et de la Population, Port-au-Prince, Haïti

Acronymes

SIDA : Syndrome d'immunodéficience acquise

TAR : traitement antirétroviral

CCC : Communication pour le changement de comportement

ACA : Analyse coût-avantage

RAC : Ratio avantage-coût

CD4 : Lymphocytes T CD4 (cellules CD4) dans un échantillon de sang

WHO-CHOICE : Programme de l'Organisation Mondiale de la Santé pour choisir les interventions rentables

TSF : Travailleuse du sexe féminin

GCEA : Analyse générale de l'efficacité des coûts

VIH : Virus de l'immunodéficience humaine

HLY : Année de vie en bonne santé

HTG : Gourde haïtienne

LiST : Lives Saved Tool pour la santé maternelle et infantile

MC : Circoncision masculine

HSH : Hommes qui ont des rapports sexuels avec des hommes

PHA : Personnes vivant avec le VIH/sida

PTME : Prévention de la transmission du VIH de la mère à l'enfant

PNSM : Plan stratégique national multisectoriel de lutte contre le VIH 2018-2023.

MSPP : Ministère de la Santé publique et de la Population

USD : Dollar américain

VCT : Conseil et dépistage volontaire

Introduction

Haïti possède l'un des taux les plus élevés d'infection par le VIH/sida de cette région (1,35% de prévalence). Le VIH/sida était la principale cause de décès en 2005, mais lors des dix années suivantes il a été dépassé par les maladies coronariennes et cérébro-vasculaires, et est maintenant la troisième cause de décès la plus fréquente. Cependant, elle reste la principale cause de décès chez les jeunes et la principale cause combinée de décès et invalidités (IHME, 2016). La prévalence du VIH/sida est maintenant de 1 346 pour 100 000 habitants (2013) contre 1860 en 2001. L'espérance de vie est passée de 54 ans en 1990 à 63 ans en 2013 (OMS, 2016).

Les dépenses totales de santé par habitant sont de 61,5 dollars (en 2014 au taux de change moyen, www.who.int/gho). Les rapports indiquent que les ressources peuvent ne pas être utilisées efficacement. L'un des défis est l'existence de programmes verticaux et la multiplicité de projets qui pose des défis au ministère de la Santé (MSPP) pour diriger les processus globaux de gouvernance du secteur de la santé. La part des dépenses publiques en santé représente moins de 10% des dépenses totales de santé. Pour l'exercice en cours (2016/2017), la part du budget de la santé publique, qui a diminué continuellement pendant 20 ans, représentait moins de 5%

du budget national malgré l'objectif de 15% de la politique nationale de santé (2012). Le financement externe est volatil avec de grandes fluctuations au fil du temps en réponse à diverses crises sanitaires (le pic étant la période post-tremblement de terre de 2010), ce qui a permis une durabilité limitée du financement pour renforcer les fondements du système de santé. Les fonds externes ont tendance à se concentrer sur le court terme, et non sur les besoins prioritaires en matière de santé et ne s'alignent pas sur les priorités nationales[6]. De plus, la majorité des fonds externes contournent le gouvernement, limitant ainsi le renforcement des institutions publiques. Les dépenses totales de santé par habitant ont connu une tendance à la hausse en raison de la hausse des dépenses de santé privées, les paiements directs à débourser représentent généralement plus de 50% des dépenses de santé[7].

Le plan stratégique pour le VIH/sida de 2012-2015 a été étendu à 2018 et complété par la décision du MSPP (juillet 2016) d'adopter la stratégie 90-90-90 et l'approche de dépistage et traitement. Il vise à améliorer le ciblage des municipalités et des sites prioritaires, la rétention et l'adhésion des patients au TAR, l'accès aux services des populations cibles (dépistage, préservatifs et traitement), la qualité et l'efficacité des services et le renforcement des activités communautaires. Le système de santé s'appuie fortement sur les organisations privées et organisations non gouvernementales pour fournir des services de santé à travers divers réseaux.

Les dépenses officielles pour le sida ont été de 138 millions de dollars en 2014 et de 128 millions en 2015 (tendance à la baisse). Cela représente un montant nettement supérieur au budget national de santé 2015/2016 (109,76 millions de dollars). Il convient de remarquer que des dépenses contre le VIH/sida sont à 98% d'origine externe et 2% d'origine publique. De plus, les dépenses publiques sont une estimation qui fait référence aux données partagés par le système de santé (infrastructure, salaires des fonctionnaires de santé, etc.). Les fonds externes proviennent principalement du PEPFAR (plus de 85%) et du Fonds Mondial International (environ 10%). 97,5% des fonds sont gérés par des organismes internationaux et plus de 50% sont exécutés directement par des entités bilatérales et multilatérales.

En 2015, les dépenses approximatives de REDES étaient de 852 dollars par PPVIH et de 11,71 dollars par habitant. Près de la moitié de ces fonds (47%) ont été consacrés aux soins et traitements pour les PVVIH, un cinquième à la prévention (20%) et respectivement (18%) pour la gestion et administration des programmes.

Le Programme National de Lutte contre les MST/VIH/SIDA (PNLS) est soutenu par un grand nombre de partenaires techniques et financiers (France, Health Through Walls (HTW), Organisation International pour les Migrations (OIM), Organisation Panaméricaine de la Santé (OPS) / Organisation Mondiale de la Santé (OMS), Programme commun des Nations Unies sur le VIH/sida (ONUSIDA), Organisation des Nations Unies pour l'Éducation, la Science et la Culture (UNESCO), Fonds des Nations Unies pour la Population (FNUAP), Fonds International d'Urgence des Nations Unies pour l'Enfance (UNICEF), Gouvernement des Etats-Unis (USG), etc.). Cependant, les montants reçus par les partenaires internationaux de développement ont diminué ces dernières années.

Avec les Objectifs de Développement Durable après 2015, les pays adoptent un vaste programme de développement, où l'Objectif de la Santé (SDG3) joue un rôle clé pour le dévelop-

6 MSPP de la République d'Haïti (2012). Politique nationale de santé. MSPP, Port-au-Prince. p.56.

7 Au cours des périodes postérieures à la crise, le financement externe pour les soins de santé a joué un rôle important en réduisant le besoin des dépenses des ménages.

pement durable. Le SDG3 comprend un certain nombre d'objectifs spécifiques, dont l'un est de réduire le nombre de nouvelles infections chez les personnes non infectées. Compte tenu des ressources limitées disponibles dans les pays à faible revenu comme Haïti, les décisions doivent être prises avec attention en ce qui concerne la meilleure façon d'investir les fonds disponibles.

Description de l'intervention

L'objectif de cette étude était d'estimer le coût, les avantages et le rendement relatif de l'investissement en fournissant le "traitement comme prévention" sur le VIH/sida en Haïti.

- Le principal facteur de l'épidémie du VIH/sida, ce sont les rapports sexuels non protégés. Les traitements et soins sont nécessaires pour que les populations infectées améliorent leur santé et bien-être, afin de leur permettre de contribuer à la société et de réduire le risque qu'elles transmettent l'infection à d'autres personnes. Nous considérons par conséquent :
- La généralisation du dépistage et traitement du VIH : l›analyse des interventions de traitement tient compte de la politique mondiale actuelle qui est un traitement préventif (aucun critère CD4 pour l›éligibilité). Le traitement comme prévention (TasP) se réfère aux méthodes de prévention du VIH qui utilisent le traitement antirétroviral (TAR) pour diminuer le risque de transmission du VIH. Le traitement antirétroviral réduit la charge virale du VIH dans le sang, sperme et liquide vaginal et rectal à des niveaux très faibles (« indétectable »), réduisant ainsi le risque de transmission du VIH par la suite[8].

L'analyse est menée pour un horizon temporel de 20 ans, de 2017 à 2036. Les coûts et les avantages sont effectivement capturés pour 19 ans, à partir de l'année 2018, avec l'année 2017 en tant que comparateur (base de référence).

Nous analysons les coûts et avantages résultant de la prestation de toutes les interventions et programmes à deux niveaux de couverture cible : 80% et 95%.

L'analyse a été réalisée à l'aide d'un outil récemment développé : Spectrum-GCEA (Analyse générale de l'efficacité des coûts). Cet outil est développé par l'Organisation Mondiale de la Santé afin de soutenir l'intégration de l'analyse coût-efficacité dans la plate-forme Spectrum largement utilisée pour l'établissement des priorités et prises de décision[9]. Spectrum est composé de plusieurs modèles logiciels largement utilisés pour la modélisation des projets de santé, y compris l'outil Lives Saved (LiST) pour la santé maternelle et infantile et les modèles d'impact sur le sida pour le VIH/sida. L'ONUSIDA utilise régulièrement Spectrum pour la modélisation épidémiologique de l'épidémie de VIH et encourage les pays à effectuer une analyse par Spectrum pour évaluer le VIH à un niveau national.

Calcul des coûts et des avantages

Estimation des coûts

La perspective adoptée pour l'estimation des coûts consiste à inclure uniquement les coûts directs encourus par le système de santé. Par conséquent, nous n'incluons aucun coût indirect

8 World Health Organization (WHO) (2012) 'Antiretroviral treatment as prevention (TASP) of HIV and TB'

9 http://www.avenirhealth.org/software-spectrum.php

engagé par les ménages ou personnes qui recherchent des soins, par exemple pour les transports, pertes de revenus, etc.[10] Nous estimons cinq types de coûts :

- **Produits de base.** Ils comprennent : 1) les médicaments et matériels requis, et 2) le nombre/la durée des consultations externes et patients hospitalisés. Bien que les schémas par défaut soient intégrés à l'outil, chaque entrée peut être modifiée pour représenter au mieux le contexte d'un pays donné.
- **Coûts de prestation des services.** Les hypothèses pour le nombre moyen de consultations externes et jours d'hospitalisation requis par service sont basées sur les protocoles standards de l'OMS et des avis d'experts. Notre analyse des interventions sur le VIH/sida considère uniquement un modèle de soins ambulatoires et n'inclut pas le coût des soins hospitaliers. Nous avons supposé que 50% des services seraient fournis par des installations du secteur public et 50% par des installations du secteur privée. Les coûts d'une consultation externe comprennent les coûts partagés tels que les salaires des travailleurs de santé, les coûts de fonctionnement de l'installation et le matériel et les dépenses pour l'eau et l'électricité.
- **Coûts du programme.** Ils comprennent les coûts administratifs pour l›exécution du programme, ainsi que la formation, la supervision et le transport.
- **Coûts de la chaîne d'approvisionnement et déchets des produits de base.** Une augmentation du nombre de personnes touchées par les interventions entraînera également un coût supplémentaire en termes de transport des produits de base pour le système de santé. Nous appliquons un taux de majoration à la valeur des coûts des produits de base afin de rapprocher les besoins en ressources pour l'augmentation de la chaîne d'approvisionnement. Nous appliquons un taux de 30%. De plus, en ce qui concerne les médicaments stockés mais non utilisés avant leur date d'expiration, les données sont incomplètes mais nous avons appliqué une hypothèse globale de 5% de pertes du matériel et des produits.

Les facteurs de coûts, comme le montre le tableau 1.

Tableau 1. Répartition des coûts par type d'entrée et type d'intervention (intensification incrémentale), Pourcentage de parts estimé de coût supplémentaire

Intervention	Niveau cible	Produits	Prestation de Service	Chaîne logistique	Coût du programme
P2 Traitement comme Prévention	80%	18%	3%	6%	73%
	95%	22%	3%	8%	67%

Conversion de l'impact de santé en avantages économiques et dérivé des ratios coût-avantage

L'impact sur la santé est estimé en termes d'années de vie en bonne santé gagnées. Pour évaluer les avantages en termes monétaires, les années de vie en bonne santé gagnées par année sont multipliées par le PIB par habitant estimé pour l'année considérée.

En plus d'attribuer une valeur en dollar (USD) à la valeur intrinsèque de la santé, les populations plus saines apportent également des avantages supplémentaires, comme une productivité

10 Une analyse des recherches antérieures entreprises par le Consensus de Copenhague au Bangladesh et à Haïti a démontré une grande variation dans la manière de comptabiliser les dépenses des ménages.

du travail plus élevée et une réduction des dépenses de traitement. A la fin de cette étude, nous supposons que les gains de productivité du travail sont pris en compte pour estimer un PIB par habitant 3 fois plus important.

Calcul des ratios avantage-coût

Les avantages directs comprennent une réduction des nouvelles infections de VIH et des décès par sida. Le traitement comme prévention en éviterait plus de 6 000 nouvelles infections. Le tableau 2 fournit le résumé des RAC pour toutes les interventions avec trois taux d'actualisation : 3%, 5% et 12%.

Tableau 2. Tableau récapitulatif pour les ratios avantage-coût, en fonction de l'impact prévu sur la santé lié aux coûts prévus, avec des taux d'actualisation différents (scénario incrémental)

Interventions	Actualisation	Avantage	Coût	RAC
Traitement comme prévention (95%)	3%	45 667 064 265	13 927 730 727	3,279
	5%	36 676 541 077	11 740 016 921	3,124
	12%	18 844 109 292	7 133 709 632	2,642

L'ART est très efficace pour réduire les décès dans la population infectée existante et prévenir de nouvelles infections par une réduction de la charge virale.

En ce qui concerne les défis de la mise en œuvre, notre analyse adopte une approche généralisée et n'a pas examiné les goulets d'étranglement spécifiques au contexte et la façon de les surmonter (comme la stigmatisation et les croyances culturelles). En réalité, un certain nombre de facteurs affecteront les résultats du programme, tels que :

- Les personnes qui choisissent de lancer un traitement pourraient réduire l'utilisation d'autres stratégies de prévention du VIH en raison de la communication autour du TasP afin de réduire efficacement les taux de transmission.
- Il est donc important d'élaborer des stratégies de communication pour annoncer que le TasP n'est pas 100% efficace pour prévenir de la transmission du VIH.

Le plan stratégique multisectoriel pour le VIH/sida pour la période 2018-2023 traite d'un certain nombre de défis liés à la mise en œuvre. Bien que la connaissance des services disponibles sur le VIH/sida soit relativement élevée, la stigmatisation entourant l'utilisation de ces services est un facteur gênant. L'acceptation et l'adoption varient selon les groupes socio-économiques. Différentes stratégies politiques seront donc importantes pour réduire la stigmatisation et assurer que davantage de personnes recherchent des dépistages et traitements.

Malgré les aspects multisectoriels du VIH, le développement d'une approche intersectorielle reste un défi ; y compris l'accompagnement aux interventions non médicales (nutrition, accompagnement psychosocial, socio-économique, etc.).

Conclusion

Ce document évalue les ressources nécessaires pour étendre le "traitement comme prévention" afin de lutter contre le VIH/sida et bénéficier des avantages sociaux et économiques associés.

Haïti a adopté une politique et une vision « zéro HIV » : zéro nouvelle infection par le VIH, zéro discrimination et zéro décès liés au sida. La stratégie nationale a réussi à réduire considérablement la prévalence du VIH et le taux de nouvelles infections ces dernières années.

Cependant, en poursuivant et maintenant la couverture actuelle, l'augmenter plus tard, constituera un défi dans un contexte où les dépenses actuelles en matière de VIH/sida dépassent le budget national de la santé. Il est donc probable que l'aide financière externe devra continuer à fournir des services de lutte contre le VIH/sida en Haïti à moyen et à long terme pour assurer un financement durable, car les personnes vivront plus longtemps avec le traitement antirétroviral et nécessiteront un traitement pendant une période plus longue, ainsi que d'un point de vue éthique et morale.

Références bibliographiques

Alarid-Escudero, F., Sosa-Rubí, S. G., Fernández, B., & Galárraga, O. (2013). Análisis de costo-beneficio: prevención del VIH/sida en migrantes en Centroamérica. Salud Publica de Mexico, 55(0 1), S23–S30.

IHME (2016) Haïti country profile (http://www.healthdata.org/haiti)

République d'Haïti-PNUD (2014). Rapport OMD 2013 – Haïti un nouveau regard. Résumé exécutif. Port-au-Prince. p.4).

MSPP de la République d'Haïti (2012). Politique nationale de santé. MSPP, Port-au-Prince.

Stover et al (2017) Updates to the Spectrum/Estimations and Projections Package model for estimating trends and current values for key HIV indicators. AIDS 2017, 31 (Suppl 1):S5–S11.

Stover J, Andreev K, Slaymaker E, Gopalappa C, Sabin K, Velasquez C et al. Updates to the Spectrum model to estimate key HIV indicators for adults and children AIDS 2014. 28 (Suppl 4):S427-S434.

Stover J, Brown T, Marston M. Updates to the Spectrum/Estimation and Projection Package (EPP) model to estimate HIV trends for adults and children (2012) Sex Trans Infect 2012;88:i11-ii16. doi:10.1136/sextrans-2012-050640

Stover J, Johnson P, Hallett T, Marston M, Becquet R, Timaeus IM. The Spectrum projection package: improvements in estimating incidence by age and sex, mother-to-child transmission, HIV progression in children and double orphans Sex Trans Infect 2010;86(Suppl 2):ii16-ii21. Doi:10.1136/sti.2010.044222

Stover J, Bollinger L, Izazola JA, Loures L, DeLay P, Ghys PD What is Required to End the AIDS Epidemic as a Public Health Threat by 2030? The Cost and Impact of the Fast-Track Approach (2016) PLoS ONE 11(5):e0154893: doi:10.1371/journal.pone.0154893

Stover J, Hallett TB, Wu Z, Warren M, Gopalappa C, Pretorius, et al. How Can We Get Close to Zero? The Potential Contribution of Biomedical Prevention and the Investment Framework towards an Effective Response to HIV PLoS One 9(11):e111956. doi:10.1371/journal.pone.0111956.

Schwartlander B, Stover J, Hallett T, Atun R, Avila C, Gouws E, et al. (2011) Towards an improved investment approach for an effective response to HV/AIDS Lancet 377(9782):2031-2041. doi:10.1016/S0140-6736(11)60702-2.

WHO Health Statistics (2015)

Global AIDS Response Progress Report 2016. CT du PNLS, Port-au-Prince. p.58

Avenir Health, Spectrum – General Cost Effectiveness Analysis (GCEA) – Beta version (not publicly available).

MSPP/OPS-OMS (2016). Calcul des coûts du plan pluriannuel complete en faveur de la vaccination 2016-2020. Port-au-Prince, Haïti. Fichiel Excel.

Costing du Plan Stratégique Santé de la Reproduction et Planification Familiale 2013-2016. Costs extracted for IEC, Training, Supervision and M&E

Analyse de Coûts du Paquet Minimum des Services de santé (PMS) d'Haïti 2011 (USAID) Santé pour le Développement et la Stabilité d'Haïti / Pwojè Djanm: Analyse de Coûts du Paquet Minimum (PMS) à Haïti, 2011 Cambridge MA: Santé pour le Développement et la Stabilité d'Haïti—Pwojè Djanm; Management Sciences for Health, 2012.

Koné Georges (2011). Analyse des coûts et financement des soins de santé primaire dans la zone goavienne en Haïti. Médecins du Monde (MDM), Port-au-Prince.

Unité de santé internationale / Université de Montréal (2011). Coûts de la prise en charge de la santé maternelle, périnatale et reproductive en Haïti. USI/CRCHUM Université de Montréal, Port-au-Prince/Montréal.

MSPP/PNLS (2016). Rapport REDES 2014/2015 – Estimation du flux des ressources et dépenses liées au VIH/SIDA. MSPP/PNLS, Port-au-Prince.

Sarley D, Allain L, Akkihal A. Estimating the global in-country supply chain costs of meeting the MDGs by 2015. Arlington, Va, USAID/DELIVER Project, 2009. Available at: http://pdf.usaid.gov/pdf_docs/PNADP080.pdf. See Table 5.

MSPP/PNLS Haïti (2017). Plan stratégique national multisectoriel de lutte contre le VIH 2018-2023. Port-au-Prince, Haïti. A paraître.

MSPP/OPS-OMS (2016). Calcul des coûts du plan pluriannuel complete en faveur de la vaccination 2016-2020. Port-au-Prince, Haïti. Fichiel Excel.

MSPP/PNLS (2016). Bulletin de surveillance épidémiologique VIH/SIDA n°13. Port-au-Prince, Haïti – Décembre 2016. p.64

Carl François & Erin Blake (2016). Evaluation des résultats de la Composante Soins et Traitement du Plan Stratégique National Multisectoriel de lutte contre le VIH/sida 2012-2015 avec extension jusqu'à 2018. MSPP/PNLS/CARPHA – Port-au-Prince, Haïti.

Sites Internet

www.who.int/gho http://apps.who.int/gho/data/view.main.HEALTHEXPCAPHTI?lang=en

UNE ANALYSE COÛT-AVANTAGE DES PROPOSITIONS TRAITANT LA SANTÉ MATERNELLE

KARIN STENBERG[1], LUDOVIC QUEUILLE[2], RACHEL SANDERS[3], MARCUS CADET[4]

Résumé

Haïti a le taux le plus élevé de mortalité maternelle. En 2015, le ratio de mortalité maternelle (ROR) a été estimé à moins de 359, et le taux de mortalité néonatale (décès pour 1 000 naissances vivantes) a été estimé à 25,4. Ces décès (l'équivalent de 1 122 décès maternels et 7932 décès de nouveau-nés en 2017) sont dans une large mesure évitables.

Cette analyse évalue les coûts et les avantages de l'expansion de la couverture des soins qualifiés avant et pendant la naissance en Haïti ; la mise en œuvre de cette couverture permettra la prévention des décès maternels et de nouveau-nés (y compris les mort-nés).

Les principales causes de mortalité maternelle en Haïti sont les saignements graves, les infections, l'hypertension pendant la grossesse (prééclampsie et éclampsie) et les avortements dangereux. Les principales causes de décès de nouveau-nés incluent la maturité, l'asphyxie et la septicémie. Notre analyse considère un ensemble d'interventions très efficaces réalisées pendant la grossesse grâce à des visites de soins prénataux de routine, ainsi que des soins qualifiés à la naissance et des soins postnataux immédiats. Nous modélisons l'impact de la fourniture de services essentiels par les soins obstétricaux d'urgence, qui sont essentiels à la gestion des complications découlant de la naissance. En outre, notre analyse considère un ensemble élargi de combinaisons où l'avortement sécuritaire et les soins postérieurs à l'avortement font partie des services fournis.

Les soins prénataux et l'assistance qualifiée à l'accouchement sont estimés à un ratio avantage-coût variant de 9 à 18 selon la portée de la formule. En nombre absolu de décès évités, l'accès aux soins obstétricaux d'urgence de base et globaux est toutefois la clé pour la réduction de la mortalité. Nos estimations indiquent qu'un ensemble complet pour les soins de santé maternelle – comprenant des soins prénataux, des soins qualifiés à la naissance, y compris la gestion des complications, et l'accès à l'avortement sécuritaire et les soins après l'avortement – permettrait d'éviter plus de 12 000 décès maternels et près de 74 000 décès de nouveau-nés sur la période 2018-2036, si ces soins sont rendus universellement disponibles (avec une couverture de 95%). Ceci équivaut à éviter plus de 650 décès maternels et près de 3900 décès de nouveau-nés par an. Le ratio de mortalité maternelle serait ramené de 359 à 125 pour 100 000 (une réduction de 65%) et le taux de mortalité néonatale passerait de 25 au niveau cible de développement durable

1 Economiste, Organisation mondiale de la santé
2 Avenir Health, Washington DC, USA
3 Panamerican Health Organization, Port-au- Prince, Haiti
4 Ministère de la santé publique et de la population, Haïti

(SDG) de 12 pour 1 000. Le coût additionnel moyen estimé pour la période 2018-2036 est de 1,95 $US par habitant, soit 135 $ par naissance. 1,45 $US (73%) de ce coût sera supporté par le secteur de la santé, et 27% par le secteur de l'éducation.

Acronymes

BCC: Communication de changement de comportement
RAC: Ratio avantage-coût
ACA: Analyse coût-avantage
EmOC: Services obstétricaux d'urgence
BEmOC: Services/Centre d'obstétrique d'urgence de base
CEmOC: Services/Centre d'obstétrique d'urgence complète
GCEA: Analyse de rentabilité générale
GBP: Produit intérieur brut
HLY: Année de vie saine
HTG: Gourde haïtienne
LiST: Outil de sauvetage de vie pour la santé maternelle et maternelle
MMR: Ratio de mortalité maternelle (mortalité maternelle pour 100 000 naissances vivantes)
NMR: Taux de mortalité néonatale (décès pour 1 000 naissances vivantes)
MSPP: Ministère de la santé publique et de la population
NPV: Valeur actuelle nette
ObGyn: Obstétrique et gynécologie
PNS: Politique nationale de santé
pPRoM: rupture prématurée des membranes
SBA: présence de naissance qualifiée
SDG: Objectif de développement durable
USD: Dollar américain

Introduction

La santé globale de la population s'est améliorée ces dernières années. Par exemple, la mortalité des moins de cinq ans a chuté de 50%, de 146 pour 1 000 naissances en 1990 pour atteindre 69 en 2015 (OMS, UNICEF, FNUAP, groupe de la Banque mondiale et Division de la population des Nations Unies (2015)). La prévalence du VIH/sida est maintenant de 1,35% contre 1,86% en 2001 (OMS 2015), et l'espérance de vie globale est passée de 54 ans en 1990 pour atteindre 63 ans en 2013 (OMS 2016a). Toutefois, par rapport à d'autres pays de la région, les niveaux de mortalité globaux et la morbidité des maladies transmissibles et infectieuses demeurent élevés, tout comme les carences nutritionnelles. Les indicateurs de santé d'Haïti sont au niveau des pays économiquement comparables (à faible revenu), donc les taux de mortalité maternelle et maternelle sont de quatre et cinq fois plus élevés que les taux moyens dans la région d'Amérique latine et des Caraïbes. La fourniture de services de santé reste limitée et fragmentée, avec des problèmes d'accessibilité et d'inégalité. Le cycle de malnutrition et des maladies infectieuses et parasitaires alimenté par l'insécurité alimentaire chronique a augmenté depuis 2010 avec l'émergence du choléra[5].

Les dépenses totales actuelles de santé par habitant sont de 61,1 $ US (en 2014 avec un taux de change moyen)[6]. Les rapports indiquent que les ressources peuvent ne pas être utilisées efficacement. L'un des défis est l'existence de programmes verticaux et la multiplicité des projets qui posent des défis au ministère de la Santé (MSPP) pour diriger les processus globaux de gouvernance du secteur de la santé. La part des dépenses publiques pour la santé est inférieure à 10% des dépenses totales de santé. Pour l'exercice en cours (2016/2017), la part du budget de santé publique, qui a cessé de diminuer depuis 20 ans, représentait moins de 5% du budget national, malgré un objectif de 15% fixé dans la politique nationale de santé (2012). Le financement externe est volatile avec de grandes fluctuations au fil du temps en réponse à diverses crises sanitaires (le pic étant la période postérieure au tremblement de terre 2010), entraînant une durabilité limitée du financement pour renforcer les fondements du système de santé. Les fonds extérieurs tendent à se focaliser sur le court terme, ne répondant pas aux besoins prioritaires de santé et ne sont pas alignés avec les priorités nationales[7]. En outre, la majorité des fonds extérieurs ne passent pas par le gouvernement, réduisant ainsi le renforcement des institutions publiques. Les dépenses de santé totales par habitant sont en hausse en raison d'une augmentation des dépenses de santé privées, avec des paiements de la poche des représentants, généralement plus de 50% des dépenses de santé[8].

Avec les objectifs de développement durable après 2015 (SDGS), les pays optent pour un vaste programme de développement, où l'objectif de santé (SDG3) joue un rôle clé pour le développement durable. SDG3 comprend un certain nombre de cibles spécifiques pour la santé maternelle et génésique, où l'objectif 3.1 serait atteint en 2030, réduire le ratio de mortalité maternelle à moins de 70 pour 100 000 naissances vivantes, et d'ici 2030, mettre fin à la mort évitable des nouveau-nés et des enfants de moins de 5 ans, avec tous les pays visant à réduire la mortalité néonatale à moins de 12 pour 1000 naissances vivantes et le taux mortalité des moins de 5 ans à moins de 25 pour 1000 naissances vivantes. En outre, l'objectif 3.7 est d'assurer un accès universel aux services de santé sexuelle et génésique, notamment pour la planification familiale, l'information et l'éducation, et l'intégration de la santé génésique aux stratégies et programmes nationaux.

Santé maternelle et néonatale en Haïti

En 2015, une femme en Haïti a une chance sur 90 de mourir en raison d'une grossesse ou de la naissance d'un enfant[9]. Les taux de mortalité des mères et des nouveau-nés signifient que 1 122 décès maternels et 7932 décès de nouveau-nés se produiront en 2017. Ces décès sont dans une large mesure évitables. Cependant, l'accès insuffisant et l'utilisation des soins de santé sont la cause de décès de 3 mères et de 22 nouveau-nés, tous les jours en 2017.

5 Cf. Rapports / Profil statistique Choléra de http://mspp.gouv.ht/newsite/

6 http://apps.who.int/gho/data/view.main.HEALTHEXPCAPHTI?lang=en

7 MSPP de la République d'Haïti (2012). Politique nationale de santé. MSPP, Port-au-Prince. p.56.

8 Durant les périodes postérieures à la crise, le financement externe des soins de santé joue un rôle important pour la réduction du besoin des dépenses des ménages.

9 Banque mondiale. Indicateurs mondiaux de développement http://databank.worldbank.org pour 2015.

Seuls 36 pour cent des naissances en Haïti ont lieu dans des établissements de santé, et seuls 37 pour cent des femmes donnent naissance avec l'assistance d'un préposé à la naissance - comme un médecin, une infirmière ou une sage-femme - qui soit capable de reconnaître et de traiter les complications.

Bien que le déclin en mortalité maternelle ait été significatif, il ne suffit pas pour atteindre le MDG 5 en 2015, qui visait un déclin de trois quarts de 1990 à 2015. La mortalité maternelle demeure à des niveaux beaucoup plus élevés que les autres pays de la région (67/100 000 dans la région latino-américaine). La mortalité néonatale est également élevée, avec des décès de nouveau-nés entre l'âge de 0-1 mois représentant 52% de la mortalité infantile et plus d'un tiers des décès d'enfants âgés de 0-5 ans. Le taux de mortalité infantile est estimé à 25,4[10].

Les principales causes de mortalité maternelle sont les saignements graves, les infections, l'hypertension pendant la grossesse (prééclampsie et éclampsie) et les avortements dangereux. Les causes principales des décès des nouveau-nés sont la prématurité, l'asphyxie et la septicémie/infection (Say L et al. (2014); MSPP (2015); FNUAP/ ONUSIDA/OPS-OMS/ UNICEF (2017)).

Il existe des inégalités significatives dans différents groupes démographiques et sociaux. Les femmes rurales donnent naissance à une moyenne de 1,9 enfant de plus que ceux qui vivent dans les zones urbaines [EMMUS v], et les besoins non satisfaits de la planification familiale demeurent élevés. Des inégalités semblables existent en termes de résultats de santé maternelle. Les taux de mortalité néonatale et postnatale ont été estimés à respectivement 32/1 000 et 30/1 000 naissances vivantes pour les populations les plus pauvres en comparaison à 27/1 000 et 24/1 000 pour les plus riches [EMMUS V]. L'accès aux services de santé essentiels avant, pendant et après la naissance varie au sein de la population. Il existe des différences significatives dans l'accès aux prestataires de soins de santé qualifiés pendant l'accouchement, estimé à 61% pour les femmes ayant au moins un niveau d'enseignement secondaire contre 14% pour les femmes sans éducation; 78% pour les femmes ayant le plus haut quartile contre 10% pour ceux qui sont dans le plus bas et 60% pour les résidents de la région métropolitaine de Port-au-Prince, 56% pour ceux qui vivent dans d'autres villes et seulement 23% pour ceux résidant dans les zones rurales. Bien que les déterminants sociaux conduisent à ces inégalités, ils sont également liés aux déficits du système de santé (Organisation, infrastructure, ressources humaines, etc.).

Selon EMMUS V (2012), 90% des femmes qui ont accouché au cours des cinq années précédentes avaient reçu des soins prénataux de la part d'un professionnel de santé formé pour les naissances les plus récentes, et 67% ont effectué au moins quatre visites prénatales [EMMUS v].

Selon les dernières DHS (2012), seuls 36% des naissances ont lieu dans des établissements de santé et seulement 37% des femmes ont bénéficié d'une assistance qualifiée par un médecin, une infirmière ou une sage-femme lors de l'accouchement [EMMUS v]. Néanmoins, il s'agissait d'une augmentation substantielle de l'accès à la fréquentation qualifiée à la naissance de 24,2% en 2000 [EMMUS III] et 26,1% en 2005-2006 [EMMUS IV] (la proportion équivalente des naissances dans les installations médicales était de 23% et de 25%). En 2013, seulement 43% des établissements de santé ont proposé des services d'accouchement et 10% ont effectué une césarienne [Institut Haïtien de l'enfance (en) et ICF International.] (2014.). Actuellement, 89% des accouchements institutionnels ont lieu dans des établissements proposant des soins d'urgence

10 En raison du mauvais système d'enregistrement civil pour les naissances et les décès en Haïti, nous maintenons l'estimation des Nations Unies de 359 pour le MMR et de 25,4 pour la RMN dans notre analyse.

complets en obstétrique et néonatals (CEmOC) et 11% dans les établissements fournissant des urgences obstétricales de base et des soins d'urgence néonatals (BEmOC) (OPS 2017).

Une grande part de la mortalité maternelle et néonatale comprend les accouchements non suivis par un personnel qualifié. 80% des décès maternels sont dus à des saignements graves, des infections, une hypertension pendant la grossesse (prééclampsie et éclampsie) et des avortements dangereux. 97% des accouchements non institutionnels sont accouchés par des préposés aux naissances traditionnelles (« matrones ») qui jouent un rôle important dans les communautés auxquelles elles appartiennent (statistiques MSPP (2014). (Statistiques 2013 et/ou 2014).

Un peu plus de six femmes sur dix (61%) n'ont pas reçu de soins postnatals dans le délai recommandé, soit 2 jours après la naissance. À peine un nouveau-né sur cinq (19%) a reçu des soins postnatals dans les deux premiers jours après la naissance, lorsque le risque de mortalité néonatale est élevé (EMMUS V).

Politique et système de santé

La politique nationale de santé (SNP) a été définie en 2012 pour une période de vingt-cinq ans 2012-2037 [MSPP de la République d'Haïti (2012 a)]. Elle vise à réduire la morbidité et la mortalité associées aux principaux problèmes de santé identifiés, en se basant sur un système adéquat, efficace, accessible et universel de soins de santé. Il est mis en place dans le cadre du Plan de Santé 2012-2022 (PDS) [MSPP de la République d'Haïti (2012b)]. La santé des femmes et des mères est l'un des principaux domaines du volet des services de santé et des composants des services de santé du PDS. Pour la santé maternelle, les objectifs sont : (i) réduire le taux de mortalité maternelle de 50% par rapport à la ligne de base en 2022, pour atteindre 250 pour 100 000 naissances vivantes; et (ii) assurer la santé génésique des filles et des femmes (p. 97).

Selon les derniers chiffres nationaux de santé publiés (2012/2013), 7,7% des dépenses de santé actuelles ont été consacrées à la santé génésique [MSPP de la République d'Haïti (2015b)].

La stratégie nationale 2013-2016 a bénéficié de projets financés par l'extérieur, notamment : (i) le projet de l'OPS/OMS de Manman AK Timounan Santé (MATS) financé par le Canada, le projet de la gratuité des soins obstétricaux (SOG); (II) le projet de santé communautaire de l'USAID; (III) le projet conjoint FNUAP/UNICEF/VNU (soins d'urgence néonatals de base).

Selon la politique nationale de santé (SNP 2012), Haïti a en moyenne 5,9 médecins ou infirmières et 6,5 professionnels de la santé pour 10 000 habitants et est donc bien en dessous de la norme de 45 médecins et infirmières/sages-femmes pour 10 000 habitants recommandés par l'OMS (OMS 2016b). Le déploiement des infirmières/sages-femmes (infirmières/sages-femmes) est limité et ne correspond pas aux besoins de la population. Seules 217 infirmières-sages-femmes ont été employées au niveau national, ce qui correspond à 12% des besoins estimés[11].

La formation infirmière-sage-femme est menée au sein de la faculté de médecine de l'Université d'État d'Haïti et est organisée sur 6,5 ans (trois ans de formation en tant qu'infirmière, une année de travail social, puis 18 mois de spécialisation et encore une année de travail social). L'école a été détruite pendant le tremblement de terre de 2010, mais a été reconstruite avec le soutien du Canada et du FNUAP. Depuis 2013, l'école est devenue un Institut national de l'enseignement supérieur pour les sages-femmes et effectue un deuxième programme de formation « direct » de sages-femmes (trois ans d'études et un an de service social). Avec ces deux cursus,

11 Évaluation par les organismes des Nations Unies (FNUAP, OPS/OMS, UNICEF et ONUSIDA)

environ 80 diplômés sont formés par cycle (78 en 2016, dont 39 infirmières-sages-femmes et 39 sages-femmes). Des discussions sont en cours concernant l'expansion des institutions de formation dans les provinces supplémentaires pour répondre plus rapidement aux besoins. Cependant, le financement reste un problème, et il existe en outre un risque que les professionnels de santé formés puissent migrer à l'étranger à moins que des incitations soient mises en place pour assurer leur rétention.

Il existe également une disponibilité insuffisante des services obstétricaux (EmOC), et ceux qui sont disponibles n'ont pas suffisamment d'équipement et d'intrants pour fournir des soins de qualité.

Description des interventions proposées

L'objectif de cette étude est d'estimer les coûts, les avantages et le rendement relatif des investissements pour fournir des soins qualifiés avant, pendant et immédiatement après la naissance en Haïti. En rendant les informations sur le ratio avantage-coût disponible, les décisions liées aux priorités peuvent être mieux éclairées, et les décideurs pourront être informés des compromis pour faire un choix d'investissement par rapport à un autre.

Nous avons modélisé une expansion des interventions fournies par les sages-femmes (infirmière-sage-femme incluse ; ci-après, nous utilisons la dénomination «sage-femme» pour inclure les deux), et d'autres agents de santé fournissant des soins de santé maternelle qualifiés. Nous considérons plusieurs formules d'interventions incluant les soins prénatals et les soins qualifiés à la naissance, y compris pour les nouveau-nés.

Les soins prénatals (ANC) comportent un ensemble de visites par lesquelles le travailleur de santé réalise une série d'examens standard visant à promouvoir les soins préventifs ainsi qu'à identifier les risques et à gérer les complications obstétricales. Dans la formule **P1 Soins prénatals** nous incluons les interventions suivantes avec une efficacité prouvée :

- Immunisation contre l'anatoxine tétanique
- Détection et traitement de la syphilis
- Gestion de cas de grossesse
- Gestion des cas de troubles hypertendus
- Gestion de la prééclampsie (avec du sulfate de magnésium)

À la suite des directives de l›OMS, nous nous occupons des soins prénatals à fournir pendant 8 visites ambulatoires (OMS, 2016).

Nous considérons deux formules pour les soins qualifiés à la naissance dans lesquelles, pour la première (P2), entraîne des soins de routine fournis pendant l'accouchement normal, et pour la deuxième (P3), considère également la gestion des complications.

En vertu de la formule **P2 d'Assistance qualifiée pour l'accouchement normal,** nous incluons les éléments suivants :

- Gestion du travail et de l'accouchement (soins qualifiés à la naissance/accouchement normal)
- Gestion active de la troisième phase d'accouchement
- Réanimation néonatale

- Pratiques postnatales de propreté
- Nettoyage du cordon (nettoyage du cordon ombilical avec chlorhexidine ou autre désinfectant)

La formule **P3 La fourniture qualifiée, y compris le renvoi et la gestion des complications**, comprend les mêmes interventions que pour la formule P2, et en plus les interventions suivantes qui sont supposées être effectuées principalement au niveau hospitalier :

Complications maternelles

- Gestion pré recommandée des complications du travail
- Gestion d'éclampsie (avec sulfate de magnésium)
- Gestion de cas de septicémie maternelle
- Induction du travail (au-delà de 41 semaines de grossesse)
- Antibiotiques pour rupture prématurée des membranes (pPROM)

Soins aux nouveau-nés

- Soins immédiats essentiels pour les nouveau-nés
- Gestion de la septicémie des nouveau-nés grâce à des soins d'assistance complets
- Soins de mère kangourou

Enfin, nous prenons en compte une formule combinée : **P4 Combinaison de la santé maternelle et néonatale** qui comprend les soins prénatals complets et les soins qualifiés à la naissance (P1, P3); ainsi qu'une **Formule combinée étendue (P5)** qui considère la formule complète en P4 avec l'addition de l'avortement sécuritaire et la gestion des soins postérieurs à l'avortement[12].

Calculs des coûts et des avantages

L'analyse est menée sur une période de 20 ans, de 2017 à 2036. Les coûts et les avantages sont effectivement capturés pendant 19 ans c.-à-d., à partir de l'année 2018, avec l'année 2017 comme comparateur (année de base).

Nous analysons les coûts et les avantages résultant de l'accès de toutes les interventions et aux formules pour deux niveaux de couverture cible : 80% et 95%. La raison est que cela permet évaluer la façon dont les ratios avantage-coût peuvent varier entre différents niveaux cibles[13].

L'analyse a été menée à l'aide d'un outil récemment élaboré : *Spectrum – analyse générale de l'efficacité des coûts (GCEA).* Cet outil est élaboré par l'Organisation mondiale de la santé afin de soutenir l'incorporation de l'analyse coût-efficacité dans la plateforme Spectrum largement utilisée d'outils pour la détermination de priorité et la prise de décision[14]. Spectrum se compose de plusieurs modèles de logiciels qui sont largement utilisés pour la modélisation des projections

12 Cette analyse ne prend pas en compte la planification familiale puisque ces interventions ont été couvertes par une autre analyse réalisée pour Haïti Priorise.

13 Notre présentation des résultats se focalise sur le scénario d'une couverture à 95% pour se rapprocher de la couverture universelle.

14 http://www.avenirhealth.org/software-spectrum.php

de santé, y compris l'outil de sauvetage de vies (liste) pour les enfants et la santé maternelle. LiST est un modèle développé par l'Institut des programmes internationaux de l'école Johns Hopkins Bloomberg de santé publique, pour soutenir les projections d'impact sur la santé via l'intensification des interventions de santé et les interventions de nutrition sur la santé maternelle, infantile et du nouveau-né. Le modèle est utilisé depuis plus de 10 ans et est régulièrement mis à jour pour incorporer les dernières preuves de la littérature scientifique et des données d'enquêtes auprès des ménages (voir Walker n et al (2013 a) et Walker N et al. (2013b).

Estimation de l'impact sur la santé

Les réductions de la mortalité maternelle sont traduites en nombre total de décès maternels, puis en mortalité maternelle évitée par rapport à un scénario de couverture constante, tout en les liant à la population totale et au nombre total de naissances vivantes calculées dans le module de projection démographique de Spectrum (DemProj). Les principales causes de mort maternelle sont les hémorragies ante partum, les hémorragies intra partum, les hémorragies post partum, les troubles d'hypertension et autres.

Spectrum-GCEA convertit les estimations des décès maternels évités en années de vie saine (HLYs), ceci est calculé comme la différence entre les scénarios d'intensification et les scénarios nuls (analyse nulle) et les scénarios d'intensification et la couverture actuelle (analyse incrémentielle). Les décès évités sont ensuite convertis en années de vie saine acquises en fonction de l'âge estimé au moment de la mort, l'espérance de vie moyenne pour cette tranche d'âge, et l'évaluation de l'état de santé, ou le poids d'invalidité pour ce groupe d'âge.

Estimation des coûts

La perspective prise pour l'estimation des coûts consiste à inclure uniquement les coûts directs encourus par le système de santé. Par conséquent, nous n'incluons pas les coûts indirects engagés par les ménages ou les personnes cherchant des soins, par exemple, pour le transport, la perte de revenus, etc[15].

Nous estimons six types de coûts associés à chaque formule :

Matières premières : les médicaments, les vaccins, les fournitures et les tests de laboratoire nécessaires pour chaque service.

Coûts de la chaîne d'approvisionnement et déchets des produits de base : ces coûts sont inclus en pourcentage (%) du coût des produits. Une augmentation du nombre de personnes atteintes par les interventions entraînera également un coût en termes de transport de plus grandes quantités de marchandises par le biais du système de santé. Nous appliquons un taux de marge de 30% à la valeur des coûts des produits de base afin de rapprocher les ressources nécessaires pour élargir la chaîne d'approvisionnement. En outre, concernant les médicaments qui sont stockés mais non utilisés avant leur date d'expiration, les données sont manquantes, mais nous avons appliqué une hypothèse globale de 5% de déchets pour les fournitures et les produits.

15 Une analyse des recherches antérieures menées pour les processus du Consensus de Copenhague au Bangladesh et en Haïti a démontré une grande variation de la mesure dans laquelle les coûts des ménages ont été intégrés.

Frais de prestation de services. Les services de santé pour l'accouchement concernent les coûts partagés tels que les salaires des travailleurs de santé, le coût de fonctionnement de l'installation et des équipements, et les services publics tels que l'eau et l'électricité. Nous avons utilisé l'hypothèse selon laquelle 50% des services seront fournis par les installations du secteur public et 50% par des établissements privés.

Coût supplémentaire du personnel de santé (comprend la valeur de la durée prolongée des soins et de l'assistance offerte pendant la naissance par les sages-femmes pour toutes les naissances, et par les spécialistes en obstétrique/gynécologie en cas de complications)

Formation pré-service pour les sages-femmes. Compte tenu de la pénurie de travailleurs de santé en Haïti, la mise en œuvre des formules requiert des investissements dans la formation des sages-femmes avec les compétences nécessaires pour réaliser les interventions. Nous avons utilisé une approche simplifiée par laquelle nous avons multiplié l'écart en termes de nombre de sages-femmes exigées par année (comme décrit dans la section ci-dessus) par le coût estimatif de l'obtention du diplôme.

Coûts du programme. Les coûts des programmes font référence aux coûts engagés à un niveau administratif, hors du point d'accouchement, et reflètent un ensemble d'activités destinées à améliorer la qualité de l'accouchement ou à favoriser l'absorption des services. Ces derniers incluent des activités telles que la formation, la supervision et la gestion générale des programmes.

L'hypothèse est que de nombreux coûts demeurent constants indépendamment du niveau de couverture des interventions réalisées par le programme et ne sont influencés que par le nombre d'interventions réalisées. Ils sont considérés comme des coûts fixes. Toutefois, d'autres composantes des coûts des programmes augmentent avec la couverture, telles que les visites de formation de service et de supervision (c.-à-d. la réalisation d'objectifs inférieurs nécessite des besoins de formation des travailleurs de santé moindres, et moins d'efforts de supervision).

Calculer l'impact sur la santé

L'impact sur la santé est estimé en termes d'années de vie saine acquises. Pour valoriser les avantages en termes monétaires, les années de vie saine acquises par année sont multipliées par le PIB par habitant estimé par année.

En plus d'attribuer une valeur monétaire ($) à la valeur intrinsèque de la santé, les populations plus saines apportent également des avantages supplémentaires, y compris une productivité au travail plus élevée et des dépenses de traitement réduites.

L'élargissement de l'accès aux soins entraînerait une diminution des décès maternels et des nouveau-nés. Un ensemble de soins prénatals complets (P1) est estimé pour éviter plus de 3 000 décès maternels s'ils sont évalués à 95%, en moyenne 163 décès par an. L'assistance qualifiée pour les accouchements normaux (P2) permettrait d'éviter presque 1 000 décès maternels, soit 52 décès par an en moyenne. Le plus grand impact serait toutefois atteint en rendant les soins obstétricaux d'urgence largement disponibles pour gérer les complications : ceci permettrait d'éviter près de 10 000 décès maternels ou 505 décès par an (P3). Une formule complète lorsqu'elle est élargie pour inclure l'avortement sécuritaire et les soins après l'avortement (P5) permettrait d'éviter plus de 12 000 décès maternels si elle est rendue universellement disponible (95%), et permettre de ramener le ratio de mortalité maternelle actuellement de 359 à 125 pour 100 000 (une réduction de 65%). En ce qui concerne les soins des nouveau-nés, encore une fois, proposer des accouchements qualifiés par BEmOC/CEmOC, y compris la référence et la gestion des complications est la clé de la réduction de la mortalité. Avec les formules 3, 4 et 5, il serait possible d'éviter environ 60 000 décès de nouveau-nés et de réduire avec succès le taux de mortalité de nouveau-né à 12 pour 1 000, si la couverture est intensifiée à 95% Toutes les formules pourraient également entraîner une diminution significative des naissances nées.

Le coût supplémentaire estimé est d'environ 1,95 $ par habitant par an pour la formule complète P5. Ce serait l'équivalent de 135 dollars par naissance avec une couverture de 95%. Les coûts par habitant pour la formule P5 – 95%, 1,45 $US (73%) sont estimés être assumés par le secteur de la santé et 27% par le secteur de l'éducation.

Ratios avantage-coût (RAC)

Les estimations des ratios avantages-coûts des interventions et des formules exécutées à 80% et à 95% sont présentées dans le tableau 1. Les ratios avantage-coût varient de 9 pour les soins prénatals à 13 pour une assistance qualifiée pour un accouchement normal, et 17-18 pour une formule combinée étendue, y compris les soins prénatals, les soins qualifiés à la naissance, et l'avortement sécuritaire plus les soins post-avortement.

Tableau 1. Avantages, coûts et ratios avantages-coûts relatifs à l'expansion de la couverture au-delà de la couverture actuelle

Formule	Couverture cible	Avantages	Coûts	RAC
P1 Soins prénataux	80%	60 201 143 177	5 382 189 582	10
	95%	72 141 093 028	6 930 109 589	9
P2 Assistance qualifiée pour l'accouchement normal	80%	84 377 612 782	6 045 305 946	13
	95%	113 101 031 608	7 967 738 024	13
P3 Accouchement qualifié, y compris la référence et la gestion des complications	80%	116 547 371 092	8 438 325 692	13
	95%	151 223 350 673	10 949 315 886	13
P4 Combinaison de santé maternelle et nouveau-né (P1 + P3)	80%	167 198 493 848	8 876 045 033	18
	95%	209 189 694,180	11 642 588 094	17
P5 Formule combinée étendue comprenant l'avortement sécuritaire et les soins post-avortement	80%	172 460 654 542	8 916 756 238	18
	95%	216 187 904 418	11 720 105 003	17

Les coûts et les avantages sont présentés en termes de valeur actualisée nette pour la période 2018-2036 à un taux d'actualisation de 5%.

Le tableau 2 fournit un résumé des RAC pour toutes les formules en considérant trois taux d'actualisation : 3%, 5% et 12%. Les résultats ne varient pas de manière considérable vis-à-vis du taux d'actualisation puisque les résultats ont lieu au cours de la même année que l'intervention, donc l'horizon temporel joue un rôle limité.

Tableau 2. Tableau récapitulatif

Formule	Couverture cible	RAC, 3%	RAC,5%	RAC, 12%
P1 Soins prénataux	80%	11,3	11,2	10,9
	95%	10,5	10,4	10,2
P2 Assistance qualifiée pour l'accouchement normal	80%	14,0	14,0	13,7
	95%	14,3	14,2	13,9
P3 Accouchement qualifié, y compris la référence et la gestion des complications	80%	13,9	13,8	13,6
	95%	13,9	13,8	13,5
P4 Combinaison de santé maternelle et nouveau-né (P1 + P3)	80%	19,0	18,8	18,5
	95%	18,1	18,0	17,6
P5 Formule combinée étendue comprenant l'avortement sécuritaire et les soins post-avortement	80%	19,5	19,3	19,0
	95%	18,6	18,4	18,1

Notre analyse indique des ratios avantage-coût entre 9 et 18. Afin de créer un impact réel et de diminuer les taux de mortalité maternelle et des nouveau-nés et d'éviter un plus grand nombre de décès, l'accès aux soins obstétricaux d'urgence est essentiel. L'analyse montre également comment les RAC les plus élevés changent avec une combinaison des formules (P4, P5).

En plus des rendements élevés de l'investissement, un argument supplémentaire pour investir dans la santé maternelle est le fait qu'elle puisse catalyser un cycle de développement social positif. Notre analyse évalue les gains de santé en termes de mesure sommaire du PIB par habitant, qui vise à capter un certain nombre d'avantages que les individus considèrent aussi importants. Par conséquent, nous n'avons pas projeté ni quantifié séparément la vaste gamme des impacts socio-économiques de l›investissement dans des interventions spécifiques telles qu›une augmentation de la survie, la productivité économique accrue, l›accroissement de la scolarisation, etc. Cependant, plusieurs études ont conclu que les interventions permettant aux femmes et aux familles de planifier les grossesses et les naissances – pas seulement la planification familiale (non couverte dans notre analyse) mais aussi un plus grand accès à l›avortement sécuritaire-entraînent des gains sociétaux significatifs (Pop-Eleches C).

Deuxièmement, permettre que la grossesse planifiée et la naissance continuent en toute sécurité a des avantages substantiels au-delà de la mère (et du bébé). La survie maternelle a des effets particulièrement significatifs sur les résultats de la santé infantile, et les études dans les pays à revenu faible et moyen ont démontré un risque de mortalité accru des enfants après la mort d'une mère (Miller et Belizan 2015). D'autres effets intergénérationnels – non quantifiés dans notre analyse – incluent les effectifs scolaires plus faibles des orphelins et la prévalence accrue des facteurs à risque élevé pour la santé (voir Onarheim et al 2016 pour une vue d'ensemble). Les conséquences à long terme incluent également la perte de stabilité financière pour le ménage et le risque accru de mariage précoce des filles orphelines (Miller et Belizan 2015). Une meilleure santé de la population peut favoriser l'épargne domestique et l'investissement étranger et peut améliorer la stabilité sociale. Les avantages de l'investissement dans la santé maternelle et génésique dépassent les gains à court terme et impliquent un développement durable à long terme.

Alors que les arguments pour l'investissement dans les soins qualifiés sont solides, la disponibilité actuelle des EmOC et des sages-femmes qualifiées reste limitée. Une étude indique que seuls 28 établissements sur 88 BEmOC fonctionnent à un niveau acceptable. Nous n'avons pas inclus les coûts liés à l'équipement pour rendre les installations BEmOC opérationnelles, en raison du manque de données. Cependant, nous avons inclus des coûts visant à augmenter le personnel de santé exigé. En supposant qu'une sage-femme aiderait en moyenne à l'accouchement de 175 nouveau-nés par an, ceci nécessiterait, avec une moyenne de 174 403 naissances par an si la couverture de 95% était atteinte, l'équivalent de 997 sages-femmes supplémentaires. Les écoles de sages-femmes actuelles forment environ 80 diplômées par an, ce qui représente moins de 10% du besoin supplémentaire, sans compter l'attrition des sages-femmes dans le système actuel. D'autres rapports ont souligné des défis semblables pour combler l'écart : une analyse réalisée sur l'état de la profession de sage-femme indique que l'arrivée de nouveaux personnels de santé reste à sa capacité actuelle, seuls 9% du besoin sera atteint d'ici 2030. Même dans un scénario où le nombre de sages-femmes diplômées double d'ici 2020, que l'efficacité est améliorée et que l'attrition diminue, seuls 37% des besoins seraient atteints (FNUAP, ICM, OMS (2014). L'atteinte de ces objectifs pose donc des défis de mise en œuvre considérables.

Les implications du système de santé incluent une meilleure façon d'organiser la prestation de services avec un effectif déployé équitablement pour assurer près de 300 000 naissances d'ici 2030 – soit trois fois la couverture actuelle. Étant donné qu'une grande part des services est actuellement fournie par les ONG, les efforts nécessitent une mise en œuvre plus coordonnée.

Enfin, le financement de ces investissements constitue un défi supplémentaire. Selon nos estimations, les coûts supplémentaires annuels pour atteindre une couverture de 95% varient de 11 millions de dollars pour les soins prénataux à 24 millions de dollars pour un forfait complet.

Notre analyse implique la mise en place d'un modèle contextuel par pays pour projeter les années de vie saine acquises, puis les traduire en avantages économiques. L'approche Spectrum-GCEA peut être totalement adaptée au contexte local, et ajoute ainsi une valeur ajoutée significative par rapport aux approches alternatives qui utilisent des coûts unitaires prédéfinis dérivés d'autres paramètres pour les besoins en ressources. En outre, le modèle offre une transparence vis-à-vis des hypothèses utilisées et des composantes de coûts de chaque intervention, par opposition à l'utilisation des publications antérieures des estimations de coûts, où des hypothèses relatives aux coûts et aux estimations d'impact pouvant ne pas être toujours claires pour le lecteur.

Conclusion

L'objectif de cette étude est d'estimer le coût, les avantages et le rendement relatif des investissements pour fournir des soins qualifiés avant, pendant et immédiatement après la naissance en Haïti.

Le troisièm Objectif du Développement Durable comprend un certain nombre d'objectifs spécifiques pour la santé maternelle et génésique, comme l'objectif de 3,1 en 2030, réduire le ratio de mortalité maternelle mondiale à moins de 70 pour 100 000 naissances vivantes, et d'ici 2030, mettre fin à la mortalité évitable des nouveau-nés et des enfants âgés de moins de 5 ans. Tous les pays ont pour objectif de réduire le nombre de décès néonatals à un niveau inférieur à 12 pour 1 000 naissances vivantes. L'atteinte de ces objectifs nécessitera une couverture universelle de soins prénatals, des soins spécialisés à la naissance, y compris la gestion des complications, et de veiller à ce que, dans le cas de grossesses non planifiées, les femmes aient accès à un avortement sans risque si elles choisissent de mettre fin à leur grossesse. Notre analyse indique que l'accès à ces services entraînera des avantages environ 20 fois plus élevés que les coûts engagés.

Bien que les soins qualifiés à la naissance soient passés de 24,2% en 2000 à 37% en 2015, l'accès reste limité et il existe une pénurie de personnel qualifié. Les sages-femmes peuvent jouer un rôle clé pour les résultats de la santé maternelle et néonatale (Renfrew et al., 2014). Toutefois, les résultats actuels des écoles de formation des sages-femmes devraient augmenter d'un facteur dix pour atteindre le besoin estimé. Lorsque les femmes sont interrogées sur les raisons de ne pas bénéficier d'un accès aux soins, 43% déclarent que la distance est le problème majeur, et 76% expliquent que les coûts des soins de santé sont rédhibitoires (EMMUS-v). La politique de la santé devra s'attaquer à la création et à la conservation des effectifs, à l'accessibilité géographique des services et à un financement durable visant à réduire les frais à la charge des patients.

Environ 7,7% des dépenses actuelles de santé – ou l'équivalent de 4,7 USD – sont estimées être consacrées à la santé génésique (MSPP de la République d'Haïti (2015b)). L'ajout de 1,45 USD par habitant (le besoin estimé pour le secteur de la santé ; puisque les coûts de production des effectifs sanitaires sont portés par le secteur de l'éducation) serait équivalent à une augmentation du budget de santé génésique de 30%. Progresser vers les objectifs de SDG pour la santé maternelle et néonatale pose donc de véritables défis de mise en œuvre dans un pays qui est frappé par les crises environnementales et politiques, la pauvreté et le financement externe volatil.

Les avantages de l'investissement dans la santé maternelle et génésique ont des taux de rendement élevés, ils dépassent les coûts à court terme et incluent un développement durable à long terme. La mise en œuvre devra venir progressivement, avec les tentatives visant à sécuriser le financement durable du renforcement du système de santé pour élargir l'accès aux interventions sanitaires de qualité maternelle.

Références bibliographiques

Alarid-Escudero, F., Sosa-Rubí, S. G., Fernández, B., & Galárraga, O. (2013). Análisis de costo-beneficio: prevención del VIH/sida en migrantes en Centroamérica. Salud Publica de Mexico, 55(0 1), S23–S30.

Avenir Health, Spectrum – General Cost Effectiveness Analysis (GCEA) – Beta version (not publicly available).

EMMUS V. Cayemittes, Michel, Michelle Fatuma Busangu, Jean de Dieu Bizimana, Bernard Barrère, Blaise Sévère, Viviane Cayemittes et Emmanuel Charles. 2013. Enquête Mortalité, Morbidité et Utilisation des Services, Haïti, 2012. Calverton, Maryland, USA : MSPP, IHE et ICF International.

EMMUS IV. Cayemittes, Michel, Marie Florence Placide, Soumaïla Mariko, Bernard Barrère, Blaise Sévère, Canez Alexandre. 2007. Enquête Mortalité, Morbidité et Utilisation des Services, Haïti, 2005-2006. Calverton, Maryland, USA : Ministère de la Santé Publique et de la Population, Institut Haïtien de l'Enfance et Macro International Inc.

EMMUS III. Cayemittes, Michel, Marie Florence Placide, Bernard Barrère, Soumaïla Mariko, Blaise Sévère. 2001. Enquête Mortalité, Morbidité et Utilisation des Services, Haïti 2000. Calverton, Maryland, USA : Ministère de la Santé Publique et de la Population, Institut Haïtien de l'Enfance et ORC Macro.

EMMUS II. Cayemittes, Michel, Antonio Rival, Bernard Barrère, Gérald Lerebours, et Michaèle Amédée Gédéon. 1995. Enquête Mortalité, Morbidité et Utilisation des Services (EMMUS-II), Haiti 1994/95. Calverton, Maryland USA : Institut Haïtien de l'Enfance et Macro International Inc.

Foster S and Bryant M , 2013. Cadre pour estimer les bénéfices de l'investissement dans la santé maternelle, les nouveau-nés et la santé infantile, Department of International Health, Boston University School of Public Health, Boston, USA.

FNUAP/ ONUSIDA/OPS-OMS/ UNICEF (2017). Projet conjoint SNU/Canada <Résilience du système de santé maternelle, néonatale et infantile dans le Sud et la Grand'Anse – Haïti>.

UNFPA, Port-au-Prince, Haïti. p.80.

IHME (2016) Haiti country profile (http://www.healthdata.org/haiti)

IHE et ICF International. Soins de Santé, Haïti, 2013. Rockville, Maryland, USA

Koné Georges (2011). Analyse des coûts et financement des soins de santé primaire dans la zone goavienne en Haïti. Médecins du Monde (MDM), Port-au-Prince.

Miller S and Belizan JM 2015. Le vrai coût de la mortalité maternelle : la tragédie individuelle a un impact sur la famille, la communauté et la nation. Reproductive Health 2015 12:56 DOI: 10.1186/s12978-015-0046-3

MSPP de la République d'Haïti (2012). Politique nationale de santé (PNS). MSPP, Port-au-Prince, Haïti.

MSPP de la République d'Haïti (2012b). Plan directeur de santé 2012-2022. MSPP, Port-au-Prince, Haïti.

MSPP de la République d'Haïti (2015a) unité d'études et de programmation (UEP) , RAPPORT STATISTIQUE 2015

MSPP de la République d'Haïti (2015b). National Health Accounts 2012-2013. MSPP, Port-au-Prince, Haïti.

MSPP/OPS-OMS (2016). Calcul des coûts du plan pluriannuel complet en faveur de la vaccination 2016-2020. Port-au-Prince, Haïti. Fichiel Excel.

Onarheim KH, Iversen JH, Bloom DE (2016) Economic Benefits of Investing in Women's Health: Un examen systématique. PLoS ONE 11(3): e0150120. https://doi.org/10.1371/journal.pone.0150120

Renfrew, Mary J et al. 2014. Sages-femmes et soins de qualité: résultats d'un nouveau cadre éclairé pour les soins maternels et des nouveau-nés. The Lancet , Volume 384 , Issue 9948 , 1129 – 1145.

MSPP/OPS-OMS (2016). Calcul des coûts du plan pluriannuel complete en faveur de la vaccination 2016-2020. Port-au-Prince, Haïti. Fichiel Excel.

MSPP, Costing du Plan Stratégique Santé de la Reproduction et Planification Familiale 2013-2016. Coûts extraits d'IED, formation, supervision et M&E

Pop-Eleches C, L'impact d'une interdiction de l'avortement sur les résultats socio-économiques des enfants: Preuves de la Roumanie. Journal of Political Economy, 2006

Say L, Chou D, Gemmill A, et al. Les causes mondiales de la mort maternelle: Une analyse systématique de l'OMS. Lancet Global Health 2014; 2(6): e323-33. http://www.ncbi.nlm.nih.gov/pubmed/25103301. Les données sur la cause maternelle de la mort proviennent des tableaux non publiés associés à cet article.

Sedgh G, Singh S, Shah IH, et al. (2012) Induced abortion: Incidence et tendances mondiales de 1995 à 2008. *Lancet* 2012; 379(9816): 625-32. http://www.ncbi.nlm.nih.gov/pubmed/22264435.

PAHO (2017). Health In The Americas.WDC: PAHO, 2017. A paraître.

Sarley D, Allain L, Akkihal A. Estimation des coûts globaux de la chaîne d'approvisionnement dans le pays pour atteindre les OMD d'ici à 2015. Arlington, Va, Projet USAID/DELIVER, 2009. Disponible sur: http://pdf.usaid.gov/pdf_docs/PNADP080.pdf. Voir le Tableau 5.

Salomon et al Valeurs communes pour l'évaluation des résultats de la maladie et des lésions: étude de mesure du poids d'invalidité pour l'étude sur le fardeau mondial de la maladie 2010. Lancet 2012. https://www.ncbi.nlm.nih.gov/pubmed/23245605

Souza, João Paulo et al. Aller au-delà des interventions essentielles pour la réduction de la mortalité maternelle (Enquête multinationale de l'OMS sur la santé maternelle et néonatale): une étude transversale.The Lancet , Volume 381 , Issue 9879 , 1747 - 1755

Stenberg, Karin et al., 2014 Progression sociale et économique en investissant dans la santé des femmes et des enfants: un nouveau cadre d'investissement mondial. The Lancet , Volume 383 , Issue 9925 , 1333 - 1354

UNDP République d'Haïti (2014). Rapport OMD 2013 – Haïti un nouveau regard. Résumé exécutif. Port-au-Prince. p.4).

UNFPA, ICM, WHO (2014), The State of the World's Midwifery (SoWMy) 2014: Une voie universelle. Le droit de la femme à la santé.

USAID, Analyse de coûts de la formule minimum des services de santé (PMS) d'Haïti 2011. Santé pour le Développement et la Stabilité d'Haïti / Pwojè Djanm: Analyse de Coûts du Paquet Minimum (PMS) à Haïti, 2011 Cambridge MA: Santé pour le Développement et la Stabilité d'Haïti—Pwojè Djanm; Management Sciences for Health, 2012.

USI/CRCHUM, Unité de santé internationale / Université de Montréal (2011). Coûts de la prise en charge de la santé maternelle, périnatale et reproductive en Haïti. Université de Montréal, Port-au-Prince/Montréal.

Walker N, Tam Y, Friberg I. Overview of the Lives Saved Tool (LiST). (2013a) BMC Public Health; 2013: 13(Suppl 3): S1. http://www.ncbi.nlm.nih.gov/pmc/articles/PMC3847271/.

Walker N (a), Yenokyan G, Friberg IK, Bryce J. (2013b). Schémas de la couverture des interventions de santé maternelle, néonatale et infantile: projections de mortalité néonatale et des moins de 5 ans à 2035. Lancet. 2013 Sep 21;382(9897):1029-38. doi: 10.1016/S0140-6736(13)61748-1.;

OMS (2005) Rapport sur la santé mondiale en 2005: Faire que chaque mère et enfant compte

L'OMS, l'UNFPA, l'UNICEF et l'école Mailman de santé publique. Prévenir la mort et le handicap maternel (AMDD) (2009): Surveillance des soins obstétricaux d'urgence: Un manuel

OMS (2015) statistiques de santé 2015

OMS, UNICEF, FNUAP, groupe de la Banque mondiale et Division de la population des Nations Unies (2015). Tendances de la mortalité maternelle: De 1990 à 2015. http://www.who.int/reproductivehealth/publications/monitoring/maternal-mortality-2015/en/

OMS (2016 a) Statistiques de santé 2016

OMS (2016b) Stratégie mondiale de ressources humaines pour la santé: effectifs 2030.

OMS (2016c) OMS recommandations sur les soins prénatals pour une expérience de grossesse positive. http://apps.who.int/iris/bitstream/10665/250796/1/9789241549912-eng.pdf?ua=1

Winfrey W, McKinnon R, Stover J. Méthodes utilisées dans l'outil de sauvegarde des vies (LiST). BMC Public Health 2011, 11(Suppl 3): S32. http://www.ncbi.nlm.nih.gov/pmc/articles/PMC3231906/.

Analyse des trois études en santé

CLAIRE NICOLE LEBRUN

Haïti Priorise a engagé un groupe d'experts dans plusieurs domaines dans le but d'examiner les recherches scientifiquement prouvées et de créer une liste prioritaire des meilleures interventions dans différents domaines dont la santé. Les documents de recherche analysent les avantages et les coûts des interventions dans de nombreux domaines thématiques. Plusieurs de ses études sont en lien avec les objectifs de développement durables (ODD). Dans le domaine de la santé, c'est l'ODD # 3 qui a servi de référence aux analystes. Il couvre plusieurs aspects en santé. Ainsi, ce sont ses cinq sous-objectifs qui sont abordés.

Objectif 3.1 : Réduire la mortalité maternelle à moins de 70 pour 100 000 naissances vivantes ;

Objectif 3.2 : Ramener la mortalité des nouveau-nés à moins de 12 pour 1000 naissances vivantes dans tous les pays ;

Objectif 3.3 : Ramener la mortalité des enfants de moins de 5 ans à moins de 25 pour 1000 naissances vivantes ;

Objectif 3.4 : Mettre un terme aux épidémies du VIH-SIDA, de tuberculose, de paludisme et de maladies tropicales négligées et d'autres maladies transmissibles ;

Objectif 3.7 : Assurer un accès universel aux services de santé sexuelle et génésique (y compris la planification familiale) et le respect des droits en la matière.

Elles consistent à développer des hypothèses en lien avec le coût, les avantages et le rendement relatif des investissements pour fournir des soins qualifiés aux groupes cibles identifiés et, à l'aide d'un outil récemment élaboré : Spectrum – analyse générale de l'efficacité des coûts (GCEA).

Trois rapports m'ont été transmis pour l'analyse. Il s'agit des rapports d'étude sur la santé maternelle, le VIH SIDA et la santé infantile. Ces études présentent d'abord l'état des indicateurs en santé pour chaque composante, les limites des services offerts dans le secteur, les principales causes de décès, les hypothèses de redressement de la situation sur un horizon temporel de 20 ans (2017-2036) avec des simulations des coûts, avantages et des rendements relatifs des investissements pour fournir des soins qualifiés avant, pendant et immédiatement après.

Il est dommage que les études ne fassent pas référence aux leçons tirées de la mise en œuvre des projets en santé maternelle et infantile et VIH SIDA. Les agences des Nations Unies ont mis en œuvre [projet conjoint Santé Reproductive (SR), projet manman ak timoun an santé (MATS), projet d'appui au programme élargi de vaccination (PAPEV)]. La Banque mondiale finance aussi un projet (Improving Maternal and Child Health through Integrated Social Services) qui expérimente une nouvelle approche en santé, à savoir la gestion basée sur les résultats (FBR). Cette même approche sera poursuivie par un autre bailleur de fonds (Canada) dans le cadre d'un nouveau projet en santé maternelle et infantile (SESAME qui sera mis en œuvre par l'OPS/OMS).

La première étude est celle **en santé maternelle** où les chercheurs décrivent un système de santé dont les services sont limités et fragmentés, avec des problèmes d›accessibilité et d›inégalités. Seulement 43% des établissements de santé offrent des services d›accouchement.

C'est effectivement un fait que les services de santé disponibles ne sont pas à proximité des femmes enceintes qui vivent dans les sections communales et qui malheureusement n'ont pas d'autres choix que d'accoucher à la maison avec l'aide d'une matrone.

Ils ont aussi rapporté que 97% des accouchements non institutionnels sont réalisés par des préposés aux naissances traditionnelles (« matrones »). On doit également signaler que cette catégorie, qui continue à fournir des services aux femmes en travail surtout celles en milieu rural, ne bénéficie plus d'encadrement (recyclage, réapprovisionnement des trousses d'accouchements, revue des accouchements avec les prestataires de soins) du MSPP et de nombreux de ses partenaires.

La stratégie de renforcement des capacités des structures SONU à prendre en charge les saignements graves, les infections, l'hypertension pendant la grossesse (prééclampsie et éclampsie) et les avortements dangereux considérés comme étant responsables de 80% des décès maternels, ne produirait pas les résultats escomptés si elle n'est pas combinée à des actions qui consisteraient à aider les communautés à gérer le premier retard, celui d'amener à temps la femme à la maternité.

La formule de redressement proposée en santé maternelle consiste à agir sur les cinq interventions généralement réalisées dans les cliniques prénatales et qu'il faut promouvoir, afin d'identifier les risques et gérer les complications obstétricales :

- L'immunisation contre l'anatoxine tétanique
- La détection et le traitement de la syphilis
- La gestion de cas de grossesse
- La gestion des cas de troubles hypertendus
- La gestion de la prééclampsie (avec du sulfate de magnésium)

L'intensification du paquet de soins prénatals complets (P1) permettrait d'éviter plus de 3 000 décès maternels s'ils sont évalués à 95%, ce qui fait en moyenne 163 décès par an.

S'il est vrai que les femmes réalisent des visites prénatales pour certaines catégories (les multipares surtout, les adolescentes), elles se déroulent tardivement (42,72% durant le 2ème ; et 24,27% durant le 3ème trimestre). Seulement 13/3 des visites sont réalisées durant le premier trimestre[1].

Cinq interventions sont également prévues au niveau des maternités pour la prise en charge du travail et de l'accouchement normal. Il s'agit :

- De la gestion du travail et de l'accouchement (soins qualifiés à la naissance/accouchement normal)
- De la gestion active de la troisième phase d'accouchement
- De la réanimation néonatale
- Des pratiques postnatales de propreté
- Du nettoyage du cordon

1 Rapport statistiques MSPP 2014

L'assistance qualifiée pour les accouchements normaux (P2) permettrait d'éviter presque 1 000 décès maternels, soit 52 décès par an en moyenne.

Avec la carence en sages-femmes en région et l'effectif actuels des gradués, cette intervention devrait prévoir une formation massive des prestataires de soins disponibles pour la fourniture des soins de qualités aux femmes et aux nouveau-nés jusqu'au rétablissement du déséquilibre

Les experts pensent que si on agit sur les complications maternelles et les soins aux nouveau-nés (P3), on éviterait près de 10 000 décès maternels ou 505 décès par an.

Complications maternelles

- Gestion pré recommandée des complications du travail
- Gestion d'éclampsie (avec sulfate de magnésium)
- Gestion de cas de septicémie maternelle
- Induction du travail (au-delà de 41 semaines de grossesse)
- Antibiotiques pour rupture prématurée des membranes.

Soins aux nouveau-nés

- Soins immédiats essentiels pour les nouveau-nés
- Gestion de la septicémie des nouveau-nés grâce à des soins d'assistance complets
- Soins de mère kangourou

Même remarque que la précédente puisque les hôpitaux communautaires de référence ont très peu d'OBGN avec absence de pédiatres dans la majorité de ces structures pour la prise en charge des complications maternelles et des soins aux nouveau-nés.

Le secteur de la santé n'a pas non plus adopté de stratégie pour former plus de spécialistes en obstétrique/gynécologie, pédiatrie et néonatologie ni pour les inciter à accepter des postes d'affectation en région. Très peu d'hôpitaux ont un service de néonatologie et il n'est pas toujours fonctionnel.

Les hypothèses utilisés prévoient de faire passer dès la deuxième année la couverture moyenne de ses cinq interventions de 36,9% (l'accouchement en milieu hospitalier) à 95% à travers l'intensification de la couverture à de l'outil de vie sauvé, ou « LiST »

Avec les formules 3, 4 et 5, il serait possible d'éviter environ 60 000 décès de nouveau-nés et de réduire avec succès le taux de mortalité de nouveau-né à 12 pour 1 000, si la couverture est intensifiée à 95% Toutes les formules pourraient également entraîner une diminution significative des naissances nées.

L'objectif fixé pour les projections d'intensification est destiné à ce que toutes les naissances aient lieu dans des milieux où les soins obstétricaux d'urgence soient disponibles selon les besoins, et où 15% des naissances aient accès à des soins obstétricaux d'urgence complets en raison de complications.

Cependant, pour que ces naissances aient lieu dans ces milieux, il faudrait trouver des stratégies pour amener les femmes à les utiliser durant l'accouchement. Nous savons déjà que malgré l'augmentation des visites prénatales (90% selon EMMUS V), les 2/3 des accouchements (63%) se déroulent à domicile Les dispositifs de soins obstétricaux néonataux d'urgence de base (SONUB) que le MSPP souhaiteraient développer avec l'affection de sages-femmes ne réalisent que

10,91% des accouchements institutionnels. Le reste des accouchements (89,09%) a lieu dans les hôpitaux (SONU C)[2]. La faible utilisation des services indique le besoin pour une approche plus large et plus efficace.

Selon les résultats de l'étude, la plus grande augmentation de la portée du service serait pour la fréquentation qualifiée à la naissance, où en moyenne 131 000 femmes supplémentaires accoucheraient chaque année dans des établissements de santé avec une assistance qualifiée. L'assistance qualifiée pour les accouchements normaux (P2) permettrait d'éviter presque 1 000 décès maternels, soit 52 décès par an en moyenne.

Le plus grand impact serait toutefois atteint en rendant les soins obstétricaux d'urgence largement disponibles pour gérer les complications. Ceci permettrait d'éviter près de 10 000 décès maternels ou 505 décès par an (P3).

J'estime qu'il est louable de renforcer les structures SONU puisque sur 87 SONU monitorés en 2015, seulement 13 étaient fonctionnels. Cependant, l'expérience de terrain de terrain montre que sans une mobilisation communautaire des femmes, on risquerait de passer à côté de ce but. Les statistiques du ministère en 2014 révèlent que c'est seulement 31,42% de la population qui avait sollicité des services en santé.

La formule de redressement lorsqu'elle est élargie pour inclure l'avortement sécuritaire et les soins après l'avortement (P5) permettrait d'éviter plus de 12 000 décès maternels si elle est rendue universellement disponible (95%), et permettre de ramener le ratio de mortalité maternelle actuellement de 359 à 125 pour 100 000 (une réduction de 65%).

On doit toutefois se rappeler que l'avortement n'est pas encore dépénalisé en Haïti et que cela prendra le vote d'une loi au parlement et sa promulgation par l'exécutif, solution qui n'est pas pour demain quand on connait les forces en présence (religion catholique et protestante).

Les chercheurs vont utiliser une approche comparative comprenant deux scenarios : le scénario NUL qui consiste à « ne rien faire » et le scénario INCRÉMENTIEL qui consiste à intensifier les interventions en santé maternelle et infantile.

Les données d'efficacité sont organisées en matrices d'impact pour chaque cause de décès, et reflètent l'effet attendu de l'augmentation de la couverture d'une intervention sur une cause de décès donnée. Les impacts des interventions sont calculés séparément pour neuf causes de mortalité maternelle.

L'atteinte de ces objectifs n'est pas seulement liée à l'augmentation de la couverture universelle de soins prénatals, des soins spécialisés à la naissance, de la gestion des complications, et de l'accès à un avortement sans risque si la femme choisit de mettre fin à la grossesse. L'augmentation de la couverture de la planification familiale est à prévoir si elle n'a pas été l'objet d'une étude séparée. Les femmes ont exprimé au dernier EMMUS leur désir du nombre d'enfants.

Parallèlement à cette étude, il faudrait chercher à comprendre les autres causes de la sous-utilisation par les femmes des services de santé disponibles durant l'accouchement, leurs opinions quant à leur comportement durant la grossesse (visite tardive, le choix de pas prendre les vitamines pour éviter d'être césarisée), le travail (retard pris par la femme entre les premières contractions et la prise de décision quant au lieu de l'accouchement ou le fait de faire appel à la matrone).

Le débat sur la dépénalisation de l'avortement continue au sein de la société et les organisations de femmes n'arrivent pas à obtenir gain de cause. On n'en parle presque pas dans les espaces

2 Monitoring SONU, Analyse des données de 2015 DSF, MSPP, Janvier 2016

de pouvoir. Il faut dire, qu'avec l'ampleur de la religion en Haïti (catholicisme et protestantisme) et les mesures prises récemment par les américains pour ne pas financer les avortements, on est encore loin du vote et la promulgation de la loi sur la libération de l'avortement en Haïti.

Les autres déterminants de la santé comme l'accès à l'eau potable, la nutrition, l'assainissement peuvent affecter aussi la vie des femmes, des enfants et l'espérance de vie.

Si les acteurs nationaux et internationaux n'arrivent pas à convaincre les hautes autorités à augmenter l'enveloppe alloué à la santé, il serait impossible pour le MSPP d'engager les sages-femmes qu'il forme et de les garder dans les maternités.

Il est vrai que les auteurs ont mentionné les limites de leurs études qui ne prennent pas en compte certains aspects comme l'équité dans l'accessibilité, cependant, les contraintes géographiques en Haïti sont énormes et constitueront des barrières à l'utilisation des services de santé disponibles pour les populations de nombreuses communautés enclavées surtout durant le travail et à constituer un frein la réduction des décès maternels. L'intensification de ces interventions ne devait pas être une approche isolée. Elle devait se faire en parallèle avec d'autres secteurs connexes à la santé.

La deuxième étude concerne **le VIH/sida**.

Les interventions réalisées à cette date dans ce domaine ont donné de bons résultats. L'épidémie qui a été considérée comme la principale cause de décès en 2005, est maintenant classée comme la troisième cause de décès la plus fréquente. Toutefois, elle a été identifiée comme la principale cause de décès chez les jeunes et la principale cause combinée de décès et d'invalidités (IHME, 2016).

La prévalence du VIH parmi les adultes âgés de 15 à 49 ans est de 1,35%. Elle est de 8,4% parmi les travailleurs du sexe (TS) et de 18,1% parmi la population d'hommes ayant des rapports sexuels avec d'autres hommes (HSH) et les transgenres.

Cependant, la tendance à la féminisation du VIH/sida n'est trop démontrée dans cette étude. Le sida pourtant était considéré en 2007 par le MSPP comme étant la deuxième cause de mortalité chez les femmes en âge de procréer. Sa prévalence en 2012 a été estimée à 2,7 chez les femmes et à 1,7 chez les hommes[3].

Le VIH/sida est le secteur qui a reçu le plus fort pourcentage de financement en santé durant ses 30 dernières années. Selon les derniers comptes nationaux de la santé publiés (2012/2013), près d'un quart des dépenses de santé (22%) ont été consacrées à la lutte contre le VIH/sida. La majorité des fonds (98%) provient de sources externes.

Haïti a récemment adopté une politique et vision de « zéro HIV » c'est à dire zéro nouvelle infection, zéro discrimination et zéro décès liés au sida. Comment traduire dans les faits cette vision quand les fonds proviennent des sources externes et que ce sont les organisations privées et organisations non gouvernementales qui permettent au secteur de la santé de fournir des services à la population ?

A cette date, l'État haïtien n'a alloué aucune ligne budgétaire pour la matérialisation de cette vision. Tandis que l'aide ne cesse de se réduire d'année en année, le MSPP continue à miser sur l'aide externe pour la mise en œuvre des interventions dans le domaine du VIH.

Malgré tout, au cours de cette dernière décennie, les efforts visant à freiner l'épidémie ont enregistré des progrès significatifs. Comme l'ont signalé les chercheurs, le taux de nouvelles in-

3 EMMUS 2012 (V), prévalence VIH et facteurs associés, Haïti, 2012

fections a diminué de 54% et plus de la moitié des Haïtiens vivant avec le VIH ont accès à un traitement antirétroviral (TAR) et les personnes décédées à cause du sida a considérablement diminué, passant de 7637 en 2010 à 5 364 en 2015.

Cependant, l'épidémie du sida continue à préoccuper les femmes et les hommes en âge de procréer. Les modes de contamination ne sont pas bien maitrisés par cette tranche d'âge et les risques de contamination restent élevés.

La répartition des sites est faite de manière inégalitaire et un nombre important d'institutions de santé du pays (surtout au niveau de la côte sud d'Haïti ou dans le Haut Artibonite pour ne citer que ses régions) n'offrent aucun service de dépistage et de prise en charge du VIH/sida.

En plus, 46% des personnes infectées ne sont pas sur TAR, un nombre important de la population (surtout celle vivant en milieu rural ou en zone enclavé) ne connait pas son statut sérologique.

Cette remarque est aussi valable pour les femmes enceintes. Même si le nombre de femmes enceintes entre 2008 et 2013 (2500 à 5226) recevant un traitement a plus que doublé en une seule année, il reste un fait que beaucoup de femmes enceintes, à cause de l'absence de centre de dépistage, ne connaissent pas leur statut sérologique.

Les hypothèses proposées par les chercheurs devraient permettre de réduire la prévalence chez les groupes à risques comme les travailleurs du sexe féminin (TSF) et les hommes qui ont des rapports sexuels avec des hommes (HSH).

La première hypothèse proposée consiste à élargir la prévention au VIH. Les plans préventifs actuels de sensibilisation permettraient d'éviter environ 200 décès pendant la période 2018-2036 (19 ans) tandis qu'une augmentation du traitement avec le traitement antirétroviral (TAR) de 80% ou 95% éviterait entre 20 000 et 35 000 décès pendant la même période.

La seconde hypothèse prévoit de généraliser le dépistage et le traitement du VIH. Le TAR, d'autre part, est efficace pour réduire la transmission (prévention de nouvelles infections) et accroître l'espérance de vie ainsi que la qualité de vie des personnes infectées par le VIH, ce qui entraîne un nombre élevé de décès évités et un HLY pour les dépistages et traitements.

Comme pour la santé maternelle, deux scénarios sont prévus : le scénario NUL qui est un statu quo actuel, c'est-à-dire, une situation comme si l'intervention n'avait pas eu lieu et le scénario INCREMENTAL qui prend en compte les coûts et les avantages pour la santé pour les comparer au statu quo actuel.

Il est prévu d'étendre à 80% ou à 95% les niveaux de couverture des services. Avec une approche d'interventions combinée en augmentation du nombre d'utilisateur de préservatif et de circoncision masculine on atteindrait en moyenne 100 000 prestations supplémentaires par an.

L'utilisation des médias de masse et de préservatifs permettrait d'éviter environ 1 200 nouvelles infections alors que la circoncision masculine éviterait environ 2 000 infections. Un ensemble préventif complet éviterait plus de 3 000 nouvelles infections, alors que le traitement comme prévention en éviterait environ deux fois plus (plus de 6 000 nouvelles infections).

La circoncision masculine aussi bien chez les adultes que chez les nouveau-nés même avec une campagne de communication bien structurée ne connaitra pas de saut instantané dès la deuxième année. Les individus mettront du temps à comprendre et ensuite à accepter graduellement de se faire circoncire.

Les chercheurs ont toutefois reconnu que passer instantanément à 80% ou 95% de couverture dès la 2ème année de la mise en œuvre du modèle proposé dans cette étude n'est pas réaliste. La simulation des tendances épidémiologiques du VIH/sida avec un modèle dynamique ne sera jamais précise pour toutes les années.

La question de la stigmatisation demeure au cœur du débat sur le VIH en Haïti surtout pour les groupes homosexuels. Avec la tendance de la diminution de l'aide externe, l'État haïtien doit se manifester à travers les prochains exercices de budget en vue de prendre graduellement la relève et de garantir aux personnes sous traitement antirétroviral la continuité des services. C'est une question d'éthique et de morale.

La dernière analyse est celle de la **santé infantile**. Comme pour les précédentes études les auteurs décrivent la situation actuelle de la santé infantile en Haïti et présente leur modèle d'analyse coût-avantage, les sources des données et les hypothèses, les avantages pour la santé en termes économiques ainsi que les résultats.

En 2013, le taux de mortalité des moins de cinq ans (décès pour 1 000 naissances vivantes) a été estimé à 69, par rapport à une moyenne régionale de 18. Ces décès (l'équivalent de 49 décès d'enfants par jour) sont en grande partie évitables. Le rapport de l'EMMUS V publié en 2012 faisait pourtant mention de 59 décès pour 1000 naissances vivantes.

Les chercheurs ont compris la nécessité de mentionner les limites de l'offre de services de santé infantile qui est limitée et fragmentée, avec des inégalités dans l'accessibilité et l'utilisation des services.

Si on renforce les structures de santé sans tenir compte de l'accès aux services de santé qui est fortement limité par les obstacles financiers et géographiques, on risquerait de renforcer les inégalités et de ne pas toucher les vraies cibles.

Selon les derniers rapports des comptes nationaux de santé publiés (2012/2013), un cinquième des dépenses de santé actuelles par fonction a été consacré aux soins préventifs (19%) ; et 3% des dépenses de santé actuelles par zone ont été consacrées à la vaccination [MSPP de la République d'Haïti (2015b)].

Les principales causes de décès chez les nouveau-nés sont traitées à travers des interventions périnatales. Celles des enfants âgés d'un mois à 5 ans sont caractérisées par les infections respiratoires inférieures aiguës (IRIA) et représentent 32% de la mortalité infantile. Les maladies diarrhéiques représentant quant à elle 16%. On estime que 8 500 enfants meurent chaque année de ces deux causes.

L'objectif de cette étude consiste à estimer le coût, les avantages et le retour sur investissement relatif qui découlent de la vaccination des enfants et de la prise en charge des maladies courantes de l'enfant en Haïti.

Comme pour les deux précédentes études, deux scénarios ont été envisagés : le scénario NUL qui est le statu quo actuel, c'est-à-dire, une situation comme si l'intervention n'avait pas eu lieu et le scénario où la couverture serait étendue par rapport aux niveaux actuels pour atteindre 80% ou 95% en 2018 tout en maintenant ce niveau de couverture jusqu'en 2036.

Il s'agit de projeter l'impact sur la santé et les coûts liés à l'intensification des interventions de santé infantile, en particulier. Les réductions de la mortalité infantile résulteraient donc de l'approvisionnement de paquets d'interventions préventives (immunisations), de soins curatifs et d'une combinaison des deux. La mise en œuvre d'un paquet complet de soins préventifs et curatifs permettrait d'éviter plus de 71 000 décès d'enfants par an s'il est universellement disponible (95% de couverture) et de réduire le taux de mortalité des moins de cinq ans, actuellement à 69, pour atteindre 51 décès pour 1000 naissances vivantes (soit une réduction de 62%).

Cette projection comme les précédentes, concerne uniquement l'offre des services en santé infantile et non la demande. Pour avoir des réductions de mortalité et gagner des années de vie en santé, entrainant une augmentation du PIB, il faudrait parallèlement développer des hypothèses qui agiraient sur la demande et même les croiser.

Les auteurs l'on bien reconnu et ont signalé dans leur rapport qu'elle ne devrait pas être la seule alternative, car d'autres critères tels que l'équité, la faisabilité, la viabilité financière et l'acceptabilité influenceront les résultats attendus.

Ils ont aussi admis qu'une part considérable des services devrait être fournie au niveau communautaire. Le MSPP a heureusement adoptée la stratégie communautaire qui consiste à rendre disponible certains services en santé infantile à proximité des populations. Des services comme le suivi de la croissance, la préparation et l'administration de solutions de réhydratation orale, le soutien à l'allaitement et les vaccinations s'y retrouvent. Ils sont fournis par des agents de santé communautaires polyvalents (ASCP) en vue de répondre à la demande de services et de renforcer l'offre de soins fournie au niveau institutionnel.

Conclusion

Les hypothèses visant à augmenter les couvertures des soins de santé au niveau institutionnel doivent prendre en compte les populations rurales d'Haïti qui sont mal servies et desservies par le système de santé à cause de la fragmentation de l'offre et des inégalités dans l'accessibilité et l'utilisation des services. Les départements géographiques à forte concentration rurale (comme les Nippes, la Grande Anse, la Chaine des Cahos dans l'Artibonite) et les communes enclavées sont souvent dépourvues de services de maternité, de pédiatrie, de dépistage et de prise en charge du VIH.

L'objectif de développement durable (ODD) # 3, que ce soit pour la réduction de la mortalité maternelle, des nouveau-nés et de celle des enfants de moins de 5 ans ou pour mettre un terme un terme au VIH constitue dans l'état actuel des précarités économiques d'Haïti un défi de taille pour les acteurs en santé. L'impulsion des dirigeants au plus haut niveau est indispensable pour donner un rang de priorité plus élevé aux besoins des femmes, des enfants et des adolescents, seule manière d'assurer que le système repose sur base solide[4].

Le secteur de la santé n'est pas considéré comme prioritaire pour l'État haïtien ni comme un secteur à renforcer. La part du budget de la santé n'a pas cessé de diminuer pendant les 20 dernières années et représente moins de 5% du budget national malgré une cible de 15% fixée par la politique nationale de santé (2012). Malgré les grèves à répétitions dans les hôpitaux publics, les vraies réponses ne sont pas apportées et il en résulte une pression de la demande sur les institutions privées communautaires de santé. Les principales sources de financement en matière de santé sont des dépenses privées, les paiements directs « de la poche » augmentent et représentent généralement plus de 50% des dépenses en matière de santé.

Le financement de la santé sur un horizon temporel de 20 ans pour atteindre les ODD n'est pas garanti tant à travers le budget national qu'auprès des bailleurs de fonds actuel. Comment garantir la prise en compte de ses hypothèses quand le budget de la santé n'atteigne même pas 5% ou quand on sait que le système est lui-même dysfonctionnel et qu'il faut aussi agir sur les autres paramètres comme la gouvernance ?

4 Stratégie mondiale pour la santé de la femme, de l'enfant et de l'adolescent (2016-2020), ONU

EAU ET ASSAINISSEMENT

Latrines à fosse simple ou toilettes à conteneurs ? : une analyse coût-avantage comparant deux approches visant à améliorer l'accès aux infrastructures sanitaires dans les zones urbaines d'Haïti

RACHEL SKLAR[1]

Résumé

La présente étude vise à estimer les coûts et les avantages des interventions d'assainissement visant à obtenir une couverture sanitaire universelle dans les zones urbaines d'Haïti. Haïti a le taux d'accès aux infrastructures sanitaires améliorées le plus bas dans l'hémisphère occidental. Le tremblement de terre a probablement exacerbé cette situation en 2010, et a également contribué à la propagation rapide de l'épidémie de choléra qui a commencé plus tard au cours de la même année.

Deux interventions ont été identifiées : 1) les latrines à fosse simple reliées à des fosses septiques et 2) un service de sanitaires à conteneurs (SAC). Ces interventions sont examinées dans cette analyse pour leur potentiel d'élimination de la défécation en plein air et de fourniture d'un accès universel à un système d'assainissement amélioré qui sépare les excréments humains du contact humain (ONU, 2015). Une analyse coût-avantage a été effectuée pour mesurer la valeur économique des deux interventions en comparant les avantages attendus (réduction des cas de diarrhée et des décès, éducation, soins de santé, productivité) avec le coût de l'intervention (dépenses en capitaux et opérationnelles de chaque système d'intervention).

L'intervention qui utilise le service de sanitaires à conteneurs donne le ratio avantage-coût (RAC) le plus élevé, offrant des avantages qui sont approximativement égaux aux coûts, bien que les économies d'échelle dans une couverture accrue entraîneraient des avantages supérieurs aux coûts. L'intervention utilisant les SAC est également l'option qui favorise la conformité de l'intervention et les avantages écologiques qui ne sont pas inclus dans cette analyse en raison du manque de données quantitatives spécifiques.

1 Doctorante, UC Berkeley School of Public Health

Vue d’ensemble et contexte

L’objectif en termes d’assainissement des objectifs du millénaire pour le développement (OMD) proposés à la fin des années 1990 était de réduire de moitié la proportion de la population sans accès à des toilettes. Cet objectif a permis à 2,1 milliards de personnes d’accéder à des toilettes améliorées depuis les années 1990.

Les objectifs de développement durable (ODD) proposent un nouvel objectif d’assainissement qui reflète un consensus mondial émergent selon lequel les toilettes à elles seules ne constituent pas une solution d’assainissement suffisante. Sans une gestion efficace de la chaîne d’assainissement au sens plus large, comprenant le confinement, la vidange, le transport et le traitement, les déchets contenus dans les toilettes se retrouvent dans l’environnement et occasionnent d’importants risques pour l’environnement et la santé publique.

Les objectifs d’assainissement fixés dans les ODD attirent l’attention sur les étapes de vidange, de transport et de traitement de la chaîne d’assainissement. L’indicateur ODD 6.2.1 dans le cadre de l’objectif d’assainissement et d’hygiène 6.2 souligne l’importance des « services d’assainissement gérés en toute sécurité », ce qui va au-delà de l’objectif d’« accès à des sanitaires améliorés » des OMD. Dans l’objectif 6.2 des ODD est inclus un sous-objectif visant à réduire de moitié la proportion d’eaux usées non traitées et à augmenter considérablement le recyclage et la réutilisation sécurisée à l’échelle mondiale (ONU, 2015).

Haïti a le taux d’accès à des infrastructures d’assainissement amélioré le plus bas dans l’hémisphère occidental et la mise en place d’une couverture sanitaire universelle des zones urbaines est une priorité absolue pour assurer la santé humaine et le développement économique général. Le rapport suivant utilise le cadre d’une analyse coût-avantage pour évaluer les méthodes permettant d’atteindre les ODD sanitaires dans les zones urbaines d’Haïti.

État de la population et de l›assainissement en Haïti

Selon le recensement national d’Haïti pour l’année dernière (IHSI, 2015), environ 52 % de la population totale est urbaine. Le tableau 1 montre que la couverture sanitaire varie selon les zones urbaines et rurales en Haïti. Des installations d’assainissement « amélioré » sont définies, conformément à la définition du JMP, comme celles qui séparent de façon hygiénique les excréments humains du contact humain. La définition du JMP comprend les toilettes à chasse d’eau, les canalisations, les fosses septiques, les latrines à chasse d’eau, les latrines à fosse améliorées par ventilation, les latrines à chasse manuelle, les latrines à fosse avec une dalle et les toilettes de compostage comme systèmes d’assainissement améliorés (OMS, 2010). L’assainissement non amélioré selon la définition du JMP comprend des technologies telles que les toilettes à chasse d’eau manuelles dans la nature, les latrines à fosse sans dalle, les seaux, les toilettes ou latrines suspendues, les latrines communes et la défécation en plein air.

Selon les dernières estimations du programme de surveillance du JMP, 72 % de la population haïtienne n’a pas accès à des installations d’assainissement améliorées et utilisent soit des installations partagées, soit d’autres installations améliorées, soit la défécation en plein air. Dans les zones urbaines, 66 % de la population totale n’a pas accès à des installations améliorées tandis que dans les zones rurales 81 % de la population totale n’a pas accès à des installations améliorées. Bien que le pourcentage de couverture dans les zones rurales soit actuellement beaucoup plus faible que celui des zones urbaines, le taux de couverture augmente à un rythme plus rapide dans les zones rurales. Entre 1990 et 2015, la couverture de la population rurale a augmenté de 8 %, passant de 11 % à 19 %. Dans la même période, la couverture de la population urbaine a augmenté de 1 %, passant de 33 % en 1990 à 34 % en 2015.

Tableau 1. Estimations de la couverture sanitaire

	Urbaine (%)		Rurale (%)		Totale (%)	
	1990	2015	1990	2015	1990	2015
Installations améliorées	33	34	11	19	18	28
Installations partagées	38	38	8	13	16	28
Autres non améliorées	16	20	18	33	18	25
Défécation en plein air	13	8	63	35	48	19

Source : Actualisation JMP 2015

Cette étude se concentre sur les zones urbaines en raison de l'urbanisation continue et rapide qui a débuté au cours des années 80 et a entraîné l'apparition d'habitations incongrues dans des zones imprévues dont beaucoup ne disposent pas d'installations sanitaires de base. Les bénéficiaires de cette intervention comprennent la population urbaine en Haïti qui n'a actuellement pas accès à un système d'assainissement amélioré. Étant donné que 38 % de la population totale qui a accès à un assainissement non amélioré utilise des installations partagées, une taille de ménage de 4,4 personnes et une moyenne de 4,5 ménages utilisant chaque installation partagée, une moyenne de 4,5 toilettes améliorées est actuellement nécessaire pour chaque ménage de 4,5. Le nombre total de ménages qui seront ciblés pour l'intervention comprend les ménages qui partagent des sanitaires, utilisent une autre méthode non améliorée, ou défèquent en plein air actuellement, ce qui représente un total de 741 379 ménages.

Les interventions

Deux interventions ont été sélectionnées et évaluées pour cette analyse coût-avantage : 1) les latrines à fosse simple reliées à une fosse septique et 2) un service de sanitaires à conteneurs (SAC). Les latrines à fosse simple sont la forme la plus courante d'assainissement amélioré en Haïti et les SAC ont récemment été introduits dans les quartiers urbains dans deux des plus grands centres urbains d'Haïti. Bien que les latrines à fosse simple aient été largement considérées comme une méthode standard à faible coût pour accroître l'accès aux sanitaires des populations à faible revenu, les latrines à fosse simple peuvent être insuffisantes et dangereuses dans les zones surpeuplées car elles sont impossibles à construire dans les zones où la densité de population est la plus forte et elles nécessitent une vidange qui est souvent effectuée sans hygiène en raison de l'absence de services officiels pour entretenir les latrines dans les zones à forte densité de population (Carter, 2013). L'utilisation par les communautés de latrines à fosse simple sans vidange adéquate et transport de déchets implique qu'un pourcentage important de déchets va contaminer l'environnement en raison de pratiques de vidange et de déversement hasardeux. Pour ces raisons, les SAC ont émergé en Haïti comme stratégie d'assainissement utilisant des toilettes autonomes qui stockent les déchets dans des conteneurs amovibles qui sont collectés par une équipe qualifiée.

Cette étude propose de quantifier et de comparer les ratios avantage-coût de la réalisation d'un accès universel à l'assainissement par deux systèmes d'intervention différents.

Latrine à fosse simple

Les latrines à fosse simple sont la principale forme de sanitaires dans les zones non planifiées d'Haïti parce qu'elles sont abordables et faciles à construire. Le système spécifique de latrines à fosse simple évalué dans cette analyse comprend une latrine à fosse reliée à une fosse septique et un service de vidange intervient une fois tous les 4,5 ans. Les latrines à fosse simple de base (celles qui ne sont pas reliées à une fosse septique) débordent souvent pendant la saison des pluies ou leur contenu fuit dans les eaux souterraines et de surface (Graham, 2013). Cela les rend inadéquates dans le cadre de l'objectif 6.3 des ODD pour réduire l'élimination inadéquate des déchets dans l'environnement. Lorsque les latrines à fosse simple dans les zones urbaines à forte densité de population se remplissent, elles doivent être vidées pour maintenir l'accès aux sanitaires. Ainsi, une composante nécessaire d'un système d'assainissement amélioré utilisant des latrines à fosse simple dans une zone urbaine est la mise en place d'un service de vidange.

Bien que les latrines à fosse simple continuent d'être l'option la plus couramment déployée pour améliorer les conditions d'assainissement, les technologies émergentes et les paradigmes d'assainissement peuvent être plus favorables pour l'assainissement dans le contexte urbain d'Haïti pour plusieurs raisons (Tilmans, 2015). D'une part, dans les quartiers densément peuplés, la disponibilité de l'espace interdit souvent aux ménages individuels de construire une latrine à fosse. Le partage entre les ménages et les inondations contribuent à des taux de remplissage fréquents. Lorsqu'elles sont pleines, les latrines doivent être vidées. Dans les zones urbaines à forte densité de population, la plupart des familles ne peuvent pas se permettre les services d'assainissement ou vivent dans des ménages inaccessibles aux véhicules d'assainissement. Dans ces endroits, la vidange manuelle de la fosse reste le moyen le moins cher et souvent le seul d'éliminer les déchets de la fosse. Sans les ressources nécessaires pour transporter les déchets hors de la communauté, les déchets excavés sont déversés dans des cours d'eau ou enterrés dans des fossés voisins, contaminant les sources d'eau potable et exposant la communauté, les vaches et l'environnement aux pathogènes fécaux.

Service de sanitaires à conteneurs (SAC)

Les systèmes d'assainissement SAC présentent un modèle alternatif pour la prestation des services d'assainissement dans lequel les déchets sont gérés et transformés en produits tels que de l'alimentation animale, des engrais et du compost pour les applications agricoles. Les SAC ont pris de l'ampleur dans les centres urbains du Kenya, du Ghana, d'Haïti et du Pérou, où des problèmes comme la propriété foncière ou le manque d'espace disponible empêchent les ménages d'avoir un système d'assainissement sécurisé à l'intérieur de leur domicile. Étant donné que des toilettes SAC nécessitent peu de modifications dans la maison, elles conviennent aux locataires et aux habitations individuelles.

Les études ont été menées et ont mis en évidence le rôle des systèmes SAC dans l'assainissement des zones urbaines densément peuplées et à court de ressources. Elles montrent que les SAC sont une solution d'assainissement particulièrement bien adaptée aux problèmes des populations urbaines denses puisqu'elle permet aux populations urbaines à faibles revenus de disposer d'une collecte, d'un transport et d'un traitement des déchets sécurisés, à des coûts bien inférieurs à ceux associés à la gestion des boues fécales de latrines à fosse ou à la construction d'égouts.

Par opposition aux latrines à fosse et à d'autres systèmes d'assainissement à eau, les SAC fournissent une séparation des sources de déchets qui facilite la récupération des ressources à un coût moins important que pour les systèmes qui dépendent de flux de déchets mélangés ou dilués (Zeeman, 2011). Puisque les SAC favorisent la production de compost provenant de déchets pour l'agriculture, la Direction nationale de l'eau potable et de l'assainissement (DINEPA), en collaboration avec diverses ONG basées à Haïti, a soutenu les systèmes SAC pilotes pour explorer leur potentiel pour combler les lacunes en matière d'assainissement en Haïti et ajouter des produits de valeur à l'économie haïtienne qui manque de ressources.

La configuration du service SAC abordée dans cet article est basée sur le service de toilettes SAC actuellement fourni aux ménages dans les quartiers densément peuplés de Port-au-Prince et Cap-Haïtien (Remington, 2017). Les utilisateurs paient un abonnement mensuel. En retour, ils reçoivent des toilettes à la maison et un service hebdomadaire qui collecte les déchets et les transporte de la communauté à un emplacement pour élimination sécurisée et transformation des déchets.

Calcul des coûts et avantages

Estimation des coûts

La répartition des types de coûts pour chacune des deux interventions de cette étude est présentée au tableau 2. Pour chaque intervention, le coût de l'interface des toilettes ainsi que le coût de la collecte et du transport des déchets du ménage vers un site de dépôt sécurisé ont été pris en compte.

Tableau 2. Coûts des interventions visant à élargir l'accès aux services d'assainissement urbain en Haïti

Intervention	Coûts
Latrine à fosse simple	Matériel : - Matériel pour les latrines à fosse simple - Matériel pour fosse septique O & M : - Vidange de la fosse
Sanitaires à conteneurs	Matériel : - Source séparant les toilettes domestiques à conteneurs O & M : - Service de collecte des déchets ménagers - Transfert de déchets à l'installation de traitement

Le coût de la mise en place de chaque intervention pour la population urbaine actuelle qui n'a pas accès à un assainissement amélioré a été déterminé pour tous les ménages de l'intervention.

Cette analyse se limite à la collecte, au stockage et au transport des déchets humains vers un site d'élimination sécurisé. Le coût du traitement et de la transformation des déchets n'a pas été pris en compte. Une analyse différente serait nécessaire pour évaluer les RAC d'un système d'assainissement complet par latrines à fosse simple et services SAC. Une telle analyse nécessiterait des données sur la différence entre les coûts de traitement des excréments des systèmes SAC et les déchets des latrines à fosse, ce qui fait actuellement défaut dans la littérature. Les coûts estimatifs de la couverture universelle de l'assainissement urbain dans cette analyse ne tiennent pas compte des délais requis pour atteindre les ménages de la population de l'intervention.

Sont également exclus de cette analyse les coûts de fourniture d'eau pour une latrine à fosse. Le coût de l'eau utilisée pour le rinçage est susceptible d'être important en Haïti, où il est très rare que les ménages disposent d'un approvisionnement en eau courante. En outre, ceci suggère que le ratio avantage-coût du système de latrine à fosse serait significativement plus faible si le coût de l'eau était inclus dans cette analyse.

Bien que les latrines à fosse soient largement considérées comme une méthode rentable pour améliorer le confinement des déchets humains, les effets négatifs de leur utilisation tels que le débordement, les fuites, la contamination de l›eau et les maladies subséquentes sont bien documentés (Graham, 2013). Les coûts associés à ces externalités négatives ne sont pas inclus dans cette analyse en raison du manque de données spécifiques sur la fréquence et les facteurs de ces événements. Cependant, puisque les épidémies de choléra et d›autres maladies liées à l›eau sont un problème constant en Haïti, il est important de noter cette lacune dans cette analyse et de mettre en évidence les besoins futurs de la recherche d›un paramètre qui peut prendre en compte les coûts associés au débordement des latrines et à la propagation des agents pathogènes.

Les coûts annuels par ménage sont significativement plus faibles pour le système SAC par rapport au système de latrines à fosse simple au tableau 3. Bien que les latrines à fosse soient souvent considérées comme l'option d'assainissement la moins chère, l'ajout du coût de la vidange augmente de façon significative les coûts annualisés.

Tableau 3. Coûts annualisés par ménage d'une intervention de latrines à fosse par rapport à une intervention SAC, HTG

Taux d'actualisation	3 %	5 %	12 %
Latrines	2 415	2 489	2 838
SAC	2 236	2 261	2 356

Remarque : On considère que les latrines à fosse sont vidées tous les 4,5 ans et la collecte des services SAC est effectuée une fois par semaine.

Estimation des avantages

Une large gamme d'avantages économiques et sociaux peut résulter de l'amélioration de l'accès aux services d'assainissement dans les zones urbaines.

Avantages pour la santé. La maladie d'origine hydrique et due au manque d'hygiène la plus courante, en Haïti et dans le monde entier, est la diarrhée infectieuse (Hutton, 2015). Les avantages pour la santé qui ont été inclus dans cette analyse comprennent la réduction des taux d'incidence diarrhéiques et de la mortalité précoce due à la diarrhée. La prévention des décès et des maladies grâce aux interventions a été monétisée en utilisant l'approche du PIB par habitant par « année de vie corrigée de l'incapacité » ou AVCI.

Avantages pour l'éducation. Les avantages pour l'éducation liés à l'accès à des services d'assainissement amélioré comprennent l'absence de perte de temps d'éducation due à une maladie diarrhéique. Cet avantage s'applique aux enfants d'âge scolaire et suppose que chaque cas de diarrhée chez les enfants d'âge scolaire entraîne une absence de 3 jours de l'école (Hutton, 2007). Les avantages pour l'éducation sont basés sur l'hypothèse qu'une réduction du nombre total de jours d'école entraîne une réduction linéaire et proportionnelle des futurs salaires. La valeur de chaque jour d'école est la différence dans le taux de salaire annuel quotidien associé à l'éducation primaire par rapport au taux de salaire pour l'absence de scolarité.

Avantages en termes de soins de santé. Les avantages en termes de soins de santé associés à des systèmes d'assainissement améliorés résultent des économies de coûts liées au traitement et aux soins des patients, à l'accès aux établissements de santé et au transport vers les établissements de soins.

Avantages en termes de productivité. Deux types d'avantages en termes de productivité associés à l'assainissement amélioré sont inclus dans cette analyse : 1) la productivité liée aux jours de travail non perdus et 2) la productivité liée au temps non perdu à faire la queue aux installations partagées et aux sites de défécation en plein air. Les avantages liés à l'augmentation de la productivité du travail en raison de l'assainissement amélioré peuvent être attribués à la non perte de jours de travail pour les personnes en âge de travailler, à la non perte de temps à soigner les enfants malades et à la non perte de temps à accéder aux installations partagées ou aux sites de défécation en plein air. La valeur du temps est considérée comme la moitié de la production moyenne par personne en âge de travailler en Haïti en 2016 (Hypothèse Haïti Priorise). Pour les adultes en âge de travailler, on suppose que la perte de temps est de deux jours par cas de diarrhée.

On estime la perte de temps associée au soin des enfants malades comme le coût des journées de maladie supposées par cas de diarrhée infantile, dans ce cas on suppose qu'elle est de trois jours. Ceci évite les coûts liés au temps des pratiques actuelles chez ceux qui pratiquent la défécation en plein air et ceux qui utilisent des toilettes partagées. Ceux qui passent de la défécation en plein air à des installations améliorées économisent le temps de trajet vers un site de défécation en plein air. Ceux qui passent des installations partagées aux installations améliorées économisent le temps passé dans les files d'attente pour l'utilisation des toilettes partagées.

Plusieurs avantages connus associés à un système de SAC comme la récupération des ressources et la transformation des déchets humains n'ont pas été inclus dans cette étude. Les avantages liés à la récupération des ressources sont susceptibles d'être plus élevés pour le système de SAC puisqu'on a montré que les déchets séparés par source sont plus utiles que les boues fécales des systèmes de latrines à fosse simple, car ils sont moins décomposés et contiennent plus de d'éléments nutritifs et de pouvoir calorifique récupérables (Ingallinella, 2002). Le système des SAC qui dessert actuellement 5 400 utilisateurs sur tout le territoire d'Haïti transforme les déchets collectés en compost à des fins agricoles. Cependant, ces avantages n'ont pas été pris en compte dans cette analyse en raison de l'absence de littérature complémentaire sur la récupération des ressources et des nutriments provenant des déchets de latrine à fosse.

Avantages non mesurés

Les SAC utilisent une source séparant les toilettes SAC, ce qui facilite la récupération des ressources des déchets collectés. Actuellement, les déchets collectés auprès des utilisateurs de SAC en Haïti sont utilisés pour générer du compost qui est vendu à des fins agricoles. Les avantages écologiques obtenus grâce à la transformation des déchets en compost tels que l'amélioration de la production agricole, la réduction de la dépendance aux engrais chimiques et l'augmentation de la sécurité alimentaire globale n'ont pas été inclus dans cette analyse.

Résultats

Les coûts et les avantages annuels du fait de fournir à la population de l'intervention des latrines à fosse simple et des SAC domestiques pour les populations urbaines en Haïti sont présentés par catégorie dans les tableaux 4 et 5, respectivement. On estime que les avantages des latrines à fosse simple et des interventions SAC sont identiques, car l'adoption des deux interventions devrait conduire aux mêmes avantages. Une discussion sur la différence des taux de conformité et sur l'effet sur la différence des avantages obtenus par les deux interventions suivra. Le compte des cas de maladie et de décès évités est le contributeur le plus important aux avantages globaux des deux interventions.

Tableau 4. Avantages et coûts de l'intervention latrines à fosse

Taux d'actualisation	3 %	5 %	12 %
Décès évités	1 008 635 347	664 841 900	285 039 290
Cas de maladie évités	269 424 845	269 424 845	269 424 845
Coûts de soins de santé évités	240 684 714	240 684 714	240 684 714
Perte de productivité évitée et temps économisé	433 785 619	433 785 619	433 785 619
Avantages en termes d'éducation	94 271 410	57 119 001	15 440 120
AVANTAGES TOTAUX	2 046 801 935	1 665 856 079	1 244 374 587
COÛTS TOTAUX	1 790 101 918	1 845 496 433	2 104 117 672
RAC	1,14	0,90	0,59

Note : Valeur AVCI = 3 x PIB/Habitant : 108 135 HTG (1 594 USD)

Tableau 5. Avantages et coûts d'une intervention de sanitaires à conteneurs

Taux d'actualisation	3 %	5 %	12 %
Décès évités	1 008 635 347	664 841 900	285 039 290
Cas de maladie évités	269 424 845	269 424 845	269 424 845
Coûts de soins de santé évités	240 684 714	240 684 714	240 684 714
Perte de productivité évitée et temps économisé	433 785 619	433 785 619	433 785 619
Avantages en termes d'éducation	94 271 410	57 119 001	15 440 120
AVANTAGES TOTAUX	2 046 801 935	1 665 856 079	1 244 374 587
COÛTS TOTAUX	1 658 037 900	1 676 253 363	1 746 715 956
RAC	1,22	0,99	0,71

Note : Valeur AVCI = 3 x PIB/Habitant : 108 135 HTG (1 594 USD)

Une comparaison des RAC obtenus pour les latrines à fosse et le service de SAC est présentée au tableau 6. Compte tenu de tous les taux d'actualisation, le RAC de l'intervention SAC domestiques est 8-20 % plus élevé que celui de l'intervention latrines à fosse simple.

Conclusion

Du point de vue économique et de la santé, le système SAC est l'option privilégiée pour les 3,7 millions d'haïtiens urbains qui n'ont pas accès à l'assainissement amélioré. C'est aussi l'option qui nécessite le moins d'entretien, des investissements financiers plus faibles pour les ménages et une conformité plus élevée.

Cette analyse remet en question la croyance commune selon laquelle les latrines à fosse sont la manière la plus simple et la plus rentable de fournir des services d'assainissement. L'inclusion de la vidange des latrines dans les coûts annualisés d'un système d'assainissement des latrines à fosse a un effet significatif sur le RAC et la rentabilité du système. Si la vidange des fosses était choisie comme intervention, il faudrait développer des mécanismes plus abordables et plus efficaces de vidange des latrines afin de décourager les ménages d'effectuer la vidange en mettant en danger la santé humaine et environnementale.

Le potentiel de non-conformité des ménages pour toute intervention suggère que l'accent devrait être mis sur l'élucidation des facteurs de causalité liés à la non-conformité dans différents paradigmes d'assainissement. Il est également nécessaire qu'il y ait plus de travail d'identification des coûts additionnels et des économies d'échelle associés à la mise en place de SAC dans une gamme plus large et un nombre plus élevé de ménages que les études pilotes.

Références bibliographiques

Angrist, J.D., Imbens, G.W. et Rubin, D.B., 1996. Identification of causal effects using instrumental variables. *Journal of the American statistical Association, 91*(434), pp.444-455.

Chase, C., Ziulu, V., Lall, P., Kov, P., Smets, S., Chan, V. et Lun, Y., 2015. Addressing the behavioural constraints to latrine uptake: effectiveness of a behaviour-change campaign in rural Cambodia. *Waterlines, 34*(4), pp.365-378.

iHME, Global Burden of Disease 2015

Graham, J.P. et Polizzotto, M.L., 2013. Pit latrines and their impacts on groundwater quality: a systematic review. *Environmental health perspectives, 121.*

Greenland, K., de-Witt Huberts, J., Wright, R., Hawkes, L., Ekor, C. et Biran, A., 2016. A cross-sectional survey to assess household sanitation practices associated with uptake of "Clean Team" serviced home toilets in Kumasi, Ghana. *Environment and urbanization, 28*(2), pp.583-598.

Holm, R., Tembo, M., Njera, D., Kasulo, V., Malota, M., Chipeta, W. et Mchenga, J., 2016. Adopters and Non-Adopters of Low-Cost Household Latrines: A Study of Corbelled Pit Latrines in 15 Districts of Malawi. *Sustainability, 8*(10), p.917.

Hutton, G., Haller, L. et Bartram, J., 2007. Global cost-benefit analysis of water supply and sanitation interventions. *Journal of water and health, 5*(4), pp.481-502.

Hutton, G., 2015. Benefits and costs of the water sanitation and hygiene targets for the post-2015 development agenda. *Post-2015 Consensus: Water and Sanitation Assessment. Copenhagen Consensus Center.*

Hutton, G. et Varughese, M., 2016. The costs of meeting the 2030 sustainable development goal targets on drinking water, sanitation, and hygiene. *Washington, DC: World Bank, Water and Sanitation Program.*

Ingallinella, A.M., Sanguinetti, G., Koottatep, T., Montangero, A. et Strauss, M., 2002. The challenge of faecal sludge management in urban areas-strategies, regulations and treatment options. *Water Science and Technology, 46*(10), pp.285-294

Jenkins, M.W., Cumming, O. et Cairncross, S., 2015. Pit latrine emptying behavior and demand for sanitation services in Dar Es Salaam, Tanzania. *International journal of environmental research and public health, 12*(3), pp.2588-2611

Luquero, F.J., Rondy, M., Boncy, J., Munger, A., Mekaoui, H., Rymshaw, E., Page, A.L., Toure, B., Degail, M.A., Nicolas, S. et Grandesso, F., 2016. Mortality rates during cholera epidemic, Haiti, 2010–2011. *Emerging infectious diseases, 22*(3), p.410.

Ministère de l'Economie et des Finances & Institut Haïtien de Statistique et d'Informatique (IHSI), (2015). 'Population Totale. Population de 18 ans et plus ménages et densités estimés en 2015'.

O'Keefe, M., Lüthi, C., Tumwebaze, I.K. et Tobias, R., 2015. Opportunities and limits to market-driven sanitation services: evidence from urban informal settlements in East Africa. *Environment and Urbanization, 27*(2), pp.421-440.

Prüss-Ustün, A., Bartram, J., Clasen, T., Colford, J.M., Cumming, O., Curtis, V., Bonjour, S., Dangour, A.D., De France, J., Fewtrell, L. et Freeman, M.C., 2014. Burden of disease from inadequate water, sanitation and hygiene in low-and

Tilmans, S., Russel, K., Sklar, R., Page, L., Kramer, S. et Davis, J., 2015. Container-based sanitation: assessing costs and effectiveness of excreta management in Cap Haitien, Haiti. Environment and urbanization, 27(1), pp.89-104.

Assainir Cité Soleil est une impérieuse nécessité pour la vie dans la commune

CARLOS FAUSTIN

Introduction

En dehors de toute condition humaine d'existence, les habitants de la commune de Cité Soleil vivent dans une insalubrité et une promiscuité qui sont de plus en plus horribles et obscènes. Laquelle commune représente de nos jours une véritable poubelle à ciel ouvert et est réputée pour sa capacité à cumuler des déchets de toute nature. Mais, en réalité, cette histoire d'inhumanité qui devient une préoccupation sans précédent aujourd'hui n'est pas récente dans l'histoire de cette commune. Cette réalité qui perdure jusqu'aujourd'hui est née, avec la fondation même de cet espace dans les années 60, avec François Duvalier, sous le nom de Cité Simone. Une histoire qui s'explique vaguement par le fait que Papa Doc en 1957 avait fait rentrer dans la capitale une pléthore de paysans de différents milieux ruraux du pays pour soutenir son accession au pouvoir. N'ayant aucune possession à Port-au-Prince, ces habitants avaient dû s'entasser dans ce coin de la capitale en niant toute mesure d'urbanisation et d'aménagement territorial. En effet, quelle que soit l'histoire inhérente à cette réalité, nous sommes convenus qu'elle est le résultat d'un exorde rural dont on n'avait pas prévu la conséquence sur la santé humaine et l'environnement. Devenue commune par le décret du 13 mai 2002 sous la présidence de Jean Bertrand Aristide, Cité Soleil est aujourd'hui un lieu marquant pour sa renommée insalubre. Faut-il admettre qu'une population continue à vivre dans une telle condition ? En quoi l'Etat est-il redevable à la population en ce qui a trait à la vie saine ? Comment faut-il intervenir pour palier à la situation ? Il est évident qu'il ne faut pas entrevoir une solution d'un œil simpliste, car résoudre le problème de l'insalubrité en Haïti n'a pas toujours été une chose facile. Toutefois, aujourd'hui, trouver un palliatif à cette condition inhumaine de vie devient une nécessité impérieuse vu l'obligation qu'a l'État de respecter le droit de la personne humaine. Nous allons aborder ce problème d'abord d'un point de vue légale ; ensuite le coté sanitaire et environnemental, enfin, nous allons dégager les causes et les conséquences de l'insalubrité dans la commune Cité Soleil.

Essaie de définition

En 1808, le médecin physiologie Pierre Cabanis définit l'insalubrité comme le caractère […], de ce qui est nuisible à la sante[1] (Cabanis, 1808 : 86). Dans cette perspective, l'insalubrité est vu comme un ensemble de signes, d'indicateurs qui affecte négative la santé. François Lambotte

1 Cabanis, Rapport Physique et moral, t.2, 1808, p86.

propose qu'une habitation insalubre est celle dont l'occupation risque de provoquer des maladies contagieuses ou d'en favoriser la propagation, celle qui, étant un foyer d'infection ou ne répondant plus à ce qui est considéré comme étant aujourd'hui le strict minimum en matière d'hygiène, menace non seulement la santé d'éventuels occupants mais aussi la santé publique en général.

Par ces définitions, il y a lieu de retenir que l'insalubrité désigne un état de malpropreté causée par les manœuvres imprudentes des individus, sous l'effet de l'ignorance, dont la charge sur la santé de la population est désastreuse ou susceptible de provoque des enjeux majeurs sur la santé et l'environnement. D'où le fait que, la question de l'insalubrité permet de chevaucher un triple point de vue : éducation, santé et environnement.

L'insalubrité à l'égard de la loi

Nous sommes convenus que l'insalubrité a pour effet la détérioration de la santé et de l'environnement. Ainsi, il y a un ensemble de barrières légales empêchant toute manœuvre abusive allant à l'encontre de la protection de la vie, qu'elle soit de l'État ou d'un tiers. Dans la constitution haïtienne de 1987 amendée, dans son article 19 du chapitre « des droits fondamentaux », il est écrit que « L'État a l'impérieuse obligation de garantir le droit à la vie, à la sante, au respect de la personne humaine, à tous les citoyens sans distinction, conformément à la déclaration universelle des droits de l'homme ».

Les objectifs du millénaire pour le développent (OMD) signé par un ensemble de pays, dont Haïti, font l'obligation à tous les partis signataires de contribuer pour arriver à un monde favorisant la vie saine. De plus, le pacte international relatif aux droits économiques, sociaux et culturels adopté par l'Assemblée générale des Nations Unies le 16 décembre 1966, voté et publié en Haïti le 22 aout 1968 stipule que :

> *Article 12.* 1. Les États parties au présent Pacte reconnaissent le droit qu'a toute personne de jouir du meilleur état de santé physique et mentale qu'elle soit capable d'atteindre.
>
> 2. Les mesures que les États parties au présent Pacte prendront en vue d'assurer le plein exercice de ce droit devront comprendre les mesures nécessaires pour assurer :
>
> *a)* La diminution de la mortinatalité et de la mortalité infantile, ainsi que le développement sain de l'enfant ;
>
> *b)* L'amélioration de tous les aspects de l'hygiène du milieu et de l'hygiène industrielle ;
>
> *c)* La prophylaxie et le traitement des maladies épidémiques, endémiques, professionnelles et autres, ainsi que la lutte contre ces maladies ;
>
> *d)* La création de conditions propres à assurer à tous des services médicaux et une aide médicale en cas de maladie.

Au regard de ces deux considérations légales, vivre dans un milieu d'un tel écœurement est une violation systématique du droit de la personne humaine.

Les causes de l'insalubrité à Cité Soleil

Pour comprendre les causes de l'insalubrité, il est important de comprendre la réalité géographique et démographique, et le contexte socioéconomique de la Cité. Faisons un détour.

Selon l'estimation du dernier recensement général, la commune de Cité Soleil était évaluée à 206 917 habitants[2]. Une estimation de 2012 l'a évalué à 252 960 habitants[3]. Sur une superficie de 21,8 km^2, cela nous donne une densité de 11 604 habitants par km^2 [4]. Une densité excessivement élevée ! Cité Soleil est l'une des plus grands bidonvilles.

La majorité de la population de la commune Cité Soleil est analphabète, car elle se dispose de très peu d'école. La commune ne se dispose que de 3 centres de santé. Relativement, toutes les maisons sont des taudis. Tous les coins de rue de la commune servent à des fins commerciales. À Cité Soleil on pratique, pour la plus grande partie de la population le commerce informel. Les places publiques y sont quasiment inexistantes. La commune est réputée comme bastion des gangs notoires du pays à cause du chômage qui y bat son plein.

Revenons aux causes de l'insalubrité de la cité.

L'arrêté du 12 avril 1919 définit les causes de l'insalubrité comme tout ce qui est dangereux à la vie humaine ou à la santé ; tout édifice ou partie d'un édifice qui est surpeuplé ou qui n'est pas pourvu d'ouvertures adéquates ou en nombre suffisant, ou qui n'est pas suffisamment aéré, drainé, éclairé ou nettoyé: tout ce qui est de nature à rendre le sol, l'air, l'eau et les aliments impurs et malsains, est déclaré cause d'insalubrité et illégal. Les causes de l'insalubrité, considérées comme génériques, citées ci-dessus décrivent sans la moindre réserve la situation de la commune de Cité Soleil.

Un niveau élevé de promiscuité et de construction de taudis

La promiscuité au niveau de la commune est l'une des causes de la l'insalubrité de cette dernière. En effet, avec une densité de d'environ 12 000 hab/km^2, c'est une réalité décriée au niveau de la population haïtienne. Ceci traduit un grave problème de surpopulation. D'autant plus que les maisons sont de véritable taudis où la vie est absolument difficile, mais aussi elles sont empilées avec contigüité et de manière anarchique. La plupart des maisons sont construites sans latrine améliorée, sans confort moderne. Tous les besoins physiologiques se font dans une rigole à proximité des taudis. Ceci met la population constamment en relation avec ses excrétas et autres déchets.

L'inaccessibilité de l'eau potable dans la commune est un enjeu considérable dans la cause de l'insalubrité. L'eau administrée par la DINEPA[5] n'offre aucune garantie de propreté. Les pompes installées dans les quartiers deviennent de plus dangereuses comme palliatif. Quand il pleut l'eau fournie par des pompes se mêlent avec les eaux de pluie qui, à leur tour sont salies par les excrétas, les déchets de la population.

---

2 Institut Haïtien de Statistique et d'Informatique (IHSI), Recensement Générale de la Population Haïtienne, réalisé en 2003 et publié en 2005

3 Institut Haïtien de Statistique et d'Informatique (IHSI), population totale, population de 18 ans et plus, ménages et densité en 2012, organisé en janvier 2012.

4 Op.Cit. IHSI, 2003

5 Direction National d'Eau Potable et d'Assainissement crée par la loi du 11 mars 2009, publié dans le moniteur de 25 mars 2009, au numéro 29.

Faiblesse des institutions de l'Etat

On peut traduire cette faiblesse également par l'irresponsabilité de l'État à travers les institutions. La notion de propreté devait être un élément transversal dans les décisions de l'État, car quel que soit le niveau où l'on est, il est une nécessité de vivre dans un environnement sain. Malheureusement, il n'y a toujours pas de politique publique touchant la problématique de l'insalubrité. Le SMCRS, qui fonctionne sous la tutelle du ministère des Travaux publics, des Transport et des Communication, dit ne pas être en mesure de couvrir l'aire métropolitaine en terme d'assainissement ; Le CNE est quasiment dysfonctionnel ; la DINEPA n'est pas en mesure de dire si l'eau qu'elle administre est buvable en dépit du fait qu'elle distribue de « l'eau potable », encore de donner la garantie qu'elle pourra couvrir l'aire métropolitaine de Port-au-Prince en eau.

Absence d'éducation sanitaire et environnementale

Un manque d'éducation sanitaire et environnementale est l'une des causes majeures de l'insalubrité à Cité Soleil. Par extension, c'est une réalité qui sévit dans le pays tout entier, vu la faiblesse de l'État à doter le pays d'établissement suffisants et la faible capacité des familles à payer la scolarité de leurs enfants. À Cité Soleil, le nombre d'enfants qui sont en âge d'aller à l'école est très moindre en se basant sur les estimations de la IHSI de 2012.

Pourtant, la question est beaucoup plus subtile qu'on ne le voit. En réalité, ceux qui ont la possibilité d'aller à l'école n'ont pas un programme approprié leur permettant d'avoir suffisamment de matière pour comprendre la nécessité de se protéger contre l'insalubrité et de protéger leur environnement. Cette possibilité ne leur est pas non plus offerte par les medias et autres groupes organisés de la place. De ce fait, le système éducatif haïtien montre clairement sa faiblesse dans la formation des citoyens capable de penser pour son environnement.

Absence d'une politique d'assainissement approprié

L'assainissement désigne le maintien de bonnes conditions d'hygiène, grâce à des services comme l'enlèvement des ordures et l'évacuation des eaux usée[6]. En fait, un d'assainissement s'inscrit dans une démarche de la mise en place des dispositifs de collecte, de traitement et de transformation des déchets.

Un tel programme manque à la commune de Cité Soleil, et constitue l'une des causes majeures de l'insalubrité dans la commune. Quoiqu'il y ait des tentatives qui ont été entreprises par des ONG, SMCRS, la DINEPA, la situation reste inchangée. Rien ne change véritablement. C'est pourquoi nous estimons qu'il n'y a pas un programme approprié qui est mis en œuvre, tenant compte de la réalité sociale de la population.

En fait, les causes de l'insalubrité, nous venons de le voir, sont diverses et subtiles. Pourtant, il est clair qu'il ne s'agit pas d'une fatalité. Tout compte fait, il faut envisager des solutions.

6 OMS, rapport 2012 sur le progrès en matière d'assainissement et alimentation en eau.

Les conséquences de l'insalubrité à Cité Soleil

Un environnement insalubre n'a d'autre effet que la détérioration de la vie des êtres (humain et animal). Les répercussions les plus manifestes sont à la fois sanitaires, environnementales et économique.

Sanitaire

Une santé saine doit être exempte de tout ce qui est polluant et contaminant. Les maladies à base microbienne sont très fréquentes et affectent considérablement la vie humaine. Parmi ces maladies nous pouvons citer : le choléra, la malaria, la fièvre jaune, le paludisme la typhoïde, les lésions cutanées, les infections sexuellement transmissibles. Certaines de ces maladies sont transmises par la piqure de moustiques (anophèle) qui trouvent leur demeure dans les eaux usées, les déchets de toute catégorie.

Au cours de ces dernières année, notamment depuis que le choléra a été introduit dans le pays par les agents de la MINUSTA, le cas le plus flagrant, nombreux sont les habitants de la commune de Cité Soleil ayant été affectés par le choléra. Certains sont morts, certains d'autres ont été hospitalisés pendant des jours.

Environnementale

A côté des problèmes sanitaires que provoque l'insalubrité, cette ernière n'est pas sans impact sur l'environnement. Les composés chimiques tels les composés organiques volatils (COV), les organochlorés, les métaux lourds, le gaz carbonique et le méthane engendre des déséquilibres environnementaux. Par l'accumulation de déchets, l'eau que l'on consomme à Cité Soleil concours le risque de se contaminer avec du lixiviat. Pour la simple raison que les excrétas et autres déchets déversés dans les canaux se mélangent parfois avec de l'eau de puis consommée par les habitants de la Cité. En fait, Il est vrai que les formes métalliques de Al, Pb, Cu ne sont pas très dangereux, par contre quand ils deviennent des cations dans un lixiviat acide, ils sont nuisibles pour la santé humaine et la faune aquatique. Les piles et le matériel électrique et électronique contiennent des métaux volatilisables qui libèrent des métaux lourds (Pb, Hg, Cd, Cr) très nocifs et forment par combustion des oxydes assimilables et bioaccumulables par les êtres vivants.

Économique

Les conséquences de l'insalubrité touchent l'économie de la commune Cité Soleil car elle empêche le développement de l'industrie touristique de la zone. Nous connaissons tous le poids du secteur touristique au niveau de l'économie d'une commune et du pays en général. La saleté chasse toute possibilité de recevoir des visites touristiques au niveau de la commune.

À un autre niveau, lorsque les gens sont malades, le taux de la productivité baisse dans la commune et a un impact sur le produit intérieur brut (PIB) du pays. Ainsi, les usines et toutes les autres entreprises de production de biens et de services en souffrent.

Des actions optimales appropriées pour combattre l'insalubrité à Cité Soleil

L'idée de combattre l'insalubrité à Cité Soleil doit accompagner d'un ensemble d'actions mises en place qui tiennent compte entre autres de cinq axes fondamentaux d'intervention.

Axe politique

L'engagement des autorités politiques de l'État à toutes les échelles est indispensable pour maintenir un environnement propre ; les actions devront être inscrites dans les priorités du gouvernement.

Il s'agira entre autres de :

- Prévoir une ligne budgétaire au niveau de la commune de Cité Soleil pour la promotion de l'assainissement ;
- Décider de l'intégration des actions d'éducation à l'hygiène et à l'assainissement dans tous les projets de développement ;
- Subventionner les activités d'assainissement.

Axe juridique

Il est nécessaire que des instruments juridiques soient élaborés pour régler le comportement, les actes et agissements des acteurs afin qu'ils soient conformes aux normes voulues par la commune en particulier et tout le pays en général. Ceci impose donc de :

- Mettre en cohérence différents textes nationaux existants ou à élaborer ;
- Mettre en cohérence les textes juridiques nationaux avec les engagements internationaux auxquels le Haïti a souscrit ;
- Mettre en place les dispositifs d'application des textes réglementaires.

Axe institutionnel

L'axe institutionnel vise à :

- Définir clairement les missions des différents acteurs (gouvernement, collectivités territoriales, secteur privé, ménages, etc.) ;
- Mettre en place un pilotage du secteur et des sous-secteurs ;
- Établir des partenariats ;
- Développer les systèmes d'observation et de mesure d'impact des actions d'assainissement.

Axe éducation /formation/information

Cet axe vise à :

- Elaborer et expérimenter un curriculum relatif au respect de l'environnement pour les différents niveaux de l'éducation ;

- Introduire dans les programmes de formation initiale des enseignants et des encadreurs pédagogiques des modules sur l'hygiène et la salubrité ;
- Développer un système d'information, de communication et de dialogue adapté aux différentes catégories du public cible ;
- Assurer la formation de la population de la commune en matière d'hygiène et d'assainissement ;
- Promouvoir les règles pratiques en matière d'hygiène et le respect de l'environnement ;
- Animer une émission radiodiffusée et/ou télédiffusée portant sur la salubrité et la gestion de l'environnement.

Axe implication des populations

Cet axe vise à :

- Impliquer la population dès la conception et la formulation du programme et les considérer comme des interlocuteurs à part entière à toutes les étapes ;
- Créer des cellules de nettoyage dans les différents quartiers ;
- Formaliser les relations avec la population à travers leurs organisations.

En guise de conclusion

Vivre dans un environnement sain est un droit imprescriptible de l'homme. Personne ne doit être contraint pas violence manifeste ou violence symbolique - dans le sens bourdieusien du terme - de jouir pleinement de ces droits. Cité Soleil devient de plus en plus dangereux pour le pays en matière de maladies causées par l'insalubrité. C'est aujourd'hui une véritable poubelle à ciel ouvert déjà saturée de déchets de toutes sortes.

La commune de Cité Soleil est l'un des coins d'Haïti les plus vulnérables. Entassée de démunis, la commune de Cité Soleil évolue dans une situation socioéconomique grave. Alors qu'ils n'ont pas suffisamment de d'hôpitaux ou de centre de santé, ils continuent à être victime de graves maladies liées à l'insalubrité. Il est péremptoire que l'État, les autorités municipales, les ONG et les autres institutions voient et ressentent la nécessité d'agir sciemment pour le bien de la Cité.

On ne peut relever le défi de la salubrité sans un changement radical des mentalités et des comportements de la part des populations de la commune. Aussi une coalition de tous les protagonistes du développement : État, collectivités locales, bailleurs, société civile, population, leaders d'opinion est nécessaire. Ces acteurs ne doivent pas voir en l'assainissement un fardeau, mais une condition nécessaire et primordiale pour un développement durable. La mise en œuvre de stratégie d'information, d'éducation et de communication en direction de ces derniers aiderait à y parvenir.

Coûts et avantages économiques de trois interventions sur l'eau et l'assainissement en milieu rural en Haïti

MARC JEULAND[1], MARK RADIN[2], ET DALE WHITTINGTON[3]

Résumé

Haïti a les taux de couverture les plus bas en matière d'amélioration de l'eau et de l'assainissement dans la région Amérique latine et Caraïbes (ALC). Non seulement Haïti possède les taux de couverture en eau potable les plus faibles de la région, mais les taux pour chacun des départements d'Haïti sont parmi les plus bas pour toutes les unités administratives de la région. Selon le programme commun de surveillance (PCS) OMS/UNICEF pour l'approvisionnement en eau et l'assainissement, en 2015, seulement 48% des ménages ruraux en Haïti avaient accès à des sources d'eau améliorées et seulement 19% avaient accès à des installations d'assainissement améliorées[4].

Ces faibles taux de couverture se traduisent par des charges importantes en matière de santé. La charge mondiale de morbidité (CMM) 2015[5] estime qu'entre 2 000 et 4 500 personnes en Haïti meurent de maladies diarrhéiques par an, soit environ 2,4% à 4,4% des décès annuels.

Afin de répondre aux faibles taux de couverture pour l'amélioration des installations d'eau et d'assainissement et le lourd fardeau que représente la maladie chez les personnes vivant en milieu rural en Haïti, cette analyse examine trois interventions potentielles. Les interventions sont : 1) l'installation d'un puits de forage et d'une pompe manuelle avec gestion communautaire, 2) l'installation d'un puits de forage et d'une pompe manuelle avec gestion communautaire, plus un filtre à eau au point d'utilisation (spécifiquement un filtre à bio-sable au niveau des ménage) et 3) une campagne d'assainissement total pilotée par la communauté (ATPC) ciblant la défécation en plein air.

1 École de santé publique de Sanford, Duke University, Durham, Caroline du Nord, États-Unis. Courrier électronique: Marc.Jeuland@duke.edu

2 Département de sciences et génie de l›environnement, Université de Caroline du Nord, Chapel Hill, États-Unis. Email : MRadin@unc.edu

3 Départements de sciences et d›ingénierie de l›environnement et de la planification urbaine et régionale, Université de Caroline du Nord à Chapel Hill (États-Unis) et Manchester Business School (Royaume-Uni). Courrier électronique: Dale_Whittington@unc.edu

4 13% supplémentaires de la population rurale utilisent des installations partagées, que le Programme conjoint de surveillance (PCS) de l'OMS/UNICEF ne reconnaît pas comme une installation améliorée.

5 IHME 2015

Nos analyses des coûts et des avantages indiquent qu'il existe de fortes justifications économiques pour investir dans ces interventions sur l'eau et l'assainissement dans les zones rurales d'Haïti.

Introduction

Elle fournit des estimations des coûts et des avantages économiques de trois types d'interventions différentes dans le secteur de l'eau et de l'assainissement rural en Haïti: 1) installation d'un puits de forage et d'une pompe manuelle gérés par la communauté 2) installation d'un puits de forage et d'une pompe manuelle avec gestion communautaire plus un filtre à eau au point d'utilisation (spécifiquement un filtre à bio-sable au niveau des ménages), et 3) une campagne d'assainissement total pilotée par la communauté (ATPC) ciblant la défécation en plein air. Ces trois interventions ont été sélectionnées en fonction des travaux antérieurs qui documentent leur coût relativement faible, leurs retombées économiques favorables et leur applicabilité dans de nombreuses zones rurales à faible revenu dans les pays du Sud (Whittington et al., 2009).

Notre approche consiste à estimer les coûts économiques et les avantages de ces interventions pour un ménage typique en utilisant des estimations mondiales à partir des évaluations de l'efficacité de ces interventions particulières, ainsi que des données publiquement disponibles sur l'eau et l'assainissement des ménages et les conditions de santé dans les zones rurales d'Haïti. Les résultats de nos calculs coût-avantage doivent être considérés comme indiquant des résultats économiques plausibles et non pas des estimations précises. En Haïti rural, comme ailleurs, il existe une grande hétérogénéité quant aux infrastructures de base pour l'eau et l'assainissement, aux conditions sanitaires et socioéconomiques, et quant à l'efficacité probable des différentes interventions politiques. Pour certaines communautés et certains ménages, nos estimations des coûts et des avantages seront trop faibles, pour d'autres, elles seront trop élevées. En outre, notre analyse n'aborde pas la question de la faisabilité financière et la question de savoir qui devrait payer les interventions, ce qui est important, car certains ménages en Haïti sont probablement incapables de payer les coûts de ces interventions. À cet égard, les décideurs devraient examiner attentivement les coûts d'investissement initiaux, les coûts d'entretien des interventions et les changements de comportement requis pour s'assurer que les solutions mises en place soient utilisées. Notre analyse coût-avantage comprend ces différents types de coûts, mais ne prend pas position sur la question de qui devrait les prendre en charge.

Contexte

Haïti a les taux de couverture les plus bas pour l'amélioration de l'eau et de l'assainissement dans la région Amérique latine et Caraïbes (ALC), au même niveau que certains des pays les moins couverts au monde[6]. La couverture rurale est plus faible que dans les zones urbaines (JMP 2015 ; EMMUS-V[7] 2012). Les statistiques mondiales les plus complètes sont surveillées par le Programme commun de surveillance (PCS) de l'OMS/UNICEF pour l'approvisionnement en eau et l'assainissement. Selon le PCS, en 2015, seulement 48% des ménages ruraux haïtiens avaient accès à des sources d'eau améliorées et seulement 19% avaient accès à des installations d'assainis-

6 JMP (2016).

7 L'EMMUS V est l'acronyme français de l'enquête DHS 2012.

sement améliorées[8]. Les données du PCS illustrent que, pour les zones rurales en Haïti, l'accès aux sources d'eau améliorées a légèrement diminué au cours de la période de 1990 à 2015, car la croissance de la population et la destruction des infrastructures existantes se sont combinées de telle sorte que les extensions de couverture ont été prises de vitesse. Sans surprise, ces faibles taux de couverture coïncident également avec la plus grande incidence de maladies diarrhéiques dans la région ALC (IHME 2015).

Ces tendances en Haïti contrastent avec les améliorations observées en République dominicaine voisine et à Cuba. Dans ces deux pays, l'accès à des sources d'eau améliorées dans les zones rurales a augmenté depuis 1990[9]. Cuba et la République dominicaine sont notablement plus riches qu'Haïti, mais la réduction de la couverture améliorée en eau en Haïti contraste également avec plusieurs pays qui ont des niveaux de PIB par habitant similaires. Selon la Banque mondiale, le PIB par habitant d'Haïti en 2015 était de 818 dollars US, ce qui est très semblable à celui de quatre pays d'Afrique subsaharienne : le Bénin (762 dollars), le Tchad (776 dollars), la Tanzanie (879 dollars) et le Sénégal (900 dollars). Dans ces quatre pays, l'accès à des sources d'eau améliorées a augmenté au cours des 25 dernières années.

Dans la région ALC, le PCS fournit également des données qui sont encore plus sectorisées par régions administratives au sein des pays. Non seulement Haïti possède les taux de couverture en eau potable les plus faibles de la région, mais les taux dans chacun des départements d'Haïti sont parmi les plus bas pour toutes les unités administratives de la région. En outre, l'écart de couverture rurale entre les quintiles les plus riches et les plus pauvres est plus important en Haïti que dans tout autre pays de la région[10].

Les données sur l'assainissement du PCS indiquent que la couverture avec un assainissement amélioré dans les zones rurales d'Haïti a augmenté lentement au cours des 25 dernières années. En outre, le pourcentage de personnes qui pratiquent la défécation en plein air a diminué de près de moitié depuis 1990. Une grande partie de ce qui se substitue à la défécation en plein air semble s'orienter vers des latrines non améliorées de mauvaise qualité. Le pourcentage de personnes utilisant ces installations a augmenté de 15 points de pourcentage au cours de cette période.

Les données du PCS indiquent que les taux de défécation en plein air étaient plus élevés dans les zones rurales d'Haïti que dans les zones rurales de tout autre pays de la région de l'ALC, à l'exception de la Bolivie. Le PCS montre également que les taux de couverture avec un assainissement amélioré étaient inférieurs à 40% dans chaque département d'Haïti.

Les résultats de l'enquête EMMUS-V suggèrent que les données du PCS pourraient s'avérer trop optimistes. En ce qui concerne l'accès à l'eau potable, un peu plus de la moitié des ménages dans les zones rurales dépendent principalement de l'eau provenant de sources non protégées

8 13% supplémentaires de la population rurale utilisent des installations partagées, que le Programme conjoint de surveillance (PCS) de l'OMS / UNICEF ne reconnaît pas comme un établissement amélioré.

9 En République dominicaine, l'accès aux sources d'eau améliorées a augmenté de 8 points de pourcentage et à Cuba, l'augmentation par rapport à 1995, la date la plus ancienne avec les données disponibles, était de 14 points de pourcentage.

10 L'augmentation la plus faible a été enregistrée en Tanzanie, où l'accès à des sources d'eau améliorées de 1990 à 2015 a augmenté de 1% ; au Tchad, l'augmentation était de 8%, au Bénin de 23%, et au Sénégal de 26%.

et environ 39% utilisent l'eau courante, les sources protégées ou les robinets publics et les puits d'accès (sources améliorées) comme principale source[11].

En 2009, dans le but de remédier à cet écart persistant en termes de prestation de services, le Parlement haïtien a approuvé une nouvelle loi intitulée « La loi-cadre couvrant l'organisation du secteur de l'approvisionnement en eau et de l'assainissement », qui a créé la Direction Nationale de l'Eau Potable et De l'Assainissement (DINEPA), au ministère des Travaux publics, des Transports et des Communications. La DINEPA est responsable de la mise en œuvre des politiques nationales en matière d'eau et d'assainissement en Haïti, en améliorant la performance du secteur et en le surveillant (Gelting 2013). Parmi les autres réformes, la loi exigeait la formalisation des comités locaux de l'eau qui exploitent les réseaux publics d'eau dans les communautés rurales de moins de 10 000 personnes. Pendant ce temps, le gouvernement a été chargé de la gestion directe des systèmes desservant plus de 10 000 personnes (Figaro 2011).

À la suite du tremblement de terre massif de janvier 2010, le gouvernement national (et notamment cette nouvelle direction) a rapidement été contraint de se concentrer sur les secours d›urgence et dans l'incapacité, de fait, d'investir dans l›amélioration des infrastructures hydrauliques à long terme, l›assainissement et la santé. La DINEPA a travaillé spécialement avec des partenaires internationaux et locaux pour fournir des services d›urgence en matière d›eau et d›assainissement aux plus d›un million de personnes déplacées à l›intérieur de leur propre pays vivant dans des camps près de la capitale, Port-au-Prince. Lors des premières étapes de la réponse d'urgence, les *Centers of Disease Control* (CDC : centre de contrôle des maladies) des États-Unis ont signalé que les infrastructures hydrauliques et de l'assainissement en Haïti étaient insuffisantes et « faciliteraient certainement la transmission du choléra (et de nombreuses autres maladies) ... » (CDC 2010).

Après le tremblement de terre de 2010, un certain nombre d'organisations multilatérales, bilatérales et non gouvernementales ont accéléré les investissements dans les projets liés à l'eau, à l'assainissement et à l'hygiène dans tout le pays. Ces efforts ont malheureusement été insuffisants pour prévenir l'apparition du choléra. En mai 2016, on estimait à 800 000 le nombre de personnes infectées par la maladie, entraînant également environ 9 145 décès (U.N. Assemblée générale 2016).

La DINEPA a publié un plan national visant à éliminer le choléra d'Haïti d'ici 2022 qui appelait à « accélérer considérablement les investissements actuels pour la construction d'infrastructures d'eau et d'assainissement » (Ministère de la Santé publique et de la Population 2013, page 39). Les objectifs de ce plan étaient d'augmenter l'accès à l'eau potable et à l'assainissement à 85 et 80 pour cent, respectivement. Alors que les interventions en matière d'approvisionnement en eau potable et d'assainissement semblent être une priorité absolue pour le gouvernement haïtien, la réalisation de ces objectifs nécessitera un engagement politique soutenu, de nouvelles dépenses importantes en matière d'infrastructure et des améliorations dans les institutions.

---

11 D'autres auteurs ont discuté des limites des données JMP, qui confondent l'accès et l'utilisation, et ne tiennent pas compte de la qualité de l'eau et des pratiques de stockage et de manipulation de l'eau domestique (Shaheed et al., 2014). Les ménages en Haïti semblent savoir que la mauvaise qualité de l'eau potable est cependant un problème. La majorité des ménages ruraux rapporte avoir traité leur eau avant la consommation (EMMUS-V 2012), principalement en utilisant des méthodes de désinfection chimique. Une étude évaluant la contamination fécale des sources d'eau en Haïti a révélé que «16% des points d'eau n'étaient pas fonctionnels à un moment donné; 37% [en général] avaient des signes de contamination fécale et 25% [des] sources d'eau améliorées avaient des coliformes fécaux contre 81% dans des sources non améliorées «(Widmer et al., 2014, p. 790).

Descriptions des interventions

Puits de forage et pompe manuelle avec gestion communautaire

En Haïti, dans le cadre de la réponse à l'épidémie de choléra qui avait pour objectif de détourner les gens des puits ouverts et des ressources en eau de surface plus facilement contaminés, la DINEPA et d'autres organisations ont installé de nombreux puits de forage avec des pompes manuelles pour donner aux citoyens un accès à une eau plus sûre. Les organisations internationales et non gouvernementales optent souvent pour la fourniture de puits de forage et de pompes manuelles car « un grand nombre de puits peuvent être creusés rapidement et à moindre coût, en fournissant un résultat positif immédiat », et parce que les pompes offrent « une amélioration substantielle en termes de protection contre la contamination fécale » (Widmer et al., 2014, p. 794).

Le processus d'installation d'un puits de forage avec une pompe manuelle exige généralement qu'un dispositif de forage creuse un puits qui atteint l'aquifère des eaux souterraines. Il se peut que les entrepreneurs aient besoin de transporter leur équipement vers des endroits éloignés avec un accès aux routes médiocre voire nul. Parfois, plus d'un puits doit être creusé pour atteindre les eaux souterraines. Les trous secs se produisent lorsque le puits est trop peu profond ou creusé au mauvais endroit. Le coût du puits augmente avec la profondeur requise pour atteindre les eaux souterraines. En Haïti, les entrepreneurs de puits locaux suggèrent généralement de creuser des puits à une profondeur de 50 à 150 pieds, selon l'emplacement (Widmer et al., 2014, p. 794). Les puits plus superficiels que cela ne sont pas recommandés, car ils peuvent être susceptibles de contamination par les stations d'épuration des eaux de surface ou les aquifères peu profonds contaminés (Widmer et al., 2014, p. 794). Lors de la dernière étape, il faut installer une pompe manuelle qui peut être utilisée pour puiser l'eau du niveau de la nappe souterraine vers la surface.

Bien que le système de forage et de pompe manuelle soit facile à utiliser, les travaux antérieurs ont rapporté que la réalisation d'un entretien soutenu peut constituer un défi. Lors d'un inventaire des points d'eau dans la région d'Haïti autour de Leogane et Gressier, les chercheurs ont constaté que « 16% des puits/points d'eau n'étaient pas fonctionnels » et « seulement 25% montraient des signes d'une stratégie de gestion » (Widmer et al., 2014, P. 792). Des études dans d'autres pays ont rapporté des taux encore plus élevés de dysfonctionnement des puits existants (Miguel et Gugerty 2005) et soulignent le besoin d'une propriété communautaire, d'une collecte des frais d'utilisation, d'une gestion de la chaîne d'approvisionnement et des programmes d'entretien (par exemple, Aliprantis 2016).

Le coût financier initial d'un puits de forage et d'une pompe manuelle est estimé à 6 500 $ US pour les pièces qui la composent et l'installation ; cela explique le risque que certaines tentatives de forage se soldent par un échec. Un programme de renforcement des capacités connexes, et notamment d'éducation au changement de comportement et la création d'une structure de gestion communautaire - essentielle pour assurer les réparations et la gestion au niveau communautaire de l'infrastructure - coûte environ 3 500 dollars supplémentaires selon les estimations. Par conséquent, le coût total annuel par puits de forage avec pompe manuelle est estimé à 10 000 $ US. Chaque système est censé desservir 60 ménages, et le coût initial par ménage est estimé à 167 $ US. De plus, il faut prévoir un coût annuel de 100 $ US par puits de forage avec pompe manuelle pour l'entretien et les réparations de routine. Les coûts de gestion communautaire permanents en vue de surveiller le fonctionnement et protéger l'infrastructure sont estimés à 500 US $ /système par an. Le coût total sur toute la durée de vie du projet (estimé à 15 ans) par mois et par ménage est d'environ 2,20 $ US (en supposant un taux d'actualisation de r = 5%). Ce coût comprend un coût par mois de près de 0,90 $ US pour les composants individuels du puits de forage et le forage du puits, 0,50 $ US pour le programme de renforcement des capacités et la gestion régulière du système, et 0,80 $ US pour l'entretien régulier du puits de forage, de la pompe manuelle, et des pièces de rechange. Ces coûts sont importants pour certains ménages pauvres en Haïti rural. L'un des principaux défis associés à cette intervention concerne donc à la fois le financement de l'installation et de la durabilité, ainsi que l'obtention de l'adhésion communautaire en vue de gérer efficacement le bien.

Puits de forage et pompe manuelle avec gestion communautaire, plus filtre à bio-sable domestique

Notre deuxième intervention consiste à fournir aux ménages un accès à un puits de forage et un système de pompe manuelle, ainsi qu'à une technologie (en particulier un filtre à bio-sable domestique) de point d'utilisation domestique (PdU). Nous fournirons des estimations pour les avantages et les coûts du système complet (tous trois : forage, pompe manuelle et filtre à bio-sable). Bien que de nombreuses technologies de PdU différentes existent, nous avons sélectionné le filtre à bio-sable car il s'est avéré rentable dans d'autres contextes (Whittington et al., 2012) et qu'il a également été testé et fait preuve de son efficacité, ainsi qu'accepté par les ménages ruraux en Haïti (CDC 2012, Duke et al. 2006, Sisson et al. 2013, Thomson et al., 2015, et Lantagne et Clasen 2013). Duke et al. 2006 a mené une enquête de commodité (non aléatoire) auprès de 107 ménages dans la vallée de l'Artibonite d'Haïti et a constaté que plus de 90% des ménages avaient des filtres bien entretenus entre 1 et 5 ans après l'installation. Les chercheurs ont également constaté que les filtres à bio-sable avaient une efficacité d'élimination bactérienne de 99%. Sisson et al. (2013) ont observé dans leur étude que les filtres domestiques pourraient continuer de fonctionner même 12 ans après l'installation.

Les filtres à bio-sable peuvent être construits à partir de matériaux disponibles localement et sont relativement faciles à installer. La construction d'un filtre à bio-sable nécessite un récipient en plastique ou en ciment, qui est ensuite rempli de couches de sable et de gravier. Le tuyau de sortie est réglé pour s'assurer que le récipient maintienne l'eau légèrement au-dessus de la couche de sable. Une « couche de boue biologiquement active (Schmutzdecke) » se développe au-dessus des couches de sable et de gravier et contribue à éliminer les agents pathogènes de l'eau (Whittington et al., 2009, p. 561). Les couches de sable et de gravier du filtre réduisent la turbidité et la contamination de l'eau par filtration physique.

Pour utiliser cette technologie, un individu déverse simplement de l'eau sur le haut du filtre, puis collecte de l'eau propre et purifiée à partir du récipient de stockage placé à la sortie du filtre. Cette action ne nécessite pas beaucoup de temps, mais les bénéficiaires doivent souvent attendre que l'eau passe par le filtre, surtout lorsque le filtre n'est pas utilisé régulièrement. Un système typique de filtrage à bio-sable ménager peut purifier environ 30 à 60 litres par heure (Whittington et al., 2009). Un filtre à bio-sable améliore non seulement l'aspect visuel de l'eau en éliminant les particules solides en suspension, mais également en éliminant de nombreuses bactéries, virus et parasites.

Bien que les filtres biologiques domestiques fournissent de l'eau potable de haute qualité, ils présentent également certains inconvénients. Afin de maintenir un débit suffisant, les filtres nécessitent un nettoyage périodique (semi-annuel) qui comprend l'agitation et l'enlèvement de la couche supérieure de sable. Juste après le nettoyage, la famille ne doit pas utiliser le filtre jusqu'à ce que la couche de biofilm se reconstitue, ce qui prend quelques jours. Le filtre est également grand et lourd, ce qui le rend difficile à déplacer voire même gênant et impossible pour les familles qui vivent dans des endroits difficiles.

Le coût financier initial du programme d'achat et de distribution d'un filtre à bio-sable (ce qui inclut la communication en vue d'un changement de comportement) est estimé à 75 $ US par filtre, avec un coût escompté additionnel de 25 $ US pour le transport du filtre. Cela s'ajoute aux coûts de l'intervention du forage et de la pompe manuelle et aboutit à un coût financier initial de 267 $ US par ménage. Les coûts financiers permanents proviennent de l'entretien et des réparations de routine, et de la gestion communautaire du puits de forage et de la pompe manuelle. Par conséquent, les coûts totaux sur la durée de vie du projet (estimé à 8 ans pour le filtre à bio-sable) par mois et par ménage sont de 3,20 $ US (en supposant un taux d'actualisation de r = 5%). Ce coût comprend le coût mensuel résultant de l'intervention du puits de forage et de la pompe manuelle et des coûts supplémentaires de 0,90 $ US spécifiques au filtre à bio-sable. Ces coûts combinés sont de nouveau susceptibles d'être importants pour certains ménages ruraux pauvres en Haïti.

Assainissement total piloté par la communauté(ATPC)

L'ATPC est une stratégie de changement de comportement pour en finir avec la défécation en plein air. L'approche tente de sensibiliser les membres de la communauté aux risques associés à la défécation en plein air. L'objectif est de sensibiliser les villageois à la nécessité de mettre fin à la défécation en plein air et de s'assurer que chaque ménage et chaque individu utilise une latrine, ce qui permet d'obtenir un « assainissement total ». Le Dr Kamal Kar a développé l'ATPC au Bangladesh en 2000 et ce système a ensuite été utilisé dans plus de 60 pays.

L'intervention au niveau communautaire commence par un événement « déclencheur », au cours duquel la communauté se rassemble et participe à un ensemble d'activités qui tentent de créer un désir de changement dans les pratiques d'assainissement, c'est-à-dire de parvenir à mettre fin à la défécation en plein air. Le facilitateur de l'ATPC demande aux membres de la communauté de créer une carte de leur village, en précisant où vivent les personnes et où elles se livrent à une défécation en plein air. Ensuite, le groupe peut faire une promenade d'observation à travers la communauté pour identifier l'emplacement des excréments humains. Le facilitateur mène une discussion sur les voies de transmission fécales et orales et explique que même si les gens ne peuvent pas voir les organismes pathogènes, leur approvisionnement en eau ou en nourriture peut toujours être contaminé. La communauté examine ensuite les coûts pour les familles associés à la diarrhée d'un de ses membres, les exigences et les coûts de la construction d'installations d'assainissement sûrs et l'importance d'assurer l'utilisation universelle de ces installations.

Une fois qu'une communauté a été sensibilisée avec succès, elle développe une stratégie pour que tous les ménages puissent avoir accès à un assainissement amélioré. Une communauté reçoit parfois des conseils sur d'autres solutions d'infrastructure. Certains donateurs et gouvernements peuvent offrir des incitations financières pour construire des latrines (Gertler et al., 2015 et Kolsky et al., 2010). Les communautés sont encouragées à innover et à utiliser des matériaux locaux pour s'assurer qu'une technologie acceptable soit disponible pour tous les ménages et ces solutions doivent être « exemptes d'odeurs et d'insectes et les excréments ne doivent pas être visibles » (Whittington et al., 2009, P. 549).

Bien que l'ATPC soit maintenant utilisé dans de nombreux pays, il existe des preuves mitigées quant à son efficacité dans la réduction de la défécation en plein air (Gertler et al., 2015, Pickering et al., 2015, Pattanayak et al., 2009, Guiteras et al., 2015, et Hammer et Spears 2016). Malgré le fait que quelques études aient révélé que les interventions d'ATPC « semblent avoir abouti à des villages débarrassés à 100% des défécations en plein air », dans la plupart des cas, l'adoption des latrines a été beaucoup plus faible (Whittington et al., 2009, p. 550). Alors que certaines interventions adhèrent à la version pure de l'ATPC telle qu'envisagée par son fondateur Kamal Kar, d'autres ont expérimenté l'inclusion de subventions pour inciter à la couverture en latrines. Le Mali, Pickering et al. 2015, n'a pas distribué de subventions, mais a inclus des visites de suivi toutes les 2-4 semaines pour les communautés sensibilisées et a constaté que l'accès aux latrines privées avait presque doublé dans les villages traités. Hammer et Spears (2016) a constaté qu'une stratégie d'assainissement qui faisait appel à des subventions associées à une intervention de changement de comportement de type ATPC augmentait la couverture en latrines de 15% dans les villages témoins à 23% dans les villages traités, soit une augmentation de huit points de pourcentage. Cet effet était statistiquement significatif.

En Haïti, diverses organisations internationales soutiennent les programmes d'ATPC, et notamment Plan International, UNICEF, Oxfam, la Croix-Rouge française, Goal, CARE, World Vision, Catholic Relief Services et Partners in Health (Venkataramanan 2015). Le coût financier initial par ménage pour construire une latrine à fosse (toilette sèche) en Haïti est estimé à 20 $ US[12]. Ce coût en capital initial est accompagné d'un coût mensuel de 0,30 $ US par ménage pour couvrir les dépenses liées à l'intervention comportementale ainsi que tout suivi supplémentaire visant à induire l'utilisation prolongée des latrines. La dernière composante des coûts financiers totaux des latrines sont les coûts d'exploitation et d'entretien, estimés à 0,42 $ US par ménage et par mois. Ce coût d'E&E comprend l'achat d'articles tels que du savon, un seau ou d'autres articles nécessaires pour nettoyer ou réparer une latrine. Avec des coûts mensuels totaux de 1,10 $ par ménage et par mois, cette intervention d'assainissement de base est considérablement moins chère que les interventions d'approvisionnement en eau décrites ci-dessus.

Calcul des avantages et des coûts des trois interventions

Chacune des trois interventions nécessite des intrants différents, ce qui implique des coûts différents et aboutit à des résultats différents avec des avantages économiques connexes.

Puits de forage et pompe manuelle avec gestion communautaire

Les avantages de l'intervention sous forme d'un puits de forage et d'une pompe manuelle avec gestion communautaire sont les économies de temps sur la collecte de l'eau, les avantages esthétiques (qualité de vie) découlant d'une utilisation accrue d'eau et les avantages pour la santé du fait d'une consommation de plus grandes quantités d'eau provenant d'une source améliorée.

Les coûts de l'intervention sous forme d'un puits de forage et d'une pompe manuelle incluent l'investissement en capital initial nécessaire pour installer le puits de forage et la pompe manuelle, les coûts initiaux pour expliquer et appliquer le programme de changement du comportement et de gestion à la communauté, plus les coûts de gestion annuels, et les coûts permanents d'exploitation et d'entretien (E&E) du projet. Les totalités des coûts en capital initiaux sont la somme de (1) le coût des pièces et de l'installation du puits de forage et de la pompe manuelle, et (2) les coûts d'application du programme et du renforcement des capacités initiales.

12 Le coût moyen des options de latrines rurales en Haïti (Hutton et Varughese 2016).

Installation d'un puits de forage et d'une pompe manuelle avec gestion communautaire plus filtre à eau au point d'utilisation

Les avantages de l'intervention sous forme d'un puits de forage et d'une pompe manuelle avec gestion communautaire plus un filtre à bio-sable sont supérieurs aux avantages offerts par l'intervention sous forme d'un puits de forage et d'une pompe manuelle avec gestion communautaire parce que le filtre à bio-sable améliore la qualité de l'eau potable et augmente les avantages pour la santé du ménage. Les avantages de l'intervention sous forme d'un puits de forage et d'une pompe manuelle avec gestion communautaire plus un filtre à bio-sable sont la somme de 1) les avantages progressifs globaux mensuels pour la santé du fait de l'utilisation de l'eau recueillie à partir du puits de forage et de la pompe manuelle[13] ; 2) les avantages mensuels totaux par ménage dus aux économies de temps engendrées par l'intervention sous forme d'un puits de forage et d'une pompe manuelle avec gestion communautaire 3) les avantages esthétiques mensuels totaux de l'intervention sous forme d'un puits de forage et d'une pompe manuelle avec gestion communautaire, et 4) les avantages pour la santé mensuels liés au filtrage de l'eau avec un filtre à bio-sable.

L'utilisation du filtre pondérée est une fonction (1) du taux d'utilisation quotidien d'un filtre, (2) de la diminution de l'utilisation du filtre au cours de sa durée de vie, (3) de la durée de vie du filtre, et (4) du pourcentage de l'année pendant lequel le filtre biologique ne peut pas être utilisé en fonction du nombre de fois par an où le filtre nécessite d'être nettoyé et les jours requis pour que le biofilm se reconstitue.

Les coûts totaux de l'intervention sous forme d'un puits de forage et d'une pompe manuelle avec gestion communautaire plus un filtres à bio-sable sont les coûts précédemment calculés de l'intervention sous forme d'un puits de forage et d'une pompe manuelle avec gestion communautaire, plus les coûts en capital du filtre à bio-sable, les coûts logiciels de livraison (et notamment la promotion du changement des comportements et l'éducation sur la façon d'utiliser le filtre), la programmation continue et le renforcement des capacités, ainsi que les coûts de temps et d'entretien encourus par les ménages.

Assainissement total piloté par la communauté (ATPC)[14]

Les avantages de l'intervention ATPC sont la somme des économies de temps résultant de la défécation au foyer plutôt que de passer du temps à se diriger vers un lieu pour déféquer en plein air et les avantages pour la santé liés à l'utilisation d'une installation sanitaire améliorée.

---

13 Dans ce calcul, les avantages mensuels pour la santé par ménage provenant de l'utilisation de l'eau collectée à partir du puits de forage et de la pompe manuelle avec gestion communautaire sont considérés comme un avantage supplémentaire pour la santé. Cela se produit car la santé bénéficie du traitement de l'eau avec le filtre à bio-sable et les avantages du système de puits de forage et de pompe manuelle ne sont pas additifs. Dans ce calcul, nous estimons d'abord les avantages pour la santé d'utiliser le filtre à bio-sable seul. Nous avons ensuite ajusté les avantages pour la santé totale par le risque de diarrhée restant après avoir tenu compte de la réduction du traitement de l'eau potable et du filtre à bio-sable pour calculer les avantages supplémentaires pour la santé découlant de l'intervention sous forme d'un puits de forage et d'une pompe manuelle avec gestion communautaire.

14 Notez qu'une intervention ATPC pourrait être combinée avec l'une ou l'autre des deux premières interventions, à savoir que le CLTS n'est pas incompatible avec : 1) le trou de forage et la pompe manuelle avec gestion communautaire ; ou 2) le puits de forage et la pompe manuelle avec gestion communautaire plus un filtres à bio-sable domestique.

Les coûts de l'intervention d'ATPC sont composés des coûts en capital pour la construction des latrines, des coûts de mise en œuvre d'une campagne d'ATPC, qui comprend une importante promotion en vue de changer les comportements, les coûts d'exploitation et d'entretien des latrines, ainsi que le temps passé en formation et sur d'autres activités liées à la campagne d'ATPC.

Résultats

Pour l'intervention sous forme d'un puits de forage et d'une pompe manuelle avec gestion communautaire, en supposant un taux d'actualisation de 3%, les prestations totales par ménage et par mois sont estimées à 5,20 $ US. La majorité (67%) du total des prestations domestiques mensuelles provenant de l'intervention sous forme d'un puits de forage et d'une pompe manuelle provient des économies de temps résultant de voyages plus courts pour collecter de l'eau (3,51 $ US par ménage et par mois). Un ménage devrait gagner 1,50 $ US par mois en prestations de santé et 0,19 $ US par mois en avantages esthétiques.

Pour l'intervention sous forme d'un trou de forage et d'une pompe manuelle avec gestion communautaire plus filtre biologique, en supposant un taux d'actualisation de 3%, le total des avantages mensuels liés à l'intervention sous forme d'un trou de forage et d'une pompe manuelle avec gestion communautaire plus des filtres à bio-sable est estimé à 7,72 $ US. La majorité des avantages proviennent des avantages mensuels domestiques pour la santé (4,02 $ US). Un ménage gagne environ 3,70 $ US par mois dû aux économies de temps et aux avantages esthétiques associés à l'intervention sous forme d'un puits de forage et d'une pompe manuelle avec gestion communautaire.

Pour l'intervention d'ATPC, en supposant un taux d'actualisation de 3%, le total des avantages de santé par ménage et par mois dans ce cas de base est de 1,49 $ US par mois. Les deux tiers (1,00 $ US) du total des avantages par ménage et par mois sont des avantages pour la santé. Les avantages en termes de gain de temps représentent un tiers du total des avantages, 0,49 $ par ménage et par mois.

Tableau récapitulatif

Interventions	Actualisation	Avantage	Coût	RAC	Qualité des éléments de preuve
Puits de forage et pompe manuelle avec gestion communautaire	3%	5.20$US	2,00$US	2,6	Solide
	5%	4.79$US	2,17$US	2,2	
	12%	4.27$US	2,87$US	1,5	
Puits de forage et pompe manuelle avec gestion communautaire plus un filtre à bio-sable	3%	7.72$US	2,96$US	2,6	Solide
	5%	6.65$US	3.21$US	2,1	
	12%	5.32$US	4,20$US	1,3	
Intervention d'ATPC	3%	1.21$US	1,10$US	1,4	Solide
	5%	0.87$US	1,15$US	1,1	
	12%	3.14$US	1,09$US	0,8	

Conclusion

Les résultats pour le cas le plus plausible, le puits de forage et la pompe manuelle avec gestion communautaire ; et 2) le puits de forage et la pompe manuelle avec gestion communautaire plus un filtre à bio-sable domestique, montrent que les avantages sont constamment supérieurs aux coûts. Nous considérons que les ratios avantage-coût de l'ordre de deux sont très plausibles dans des conditions typiques des régions rurales d'Haïti, bien que des avantages importants n'aient pas été inclus dans nos estimations.

De même, l'intervention d'ATPC a des avantages nets positifs dans la plupart des cas plausibles. Nous suggérons qu'un ratio avantage-coût de 1,4 semble tout à fait raisonnable pour l'intervention d'ATPC. Cette estimation ne tient pas compte des retombées positives potentielles vers d'autres ménages. En outre, il existe des avantages importants et non quantifiés pour les femmes et les filles qui résultent de l'intervention de l'ATPC. Plus précisément, la défécation en plein air oblige les femmes et les filles à s'éloigner quotidiennement de leurs maisons dans des endroits non protégés et isolés où leur sécurité personnelle risque d'être menacée. Bien qu'il existe une signification à associer les taux de défécation en plein air et la violence à l'égard des femmes, les études actuelles ne permettent pas de quantifier adéquatement cette relation (Jadhav et al., 2016, Winter et Barchi 2016, et House et Cavill 2015)[15].

Nos résultats suggèrent qu'il existe une justification économique solide pour mener à bien des investissements dans le secteur de l'eau et de l'assainissement, même en ignorant la dimension morale du problème du choléra. De telles actions dans le secteur de l'eau et de l'assainissement passerait un test coût-avantage, mais les citoyens haïtiens ont moralement droit à des mesures correctives par les Nations Unies, même si les estimations des coûts-avantages ont montré que les interventions n'étaient pas aussi attrayantes économiquement qu'elles ne le sont réellement. Le gouvernement haïtien et les donateurs peuvent donc se concentrer sur les questions pratiques de mise en œuvre des interventions sur l'eau et l'assainissement telles que celles décrites dans cette étude et les défis que représentent l'intensification de ces efforts.

Bien sûr, on s'attend à trouver une hétérogénéité considérable des conditions locales dans les zones rurales d'Haïti, et les préférences locales pour les priorités d'investissement sectoriel devraient être prises en considération dans les décisions de planification des investissements et d'allocation budgétaire. Ce ne sera pas un cas où les investissements accrus dans le domaine de l'eau et de l'assainissement devraient être prioritaires partout. Étant donné le protocole d'évaluation EVCI et les hypothèses concernant la valeur du temps économisé en collecte d'eau utilisées dans cette analyse, il est important de reconnaître que ces calculs coût-avantage révèlent peu sur la façon dont les ménages eux-mêmes perçoivent les avantages économiques de ces trois types d'intervention. En d'autres termes, même si les avantages sont beaucoup plus élevés que les coûts, les ménages ne perçoivent peut-être pas les interventions en matière d'eau et d'assainissement comme aussi attrayantes, et il se peut qu'ils ne soient pas disposés voire même qu'ils soient dans l'incapacité de payer ces interventions. Même si l'infrastructure de l'eau et de l'assainissement est fournie, le changement de comportement et l'acceptation de la communauté ou une gestion collective efficace des interventions peuvent ne pas se produire. Ainsi, la mise en œuvre du projet dans le secteur rural de l'eau et de l'assainissement peut être plus difficile que ce que ces calculs semblent suggérer.

15 Voir l'annexe pour une discussion plus poussée.

Références bibliographiques

Aliprantis, D. (2016). What Is the Equity-Efficiency Tradeoff when Maintaining Wells in Rural Haiti? *The World Bank Economic Review*, 1-30.

Cayemittes, M., Busangu, M. F., Bizimana, J.D., Barrère, B., Sévère, B., Cayemittes, V., & Charles, E. (2013). Enquête Mortalité, Morbidité et Utilisation des Services, Haïti, 2012. Calverton, MD: Ministère de la Santé Publique et de la Population - MSPP/Haïti , l'Institut Haïtien de l'Enfance, Institut Haitien de l'Enfance, and ICF International. http://dhsprogram.com/publications/publication-FR273-DHS-Final-Reports.cfm#sthash.9FSCoiuy.dpuf

Centers for Disease Control (2010). *Acute watery diarrhea and cholera: Haiti pre-decision brief for public health action.* Atlanta, United States of America: Centers for Disease Control and Prevention.

Centers for Disease Control (2012). *Household Water Treatment Slow Sand Filtration.* Atlanta, United States of America: Centers for Disease Control and Prevention. https://www.cdc.gov/safewater/pdf/sand2011.pdf Accessed: February 28, 2017.

Cravioto, A., Lanata, C. F., Lantagne, D.S., & Nair, G.B. (2011). *Final report of the independent panel of experts on the cholera outbreak in Haiti.* https://www.un.org/News/dh/infocus/haiti/UN-cholera-report- final.pdf (accessed Dec 27, 2016).

Cropper, M. L., Haile, M., Lampietti, J., Poulos, C., & Whittington, D. (2004). The demand for a malaria vaccine: evidence from Ethiopia. *Journal of Development Economics 75*(1), 303-318.

Duke, W.F., Nordin, R.N., Baker, D., & Mazumder, A. (2006). The Use and Performance of Biosand Filters in the Artibonite Valley of Haiti: A Field Study of 107 Households. *Rural Remote Health* 6(3), 570.

Figaro, J. (2011). In Need of a Better WASH: Water, Sanitation, and Hygiene Policy Issues in Post-Earthquake Haiti. Oxfam America Research Backgrounder Series: oxfamamerica.org/publications/wash-policy-issues-post-earthquake-haiti.

Gelting R., Bliss, K., Patrick, M., Lockhart, G., & Handzel, T. (2013). Water, Sanitation and Hygiene in Haiti: Past, Present, and Future. *The American Journal of Tropical Medicine and Hygiene* 89(4), 665-670. doi:10.4269/ajtmh.13-0217.

Gertler, P., Shah, M., Alzua, M. L., Cameron, L., Martinez, S., & Patil, S. (2015). How Does Health Promotion Work? Evidence from the Dirty Business of Eliminating Open Defecation. National Bureau of Economic Research Working Paper 20997.

Guiteras, R., Levinsohn, J. & Mobarak, A. (2015). Encouraging Sanitation Investment in the Developing World: A Cluster-Randomized Trial. *Science* 348(6237), 903-06. Print.

Hammer, J., & Spears, D. (2016). Village Sanitation and Child Health: Effects and External Validity in a Randomized Field Experiment in Rural India. *Journal of Health Economics* 48, 135-48.

Hammitt, J., & Robinson, L. (2011). The Income Elasticity of the Value per Statistical Life: Transferring Estimates between High and Low Income Populations. *Journal of Benefit-Cost Analysis* 2(1): 1-29.

House, S., & Cavill, S. (2015). Making Sanitation and Hygiene Safer: Reducing Vulnerabilities to Violence. *Frontiers of CLTS: Innovations and Insights Issue* 5, 1-19.

Hutton, G., & Varughese, M. (2016). The costs of meeting the 2030 sustainable development goal targets on drinking water, sanitation, and hygiene. *Washington, DC: World Bank, Water and Sanitation Program.*

Institute for Health Metrics and Evaluation (IHME) (2015). GBD Results Tool. Seattle, WA: IHME, University of Washington. Available from http://ghdx.healthdata.org/gbd-results-tool. (Accessed December 25, 2016)

Institute of Development Studies (2016). *Sanitation initiative in southeastern Haiti shows promising results, says UNICEF.* CLTS Knowledge Hub. http://www.communityledtotalsanitation.org/story/sanitation-initiative-southeastern-haiti-shows-promising-results-says-unicef (accessed Jan 5, 2017).

Jadhav, A., Weitzman, A., & Smith-Greenaway, E. (2016). Household sanitation facilities and women's risk of non-partner sexual violence in India. *BMC Public Health 16*, 1139. http://doi.org/10.1186/s12889-016-3797-z

Kolsky P. J., Perez, E., Tremolet, S. C. M. (2010). Financing on-site sanitation for the poor: a six country comparative review and analysis. *Water and sanitation program working paper.* Washington, DC: World Bank. http://documents.worldbank.org/curated/en/165231468341112439/Financing-on-site-sanitation-for-the-poor-a-six-country-comparative-review-and-analysis

Lamberti L.M., Fischer, X., Walker, C. L., & Black, R. E. (2012). Systematic review of diarrhea duration and severity in children and adults in low- and middle-income countries. *BMC Public Health* **12**, 276

Lantagne D., & Clasen, T. (2013). Effective Use of Household Water Treatment and Safe Storage in Response to the 2010 Haiti Earthquake. *The American Journal of Tropical Medicine and Hygiene* 89(3): 426-33.

Miguel, E., & Gugerty, M. K. (2005). Ethnic diversity, social sanctions, and public goods in Kenya. *Journal of Public Economics, 89*(11–12), 2325-2368. doi:http://dx.doi.org/10.1016/j.jpubeco.2004.09.004

Pattanayak, S. K., & Pfaff, A. (2009), Behavior, environment, and health in developing countries: evaluation and valuation. *Annual Review of Resource Economics*, 1: 183–217.

Pattanayak, S. K., Yang, J-C., Dickinson, K. L., Poulos, C., Patil, S. R., Mallick, R. K., Blitstein, J. L., & Praharaj, P. (2009). Shame or subsidy revisited: social mobilization for sanitation in Orissa, India. *Bulletin of the World Health Organization*, **87**, 580–587.

Pickering, A. J., Djebbari, H., Lopez, C., Coulibaly, M. & Alzua, M. L. (2015). Effect of a community-led sanitation intervention on child diarrhoea and child growth in rural Mali: a cluster-randomised controlled trial. The *Lancet Global Health*, **3**: e701–e711.

Prüss-Ustün, A., Bartram, J., Clasen, T., Colford, J. M., Cumming, O., Curtis, V., Bonjour, S., Dangour, A. D., De France, J., Fewtrell, L., Freeman, M. C., Gordon, B., Hunter, P. R., Johnston, R. B., Mathers, C., Mäusezahl, D., Medlicott, K., Neira, M., Stocks, M., Wolf, J. & Cairncross, S. (2014), Burden of disease from inadequate water, sanitation and hygiene in low- and middle-income settings: a retrospective analysis of data from 145 countries. *Tropical Medicine & International Health*, 19: 894–905. doi:10.1111/tmi.12329

Ministry of Public Health and Population, National Directorate for Water Supply and Sanitation, Republic of Haiti (2013). National Plan for the Elimination of Cholera in Haiti, 2013–2022. Port-au-Prince: Republic of Haiti; 2013. http://new.paho.org/hq/index.php?option=com_docman&task=doc_download&gid=20326&Itemid=270&lang=eng/ ((Accessed December 20, 2016).)

Shaheed, A., Orgill, J., Montgomery, M. A., Jeuland, M. A., & Brown, J. (2014). Why? improved? water sources are not always safe. *Bulletin of the World Health Organization,* 92(4), 283-289.

Sisson A.J., P.J. Wampler, R.R. Rediske, J.N. McNair, D.J. Frobish (2013). Long-Term Field Performance of Biosand Filters in the Artibonite Valley, Haiti. *The American Journal of Tropical Medicine and Hygiene*, 88(5):862-867. doi:10.4269/ajtmh.12-0345.

Thomson, A.A. & C.K. Gunsch, (2015). Evaluation of a field appropriate membrane filtration method for the detection of Vibrio cholerae for the measurement of biosand filter performance in the Artibonite Valley, Haiti. *Environmental Monitoring and Assessment*, 187(8), 484. doi:10.1007/s10661-015-4677-1.

U.N. General Assembly, 71st Session. (2016). Provisional Agenda Item 69 (b): Report of the Special Rapporteur on Extreme Poverty and Human Rights. A/71/367, Official Records. New York.

UNICEF Eastern and Southern Africa (2010) Gender and water, sanitation and hygiene(WASH). https://www.unicef.org/esaro/7310_Gender_and_WASH.html. (Accessed: February 23, 2017.)

Venkataramanan, Vidya (2015). *CLTS Learning Series: Haiti Country Report*. Chapel Hill, USA: The Water Institute at UNC.

WHO/UNICEF Joint Monitoring Program (JMP) for Water Supply and Sanitation. (2016). *Country Files*. Retrieved from JMP website. https://www.wssinfo.org/documents/?tx_displaycontroller[type]=country_files

WHO/UNICEF Joint Monitoring Program (JMP) for Water Supply and Sanitation. (2016). Progress on sanitation and drinking water 2015 update and MDG assessment Snapshots for Latinosan 2016. World Health Organization. *Downloadable at: https://www.wssinfo.org/fileadmin/user_upload/resources/Latinosan-snapshots-English.pdf* (Accessed: December 20, 2016).

Whittington, D., Hanemann, W. M., Sadoff, C. & Jeuland, M. (2009). The challenge of improving water and sanitation services in less developed countries. *Foundations and Trends in Microeconomics, **4***(6-7), 469-609. DOI: 10.1561/0700000030

Whittington, D, Jeuland, M., Barker, K., & Yuen, Y. (2012). Setting priorities, targeting subsidies among water, sanitation, and preventive health interventions in developing countries. *World Development, **40***(8), 1546-1568.

Whittington, D, Mu, X., & Roche, R. (1990). Calculating the value of time spent collecting water: Some estimates for Ukunda, Kenya. *World Development, **18***(2), 269-280.

Whittington, D., & S.K. Pattanayak (2015). Water and sanitation economics: Reflections on application to developing economies. In *Handbook of Water Economics* (pp. 469-499). Edward Elgar Publishing Ltd.. DOI:10.4337/9781782549666.00036

Widmer, J. M., Weppelmann, T. A., Alam, M. T., Morrissey, B. D., Redden, E., Rashid, M. H., Diamond, U., Ali, A., De Rochars, M. D., Blackburn, J. K., Johnson, J. A., & Morris Jr., J. G. (2014). Water-related infrastructure in a region of post-earthquake Haiti: high levels of fecal contamination and need for ongoing monitoring. *American Journal of Tropical Medicine and Hygiene,* Jul 28:14–0165.

Winter, S.C., & F. Barchi. (2016). Access to sanitation and violence against women: evidence from Demographic Health Survey (DHS) data in Kenya. International Journal of Environmental Health Research, 26, 3.

Wolf J., Prüss-Ustün, A., Cumming, O., Bartram, J., Bonjour, S., Cairncross, S., Clasen, T., Colford Jr., J. M., Curtis, V., De France, J., Fewtrell, L., Freeman, M. C., Gordon, B., Hunter, P. R., Jeandron, A., Johnston, R. B., Mäusezahl, D., Mathers, C., Neira, M., & Higgins, J. P. T. (2014). Review of the evidence relating drinking-water and sanitation to diarrhoea: a meta-regression. *Tropical Medicine and International Health*, 19: 928–942.

PARTICULARITÉS DES MILIEUX RURAUX EN HAÏTI : STRATÉGIES POUR LA MISE EN ŒUVRE DES INTERVENTIONS TRAITANT L'EAU ET L'ASSAINISSEMENT

ALAIN PERODIN

Introduction

Le présent article vise à mettre en évidence la situation prévalant dans les communautés rurales en Haïti, les opportunités et surtout les difficultés auxquelles font face les habitants de ces communautés, tant au niveau économique qu'au niveau socio-culturelle. Ces maigres opportunités et les contraintes importantes relatives aux différentes communautés rurales haïtiennes, qui présentent beaucoup de similarités d'ailleurs, sont des facteurs très importants à prendre en compte pour :

1. Déterminer les principales priorités et les intervenions réalisables dans le but de porter des résultats durables.
2. Comprendre le retard dans le progrès de ces communautés, malgré les interventions multiples et variées des coopérations locales et externes.
3. Mieux aborder les réactions envisageables face aux étrangers, ou encore le caractère et la mentalité sectorisée.
4. Éventuellement servir de cadre lors de la mise en œuvre d'interventions au niveau communautaire.

Dans cet article, nous allons développer sommairement d'une part la situation actuelle d'Haïti pour mieux comprendre le contexte macro. D'autre part, avec les maigres données disponibles sur les communautés rurales (délaissées en général), nous allons présenter leurs caractéristiques communes et enfin tenter de proposer stratégies pour faire atterrir des actions prioritaires, ces stratégies pouvant être utilisées dans différents domaines d'intervention. En d'autres termes, nous allons proposer quelques méthodes tirées d'expériences avec la mentalité haïtienne rurale pour faciliter la mise en œuvre d'interventions.

Les points relatés dans ce texte proviendront surtout d'une revue des données locales disponibles, mais aussi de l'expérience de terrain à travers multiples communautés rurales du pays.

Cet article a pour but final de donner une perspective véritablement locale pour la réalisation d'interventions planifiées en milieu rural en Haïti (les considérations à prendre en compte, vue d'un œil local et habitué aux différentes particularités variées du terrain).

Haïti : Quid ?

Haïti est l'un des pays les plus déshérités du monde. Son revenu par habitant est comparable à celui de certains pays d'Afrique. Son PNB par habitant est de 846 dollars en 2014, avec une population souffrant de carences importantes dans les services essentiels surtout pour les populations les plus défavorisés[1]. Sur les 11 millions d'Haïtiens, plus de 6 (59%) vivent sous le seuil de pauvreté de 2,42 dollars par jour et plus de 2,5 millions (24%) vivent sous le seuil de pauvreté extrême d'1,23 dollar par jour. Le niveau d'endettement des ménages vivant en dessous du seuil de pauvreté atteint 80% à Port-au-Prince et 94% dans les zones rurales affectées par le séisme de janvier 2010. Haïti compte en 2011, 13% de ménages très pauvres endettés de plus qu'avant le séisme du 12 janvier 2010[2]. Les données mises à jour sur l'endettement ne sont pas accessibles.

La dépréciation de la monnaie nationale, la gourde, ne fait qu'empirer la situation économique des ménages avec actuellement 69 HTG pour 1 USD. Haïti demeure aussi l'un des pays les plus inégalitaires de la planète, avec un coefficient de Gini de 0,61 en 2012[3].

L'accès aux services de base est très limité en Haïti, particulièrement dans les zones rurales. Les populations des régions rurales reculées n'ont pas accès à des services essentiels tels que l'eau et l'assainissement, la santé et l'éducation entre autres, ce qui cause que les priorités de ces communautés sont nombreuses et extrêmement variées.

Au niveau national, 40 % de la population n'a pas accès à l'eau potable, 80% n'a accès à aucune installation sanitaire et 40 % est privée de tout accès à des services de santé. D'autres problèmes sont à signaler tels que l'hygiène, l'insécurité alimentaire avec plus de 20 % des enfants de moins de 5 ans souffrant de malnutrition chronique et 65 % souffrant d'anémie.

Du point de vue éducatif, environ 55 % des hommes et 51 % des femmes sont lettrés, avec une forte concentration en milieu urbain. L'enseignement public et gratuit n'accueille que 20 % de la population scolaire ce qui fait d'Haïti le pays des Caraïbes ayant le taux le plus élevé d'analphabètes[4].

La vulnérabilité aux désastres naturels, représente un inconvénient très sérieux. Deux cinquièmes des Haïtiens restent vulnérables aux fréquentes catastrophes naturelles, exacerbées par la déforestation répandue à l›échelle du pays[5]. Les principales catastrophes naturelles sont les cyclones fréquents (avec une saison cyclonique allant de mai à novembre) qui ont toujours un impact négatif important sur les communautés rurales, et les séismes. Le dernier en date est celui de janvier 2010 qui a cause d'énormes dégâts matériels et un coup important à l'économie nationale.

Communautés rurales en Haïti : caractéristiques

Environ 5 millions d'haïtiens vivent en milieu rural. Les communautés rurales en Haïti présentent les caractéristiques suivantes en général[6]:

1 (Haiti Presentation, 2017)

2 (HL/Haitilibre)

3 (Haiti Presentation, 2017)

4 (Systeme educatif d'Haiti, 2016)

5 Idem

6 Le milieu rural en Haïti varie d'une communauté à l'autre mais en général les caractéristiques citées leur sont communes, cependant elles peuvent être présentes à des niveaux différents.

- Accès géographique difficile et accès très limité aux services sociaux de base
- Niveau socio-économique moyen très faible ; revenu irrégulier basé essentiellement sur l'agriculture et l'élevage tout en mentionnant que la superficie en terre arable est très limitée à cause de la déforestation qui demeure une source de revenus; manque d'accès au crédit; endettement chronique de la population
- Niveau culturel différent et très versatile en fonction des différentes localités, même voisines
- Niveau éducatif moyen faible
- Vulnérabilité accrue aux désastres naturels
- Perception de la maladie très influencée par la culture
- Caractère sectorisé[7]

En d'autres termes et pour résumer, les communautés rurales haïtiennes vivent en général dans la restriction/pauvreté et parfois même extrême avec des conséquences notables comme :

- L'interruption des études des enfants ou tout simplement la non-scolarisation des enfants
- La destruction d'arbres/déforestation en pour la fabrication de charbon.
- L'augmentation de la vulnérabilité
- L'exode rural/ « la bidonvilisation » des zones urbaines
- Les prêts à court termes
- La diminution de l'accès aux services de base.
- La création d'un cercle vicieux entretenant la pauvreté

Les communautés rurales font face à de multiples problèmes relatifs aux différentes caractéristiques mentionnées ci-dessus, et à des niveaux différents, dépendamment des communautés étudiées. Cependant les caractéristiques précisées leur sont communes. Ceci fait que certaines interventions, comme par exemple le WASH, peuvent ne pas représenter des priorités urgentes pour certaines localités, d'où les échecs courants enregistrés dans certaines expériences relatées dans le rapport (entretien des puits…). Le faible niveau éducatif représente aussi un blocage important pour la mise en œuvre et la durabilité des interventions.

Encore, l'inflation associée à la dépréciation continue de la gourde affaiblit le pouvoir d'achat des ménages du pays et réduit l'accès aux services sociaux de base de la population, et par extension va réduire l'engagement et la décision de s'investir dans certains types d'interventions. Le manque d'impact visible et concret d'une intervention WASH peut causer le manque d'engagement de la population.

Ceci étant dit, un autre point à considérer est la mentalité haïtienne /ou encore celle des plus défavorisés. Les interventions avec des résultats concrets sont en général priorisées et mieux accueillies par les bénéficiaires, surtout les interventions concernant les problèmes visibles cités auxquels ils font face depuis trop longtemps. Par exemple, pour une communauté rurale avec un revenu basé sur l'agriculture (comme c'est le cas pour la majorité des communautés rurales), la distribution d'engrais aura beaucoup plus d'impact sur la population que des interventions

---

7 Cette sectorisation est à la fois géographique, culturelle… Ceci pour dire que des localités rurales voisines peuvent ne pas partager les mêmes problèmes et peuvent avoir des perceptions nettement différentes faces aux solutions pour des problèmes communs.

WASH. D'où, par extension un faible engagement de la communauté bénéficiaire résultera dans ce type de projet.

Question du WASH en Haïti

La couverture nationale en Haïti pour l'eau potable est de 64% avec un taux de 77% dans les zones urbaines et de seulement 48% dans les zones rurales[8]. Environ 3 millions d'Haïtiens puisent l'eau de boisson dans les rivières et dans des sources non protégées, donc une eau de qualité douteuse contribuant à la prévalence des cas de diarrhée chez les enfants.

Le taux d'accès à l'assainissement de base est de 26%. Au niveau national, 23% de la population pratique la défécation à l'air libre dont 41% de la population des zones rurales[9]. Ces taux sont à la base d'éventuelles transmission de maladies féco-orales, de l'augmentation de la vulnérabilité des populations, et éventuellement de l'appauvrissement lié au fardeau des maladies.

Avec tels taux stables d'accès à l'eau et l'assainissement depuis des années, il est pertinent de se questionner sur l'importance accordée par les populations des communautés rurales à ces problèmes de WASH, surtout en comparaison aux multiples autres problèmes auxquels elles font face.

Recommandations

Des conditions préalables doivent être mises en place pour assurer un succès des interventions WASH en milieu rurale en Haïti. Ci-dessous les principales recommandations, afin accroître l'efficacité et de réduire les risques d'échecs. Les recommandations pratiques ci-dessous concernent des actions parallèles et indirectes pouvant augmenter l'efficacité recherchée des interventions.

Étude psycho-socio-économique de chaque communauté ciblée

Une intervention à succès dans une communauté rurale n'est pas forcement adaptable à toutes les communautés rurales, d'où l'insistance portée sur les spécificités particulières à chaque milieu. Les résultats ne sont pas adaptables pour diverses raisons telles que :

- Ln niveau économique différent (surtout) liée à la décision d'investir dans ce coût
- D'autres problèmes plus urgent (nutrition, problèmes visibles de santé…)
- La perception du problème WASH et impact sur la population
- L'impact visible du problème de l'eau et de l'assainissement dans la communauté
- La perception des intervenants extérieurs venant imposer un projet dans leur milieu
- Le niveau éducatif

En ce sens, il est primordial d'étudier les tendances locales par des enquêtes ou focus des groupes pour mieux cerner l'appui relatif aux problèmes les plus urgents et les plus pertinents, compte tenu des caractéristiques locales. L'aspect lié l'accès à l'eau et l'assainissement pour les communautés rurales est important mais peut ne pas représenter un domaine d'intervention primordial, compte tenu des multiples difficultés recueillies. Elles peuvent par ailleurs être per-

8 (Haïti Eau et assainissement les défis)

9 Idem

tinentes pour certaines communautés et ne pas l'être pour d'autres, qui n'ont pas conscience ni aucune connaissance du domaine, d'où un faible engagement, source d'échec de l'intervention.

Il convient alors d'établir une liste de priorités à combler, et évidemment de les combler selon l'importance accordée par la population. D'où la mise en place de conditions préalables relatives aux autres problèmes à résoudre.

Implication de la population bénéficiaire

Des rencontres fréquentes avec les populations bénéficiaires ou les représentants/notables sont nécessaires en vue d'une discussion intégrale du problème étudié. Il est impératif de recueillir les doléances et de relever leurs points de vue sur le problème de l'accès à l'eau et l'assainissement. Ils sont les véritables éléments en contact avec le problème et leurs solutions peuvent parfois être d'une part plus pertinentes et d'autre part contraires à celles proposées par les interventions.

Il n'est pas rare que des d'interventions en WASH aient déjà été appliquées dans leur communauté et dans ce cas, il est impératif de discuter avec eux des causes probables d'échecs. Par ailleurs, les interventions proposées (à distance dans ce cas) peuvent ne pas refléter ni résoudre le problème auquel ils font face. Il est donc indispensable de recueillir leur proposition de solutions aux problèmes et voir comment celles-ci s'alignent avec les interventions proposées.

Les décisions prises loin de la réalité (différente pour chaque communauté) dans des bureaux, sans aucune étude préalable des besoins réels et de l'implication des bénéficiaires, sont vouées à l'échec. Il est à noter que maintes fois, un problème peut paraître urgent à résoudre aux yeux de la communauté intellectuelle (par exemple, l'assainissement dans ce cas), et ne pas représenter une préoccupation pour la communauté éventuellement bénéficiaire (cf. revue de littérature), d'où le manque d'engagement et d'implication.

Ces rencontres auront pour effet d'aligner les interventions proposées avec les besoins et les solutions des communautés. L'effet ultime sera l'appropriation effective de l'intervention par les bénéficiaires et l'assurance de la pérennité de celle-ci et de l'engagement permanent.

Approche multisectorielle

Il est indispensable d'impliquer tous les secteurs de la vie locale dans la prise de décision (CASEC, religieux…) en vue d'aborder les différents problèmes, plus particulièrement le problème de l'eau et l'assainissement de manière intersectorielle et intégrale.

Éducation

Après s'être assuré que le problème de l'eau et de l'assainissement représente un problème prioritaire pour les bénéficiaires, un accent doit être mis sur l'éducation de la population et des responsables communautaires :

1. Pour les leaders communautaires (avec responsabilisation)
2. La population en général

L'aspect éducatif représente un pilier pour assurer un succès de l'intervention. D'une part, l'éducation des leaders communautaires pour que, après s'être appropriés l'idée, ils servent de médiateurs avec la communauté. Notons que dans les communautés rurales « fermées » ces leaders jouent un rôle véritablement autoritaire et peuvent faire participer la communauté à la mise en œuvre des projets et faire respecter les principes et conditions régissant l'utilisation des interventions. Les leaders sont très influents et peuvent mobiliser leurs pairs pour la bonne mise en œuvre des interventions une fois acceptées. Cependant, il faut éviter de créer un effet pervers en responsabilisant trop un leader qui risque de s'approprier le puits par exemple, ce qui peut être à la base de conflits, sinon responsabiliser quatre à cinq leaders.

Avant, pendant et après la mise en œuvre de l'intervention, l'éducation permanente des bénéficiaires est de mise (à travers les églises par exemple) pour sensibiliser sur les bénéfices liés à l'intervention. En général, le changement de comportement prend du temps, mais il s'agit là d'un investissement dans la sensibilisation de longue durée qui s'avère nécessaire pour une véritable durabilité.

Revue de littérature

Une revue de littérature s'impose pour mieux comprendre les échecs déjà enregistrés dans le domaine WASH de même qu'une prise de connaissance des interventions (nombreuses en Haïti) similaires réalisées dans les différentes localités rurales en Haïti par les différents partenaires intervenant dans le domaine WASH. Il faut capitaliser sur les expériences passées relatives.

Conclusion

Le domaine de l'eau et l'assainissement représente un domaine pertinent à prendre en compte pour intervenir dans les milieux ruraux en Haïti. Cependant, ce n'est certainement pas le seul, et parfois pas le plus prioritaire. D'où l'importance qui doit être mise sur les particularités propres à chaque communauté.

Les différentes recommandations proposées dans cet article ont pour but de mieux canaliser les interventions WASH et surtout de réduire les risques d'échec probables. En résumé les principaux points à retenir seraient :

- L'attention à porter aux différentes particularités des communautés rurales
- L'étude de la perception du problème auprès des bénéficiaires
- L'implication active de la population dans la recherche de solutions
- L'éducation continue sur les bienfaits des interventions
- L'approche intersectorielle du problème et de la recherche de solutions
- Surtout la détermination de la position de l'intervention face aux priorités des communautés.

Références bibliographiques

Economie d'Haiti. (2016, December 15). Retrieved April 14, 2017, from Wikipedia: https://fr.wikipedia.org/wiki/%C3%89conomie_d%27Ha%C3%AFti

Haiti. (2017, April 5). Retrieved April 14, 2017, from Wikipedia: https://fr.wikipedia.org/wiki/Ha%C3%AFti

Haiti Eau et assainissement les defis. (n.d.). Retrieved 4 14, 2017, from Unicef Haiti: https://www.unicef.org/haiti/french/wes.html

Haiti Presentation. (2017, 4 11). Retrieved 4 14, 2017, from La Banque Mondiale/Nos pays: http://www.banque-mondiale.org/fr/country/haiti/overview

HL/Haitilibre. (n.d.). *Haïti - Économie : 80% des familles les plus pauvres endettées à Port-au-Prince.* Retrieved 4 14, 2017, from Haiti Libre: http://www.haitilibre.com/article-3403-haiti-economie-80-des-familles-les-plus-pauvres-endettees-a-port-au-prince.html

Systeme educatif d'Haiti. (2016, 11 21). Retrieved 4 14, 2017, from Wikipedia: https://fr.wikipedia.org/wiki/Syst%C3%A8me_%C3%A9ducatif_d%27Ha%C3%AFti

Coûts et avantage économiques de la vaccination contre le choléra : options d'interventions en Haïti rural

DALE WHITTINGTON, MARK RADIN, ET MARC JEULAND

Résumé

Le choléra est apparu comme une menace pour la santé publique en Haïti pour la première fois en 2010, à la suite d'un tremblement de terre massif, et s'est propagé rapidement dans tout le pays. Depuis lors, des centaines de milliers de personnes ont été infectées et près de 10 000 personnes sont mortes de la maladie.

Cet article présente une comparaison coût-avantage de quatre interventions de vaccination contre le choléra en Haïti rural. Les quatre variations de vaccination sont : 1) une campagne de vaccination de masse à deux doses du vaccin ; 2) une campagne de vaccination de masse à une dose du vaccin ; 3) une campagne de vaccination scolaire à deux doses du vaccin pour les enfants seulement ; et 4) une campagne de vaccination scolaire à une dose de vaccin pour ces mêmes enfants.

Nos résultats montrent qu'il existe de solides raisons économiques pour investir dans des campagnes de vaccination contre le choléra.

La stratégie considérée la plus efficace pour lutter contre le choléra est une combinaison de campagnes de vaccination et d'interventions pour l'eau et l'assainissement. Cependant, notre analyse n'a pas estimé les coûts et les avantages d'une combinaison des interventions pour l'eau, l'assainissement et la vaccination.

Introduction

Le choléra est une maladie infectieuse causée par l'exposition à la bactérie *Vibrio cholerae O1* ou *O139*, entraînant une déshydratation aiguë et parfois la mort. La première apparition de la maladie comme menace pour la santé publique en Haïti date de fin 2010, à la suite d'un tremblement de terre massif. Le choléra s'est propagé rapidement dans le pays. Depuis lors, des centaines de milliers de personnes ont été infectées et près de 10 000 personnes sont mortes de la maladie, de façon certaine. Plusieurs interventions ont été mises en œuvre pour lutter contre l'épidémie de choléra, y compris une série d'efforts de vaccination.

Cet article décrit les coûts économiques et les avantages de quatre interventions de vaccination contre le choléra qui pourraient s'appuyer sur ces précédentes initiatives de vaccination contre le choléra (incluant des vaccinations supplémentaires de rappel chez des personnes qui ont déjà été vaccinées). En Haïti et dans d'autres pays touchés par le choléra, les organismes d'aide multilatéraux restent intéressés par le potentiel des vaccins oraux contre le choléra pour réduire les risques d'épidémies de cette maladie (Jeuland et al. 2009). En raison de l'approvisionnement en vaccins limité et de la demande mondiale croissante de vaccins oraux contre le choléra, tout plan de vaccination pour Haïti nécessiterait une coordination entre les partenaires internationaux et GAVI, L'Alliance du Vaccin (Desai et al. 2016).

L'analyse fournit des estimations des coûts et des avantages économiques de quatre interventions de vaccination contre le choléra en milieu rural haïtien : 1) une campagne de vaccination de masse à deux doses du vaccin pour chaque personne vaccinée ; 2) une campagne de vaccination de masse à une dose du vaccin ; 3) une campagne de vaccination scolaire à deux doses de vaccin pour les enfants seulement ; et 4) une campagne de vaccination scolaire à une dose du vaccin pour les enfants seulement. Les interventions de masse et scolaires ont été sélectionnées pour deux raisons principales.

Tout d'abord, les analyses précédentes ont indiqué que ces interventions pourraient avoir des effets économiques positifs. Deuxièmement, l'examen des coûts et des avantages de ces interventions illustre le compromis important entre une couverture plus large et, par conséquent, le fait que plus de cas soient évités d'une part, et les difficultés liées à la logistique et au coût d'autre part (Jeuland et Whittington 2009 et Jeuland et al. 2009). En particulier, un programme de vaccination scolaire est plus facile à mettre en œuvre, car de nombreux vaccins sont déjà fournis par des programmes de vaccination similaires et les campagnes d'information et les besoins sont relativement modestes. Les campagnes de vaccination de masse, d'autre part, nécessitent une planification accrue et davantage de sensibilisation si l'on veut atteindre des taux élevés de participation. En plus de ces différences, la relation non linéaire entre la couverture vaccinale et l'efficacité découlant de la protection collective a des implications économiques importantes (Cook et al. 2009 ; Jeuland et al. 2009). Cependant, une limitation clé de notre analyse à cet égard est le fait que nous supposons que les coûts par vaccin ne varient pas selon l'échelle du programme (c'est-à-dire que nous supposons des coûts marginaux de vaccination constants). Cette hypothèse est conforme aux travaux antérieurs dans une documentation qui est limitée par un manque de données sur la relation entre les coûts et la couverture. Cela reflète également les contraintes d'approvisionnement mondiales sur le nombre de vaccins oraux contre le choléra actuellement disponibles.

Contexte

Le choléra a été importé en Haïti par les forces de maintien de la paix des Nations Unies suite à un tremblement de terre massif (magnitude 7,0) qui a frappé Haïti en 2010. Malheureusement, le 19 octobre 2010, le ministère de la Santé Publique et de la Population (MSPP) a été informé de l'augmentation des patients souffrant de diarrhée aiguë dans deux départements. Le 19 novembre, une épidémie causée par *V. cholerae* Sérogroupe *O1*, Biotype *Ogawa*, a été confirmée avec des cas dans les dix départements d'Haïti et la première épidémie de choléra du pays a été déclarée (Barzilay et al. 2013 ; Assemblée générale des Nations Unies 2016). En quelques jours, près de 130 personnes sont mortes et 2 000 autres personnes ont été hospitalisées.

Après que l'ouragan Tomas a frappé l'île début novembre 2010, le choléra s'est répandu dans tous les départements du pays, touchant beaucoup plus de personnes. En octobre 2016, Selon l'*Atlas de l'épidémie de choléra à Hispaniola, 2010-2016, de l'OPS*, 798 272 personnes (environ 7 % de la population haïtienne) avaient été infectées par le choléra et 9 517 sont mortes de la maladie.

Les CDC, en coopération avec le MSPP, ont étudié la source de l'épidémie et le mécanisme de sa propagation rapide dans tout le pays. L'enquête a révélé que « l'eau potable non traitée » était la principale source de choléra (Tappero et Tauxe 2011, p. 2088), mais n›a pas expliqué l›apparition nouvelle et soudaine de la bactérie pathogène dans le pays. Une analyse distincte du séquençage du génome a déterminé que les souches du choléra en Haïti étaient génétiquement presque identiques aux isolats népalais (Hendriksen et al. 2011). L›épidémie a finalement été attribuée à un contingent de casques bleus de l›ONU du Népal.

Bien que les casques bleus de l'ONU aient introduit par inadvertance le choléra en Haïti, il ne se serait pas répandu aussi rapidement « sans les carences simultanées de l'eau, de l'assainissement et des systèmes de soins de santé » (Cravioto et al. 2011, p. 29). Le Plan national pour l'élimination du choléra en Haïti 2013-2022 reconnaît que :

Le manque de bonnes pratiques d'hygiène pour la plus grande partie de la population, et en particulier parmi les groupes sans accès aux services de santé de base, a été l'un des facteurs qui ont favorisé la propagation rapide de la maladie. En outre, même avant le tremblement de terre de janvier 2010 et l'épidémie de choléra en octobre de la même année, 46 % de la population haïtienne n'avait pas accès aux soins de santé. (MSPP 2013, p. 6).

Le risque posé par le manque d'eau potable, d'assainissement et de soins de santé est mis en évidence par la différence de progression de l'épidémie en Haïti et dans la République dominicaine voisine, où l'accès à ces services est meilleur. Alors que les interventions pour l'eau et l'assainissement réduiraient sûrement les risques d'une résurgence du choléra, ces investissements sont coûteux, la mise en œuvre est compliquée et la construction de l'infrastructure prend du temps. Il est donc peu probable que les investissements pour l'eau et l'assainissement fournissent une protection adéquate à court terme contre les nouvelles épidémies de choléra.

Bien que le nombre de cas de choléra et les décès dus au choléra aient diminué constamment depuis l'épidémie initiale, les facteurs saisonniers, les ouragans futurs ou d'autres catastrophes naturelles pourraient déclencher de nouvelles épidémies. En fait, début 2012, le MSPP a identifié « une résurgence des cas de choléra... pendant les mois de mai, novembre et décembre » (MSPP 2013, p.13). Plus récemment, entre janvier et avril 2016, « 150 nouveaux décès sont survenus, soit une augmentation de 18 % par rapport à la même période en 2015 » (Assemblée générale des Nations Unies 2016, p. 6). On ignore également si le choléra est devenu endémique en Haïti en créant des réservoirs dans les rivières, les estuaires et les régions côtières du pays (Rinaldo et al. 2012, p. 6602). Dans l'affirmative, les fluctuations saisonnières, les phénomènes météorologiques violents ou les catastrophes naturelles pourraient induire de nouvelles épidémies.

Les interventions visant à lutter contre le choléra en Haïti doivent tenir compte du fait que l'organisme du choléra évolue rapidement, rendant l'éradication complète difficile sans une profonde amélioration de la qualité de l'eau et de l'assainissement (Morris 2011 ; Kirpich 2015). Les interventions telles que les vaccinations peuvent temporairement soulager de la maladie et complètent les efforts à long terme pour améliorer les mauvaises conditions d'eau et d'assainissement. Pour cette raison, l'OMS préconise l'utilisation de la vaccination contre le choléra (en particulier chez les enfants d'âge préscolaire et scolaire), ainsi que des programmes traditionnels d'engagement communautaire, d'eau et d'assainissement et d'autres stratégies pour lutter contre cette maladie (OMS 2010). Le *Plan national pour l'élimination du choléra en Haïti* a appelé à la mise *en œuvre de campagnes de vaccination, visant en particulier les communautés rurales qui n'ont pas accès à des établissements de santé adéquats.*

Au cours des deux premières années de l'épidémie, le nombre hebdomadaire cumulé de nouveaux cas de choléra et de décès dus au choléra a augmenté rapidement et a ensuite commencé à se stabiliser. Cependant, le nombre de cas et le nombre de décès ont continué d'augmenter jusqu'à fin 2016. Depuis 2012, chaque année a connu des périodes de pics dans le nombre de cas et de décès. Les données de l'EDS 2012 confirment que le choléra est répandu dans les zones rurales haïtiennes. Selon les personnes interrogées de l'EDS de 2012, 4 à 32 % des ménages dans les dix départements ont déclaré qu'un membre du ménage avait contracté un cas non mortel de choléra, tandis que 0,6 à 2,7 % des ménages ont déclaré qu'un membre du ménage était mort de choléra.

Une autre caractéristique importante de ces tendances est le déclin apparent du taux de létalité du choléra (TLC) depuis le début de l'épidémie. En avril 2011, les taux cumulatifs de mortalité par cas variaient entre 0,8 % et 7,7 % dans les dix départements (Farmer et al. 2011). À l'échelle nationale, le taux officiel de létalité a diminué, passant de 1,7 % à environ 1 %, au même niveau que les TLC de nombreux autres pays atteints de choléra endémique (Jeuland et al. 2009).

Vaccins oraux contre le choléra et efforts antérieurs de vaccination contre le choléra en Haïti

Le Plan national pour l'élimination du choléra en Haïti 2013-2020 appelle à utiliser le vaccin oral contre le choléra (VOC) pour protéger les Haïtiens de la maladie. En décembre 2015, l'OMS a préqualifié trois VOC qui se sont révélés sûrs et efficaces pour la prévention du choléra. Les noms commerciaux de ces trois vaccins sont : Dukoral, Shanchol et Euvichol. Dukoral a d'abord été produit par Crucell, un fabricant suédois. Certaines études récentes rapportent que le coût d'approvisionnement de ce vaccin est de 5 $ US par dose, bien que les prix cités ailleurs varient considérablement (Mogasale et al. 2016). Un fabricant au Vietnam a amélioré le processus de production avec le soutien de l'Institut international de vaccins et d'autres partenaires internationaux. Les principales améliorations comprenaient l'abaissement des coûts de fabrication et l'élimination du besoin d'administration conjointe de tampon ou d'eau, ce qui a entraîné une diminution des coûts et des exigences de stockage (Baik et al. 2015). La technologie a ensuite été transférée à Shantha Biotechnics Limited, un fabricant indien qui produit Shanchol, préqualifié en 2011, et a souvent été vendu pour 1,85 $ US par dose (Mogasale et al. 2016). La technologie a ensuite été transférée à un fabricant sud-coréen qui produit Euvichol et qui a été préqualifié en 2015.

Pour les besoins de notre analyse dans cet article, nous avons supposé que Shanchol serait administré en Haïti rural, puisque le vaccin a été utilisé depuis 2009 et que les chercheurs ont déjà effectué un certain nombre d'évaluations de son efficacité dans plusieurs pays différents, dont Haïti. Plus de deux millions de doses du vaccin Shanchol ont été administrées à l'échelle mondiale depuis 2009.

En 2012, peu de temps après que Shanchol ait reçu la préqualification de l'OMS, le Groupe Haïtien d'Etude du Sarcome de Kaposi et des Infections Opportunistes (GHESKIO) et Partners in Health / Zamni Lasante (PIH) a mené le premier projet de démonstration en utilisant les VOC en réponse à l'épidémie en cours. Le projet a touché avec succès près de 100 000 personnes vivant dans une communauté urbaine de Port-au-Prince et dans les communautés rurales de la vallée de l'Artibonite. Plus précisément, le volet rural de la campagne a touché 45 417 personnes avec au moins une dose de VOC et pour 91 % d'entre elles on a pu confirmer qu'elles avaient reçu une deuxième dose lors de la phase de vaccination de rappel (Ivers et al. 2013). Une étude de deux semaines dans le cadre du volet urbain n'a identifié que 18 cas de choléra parmi les 52 357 personnes vaccinées (ce qui correspond à une incidence de 0,034 %) (Severe et al. 2016). En outre, un programme de surveillance du gouvernement dans un bidonville urbain a affirmé qu'il n'y a eu aucun cas de choléra confirmé par culture entre septembre 2013 et août 2016 chez les personnes qui ont reçu des interventions de 1) chloration des eaux domestiques et de 2) vaccination contre le choléra (Ivers 2017). Les résultats de cette campagne initiale offrent des preuves qui suggèrent que la vaccination peut être utilisée pour protéger efficacement les populations en Haïti contre l'infection au choléra.

Après la réussite du projet de démonstration, le MSPP a mené des campagnes de vaccination annuelles à petite échelle et, entre 2013 et fin 2016, a vacciné environ 480 000 personnes, soit environ 4 % de la population haïtienne (GAVI 2016). Ces efforts ont été soutenus par GAVI, l'Alliance du Vaccin. Plus récemment, en réponse à l'ouragan Matthew en novembre 2016, le MSPP a mené une campagne à grande échelle qui a touché plus de 729 000 personnes, avec le soutien de l'OMS, de l'UNICEF et de la Fédération internationale de la Croix-Rouge, ainsi que d'autres organisations (Beaubien 2016 ; Mitchell 2016). Cependant, plusieurs millions de personnes en Haïti n'ont toujours pas été vaccinées. En outre, puisqu'on suppose que la durée de l'efficacité du vaccin est comprise entre 2 et 4 ans, de nombreuses personnes devront être vaccinées à nouveau pour assurer une protection continue contre l'infection (Jeuland et Whittington 2009).

Description des interventions

Notre analyse étudie deux types de campagnes (de masse et scolaires) qui dispensent deux doses, comme recommandé, ou une seule dose. Dans tous les cas, nous considérons que la vaccination offrirait également une protection indirecte aux personnes non vaccinées par effets collectifs, conformément à la documentation (Ali et al. 2005 ; Longini et al. 2007 ; Jeuland et al. 2009). Nous calculons la protection globale contre le choléra en fonction de l'efficacité du vaccin et de l'étendue de la protection collective. Bien que la documentation montre qu'une dose de vaccin offre moins de protection que deux doses, les études pour un système à dose unique n'évaluent pas les effets collectifs (Qadri et al. 2016, Azman et al. 2015, et Azman et al. 2016). Notre analyse suppose que les interventions de vaccination à dose unique entraîneront une protection collective, mais que l'effet collectif sera plus faible dans les campagnes de vaccination qui utilisent une dose que dans les campagnes qui utilisent deux doses. Nous ajustons l'ampleur de l'effet collectif des interventions à dose unique par l'efficacité relative du vaccin dans les interventions à dose unique par rapport à l'efficacité du vaccin dans les interventions à deux doses. Nous soulignons que cette relation est très incertaine.

Vaccination de masse à deux doses

Une campagne de vaccination de masse tente de vacciner toute la population vivant dans la zone cible, mais certaines personnes choisissent généralement de ne pas participer. Nous supposons un taux de participation de 65 %, basé sur des études de la demande réalisées dans plusieurs autres milieux de choléra endémique (Jeuland et al. 2009, Kim et al. 2008, Lucas et al. 2007, et Cook et al. 2012). Avant d'administrer le vaccin, les ménages devraient être informés du moment et du lieu de l'administration. Dans la campagne à deux doses, un vaccin de rappel serait nécessaire environ deux semaines après la première dose, et les membres du ménage subiraient des coûts supplémentaires liés au temps et au déplacement pour retourner à un site de vaccination. Cette intervention nécessite des efforts administratifs importants pour gérer l'information et les exigences logistiques. Les membres du ménage devraient faire deux allers-retours au site de vaccination et éventuellement passer du temps dans les files d'attente ou en consultation pour des réactions indésirables au vaccin au moment de chaque visite.

Vaccination de masse à dose unique

La campagne de vaccination de masse à une dose reflète la campagne décrite précédemment. Lorsqu'une seule dose est administrée, les coûts administratifs et logistiques sont significativement plus faibles. En revanche, une dose unique de vaccin offre un niveau de protection plus faible aux individus vaccinés comme non vaccinés.

Vaccination scolaire à deux doses

Une intervention de vaccination scolaire vise uniquement les enfants, qui présentent souvent des taux d'incidence du choléra plus élevés (Deen et al. 2008). Nous supposons que cette intervention tente de toucher les enfants qui sont plus jeunes que l'âge scolaire grâce à des activités de sensibilisation. Cette intervention fournirait les deux doses recommandées aux enfants d'âge scolaire et d'âge pré-scolaire (mais susceptibles de recevoir le vaccin).

Vaccination scolaire à dose unique

La campagne de vaccination scolaire à une dose reflète la campagne décrite précédemment. En administrant seulement une dose, la campagne est de nouveau en mesure de réduire les coûts administratifs et logistiques. En revanche, une dose unique de vaccin offre un niveau de protection plus faible aux individus vaccinés comme non vaccinés. Dans l'ensemble, l'intervention de vaccination scolaire à une seule dose offre les avantages les plus faibles car elle touche moins de personnes que les interventions de vaccination de masse et n'offre que la protection réduite associée à une seule dose. Mais elle a aussi les coûts totaux les plus faibles.

Calcul des coûts et des avantages pour les quatre interventions de vaccination contre le choléra

Avantages

Les avantages pour la santé tirés des quatre interventions de vaccination contre le choléra résultent de la réduction de la morbidité et de la mortalité par infection par le choléra. Des données à jour sur les taux de mortalité par choléra par groupe d'âge ne sont pas disponibles pour les régions rurales d'Haïti. Nous supposons que la valeur actuelle pondérée de l'espérance de vie en années perdues en raison de décès liés au choléra est égale à la valeur actuelle pondérée de l'espérance de vie en années perdues en raison de décès liés à la diarrhée. Par conséquent, pour calculer une valeur actuelle pondérée de l'espérance de vie en années perdues en raison de décès liés au choléra, nous utilisons des données sur la mortalité liée à la diarrhée de la Charge mondiale de morbidité 2015.

Le taux général de protection d'une intervention de vaccination est une fonction croissante de la couverture, comme étudié dans les études précédentes sur la protection des vaccins (Jeuland et Whittington 2009 ; Jeuland et al. 2009 ; Ivers et al. 2015). Le taux global de protection est calculé comme la moyenne pondérée de (1) l'efficacité directe du vaccin pour ceux qui sont vaccinés, calculée en fonction de l'efficacité du vaccin à court terme, de l'ampleur estimée de l'effet collectif et du pourcentage de la population vaccinée, multipliée par le nombre de personnes vaccinées ; (2) l'efficacité indirecte du vaccin pour les non vaccinés, qui est calculée en fonction de l'ampleur estimée de l'effet collectif et du pourcentage de la population vaccinée, multipliée par le nombre total de personnes non vaccinées par l'intervention ; et (3) d'un facteur d'ajustement pour tenir compte du fait que les avantages pour la santé des cas évités dans les années futures sont actualisés par rapport à ceux réalisés dans l'année de la vaccination.

Coûts

Nous calculons le coût total de chaque intervention de vaccination comme la somme de 1) le coût d'achat, la livraison des vaccins et l'administration du programme de vaccination ; et 2) le temps et l'argent que les ménages consacrent à l'acquisition des vaccins.

Nous supposons que le coût de l'achat des vaccins par dose est constant quel que soit le nombre de doses achetées. Nous ne précisons pas qui paie ces coûts d'achat. Nous supposons que le coût marginal constant par dose de la livraison du vaccin et de l'administration du programme est le même pour les campagnes de vaccination de masse et les campagnes de vaccination scolaire. Les interventions de vaccination de masse présentent probablement à la fois 1) des économies d'échelle, car les coûts fixes du programme sont répartis entre plus d'individus ; et 2) des économies d'échelle car le coût marginal de livraison de la vaccination d'un nombre d'individus d'une population cible de plus en plus importante augmente car les ménages deviennent plus difficiles à atteindre. En revanche, les campagnes de vaccination scolaire sont destinées à toucher un plus petit nombre de personnes et peuvent avoir des coûts fixes plus importants par personne vaccinée. Cependant, les interventions de vaccination scolaire pourraient être incluses dans des vaccinations de routine déjà en place et pourraient donc avoir des coûts de livraison moyens inférieurs aux interventions de vaccination de masse (Mogasale et al. 2016).

Dans le cas de référence, nous supposons ainsi que le coût combiné d'achat et de livraison d'un vaccin oral contre le choléra est de 2 $ US par dose : 1 $ US pour l'achat et 1 $ US pour la livraison. Ceci est à la limite basse de la gamme des prix d'achat déclarés dans la récente documentation sur les coûts pour Shanchol (Mogasale et al. 2016). Nous reconnaissons que le coût marginal de production du vaccin oral contre le choléra présentera des rendements d'échelle croissants, mais les données sur les coûts disponibles et les contraintes de l'approvisionnement mondial nous empêchent de faire des hypothèses plus fines sur le prix d'achat du vaccin oral contre le choléra pour le gouvernement haïtien ou pour les donateurs internationaux.

La deuxième composante du coût total de l'intervention est le temps et l'argent que les ménages consacrent à l'acquisition d'une dose du vaccin, que nous estimons en fonction du temps supposé nécessaire pour obtenir une dose de vaccin multipliée par la moitié du salaire non qualifié (pour refléter le coût d'opportunité probablement plus faible du temps pour beaucoup de ceux qui choisissent d'être vaccinés, y compris les enfants et les adultes qui ne travaillent pas). Nous n'incluons que le coût du temps consacré par un ménage à obtenir une dose de vaccin.

Nous n'incluons aucun coût financier qu'un ménage pourrait subir pour obtenir le vaccin, par exemple les coûts de transport.

Résultats des calculs avantage-coût

Vaccination de masse à deux doses. Le total des avantages mensuels par ménage de la campagne de vaccination de masse à deux doses est de 1,18 $ US. Le coût mensuel par ménage pendant la durée de protection offerte par le vaccin est de 0,54 $ US, dont seulement 4 % sont attribuables au temps consacré par le ménage à l'acquisition des vaccins que ses membres ont reçus. Les avantages nets dans ce cas de référence sont de 0,63 $ US et le ratio avantage-coût est de 2,2.

Vaccination de masse à une dose. Les avantages mensuels totaux pour les ménages de la campagne de vaccination de masse à une dose sont de 0,96 $ US. Le coût mensuel par ménage est de 0,27 $ US, dont seulement 4 % sont attribuables au temps consacré par le ménage à acquérir les vaccins reçus par ses membres. Les avantages nets dans ce cas de référence sont de 0,69 $ US et le ratio avantage-coût est de 3,6.

Vaccination scolaire à deux doses. Les avantages mensuels totaux pour les ménages de la campagne de vaccination scolaire à deux doses sont de 0,57 $ US. Le coût mensuel par ménage est de 0,13 $ US, dont seulement 8 % sont attribuables au temps consacré par le ménage pour acquérir les vaccins reçus par ses membres. Les avantages nets dans ce cas de référence sont de 0,45 $ US et le ratio avantage-coût est de 4,6.

Vaccination scolaire à une dose. Les avantages mensuels totaux pour les ménages de la campagne de vaccination scolaire à une dose sont de 0,38 $ US. Le coût mensuel par ménage est de 0,06 $ US, ce qui comprend entièrement le coût mensuel actualisé des doses de vaccin reçues par ménage. Les avantages nets dans ce cas de référence sont de 0,32 $ US et le ratio avantage-coût est de 6,1.

Tableau récapitulatif

Interventions	Taux d'actualisation	Avantage	Coût	RAC	Qualité des éléments de preuve
Vaccination de masse à deux doses	3 %	1,18 $ US	0,54 $ US	2,2	Moyennes
	5 %	0,80 $ US	0,38 $ US	2,1	
	12 %	0,34 $ US	0,34 $ US	1,0	
Vaccination de masse à une dose	3 %	0,96 $ US	0,27 $ US	3,6	Limitées
	5 %	0,66 $ US	0,19 $ US	3,5	
	12 %	0,28 $ US	0,17 $ US	1,6	
Vaccination scolaire à deux doses	3 %	0,57 $ US	0,13 $ US	4,6	Moyennes
	5 %	0,39 $ US	0,09 $ US	4,5	
	12 %	0,16 $ US	0,08 $ US	2,1	
Vaccination scolaire à une dose	3 %	0,38 $ US	0,06 $ US	6,1	Limitées
	5 %	0,26 $ US	US $ 0,04	5,9	
	12 %	0,11 $ US	US $ 0,04	2,8	

Conclusion

Nos résultats suggèrent donc qu'il existe un argument économique fort pour la poursuite des campagnes de vaccination contre le choléra. Nous constatons que les campagnes à dose unique peuvent offrir des avantages nets importants. Il s'agit d'une découverte importante car l'offre mondiale de vaccins contre le choléra est limitée et les campagnes actuelles de vaccination en Haïti ne fournissent aux Haïtiens qu'une seule dose du vaccin. Les résultats confirment également la stratégie consistant à vacciner un pourcentage plus élevé de la population avec une dose de vaccin plutôt qu'un groupe plus petit avec le système standard à deux doses.

Notre analyse a cependant plusieurs limites. Tout d'abord, nous soulignons qu'il n'y a pas eu de recherches pour déterminer si les effets de la protection collective sont similaires dans les interventions de vaccination à dose unique et à deux doses. Nous avons inclus la protection collective dans toutes les analyses ; notre hypothèse selon laquelle ces effets indirects sont proportionnels à l'efficacité directe relative d'un système à dose unique par rapport à un système à deux doses est cependant très incertaine. L'avantage des interventions à une dose par rapport aux interventions à deux doses peut ainsi être surestimé.

Deuxièmement, cette analyse n'a pas permis de faire varier les coûts de programme et de livraison des campagnes de vaccination en fonction des changements des objectifs de couverture en raison du manque de données. Si l'augmentation de l'objectif de couverture d'une campagne fait augmenter les coûts marginaux, les avantages nets et les ratios avantage-coût par ménage diminueraient. De la même manière, dans le cadre de ces deux hypothèses (que la protection globale est fonction décroissante des taux de couverture vaccinale, alors que les coûts sont indépendants de la taille du programme), le RAC aura toujours tendance à favoriser une taille de programme plus limitée, car les coûts augmentent plus rapidement que les avantages quand la taille du programme augmente. Pourtant, les programmes plus importants généreront des avantages totaux plus élevés et continueront ainsi à générer des avantages marginaux nets positifs par rapport aux programmes plus petits, en particulier pour les valeurs élevées d'AVCI évitée.

Troisièmement, le protocole exigé par le Projet Haïti Priorise du Consensus de Copenhague pour estimer les avantages économiques des améliorations sanitaires ne tient pas compte des préférences des ménages pour éviter l'infection par le choléra. Il est important de reconnaître que les Haïtiens peuvent considérer que leur condition de référence est un monde sans choléra car le choléra n'a été introduit en Haïti qu'en 2010. Par conséquent, lors de l'évaluation de la baisse du choléra, une estimation de la volonté d'accepter une compensation pour renoncer à une réduction de perte est plus appropriée qu'une volonté de payer pour réduire le risque d'infection par le choléra. Cette mesure de variation équivalente de la réduction d'une perte économique donnera une valeur économique plus élevée qu'une mesure de variation compensatoire de la volonté de payer d'un gain de santé d'une ampleur comparable. Par conséquent, nous croyons que les avantages économiques des interventions contre le choléra sont potentiellement plus importants que ce que suggèrent les mesures du protocole du Consensus de Copenhague.

Quatrièmement, indépendamment des résultats de l'analyse coût-avantage, la dimension morale du problème du choléra en Haïti devrait être examinée. Nous croyons que les citoyens d'Haïti ont droit à des mesures correctives financées par les Nations Unies. La stratégie actuelle de vaccination contre le choléra de l'OMS (décrite dans son exposé de position sur le vaccin contre le choléra de 2010) et la stratégie du gouvernement haïtien ont pour objectif de combiner les efforts pour l'eau et l'assainissement avec les campagnes de vaccination pour contrôler ou éliminer le choléra. Bien que notre analyse n'ait pas modélisé les avantages et les coûts liés à la combinaison des interventions pour l'eau et l'assainissement et des campagnes de vaccination contre le choléra, les deux interventions auront probablement plus d'effet sur le contrôle de la maladie qu'une seule et le groupe d'experts devrait envisager de les recommander toutes les deux pour un financement simultané.

Références

Alam, M. T., Weppelmann, T. A., Weber, C. D., Johnson, J. A., Rashid, M. H., Birch, C. S., Brumback, B. A., De Rochars, V. M., Glenn, J., & Ali, A. (2014). Monitoring Water Sources for Environmental Reservoirs of Toxigenic Vibrio cholerae O1, Haiti. *Emerging Infectious Diseases, 20*(3), 363. https://dx.doi.org/10.3201/eid2003.131293.

Alam, M. T., Weppelmann, T. A., Longini, I., De Rochars, V. M., Morris, J. G. Jr, & Ali, A. (2015) Increased isolation frequency of toxigenic Vibrio cholerae O1 from environmental monitoring sites in Haiti. PLoS One 2015;10(4):e0124098. pmid:25853552

Ali, M., Emch, M., von Seidlein, L., Yunus, M., Sack, D. A., Rao, M., Holmgren, J., & Clemens, J. D. (2005). Herd immunity conferred by killed oral cholera vaccines in Bangladesh: a reanalysis. *The Lancet, 366*(9479), 44-49. doi:10.1016/S0140-6736(05)66550-6

Azman, A. S., Parker, L. A., Rumunu, J., Tadesse, F., Grandesso, F., Deng, L. L., Lino, R. L., Bior, B. K., Lasuba, M., Page, A. L., Ontweka, L., Llosa, A. E., Cohuet, S., Pezzoli, L., Sodnijou, D. V., Abubakar, A., Debes, A. K., Mpairwe, A. M., Wamala, J. F., Jamet, C., Lessler, J., Sack, D. A., Quilici, M. L., Ciglenecki, I., & Luquero, F. J. (2016). Effectiveness of one dose of oral cholera vaccine in response to an outbreak: a case-cohort study. *The Lancet Global Health, 4*(11), e856-e863. doi:http://dx.doi.org/10.1016/S2214-109X(16)30211-X

Azman, A. S., Luquero, F. J., Ciglenecki, I., Grais, R. F., Sack, D. A., & Lessler, J. (2015). The impact of a one-dose versus two-dose oral cholera vaccine regimen in outbreak settings: a modeling study. *PLoS Med, 12*(8), e1001867.

Baik, Y. O., Choi, S. K., Olveda, R. M., Espos, R. A., Ligsay, A. D., Montellano, M. B., Yeam, J. S., Yang, J. S., Park, J. Y., Kim, D. R., Desai, S. N., Singh, A. P., Kim, I. Y., Kim, C. W., & Park, S. N. (2015). A randomized, non-inferiority trial comparing two bivalent killed, whole cell, oral cholera vaccines (Euvichol vs Shanchol) in the Philippines. *Vaccine, 33*(46), 6360-6365. doi:http://dx.doi.org/10.1016/j.vaccine.2015.08.075

Barzilay, E. J., Schaad, N., Magloire, R., Mung, K. S., Boncy, J., Dahourou, G. A., Mintz, E. D., Steenland, M. W., Vertefeuille, J. F., & Tappero, J. W. (2013). Cholera surveillance during the Haiti epidemic—the first 2 years. *New England Journal of Medicine, 368*(7), 599-609.

Beaubien, J. (2016, Novembre 08). Haiti Launches Largest-Ever Cholera Vaccination Campaign. Extrait le 7 février 2017 de http://www.npr.org/sections/goatsandsoda/2016/11/08/501155987/haiti-launches-largest-ever-emergency-cholera-vaccination-campaign

Cook, J., Jeuland, M., Maskery, B., Lauria, D., Sur, D., Clemens, J., & Whittington, D. (2009). Using private demand studies to calculate socially optimal vaccine subsidies in developing countries. *Journal of Policy Analysis and Management, 28*(1), 6-28.

Cook, J., Jeuland, M., Maskery, B., & Whittington, D. (2012). Giving stated preference respondents "time to think": results from four countries. *Environmental and Resource Economics, 51*(4), 473-496.

Cravioto, A., Lanata, C., Lantagne, D., & Nair, G. (2011). Final Report of the Independent Panel of Experts on the Cholera Outbreak in Haiti. Nations Unies. 1–32.

Deen, J. L., Von Seidlein, L., Sur, D., Agtini, M., Lucas, M. E., Lopez, A. L., Kim, D. R., Ali, M., & Clemens, J. D. (2008). The high burden of cholera in children: comparison of incidence from endemic areas in Asia and Africa. *PLoS Negl Trop Dis, 2*(2), e173.

Desai, S. N., Pezzoli, L., Martin, S., Costa, A., Rodriguez, C., Legros, D., & Perea, W. (2016). A second affordable oral cholera vaccine: implications for the global vaccine stockpile. *The Lancet Global Health, 4*(4), e223-e224. doi:http://dx.doi.org/10.1016/S2214-109X(16)00037-1

Farmer, P., Almazor, C. P., Bahnsen, E. T., Barry, D., Bazile, J., Bloom, B. R., Bose, N., Brewer, T., Calderwood, S. B., Clemens, J. D., Cravioto, A., Eustache, E., Jerome, G, Gupta, N., Harris, J. B., Hiatt, H. H., Holstein, C., Hotez, P. J., Ivers, L. C., Kerry, V. B., Koenig, S. P., LaRocque, R. C., Leandre, F., Lambert, W., Lyon, E., Mekalanos, J. J., Mukherjee, J. S., Oswald, C., Pape, J., Prosper, A. G., Rabinovich, R., Raymonville, M., Rejouit, J.,

Ronan, L, J., Rosenberg, M. L., Ryan., E. T., Sachs, J. D., Sack, D. A., Surena, C., Suri, A. A., Ternier, R., Waldor, M. K., Walton, D., & Weigel, J. L (2011). Meeting Cholera's Challenge to Haiti and the World: A Joint Statement on Cholera Prevention and Care. PLoS Negl Trop Dis 5(5): e1145. doi:10.1371/ journal.pntd.0001145

GAVI. (8 novembre 2016). *Cholera vaccination campaign kicks off in Haiti.* Extrait le 5 mars 2017 de http://www.gavi.org/library/news/gavi-features/2016/cholera-vaccination-campaign-kicks-off-in-haiti/

Haiti Pre-decision Brief: CDC Responds to Cholera Outbreak in Haiti. (2010). Atlanta, États-Unis. Centers for Disease Control (CDC). Extrait le 6 janvier 2017 de https://www.cdc.gov/cholera/haiti/pre-decision-brief.html

Hammitt, J., & Robinson, L. (2011). The Income Elasticity of the Value per Statistical Life: Transferring Estimates between High and Low Income Populations. *Journal of Benefit-Cost Analysis* 2(1): 1-29.

Harnessing Non-State Actors for Better Health for the Poor (HANSHEP) (2014). *Global Health Investment Fund invests in Low-Cost Oral Cholera Vaccine*. Extrait le 18 avril 2017 de http://www.hanshep.org/news-and-events/global-health-investment-fund-invests-in-low-cost-oral-cholera-vaccine

Hendriksen, R. S., Price, L. B., Schupp, J. M., Gillece, J. D., Kaas, R. S., Engelthaler, D. M., Bortolaia, V., Pearson, T., Waters, A. E., Upadhyay, B. P., Shrestha, S. D., Adhikari, S., Shakya, G., Keim, P. S., & Aarestrup, F. M. (2011). Population genetics of Vibrio cholerae from Nepal in 2010: evidence on the origin of the Haitian outbreak. *MBio, 2*(4), e00157-00111.

Institute for Health Metrics and Evaluation (IHME) (2015). GBD Results Tool. Seattle, WA: IHME, University of Washington. Disponible à l'adresse http://ghdx.healthdata.org/gbd-results-tool. (Consulté le 25 décembre 2016)

Ivers, L. C., Hilaire, I. J., Teng, J. E., Almazor, C. P., Jerome, J. G., Ternier, R., Boncy, J., Buteau, J., Murray, M. B., Harris, J. B., & Franke, M. F. (2015). Effectiveness of reactive oral cholera vaccination in rural Haiti: a case-control study and bias-indicator analysis. *The Lancet Global Health, 3*(3), e162-e168.

Ivers, L. C., Teng, J. E., Lascher, J., Raymond, M., Weigel, J., Victor, N., Jerome, J. G., Hilaire, I. J., Almazor, C. P., Ternier, R., Francois, J., Guillaume, F. D., & Farmer, P. E. (2013). Use of Oral Cholera Vaccine in Haiti: A Rural Demonstration Project. *The American Journal of Tropical Medicine and Hygiene, 89*(4), 617–624. http://doi.org/10.4269/ajtmh.13-0183

Ivers, L. C. (2017). Eliminating Cholera Transmission in Haiti. *New England Journal of Medicine, 376*(2), 101-103. doi:doi:10.1056/NEJMp1614104

Jeuland, M., Cook, J., Poulos, C., Clemens, J., & Whittington, D. (2009). Cost-Effectiveness of New-Generation Oral Cholera Vaccines: A Multisite Analysis. *Value in Health, 12*(6), 899-908. doi:http://dx.doi.org/10.1111/j.1524-4733.2009.00562.x

Jeuland, M., Lucas, M., Clemens, J., & Whittington D. (2009) A cost-benefit analysis of cholera vaccination programs in Beira, Mozambique. The World Bank Economic Review 23(2): 235–267.

Jeuland, M., & Whittington, D. (2009). Cost–benefit comparisons of investments in improved water supply and cholera vaccination programs. *Vaccine, 27*(23), 3109-3120. doi:http://dx.doi.org/10.1016/j.vaccine.2009.02.104

Jeuland, M., Radin, M., & Whittington, D. (2017). Economic Costs and Benefits of Three Water and Sanitation Interventions in Rural Haiti. *Copenhagen Consensus Haiti Priorise Project.*

Knetsch J. L., Riyanto, Y. E., & Zong, J. (2012). Gain and loss domains and the choice of welfare measure of positive and negative changes. *J. Benefit-Cost Anal.* 3 (4): 1-18.

Kim, D., Canh, D. G., Poulos, C., Thoa, L. T., Cook, J., Hoa, N. T., Nyamete, A., Thuy, D. T. D., Deen, J., Clemens, J., Thiem, V. D., Anh, D. D., & Whittington, D. (2008). Private demand for cholera vaccines in Hue, Vietnam. *Value in Health, 11*(1), 119-128.

Kirpich, A., Weppelmann, T. A., Yang, Y., Ali, A., Morris Jr, J. G., & Longini, I. M. (2015). Cholera transmission in Ouest Department of Haiti: dynamic modeling and the future of the epidemic. *PLoS Negl Trop Dis, 9*(10), e0004153.

Longini Jr, I. M., Nizam, A., Ali, M., Yunus, M., Shenvi, N., & Clemens, J. D. (2007). Controlling endemic cholera with oral vaccines. *PLoS Med, 4*(11), e336.

Lucas, M. E., Jeuland, M., Deen, J., Lazaro, N., MacMahon, M., Nyamete, A., Barreto, A., von Seidlein, L., Cumbane, A., Songane, F. F., & Whittington, D. (2007). Private demand for cholera vaccines in Beira, Mozambique. *Vaccine, 25*(14), 2599-2609.

Mogasale, V., Ramani, E., Wee, H., & Kim, J. H. (2016) Oral Cholera Vaccination Delivery Cost in Low- and Middle-Income Countries: An Analysis Based on Systematic Review. PLoS Negl Trop Dis 10(12): e0005124. doi:10.1371/journal. pntd.0005124

Morris, J. (2011). Cholera—Modern Pandemic Disease of Ancient Lineage-Volume 17, Number 11—November 2011-Emerging Infectious Disease journal-CDC.

PAHO's Atlas of Cholera Outbreak in la Hispaniola 2010-2016. (29 octobre 2016). Extrait le 15 mars 2017 de http://new.paho.org/hq/images/Atlas_IHR/CholeraHispaniola/atlas.html

Mitchell, C. (28 novembre 2016). Haiti's Ministry of Health successfully vaccinates 729,000 persons against cholera. Extrait le 12 mars 2017 de http://www.paho.org/hq/index.php?option=com_content&view=article&id=12771%3Ahaiti-ministry-of-health-vaccinates-729000-persons-against-cholera&Itemid=135&lang=en

Republic of Haiti: Ministry of Public Health and Population, National Directorate for Water Supply and Sanitation. National Plan for the Elimination of Cholera in Haiti, 2013–2022. Port-au-Prince : République d'Haïti;2013. http://new.paho.org/hq/index.php?option=com_docman&task=doc_download&gid=20326&Itemid=270&lang=eng/

République d'Haïti : Ministère de la santé publique et de la population. (Mai 2015). Rapport Statistique 2014. https://mspp.gouv.ht/site/downloads/Rapport%20Statistique%20MSPP%202014%20version%20web.pdf

République d'Haïti : Ministère de la santé publique et de la population. (Mai 2014). Rapport Statistique 2013. http://www.mspp.gouv.ht/site/downloads/Rapport%20Statistique%20MSPP%202013.pdf

Qadri, F., Wierzba, T. F., Ali, M., Chowdhury, F., Khan, A. I., Saha, A., Khan, I. A., Asaduzzaman, M., Akter, , Khan, A., Begum, Y. A., Bhuiyan, T. R., Khanam, F., Chowdhury, M. I., Islam, T., Chowdhury, A. I., Rahman, A., Siddique, S. A., You, Y. A., Kim, D. R., Siddik, A. U., Saha, N. C., Kabir, A., Cravioto, A., Desai, S. N., Singh, A. P., & Clemens, J. D. (2016). Efficacy of a Single-Dose, Inactivated Oral Cholera Vaccine in Bangladesh. *New England Journal of Medicine, 374*(18), 1723-1732. doi:doi:10.1056/NEJMoa1510330

Rinaldo, A., Bertuzzo, E., Mari, L., Righetto, L., Blokesch, M., Gatto, M., Casagrandi, R., Murray, M., Vesenbeckh, & Rodriguez-Iturbe, I. (2012). Reassessment of the 2010–2011 Haiti cholera outbreak and rainfall-driven multiseason projections. *Proceedings of the National Academy of Sciences of the United*

States of America, 109(17), 6602–6607. http://doi.org/10.1073/pnas.1203333109.

Severe, K., Rouzier, V., Anglade, S. B., Bertil, C., Joseph, P., Deroncelay, A., Mabou, M. M., Wright, P. F., Guillaume, F. D., & Pape, J. W. (2016). Effectiveness of Oral Cholera Vaccine in Haiti: 37-Month Follow-Up. *The American journal of tropical medicine and hygiene* 94(5): 1136-42.

Tappero, J. W., & Tauxe, R. V. (2011). Lessons Learned during Public Health Response to Cholera Epidemic in Haiti and the Dominican Republic. *Emerging Infectious Diseases, 17*(11), 2087–2093. http://doi.org/10.3201/eid1711.110827 Assemblée générale des Nations Unies, 71e session. "Provisional Agenda Item 69 (b): Report of the Special Rapporteur on Extreme Poverty and Human Rights," A/71/367, Official Records. (2016). New York.

Whittington, D., Adamowicz, W., & Lloyd-Smith, P. (2017). Asking Willingness-to-Accept Questions in Stated Preference Surveys: A Review and Research Agenda. À paraître dans *Annual Review of Resource Economics.*

Organisation mondiale de la santé (OMS) (2010) Vaccin contre le choléra : exposé de position de l'OMS. Weekly epidemiological record. OMS, Genève.

WHO Prequalified Vaccines. (2017). Extrait le 1er mars 2017 de https://extranet.who.int/gavi/PQ_Web/

AGRICULTURE ET DESASTRES NATURELS

Améliorer la productivité du riz pour augmenter les revenus en milieu rural et la sécurité alimentaire en Haïti

Travis J. LYBBERT et Abbie TURIANSKY

Commentaire :
Le système de riziculture intensif (SRI) en Haïti : trajectoire, potentiel et perspectives d'avenir

Jean-Rusnel Etienne

Commentaire :
Analyse de la filière rizicole en Haïti à la lumière des discutions autour
des politiques de libéralisation

Camille Chalmers

Estimer les coûts et les avantages des interventions en vue de réduire les pertes post-récolte et d'améliorer l'accès au marché

Romy Reggiani Theodat

Coûts et avantages de l'agroforesterie en Haïti: chaîne de valeur qui comprend l'environnement et la santé[1]

RUOLZ ARISTE[2]

Résumé

Entre 70 % et 95 % de l'énergie utilisée pour la cuisson en Haïti provient des combustibles solides (bois et charbon de bois), ce qui est très préjudiciable pour les forêts du pays. Cet article suggère de s'attaquer, en amont et en aval, à la question de la déforestation. Il identifie trois interventions qui peuvent fonctionner en synergie afin de stimuler la reforestation et contribuer à renforcer la chaîne de valeur de l'agroforesterie en Haïti : l'agrosylviculture optimale ; une infrastructure pour le marché du carbone et l'intensification du biogaz pour la cuisson.

Ces interventions sont évaluées d'un point de vue social et privé en utilisant l'approche de l'analyse coût-avantage (ACA). Un large éventail de services est inclus pour chaque intervention, à savoir : le bois, les agro-cultures, les avantages pour l'environnement, la nutrition et la santé pour la première ; le bois et les avantages pour l'environnement pour la deuxième ; et le gaz naturel, les boues, les avantages pour l'environnement et la santé pour la troisième. Le captage du carbone est l'avantage environnemental commun à l'ensemble de ces trois interventions. Les ratios avantage-coût sont respectivement de 2,99 et 2,18 pour les interventions sur l'agrosylviculture optimale et l'intensification du biogaz. Tout de même, les coûts quotidiens pour les ménages utilisant le gaz naturel sont estimés être respectivement 38 % et 21 % plus faible qu'avec le charbon de bois et le propane. Une infrastructure pour le marché du carbone a un ratio avantage-coût (RAC) de 1,29 au taux d'actualisation de 5 %.

Introduction et contexte

Les dirigeants mondiaux lors du sommet des Nations Unies (ONU) sur le développement durable se sont mis d'accord sur un plan d'action en septembre 2015 *Transformer notre monde : le*

1 L'auteur tient à remercier **Brad Wong**, PhD, économiste en chef et **Nancy Dubosse** PhD, chef de projet, tous deux du Copenhagen Consensus Center (CCC) ; **Alistair McVittie** PhD., économiste des services écosystémiques du Scotland's Rural College ; **Budry Bayard**, PhD et **Philippe Mathieu**, Agr, tous deux de Agroconsult Haïti SA ; **Jean-Rusnel Etienne**, Agr, Expert sectoriel pour leur assistance à la collecte de données ou leurs commentaires utiles sur les versions précédentes du présent article. Toutefois, les opinions exprimées dans le document sont celles de l'auteur et ne reflètent pas celles de toute institution ou de toute autre personne.

2 Université Laval et UQO, Canada.

programme de développement durable à l'horizon 2030 (ONU, 2015). Ce plan souligne la nécessité d'étapes audacieuses et de transformation pour faire avancer le monde sur une trajectoire durable et résistante. Il comporte 17 Objectifs de Développement Durable (ODD) et met l'accent sur leur caractère intégré ; ce qui démontre l'ampleur et l'ambition du plan. Deux de ces 17 ODD (ODD 2 et 15) sont particulièrement pertinents pour l'agroforesterie. Spécifiquement l'ODD 2.4 stipule que : « À l'horizon 2030, assurer des systèmes de production alimentaire durables et mettre en œuvre des pratiques agricoles résistantes qui augmentent la productivité et la production, qui aident à maintenir des écosystèmes, qui renforcent la capacité d'adaptation au changement climatique, aux phénomènes météorologiques extrêmes, à la sécheresse, aux inondations et à d'autres catastrophes et qui progressivement améliorent la qualité des terres et du sol. » En ce qui concerne l'ODD 15, elle stipule : « Protéger, restaurer et promouvoir l'utilisation durable des écosystèmes terrestres, gérer durablement les forêts, lutter contre la désertification et arrêter et inverser le processus de dégradation des terres et stopper la perte de biodiversité. ».

Malgré tout, entre 70 % et 95 % de l'énergie utilisée pour la cuisson en Haïti provient des combustibles solides (bois et charbon de bois), selon respectivement le rapport annuel de l'UNEP (2011) et Haïti *Enquête Mortalité, Morbidité et Utilisation des Services* (EMMUS) de Cayemittes et al. (2013). Étant donné qu'il n'y a eu aucun programme systématique pour utiliser cette source d'énergie de manière efficace et pour la renouveler, cette situation est très préjudiciable pour les forêts du pays. Aujourd'hui, la superficie forestière originelle n'est que de 3,5 %, selon la FAO (2015a), alors que d'autres sources la placent jusqu'à 30 % (Church *et al.*, 2014). Les efforts déployés par le gouvernement haïtien, à travers le Ministère de l'Environnement, démontrent sa volonté de s'attaquer au problème de la déforestation en se penchant sur la production de charbon de bois et des prédateurs de l'environnement. Le problème a été traditionnellement abordé en ayant recours à des mesures répressives. De toute évidence, compte tenu de la situation actuelle, l'utilisation du pouvoir coercitif n'a pas donné les résultats escomptés. Il convient d'examiner également le pouvoir de convaincre, tel que véhiculé par les nouveaux modes de gouvernance (OMS, 2011).

Les causes de la déforestation en Haïti sont complexes. L'insécurité foncière est celle qui est particulièrement étudiée. Les agriculteurs n'ont pas intérêt à s'engager dans des pratiques agricoles durables, étant donné qu'ils font face à de l'incertitude à moyen et à long terme en raison du système de bail indirect (de-mwatyé), ils sont plus préoccupés par les besoins à court terme, comme fournir de la nourriture et des vêtements à leurs familles. Par conséquent, ils pratiquent une agriculture minière (Hilaire, 1995). Ils diversifient leurs sources de revenus (bétail, production de charbon, main-d'œuvre pour d'autres agriculteurs, etc.) pour lutter contre la pauvreté et les inégalités. Ils privilégient les activités non forestières, même sur les pentes raides, signifiant des revenus plus fréquents au détriment de la stabilité des sols.

Dans ce contexte, le présent document suggère de s'attaquer, en amont et en aval, à la question de la déforestation. Il identifie trois interventions pouvant stimuler la reforestation et contribuer à renforcer la chaîne de valeur de l'agroforesterie en Haïti.

Une agrosylviculture optimale, une infrastructure pour le marché du carbone et l'intensification du biogaz pour la cuisson. L'agrosylviculture est un système d'administration de l'utilisation des terres dans lequel les arbres sont cultivés autour ou entre les cultures ou les pâturages. Elle peut être gérée afin d'être connectée à différents marchés des produits de grande valeur, y compris des marchés non traditionnels comme celui du carbone. L'essence sélectionnée pour la première intervention est le moringa ou benzoliv en créole (Moringa olifeira). Cet arbre est en grande partie autonome, il est donc idéal pour les agriculteurs haïtiens. C'est une essence à croissance rapide connue pour être comestible (feuilles et gousses), en plus d'avoir des avantages pour l'environnement et pour la santé. La culture agricole considérée est celle de l'arachide, également appelé cacahuète (pistach en créole). C'est une source de nourriture et de revenus dans les zones rurales d'Haïti. En choisissant le moringa comme essence privilégiée pour la forêt, deux questions cruciales sont abordées en Haïti : la sécurité alimentaire et la pauvreté. Bien qu'une seule culture soit représentée pour cette intervention, une rotation est recommandée afin d'améliorer la fertilité des sols. Parmi les autres cultures agricoles on trouve : le sorgho, le maïs, les haricots, la canne à sucre, le café et le vétiver.

1. Une infrastructure pour le marché du carbone (avec une documentation certifiée, des processus et des régulations) est nécessaire afin de connecter la nouvelle zone de boisement au marché international du carbone. N'importe quelle essence adaptée aux terres marginalisées pourrait être choisie par les agriculteurs.
2. Du biogaz pour la cuisson. Le biogaz fait référence à un mélange de différents gaz (environ 55 à 65 % de méthane, CH_4) produit par la décomposition des matières organiques en l'absence d'oxygène. Une fois que le biogaz est épuré, on l'appelle gaz naturel ou GNL (gaz naturel liquéfié) avec 95 % de méthane. Étant donné que le biogaz est un substitut du charbon de bois, exploiter le potentiel de cette source locale d'énergie finira par faire baisser la pression sur la déforestation. C'est un soutien indirect à la promotion de la reforestation en Haïti.

Il est à noter que les premières et deuxièmes interventions doivent être mises en œuvre dans les zones rurales et représentent ainsi, celles en amont. En ce qui concerne la troisième intervention, ce sont les biogaz au niveau industriel dans les zones urbaines qui sont considérés dans cette étude ; par conséquent, elle représente celle en aval.

Examen de la littérature

Intervention 1: agrosylviculture

Parmi les nombreuses essences forestières différentes, il est intéressant de noter l'intérêt pour le moringa dans les organismes de développement international, en particulier ceux liés au système des Nations Unies (FAO, UNICEF, PAM).[3] La FAO mentionne le moringa comme un atout pour lutter contre la désertification, la protection des cultures dans les zones arides et pour contribuer à améliorer la sécurité alimentaire chez les ménages ruraux et périurbains (disponibilité accrue d'une haute valeur nutritionnelle sur de longues périodes pendant toute l'année, meilleur revenu par le biais de la vente de la production et mise en place de petites unités de traitement des produits de la plante). Aujourd'hui, ces organismes voient le moringa comme un moyen de lutte contre la malnutrition dans le monde, particulièrement en Afrique, en Asie et dans une moindre mesure en Amérique (FAO, 2016 ; WFC, 2015)[4].

---

3 FAO: Organisation des Nations Unis pour l'alimentation et l'agriculture; UNICEF: Fonds des Nations unis pour l'enfance (anciennement UN International Children's Emergency Fund); PAM: Programme alimentaire mondial.

4 Le World Forestry Congress (WFC) est un événement clé pour la communauté internationale de la sylviculture. Elle est organisée conjointement par la FAO et le pays hôte, et a lieu tous les 6 ans.

Il est important de mettre l'accent sur la mise en place de mécanismes financiers pour le développement du secteur par des groupes financiers internationaux comme le Fonds Moringa. Selon le document MARNDR-BRH (2016) préparé par Agroconsult Haïti SA, ce fonds d'investissement a un objectif d'investissement final de 100 millions d'euros (€). La zone d'investissement ciblée par ce fonds est l'Amérique latine et l'Afrique (sud du Sahara). Le fonds investit de 4 à 10 millions € par an dans des projets rentables d'agroforesterie, à grande échelle avec des impacts environnementaux et sociaux élevés. Il est à noter qu'en 2014, la Banque africaine de développement (BAD) a investi 10 millions € dans le Fonds Moringa.

Le moringa est connu en Haïti depuis plus d'un siècle, mais a été en grande partie négligé. Depuis les années 1980, la région de Limonade / Quartier Morin, dans le département du Nord, a la plus forte concentration de cet arbre, qui est bien intégré aux systèmes de cultures et de bétail dans cette région. Durant les années 1990, des institutions comme le Pan-American Development Fund (PADF), le Mouvement Paysan Papaye (MPP) et d'autres acteurs ont encouragé la production de moringa dans plusieurs régions du pays (MARNDR-BRH, 2016). C'est seulement en 2013 que la culture du moringa a connu un regain d'intérêt dans tout le pays avec la campagne de promotion lancée dans le cadre du programme national pour la culture et l'utilisation du moringa oleifera avec le soutien de la Commission Nationale de Lutte contre la Faim et la Malnutrition (COLFAM) en coordination avec le MARNDR , ministère de la Santé publique et de la Population (MSPP) et le ministère de l'Environnement (MDE). Aujourd'hui, l'arbre se trouve présent à différents niveaux dans tous les départements du pays (MARNDR-BRH, 2016 ; Tableau 13 et Figure 1). En outre, le ministère de l'Éducation Nationale et de la Formation Professionnelle (MENFP), en partenariat avec l'UNICEF, le PAM et de nombreuses autres organisations, a récemment intégré la poudre de moringa dans son programme de cantine scolaire (MENFP, 2016).

Intervention 2: infrastructure du marché du carbone

La deuxième intervention a aussi une importance au niveau international. Selon la Banque mondiale (2014), environ 40 juridictions nationales et plus de 20 juridictions infranationales (y compris les États-Unis et la Chine : les deux émetteurs les plus importants au monde) ont établi un prix du carbone. « Ensemble, ces instruments de tarification du carbone couvrent presque 6 Gt CO_2 ou environ 12 % des émissions annuelles mondiales de GES. » Les dirigeants s'unissent actuellement, via le Carbon Pricing Leadership Coalition (CPLC, 2015), en prônant un prix du carbone. Convoqué par le Président du groupe de la Banque mondiale et le directeur général du Fonds monétaire international, ce panel pour un prix du carbone inclut des membres éminents et il est rejoint dans cette démarche par le Secrétaire général de l'OCDE.

Pendant ce temps, des structures sont en place pour relier des exploitants forestiers dans le monde entier au marché international du carbone. Par exemple, le programme Verified Carbon Standard (VCS) développe et gère des normes et des cadres pour examiner minutieusement les efforts de développement environnemental et durable, pour renforcer leurs capacités et les associer à un financement. En assurant des normes solides, pratiques et transparentes, VCS peut quantifier les avantages et encourager des investissements dans des projets et des programmes responsables, à haute performance (VCS, 2016). Des cabinets de consultants, comme Winrock International[5]sont créés pour aider les agriculteurs dans ce processus.

5 https://www.winrock.org/about/

Malgré cet effort, le prix de marché du carbone sur le marché international a tendance à diminuer jusqu'au point qu'il est actuellement inférieur au prix social du carbone avec un taux d'actualisation raisonnable. En fait, le prix actuel à l'European Climate Exchange (ECX) est de 4,30 € (ou environ 4,60 $US) par tonne de CO_2 équivalent, il était à son plus haut à 9,43 € (ou environ 11,90 $US) en 2012. Il est à noter qu'avec un taux d'actualisation de 3 % et 5 %, le coût social du carbone est respectivement de 22,9 $US/t CO_2 et 5,18 $US (Tor, 2011).

Au meilleur de nos connaissances, une infrastructure de marché du carbone n'a pas encore une place de premier plan en Haïti. Toutefois, le gouvernement haïtien a présenté son nouveau plan d'action climatique à la Convention-cadre des Nations Unies sur les changements climatiques (CCNUCC). Dans cette Contribution Prévue Déterminée au niveau National (CPDN), le pays envisage d'accéder aux marchés du carbone afin de financer une partie des mesures conditionnelles de sa contribution (MDE, 2015). Les autres objectifs de cette CPDN associées à nos interventions comprennent : 1) réduire les émissions de GES du pays entre 5 % et 31 % par rapport au scénario de référence d'ici 2030 ; 2) semer 137 500 hectares (ha) de forêt d'ici 2030 en privilégiant les essences locales (dont 100 000 ha sous condition entre 2020 et 2030) et 3) réduire la consommation de combustibles solides de 32 % d'ici 2030.

Intervention 3: intensification du biogaz pour la cuisson

Enfin, avec la capacité de production mondiale en place de plus de 800 milliards pi^3/an représentant près de 14,5 GW de capacités de production d'énergie renouvelable, le biogaz est monté en puissance au niveau international (Pike Research, 2012) [6]. Le marché en pleine croissance a atteint 17,3 milliards $ de revenu global en 2011. Malgré tout, le biogaz reste un acteur relativement mineur au sein de la bioénergie dans le monde. Au niveau régional en 2012, on a estimé à 576 centres d'enfouissement des déchets à travers les États-Unis, qui ont capté du biogaz issu de déchets en décomposition. Pendant ce temps, plus de 7 000 installations de digesteurs anaérobies de ferme (DA) dans toute l'Allemagne ont produit environ 2 291 mégawatts (MW) de puissance à partir de fumier et des résidus agricoles. Au moins 11 milliards de pieds cube par an de capacité de production de gaz naturel renouvelable (GNR) étaient attendus à la fin de l'année 2012. Même si la production de biogaz est la plus élevée en Europe, elle est également relativement importante en Amérique du Nord et en Asie Pacifique.

Tandis que les opportunités abondent, les prix faibles du gaz naturel devraient entraver la croissance du marché. Passant d'un pic de 8,9 $/ MBTU[7] en 2005 et 2008, il est à un creux de 2,4 $/MBTU actuellement. Cela correspond à un pic de 0,314 $/m^3 et à un creux de 0,085 $/m^3. Pour mettre cela en perspective, le prix du propane est corrélé au prix du gaz naturel, avec la même tendance baissière récente (d'un pic d'environ 1,50 $/ gallon en 2008 et en 2011 à un creux de 0,47 $/ gallon actuellement).

Il y a eu quelques projets récents sur les biogaz en Haïti. Ils sont mis en œuvre par certaines organisations intergouvernementales (OIG), par des organisations non gouvernementales internationales (ONGI), par le gouvernement haïtien ou par une combinaison de ces entités. Entre autres, on peut mentionner : un projet pilote intitulé « Communauté du biogaz et modernisation des toilettes latrines publiques », qui a débuté en 2008 ; un projet pilote de coopération multipartite a débuté en décembre 2009 — Université Quisqueya (Haïti), Institut National des Sciences Appliquées (INSA) de Lyon (France), Société de Rhum Barbancourt (Haïti) et d'autres;

6 1 m^3 (@ 101.325 kPaa and 15° C) = 35.3147 pied cube (cf) gaz naturel (@ 14.73 psia et 60° F).

l'initiative Development Innovation Ventures (DIV) ; les deux unités de production de biogaz construites par Viva Rio (une ONG brésilienne) pour la communauté de Kay Nou, un camp pour les victimes de tremblement de terre de 2010 ; la DINEPA (2010) une stratégie pour les biogaz bénéficiant de l'appui d'un groupe de travail technique sur les biogaz avec des membres de grandes organisations telles que l'USAID (United States Agency for International Development), le PNUE (programme des Nations Unies pour l'environnement), l'UNICEF (fonds des Nations Unies pour l'enfance), l'UNOPS (Bureau des Nations Unies pour les services d'appui aux projets) et Viva Rio ; l'installation aménagée à la Cité Soleil par le bataillon brésilien des Nations Unies pour convertir les déchets humains en biogaz. Il est à noter que toutes ces interventions ont un statut de pilote ou de projet ; aucun n'a été conçu comme (ou converti en) un programme[7].

Calculs des coûts et des avantages

Les coûts et avantages utilisées dans cette analyse proviennent d'une grande variété de sources, en fonction des interventions.

Intervention 1 : agrosylviculture optimale

Nous avons pris en compte deux catégories de coûts : la main d'œuvre (nettoyage, labourage, plantation, désherbage, récolte) et d'autres coûts (terre, semis, installation des clôtures, transport, promotion et formation). Parce que l'arbre est le composant principal de cette intervention qui se déroule principalement sur les terres non irriguées, des intrants généralement utilisés pour augmenter le rendement des cultures, tels que les semences améliorées et les engrais, n'ont pas été pris en considération.

Tableau 1 : Répartition des coûts annuels incrémentaux pour l'intervention sur l'agrosylviculture optimale

Type de coût	Coût total année 1 (en millions HTG)	Coût total les années suivantes (en millions HTG)
Location des terres et coût supplémentaire	484,93	484,93
Promotion et formation	75,65	15.13
Main d'oeuvre	28 520,89	19 946,99
Transports feuilles de moringa	1 210,44	1210,44
Transports gousses de moringa	1 815,65	1815,65
Transports arachide	469,55	469,55
Total	32 577,10	23 942,66

Source : Compilation de l'auteur et MARNDR-BRH (2016)

Il est à noter que l'intervention couvre 257 000 petits agriculteurs sur 252,174 ha, ce qui représente 9,2 % de la couverture forestière supplémentaire. Elle exclut la savane et les terrains rocheux. La durée du programme est de 20 ans.

7 Ariste (2015)

Les avantages directs incluent les revenus issus de la vente des feuilles, des graines et du bois de moringa, ainsi que des cacahuètes. La forêt offre un ensemble diversifié d'habitats pour les plantes, les animaux et les micro-organismes. Par conséquent, la forêt détient la majorité des espèces terrestres du monde et doit également être évaluée pour sa biodiversité. Tao et al. (2012) estiment que les répondants paieraient pour la restauration et la protection de la forêt environ 238 yuans par mu par an (environ 558 $ US par ha par an [8]) en Chine alors que cette valeur est environ 9 $ US en Tanzanie (Schaafsma et al., 2014). Ces valeurs représentent respectivement environ 8,2 % et 1,3 % du PIB de ces pays. Il a été considéré que la volonté de payer pour la biodiversité en Haïti est de 4,7 % du PIB du pays (moyenne des valeurs en Chine et en Tanzanie) ; ce qui correspond à 1 711 HTG/ha.

Cette intervention comprend également des avantages indirects incrémentaux : environnementaux (puits de carbone, biodiversité et régulation) et pour la santé. La régulation des services comme avantage environnemental inclut plusieurs composantes (débit de l'eau, prévention de l'érosion, modération des perturbations, traitement des eaux usées, pollinisation, entretien de la fertilité du sol). Quant aux avantages pour la santé, le moringa a le potentiel de réduire la malnutrition maternelle et infantile. Selon Enquête démographique et sanitaire par Cayemittes et al., 2013), il y a eu 88 décès pour 1 000 naissances vivantes avant l'âge de 5 ans en Haïti[9]. Nous supposons que la consommation de feuilles et de gousses de moringa peut fournir 30 % de la réduction de 14 % du taux de mortalité des moins de 5 ans délivré par l'intervention (Mahmood et al., 2010 ; Lubina et al., 2015). La malnutrition chronique peut aussi provoquer un retard de croissance, ce qui est relativement répandu en Haïti, 22 % chez les enfants de moins de 5 ans (USAID, 2014). Même si le retard de croissance habituellement ne pose pas de menace immédiate pour la vie, des études ont montré qu'elle réduit le revenu salarial plus tard dans la vie. Horton et Steckel (2013) ont découvert que la taille adulte finale était reliée aux salaires, l'augmentation médiane étant de 4,5 %[10].

Tableau 2 : Répartition des avantages annuels incrémentaux pour l'intervention d'agrosylviculture optimale

Type d'avantage	Avantages (HTG/ha)	Montant total des avantages (HTG millions)
Total privé	279 987	70 605,5
Total social	17 172	4 330,4
Total général	297 159	74 935,9

Source : Compilation de l'auteur. Taux d'actualisation de 5 %

8 En utilisant les paramètres de conversion: 1 ha = 15 mu et $US 1 = 6.4 yuan.

9 Ce qui est un taux de mortalité infantile et pour les enfants élevé par rapport au taux en Amérique latine et dans les Caraïbes de respectivement 24 et 18 décès pour 1000 en 2010 et 2015 (ONU IGME, 2015).

10 Les autre 80 % de réduction nécessitent des changements pour les déterminants fondamentaux de la nutrition, telles que l'augmentation de la production agricole, une plus grande autonomisation des femmes, des investissements dans les installations sanitaires, etc.

L'intervention 2 : infrastructure pour le marché du carbone

Le coût total pour cette intervention comprend les coûts pour les secteurs publics et privés. Les coûts pour le secteur public sont liés à l'infrastructure d'un marché du carbone elle-même tandis que les coûts pour le secteur privé sont liés aux activités de plantation des arbres la première année. La zone d'intervention couvre 256 000 petits exploitants agricoles sur 250 796 ha et propose de réduire les émissions de GES de 2,26 millions de tonnes de CO_2 EQ. Les coûts pour le secteur privé pour cette intervention comprennent le coût de location des terres, le labourage, le semis et la plantation. Le coût pour la plantation des arbres est plus élevé dans ces terres rocailleuses marginalisées. Nous supposons un taux de réussite de 25 % pour les semis, le coût de labourage et la plantation de l'arbre lui-même qui est 2,5 fois plus élevé que sur des terres typiquement non-marginalisées [11]. Après la première année, le terrain est laissé à lui-même ; aucun coût de désherbage n'est considéré.

Tableau 3 : Répartition des coûts annuels pour l'intervention sur une infrastructure de marché du carbone

Type de coût	Coût total année 1 (HTG millions)	Coût total les années suivantes (HTG millions)
Total du coût pour le privé	27 342,5	482,3
Total du coût social	1 545	1 039
Total des coûts sociaux et pour le privé	28 887,5	1 521,3

Source : Compilation de l'auteur.

En ce qui concerne les avantages, ils sont considérés à deux niveaux : privé et social.

Tableau 4 : Répartition des avantages pour l'intervention sur une infrastructure pour le marché du carbone (HTG/an)

Type d'avantages	Avantages (HTG/ha)	Montant total des avantages (HTG millions)
Total pour le privé	9 448,4	2 369,6
Total social, d.r. de 5 %	8 934,0	2 240,5
Total général (privé + social)	18 382,4	4 610,1

Source : Compilation de l'auteur.

Le paiement récurrent de réduction du carbone est basé sur le prix du carbone observé sur le marché ECX. C'est un coût social pour le public et un avantage privé pour les propriétaires des terres marginalisées avec des arbres existants sur leur propriété. Ainsi, il met en évidence les incitations aux propriétaires de ces terrains nus et le transfert des ressources de la société vers eux, même si tout cela s'annule lors du calcul avantage-coût. Notez que le captage du carbone est

11 La réussite des semis a été de 40 % dans un projet de l'USAID (1990). La communication avec des spécialistes en agroforesterie confirme qu'il est beaucoup plus coûteux de planter des arbres dans des terres marginalisées. Par exemple, un trou plus grand et plus profond doit être creusé.

également inclus comme un avantage social qui est évalué, non pas à partir du prix du carbone sur le marché ECX, mais à partir du coût social du carbone comme pour l'intervention d'agroforesterie. Pour cette intervention, le bois est vendu comme poteau après 20 ans.

L'évaluation des avantages sur la biodiversité et la régulation s'effectue comme indiqué dans l'intervention précédente.

Intervention 3 : l'intensification du biogaz pour la cuisson

Les coûts comprennent les coûts d'installation des digesteurs et les coûts d'exploitation et de maintenance tels que la main d'œuvre, les pièces de rechange, et les coûts des kits cuisinières. La durée de vie d'une usine a été estimée à 20 ans comme dans Lacour (2012). Les coûts d'exploitation / d'entretien ont été estimés à 3 % des coûts d'installation en tenant compte de la collecte, du transport et du tri final des déchets organiques - un pourcentage beaucoup plus élevé que dans Lacour (2012). On estime à 9 millions (3 millions de matière sèche) de déchets organiques disponibles comme matière première en 2008 au niveau national (Lacour, 2012). Cette matière première est composée de différents types, y compris : les déchets organiques ménagers, les résidus de récolte et les déjections animales de la ferme. Le tableau 5 fournit une répartition de ces coûts.

Tableau 5 : Répartition des coûts annuels de l'intervention sur l'intensification du biogaz, HTG millions

Type de coûts	Coût année 1	Coût les années suivantes
Location des terres	0,3	0,3
Installation de l'usine	78 739,7	0
Coût annuel de fonctionnement et d'entretien des usines	0	2362,2
Kit cuisinière GNL (tous les 7 ans)	2 357,5	2 357,5
Entretien de la cuisinière GNL	0	3.4
Promotion du programme et formation	317,4	0
Surveillance du programme et la formation	0	63,5
Assurance	0	952,0
Capital	0	787,4
Cuisinière à charbon (tous les 3 ans) - scénario contrefactuel	67,1	67,1
Total coûts incrémentaux	**81 347,9**	**6 459,2**

Source : Compilation de l'auteur.

Pour les avantages privés, le produit final à être vendu sur le marché est le gaz naturel (GN), qui représente généralement environ 50 à 60 % de la production de biogaz, mais pourrait théoriquement atteindre jusqu'à 70 % (Dai et al 2016)[12]. Pour être conservateur, on a supposé une

12 Cette source suggère que la teneur en méthane pourrait théoriquement atteindre jusqu'à 74 % du contenu du biogaz. Cependant, le contenu du GN est de 95 % de méthane.

teneur en GN de 50 % ; ce qui donne 350 millions de m3 de GN. Le processus de biogaz produit également des boues qui peuvent être utilisées comme engrais organique.

Le gaz de pétrole liquéfié (GPL ou propane) est moins cher que le charbon, même lorsque ce dernier est utilisé avec une cuisinière améliorée [13]. Cependant, la majorité de la population continue d'utiliser du charbon de bois en raison du coût élevé d'un kit de démarrage au propane. Notre observation sur le terrain suggère que les ménages relativement aisés utilisent plus le propane. Le programme de biogaz est destiné à remplacer le charbon de bois et à empêcher l'expansion du propane ; un carburant importé avec des émissions de GES plus élevées que le méthane.

Tableau 6. Comparatif du coût (HTG) de l'utilisation de différents carburants substituables pour cuisiner

Carburant	Coût unitaire (HTG/kg)	Pouvoir calorifique (MJ/kg)	Rendement (%)	Coût par énergie effective (HTG/MJ)	Consommation mensuelle (kg)	Coût mensuel (HTG)
Charbon de bois	24,00	31,0	25	3,11	79,52	1 909
GPL (Propane)	57,51	42,5	55	2,46	26,32	1 514
GNL	72,22	51,8	74	1,88	15,87	1 146

Source : Adapté de Angelier (2005, tableau 13) et estimation de l'auteur pour le GNL.

Le GNL est environ 21 % moins cher que le coût pour le besoin quotidien de GPL, et le GNL est environ 38 % moins cher que le charbon et montre l'inefficacité relative du charbon de bois, tant en termes d'énergie que de coût[28].

Les avantages sociaux incluent la santé, l'environnement et la réduction du temps pour la cuisson. La pollution de l'air domestique (PAD) est un grave problème de santé en Haïti. La récente parution de Global Burden of Disease 2015 (GBD 2015) rapporte qu'environ 8 400 personnes sont mortes de PAD en 2015, rendant la pollution de l'air le quatrième plus important facteur de risque dans le pays en termes de décès ou d'invalidité [14]. Avec 16 % des besoins en énergie couverts par l'intervention, cela suggère que la réduction en % des décès par PAD est de 6,4 % (soit 538 personnes).

À l'instar de cuisinières GPL, les cuisinières GNL ont tendance à offrir des économies substantielles pour le temps de cuisson. Dans cette analyse, nous appliquons un gain de temps de cuisson de 40 minutes avec l'utilisation du GNL comparé à une cuisinière non améliorée.

13 Pour 1 909 HTG de dépenses mensuelles pour le charbon de bois, on suppose qu'une cuisinière améliorée est utilisée. Si la cuisinière traditionnelle avec un rendement de 20 % est utilisée, les dépenses mensuelles pour le charbon de bois seraient plus élevées. Toutefois, la cuisinière à charbon améliorée prend plus de temps pour faire bouillir de l'eau que la cuisinière traditionnelle (Booker et al 2011).

14 Parmi les trois principaux facteurs de risque on trouve : la malnutrition maternelle et infantile, les rapports sexuels non protégés et l'hypertension artérielle. http://www.healthdata.org/haiti

Tableau 7 : Répartition des avantages la première année de fonctionnement de l'intervention d'intensification du biogaz

Type d'avantages prestations	Montant total (HTG millions)
Total privé incrémental	22 068,1
Total social, de 5 % d.r.	1 497,7
Total général	23 565,8

Source : Compilation de l'auteur.

Ratios avantage-coût

Les avantages et les coûts rapportés ci-après sont en milliards HTG pour chacune des trois interventions au cours d'une période de 20 ans. Pour l'intervention sur l'agrosylviculture, les résultats ne sont pas manifestement sensibles au taux d'actualisation utilisé, malgré une période longue de 20 ans (un taux d'actualisation plus élevé donne une plus faible VAN des avantages). C'est parce que la plupart des avantages (vente de gousses et de feuilles de moringa et ainsi que des arachides) sont disponibles sur une base annuelle pendant toute la durée du programme.

Tableau 8 : Tableau récapitulatif du RAC (DALY à 3 x GDP par habitant)

Interventions	Actualisation	Avantages (milliards HTG)	Coût (milliards HTG)	RAC	Qualité des éléments de preuve
Agrosylviculture	3 %	1 190,07	375,53	3,17	Moyenne
	5 %	963,12	321,93	2,99	
	12 %	595,41	208,93	2,85	
Infrastructure de prix du carbone	3 %	108,03	43,37	2,49	Limitée
	5 %	51,47	39,96	1,29	
	12 %	23,44	32,78	0,72	
Intensification du biogaz	3 %	385,89	142,90	2,70	Moyenne
	5 %	290,20	132,97	2,18	
	12 %	166,27	112,02	1,48	

Source : Calculs de l'auteur

La situation est différente pour l'infrastructure pour le marché du carbone : l'intervention n'est pas viable au taux d'actualisation le plus élevé. L'incidence plus forte des taux d'actualisation vient du fait que la plupart des avantages de cette intervention (vente de bois) sont seulement disponible à la fin.

Pour l'intensification du biogaz, l'intervention est viable à n'importe lequel de ces trois taux d'actualisation. Il convient de noter que le scénario de prix moyen pour le gaz naturel, les coûts quotidiens pour les ménages utilisant le gaz naturel sont estimés à respectivement 38 % et 21 % plus faibles que ceux du charbon de bois et du propane.

Discussion générale

Pratiquement tous les coûts des interventions sur l'agrosylviculture et l'intensification du biogaz sont assumés par le secteur privé, représentant environ 95 % du montant total des avantages. Pour l'intervention sur l'agrosylviculture, les avantages privés proviennent principalement de la vente de produits non-ligneux : gousses de moringa et cultures (arachides) qui génèrent 92 % des avantages privés (le bois compte pour seulement 4 %).[15]

Pour les deux premières interventions, la majeure partie des coûts sont associés à la main d'œuvre (à titre d'exemple pour la première intervention 87,5 % l'année 1 et 83,3 % les années suivantes). Cela soulève la question de savoir comment la main d'œuvre doit être prise en compte dans l'analyse. On pourrait soutenir que, comme les petits exploitants, ces agriculteurs seraient vraisemblablement engagés dans des activités agricoles dans tous les cas, que l'évaluation correcte est de considérer le travail supplémentaire associé à l'intervention contrefactuelle (c'est-à-dire les activités existantes y compris tout revenu non agricole sacrifié).

Les avantages sociaux pour l'agrosylviculture représentent juste un peu plus de 5 % du montant total des avantages. Environ 48 % de ces avantages proviennent précisément de la réduction de la malnutrition maternelle et infantile. Les autres viennent de la régulation des services (25 %), du carbone (17 %) et de la biodiversité (10 %).

En ce qui concerne la deuxième intervention (infrastructure pour le marché du carbone), les avantages privés représentent un peu plus de la moitié (51 %) du montant total des avantages (rappelons que les coûts privés sont d'environ 95 % la première année, mais chutent à 32 % les années suivantes ; c'est à dire les coûts sociaux comptent pour 68 % du total des coûts après la première année). Les avantages privés proviennent essentiellement de la vente de bois (56 %), tandis que les paiements pour les produits non-ligneux (carbone) comptent pour les 44 % restants. Les avantages sociaux pour cette intervention (avec une part de juste un peu moins de la moitié des avantages totaux) viennent de la régulation des services (48 %), du carbone (33 %) et de la biodiversité (19 %).

Enfin, pour l'intervention sur l'intensification du biogaz, les avantages privés sont partagés entre les promoteurs de biogaz (75 %) et les ménages (25 %), ils proviennent pour la plupart de la vente de gaz naturel par les promoteurs et de l'énergie économisée par les ménages en basculant du charbon de bois au GN. Les avantages sociaux pour cette intervention proviennent principalement de la santé, notamment la réduction des PAD (58 %) et du carbone (42 %).

Conclusion

Cet article suggère de s'attaquer, en amont et en aval, à la question de la déforestation. Il identifie trois interventions qui peuvent stimuler la reforestation et contribuer à renforcer la chaîne de valeur de l'agroforesterie en Haïti : l'agrosylviculture optimale, une infrastructure pour le marché

15 Les 4 % restant proviennent de la vente des feuilles de moringa.

du carbone et l'intensification du biogaz pour la cuisson. Avec un taux d'actualisation de 5 %, nous avons trouvé un RAC de respectivement 2,99 ; 1,29 et 2,18 pour les interventions sur l'agro-sylviculture, l'infrastructure du marché du carbone et le biogaz.

Le RAC présenté pour chaque intervention prend en compte un large éventail de services. Ainsi, pour la première intervention, la forêt est gérée, non seulement pour son bois, mais aussi pour des services tels que la nutrition et la santé, un puits de carbone, la biodiversité, la régulation. C'est la même chose pour la deuxième intervention, sauf que la nutrition et la santé ne sont pas incluses. En ce qui concerne la troisième intervention, le RAC pour le biogaz prend en compte non seulement la production de biogaz elle-même, mais aussi les fertilisants organiques et les avantages pour l'environnement (carbone), la santé et les avantages sociaux.

Références bibliographiques

Angelier J.P. (2005). *Analyse de la substitution entre combustibles dans le secteur résidentiel en Haïti.* Commission Économique pour l'Amérique Latine et les Caraïbes, ONU, Mexico, 2005, 38 p.

AQPER (2014), Gaz naturel renouvelable : La Ville de Saint-Hyacinthe et Gaz Métro innovent. Association québécoise de la production d'énergie renouvelable. [Available at] http://www.aqper.com/fr/gaz-naturel-renouvelable-la-ville-de-saint-hyacinthe-et-gaz-metro-innovent

Ariste, R, et P. Lasserre (2001), La gestion optimale d'une forêt exploitée pour son potentiel de diminution des gaz à effet de serre et son bois, *Actualité Économique* 77 (1), 27-51

Ariste, R. (2015). Biogaz et reforestation en Haïti sous l'angle du principe de Santé dans toutes les politiques, *Journal of Haitian Studies* 21 (1): 4-25.

Booker Kayje, Tae Won Han, Jessica Granderson, Jennifer Jones, Kathleen Lask, Nina Yang, and Ashok Gadgil. (2011). *Performance of Charcoal Cookstoves for Haiti, Part 1: Results from the Water Boiling Test.* Environmental Energy Technologies Division Lawrence Berkeley National Laboratory.

Cayemittes, M., Fatuma Busangu M., de Dieu Bizimana J., Barrère B., Sévère B., Cayemittes V. et Charles E. (2013). *Enquête Mortalité, Morbidité et Utilisation des Services, Haïti, 2012.* Calverton, Maryland, USA: MSPP, IHE et ICF International.

CCX (2009). *Forestry Carbon Sequestration Project Protocol.* Chicago Climate Exchange. Available at: https://www.theice.com/publicdocs/ccx/protocols/CCX_Protocol_Forestry_Sequestration.pdf

Churches, C.E., P.J. Wamplera, W. Sun, A.J. Smith (2014). Evaluation of forest cover estimates for Haiti using supervised classification of Landsat data. *International Journal of Applied Earth Observation and Geoinformation* 30, pp. 203–216. http://dx.doi.org/10.1016/j.jag.2014.01.020

CPLC (2015). *Carbon Pricing (What is it, Why carbon pricing, Who is using it).* Carbon Pricing Leadership Coalition. Available at: http://www.carbonpricingleadership.org/

CNSA (2012). Évaluation de la Campagne Agricole de Printemps 2012. Coordination Nationale de la Sécurité Alimentaire.

Curtis, I.A. (2004) Valuing ecosystem goods and services: a new approach using a surrogate market and the combination of a multiple criteria analysis and a Delphi Panel to assign weights to the attributes. *Ecological Economics* 50: pp, 163-194.

De Groot R., L. Brander, S. vander Ploeg et al (2012). Global estimates of the value of ecosystems and their services in monetary units. The Economics of Ecosystems and Biodiversity (TEEB initiative) *Ecosystem Services* 1, pp. 50-61. http://dx.doi.org/10.1016/j.ecoser.2012.07.005

DFID (2014). Assessing the Strength of Evidence. How to Note. Department for International Development. United Kingdom Government. https://www.gov.uk/government/uploads/system/uploads/attachment_data/file/291982/HTN-strength-evidence-march2014.pdf

DINEPA (2010), *Haïti Biogas Programme Strategy.* Direction Nationale de l'Eau Potable et de l'Assainissement. Prepared by the Haiti Biogas Technical Working Group through the support of United Nations Environment Programme

EESI (2012), *Fact Sheets: Carbon Pricing around the World.* Environmental and Energy Study Institute, [Available at] http://www.eesi.org/files/FactSheet_Carbon_Pricing_101712.pdf

ESMAP (2007). *Haiti: Strategy to Alleviate the Pressure of Fuel Demand on National Woodfuel Resources.* Energy Sector Management Assistance Program Technical Paper 112/07. The World Bank.

FAO (1983), Simple technologies for charcoal making, FAO Forestry Paper 41. Food and Agriculture Organisation Archives, Rome, [Available at] http://www.fao.org/docrep/x5328f/x5328f00.htm#Contents

FAO (2015a). *Global Forest Assessment - Évaluation des ressources forestières mondiales 2015.* Rapport national – Haiti. http://www.fao.org/forest-resources-assessment/current-assessment/country-reports/en/

FAO (2015b). FAOSTAT. *Crop statistics.* Food and Agriculture Organization of the UN. Available at http://www.fao.org/faostat/en/#data/QC

FAO (2016). *Traditional Crops of the Month.* Food and Agriculture Organization of the UN. Available at http://www.fao.org/traditional-crops/moringa/en/

GBD (2015). *Global Burden of Diseases. Data Visualizations.* Institute for Health Metrics and Evaluation (IHME). Available at http://www.healthdata.org/results/data-visualizations

Gilson Engineering (2010). *Combustion efficiency tables.* Available at: http://www.gilsoneng.com/reference/combustion.pdf

Girard, A.W.; Self J.L.; McAuliffe C. and Oludea O. (2012). The Effects of Household Food Production Strategies on the Health and Nutrition Outcomes of Women and Young Children: A Systematic Review. *Paediatric and Perinatal Epidemiology*, 26 (Suppl. 1), pp. 205–222. doi: 10.1111/j.1365-3016.2012.01282.x

Haiti-Libre (2016). *Haïti FLASH: Tous les détails sur le nouveau salaire minimum.* 25 mai 2016

Haiti-Reference (2016). *Catastrophes naturelles: Inondations 7140.300.* Available at https://www.haiti-reference.com/pages/plan/geographie-et-tourisme/milieu-naturel/desastres-et-accidents/inondations/

Hilaire, S. (1995). *Le Prix d'une Agriculture Minière.* Port-au-Prince : Bibliothèque Nationale d'Haïti. Imprimerie Le Natal S.A.

Hojnacki, A., L. Li, N. Kim, C. Markgraf and D. Pierson (2011), *Biodigester Global Case Studies.* D-Lab Waste MIT course.

Horton, S. and R.H. Steckel (2013). "Malnutrition: global economic losses attributable to malnutrition 1900-2000 and projections to 2050." In B. Lomborg (ed.) *How much have global problems cost the world?* Cambridge: Cambridge University Press.

IGU (2012). *Natural Gas Conversion Pocketbook.* International Gas Union. http://agnatural.pt/documentos/ver/natural-gas-conversion-pocketbook_fec0aeed1d2e6a84b27445ef096963a7eebab0a2.pdf

ISU (2014). *Natural Gas and Coal Measurements and Conversions.* Iowa State University. https://www.extension.iastate.edu/AgDM/wholefarm/html/c6-89.html

Kumari, K. (1996) Sustainable forest management: myth or reality? Exploring the prospects for Malaysia. *Ambio* 25(7): 459-467.

Lacour J. (2012). *Valorisation de la fraction organique de résidus agricoles et autres déchets assimilés à l'aide de traitements biologiques anaérobies.* Thèse en cotutelle Universités de Lyon et Quiskeya, 217 p.

Larsen (2014). *Benefits and Costs of the Air Pollution Targets for the Post-2015 Development Agenda.* Working Paper as of December 22, 2014. Copenhagen Consensus Center

Lubina F. Qureshy, Harold Alderman, Claudia Rokx, Rebekah Pinto, Matthew Wai-Poi & Ajay

Tandon (2013). Positive returns: cost-benefit analysis of a stunting intervention in Indonesia, *Journal of Development Effectiveness*, 5:4, 447-465 http://dx.doi.org/10.1080/19439342.2013.848223

Mahmood, K.T; Mugal T., and Haq I. (2010). Moringa oleifera: A natural gift-A review. *Journal of Pharmaceutical Sciences and Research* Vol. 2 (11), pp. 775-781

Markandya, A., Nunes, P.A.L.D., Bräuer, I., ten Brink, P. Kuik, O. and M. Rayment (2008) "*The Economics of Ecosystems And Biodiversity – Phase 1 (Scoping) Economic Analysis And Synthesis* "*Final report for the European Commission*, Venice, Italy. 142 pp.

MARNDR-BRH (2016). *Analyse des Potentialités de l'Exploitation du Moringa en Haïti.* Ministère de l'Agriculture, des Ressources Naturelles et du Développement Rural, Banque de la République D'Haiti et Rezo Moringa Doliv Ayiti. Port-au-Prince : Rapport préparé par Agroconsult Haiti SA.

MDE (2015). *Contribution Prévue Déterminée au niveau National.* Ministère De l'Environnement, Haiti. http://www4.unfccc.int/submissions/INDC/Published%20Documents/Haiti/1/CPDN_Republique%20d'Haiti.pdf

MENFP (2016). *Politique et Stratégie Nationales d'Alimentation Scolaire.* Ministère de l'Éducation Nationale et de la Formation Professionnelle. http://menfp.gouv.ht/20160130_Politique%20et%20Strat%C3%A9gie%20Nationale%20%20Alimentation%20%20Scolaire_Final.pdf

NEB (2016). *Energy Conversion Tables.* National Energy Board. Government of Canada. https://www.neb-one.gc.ca/nrg/tl/cnvrsntbl/cnvrsntbl-eng.html

Olney, D.K.; Pedehombga A.; Ruel M.T. and Dillon A. (2015). A 2-Year Integrated Agriculture and Nutrition and Health Behavior Change Communication Program Targeted to Women in Burkina Faso Reduces Anemia, Wasting, and Diarrhea in Children 3–12.9 Months of Age at Baseline: A Cluster-Randomized Controlled Trial. *The Journal of Nutrition* 145, pp. 1317–24.

Pike Research (2012). *Renewable Biogas: Methane Recovery and Utilization in Landfills and Anaerobic Digesters: Municipal Solid Waste, Agricultural, Industrial and Wastewater Market Analysis and Forecasts.* Research Report. Executive Summary. http://www.pikeresearch.com

Schaafsma, M.; Morse-Jones, S.; Posen, P. *et al.* (2014). The importance of local forest benefits: Economic valuation of Non-Timber Forest Products. *Global Environmental Change*, 24, pp.295-305 http://dx.doi.org/10.1016/j.gloenvcha.2013.08.018

SFA (2015). *Moringa: Export Market Potential for Smallholder Farmers in Haiti.* Smallholder Farmers Alliance

SICIREC (2009). *Forests and carbon capture.* Systemas de Circulación Ecológica. Sicirec Forestry Consultancy. The Netherlands. http://www.sicirec.org/definitions/carbon-capture

Singh, K.J. and Sooch S.S. (2004). Comparative study of economics of different models of family size biogas plants for state of Punjab, India, *Energy Conversion and Management*, 45, pp. 1329-1341.

SOIL (2011), *Can We Sell EcoSan Compost in Haiti? A Market Analysis Report.* Sustainable Organic Integrated Livelihoods.

Stohs, S.J. and Hartman M. (2015). Review of the Safety and Efficacy of Moringa oleifera. *Phytotherapy Research* 29, pp. 796–804. DOI: 10.1002/ptr.5325

Tao, Z.; Yan H. and Zhan J. (2012). Economic Valuation of Forest Ecosystem Services in Heshui Watershed using Contingent Valuation Method. *Procedia Environmental Science* 13, pp. 2445 – 2450

Teixeira, EMB; Carvalho M.R.B.; Neves VA, Silva MA, and Arantes-Pereira L. (2014). Chemical characteristics and fractionation of proteins from Moringa oleifera Lam. Leaves. *Food Chemistry* 147, pp. 51–54. http://dx.doi.org/10.1016/j.foodchem.2013.09.135

Tol R.S.J. (2011). *The Social Cost of Carbon.* Annual Review of Resources Economics 3, pp. 419–43. 10.1146/annurev-resource-083110-120028

UN (2015). *Transforming our world: the 2030 Agenda for Sustainable Development.* A/RES/70/1. New York, USA (available at https://sustainabledevelopment.un.org/post2015/transformingourworld/publication)

UNEP (2011). *Le PNUE en Haïti. Revue de l'Année 2010.* United Nations Environment Programme.

UN IGME, (2015). Levels and Trends in Child Mortality. Estimates Developed by the UN Inter-agency Group for Child Mortality Estimation. UNICEF, WHO, World Bank Group. https://www.unicef.org/publications/files/Child_Mortality_Report_2015_Web_9_Sept_15.pdf

USAID (1990). *National Program for Agroforestry in Haiti.* Project Identification Document prepared for United States Agency for International Development by D. Gow and L. Duvall.

USAID (2014). *Haiti: Nutrition Profile.* United States Agency for International Development. Available at https://www.usaid.gov/sites/default/files/documents/1864/USAID-Haiti_NCP.pdf

USDA (2016). Food Composition Databases. US Department of Agriculture. Available at: https://ndb.nal.usda.gov/ndb/search

Van der Ploeg, S. and R.S. de Groot (2010) *The TEEB Valuation Database – a searchable database of 1310 estimates of monetary values of ecosystem services.* The Economics of Ecosystems and Biodiversity. Foundation for Sustainable Development, Wageningen, the Netherlands.

VCS (2015). *VCS Fee Schedule.* Voluntary Carbon Standard, Version 3. http://database.v-c-s.org/sites/vcs.benfredaconsulting.com/files/Program%20Fee%20Schedule%2C%20v3.5%2C%2012%20JAN%202015.pdf

VCS (2016). *VCS Program Guide.* Voluntary Carbon Standard, Version 3. http://www.v-c-s.org/project/vcs-program/

Waterman, N. (n.a). *Meet Moringa: A Medicinal Superfood Ready for Development*, UC Davis. Video presentation (about 50 mn). Available at: https://video.ucdavis.edu/media/Meet+MoringaA+A+medicinal+superfood+ready+for+development/0_vkeik102

Webb, P and Kennedy E. (2014). Impacts of agriculture on nutrition: Nature of the evidence and research gaps. *Food and Nutrition Bulletin,* Vol. 35, no. 1, pp. 126-132

WFC (2015). *Outcome documents from the XIV World Forestry Congress*, held in Durban, South Africa, 7–11 September 2015 (www.fao.org/about/meetings/world-forestry-congress/en/)

WHO (2011). *Governance for health in the 21st century: a study conducted for the WHO Regional Office for Europe.* Copenhagen: World Health Organization.

World Bank (2014). *State and Trends of Carbon Pricing.* World Bank Group on Climate Change, 88284. Washington D.C.

L'AGROFORESTERIE COMME ALTERNATIVE À LA CRISE ÉCONOMIQUE ET ENVIRONNEMENTALE EN HAÏTI

JEAN-RUSNEL ETIENNE[1]

Avant-propos

En Haïti, l'agriculture doit connaître une profonde transformation pour relever les nombreux défis que représentent le dérèglement climatique, l'insécurité alimentaire, la malnutrition, la pauvreté et les dégradations environnementales. La présente publication vise à inspirer les agriculteurs, les chercheurs, les décideurs politiques et les ONG à prendre le parti de l'agroforesterie face aux dérèglements climatiques et à accélérer la transformation de l'agriculture haïtienne pour qu'elle devienne un secteur plus durable et plus rentable. L'agroforesterie englobe des pratiques et des technologies qui visent à accroître durablement la productivité, soutenir les petits exploitants dans leur adaptation au dérèglement climatique et réduire les niveaux des émissions de gaz à effet de serre. Elle peut aussi aider les gouvernements à atteindre leurs objectifs en termes de « souveraineté alimentaire » et de réduction de la pauvreté à l'échelle nationale.

Contexte et justification

La dégradation de la couverture forestière d'Haïti ne s'est pas faite du jour au lendemain, elle s'est effectuée de façon progressive. Suivant des données compilées par la FAO (1995) et le MPCE (1991), de 80 % qu'elle était à la découverte en 1492, vers le début du XXème elle était estimée à un peu plus de 60 %. Pendant la période de l'occupation américaine, cette couverture a encore diminué et surtout avec l'implantation de la SHADA qui avait, en 1943, le contrôle des deux tiers de la forêt des pins soit 102 000 ha ou 4 % du pays. Cette institution déboisa des milliers d'hectares pour planter l'hévéa pour la satisfaction des besoins américains en caoutchouc pendant la seconde guerre mondiale. Entre 1977 et 1988 la réserve ligneuse aurait diminué annuellement de plus de 3,2 %. Déjà en 1978, elle atteignait 19 %. De nos jours la couverture forestière est estimée à moins de 3 %. Actuellement, le plus fort pourcentage de bois utilisé par les agriculteurs du pays vient des systèmes agroforestiers (Blanc, 2003).

L'agroforesterie a été pratiquée depuis des siècles à travers le pays. Elle fait partie des méthodes traditionnelles de production paysanne. Comme science décrivant des données inventoriées et analysées, elle est relativement nouvelle, et est perçue en ce début de siècle comme une alternative pouvant aider dans la lutte contre divers problèmes environnementaux (Nelson et al. 1998 ; Matos et al. 2005). Ses retombées sont positives tant sur le plan économique, biologique qu'environnemental (Dupraz 2005). Elle devient une solution incontournable du

1 Agronome, spécialiste de l'agroécologie

fait de la dégradation extensive de l'environnement haïtien (Osei-Bonsu et al. 2002). Selon des études réalisées auprès des fermiers dans quelques zones rurales du pays sur leur principale source de revenu, 90 % ont avoué qu'elle provient de l'agriculture contre 7 % qui ont affirmé qu'elle provient de l'élevage (Donis 1999). Ceci est conforme aux données de l'IHSI (1996) pour l'ensemble du territoire où 70 % de la population pratique l'agriculture, contre 20 % le commerce et 10 % l'industrie. Plus des deux tiers (2/3) de la population vivant en milieu rural (FAO 1995 ; Weins et Sobrado 1998) sont livrés à eux-mêmes et incapables de se procurer les intrants agricoles (Démétrius 1996). Ils sont obligés d'abattre les arbres des champs pour arriver à un surplus de revenu (Current et Scherr 1995). L'agroforesterie, une pratique culturale ancestrale dont les diverses formes ont été développées autant en région tropicale que tempérée, est devenue une nécessité pour résorber les problématiques environnementales rencontrées en milieu agricole haïtien.

Davantage d'arbres, amélioration des moyens de subsistance

La plantation d'arbres au milieu des cultures pourrait aider à préserver aussi bien l'environnement que les moyens de subsistance en Haïti. Ce mode d'exploitation agro-écologique permet de mieux concilier cultures vivrières et productions de rente. Pour ce faire il suffirait d'associer les thèmes suivants : climat et moyens de subsistance, adaptation et atténuation. L'agroforesterie devrait constituer une composante essentielle de cette approche. L'intégration de la culture arboricole à grande échelle dans les paysages agricoles créerait un puits de carbone efficace tout en assurant une production alimentaire durable, et contribuerait également, d'autres manières, à l'adaptation aux dérèglements climatiques. Si la production des systèmes agroforestiers est généralement moindre que celle des monocultures, ce mode d'exploitation offre de nombreux bénéfices pour les paysans comme pour l'environnement :

- une diminution de la quantité de travail et d'intrants ;
- une diversification des ressources (vivrières, cultures de rente, bois, médicaments...) ;
- des systèmes moins vulnérables aux aléas climatiques et économiques ;
- de nombreux services environnementaux : préservation de la fertilité des sols et des ressources en eau, prévention de l'érosion, stockage du carbone et conservation de la biodiversité.

En certains endroits du pays, la forte croissance de la population a entraîné une dégradation des sols cultivés du fait de l'abandon de la pratique de la jachère et des pressions de plus en plus importantes sur les ressources naturelles. Les solutions techniques souvent mises en œuvre par les agriculteurs pour compenser les baisses de fertilité des sols (recours aux engrais chimiques, extension des espaces cultivées sur les terres destinées à la jachère longue, aux pâturages et à la foresterie, …) n'ont fait qu'accélérer le front de destruction des ressources naturelles. Comme dans le reste du pays, les populations, rurales comme urbaines, dépendent largement des ressources forestières pour vivre et se nourrir. Le renouvellement de la fertilité des sols dépend d'un système de cultures vivrières sur brûlis suivies de longues jachères, et les besoins énergétiques des ménages sont satisfaits par la collecte de bois de feu ou l'utilisation en ville de charbon de bois. Faute d'investissements publics dans la production d'énergies alternatives à grande échelle, cette dépendance au bois concerne aussi des activités économiques comme la production de briques et la restauration collective. Dans ce contexte, l'agroforesterie apparaît comme une solution pour mettre en valeur par l'agriculture des zones moins fertiles, tout en offrant une alternative au défrichement de forêts naturelles riches en biodiversité comme en carbone, sans pour autant condamner la filière du bois-énergie.

Concilier sécurité alimentaire et lutte contre la déforestation

Il existe une grande diversité d'aménagements agroforestiers : alignements intra-parcellaires, haies, arbres émondés, arbres isolés, bords de cours d'eau ... Ces pratiques comprennent les systèmes agrosylvicoles mais aussi sylvopastoraux, agrosylvopastoraux ou pré-vergers (animaux pâturant sous des vergers de fruitiers).

Plantation d'arbres fertilitaires (légumineuses arborescentes)

Un arbre fertilitaire est une légumineuse comme le sont le haricot, l'arachide. Une plante légumineuse a parmi ses propriétés de fixer l'azote atmosphérique et d'en enrichir le sol en le transformant en composés assimilables pour les plantes. La plantation d'arbres fertilitaires a donc l'objectif de rendre les champs autonomes en azote. Les arbres fertilitaires sont utilisés en agroforesterie comme technique d'enrichissement naturelle et peu onéreuse des sols. Ils présentent également d'autres avantages en apport en bois, en fourrages, en matières organique pour le composte ou le paillage, tout en préservant les sols de l'érosion.

Une étude de l'Université d'Essex (Grande Bretagne) montre que le modèle agroforestiers « multi-étagé » a recueilli l'adhésion de tous les paysans concernés. Dans ce modèle, le champ présente plusieurs strates : par exemple au sol des ignames et du manioc, au niveau intermédiaire des bananiers et cacaoyers, et en strate supérieure des grands arbres fertilitaires. (Dupraz, 2011). Ce sont bien, au-delà de l'arbre, toutes les composantes du système agroforestier qui en font sa richesse. L'étude souligne des impacts environnementaux positifs : diversité biologique, amélioration des nappes phréatiques et des sources car l'enrichissement des sols en matière organique permet de diminuer le ruissellement et ainsi de mieux stocker l'eau... Elle met aussi en avant de nombreux avantages économiques et sociaux : réduction des dépenses en intrants, maintien ou augmentation des rendements, production de bois domestique et de produits de cueillette, diminution de la précarité par la création de ressources ligneuses exploitables, réduction de la pénibilité des tâches féminines car le bois de chauffe et l'eau potable sont plus accessibles. (Yin and Sun, 2007 ; Jianbo, 2006 ; Wenhua, 2004).

Des politiques publiques en appui au développement des filières agroforestières

Les attentes des consommateurs urbains se modifient, de nouvelles habitudes alimentaires apparaissent : place croissante du riz et du blé (pain, pâtes) en lien avec le souhait de diversification de l'alimentation, intérêt pour des produits transformés, plus faciles et rapides à préparer, exigences de qualité accrues. La demande évolue et les produits locaux ont des difficultés à y répondre, tant en termes de prix, de volumes, de gammes de produits que de qualité. L'existence de politiques publiques d'appui aux initiatives visant la structuration, le développement et l'amélioration du fonctionnement des filières agroforestières conditionne souvent la réussite des différentes initiatives. Il faut considérer aussi celles qui modifient l'environnement économique et institutionnel dans lequel évoluent les différents opérateurs.

Plusieurs éléments conditionnent l'efficacité de ces politiques : des connaissances et des capacités d'expertise solides, des règles claires et transparentes, des dispositifs de contrôle et d'évaluation, des concertations avec les divers acteurs concernés. L'efficacité de ces politiques dépend également de la capacité même des filières agroforestières (Moringa et al.) à se structurer et à améliorer leur fonctionnement. Mesures d'appui aux filières et politiques de protection et de régulation des marchés doivent donc être formulées et mises en œuvre de façon cohérente. On constate néanmoins que les populations urbaines gardent un ancrage fort avec les territoires ruraux et restent en particulier attachées aux produits traditionnels, transformés ou non. Mais le marché urbain reste insuffisamment pourvu pour diverses raisons : productivité agricole faible, irrégularité de l'offre de produits bruts et transformés (en quantité et en qualité), manque d'infrastructures et de services adéquats pour le regroupement, le transport, la transformation et la commercialisation vers les marchés urbains.

Dans une perspective de développement des filières agroforestières, il s'agit d'appuyer les dynamiques visant à produire et valoriser, non seulement les produits de base mais également les autres produits pour lesquels les agricultures familiales sont en mesure de répondre à la demande : produits laitiers, productions végétales dites « secondaires » comme les pommes de terre, les oignons, les tomates, les légumes feuilles, etc. Ces filières sont en effet à la fois étroitement liées aux principales filières vivrières (ce sont souvent les mêmes opérateurs, de la production à la collecte et au transport, parfois jusqu'à la commercialisation), et interdépendantes. Le renforcement de la résilience des opérateurs, (capacité à faire face aux aléas climatiques, économiques ou commerciaux) conditionne un développement durable des filières. Il doit être intégré des programmes divers, tant en termes de thématiques d'intervention que de produits concernés.

Développer la transformation des produits agroforestiers

Pour que le petit paysan puisse tirer profit des produits agroforestiers, ceux-ci devront être transformés et mis en marché. La transformation des produits agroforestiers est trop souvent ignorée par les politiques de développement. Les acteurs concernés représentent cependant un tissu économique particulièrement dynamique qui joue un rôle prépondérant dans l'approvisionnement de nos villes. Ce secteur représente également une opportunité d'emplois et de revenus, spécialement pour les femmes et les jeunes. Développer une offre de services adaptés aux spécificités et aux besoins des produits agroforestiers est fondamental, à travers plusieurs axes d'intervention : la formation, qui doit s'ouvrir à la transformation agroalimentaire (moringa) en favorisant les jeunes et en renforçant les compétences professionnelles des adultes en activité.

Transformation du moringa

Parfois appelé « arbre de vie » ou « arbre du paradis » en raison de ses vertus environnementales, médicinales et alimentaires exceptionnelles, le moringa est un arbre à usages multiples dont les feuilles, fleurs, fruits, écorces et racines peuvent être consommés directement. Ses qualités nutritionnelles sont de plus en plus reconnues et pourraient représenter une solution efficace dans le cadre de la lutte contre la malnutrition. Transformées ou non, les feuilles de moringa constituent non seulement une nouvelle production agricole à fort potentiel de revenus et d'emplois, mais aussi un aliment de haute valeur nutritionnelle à destination des familles et des entreprises. Pendant les années 90, des chercheurs, des entreprises et des ONG contribuèrent à faire avancer les connaissances sur l'agronomie du moringa, l'utilisation de ses feuilles en alimentation et de ses graines comme source d'huile et de floculant.

Le moringa peut être vendu sous forme de plants, de graines, de poudres (feuilles, racines, fleurs, etc.), de thé, d'huile ou encore de fruits (cosses).

Poudre de feuilles de moringa

Riches en vitamines, minéraux et protéines, les feuilles de moringa, transformées en poudre, améliorent l'alimentation des enfants et des mères allaitantes, soignent le diabète ainsi que les troubles digestifs et respiratoires. (Produire et transformer les feuilles de moringa. Moringa news, CDE, CTA). La production de feuilles de moringa est aussi un moyen de générer des revenus agricoles, de développer des activités de transformation agro-alimentaire et des nouveaux marchés.

La poudre de feuilles de moringa doit accéder à l'économie formelle. Les consommateurs peuvent l'acheter sans risque et il devient possible aux entreprises agro-alimentaires locales de l'utiliser pour enrichir leurs produits. Elle peut donc toucher une large population qui achète des carcasses de poulets congelés bon marché venant de la République dominicaine mais souvent insuffisamment riches en protéines, vitamines et minéraux et cancérigènes. Un kilo de poudre de feuilles séchées de moringa est vendu entre 10 et 50 dollars US selon le pays.

Poudre de fleurs

La poudre de fleurs est produite de la même façon que celle des feuilles, les fleurs étant séchées sur un séchoir à l'abri du soleil. Elle est utilisée sous forme de médicament ou de complément nutritif.

Huile de graines de moringa

L'extraction d'huile peut également se faire à l'aide d'une presse hydraulique manuelle ou par solvant (exemple de l'hexane). On obtient un litre d'huile avec 4 kg de graines de moringa. Cette huile sert à la fabrication de cosmétiques.

Un kilo de graines de moringa coûte actuellement, en fonction des pays, entre 30 et 45 euros.

L'agroforesterie peut répondre aux besoins des agriculteurs qui recherchent un taux de rendement intéressant conjugué à un impact durable et socialement responsable.

Références bibliographiques :

ACDI/Oxfam/MARNDR (2006) Plan de mise en œuvre-PADELAN. Projet PADELAN- Haïti. Réf. Oxfam-Québec : 444-2254, p45

Avin-Adrien D (1999) Bilan de la sécurité alimentaire au niveau national. In : Institut Français d'Haïti Les actes de la semaine du développement rural. Les organisations professionnelles agricoles : enjeux et stratégies. Port-au-prince, pp 34-38

Bellande A et Paul J-L, Cabidoche YM et al. (Eds) (1994) Paysans, systèmes et crise. Travaux sur l'agraire haïtien. Dynamique de l'exploitation paysanne 3ème edn. SACAD/FAMV, Clamecy, p 476

Bastien R (ed) (1985) Le paysan haïtien : Karthala, France, p217

Blanc E (2003) Caractérisation des systèmes agroforestiers pratiqués à Belle Fontaine. Étude de cas. Mémoire de licence, FSAE, Université Quisqueya, Port-au-prince, Haïti p76

Valleur S., Ruvuga S., Kilcher F., Lubinza F., 2009, Marchés ruraux, l'expérience de Fert et Mviwata en Tanzanie pour améliorer les conditions de commercialisation des produits agricoles, Fert et Mviwata, 52 p., 2009.

Lagandré D., 2010, Constraints to trade in Mbeya and Rukwa regions: an identification of advocacy issues, Gret, 35 p., July 2010.

Sokoine University of Agriculture, 2012, Impact Assessment of Rural Wholesale Markets Constructed Under MVIWATA Market Development Programs, MVIWATA, 51 p., December 2012

Dufumier M (1996a) Les conditions économiques et sociales de la production agricole en Haïti. In: Le développement rural en Haïti. La revue franco-haïtienne de l'institut français d'Haïti. Conjonction, no 200, Port-au-prince, pp 30-37

Dufumier M (1996b) Quelle politique pour une agriculture productive et respectueuse de l'environnement. In : Le développement rural en Haïti. La revue franco-haïtienne de l'institut français d'Haïti. Conjonction, no 200 Port-au-prince,

Lowell J. Fuglie, 2002. L'arbre de la vie : les multiples attributs du moringa. Dakar, Sénégal. CTA ; New York : Church World Service.

SAILD, 2009. Dossier sur le moringa. La Voix du Paysan 218, Yaoundé, Cameroun.

Germain JE (2001) Caractérisation des systèmes agroforestiers de la commune de Grande Rivière du nord. Mémoire de licence, FSAE, Université Quisqueya, Port-au- prince, Haïti

Hyppolite JC (2000) Caractérisation des systèmes agroforestiers pratiqués aux Palmes. Mémoire de licence, UEH/FAMV, Damien, Port-au-Prince, Haïti, p62

Coûts et avantages de l'investissement dans la recherche et le développement agricoles (R&D) en Haïti

SUBIR BAIRAGI[1]

Il n'y a pas eu d'investissements soutenus dans la recherche et le développement agricoles (R&D) en Haïti. Cet article donne une estimation des avantages sociaux nets qui pourraient découler d'un investissement annuel de 25,0 millions de dollars pour soutenir la mise en place d'une institution de recherche susceptible d'aider au transfert des technologies agricoles de pointe aux agriculteurs d'Haïti. Deux mesures économiques traditionnelles, la valeur actuelle nette (VAN) et le ratio avantage-coût (RAC), sont utilisées pour évaluer les avantages et les retours de cet investissement. Les résultats montrent que, calculés à leur valeur actuelle de 2017, les bénéfices nets futurs sont estimés entre -66 et 327 millions de dollars pour la période 2017-2050. Le calcul de ces avantages dépend des gains de productivité supposés, des coûts nécessaires à la mise en place d'une institution de recherche, des taux d'actualisation, et du rythme d'adoption technologique. Les résultats montrent également que le RAC estimé varie entre 0,70 et 1,60. Cela implique que pour chaque dollar investi, le retour devrait se situer entre 0,7 dollar et 1,60 dollar. En d'autres termes, un investissement en R&D agricole en Haïti est peu susceptible de générer d'importants avantages sociaux pour la société.

Mots clés : productivité agricole, ratio avantage-coût (RAC), valeur actuelle nette (VAN), recherche et développement (R & D), et adoption de la technologie.

Introduction et cadre théorique

L'agriculture joue encore un rôle crucial dans l'économie haïtienne même si sa part dans le produit intérieur brut (PIB) est en baisse, représentant environ un sixième du PIB actuel[2]. La superficie totale des terres agricoles en Haïti est d'environ 1,80 million d'hectares, dont plus de la moitié est adaptée à la culture (terres arables) (FAOSTAT 2016). Cinquante pour cent des Haïtiens dépendent de l'agriculture, que ce soit directement ou indirectement (Oxfam, 2010). Les exploitations sont petites en moyenne : généralement autour de 0,50 hectares, et les agriculteurs dépendent d'une agriculture de subsistance (Banque mondiale, 2010).

Les principales céréales qui sont cultivées en Haïti sont le maïs, le riz et le sorgho (MARNDR, 2014). Elles constituent également l'aliment de base de la population. Actuellement, ces céréales

1 Économiste agricole, Institut des sciences sociales et politiques, et titulaire d›une bourse postdoctorale, Institut international de recherche sur le riz Résumé théorique

2 La valeur du PIB était de 8599 millions de dollars (prix actuels) en 2015 (données de l'ONU, 2016).

sont cultivées sur environ un tiers de la superficie agricole totale (tableau 1) ou un peu plus de la moitié des terres arables du pays[3].

Tableau 1. Cultures principales en Haïti†

	Superficie ('000 hectares)	% de la superficie agricole totale*	Quantité produite ('000 tonnes)	Valeur de la production (millions de dollars)	% de la valeur de la production agricole brute‡
Céréales (examinées dans cette étude)					
Maïs	361	19,9	299	42	3,78
Riz	60	3,3	154	43	3,82
Sorgho	119	6,6	105	17	1,54
Autres cultures vivrières					
Bananes/Plantain	105	5,8	692	131	11,64
Haricots, secs	160	8,8	103	60	5,38
Manioc	87	4,8	386	40	3,61
Pomme de terre/patate douce	87	4,8	569	45	4,05
Ignames	40	2,2	350	89	7,93

Remarques :
† en 2011-2013 les valeurs moyennes étaient prises en considération ; recueillies auprès de la FAOSTAT (2016).
‡ La valeur agricole brute moyenne était d'environ 1,122 milliard de dollars (prix 2004-06).
** La superficie agricole totale moyenne était de 1,80 million d'hectares, alors que celle des terres arables était de 1,043 million d'hectares.*

Les pénuries alimentaires sont fréquentes en Haïti, ce qui signifie que les apports en protéines et en énergie par habitant sont nettement inférieurs aux niveaux requis. La consommation d'énergie moyenne est inférieure d'environ 511 kilocalories au niveau requis de 2 500 kilocalories par jour, tandis que l'apport en protéines est inférieur de près de 7,3 grammes au niveau requis de 56 grammes par jour. Cette pénurie alimentaire pourrait être réduite, si l'offre de riz était augmentée et le déficit alimentaire d'ensemble pourrait être réduit si la consommation de riz doublait. La consommation de riz par habitant annuelle en Haïti est d'environ 59 kg, contre 110 kg par personne dans les principaux pays consommateurs de riz[4].

Une stratégie ayant pour but de réduire la pénurie alimentaire pourrait consister à augmenter la production de riz. Ceci pourrait être une option viable pour Haïti puisque sa productivité agricole actuelle (rendement par hectare) est parmi les plus basses dans les pays de la région Amérique latine (tableau 2).

3 La part de ces cultures, en termes de valeur de la production agricole brute est faible, environ 10 % (dernière colonne, tableau 1), parce que ce sont des cultures à faible valeur.

4 La consommation moyenne par habitant au Bangladesh, en Inde, au Népal et au Sri Lanka a été prise en considération.

Tableau 2. Rendements de maïs, riz et sorgho (tonnes/hectare) dans les pays d'Amérique latine

Pays	Moyenne 2013-14 à 2015-16 (USDA PS&D 2016)			Moyenne 2012-2014 (FAOSTA 2016)		
	Maïs	Paddy (brut)	Sorgho	Maïs	Paddy (brut)	Sorgho
Argentine	8,15	6,68	4,48	6,39	6,63	4,38
Bolivie	2,30	2,72	2,81	2,37	2,70	2,35
Brésil	4,88	5,26	2,43	5,15	5,00	2,78
Chili	11,32	6,44		10,49	6,16	
Colombie	3,64	4,45	4,26	3,10	4,48	3,35
Costa Rica	1,80	3,43		2,09	3,71	
Cuba	2,31	3,20		2,35	3,32	1,10
République dominicaine	1,51	4,97	1,78	1,54	4,35	1,43
Équateur	3,78	3,38	2,00	2,85	3,98	1,58
Salvador	2,64	5,79	1,53	2,94	6,15	1,57
Guatemala	1,98	3,23	1,18	2,08	2,94	1,74
Haïti	0,71	1,69	0,78	0,83	2,49	0,88
Honduras	1,39	3,93	1,14	1,63	6,20	1,20
Mexique	3,43	5,65	3,69	3,23	5,59	3,91
Nicaragua	1,47	4,12	2,00	1,50	4,09	2,02
Panama	1,68	2,76		2,01	2,47	4,05
Paraguay	4,62	5,85	1,37	3,70	5,98	4,23
Pérou	3,24	7,74	1,00	3,25	7,70	3,93
Uruguay	4,94	8,21	4,01	4,73	7,93	4,17
Vénézuela	2,94	3,90	1.11	3,74	5,05	2,23
Médian (sans Haïti),	2,94	4,45	2,00	2,94	5,00	2,35
% plus élevé que le rendement actuel d'Haïti,	315	164	156	252	100	167
Rendement attendu	2,20	3,53	1,59	2,20	4,16	1,86
% plus élevé que le rendement actuel d'Haïti,	210	109	104	168	67	111

Source : Calculs de l'auteur.

La productivité du maïs, du riz et du sorgho en Haïti est présentée à la figure 1, qui montre que les rendements ont diminué depuis les années 1990.

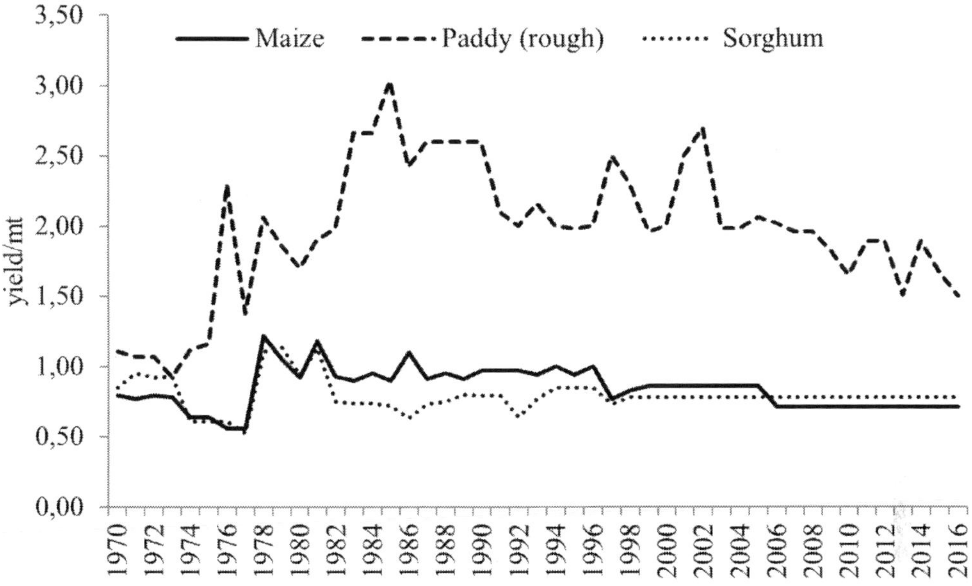

Source : USDA PS&D (2016).

Devant ces faits quelques questions s'imposent : Pourquoi la productivité des cultures diminue-t-elle en Haïti ? Pourquoi Haïti n'a-t-elle pas encore eu l'occasion d'adopter les mêmes technologies agricoles de pointe (par exemple les variétés à haut rendement et résistantes au stress, les technologies de gestion intelligente du climat) qui sont déjà disponibles dans d'autres régions du monde ?

Une explication pourrait se trouver dans les différents obstacles que le secteur agricole haïtien a rencontrés. Ceux-ci comprennent un manque de semences de qualité, un manque d'infrastructures d'irrigation, des services de vulgarisation gouvernementaux faibles, le manque d'accès au crédit, la mauvaise qualité des sols et de l'eau, et les catastrophes naturelles (Cochrane, et al. 2016, MARNDR, 2015 ; Oxfam, 2010, Banque mondiale, 2010). Plus important encore, il n'y a eu jusqu'à présent aucun investissement dans la recherche et le développement agricoles (R&D) en Haïti (communication personnelle avec un spécialiste du secteur en Haïti). Il est probable que bon nombre de ces obstacles auraient pu être surmontés si des investissements agricoles avaient été réalisés, ce qui aurait pu entraîner une meilleure productivité des cultures.

Des études antérieures ont montré que les investissements en R&D agricoles étaient un moteur de croissance de la productivité, ainsi qu'un moyen de sortir des dizaines de millions de personnes de la pauvreté et de la faim dans différents pays du monde (Evenson et Gollin 2003, Thirtle et al. 2003, Fan et al. 2007, Raitzer et Kelly 2008, Alene et al. 2009, Alston 2010, Renkow et Byerlee 2010, Hurley et al. 2014). En outre, les retours/avantages globaux des gains en productivité, en termes de valeur monétaire, étaient significatifs (Hurley et al. 2014, Renkow et Byerlee 2010, Alston 2010, Raitzer et Kelley 2008, Fan et al. 2007, Thirtle et al. 2003, Evenson et Gollin 2003)[5]. Fan et al. (2007) ont estimé qu'en 2000 la contribution à la recherche nationale et inter-

5 Un examen détaillé des avantages de l'investissement dans la recherche agricole internationale peut être trouvé dans une récente étude de Renkow et Byerlee (2010), Alston (2010), et Hurley et al. (2014).

nationale sur le riz, en Inde et en Chine, était d'environ 3,6 milliards de dollars et 5,2 milliards de dollars, respectivement.

Hazell (2009), Raitzer et Kelley (2008) et Maredia et Raitzer (2006) et Renkow et Byerlee (2010) ont rapporté les avantages et les coûts des investissements dans la recherche du CGIAR sur toute sa durée de fonctionnement. Ils ont remarqué que les investissements du CGIAR ont généré près de 14 à 120 milliards de dollars en valeur actuelle nette, selon les différents scénarios. Le ratio avantage-coût (RAC) global a été estimé à une valeur entre 1,94 et 17,26 ; pour les pays africains, il était d'environ 1,12 à 1,64. En ce qui concerne les pays d'Amérique latine, des études antérieures en Argentine, au Chili et au Pérou ont constaté que les RAC des investissements dans la recherche, pour les seules cultures de maïs, ont été de 11,4 ; 3,3 et 9,1 respectivement, tandis qu'au Mexique, ils se situaient entre 15 et 27 pour les cultures de blé (Himes, 1972 ; Yrarrázaval et al., 1982 ; Cap et Miranda, 1994 ; Marasas et al., 2003 ; Barkley et al., 2008 cité dans Pardey et al., 2016).

Les investissements dans la R&D agricole sont aussi un moyen de sortir des millions de personnes de la pauvreté et de la faim. Le moyen de réduire la pauvreté et la faim peut également être lié à la réduction des prix des denrées alimentaires qui sont le résultat des gains de productivité qui découlent de l'adoption de variétés modernes de céréales. Fan et al. (2007) ont estimé qu'entre 1981 et 1999, plus de 6,75 millions de Chinois et 14,0 millions d'Indiens, ont été sortis de la pauvreté grâce aux investissements réalisés dans la recherche rizicole par l'investissement international de recherche sur le riz (International Rice Research Investment – IRRI). Par ailleurs, Alene et al. (2009) ont estimé qu'en Afrique les investissements de recherche sur le maïs aident à sortir 740 000 personnes de la pauvreté chaque année.

Enfin, d'après les éléments exposés ci-dessus, on peut conclure que l'investissement dans la R&D contribue à augmenter la productivité des cultures, génère des milliards de dollars d'avantages sociaux et réduit la pauvreté et de la faim. Pour ces raisons, cet article étudie les coûts et les avantages que la mise en place d'une institution de recherche est susceptible d'entraîner, en aidant à transférer les technologies agricoles de pointe aux agriculteurs haïtiens, ce qui peut avoir pour résultat une augmentation de la productivité des cultures.

Calculs des coûts et des avantages

Les coûts directs

Les coûts directs comprennent les dépenses nationales pour la recherche agricole. Il n'y a apparemment pas d'institution de recherche agricole formelle en Haïti. Pour cette raison, on suppose que la mise en place d'une nouvelle institution de recherche pourrait être utile de plusieurs façons : elle pourrait aider à utiliser les dépenses allouées à la recherche agricole de façon efficace, elle pourrait permettre l'introduction d'une nouvelle technologie déjà disponible dans d'autres pays, qui pourrait être diffusée auprès des agriculteurs locaux. Une part importante des dépenses de recherche agricole serait nécessaire pour y parvenir. Dans cette étude, les dépenses nécessaires sont calculées sur la base des quatre hypothèses suivantes :

1,0 % du PIB agricole total (PIBA) est consacré à la R&D agricole. L'objectif minimal fixé par les Nations Unies (ONU) pour les dépenses pour la recherche agricole nationale est de 1,0 % du PIB agricole d'un pays. Les dépenses moyennes des 28 pays d'Amérique du sud et des Caraïbes ont représenté 1,3 % par an en 2012-13 (Stads et al. 2016). Sur la base de cet objectif minimum, les dépenses de recherche pour Haïti doivent être d›environ 15,13 millions de dollars (1 % de 1,513 milliards de dollars de PIBA).

- 3,32 millions de dollars sont dépensés pour un million d'habitants du pays. La deuxième affirmation est basée sur le total dépensé pour un million d'habitants. En moyenne, un pays d'Amérique latine dépense environ 6,53 millions de dollars (dollars PPA constants de 2011) pour un million d'habitants. Étant donné qu'Haïti a une population totale de 11,0 millions, le total des dépenses nécessaires serait d›environ 36,50 millions de dollars.
- 0,15 million de dollars sont dépensés, par chercheur, avec un total de 165 ETP. La troisième affirmation est basée sur le total des dépenses par chercheur à temps plein. Les neuf pays à plus faibles dépenses dans cette région disposaient, en moyenne, de 165 chercheurs à temps plein (ETP) et leurs dépenses par chercheur étaient d›environ 0,15 million de dollars. Pour allouer ce même montant à Haïti, environ 24,75 millions de dollars seraient nécessaires pour mettre en place une institution de recherche.
- 4,14 millions de dollars sont dépensés pour 100 000 agriculteurs. La quatrième affirmation est fondée sur les dépenses qu'un pays d'Amérique latine consacre à la recherche agricole par agriculteur. Les pays qui dépensent peu ont dépensé environ 4,14 millions de dollars pour 100 000 agriculteurs. En Haïti, il y a 630 000 producteurs de riz, de maïs, et de sorgho (Banque mondiale 2010) ; le total des dépenses en R&D pour l'agriculture est donc de 26,07 millions de dollars par année.

Sur la base de ces affirmations, les dépenses totales nécessaires à la R&D agricole en Haïti sont estimées à une somme entre 15,13 et 36,50 millions de dollars (la moyenne est de 25,50 millions de dollars). Cette dépense est utilisée pour les salaires, les coûts d›exploitation des programmes et les investissements en capital. En outre, on suppose de façon arbitraire un coût fixe ponctuel d›environ 5,0 millions (par exemple pour la construction, les matériaux, etc.). Ainsi, au point de départ, les frais de recherche seraient de 30,50 millions de dollars et 25,50 millions de dollars pour les années suivantes.

Les avantages directs

Gain de productivité

La médiane des rendements de maïs, de riz paddy (brut) et de sorgho dans les autres pays d'Amérique latine (sauf Haïti) est d›environ 2,94 ; 4,45 ; et 2,00 tonnes par hectare (t/ha) respectivement, tandis que pour Haïti celle-ci est de 0,71 ; 1,69 et 0,78 t/ha respectivement. En d'autres termes, la valeur médiane des rendements de maïs, de riz et de sorgho en Haïti est environ 4,15 ; 2,64 ; et 2,56 fois plus faible que les rendements médians respectifs des autres pays d'Amérique latine[6]. Par conséquent, il est indispensable de réduire l'écart de rendement pour assurer la sécurité alimentaire et nutritive.

À l›heure actuelle, des variétés à haut rendement avec des traits de stress biotiques et abiotiques sont disponibles. L›adoption de ces variétés pourrait même générer des rendements encore plus élevés. Par exemple, lors d›une expérience randomisée contrôlée, Dar et al. (2013) ont constaté qu'une variété de riz résistante aux inondations avait un rendement jusqu'à 45 % plus élevé que les variétés traditionnelles. Si une institution de recherche agricole devait être mise en

6 Les données de rendement du riz rapportées par la FAO et l'USDA ne sont pas identiques. Cependant, les mesures relatives sont les mêmes, quelle que soit la source de données.

place en Haïti, elle pourrait réduire l'écart de rendement en aidant le transfert des technologies de pointe (c'est à dire des variétés résistantes au stress, des pratiques de gestion adaptées au changement climatique) et la diffusion auprès des agriculteurs.

Cette étude suppose qu'en Haïti les rendements de maïs, de riz et de sorgho pourraient atteindre jusqu'à trois quarts de la médiane des rendements des autres pays d'Amérique latine ; qui est environ 210 %, 109 % et 104 % (respectivement) plus élevée que les niveaux de rendement actuels d'Haïti. En d'autres termes, cette intervention pourrait générer les rendements de maïs, de riz et de sorgho attendus de 2,20 ; 3,53 et 1,59 t/ha.

Voie d'adoption

Les gains de rendement mentionnés ci-dessus ne peuvent pas être atteints simultanément dans toutes les zones d'Haïti. La diffusion de toute innovation prend généralement des années et suit une voie d'adoption. L'expérience a montré qu'il faut environ 15-20 ans pour que l'adoption de toute nouvelle technologie agricole atteigne son niveau maximum. L'expérience a également montré que le niveau d'adoption maximal varie entre 50 % et 70 %. Par exemple, les variétés de riz à haut rendement populaires au Bangladesh, en Indonésie et dans les Philippines ont atteint jusqu'à 50 % à 60 %, et il a fallu environ 12-15 ans (Raitzer et al. 2015 ; Hossain et al. 2012) pour atteindre ce point. En ce qui concerne l'adoption de variétés de maïs modernes, les niveaux d'adoption maximum atteints se situaient entre 45 % et 50 % dans les pays d'Amérique latine et 35 % à 60 % dans les pays africains (Byerlee, 1994, Byerlee et Heisey, 1996, Morris et Lopez-Pereira, 1999, Alene et al. 2009, La Rovere et al. 2014, Walker et al. 2014).

Cette étude a étudié deux niveaux d'adoption qui devraient atteindre des niveaux maximums de 50 % et 60 % en 2040. On évalue le retard de recherche à quatre ans, afin que les avantages commencent en 2020 et continuent jusqu'en 2050.

Futurs avantages attendus de l'adoption des technologies

Cette étude a utilisé le modèle international pour l'analyse des politiques des produits et du commerce agricoles (International Model for Policy Analysis of Agricultural Commodities and Trade — IMPACT) pour faire une estimation des avantages futurs de l'adoption technologique. Il s'agit d'un modèle d'équilibre partiel, multi-produit, multinational qui a été développé par l'Institut international de recherche sur les politiques alimentaires (International Food Policy Research Institute — IFPRI)[7]. Dans ce modèle, la demande pour un produit agricole est spécifiée en fonction des prix, des revenus et de la croissance de la population, et l'offre est déterminée par les prix des cultures et des intrants, le taux de croissance de la productivité et la disponibilité de l'eau. Ce modèle utilise l'élasticité de l'offre et de la demande pour faire une approximation des fonctions de l'offre et de la demande, et résout itérativement les prix mondiaux, tout en satisfaisant les conditions de compensation du marché international. Enfin, et sur la base des données historiques, il projette l'offre alimentaire, la demande, le commerce et les prix jusqu'en 2050, ce qu'on nomme ci-après les résultats de base. J'ai simulé ce modèle en incorporant les gains de rendement possibles, estimés ci-dessus, (210 %, 109 % et 104 % de gain de rendement pour le maïs, le riz et le sorgho respectivement).

7 Vous trouverez une description détaillée des modèles (graphiques et mathématiques) dans Rosegrant *et al.* (2002), Cline et Zhu (2008), Rosegrant et l'équipe de développement IMPACT (2012) et Robinson *et al.* (2015).

Résultats et réflexions

Impact sur la production et le prix

Les effets de la recherche et du développement agricoles sur la production de céréales et les prix du marché, en Haïti, en gardant à l'esprit qu'on suppose que le retard de recherche est de quatre ans et que l'adoption de la technologie agricole devrait débuter en 2020, pour atteindre son niveau maximum (50 % - 60 %) en 2040, montrent qu'en 2040, la production de riz en Haïti pourrait augmenter d'environ 55 % à 66 % par rapport aux valeurs de base (dernier panneau de la figure 3). En d'autres termes, la production de riz est susceptible d'augmenter de 81 000 à 98 000 tonnes en 2040, en raison des investissements en recherche agricole. En outre, la production de maïs et de sorgho pourrait augmenter de 10 % à 12 % (41-51 t), et de 6 % à 7 % (18-22 t), respectivement.

Cette augmentation de l'offre des produits de base pousserait les prix du marché vers le bas, mais les résultats simulés montrent que l'effet sur les prix n'est pas significatif, entraînant une diminution de moins de 0,5 %. Néanmoins, une augmentation de la consommation de ces produits est prévue à la suite de cette légère baisse des prix. Ceci signifierait que, dans l'ensemble, la sécurité alimentaire de la population d'Haïti s'améliorerait. Toutefois, afin d'atteindre ou d'assurer la sécurité alimentaire, Haïti devrait également augmenter ses importations de céréales d'environ 19 à 23 % par rapport à l'importation de base de 2040.

Avantages sociaux actualisés

Les avantages de l'investissement dans la recherche agricole et le développement pour la période 2017-2050 sont présentés dans le tableau 3.

Tableau 3. Avantages sociaux actualisés (au prix 2017) des investissements dans la R&D agricole en Haïti : 2017-2050

Taux d'actualisation	Critères de décision d'investissement	Adoption de 50 %	Adoption de 60 %
3 %	Avantages (millions de dollars)	719	871
	Coûts (millions de dollars)	544	544
	VAN (millions de dollars)	175	327
	RAC	1,32	1,60
5 %	Avantages (millions de dollars)	487	589
	Coûts (millions de dollars)	418	418
	VAN (millions de dollars)	69	172
	RAC	1,16	1,41
12 %	Avantages (millions de dollars)	146	177
	Coûts (millions de dollars)	212	212
	VAN (millions de dollars)	-66	-35
	RAC	0,69	0,83

Source : Estimation de l'auteur.

Enfin, le ratio avantage-coût (RAC) a également été calculé pour l'investissement dans la R & D agricole en Haïti. Le RAC estimé est compris entre 0,69 et 1,60. Cela implique que pour tout dollar investi, le retour peut être entre 0,69 $ et 1,60 $. En d'autres termes, les investissements en R&D agricole en Haïti sont peu susceptibles de générer une quantité importante d'avantages sociaux, bien que la recherche ait montré que les investissements de recherche agricole dans d'autres pays d'Amérique latine sont bénéfiques. Il faut garder à l'esprit que les RAC pour les investissements de recherche dans les seules cultures de maïs, en Argentine, au Chili et au Pérou sont de 11,4 ; 3,3 et 9,1 respectivement, tandis que pour les cultures de blé au Mexique, ils se situent entre 15 et 27 (Himes, 1972 ; Yrarrazaval et al., 1982 ; Cap et Miranda, 1994 ; Marasas et al., 2003 ; Barkley et al., 2008 cité dans Pardey et al., 2016). Sachant cela, Haïti pourrait tirer des leçons des expériences des pays mentionnés ci-dessus dans l'investissement dans la R&D agricole, afin d'obtenir les mêmes avantages sociaux accrus que ceux qui ont été générés dans ces régions.

Les limites de l'étude et les risques que représentent la mise en œuvre de l'intervention proposée

Cette étude considère que le nouveau projet de centre de recherche agricole se concentrerait sur trois produits : le maïs, le riz et le sorgho. Par conséquent, on peut se demander pourquoi d'autres cultures de grande valeur (les haricots, les bananes et l'igname) ainsi que le bœuf, qui sont aussi importants pour Haïti, n'ont pas été pris en considération. Comme mentionné précédemment, les trois cultures prises en considération dans cette étude représentent environ 30 % du total des zones agricoles et celles-ci constituent l'aliment de base des Haïtiens. Puisque davantage d'agriculteurs sont engagés dans la chaîne de valeur de ces cultures que dans des solutions alternatives, les gains de la recherche sont susceptibles d'être répartis de manière plus équitable dans le secteur agricole en mettant l'accent sur le riz, le maïs et le sorgho. Si une institution de recherche haïtienne était capable d'augmenter la productivité sur une vaste gamme de produits, les avantages pourraient être beaucoup plus importants.

Il n'est pas réaliste qu'Haïti, ou que la plupart des pays en développement à faible revenu qui ont bénéficié des investissements de recherche agricole, puissent affecter les ressources et l'attention à plus de quelques produits différents au sein d'un centre de recherche donné. Par exemple, au Bangladesh la culture du riz dépend d'une seule institution de recherche : l'Institut de recherche sur le riz du Bangladesh (Bangladesh Rice Research Institute – BRRI). Le bœuf dépend d'une autre entité, l'Institut de recherche sur l'élevage du Bangladesh (Bangladesh Livestock Research Institute – BLRI). À l'heure actuelle, le Bangladesh est l'un des principaux pays producteurs de riz dans le monde et alimente environ 160 millions de personnes au sein de sa population à partir de la seule production nationale ; en Inde, la banane dépend du Centre national de recherche sur la banane (National Research Center for Banana – NRCB) ; en Colombie, le Centre de recherche sur la banane ; au Costa Rica, la Société nationale sur la banane.

Deuxièmement, les gains de rendement qui ont été postulés dans cette étude pourraient être sous-estimés en raison de l'intervention elle-même ; ceci en gardant à l'esprit que les hausses de rendement étaient 210 %, 109 % et 104 % plus élevées que le niveau actuel pour le maïs, le riz et le sorgho, respectivement, et ces gains ne seraient réalisés que dans les zones irriguées d'Haïti. Les gains en pourcentage peuvent sembler importants mais, en valeur absolue, ils sont de 2,20 ; 3,53 et 1,59 tonnes par hectare, ce qui est nettement inférieur aux niveaux de rendement potentiels des variétés à haut rendement disponibles.

Troisièmement, des conditions favorables sont évidemment essentielles pour obtenir des gains importants de la recherche. Une entité de recherche seule ne peut assurer les avantages d'une intervention. En Haïti, l'accès à d'autres facteurs de production tels que les routes, les infrastructures d'irrigation et les systèmes de commercialisation et de post-récoltes est faible. Les gains de rendement et le ratio avantage-coût de la R&D agricole pourraient être plus élevés si ces conditions préalables étaient respectées. En effet, des millions de dollars ont déjà été consacrés à des activités de développement agricole en Haïti par diverses organisations internationales avec peu de signes d'avantages systémiques pour l'agriculture haïtienne (communication personnelle avec un expert du secteur).

Enfin, un précédent historique suggère qu'il existe un risque de continuation non négligeable dans l'établissement d'un centre R&D agricole en Haïti. Il existe une certaine incertitude quant à l'offre de fonds nécessaires au fonctionnement du centre de recherche proposé. Le fonds d'établissement initial, de 25,0 millions de dollars, pourrait être trouvé, mais les coûts d'exploitation annuels nécessaires au fonctionnement du centre peuvent être difficiles à financer (communication personnelle avec un expert du secteur). En Haïti, le ministère de l'Agriculture a mis en place vingt organismes de recherche, mais environ la moitié d'entre eux ont échoué et ont cessé leurs activités (communication personnelle avec un expert du secteur). Par conséquent, une condition préalable à la réussite d'un organisme de recherche serait de trouver une source de financement à la fois pour la mise en place et les coûts d'exploitation futurs.

Conclusion

Le présent article a estimé les avantages sociaux nets d'un investissement annuel de 25,0 millions de dollars en R&D agricole en Haïti. On suppose que cet investissement serait utilisé pour mettre en place un centre national de la recherche agricole. Le centre proposé faciliterait l'adoption de la technologie agricole de pointe disponible et contribuerait à la diffuser auprès des agriculteurs locaux. On suppose également que cet investissement entraînerait environ 210 %, 109 % et 104 % d'augmentation des rendements de maïs, de riz, et de sorgho, respectivement. Deux mesures économiques traditionnelles, la VAN et le RAC, ont été utilisées pour évaluer les avantages de cet investissement dans la R&D agricole. Les résultats montrent qu'à la valeur actuelle de 2017, les bénéfices nets futurs sont estimés entre -66 et 327 millions de dollars.

Le calcul de ces avantages dépend des hypothèses de gains de productivité, du coût de la création d'une institution de recherche, des taux d'actualisation, et du taux d'adoption technologique. Les résultats montrent également que le RAC est estimé à un peu plus d'un, si on considère des taux d'actualisation de 3 % et 5 %, alors qu'il pourrait être entre 0,69 et 0,83 si on considérait un taux d'actualisation de 12 %. L'agriculture étant une entreprise risquée en Haïti, il serait raisonnable de supposer un taux d'actualisation élevé. Par conséquent, cela signifie que l'investissement dans la R&D est peu susceptible de générer beaucoup d'avantages sociaux pour la société.

Références bibliographiques

Alene, AD, Menkir, A, Ajala, SO, Badu-Apraku, B, Olanrewaju, AS, Manyong, VM, Ndiaye, A 2009, The economic and poverty impacts of maize research in West and Central Africa. Agricultural Economics, vol. 40, no. 5, pp. 535-550.

Alston, J 2010, The Benefits from Agricultural Research and Development, Innovation, and Productivity Growth, OECD Food, Agriculture and Fisheries Papers, No. 31, OECD Publishing, Paris. http://dx.doi.org/10.1787/5km91nfsnkwg-en.

Alston, JM, Norton, GW & Pardey, PG 1995, Science under scarcity: principles and practice for agricultural research evaluation and priority setting. Cornell University Press, Ithaca et Londres.

Bairagi, SK 2015, Ex-ante economic assessment of research: High omega-3 soybean oil for mariculture. Thèse de doctorat soutenue au département de l'économie agricole, Université du Nebraska, Lincoln (UNL). Disponible à l'adresse : http://digitalcommons.unl.edu/dissertations/AAI3716127. [10 février 2017].

Barkley, AP, Nalley, LL & Crespi, J 2008, The impact of the CIMMYT wheat breeding program on Mexican wheat producers and consumers: an economic welfare analysis. Présenté à la réunion annuelle de l'Agricultural Economics Association, Dallas, Texas, 2008.

Byerlee, D & Heisey, PW 1996, 'Past and potential impacts of maize research in sub-Saharan Africa: a critical assessment', *Food Policy*, vol. 21, no. 3, pp. 255-277.

Byerlee, D 1994, Modern varieties, productivity, and sustainability: recent experiences and emerging challenges. CIMMYT, Mexique.

Cap, EJ & Miranda, OA 1994, Analisis ex-ante de impactos de la investigación agrícola en la Argentina para siete rubros productivos en escenarios alternativos. Chapitre de F.M. Cirio and A.J.P. Castronovo ed., La Investigación Agrícola en la Argentina: Impactos y Necesidades de Inversión. Buenos Aires: Instituto Nacional de Technología Agropecuaria (INTA), 1994: 299-316.

Charyulu, DK, Bantilan, MCS & Rajalaxmi, A 2013, development and diffusion of sorghum improved cultivars in India: impact on growth and variability in yield. Article rédigé pour présentation à la 57ème conférence annuelle de l'AARES, Sydney, Nouvelle-Galles du Sud, 5-8 Février 2013.

Cline, SA, & Zhu, T 2008, International model for policy analysis of agricultural commodities and trade (IMPACT): model description. Washington, DC. Institut international de recherche sur les politiques alimentaires. Disponible à l'adresse : http://www.ifpri.org/themes/impact/impactwater.pdf. [10 février 2017].

Cochrane, N, Childs, N, & Rosen, S 2016, Haiti's U.S. rice imports. Un rapport du Service de recherche économique, Département de l'Agriculture des États-Unis.

Dar, Manzoor H, de Janvry, A, Emerick, K, Raitzer, D, & Sadhoulet, E 2013, Flood-tolerant rice reduces yield variability and raises expected yield, differentially benefiting socially disadvantaged groups. Rapports scientifiques 3 (3315): 1-8. doi: 10.1038/srep03315.

ECVMAS 2012, de l'Enquête sur les Conditions de Vie des Ménages Après le Séisme. L'ECVMAS, Haïti, disponible à l'adresse : http://ecvmashaiti2012.e-monsite.com/medias/files/rapport-provisoire-ecvmas-mars-2014.pdf.

Evenson, R.E., Gollin, D. (Eds.), 2003. Crop Variety Improvement and Its Effects on Productivity. CABI Publishing, Wallingford, Royaume-Uni.

Fan, S., Chan-Kang, C., Qian, K., Krishnaiah, K., 2007. National and international research and rural poverty: the case of rice research in India and China. In: Adato, M., Meinzen-Dick, R. (Eds.), Impacts of Agricultural Research on Poverty Reduction: Studies of Economic and Social Impact in Six Countries. The Johns Hopkins University Press, Baltimore, pp. 285–305.

FAOSTAT 2016, base de données statistiques en ligne sur l'organisation de l'alimentation et de l'agriculture. Disponible à l'adresse : http://www.fao.org/faostat/en/#home. [10 février 2017].

Garth, H 2013, Food and Identity in the Caribbean. Bloomsbury Publishing Plc, New York, États-Unis.

Hazell, PBR 2009, An assessment of the impact of agricultural research in South Asia since the Green Revolution. Secrétariat du Conseil scientifique, Rome.

Himes, J 1972, The utilization of research for development: two case studies in rural modernization and agriculture in Peru. Thèse de doctorat, Université de Princeton, Princeton, 1972.

Hossain, M, Jaim, WMH, Paris, TR & Hardy, B 2012, Adoption and diffusion of modern rice varieties in Bangladesh and eastern India. Institut international de recherche sur le riz (IRRI), Los Baños, Philippines.

Hurley, TM, Rao, X, Pardey, PG 2014, Re-examining the Reported Rates of Return to Food and Agricultural Research and Development. American Journal of Agricultural Economics, vol. 96, no. 5, pp. 1492-1504.

La Rovere, R, Abdoulaye, T, Kostandini, G, Guo, Z, Mwangi, W, MacRobert, J & Dixon, J 2014, 'Economic, production, and poverty impacts of investing in maize tolerant to drought in Africa: an ex-ante assessment', *The Journal of Developing Areas*, vol. 48, no. 1, pp. 199-225.

Marasas, CN, Smale, M & Singh, RP 2003, 'The economic impact of productivity maintenance research: breeding for leaf rust resistance in modern wheat', *Agricultural Economics, vol.* 29, no. 3, pp. 253-263.

Maredia, M.K., Raitzer, D.A., 2006. CGIAR and NARS Partner Research in Sub-Saharan Africa: Evidence of Impact to Date. Secrétariat du Conseil scientifique, Rome.

MARNDR 2014, Résultats Des Enquête Nationale de la Production Agricole (ENPA), Ministère de L'agriculture, des Ressources Naturelles et du Développement Rural (MARNDR), Disponible à l'adresse : http://agriculture.gouv.ht/statistiques_agricoles/wp-content/uploads/2016/06/Rapport-ENPA-2014.pdf.

MARNDR 2015, SITUATION DE LA FILIÈRE RIZ 2014-2015, Unité de Statistique Agricole et Informatique, Ministère de L'agriculture, des Ressources Naturelles et du Développement Rural (MARNDR), disponible à l'adresse : http://agriculture.gouv.ht/statistiques_agricoles/wp-content/uploads/2016/11/Situation-de-la-fili%C3%A8re-riz-2014-15.pdf. [9 mars 2017].

Morris, ML & López Pereira, MA 1999, Impacts of maize breeding research in Latin America, 1966-1997. Centre international d'amélioration du maïs et du blé (CIMMYT), Mexico.

Oxfam 2010, Agricultural challenges and opportunities for Haiti's reconstruction. Document d'information n° 140. Disponible à l'adresse : https://www.oxfam.org/sites/www.oxfam.org/files/bp140-planting-now-agriculture-haiti-051010-en_0.pdf. [10 février 2017].

Pardey, PG, Andrade, R, Rao, X, & Hurley, TM 2016, InSTePP returns to research (RtR) database version 3.0. Disponible à l'adresse : http://www.instepp.umn.edu/evaluating-rd. [10 février 2017].

Raitzer, D.A., Kelley, T.G., 2008. Benefit-cost meta-analysis of investment in the international agricultural research centers of the CGIAR. *Agricultural Systems* 96 (1–3), 108–123.

Raitzer, DA, Sparks, AH, Huelgas, Z, Maligalig, R, Balangue, Z, Launio, C, Daradjat, A & Ahmed, HU 2015, Is rice improvement still making a difference? Assessing the economic, poverty and food security impacts of rice varieties released from 1989 to 2009 in Bangladesh, Indonesia and the Philippines. Rapport remis au Standing Panel on Impact Assessment (SPIA), CGIAR Independent Science and Partnership Council (ISPC), Rome, Italie.

Renkow, M, Byerlee, D 2010, The impacts of CGIAR research: A review of recent evidence. Food Policy, vol. 35, no. 5, pp. 391–402.

Robinson, S, D'Croz, DM, Islam, S, Sulser, TB, Robertson, R, Zhu, T, Gueneau, A, Pitois, G & Rosegrant, M 2015, The international model for policy analysis of agricultural commodities and trade (IMPACT)- model description for version 3. 2015. Division des technologies environnementales et de production, IFPRI, Washington, DC.

Rosegrant, MW & the IMPACT Development Team 2012, international model for policy analysis of agricultural commodities and trade (IMPACT): model description. Institut international de recherche sur les politiques alimentaires (IFPRI), Washington, DC, États-Unis.

Rosegrant, MW, Meijer, S & Cline, S 2002, international model for policy analysis of agricultural commodities and trade (IMPACT): model description. Rapport technique, Institut de recherche sur les politiques alimentaires (IFPRI), Washington, DC, États-Unis.

Stads, G, Beintema, N, Perez, S, Flaherty, K, Falconi, C 2016, Agricultural research in Latin America and the Caribbean: A cross-country analysis of institutions, investment, and capacities. Banque interaméricaine de développement (BID).

Thirtle, C., Lin, L., Piesse, J., 2003. The impact of research-led agricultural productivity growth on poverty reduction in Africa, Asia and Latin America. *World Development* 31 (12), 1959–1975.

UNdata 2016, World Statistics Pocketbook, Division de statistique des Nations Unies. Disponible à l'adresse : http://data.un.org/CountryProfile.aspx?crName=haiti. [10 février 2017].

USDA PS&D 2016, Production, supply and distribution (USDA PS&D) online database. Département de l'Agriculture des États-Unis, Disponible à l'adresse : https://apps.fas.usda.gov/psdonline/app/index.html

Walker, T, Alene, A, Ndjeunga, J, Labarta, R, Yigezu, Y, Diagne, A, & et al. 2014, Measuring the effectiveness of crop improvement research in Sub-Saharan Africa from the perspectives of varietal output, adoption, and change: 20 crops, 30 countries, and 1150 cultivars in farmers' fields. Rapport remis au Standing Panel on Impact Assessment (SPIA), CGIAR Independent Science and Partnership Council (ISPC), Rome, Italie.

WB 2010, Global agriculture and food security program (GAFSP) proposal for republic of Haiti. Unité de coordination GAFSP, la Banque mondiale, Washington, DC, États-Unis. Disponible à l'adresse : http://www.gafspfund.org/sites/gafspfund.org/files/Documents/Haiti_Proposal.pdf. [10 février 2017].

WB 2016. Vue d'ensemble d'Haïti. Trouvée à l'adresse : http://www.worldbank.org/en/country/haiti/overview.

Yrarrázaval, R, Navarrete, R & Valdivia, V 1982, Costos y beneficios sociales de los programas de mejoramiento varietal de trigo y maíz en chile." Chapitre de M. Elgueta et E. Venezian ed., Economía y Organización de la investigación agropecuaria. Santiago, Chili : Instituto de Investigaciones Agropecuarias, 1982: 77-100.

La recherche agricole : une grande opportunité vers une augmentation de la production agricole en Haïti

HUGUES CHARLES

Introduction

Dans le temps, Haïti était considéré comme un pays essentiellement agricole, parce que l'économie du pays reposait essentiellement sur l'agriculture. Le pays était un grand producteur et exportateur de denrées alimentaires comme le café, le cacao, les vivres alimentaires, le coton et même le bois de campêche. Haïti était en mesure de produire suffisamment de produits alimentaires pour nourrir sa population. Cependant, depuis de nombreuses années on ne peut plus parler de ce phénomène puisque le pays ne produit pas suffisamment pour répondre aux besoins alimentaires de sa population. On importe tout. Plus de 60 % des produits consommés dans le pays sont importés de l'étranger. Malgré ce déclin constaté au niveau du secteur, l'agriculture reste le secteur qui emploie le plus grand nombre de gens. Près de la moitié des Haïtiens dépendent directement ou indirectement de l'agriculture. Pourtant, le développement du secteur agricole n'a jamais été considéré comme la priorité des gouvernements qui se sont succédés au cours des trente dernières années.

Jouant pendant très longtemps le rôle de secteur primaire dans l'économie haïtienne, l'agriculture continue jusqu'en 2016 à contribuer à hauteur de 20 % du PIB national. En 2016, le pays a connu une croissance positive de 1,4 % grâce à une croissance positive de 3 % du secteur agricole. Pourtant ce secteur, malgré ses grandes potentialités, continue d'être traité en parent pauvre par nos politiques. Au cours de l'exercice 2015-2016, seulement 9,7 % du budget national était alloué à ce secteur alors que le dernier gouvernement (2011-2016) considérait l'agriculture comme un levier de croissance. Ce pourcentage a été réduit à 5,9 % dans le budget 2016-2017, alors que l'agriculture est une fois de plus considérée comme l'une des deux grandes priorités du pays.

Plusieurs bailleurs de fonds bi et multilatéraux et des organisations non gouvernementales ont financé et exécuté pendant plusieurs décennies de grands projets agricoles dans le pays, mais les résultats ne sont pas convaincants puisque la production agricole ne cesse de baisser années après années. Le ministère de l'Agriculture malgré ses nombreux efforts n'arrive plus à faire du secteur agricole le fer de lance de la production.

Qu'est ce qui explique que malgré les nombreux plans, projets et programmes de développement agricole préparés et mis en œuvre à travers tout le pays tant par les bailleurs de fonds comme par le MARNDR, la production agricole nationale ne fait que décroître ? Pourquoi n'arrive-t-on pas à exploiter véritablement toutes ces opportunités pour faire de l'agriculture un vrai levier de croissance ? Pourquoi le pays n'arrive-t-il pas à produire suffisamment de produits agricoles pour nourrir la plus grande partie de sa population ? Pourquoi sommes-nous obligés d'importer plus de 60 % de produits alimentaires à l'étranger alors que le pays dispose d'une superficie agricole de 1,80 million d'hectares, dont plus de la moitié sont destinées à la culture (terres arables) (FAOSTAT 2016).

L'économiste Subir Bairagi a cité des causes structurelles parmi tant d'autres, afin d'expliquer le déclin de notre agriculture. Il a cité entre autres : le manque de semences de qualité, le manque d'infrastructures d'irrigation, le faible service de vulgarisation gouvernementale, le manque d'accès au crédit, la mauvaise qualité des sols et de l'eau (Cochrane et al., Oxfam, 2010, 2010), et le peu d'investissements dans la recherche et le développement agricole (R&D) à ce jour. Cette dernière contrainte semble être la plus importante puisque Haïti n'a jamais fait de la recherche une de ses priorités. Dans la région Amérique latine et Caraïbes, Haïti est le seul pays où l'État ne consentit aucun investissement important dans la recherche agricole.

Dans cette étude, Bairagi a choisi de mettre l'emphase sur le problème de manque d'investissement. En se basant sur ses calculs, analyses et les données existantes, il a conclu que si Haïti accepte de faire des investissements importants dans la recherche agricole pour mettre en place un centre de recherche, cela pourrait faciliter la mise à disposition de la technologie agricole de pointe et la diffusion auprès des agriculteurs locaux et par la même occasion entraîner une augmentation d'environ 210 %, 109 % et 104 % respectivement du rendement des cultures du maïs, du riz et du sorgho. Mais vu les nombreuses contraintes auxquelles le secteur agricole et la paysannerie haïtienne font face, est-ce que les résultats de cette étude, se limitant seulement à trois cultures céréalières (riz, maïs et sorgho), sont-ils pertinents par rapport au problème de faible production et de déficit alimentaire à résoudre ? Quelles sont les implications d'un investissement aussi important sur les politiques publiques ? Tout en essayant d'apporter des éléments de réponse à ces questions, le présent document, en considérant d'autres facteurs autres que le manque d'investissement, essaiera également de montrer comment la recherche agricole pourra être une alternative pour la relance et l'augmentation de la production agricole en Haïti.

Historique de la recherche et de la vulgarisation agricole en Haïti

La recherche agricole a véritablement démarré en Haïti vers la fin des années 60 début 70. Mais 40 années plus tard où en est-on ? Qu'est-ce qui a été fait ? Qu'est-ce qui reste de la recherche et de la vulgarisation agricole dans le pays ?

Tout au début, la thématique recherche agricole a été sous la tutelle du ministère de l'Agriculture. En 1923, après la création par les américains du « Service technique de l'Agriculture et de l'enseignement professionnel », devenu ministère de l'Agriculture, environ cinquante fermes-écoles ont été créées et dispersées à travers le pays. Leur mission était de dispenser une formation théorique qui serait adaptée à la vie paysanne. Ces entités servirent de fermes modèles et de centres locaux de diffusion des méthodes nouvelles.

Vers les années 50 et jusque vers les années 80 l'État haïtien avait consenti à faire des investissements importants en mettant en place d'institutions intervenant dans le secteur agricole au service des agriculteurs. La mise en œuvre de grands projets, dont l'ODVA (Organisme de développement de la Vallée de l'Artibonite) coïncide avec la généralisation, à travers les services du ministère de l'Agriculture, de la vulgarisation agricole et du conseil technique aux agriculteurs. Ensuite l'État a créé le Bureau de crédit agricole (le BCA) et l'Institut de développement agricole et industriel (IDAI) qui n'étaient pas des instituts de recherche mais des institutions financières devant octroyer du crédit bancaire supervisé aux agriculteurs.

Au milieu des années soixante-dix, il y a eu la création d'un des plus importants centres de recherche-développement-formation du pays, celui de Madian-Salagnac. Il dépendait du ministère de l'Agriculture et était une tentative de réponse à un constat d'échec de la vulgarisation des thèmes techniques véhiculés dans le cadre du développement communautaire. Les actions et interventions du Centre de Madian-Salagnac s'articulaient autour de deux grands axes : recherche et formation. Ce centre était le principal centre de recherche pour les étudiants de la Faculté d'agronomie de l'Université d'État d'Haïti.

En 1986, malgré les troubles politiques, le ministère de l'Agriculture avait toujours sous sa responsabilité près d'une cinquantaine de sites agricoles, dont cinq écoles moyennes qui formaient des techniciens supérieurs et des agents agricoles, deux écoles vocationnelles formant de jeunes agriculteurs, cinq centres de formation assurant la formation continue et une trentaine de fermes d'État dédiées à la recherche et la vulgarisation agricole, dans lesquelles on dispensait une formation ou on mettait en œuvre des programmes de recherche appliquée. En 2005, il ne restait qu'une vingtaine environ et parmi eux, 11 étaient plus ou moins en activité pendant cette année et étaient encore sous tutelle du ministère de l'Agriculture.

Le ministère de l'Agriculture avait aussi créé le CRDA (Centre de recherche et de développement agricole) qui était devenu l'autorité désignée au MARNDR en matière de recherche. Sa responsabilité était d'impulser la politique nationale de recherche agricole, d'en gérer le pilotage et enfin d'en assurer la coordination tant au niveau du secteur public agricole que de l'ensemble de la recherche en cours dans le pays. Mais le CRDA avait du mal à affirmer son leadership, à assurer la coordination du système et à en garantir la cohérence, faute de ressources humaines, de moyens financiers adéquats, d'instruments de politique forts, d'un plan opérationnel et d'une loi définissant et précisant clairement ses attributions et dictant des règles claires.

En 2010, une proposition a été faite dans le document de Politique globale de développement agricole 2010/2025 du MARNDR afin de doter ce ministère de deux nouveaux instruments : a) d'une part, la création de l'Agence nationale de recherche pour une agriculture durable (ANARAD) et b) d'autre part, la mise en place et la consolidation de la Direction de l'innovation (DI). Comme il est dit dans le paragraphe ci-dessus, cette dernière est actuellement considérée comme le principal instrument de recherche du MARNDR. Financièrement cette direction dépend d'un autre plus grand instrument qui est le FONRED (Fond de Recherche et de développement) issu du ministère de l'Éducation nationale et de la formation professionnelle (MENFP). Le FONRED a été créé par le MENFP et reposait sur l'idée de base que la recherche devrait rejouer son rôle dans la reconstruction d'Haïti. Mais ces deux instruments, la DI et le FONRED, ne peuvent pas fonctionner de façon autonome puisqu'ils ne disposent pas de budget. C'est ce manque de moyens financiers de l'État haïtien pour la recherche et le développement agricole qui a facilité les interventions des ONG dans ce domaine.

Ainsi, durant les dix à quinze dernières années, la recherche et le développement agricoles sont plutôt pris en charge soit par des projets financés par des bailleurs de fonds, soit par des organisations non gouvernementales (ONG). Actuellement, il y a le projet AREA (Appui à la recherche agricole et au développement) financé par l'agence américaine pour le développement (USAID) qui exécute le plus grand projet de recherche dans le pays. C'est un projet de 15 millions de dollars dont la durée est de 5 ans (2015-2020). Ce n'est malheureusement pas un projet du gouvernement haïtien.

D'autres institutions de formation des sciences agronomiques et environnementales exécutent aussi des projets de recherches. C'est le cas de la faculté d'agronomie de l'université d'État (FAMV) et la faculté des sciences agronomiques et environnementales de l'Université Quisqueya (une université privée/UNIQ) pour ne citer que celles-là. L'UNIQ mène ses recherches grâce à des appuis financiers de bailleurs externes. Il en est de même d'une partie de la recherche réalise par la FAMV.

Jusqu'à nos jours, le ministère de l'Agriculture n'a pas une vraie politique et ne dispose pas de budget pour la recherche agricole. Actuellement on peut dire que l'encadrement agricole sur le terrain est en principe assuré par des structures déconcentrées du MARNDR à savoir une quinzaine de directions et de sous directions départementales et une quarantaine de bureaux agricoles (BAC). La diffusion de paquets techniques est censée être assurée par ces structures qui se retrouvent dans les 10 départements géographiques du pays.

D'après le document de synthèse DEFI (2012) sur la recherche agricole, l'avenir de la recherche par les instances étatiques n'est pas certain, car dépendant d'un ensemble de facteurs sociaux, économiques, techniques, environnementaux et institutionnels. Dans le rapport sur les centres de recherches agricoles, Damais et Angrand (2005), il ressort l'état de déclin de la recherche agricole après la disparition de certains services d'expérimentation et de recherches agricoles s'occupant de cette thématique au sein de ce même ministère et dans d'autres organismes autonomes de l'État.

Quelques acquis de la recherche agricole en Haïti

Les approches promues dans le cadre de la recherche et la vulgarisation agricole par le ministère vers la fin des années 70 et début 80, à travers « la mise en place de grands projets, d'organismes de développement et d'institutions financières spécialisées (ODVA, IDAI, BNDAI[1] et BCA) afin de véhiculer des paquets techniques modernisateurs adaptés dans le cadre de la vulgarisation agricole, auront permis la mise au point et la diffusion de variétés améliorées de cultures telles que le riz et le maïs, l'introduction de races bovines plus productives et une réelle augmentation des rendements et de la productivité agricole dans un ensemble de poches d'intensification, essentiellement dans les plaines irriguées (Artibonite, Saint Raphaël, Plaine des Cayes). Les efforts considérables de formation d'agronomes, de techniciens agricoles et d'agents de vulgarisation, à la faculté d'agronomie de l'Université d'État d'Haïti, dans des écoles moyennes d'agriculture et des centres de formation, qui ont accompagné cette politique, auront également permis de mettre à la disposition du secteur agricole des ressources humaines très compétentes techniquement.

« De toutes les expériences dans le cadre de la recherche faites par le ministère de l'Agriculture, le projet Madian-Salagnac est celui qui a eu le plus de résultats durables sur l'amélioration des conditions de vie des producteurs en dépit de la faiblesse des moyens déployés et de l'arrêt de l'accompagnement du projet depuis un certain temps. Les causes de ces constats de réussite sont, entre autres, une approche de la vulgarisation s'inscrivant dans une démarche de recherche-développement ayant permis, grâce à une excellente connaissance du milieu, d'identifier les thèmes et les solutions les plus adaptés aux réalités locales et d'éviter la formulation de recettes passe-partout ; une approche privilégiant les échanges paysans-paysans, garantissant l'accès aux intrants essentiels, et profitant de l'existence d'un marché sûr, rémunérateur et accessible. En

1 Banque de développement agricole et industriel

termes d'impact, les interventions du centre de Madian-Salagnac ont permis l'introduction et ont contribué directement au développement des cultures maraîchères génératrices de revenus sur le Plateau du Rochelois (département des Nippes), qui approvisionnent encore aujourd'hui le marché de Port-au-Prince en produits maraichers (choux, carottes) et maintenant des tubercules tels que les ignames ».

Comment la recherche peut contribuer à l'augmentation de la production agricole en Haïti ? Plusieurs conclusions d'études, réalisées tant par des experts locaux qu'étrangers, ont révélé que tout programme de relance de la production agricole voulant adresser les problèmes de sécurité alimentaire et plus globalement les problèmes socio-économiques de la population haïtienne devrait normalement passer par une revalorisation de la recherche agricole. Parce que, par rapport aux nombreux défis auxquels le secteur agricole fait face depuis des décennies, sans une évolution et un saut technologique et de qualité de ce dernier (le secteur agricole), le pays ne pourra pas y arriver. D'après l'étude « Inventaire des actions de recherche appliquée en cours en Haïti dans le domaine agricole, Document de synthèse, DEFI 2012 », s'il est évident que des orientations et une politique pour le secteur sont indispensables et que d'importants investissements sont nécessaires, ce saut technologique auquel on fait référence ne pourra se réaliser sans un apport important de la recherche agricole. Or, on sait qu'Haïti est le seul pays de la région Amérique latine et Caraïbes où il n'y a pas eu d'investissement majeurs faits par l'État dans la recherche.

Bairagi (2016) a corroboré ce fait en rappelant qu'il y a eu peu ou pas d'investissements consentis dans la recherche et le développement agricole en Haïti. Il a fait une estimation des avantages sociaux nets qu'un investissement annuel de plusieurs millions de dollars (27,0 millions de dollars), pourrait apporter avec la création d'un établissement de recherche susceptible de contribuer au transfert de technologies agricoles de pointe aux agriculteurs.

Mais le document de DEFI (2012) d'un autre coté a montré que des investissements importants dans la recherche sont une condition nécessaire mais non suffisante pour améliorer la productivité agricole. En effet, la complexité des problèmes posés dans le secteur, les importantes questions auxquelles il faut répondre et, enfin, l'urgente nécessité de mettre en œuvre des solutions innovantes et efficaces interpellent profondément la recherche agricole. Au regard des contraintes auxquelles cette dernière, mais également le monde rural, doivent faire face, il ne faudrait surtout pas que les solutions proposées soient inadéquates, inefficientes et qu'elles ne contribuent pas au développement national, notamment par une amélioration significative des conditions de vie de la population.

En analysant les considérations de quelques spécialistes, on se porte à croire que tout nouveau programme de recherche agricole devra prendre en compte les acquis déjà réalisés et tout ce qui est en lien avec cette thématique en Haïti. On ne peut surtout pas repartir à zéro. Les acquis ce sont par exemple les résultats d'études et de recherches réalisées dans le pays durant les 20 à 25 dernières années tant dans les centres de recherches[2], des fermes agricoles nationales[3] et des projets ayant des volets de recherches[4] et sur lesquels on pourrait capitaliser.

2 *Les centre de Madian-Salagnac dans les Nippes et Limbé dans le Nord*

3 *Les fermes de Levy dans le Sud, Savane Zombie à Forêt des Pins, Baptiste dans le Plateau Central*

4 *De nombreux projets financés par les coopérations américaine, canadienne, chinoise (dans la vallée de l'Artibonite) et française*

Dans son étude ayant démontré les avantages de la recherche dans la production agricole, Monsieur Bairagi a considéré seulement trois cultures, le maïs, le riz et le sorgho. Cependant, nous pensons que la recherche en Haïti ne devrait pas se limiter à un nombre limité de cultures même si ces dernières sont considérées comme faisant partie de l'alimentation de base de la population haïtienne. Il y a d'autres cultures jugées aussi importantes dans le régime alimentaire qui doivent aussi être considérées au niveau de protocoles de recherche.

Plusieurs entités opérant dans le pays et travaillant sur la thématique « Sécurité alimentaire » ont fait des recherches sur différentes catégories de cultures et ateliers d'élevage dans le pays dans le cadre de la recherche (Inventaires ...DEFI 2012). Le tableau 1 donne une idée des principales cultures et des ateliers d'élevage considérés, tandis que le tableau 2 présente les sous thématiques et les programmes de recherche liés à la thématique sécurité alimentaire sur lesquelles des essais et des études ont été déjà ou sont en train d'être réalisées dans le pays par un certain nombre d'institutions, d'ONG ou de projets de recherches.

Normalement tout programme de recherche en Haïti devrait mettre la priorité sur ces thématiques parce qu'en ciblant l'augmentation de la production agricole des produits alimentaires de base et l'augmentation des revenus des agriculteurs, on est presque sûr d'adresser le problème de la sécurité alimentaire.

Tableau 1 : Cultures et ateliers d'élevage

Categories	Sous categories	Cultures/elevage
Cultures	Cultures alimentaires de base	Riz, maïs, haricot, sorgho, arachide, légumes et cultures maraîchères), igname, patate, manioc, banane
	Cultures Maraichères	Chou, carotte, aubergine, tomate, piment,
	Cultures fruitières	Mangue, avocat, agrumes, autres fruits (papaye, melon, ananas)
	Culture à double fin (consommation locale et exportation)	Café, cacao, vétiver, mangue
Ateliers d'élevage	Volailles	Poulets
	Petits et gros ruminants	Caprins (races locales et races importées), bovins (production de lait)
	Poissons	Pisciculture, Pêche

Source : Inventaire des actions de recherche appliquée en cours en Haïti dans le domaine agricole. Document de synthèse, MARNDR/DEFI juin 2012

Tableau 2 : Sous thématiques et programmes liés à la thématique : Sécurité alimentaire.

Sous thématiques	Programmes	Institutions développant projets, protocoles, études
Augmentation de la Production agricole et des Rendements	Variétés et espèces rendements/productions ; Résistance aux maladies ; Utilisations, besoins et goûts des consommateurs	Centres et institution de recherche, fermes agricoles, ONG locales et internationales, projets et programmes de bailleurs de fonds, les universités, le MARNDR, associations de producteurs etc.
	Itinéraires techniques : techniques culturales et conduite d'élevage	
	Fertilisation	
Abattage, entreposage, conditionnement et Transformation de produits agricoles	Mise au point de recettes	
	Essai équipement	
	Processus qualité	
	Évaluation goût consommateurs	
	Conditionnement et Transport	

Source : Inventaire des actions de recherche appliquée en cours en Haïti dans le domaine agricole. Document de synthèse, MARNDR/DEFI juin 2012

Tenant compte de la complexité des problèmes du secteur antérieurement mentionné, la recherche ne doit pas être vue de façon isolée. Il y a d'autres facteurs importants à prendre en compte si on veut apporter des solutions appropriées capables de résoudre les problèmes spécifiques aptes à relever significativement la productivité agricole. Ainsi, la mise en place de conditions optimales permettant de profiter au maximum des retombées positives des résultats de recherches déjà réalisées un peu partout à travers le pays est une nécessité. Ces conditions optimales peuvent être : l'existence de systèmes d'irrigation fonctionnels, la disponibilité et l'accès aux intrants agricoles de qualité (semences de qualité et fertilisants), l'accès au crédit, une mécanisation agricole adaptée et répondant aux besoins des agriculteurs, l'organisation et la régularisation du système foncier. Ces conditions sont donc nécessaires et incontournables pour l'augmentation de rendement au niveau des parcelles des agriculteurs. Pour les créer des investissements seront obligatoires.

Or d'après Damais et Angrand, dans le rapport final de 2005 sur les centres de recherche, « l'histoire agraire du pays montre que les capacités d'innovation des producteurs et les possibilités de progrès rapide de la production et des revenus ne peuvent pas exister dans un cadre incitatif sans que des dispositifs d'appui adaptés et efficaces ne soient mis en place. Par exemple, il a été démontré que dans la plaine des Cayes (région de Laborde), la recherche variétale sur le maïs et le haricot, la diffusion de la culture attelée, des techniques de fertilisation et de traitement ont permis de passer à trois cycles de culture annuels avec des rendements en céréales qui avoisinent les trois tonnes par hectare et par cycle. Ceci a été rendu possible par l'action conjuguée et sur le long terme non seulement d'organisations prestataires de service, mais aussi des investissements publics importants facilitant et rendant disponibles certains facteurs de production. Aujourd'hui, Laborde et la Plaine des Cayes constituent une région privilégiée du point de vue de l'agriculture, avec des exploitations disposant d'un capital de production parfois considérable (traction attelée, utilisation de semences améliorées et d'engrais) et d'une infrastructure économique et sociale (écoles, centres de santé) elle aussi bien supérieure à la moyenne nationale ».

Ces résultats démontrent encore une fois que la recherche doit être globale si on veut la réaliser avec le double objectif d'augmenter la production et de répondre aux besoins de l'exploitant agricole. Elle devra s'inscrire plutôt dans une démarche de développement communautaire local. Elle devra être conduite aux fins de répondre à des besoins et demandes spécifiques de l'exploitant agricole. Pour cela, il est donc nécessaire de raisonner en termes d'activités rurales et de dépasser la seule offre de services à la production agricole. Les stratégies de survie de la grande majorité des ruraux passent aujourd'hui par la diversification des activités, pas seulement pour les plus pauvres mais également pour ceux qui ont des ressources supérieures à la moyenne. Ainsi, tout appui à l'intensification agricole par la recherche agronomique et la vulgarisation doit être conçu et mis en œuvre dans le cadre d'une large participation paysanne et démarrer avec la réalisation d'un diagnostic des contraintes des producteurs.

Un autre élément à prendre en compte dans la mise en place des conditions optimales et complémentaires à la recherche, est l'accès au crédit agricole. Actuellement, Haïti ne dispose d'aucune institution financière de développement agricole. Ce sont des institutions de microfinance et les caisses populaires haïtiennes, avec un appui important de la coopération internationale, qui investissent véritablement dans le crédit agricole. L'État devra faciliter l'accès au crédit agricole en acceptant de faire des investissements en termes de mise en place de lignes de crédit, de fonds de garantie ou de fonds d'assurances agricoles, voire des subventions dans certains cas.

Au niveau institutionnel il faut tenir compte des infrastructures existantes dans la mise en place des conditions optimales et de capitalisation des acquis. Actuellement il existe une vingtaine d'entités publiques (1 centre de formation ; 4 écoles moyennes d'agricultures, 5 fermes d'état ou centre publiques, 15 institutions publiques et une université) réparties à travers tout le pays qui sont impliquées dans la recherche, même si certaines d'entre elles ne sont pas fonctionnelles. Ces entités publiques (institutions publiques et centres et fermes d'État) se retrouvent en plus grand nombre et représentent environ 35 % de l'ensemble des 57 entités[5] existantes dans tout le pays. Ainsi donc la réhabilitation et la relance des activités des centres de recherche et de formation gérés par le ministère de l'Agriculture devront être envisagées, parce que ces infrastructures réparties à travers tout le pays représenteront le canal idéal par lequel passera la vulgarisation des résultats de la recherche et la mise à profit des connaissances et capacités des cadres du ministère de l'agriculture impliqués dans la recherche.

La réhabilitation de ces entités en particulier des fermes agricoles et des écoles moyennes offrira aux ruraux (en particulier aux agriculteurs) différents services publics pour lesquels ils exprimeront la demande afin d'améliorer leurs conditions d'existence. Leur mandat doit dépasser celui de la recherche agronomique et vulgarisation agricole pour aborder les problématiques plus larges du développement local (appuis aux collectivités locales, appui au développement économique non agricole, gestion locale des ressources naturelles). En effet, les centres doivent répondre aux demandes en services publics de formation, information, recherche appliquée et appui-conseil dans les domaines suivants : 1) l'intensification agricole, 2) l'établissement d'alliances productives entre le secteur privé et la paysannerie et 3) la gouvernance locale (Damais, 2005).

5 *Source: Inventaires des actions de recherches....DEFI 2012.*

Implications de la recherche agricole sur les politiques publiques

Mais est-ce qu'un programme de recherche et de développement agricole national pourra être envisagé sans avoir des implications sur les politiques publiques ? A cette question on pourra répondre par l'affirmative. Si la recherche agricole est considérée comme l'une des grandes priorités de l'État, elle aura nécessairement des conséquences ou des implications sur les politiques publiques. La première implication de cette décision sera un réaménagement du budget national et plus particulièrement celui du ministère de l'Agriculture parce qu'il faudra accepter de faire des investissements importants dans le domaine. Si on se base sur les prévisions de l'étude de Monsieur Bairagi, l'État haïtien aura besoin pour la mise en place d'un programme de recherche agricole via la mise en place d'un centre de recherche, de plus d'un demi-milliard de dollars pour les 20 prochaines années en termes de coûts directs. Ensuite il faudra considérer les coûts indirects qui y seront associés (mise en place des conditions optimales, capitalisation et systématisation des acquis existants, la réhabilitation et le fonctionnement des centres de recherche et fermes agricoles etc.). À noter que le pourcentage alloué à l'agriculture dans le budget 2016-2017 est de 5,9 %. Le montant du budget de cette année est estimé à 121 milliards de gourdes.

Par conséquence, l'État haïtien devra faire de la production agricole l'une de ses principales priorités pour les 15 à 20 prochaines années, avec la recherche et le développement agricoles comme principal pivot. Cela contribuera ainsi à redonner à l'agriculture un poids plus important dans le PIB national. Actuellement l'agriculture représente 20 % du PIB.

Toujours par rapport aux conséquences sur les politiques publiques, l'État haïtien devra commencer à poser des actions en termes de réduction progressive des importations de produits alimentaires dans le pays en vue d'encourager réellement la production agricole nationale. En ce sens le parlement haïtien aura son rôle à jouer pour non seulement protéger ce secteur vital, mais également freiner, à l'aide de lois, le problème de dégradation environnementale dont les conséquences sont néfastes sur la production agricole. Le ministère de l'Environnement (MDE) sera aussi un acteur important dans cette nouvelle politique même s'il n'est pas directement concerné, car la production agricole ne pourra pas se faire dans de bonnes conditions sans un environnement protégé et adéquat. La protection des bassins versants est une condition sine qua non. Des priorités devront aussi être définies par rapport aux grands axes d'interventions de ce ministère qui devra créer des conditions favorables à une bonne production agricole. Ces priorités nécessiteront également une certaine réallocation des fonds au niveau du budget national.

Le ministère de l'Education Nationale et de la formation professionnelle et l'Université d'État d'Haïti seront aussi concernés par la décision de faire de la recherche agricole une priorité. Les programmes de formation dans les instituts de formation professionnelle et les facultés d'agronomie devraient subir des modifications et s'aligner sur les programmes de recherche.

Finalement, le ministère de la Planification et de la Coopération Externe, sera également concerné par cette décision de valoriser la recherche et le développement agricoles dans le pays. C'est par ce ministère que passent tous les appuis de la coopération internationale. Ce ministère pourra être amené à redéfinir et fixer, en collaboration avec le MARNDR, le MDE et le parlement haïtien les conditions de certaines interventions de bailleurs ou d'ONG en lien avec la recherche agricole.

Conclusion

En tenant compte de tous ces résultats d'études et de recherches et de toutes ces considérations faites dans ce document, on peut dire que la recherche agricole pourra effectivement être considérée comme une vraie alternative pour l'amélioration de la production agricole en Haïti si elle est réalisée selon une approche globale impliquant toutes les entités concernées. Elle ne doit pas se réaliser de façon isolée et sur un nombre limité de cultures. Des efforts devront être faits pas les dirigeants de ce pays tant sur le plan humain que financier pour mieux organiser la recherche et lui donner une nouvelle impulsion. L'État doit impérativement adresser le problème d'absence de politique de recherche agricole et orienter résolument cette dernière et les acteurs qui y sont impliqués vers des priorités arrêtées de manière consensuelle.

L'implication et la participation de tous les acteurs, de toutes les institutions et organisations ainsi que de toutes les parties prenantes seront fondamentales pour la réussite d'un tel chantier. Il faudra également développer de nouveaux partenariats tant entre les institutions et organisations évoluant dans le pays qu'avec des centres internationaux et des universités étrangères notamment ceux ayant des expériences dans la redéfinition et la mise en place de systèmes de recherche efficaces et compétitifs. Les problèmes du secteur agricole et du monde rural sont tellement complexes que tout programme de recherche agricole devra être conçu afin d'adresser les problèmes de dépendance alimentaire, d'insécurité alimentaire afin d'apporter une amélioration significative des conditions de vie de la population.

Pour compléter ce texte nous pensons qu'il est nécessaire de reprendre quelques points mentionnés dans le document « Inventaire des actions de recherche... DEFI 2012 » en rapport avec l'avenir de la recherche en Haïti. D'après le document l'avenir de la recherche agricole en Haïti ainsi que les perspectives qui pourront être dégagées dépendront de :

- la capacité pour l'État et notamment le MARNDR de reprendre le leadership et de se doter de moyens pour assurer un pilotage dynamique de la recherche agricole ;
- la volonté de travailler ensemble à la définition d'objectifs clairs et consensuels validés par tous ;
- la mise en place de mécanismes permettant d'être efficace et performants sur les thématiques et les programmes prioritaires ;
- la capacité pour la communauté scientifique de se reconstruire ;
- la généralisation des processus de capitalisation/systématisation ;
- la garantie d'une formation de qualité aux professionnels du secteur agricole intégrant des habilités de base en Recherche ;
- l'assurance d'un accompagnement rapproché et intelligent de la coopération internationale ;
- la reprise et le développement de liens soutenus avec les centres et les réseaux régionaux et internationaux de recherche ;
- la mise en place au niveau national d'un fonds pour la recherche agricole auquel les acteurs auraient accès sur une base compétitive ;
- la formation de jeunes chercheurs et professionnels de haut niveau sur la base de l'excellence académique ;
- la reconstruction, sur une base éthique et d'excellence, d'une communauté scientifique agricole dynamique, engagée, responsable et solidaire non seulement en son sein (entre

pairs) mais aussi vis-à-vis des producteurs/paysans et des entreprises impliquées au quotidien dans le secteur ;

- l'élaboration et la mise en œuvre d'une politique nationale de la recherche agricole et d'un plan de stratégie opérationnelle pour la recherche agricole ;
- la mise en place de règlements et normes notamment pour la supervision de procédures et de textes de loi.

Référence bibliographiques

Inventaire des actions de recherche appliquée en cours en Haïti dans le domaine agricole Document de synthèse. Ministère de l'agriculture des ressources naturelles et du développement rural, (MARNDR). Projet DÉFI, Juin 2012

Agriculture et développement rural en Haïti, Les centres régionaux : état des lieux et perspectives. Damais et Angrand, Avril 2015. Ministère de l'agriculture des ressources naturelles et du développement rural, (MARNDR), Banque Mondiale.

Appui à la recherche agricole et au développement en Haïti. William Michel, LE Nouvelliste du 20 juin 2016.

Coûts et avantages de l'investissement dans la recherche et le développement agricoles (RD) en Haïti, Projet Haïti Priorise, Subir Bairagi, janvier 2017

Gestion intégrée des risques et des désastres en Haïti

CHARLEY G. GRANVORKA

Résumé

En raison de sa localisation géographique dans les Caraïbes, la République d'Haïti est naturellement exposée à toute une série d'aléas naturels dont les plus récurrents sont les cyclones, ouragans et les fortes pluies avec des conséquences dramatiques qui viennent lourdement handicaper son développement économique. En effet, Haïti est considéré par les Organisations Internationales comme un pays « fragile[1] » dont la pauvreté touche près de 59 % de sa population[2]. Dans un tel contexte la question majeure qui se pose est celle des moyens de la réduction de la vulnérabilité environnementale comme voie vers le développement économique harmonisé.

C'est dans cet esprit que cette intervention est présentée. Elle propose une stratégie de Gestion Intégrée des Risques et des Désastres (GIRD) qui s'articule autour de deux axes complémentaires incluant la mise en place d'un réseau de Système d'Alerte Précoce au risque Inondation (SAPI), et la mise à disposition d'abris temporaires multifonction pour les personnes et le bétail.

Les résultats attendus de cette stratégie ont été estimés à partir de l'analyse coût-avantage (ACA) comme outil d'aide à la décision, et ils mettent en évidence l'estimation monétaire de l'effet direct qui est essentiellement la préservation des vies humaines et du bétail, qui représente le capital économique le plus important des populations rurales. Les effets indirects de même que les effets secondaires n'ont pas été estimés monétairement.

Abréviations

ACA	Analyse coût-avantage
BIRD	Banque Internationale pour la Reconstruction et le Développement
CDB	Caribbean Development Bank
CGES	Centre de Gestion Environnementale et Sociale
CNM	Centre National de Météorologie
EM-DAT	Emergency Events Database
EWS	Early Warning System
GFDRR	Global Facility for Disaster Reduction and Recovery
GIRD	Gestion Intégrée des Risques et des Désastres
IADB	Inter-American Development Bank

1 Voir définition Banque Mondiale www.worldbank.org

2 Rapport conjoint Gouvernement de la République d'Haïti, de la Banque mondiale, de la Banque de Développement Inter-Americaine, de l'ONU et de l'Union Européenne janvier 2017, p. 12

MARNDR	Ministère de l'Agriculture des Ressources Naturelles et du Développement Rural
MEF	Ministère de l'Économie et des Finances
OMM	Organisation Météorologique Mondiale
PIB	Produit Intérieur Brut
SAPI	Système d'Alerte Précoce Inondation
SIG	Système d'Information Géographique
SNRE	Service National des Ressources en Eau

Introduction

Au cours des 21 dernières années Haïti a été frappée par une quarantaine de cyclones, orages et fortes pluies soit une moyenne annuelle de deux évènements[3] qui ont généré des inondations et autres glissements de terrain accompagnés de graves conséquences humaines et matérielles. Sous l'effet du changement climatique ces phénomènes s'amplifieront en occurrence et en sévérité et Haïti, qui possède un indice de vulnérabilité globale élevé, sera de plus en plus exposé aux risques de catastrophes. Outre Matthew en octobre 2016, six phénomènes de même type ont affecté le pays. Les dégâts matériels, les pertes et dommages sont toujours importants et viennent gravement obérer le développement économique de l'île dont la susceptibilité environnementale est parmi l'une des plus élevée.

La problématique environnementale en Haïti est le premier obstacle à son développement économique et social. Selon le World Risk Report, 2016[4] Haïti occupe le 6ème rang pour la susceptibilité environnementale, le 13ème pour ce qui concerne l'incapacité adaptative, le 3ème pour la réactivité, le 5ème pour la vulnérabilité, et il lui a été attribué une note de 12,9/13 pour sa vulnérabilité aux cyclones. A cette vulnérabilité naturelle en raison de sa localisation géographique et à la vulnérabilité environnementale s'ajoutent la vulnérabilité sociale qui maintient 58,6 % de la population (10,7 millions, en 2015) soit 6,3 millions de personnes sous le seuil de pauvreté ou dans la pauvreté extrême[5], et la vulnérabilité économique en raison d'indicateurs de performance très faibles[6].

L'on rappelle que la « vulnérabilité est le degré auquel un système est susceptible ou incapable de faire face quant aux effets néfastes du changement climatique, y compris la variabilité et aux extrêmes climatiques ». Les trois composantes de la vulnérabilité, selon la définition du Groupe d'Experts Intergouvernemental sur l'Evolution du Climat (GIEC) sont « l'exposition, la sensibilité et la capacité d'adaptation[7] ». Selon le Rapport conjoint de la République d'Haïti et de la communauté internationale (Janvier 2017), les données historiques disponibles conduisent globalement à conclure que les catastrophes liées aux conditions météorologiques auraient entraîné des dommages et des pertes annuels estimés à environ 2 % du PIB de 1975 à 2012.

3 EM-DAT

4 Rapport de la Banque mondiale 2016, pp. 47-49.

5 Banque mondiale, 2016

6 Rapport conjoint du Gouvernement de la République d'Haïti, de la Banque mondiale, de la Banque de Développement Inter-Americaine, de l'ONU et de l'Union Européenne

7 www.weadapt.org.

Le cyclone Matthew qui a frappé Haïti les 3 et 4 octobre 2016 a généré des inondations de plus de 600 mm par 24 heures. Les pertes et dommages sont importants, 180 104,24 milliards de gourdes soit 20% du PIB[8], et les besoins financiers pour la récupération et la reconstruction ont été estimés à 2,7 milliards USD, soit 32 % du PIB[9]. Les pertes en vies humaines sont également importantes puisque 546 décès ont été officiellement enregistrés. Ajoutées aux pertes en vie humaine des deux dernières décennies, cela représente un total de 8 271 décès soit une moyenne annuelle de 375 décès.

Ces éléments ont mis en évidence l'ampleur des enjeux économique, environnementaux et sociaux de même que l'urgence à identifier les mesures propres à la réduction de la vulnérabilité du pays.

Description de l'intervention

C'est l'objet de l'intervention proposée qui se conçoit comme une stratégie intégrée comportant deux volets : 1) la mise en place d'un Système d'Alerte Précoce Inondation (SAPI) qui vise à anticiper les impacts négatifs du risque inondation 2) la mise à disposition d'abris multifonction (personnes + bétail) couplés au SAPI. Cette stratégie s'applique à l'ensemble du territoire. Cependant, si 65 communes ont été identifiées comme soumises au risque inondation l'intervention préconise la réalisation de 117 abris pour tenir compte du nombre de personnes ayant été évacuées lors du passage du cyclone Matthew soit 175 500 personnes. Les abris sont multifonction car ils peuvent accueillir à la fois des personnes et des animaux. Leur capacité moyenne d'accueil est de 1 150 personnes et 450 animaux toutes races confondues. Couplé au SAPI, les abris multifonction visent à réduire les pertes en capital humain et économique afin de favoriser le maintien des moyens de subsistance des agents économiques.

Sur le long terme, ces interventions permettront à Haïti d'avoir une approche globale des risques menaçant son territoire. De ce fait, le gouvernement pourra mieux anticiper les effets du changement climatique et les intégrer dans la définition de ses politiques de développement. Grâce à ces interventions, le capital humain et le capital technique seront mieux préservés et atténueront ainsi les ruptures de la vie économique. La croissance du PIB qui en découle est de nature à contribuer à la réduction de la pauvreté.

Analyse documentaire

Il s'agit des différents rapports officiels les plus récents et les plus pertinents qui ont en commun de souligner la vulnérabilité environnementale mais aussi économique, sociale et politique du pays tout en faisant état de la nécessité d'une décentralisation plus effective pour le succès des différentes politiques, dont les politiques environnementales. Matthew étant un événement récent, outre le rapport conjoint du gouvernement haïtien et de la communauté internationale (janvier 2017) il n'y a pas d'autre estimation globale de ses effets ex post.

Dans le contexte post Matthew, le rapport conjoint de la République d'Haïti avec la communauté internationale de janvier 2017 estime les pertes et les dommages à 180 104,24 milliards de

8 Rapport conjoint Gouvernement de la République d'Haïti de la Banque mondiale, de la Banque de Développement Inter-Americaine, de l'ONU et de l'Union Européenne p. 9

9 Ibid.

gourdes soit 20 % du PIB[10], et les besoins financiers pour la récupération et la reconstruction ont été estimés à 2,7 milliards USD, soit 32 % du PIB[11]. Relié à l'analyse du bilan post Sandy de mai 2013 et des indicateurs de 2015, on constate non seulement que la performance économique haïtienne demeure très faible mais qu'elle est due, d'une manière générale, essentiellement à la vulnérabilité environnementale du pays puisque sur près d'une décennie la perte régulière du PIB a été estimée à 2 % l'an en raison des phénomènes cycloniques qui frappent Haïti.

S'agissant de la gestion des risques et désastres, plusieurs documents de Stratégie Nationale pour la Réduction des Risques font état de la nécessité de mettre en place des mesures de prévention et d'éducation aux risques naturels. Le document le plus récent selon l'information disponible est le Plan National de Réponse aux Urgences (PNRU), Système National de Gestion du Risque, Document de travail (décembre 2001, mise à niveau 2009). Toujours en relation avec la gestion des risques, l'Organisation Mondiale de la Météorologie et le CGES ont respectivement produit en 2010 et 2015 deux rapports qui font état de la nécessité pour l'un d'avoir un service de prévisions météorologiques totalement autonome, il prévoit également la restructuration des services en charge de la prévision que sont le SNRE et le CNM et la mise en place d'un réseau de stations hydrologiques couvrant tout le pays de même que la nécessité de coopérer avec le réseau Caraïbe Hycos. Le CGES lui, fait état de la réalisation d'un réseau de stations hydrologiques dont il prévoit également l'évaluation. Cependant, il n'a pas été possible de trouver un quelconque document laissant entendre la mise en place effective de ce réseau de stations hydrologiques. C'est cette lacune qui a conduit à l'estimation, a minima, de l'entretien des stations ; 711 100 HTG sur dix ans.

C'est également l'analyse du rapport de l'OMM et des rapports sur la décentralisation et les collectivités territoriales[12] qui a fait ressortir la nécessité d'une réforme institutionnelle, d'une restructuration des services météo et d'une décentralisation effective notamment pour la gestion des risques et des désastres.

Du point de vue de la sociologie, la lecture d'un article empirique[13] a mis en lumière le manque de confiance de la population envers les institutions mais également le comportement irrationnel des personnes en situation d'incertitude. Ce qui amène à préconiser la mise en place du SAPI.

Calcul des coûts et des avantages

Les interventions étant déjà décrites dans l'introduction nous en présentons uniquement les coûts et avantages.

(1) SAPI

Coûts

Les coûts de cette intervention ont été calculés à partir des données recueillies dans la littérature secondaire, la grille des salaires par catégories diffusées en 2015 par le ministère de l'Économie et

10 Rapport conjoint Gouvernement de la République d'Haïti de la Banque mondiale, de la Banque de Développement Inter-Americaine, de l'ONU et de l'Union Européenne p. 9

11 Ibid.

12 Les Collectivités Territoriales dans l'Etat Unitaire Décentralisé d'Haïti Document de travail n° 1. Mars 2002

13 Marcelin, L.H., Cela, T., Schultz M, J. :(2016) "Haiti and The Politics of Governance and Community Response to Hurricane Matthew".

des Finances (MEF) et par corrélation avec le coût des volontaires au Bangladesh[14] qui a implanté un système similaire d'abris multifonction couplés à un EWS. Le coût total de cette intervention est de 1 763 907 612 HTG.

La liste des composantes du SAPI fait apparaître un coût relativement élevé appliqué aux Plans d'Urgence Communaux soit 659 599 992 HTG. Le coût se justifie par le nombre de plans à élaborer, 65, nécessitant de la cartographie à partir du Système d'Information Géographique (SIG), de la formation et l'assistance d'un consultant externe au moins sur la première année. Les Plans d'Urgence Communaux représentent un outil de planification des acteurs communaux en charge de la gestion des risques avec pour objectif, entre autres, l'information préventive et la protection des populations (Tierney, 2008)[15]

Avantages

Vies humaines. Selon la base de données EMDAT, de 1996 à 2016 on enregistre en Haïti 7 724 décès dus aux ouragans et inondations soit une moyenne annuelle de 364 décès. Dans leur papier intitulé « Costs and benefits of early warning systems », Rogers et Tsurkinov (2010) affirment que les EWS démontrent une efficacité égale à 80 % sur 5 ans dans la préservation des vies humaines. C'est cette hypothèse qui a été retenue pour déterminer le nombre moyen de vies sauvegardées, soit 291 vies. Pour tenir compte de l'évolution espérée du PIB haïtien, soit 2 % l'an, ramené au PIB par tête, et à son pic maximum d'efficacité, un EWS permet de préserver un GDP moyen annuel par tête de 142 000 HTG ; une évolution entre 134 301 HTG et 151 263 HTG au cours des 10 années de mise en œuvre du modèle de GIRD.

Bétail sauvé. Des avantages liés à la quantité de bétail sauvé sont également estimés à partir du nombre d'animaux sauvés par catégories ; bovine, caprine, porcine, volaille. Leur prix a été déterminé à partir du prix moyen actuel sur le marché entre mâle et femelle et les données quantitatives quant à la production animale globale, et les pertes sont fournies par les annexes au rapport conjoint entre le Gouvernement haïtien et la Communauté Internationale dans le contexte post Matthew en janvier 2017 et le bilan post Sandy 2013, qui sont les données les plus récentes. Le tableau 1 synthétise ces avantages sans entrer dans le détail des feuilles de calcul. D'autres rapports ont servi de support à l'estimation du bétail en quantité et en valeur ; il s'agit du rapport post Matthew de janvier 2017 et du «Recensement général agricole, Atlas Agricole d'Haïti, octobre 2012».

Tableau 1. Avantages liés au nombre moyen annuel de bétail sauvé

Catégories	Nombre	Valeur moyenne HTG	Valeur totale HTG
Bovins	132	30 000	3 972 280
Caprins	2 477	3 000	7 430 349
Porcins	39	3 500	135 880
Volailles	7 096	425	3 015 847
TOTAL	**9 744**		**145 543 560**

14 Evacuation volunteers fan out in Bangladesh, Mai 2013, Reliefweb

15 Tierner, K. (2008) Hurricane Katrina : Catastrophic impacts and alarming lessons.

(2) Abris multifonction

Coût

Le coût unitaire des abris multifonction est celui donné par la Banque mondiale et appliqué au Bangladesh, soit 18 millions de gourdes par abri. Le coût de la maintenance a été estimé à 3 % de sa valeur, soit un coût annuel de 63 180 000 HTG. Le coût total de l'intervention est de 4 197 309 682 HTG pour la construction et la maintenance de 117 abris sur 10 ans. Le nombre d'abris nécessaires s'obtient par le nombre de personnes évacuées, 175 500, par la capacité maximale des abris, 1 500 personnes.

Avantages

Cette intervention ne peut se concevoir sans le SAPI dont elle est étroitement complémentaire. Les avantages dérivent de l'installation du SAPI en termes de vies et bétail épargnés. Les avantages s'élèvent à 17 825 634 578 HTG au taux d'actualisation de 5 %.

Tableau récapitulatif

Interventions	Taux d'actualisation	Avantage	Coût	RAC	Qualité des éléments de preuve
SAPI	3 %	19 772 884 460	1 946 338 677	10,2	Moyenne
	5 %	13 163 437 542	1 763 907 612	7,4	
	12 %	4 743 138 627	1 295 635 494	3,4	
Abris Multifonction	3 %	26 580 044 860	4 468 597 280	5,9	Moyenne
	5 %	17 825 634 578	4 197 309 682	4,2	
	12 %	6 240 065 539	3 476 563 014	1,8	

Notes : Feuilles de calcul

Conclusion

Haïti est un pays extrêmement vulnérable aux aléas naturels et environnementaux. À la vulnérabilité naturelle et environnementale vient s'ajouter la vulnérabilité économique qui engendre à son tour la vulnérabilité sociale puisque 59 % de la population est enfermée dans la trappe à pauvreté. Sous les effets du réchauffement global dans le cadre du changement climatique, les phénomènes cycloniques seront de plus en plus nombreux et de plus sévères.

Il y a donc urgence à identifier une stratégie de réduction de la vulnérabilité environnementale. Cette stratégie fait l'objet des interventions de cette proposition et vise à anticiper les impacts du risque inondation qui est le plus récurrent du fait du passage fréquent des ouragans et autres phénomènes cycloniques sur le pays. Il s'agit de mettre en place un SAPI et de coupler ce réseau à un ensemble d'abris multifonction capables d'accueillir les personnes évacuées et leurs animaux.

L'arbitrage financier de l'intervention a été opéré par une analyse coût-avantage dont les résultats démontrent le niveau d'efficacité de la proposition en termes d'effets directs mesurés via la préservation du nombre de vies humaines. Le nombre de vies préservées avec l'intervention est de 291 vies en moyenne par an ce qui permet de maintenir un PIB/tête moyen de 142 000 HTG en zones rurales. Le capital économique des populations est lui aussi préservé et contribue via la reproduction à l'amélioration des revenus des ménages.

Bien que non-mesurés, les effets indirects et secondaires sont multiples. Ils permettent au gouvernement de mieux appréhender les impacts des catastrophes naturelles sur l'investissement public et privé domestique mais aussi sur l'IDE et l'attractivité du territoire. Du point de vue de la sociologie, les interventions préconisées contribuent à la construction de la résilience de la société en lui permettant de mieux anticiper les impacts négatifs des catastrophes. Enfin, la mise en place d'une stratégie de réduction des risques et des catastrophes est aussi le moyen de restaurer la confiance envers les institutions dans un pays réputé pour son instabilité institutionnelle.

Enfin, en termes de recommandation, l'analyse de la littérature secondaire a systématiquement fait apparaître le besoin d'une décentralisation effective en Haïti. Les entités territoriales décentralisées sont des relais de l'État. Dans le cadre de la mise en place des interventions proposées elles devraient jouer un rôle-clé dans le succès des interventions.

Références bibliographiques

Marcelin, L.H. and Cela, T. Shultz M, J. (2016). Haiti and The Politics of Governance and Community Response to Hurricane Matthew. *Disaster Health* 3:4, 151-161, DOI: 10.1080/21665044.2016.1263539.

Private Sector Economic Forum. (2010) Vision and Roadmap for Haiti Final draft version. March.

Rapport conjoint Gouvernement de la République d'Haïti. (2017). The World Bank, the Inter-American Development Bank, the United Nations, the European Union. Janvier.

République d'Haiti. (2016). Ouragan Matthew, Rapport global, 24 novembre. *PDNA HAITI.*

République d'Haiti. (2016). Ouragan Matthew, Annexes 24 novembre. *PDNA HAITI.*

République d'Haïti. (2017) "Evaluation des Besoins post Catastrophe pour le Cyclone Matthew" (Janvier).

République d'Haïti. (2002). Les Collectivités Territoriales dans l'Etat Unitaire Décentralisé d'Haïti, Document de travail n° 1. Mars.

Rogers, D. and Tsirkunov, V. (2010). *Costs and Benefits of Early Warning System,* Global Assessment Report on Disaster Risk Reduction 2011. ISDR, the World Bank.

Tierney, K. (2008). *Hurricane Katrina: Catastrophic impacts and alarming lessons.* In Quigley, J. M., & Rosenthal, L. M., (Eds.). *Risking House and Home: Disasters, Cities, Public Policy.* Berkeley, CA: Institute of Governmental Studies, Berkeley Public Policy Press.

University of the United Nations (UNU)-EHS, (2016). *The importance of Infrastructure,* World Risk Report. Décembre.

World Bank, (2015). *Haiti: Towards a new narrative, Systemic country diagnostic Washington,* DC: World Bank.

World Risk Report. (2016).

Quelle stratégie d'occupation de l'espace adopter afin de diminuer la vulnérabilité environnementale d'Haïti ?[1]

MARIE JOSÉE LOUISME[2]

Introduction

Il est admis que les désastres naturels et la qualité de l'environnement sont strictement liés. Plusieurs études, montrent que les répercussions des catastrophes naturelles tendent à s'intensifier, notamment dans les pays les plus pauvres, les plus touchés, de par l'augmentation de leur population, et aussi en raison de caractéristiques propres tels que : l'urbanisation rapide, les inégalités, la dégradation de l'environnement et le manque de planification et de gouvernance[3]. Selon une étude publiée par le Germanwatch Global Climate Risk Index, Haïti occupe le troisième rang parmi les pays du monde les plus affectés par les événements climatiques entre 1995 et 2014[4]. Les récents événements météorologiques survenus en Haïti font état du degré de vulnérabilité environnemental du pays face aux aléas naturels auxquels il est soumis de manière récurrente en raison de sa position géographique. Ces événements causent des dégâts considérables tant sur les êtres humains et leurs moyens de subsistance, les bâtis et l'environnement, aggravant une situation de vulnérabilité déjà exacerbée par la pauvreté extrême qui frappe près de 60 % de la population.

D'après Thomas Lalime un économiste haïtien, « les catastrophes naturelles ont provoqué des pertes de plus de 10 milliards de dollars américains en 12 ans à l'économie haïtienne, 122 % du PIB nominal en 2014-2015 estimé à 425,6 milliards de gourdes[5] ». À titre d'exemple, à côté des pertes en vies humaines allant jusqu'à 3 000 morts enregistrés en 2004, le cyclone Jeanne avait fait des dommages dont les coûts, s'élevaient à 10 milliards de GHT (265 millions de US$) soit

1 Remerciements à : Jean Alain BERNADEL, économiste-statisticien ; Técheler CHÉRISCLER, Ingénieur en Informatique, analyste et concepteur de logiciels ; Alfred VALCIN, travailleur social, spécialiste en GRD mes collègues de travail pour leur support et conseil.

2 *Coordonnatrice de l'Unité de Recherche et d'enquêtes systémiques, Office de la Protection du Citoyen*

3 Herrera, J, Lamaute-Brisson, N., Milbin, D. Roubaud, F, Saint-Macary, C., Torelli, C, Zanuso, C.. *L'Evolution des conditions de vie en Haïti entre 2007 et 2012. La réplique sociale du séisme.* IHSI, DIAL, Paris, Port-au-Prince, 2014, p 21.

4 Kreft S., *et al., global climate risk index 2016 who suffers most from extreme weather events? weather-related loss events in 2014 and 1995 to 2014, Allemagne,* 2016, disponible en ligne à l'adresse: https://germanwatch.org/fr/download/13503.pdf, consulté le 12 octobre 2016.

5 Lalime,T, *Haiti-Désastres Naturels Plus de 10 milliards de dollars américains de pertes en 12 ans,* in Le Nouvelliste, disponible à l'adresse : http://lenouvelliste.com/lenouvelliste/article/164167/Plus-de-10-milliards-de-dollars-americains-de-pertes-en-12-ans, consulté le 12 octobre 2016.

7 % du PIB, 18 % de l'investissement interne et 6 % de la dette externe[6]. En 2008, les quatre cyclones Fay, Gustav, Hanna et Ike, qui avaient frappé Haïti en l'espace d'un mois avaient quant à eux affecté plus de 165 000 familles avec un bilan humain consolidé faisant état de 793 morts, 548 blessés et 310 disparus et des dommages et des dégâts évalués à 897,39 millions de US$ soit 14,6 % du PIB du pays en 2007[7]. Plus près de nous, le passage de l'ouragan dévastateur Matthew sur le sud d'Haïti le 4 octobre a causé près de 2 milliards de dollars de dégâts, selon les autorités haïtiennes[8]. Plus de 175 000 personnes ont perdu leur logement, des destructions évaluées également à près de 600 millions de dollars, selon les économistes[9]. Ces données suggèrent que le problème de l'aménagement du territoire en Haïti constitue un facteur aggravant de risques lorsque survient un événement météorologique ou environnemental.

Haïti, fait donc face au défi de construire de nouveaux logements décents pour répondre aux besoins des ménages en quête de logement ou mal logés et aux besoins liés à la fois à la croissance démographique et à l'urbanisation accélérée. À ce titre, les propos de l'ancien Premier Ministre, Laurent Salvador Lamothe, tenus dans l'avant-propos du document de Politique Nationale du Logement et de l'Habitat (PNLH), sont éloquents : « Le séisme du 12 janvier 2010 a mis à nu notre vulnérabilité ainsi que notre faible capacité de réponse aux catastrophes. Il a aussi mis au grand jour le besoin criant des familles haïtiennes d'avoir accès à un logement décent et sécuritaire ». Se pose alors la question de savoir quelle stratégie d'occupation de l'espace adopter pour les populations afin de réduire la vulnérabilité environnementale d'Haïti ?

Nous nous proposons, après avoir apporté une clarification sur ce qu'on entend par la gestion intégrée des risques et des désastres, de présenter quelques éléments pour la réduction de la vulnérabilité environnementale d'Haïti : une nouvelle stratégie d'occupation de l'espace, la reconstitution de forêts et une politique de financement de projets de construction tant pour des personnes désireuses de devenir propriétaires que pour celles qui veulent rester locataires. Pour ce faire, nous avons procédé à une recherche documentaire dans des documents consultés surtout en ligne. Certaines données normalement stratégiques étant difficiles d'accès, nous nous sommes contentées de certaines informations relatées dans la presse, notamment dans Le Nouvelliste ou encore sur le site de certaines agences de coopération.

Qu'entend-on par gestion intégrée des risques naturels ?

La gestion intégrée des risques naturels suppose l'intégration en amont, de mesures préventives en plus de la construction d'ouvrages de protection ou de la mise en place d'un système d'alerte, avec des objectifs comme la réduction de la vulnérabilité des personnes et des biens (prévention et préparation) ; la limitation de l'ampleur d'un sinistre par un engagement adéquat et la remise en état (maîtrise des événements) et la reconstruction après un événement pour rétablir la situation antérieure, voire l'améliorer (rétablissement). La gestion intégrée des risques crée un lien systémique entre la prévention, la maîtrise et la reconstruction.

6 CEPALC, *Le cyclone Jeanne en Haïti: dégâts et effets sur les départements du Nord-ouest et de l'Artibonite : de la vulnérabilité*, 2005

7 Gouvernement de la République d'Haïti, *Rapport d'évaluation besoins après désastres des cyclones Fay, Gustav, Hanna, Ike,* novembre 2008.

8 Voir plus à: http://lenouvelliste.com/lenouvelliste/article/164859/Haiti-pres-de-2-milliards-de-dollars-de-degats-causes-par-Matthew#sthash.RDWa5O33.dpuf

9 Ibid.

S'il est reconnu que le risque zéro n'existe pas en matière de protection contre les événements extrêmes, les impacts de ces derniers peuvent être réduits par l'application de certaines mesures ou certains changements de comportements. L'une de ces mesures concerne l'utilisation appropriée du territoire en vue de se soustraire au danger. C'est là que peut intervenir l'État pour adopter un aménagement du territoire qui permette une relocalisation des personnes les plus exposées. Le succès de la démarche suppose une collaboration interdisciplinaire, interinstitutionnelle et l'implication de tous les acteurs concernés (autorités locales, populations) dans les processus et les prises de décision.

Une nouvelle stratégie d'occupation de l'espace comme premier élément de réduction de la vulnérabilité environnemental

Dans le cadre d'une nouvelle politique d'occupation de l'espace, l'État a besoin de se doter d'outils d'aide à la décision que pourraient fournir certaines de ses institutions comme le Centre National de l'Information Géo-Spatiale in Haïti (CNIGS) (par exemple des cartes indicatives de dangers, des cartes de dangers naturels, des cadastre des événements, etc.) et la Direction de l'Aménagement du Territoire et du Développement Local et Régional du Ministère de la Planification et de la Coopération externe[10]. À ce niveau certains pays comme la Suisse, arrivent à fixer aussi le niveau de sécurité recherché pour différentes utilisations du territoire. L'Etat a besoin de se fixer des objectifs de protection[11]. Des conditions devraient être établies pour les constructions en fonction du niveau de risque (des couleurs pourraient être utilisées pour alerter sur le niveau de risque) lié à chaque zone.

La constitution de zones de forêts par le reboisement un autre élément de diminution de la vulnérabilité

Il est acquis que les zones de forêt aident à la protection de l'environnement. Elles réduisent l'écoulement des eaux de surface, protègent contre les glissements de terrain, etc. Un deuxième élément de la réduction de la vulnérabilité environnementale en Haïti pourrait être le reboisement. Ce reboisement devrait prendre en compte plusieurs facteurs comme l'utilité des arbres (alimentation, construction, etc.), le climat dans lequel ils vont grandir, et aussi leur valeur économique. En Suisse, pour des coûts annuels d'entretien très peu élevés, les forêts permettent d'économiser des centaines de millions de francs qu'il faudrait, en leur absence, dépenser pour des ouvrages de protection. Les compétences devraient être définies entre le gouvernement central et les gouvernements locaux.

Un troisième élément : une politique de prêt facilitant l'acquisition, la construction ou la location de maisons à ceux et celles qui le veulent.

Sur le plan institutionnel, les informations recueillies, laissent supposer que certaines initiatives ont été prises par le passé par l'État haïtien en vue de faire face aux problèmes de logement

10 Voir la mission et les attributions de cette structure à l'adresse : http://www.mpce.gouv.ht/fr/direction-de-lamenagement-du-territoire-et-du-developpement-local-et-regional

11 Voir le modèle suisse à l'adresse : http://www.vd.ch/themes/territoire/dangers-naturels/gestion-integree-des-risques/amenagement-du-territoire/

confronté par la population. À titre d'exemple, une Unité en charge de l'Aménagement du Territoire a été créé en 1973 qui a permis, au début des années 80, l'élaboration d'instruments tels que le Schéma national d'aménagement du territoire, ou les lois sur la régionalisation, sur l'organisation communale, sur le lotissement ou encore sur la communauté urbaine de Port-au-Prince. Malheureusement, la mise en veilleuse de cette planification en 1986, a eu des effets visibles, aujourd'hui encore, tant au niveau urbain qu'au niveau rural. Ainsi, dans le cadre de la gestion des risques de désastres, il importe pour l'État et les autres acteurs de ne pas répéter les erreurs du passé, c'est-à-dire de ne pas poser le problème du logement en termes d'abris visant un retour à la « normalité » pré-séisme, mais dans le sens d'un aménagement décent et sécuritaire.

Dès lors que l'État fait le choix d'un nouvel aménagement du territoire, il devra se fixer un nouvel objectif d'accompagnement de ceux qui seront relogés afin de leur permettre d'accéder à un logement décent, quels que soient leurs moyens. Il s'agira de définir différents plans dont le premier vise l'octroi d'un crédit à des taux préférentiels pour l'achat d'une maison, à ceux qui disposent d'un emploi stable ou d'une activité génératrice de revenus adéquats (revenus supérieurs) ; le deuxième consiste à offrir une subvention à ceux qui veulent louer une maison ou un appartement, sans en devenir propriétaires sans courir le risque d'être expulsés sans aucun recours pour des motifs inavoués et inavouables ; et enfin, le troisième devrait permettre à ceux qui désirent devenir propriétaires et qui ne le peuvent pas en raison de leurs salaires, moyens ou faibles, de pouvoir y parvenir par le biais de coopératives de logement cofinancées au travers d'un modèle de construction d'une communauté. Il demeure entendu que les trois plans peuvent s'appliquer à plusieurs zones mêmes celles dites précaires, sur la base d'études préalables des capacités des concernées et de leurs attentes.

Conclusion

Nous savons que, dans le passé, Haïti a vécu de nombreuses catastrophes naturelles où plusieurs vies ont été perdues et nombreux biens détruits. Le cyclone Matthew a fait état d'une nouvelle forme de vulnérabilité liée au bâti en cas d'inondation. Dans ce cas les maisons ainsi que les documents importants (actes de naissance, actes de mariage, titres de propriété, etc.) des populations font parties des pertes enregistrées (sans oublier les plantations). Toute stratégie de réduction de la vulnérabilité environnementale en Haïti visant une approche intégrée de la gestion des risques environnementaux, doit tenir compte, entre autres, de la propension des populations à occuper l'espace de façon anarchique, de leur penchant pour la coupe effrénée des arbres, et aussi des faibles moyens financiers dont elles disposent pour faire face à leur besoin de se loger décemment.

Pour s'assurer des meilleurs résultats, l'État doit se doter d'outils d'aide à la décision qui devront le renseigner sur la vulnérabilité réelle des zones à risques et s'assurer que les populations soient relocalisées ou ne construisent pas dans les zones à risques sans aucune supervision. Il doit prendre des mesures pour favoriser l'implication des populations dans les processus et les prises décisions et enfin créer un cadre favorable pour garantir le financement des logements décents aux populations.

Dans le domaine de la prévention des risques et des désastres, un programme de logement social dans le cadre d'un nouvel aménagement du territoire est capital pour protéger les vies et les biens des personnes, comme développé plus haut. Toutefois, monter un système de déplacement des habitants des zones précaires et de logement social exigent un coût plus ou moins élevé, afin d'assurer la qualité de la structure des logements, et d'arriver à effectivement prévenir les dégâts causés par les catastrophes naturelles.

Dans le cadre des catastrophes survenues par le passé, l'État central a dû décaisser des fonds considérables pour réparer les dégâts et assister les familles sinistrées. Une analyse des coûts et avantages de cette politique devrait se baser, au mieux, sur l'expérience des dix (10) dernières années en Haïti afin d'assurer le bien fondé du programme et d'anticiper les impacts négatifs.

Références bibliographiques

Activités Climat de l'AFD en HAÏTI http://www.afd.fr/webdav/site/afd/shared/PORTAILS/PAYS/HAITI/pdf/Fiche%20Haiti%20Climat.pdf .

Aménagement du territoire et dangers naturels http://www.vd.ch/fileadmin/user_upload/themes/territoire/dangers_naturels/fichiers_pdf/recommandation_AT-DN.pdf.pdf.

CEPALC, Le cyclone Jeanne en Haïti : dégâts et effets sur les départements du Nord-ouest et de l'Artibonite : de la vulnérabilité, 2005.

Gouvernement de la République d'Haïti, Rapport d'évaluation besoins après désastres des cyclones Fay, Gustav, Hanna, Ike, novembre 2008.

Guide pratique des cartes indicatives des dangers naturels http://www.vd.ch/fileadmin/user_upload/themes/territoire/dangers_naturels/fichiers_pdf/cid__geologie_guide_final.pdf .

Herrera, J, Lamaute-Brisson, N., Milbin, D. Roubaud, F, Saint-Macary, C., Torelli, C, Zanuso, C., L'Evolution des conditions de vie en Haïti entre 2007 et 2012. La réplique sociale du séisme.

IHSI, DIAL, Paris, Port-au-Prince, 2014, p 21.

http://lenouvelliste.com/lenouvelliste/article/164167/Plus-de-10-milliards-de-dollars-americains-de-pertes-en-12-ans, consulté le 12 octobre 2016.

Kreft S., et al., global climate risk index 2016 who suffers most from extreme weather events? weather-related loss events in 2014 and 1995 to 2014, Allemagne, 2016, disponible en ligne à l'adresse: https://germanwatch.org/fr/download/13503.pdf, consulté le 12 octobre 2016.

Lalime,T, Haiti-Désastres Naturels Plus de 10 milliards de dollars américains de pertes en 12 ans, in Le Nouvelliste, disponible à l'adresse : http://lenouvelliste.com/lenouvelliste/article/164167/Plus-de-10-milliards-de-dollars-americains-de-pertes-en-12-ans

Politique Gestion intégrée des risques DQEPE-01 Avril 2016 http://docplayer.fr/33902754-Politique-gestion-integree-des-risques-n-o-d-identification-dqepe-01-procedure-s-associee-s-a-la-politique.html

Sécurité publique Canada Vérification interne de la gestion intégrée du risque disponible en ligne à l'adresse https://www.securitepublique.gc.ca/cnt/rsrcs/pblctns/dt-ntgrtd-rsk-mngmnt/dt-ntgrtd-rsk-mngmnt-fra.pdf, consulté le 13 avril 2017

Valérie Lafond Essai https://www.usherbrooke.ca/environnement/fileadmin/sites/environnement/documents/Essais_2015/Lafond_Valerie_MEnv_2015.pdf

Trois interventions sur le marché du riz en Haïti

TIM JOSLING

Résumé

Dans cet article, nous considérons trois approches pour améliorer la productivité des riziculteurs en Haïti, sans désavantager les consommateurs dans le besoin :

1. Augmenter les tarifs douaniers sur les importations de riz
2. Subventionner les engrais
3. Introduire une assurance récolte

La réintroduction de tarifs douaniers d'importation pour protéger les producteurs nationaux et redynamiser le secteur agricole est soutenu par un certain nombre de commentateurs. Cependant, nous montrons que ce type d'intervention dans le cas du riz est économiquement sans attrait : nous devons supposer d'importantes stimulations de production irréalisables afin d'atteindre un RAC à peine légèrement supérieur à l'unité.

Les faibles rendements expérimentés par les riziculteurs en Haïti pourraient être augmentés en mettant à la disposition des agriculteurs des engrais azotés à un prix abordable. Subventionner le coût des engrais de 50 % est indiqué pour stimuler la production et a une logique économique : le RAC est un solide 3,6 ou plus. L'inconvénient est que, en l'absence de programmes visant à renforcer la productivité à long terme, l'avantage n'est pas durable sans des subventions continues.

Une troisième option consiste à introduire un régime d'assurance récolte pour compenser les riziculteurs, les années pour lesquelles le rendement se situe en-dessous de la moyenne pour la région. Nous supposons que cela augmentera les récoltes de 10 % à cause de la plus grande disposition des agriculteurs à prendre des risques, et une telle assurance leur fournira un revenu plus stable les années où la récolte est mauvaise. Si cette supposition est vraie, les avantages d'un tel régime l'emportent sur les coûts.

En résumé, les deux interventions en matière de politique, que nous pouvons recommander sont de subventionner les engrais azotés pour les riziculteurs et de fournir une certaine forme d'assurance contre les pertes de récolte.

Introduction et mise en contexte

Selon la Banque mondiale[1], Haïti est parmi les plus pauvres dans le monde ; le PIB par habitant était de seulement 846 $ en 2014. Une grande partie de la population vit en dessous du seuil de

1 www.worldbank.org/en/country/haiti/overview

pauvreté et le taux de chômage est élevé.[2] Cette situation désastreuse est aggravée par un très important niveau d'inégalité économique, avec un coefficient de Gini de 0,61 en 2012. La croissance du PIB a été de seulement 1,2 % pour l'année 2015 et était prévue de tomber à 0,8 % l'année suivante. En outre, l'aide internationale a diminué de 16,5 à 5,3 % du PIB de 2011 à 2015. Bon nombre des problèmes du pays peuvent être imputés à une mauvaise gouvernance et à l'incertitude politique. Enfin, la corruption sévit, Transparency International classant le pays numéro 159 sur 176 dans son index des Perceptions de la Corruption de 2016.

Haïti a également une population rurale importante. La conception d'une voie à suivre pour le secteur agricole d'Haïti est un formidable défi mais elle a des retombées significatives. Le secteur a le potentiel d'exporter des produits agricoles de manière compétitive, mais aussi de fournir des produits de base pour le marché intérieur. Avec quelques autres sources de potentiel de croissance économique, l'agriculture demeure un secteur clé pour les années à venir. Cette suggestion de priorité, afin d'améliorer la production et la disponibilité de riz local, aborde l'un des nombreux problèmes rencontrés par l'agriculture haïtienne. Le secteur du riz a généré de faibles performances ces dernières années avec des rendements stagnants et une diminution dans la part du marché national. Le marché du riz est devenu un problème politique et économique, un rappel des nombreuses contraintes subies au moment de l'ajustement structurel de l'économie, il y a vingt ans.

Le riz d'Haïti

Le riz est produit en Haïti depuis 200 ans, et jusqu'au milieu des années 1980 Haïti était autosuffisant pour cet aliment de base. Le riz haïtien est une variété de grains longs, avec deux saisons par an : avril / mai et octobre/novembre. Le riz de montagne est cultivé principalement pour la consommation intérieure dans les régions Nord et Nord-Est. Le riz de marais est planté principalement dans les champs irrigués de la vallée de l'Artibonite et fournit les zones urbaines[3]. Les autres régions productrices de riz sont les régions Nord et Sud. Le riz haïtien est considéré comme étant de grande qualité, mais la production a stagné ces dernières années. Le riz importé constitue maintenant une grande partie de la consommation intérieure, bien qu'il soit perçu comme étant de moins bonne qualité nutritionnelle (voir figure 1).

Le « problème du riz » en Haïti a deux principales composantes. Côté production, les rendements stagnent dans le pays, et ce riz devenant coûteux par rapport au riz importé. Les rendements relativement faibles sont généralement attribués à des problèmes de structure et de gestion des exploitations agricoles. De nombreuses exploitations sont petites et fragmentées, rendant la mécanisation et les méthodes de gestion et de culture moderne impraticables. Les agriculteurs font face à beaucoup de difficultés dans l'accès aux engrais en raison de contraintes sur les offres et le prix, et il y a un manque général d'informations adéquates sur l'utilisation appropriée des engrais (USAID, 2012). Les producteurs de riz souffrent de la déficience des infrastructures des zones rurales et de facilités de crédit insuffisantes.

La dégradation de l'environnement a également joué un rôle majeur. Les forêts ont été défrichées pour les plantations de canne à sucre au cours de la période coloniale et, après l'in-

2 Quelque 55 pour cent de la population survit avec moins de 1,25 $ US par jour, et le chômage a été estimé à 40 pour cent. On pense que deux tiers de la population travaille dans le secteur informel (WTO, 2015).

3 La vallée de l'Artibonite compte pour environ 70 pour cent de la culture national du riz.

dépendance, les agriculteurs ont cherché à maximiser les rendements à court terme sans tenir compte de la durabilité. Le résultat a été une vaste érosion, avec un cercle vicieux de tentatives pour augmenter le rendement entrainant un potentiel de rendement encore plus faible à long terme (Thomas Hope, 2001). Les agriculteurs de subsistance du riz de montagne, comme les agriculteurs dans les régions des basses terres, souffrent de la dégradation continue des sols et ne peuvent s'offrir les facteurs de production nécessaires pour accroître leurs rendements et contribuer à rendre l'agriculture plus durable.

Figure 1 : Production de riz et importations, 1970/71 à 2014/15

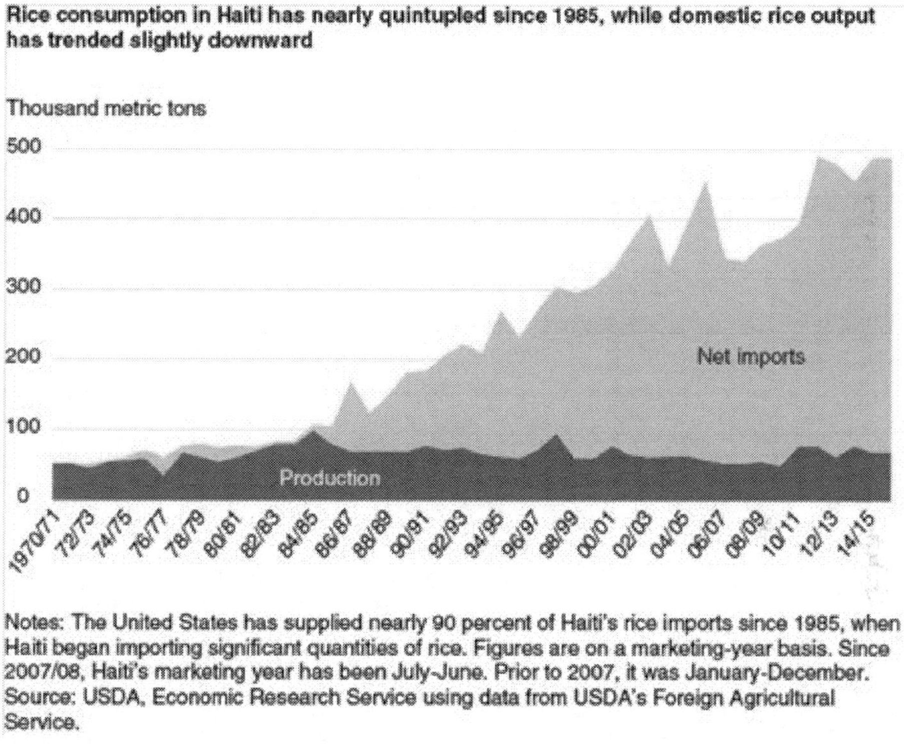

Du côté de la demande, les besoins en riz de la population urbaine sont de plus en plus couverts par les importations. La croissance démographique rapide et la migration vers les centres urbains ont contribué à l'incapacité de la production de riz intérieure de suivre le rythme de la demande.

Jusqu'au milieu des années 1990, le taux des tarifs douaniers sur le riz importé était de 35 pour cent. Ils ont été réduits à 3 % dans le cadre d'un ajustement structurel proposé par le FMI et la Banque mondiale, avec le soutien des États-Unis. Ces faibles tarifs douaniers ont permis au riz américain d'être importé en grandes quantités et de bientôt dépasser le niveau de la production nationale (figure 1).

Le niveau des tarifs douaniers du riz a été une source de discorde depuis cette époque, avec de nombreux groupes plaidant pour le rétablissement de tarifs douaniers. Mais le gouvernement d'Haïti est naturellement préoccupé qu'une hausse des prix du riz pourrait conduire à l'insécurité alimentaire, suivi par des tensions politiques, comme cela est arrivé dans plusieurs pays en

2008. Les citadins dépendent d'un riz abordable comme aliment de base, et augmenter les tarifs douaniers à l'importation pourrait nécessiter d'être accompagné par une allocation compensatoire pour la nourriture. Cependant, ce qui peut être bon pour les consommateurs urbains est un défi pour les agriculteurs et l'économie rurale, en l'absence d'autres activités de valeur ajoutée. Avec plus de 40 % des Haïtiens vivant à la campagne, c'est un problème social et économique important.

Description des interventions

L'amélioration de la compétitivité du riz haïtien a été débattue depuis plusieurs années. Il existe plusieurs options afin de générer des revenus plus élevés pour les riziculteurs : l'augmentation des tarifs douaniers sur les importations de riz ; la subvention des engrais aux riziculteurs, et la présentation des assurances récolte pour gérer certains risques auxquels font face les agriculteurs.

Intervention 1 : Tarifs douaniers sur les importations de riz

En théorie, l'imposition de tarifs douaniers augmente le prix payé par l'importateur qui répercute, sans aucun doute, ceux-ci vers la chaîne de commercialisation, qui est susceptible de répercuter la totalité des coûts sur le consommateur, sauf s'il existe une concurrence importante chez les détaillants impliquant une réduction du prix. Le prix du marché augmente en conséquence, et les producteurs locaux ont tout à gagner s'ils fournissent les mêmes marchés. Si les tarifs douaniers n'ont pas d'incidence sur le prix du marché mondial, les prix dans le pays devraient augmenter de la totalité des tarifs douaniers. La suppression des tarifs douaniers enclenche le processus inverse. L'importateur n'a pas à payer de tarifs douaniers et donc le prix sur le marché intérieur est réduit du montant correspondant, à l'avantage des consommateurs et aux dépens des agriculteurs.

Bien que la littérature ait tendance à traiter les augmentations des tarifs douaniers comme symétrique avec les baisses des tarifs douaniers, dans la pratique il existe des différences importantes. Une diminution des tarifs douaniers laisse au secteur de la distribution une manne qui doit, en théorie, faire son chemin vers le consommateur par l'intermédiaire de la chaîne d'approvisionnement. Mais le processus suppose un degré raisonnable de concurrence dans la chaîne d'approvisionnement. Une telle hypothèse ne peut pas être raisonnable pour Haïti. Une grande partie de l'avantage d'une réduction des tarifs douaniers pourrait être captée avant le stade de la consommation. Toutefois, une diminution des tarifs douaniers réduira probablement les prix d'écluse des exploitations agricoles d'un montant similaire à la baisse des tarifs douaniers car il n'y a aucune incitation pour les grossistes à acheter du riz local à des prix supérieurs à ce qu'ils paient pour le riz importé, quel que soit le prix que le consommateur final pourrait payer.

Une hausse des tarifs douaniers provoque des problèmes différents. Une augmentation des tarifs douaniers ne donne aucun avantage à la chaîne de commercialisation. Le secteur de la distribution est fortement incité à récupérer les tarifs douaniers que les entreprises importatrices ont eu à payer. Les transférer aux grossistes et aux détaillants dans son intégralité serait attendu, afin que les consommateurs aient tendance à ressentir la pleine mesure de l'augmentation des tarifs douaniers. Les producteurs devraient en bénéficier, mais dans ce cas le fonctionnement de la chaîne d'approvisionnement domestique peut retarder ou compenser cet avantage. Bien que le grossiste veuille acheter du riz local plutôt que du riz importé plus cher, l'infrastructure pourrait retarder la réponse. Si les agriculteurs disposent d'informations imparfaites sur les prix et les conditions du marché et dans tous les cas ont à vendre leur riz directement après la récolte en l'absence d'installations de stockage, on peut imaginer que l'agriculteur n'obtient pas tous les avantages de la hausse des tarifs douaniers.

Les réductions des tarifs douaniers des années 1990 n'ont pas eu les répercussions prévues sur les prix à la consommation du riz. Il y a un petit nombre d'entreprises qui importent du riz, et le gouvernement d'Haïti a émis des licences pour ces importations[4]. Le prix pour les consommateurs a chuté assez en apparence pour rendre l'importation attractive, mais le prix à la production a chuté également d'un montant significatif. Ainsi les coûts d'ajustement ont augmenté pour les producteurs, qui étaient en mauvaise posture pour réagir à la nouvelle structure des prix. C'est pourquoi l'opinion dominante est que les producteurs de riz ont été les grandes victimes des réformes des tarifs douaniers de 1995. Pour les personnes qui prônent une hausse des tarifs douaniers, les questions s'imposent : (a) Comment empêcher l'impact négatif sur les consommateurs pauvres d'une hausse des prix des aliments de base ? et (b) Comment faire en sorte que les avantages se répercutent sur les agriculteurs ?

L'intervention examinée ici est un tarif douanier de 20 pour cent imposé sur le riz importé pendant une période de dix ans. Les tarifs douaniers seraient réduits la septième année et seraient éliminés progressivement d'ici la dixième année[5].

Calcul du ratio avantage-coût

L'impact prévu des tarifs douaniers serait une augmentation des retombées des riziculteurs et une augmentation des coûts pour les consommateurs. Le gouvernement recueillerait aussi les recettes dues aux tarifs.

Alors que les agriculteurs et le gouvernement en profiterait, cette intervention ne contribuerait guère à modifier l'équilibre entre la production intérieure et les importations. Même avec un tarif de 20 % durant six ans, les importations de riz continueraient d'augmenter. En 2026, les importations totales dans les deux cas augmenteraient à 609 500 tonnes tandis que la récolte domestique s'achèvera d'environ 88 400 tonnes, a peu près le même niveau sans tarif.

Les coûts de l'intervention sont élevés par rapport aux avantages, ce qui implique que le fait de taxer les importations d'un produit de base afin de bénéficier aux agriculteurs puisse être une proposition douteuse sur le plan économique. Pendant toute la période, les tarifs douaniers sont en place (y compris pendant la période de suppression progressive) la perte du montant excédentaire du consommateur s'élève à 1,24 milliards $, partiellement compensée par un gain en surplus du producteur de 202 millions $. Le ratio avantage-coût (RAC) global est seulement de 0,16 ; ce qui en fait une politique très peu attrayante.

---

4 Les entreprises d'importation comprennent Tchako, S.A. qui a des liens commerciaux avec Riceland, une grande société de commercialisation du riz de l'Arkansas. Ceci a conduit certains à conclure que le riz importé en Haïti est subventionné par le gouvernement américain (Oxfam, 2012). Les paiements aux producteurs de riz américains sont importants, mais cela ne veut pas nécessairement dire que le riz pour Haïti est vendu à un prix plus faible que pour d'autres destinations d'exportation. Les subventions explicites à l'exportation ont essentiellement été éliminées des politiques agricoles des USA et d'autres pays développés conformément aux termes de l'accord de l'OMC sur l'Agriculture.

5 L'année de référence est 2016 dans les tableaux, mais n'est pas destinée à être considérée comme une prédiction des conditions réelles en 2016 pour laquelle les données ne sont pas disponibles. Les tarifs douaniers commenceraient en 2017 et seraient supprimés d'ici 2026.

Une façon de rendre les tarifs douaniers moins coûteux pour les consommateurs consiste à retourner les recettes des tarifaires sous la forme d'une subvention pour le consommateur. Le transfert total des recettes tarifaires aux consommateurs au cours de la période de dix ans d'opération des tarifs douaniers s'élève à 996 millions $, réduisant les coûts nets pour le consommateur d'un peu moins de 240 millions $. En conséquence, le RAC se trouve à 0,83.

Il est possible qu'un prix du riz plus élevé puisse encourager les agriculteurs à modifier leurs pratiques agricoles et à atteindre des rendements plus élevés. Sous l'hypothèse que le rendement du riz a augmenté de 10 % quand les tarifs douaniers étaient en place, les RAC progressent sont à 0,99 ; car la production de riz supplémentaire compense les pertes économiques causées par une mauvaise répartition de ressources et par la distorsion des dépenses de consommation.

Recommandation de politique

Les tarifs douaniers sur les denrées alimentaires ont un impact négatif sur les consommateurs, frappant le plus dur les familles les plus pauvres. Les tarifs douaniers peuvent être accompagnés de subventions alimentaires qui rendent les recettes des tarifs douaniers aux consommateurs. La combinaison des tarifs douaniers et de subventions alimentaires imite essentiellement l'effet de « paiement compensatoire », par lequel un paiement est fait aux agriculteurs en plus des retombées du marché, donc les agriculteurs peuvent profiter des avantages sans frais pour les consommateurs. Toutefois, la logistique pour instituer une politique de paiement compensatoire est difficile. Identifier et payer les riziculteurs nécessite de la documentation et des vérifications préalables considérables. Dans un État comme Haïti, avec une mauvaise gouvernance, une instabilité politique et des niveaux élevés de corruption, la probabilité d'une mise en œuvre efficace d'un tel système est très faible. L'avantage de l'augmentation des prix intérieurs par des tarifs douaniers, c'est que le cadre administratif pour taxer les importations est déjà en place. Cependant, nous pouvons conclure que ce n'est pas une voie à suivre sur le plan économique.

Intervention 2 : Subvention des engrais utilisés pour la production de riz

En théorie, un prix inférieur des engrais devrait amener les agriculteurs à augmenter leurs utilisations lorsque le revenu marginal des surplus de production dépasse le coût marginal de l'engrais. Tous les facteurs de production qui sont un substitut aux engrais seraient en partie remplacés bien que dans le cas de l'engrais, il n'y a aucun substitut évident. Tout facteur de production complémentaire serait amplifié, et il pourrait s'agir de facteurs de production comme les herbicides et les pesticides ainsi que le travail supplémentaire pour l'épandage des engrais. L'augmentation des rendements entraînerait aussi des coûts supplémentaires de récolte, mais les revenus supplémentaires pourraient permettre l'accès au crédit et l'achat d'aides mécaniques. Un cercle vertueux pourrait être initié avec un meilleur rendement, y compris une commercialisation plus fiable du riz post-exploitation agricole.

Des politiques de subvention aux engrais (PSE) ont souvent été introduits en Haïti dans le passé avec des impacts variables. Les subventions ont été introduites la première fois dans les années 1980 et, à la fin des années 1990, la politique a suscité de l'intérêt en raison d'un contrat de 10 ans avec le gouvernement japonais (programme KRII). L'engrais a été vendu aux agriculteurs à un prix subventionné à 70-80 pour cent du prix du marché, la subvention diminuant au cours de la décennie.

Toutefois, les rendements de riz en Haïti stagnent depuis un certain temps. En effet, les rendements sont d'environ de deux tonnes par hectare depuis deux décennies. La moyenne calculée depuis 2005-6 est de 1,83 tonne par hectare, seulement environ la moitié de la moyenne mondiale, bien que les rendements soient légèrement remontés ces dix dernières années. La République dominicaine réussi à obtenir des rendements de 4,85 tonnes par Ha en moyenne et est le principal exportateur de la région. Cuba enregistre des rendements de 2,94 t/Ha pour le riz. Avec le programme USAID/WINNER les rendements atteignirent 4 t/Ha, sous des conditions de surveillance, donnant l'espoir que le secteur du riz pourrait être sauvé de son déclin actuel avec des interventions appropriées (données de l'ERS, 2016).

Il existe différents facteurs qui contribuent à de faibles rendements pour toute culture mais, compte tenu de disponibilité adéquate de l'approvisionnement en eau et du contrôle raisonnable des ravageurs et des mauvaises herbes, la disponibilité de l'azote est un facteur essentiel, particulièrement pour les sols appauvris et érodés d'un pays comme Haïti. Obtenir des engrais pour les agriculteurs et encourager son utilisation efficace pourrait donner une impulsion majeure pour le secteur. Cela tout seul pourrait être loin d'être suffisant pour ramener le pays à une situation d'autosuffisance, mais ce serait un point essentiel pour toute politique efficace à long terme.

L'intervention choisie pour l'analyse ici est une subvention sur les engrais spécifiquement pour la production de riz ; en particulier, une subvention de 50 % sur le prix du marché de l'urée pour cinq ans, diminuant par la suite par incréments de 10 % jusqu'à zéro la dixième année[6].

Calcul des ratios avantage-coût

Les résultats escomptés de la mise en exécution de cette intervention sont une augmentation de ventes d'engrais, ils passeraient de 750 à 1 132 tonnes, tandis que le coût total pour les agriculteurs passerait de 36 millions $ à 18,6 millions $. Pendant ce temps, les revenus agricoles des ventes supplémentaires de riz augmenteraient de 53 %, la récolte de riz augmentant de 147 000 à 225 000 tonnes ; les rendements s'élèveraient à environ 4 tonnes par hectare.

Les coûts sont l'effort financier sur les subventions (27,4 millions $ la première année) et le coût de l'engrais supplémentaire utilisé (8,8 millions $). Les avantages sont principalement la valeur du riz supplémentaire produit (112,6 millions $) et la réduction du coût des engrais (18,6 millions $). Le ratio avantage-coût est donc un solide 3,6. Cela augmente un peu jusqu'à 4,0 à la fin du programme. Pendant la durée du programme avec la subvention, les coûts augmentent, mais les avantages augmentent plus rapidement. Quant à plus long terme, une fois la subvention des engrais réduite à zéro, les avantages n'augmentent plus. Cette politique donne un coup de pouce à court terme, mais ne propose aucune amélioration à plus long terme pour le sort des riziculteurs, à moins que le revenu supplémentaire qu'ils reçoivent puisse être investi dans de nouveaux projets qui seraient durables sans subvention continue.

Recommandation de politique

Les subventions des engrais dans les situations où ces engrais sont nettement sous-utilisés sont susceptibles d'être attrayantes en tant qu'intervention politique. Toutefois, certaines qualifications doivent être ajoutées à ce stade. Tout d'abord, l'hypothèse derrière une subvention des engrais est que les engrais sont actuellement sous-utilisés. Même si cela a souvent été prétendu pour

6 L'urée est la forme la plus courante d'engrais azoté, elle a largement remplacé le nitrate d'ammonium.

Haïti, le meilleur taux d'épandage des engrais n'est pas souvent connu pour les différents types de sol et de climat dans le pays. Une utilisation correcte peut doubler les rendements mais les engrais peuvent aussi être gaspillés dans de mauvaises conditions. Pour être plus efficace, cette politique devra être complétée par les conseils des experts agronomes. Cela viendrait avec un coût supplémentaire, mais cela pourrait être compensé par un avantage supplémentaire. Deuxièmement, la porosité de la frontière avec la République dominicaine signifie que toute différence de prix des engrais entre les deux pays peut être arbitrée par les entrepreneurs prêts à faire face aux coûts et aux risques. Les agriculteurs haïtiens peuvent encore bénéficier de la subvention des engrais s'ils vendent le facteur de production aux commerçants, mais ils ne gagneront rien avec la production supplémentaire de riz.

Intervention 3 : Une assurance récolte pour les riziculteurs

La culture du riz est vulnérable à toutes sortes de conditions climatiques, de ravageurs et de maladies. Les prix peuvent fluctuer d'une année sur l'autre en raison des conditions de récolte, et les catastrophes naturelles peuvent perturber les circuits de commercialisation. C'est particulièrement vrai pour Haïti, vulnérable aux ouragans et aux inondations. Actuellement, les agriculteurs assument en grande partie les risques et doivent trouver des moyens pour faire face à l'instabilité.

Le fondement théorique de l'assurance récolte, est de mettre en commun les risques rencontrés par un agent (agriculteur) avec ceux d'autres agents. Le risque lui-même peut venir des fluctuations de prix ou de rendement. Ainsi, l'assurance récolte peut prendre la forme d'un risque unique (assurance contre les inondations, par exemple), de risques multiples, ou d'une couverture pour les revenus issus des cultures[7]. Comme avec tous les régimes d'assurance, il y a la possibilité d'un risque moral (les agriculteurs qui sont assurés prennent moins soin des cultures) et d'une sélection adverse (les agriculteurs qui sont les plus vulnérables aux risques souscrivent laissant, en dehors du groupe, ceux qui sont moins susceptibles de porter des réclamations). Mais, en général, les avantages théoriques peuvent être obtenus avec un programme conçu raisonnablement.

L'intervention examinée ici est une assurance de rendement, relativement simple, qui compense les agriculteurs de la différence entre le rendement observé dans leur région et ce qui est accepté comme la moyenne pour cette région. La différence de rendement est ensuite multipliée par le prix pour fournir un paiement en espèce à l'agriculteur, fournissant ainsi un revenu plus stable et garanti, même lorsque les récoltes sont mauvaises.

Calcul des ratios avantage-coût

Les avantages comprennent l'augmentation de la production de riz, attribuée à la réduction des risques et les primes perçues par le gouvernement. Le revenu supplémentaire pour les agriculteurs participants provient à la fois de l'augmentation des rendements découlant de leur plus grande volonté de prendre des risques et des indemnisations d'assurance, leurs rendements (même avec l'augmentation due à la réduction des risques) étant plus faibles que les rendements établis dans la région. Tout d'abord, le riz produit en plus ajoute 8-9 pour cent supplémentaires

7 Le programme d'assurance récolte des États-Unis autorise maintenant une couverture du risque pour les prix. Bien sûr, on peut protéger contre les risques de prix dans les futurs marchés, une méthode utilisée par certaines grandes entreprises agricoles.

à la marge brute pour la récolte les années où aucune indemnisation n'est versée. Deuxièmement, les années où les rendements sont en dessous de la moyenne, le régime d'assurance effectue un paiement compensatoire aux agriculteurs participants. Ces résultats pour la marge brute sont plus de 30 pour cent plus élevés pour les participants que pour ceux qui choisissent de ne pas participer au régime d'assurance récolte.

Les coûts comprennent les « frais de démarrage, » les coûts récurrents, et les paiements versés aux personnes ayant expérimentées une perte de rendement, et les primes payées par les agriculteurs eux-mêmes. Les coûts totaux d'établissement du régime sont de 200 000 $ la première année, moyennant un coût supplémentaire de 100 000 $ et 50 000 $ au cours des deux années suivantes. Pour cela, nous avons ajouté un coût récurrent de 50 000 $ versé par le gouvernement chaque année. Le seul autre coût pour le gouvernement comprend les paiements aux agriculteurs les années où les récoltes sont mauvaises. Dans le scénario retenu, ils s'élèvent à 20,0 millions $ la première année où l'indemnité est payable. Il y a aussi les coûts des primes, qui reviennent à 137 000 $ la première année, augmentant lentement selon les hypothèses. Pour ce calcul, nous supposons qu'une partie des coûts (20 $/Ha) est payée par les agriculteurs.

Le ratio avantage-coût est bien au-dessus de 1 quand il y a redistribution par le fonds d'assurance. Les autres années, les avantages sont significatifs (rendements de riz plus élevés) même si les coûts pour le gouvernement sont faibles. En effet, l'existence d'assurances subventionnées par le gouvernement donne de la confiance aux riziculteurs pour pousser les rendements grâce à une agriculture plus intensive, ce qui inclut des investissements pour l'amélioration des équipements et des terres mais également une meilleure utilisation des engrais.

Recommandation de politique

Le coût de fonctionnement d'un système qui indemnise chaque agriculteur contre ses propres risques s'est avéré être élevé, et les primes qui en découlent pour le secteur privé attireraient peu l'attention des agriculteurs. Subventionner les primes s'avère nécessaire pour répandre les souscriptions. Si les agriculteurs répondent à la mutualisation des risques en améliorant les pratiques agronomiques alors les avantages pourraient être significatifs. L'assurance récolte est une intervention qui génère des avantages économiques si elle fait partie d'une approche plus large pour aider les agriculteurs à appréhender les risques dus aux rendements variables, années après années, et à se redresser après des événements météorologiques extrêmes.

Tableau récapitulatif

Interventions	Taux d'actualisation	Avantages (en millions de dollars)	Coût	RAC	Qualité des éléments de preuve
Tarifs douaniers pour le riz	3 %	182,5 $	216,5 $	0,84	Moyenne (la réponse de l'offre et la demande des consommateurs sont équitablement établies)
	5 %	170,5 $	202,5 $	0,84	
	12 %	135,4 $	161,2 $	0,84	
Subvention des engrais	3 %	943,5 $	251,6 $	3,8	Limitée (La preuve agronomique de la réponse du rendement n'est pas adéquate pour une évaluation plus précise)
	5 %	883,9 $	235,9 $	3,7	
	12 %	708,1 $	189,8 $	3,7	
Assurance récolte	3 %	189,8 $	97,6 $	1,95	Limitée (la réaction des agriculteurs à des retombées plus stables ne sont pas très bien connus)
	5 %	175,1 $	90,3 $	1,94	
	12 %	132,4 $	68,6 $	1,93	

Remarques : Les coûts et avantages évoluent en général ensemble au cours de la période, rendant le facteur d'actualisation pas particulièrement crucial.

Conclusion

Dans cet article, nous avons examiné trois approches pour améliorer la productivité des producteurs de riz en Haïti : augmenter les tarifs douaniers sur les importations de riz ; subventionner les engrais aux riziculteurs ; et introduire des assurances culture pour gérer certains risques auxquels font face les agriculteurs.

Les problèmes liés à la faiblesse de la production de riz en Haïti ne résultent pas principalement de la libéralisation du commerce dans les années 1990 : les retombées pour les agriculteurs de cette culture ont été faibles pendant des décennies. Néanmoins, une option en apparence attrayante consisterait à réintroduire des tarifs douaniers d'importation pour protéger les producteurs nationaux et redynamiser le secteur agricole. Cependant, nous montrons qu'une telle intervention est économiquement sans attrait : il faut supposer des stimulations à la production très élevées pour atteindre un RAC même légèrement supérieur à l'unité.

Un autre problème auquel sont confrontés les agriculteurs haïtiens est le faible rendement par rapport aux autres pays de la région et à travers le monde. Il est possible de penser que la mise à disposition des engrais azotés à un prix abordable stimule considérablement les rendements et accroît les revenus des agriculteurs. En effet, subventionner le coût des engrais de 50 % s'est avéré accroître la production et a une logique économique : le RAC est un solide 3,6 ou plus. La mise en garde est que notre étude montre qu'en l'absence de programmes visant à renforcer la productivité à long terme, l'avantage n'est pas viable sans une subvention continue, et il faudrait des efforts considérables pour s'assurer que les engrais soient utilisés de façon appropriée sur le plan agronomique.

Une troisième option consiste à introduire un régime d'assurance récolte visant à indemniser les agriculteurs les années où leur rendement tombe en dessous de la moyenne pour la région.

Nous supposons que cela augmentera les récoltes de 10 %, les agriculteurs étant plus disposés à prendre des risques et cela fournira un revenu plus stable pour ces derniers les années où la récolte est mauvaise. Cependant, sous ces conditions, les coûts d'un tel régime sont aussi importants que les avantages.

En résumé, nous recommandons un programme de subvention des engrais azotés, mais l'expérience passée a montré que cela requiert beaucoup d'attention quant à l'administration du programme, y compris quant au suivi non seulement de la distribution des subventions, mais aussi de l'usage de l'engrais fait par les riziculteurs d'Haïti. Une politique d'assurance récolte serait un ajout précieux aux programmes visant à l'augmentation des rendements pour le riz en supposant que les agriculteurs s'opposent aux risques et adoptent de meilleurs pratiques agricoles en présence d'un régime de mutualisation des risques. Sous ces conditions, les avantages pourraient être significatifs comparés aux coûts. Mais comme avec beaucoup de telles interventions les avantages dépendent de la transparence et de la solidité de la conduite du programme.

Références bibliographiques

USAID, (2012): Assessment of the Fertilizer Markets in Haiti: issues and recommendations, Washington, D.C.

Oxfam America, (2013): Haiti: Aid or Trade.

George, Josiane (2004): Trade and The Disappearance of Haitian Rice, Ted Case Studies, No. 725, American University

FAO (2016). Country Briefs: Haiti, 1 November

WTO (2015). Trade Policy Review: Haiti, WT/TPR/S/327, Geneva, 27 October 2015

Corden, W. M (1971). The Theory of Protection, Clarendon Press, Oxford

Glauber, J. (2015). Agricultural Insurance and the WTO, IFPRI Discussion Paper 61473, October

Miranda, M., and K. Farrin. (2012). "Index Insurance for Developing Countries." Applied Economic Perspectives and Policy 34 (3): 391–427.

Roberts, R. (2005). Insurance of Crops in Developing Countries. FAO Agricultural Services Bulletin 159. Rome: Food and Agriculture Organization of the United Nations.

Roberts, T, Slaton N and Norman R. (2016). Soil Fertility – Chapter 9, Arkansas Rice Production Handbook. University of Arkansas Cooperative Extension Service.

Mahul, O., and C. Stutley. (2010). Government Support to Agricultural Insurance: Challenges and Opportunities for Developing Countries. Washington, DC: World Bank.

Economic Research Service, USDA (2016): Haiti's U.S. Rice Imports (Authors: Nancy Cochrane, Nathan Childs, Stacey Rosen), Washington D.C.

Furche, Carlos, (2013): "The Rice Value Chain in Haiti: Policy Proposal," Oxfam America Research Backgrounder series: http://www.oxfamamerica.org/publications/haiti-rice-value-chain- policy.

Thomas-Hope, Elizabeth (2001). "The Role of the Environment in Caribbean Economic Development." *Integration and Trade*: Vol. 5, No. 15, pp. 83 - 104. September - December

CS-16 a-01 février 2016

Pour une revitalisation de la production rizicole en Haïti

WESNY CHAPERON[1]

Résumé

L'objet de cet article est de proposer une mesure rationnelle et efficace permettant de redynamiser la production rizicole haïtienne. Le premier constat qui, pour tout économiste ne serait être négligeable, est le fait que le marché rizicole haïtien détient un potentiel très intéressant puisqu'il loge une demande sans cesse croissante. Cependant, il est triste de constater que cette demande est satisfaite que seulement à raison de 20% par l'offre locale. Ainsi, après avoir fait la localisation des zones de production de riz du pays, relevé les contraintes liées au cadre global d'évolution du secteur agricole, sans oublier ses atouts, on est amené à croire que l'État haïtien doit opter pour la subvention de l'engrais azoté puisque ce dernier est universellement reconnu pour sa vertu d'augmenter le rendement à l'hectare. Toutefois, on suggère que cette décision doit être plus rationnelle, sur la base d'étude expérimentale, afin de corriger une pratique qui constitue un manque à gagner tant pour l'État haïtien que pour le cultivateur, et une menace pour la fertilité du sol. Cette pratique consiste à brûler les feuilles, les tiges et les racines après la récolte sur les terres, alors que ces derniers pourraient être utilisés comme engrais non chimique sous forme de compost pour fertiliser le sol ou être enfouis directement au sol.

De ce fait, sur la base d'une étude réalisée par le ministère de l'Agriculture, des Ressources Naturelles et du Développement Rural (MARNDR) dans le cadre du Programme de Subvention de Fertilisants (PSF), il est proposé pour la revitalisation de la production rizicole que l'État doit :

a) faciliter l'accès à l'engrais azoté aux riziculteurs par la subvention tout en faisant la promotion, par l'encadrement technique nécessaire et la sensibilisation, de la culture de la variété Crête- à-Pierrot (CAP) au taux d'engrais composé d'azote de 100 kg puisque on a démontré que sa production en termes de biomasse totale était significativement supérieure aux variétés TCS-10 et L1 ;

b) sensibiliser et conditionner l'accès aux engrais subventionnés à l'engagement du riziculteur bénéficiaire à fabriquer et/ou à utiliser le compost à partir de la biomasse résultant de la culture de riz pour fertiliser le sol.

Introduction

Le riz constitue aujourd'hui la base de l'alimentation de la population haïtienne. C'est du moins ce qu'a révélé une étude réalisée par l'Institut Interaméricain de Coopération pour l'Agriculture (IICA) publiée en octobre 2012. Celle-ci rapporte que le riz s'est progressivement substitué

1 Économiste-planificateur, ministère de la Planification et de la Coopération externe, Gouvernement d'Haïti.

aux produits plus traditionnels de l'agriculture haïtienne dans la consommation des ménages (maïs, petit mil en particulier) et représente environ 20 % des aliments de base consommés (production locale et importations confondues) contre moins de 10 % il y a une vingtaine d'années (Consortium CECICI, SOCODEVI, mai 2010). Les explications de cette évolution relèvent de la croissance démographique, du changement des modes de vie et des comportements alimentaires avec l'urbanisation croissante et enfin de la succession de catastrophes naturelles qui a accru le recours à l'aide alimentaire et aux importations. Selon certaines estimations fournies par la CNSA, la consommation nationale annuelle serait d'environ 450 000 TM de riz décortiqué en 2010. Par rapport à ce qu'elle fut en 1985 (171 000 TM), l'augmentation a été de 134 % sur la période, soit un taux moyen d'augmentation de 5 % par an.

Cet état de fait devrait être, sans grande analyse, une opportunité pour les fermiers haïtiens qui s'adonnent à la production de riz, puisqu'ils ont une demande sans cesse grandissante à satisfaire. Pourtant, le constat est totalement différent. Dans un diagnostic réalisé sur le secteur agricole dans son document de politique de développement agricole, le ministère de l'Agriculture, des Ressources Naturelles et du Développement Rural (MARNDR) dresse un tableau sombre de la production locale de riz :

> « La production nationale de riz est en déclin depuis plus d'une dizaine d'années. [...] La demande nationale de riz est satisfaite à 80 % par le riz importé, à 12 % par le riz produit dans l'Artibonite et à 8 % par le riz produit dans les autres périmètres rizicoles du pays[2]. »

Ce tableau ne cesse d'interpeller plus d'un et porte à réfléchir : Pourquoi la production locale de riz n'a pas pu jouir des opportunités de marché qu'offre l'accroissement continu de la demande locale de riz ? le constat étant ce qu'il est, quelles sont les mesures qui peuvent être prises pour redynamiser le sous-secteur rizicole en Haïti afin, d'une part, d'augmenter la production locale de riz pour réduire le volume de riz importé, et d'autre part, d'améliorer les conditions de vie des fermiers en leur permettant d'augmenter leurs revenus tirés de la production de riz ? C'est à ces deux questions principales que, dans la suite, cet article tentera d'apporter des éléments de réponse qui serviront, un tant soit peu, à inciter les décideurs à mettre en œuvre des politiques publiques capables de redresser la situation.

Production de riz en Haïti : un état des lieux

Superficie et localisation des zones de culture rizicole

La superficie totale occupée par les rizières en Haïti serait de 38 000 hectares. Cette superficie rizicole est répartie dans diverses zones du pays. La Vallée de l'Artibonite reste manifestement la zone de production rizicole la plus importante du pays, détenant une superficie variante entre 28 000 hectares (soit 73 %) et 32 000 ha (BID, 2009). Les autres zones importantes de culture sont les plaines de Torbeck et de Saint Louis du Sud (Région Sud), la plaine de Saint Raphael et la plaine du Nord-Grison Garde (Région Nord), la plaine de Maribaroux (Région Nord-Est) et les plaines de la région des Nippes.

Le tableau ci-après permet de voir de manière exhaustive la répartition géographique des aires de production rizicole dans le pays.

2 MARNDR, politique de développement économique 2010 – 2025, p. 8

Tableau : Répartition par département des principales zones de production rizicole d'Haïti

Département	Principales zones de production	Superficie de culture (Ha)	Pourcentage
Artibonite	Vallée de l'Artibonite, Laverdure	28 000	73,7 %
Sud	Plaine de Torbeck, Daint Louis du Sud, Les Anglais	3 500	9,2 %
Nippes	Abraham, Houk	500	1,3 %
Nord	St Raphael, Grison Garde, Plaine du Nord, Limbé	3 000	7,9 %
Nord-Est	Haut et Bas Maribaroux. Plaines irriguées par les rivières : Marion, Roche, Malfety et certaines ravines fertiles a Fort Liberté, bas-fonds inondés et ravines humides à Sainte Suzane	1 500	4,0 %
Nord-Ouest	St Louis, Anse-à-Foleur	1 000	2,6 %
Autres	Plateau Central	500	1,3 %
Superficie Totale		**38 000**	**100 %**

Source : Institut Interaméricain pour l'Agriculture (IICA), étude de la filière riz, octobre 2012

Vue globale du cadre d'exploitation agricole

Haïti (27 750 km2) est un pays essentiellement montagneux puisque ces dernières occupent les 2/3 de son territoire. Il est traversé par trois grandes chaînes de montagnes d'orientation est-ouest, soit transversalement par rapport à la direction des alizés. Ce relief lui vaut une diversité climatique entrainant une diversification des systèmes de production. La pluviométrie varie de 400 à 3 000 mm par année avec une période de croissance des végétaux de 100 à 360 jours. Les terres arables représentent environ 40 % de la superficie totale du pays, soit 1,1 million d'hectares, dont 18 % sont consacrés à des pâturages permanents (CNSA, 2011). Selon les données du Recensement Général de l'Agriculture-RGA rendues disponibles par le MARNDR/FAO, l'agriculture est pratiquée par un peu plus d'un million de ménages agricoles disposant en moyenne de moins de 1,5 ha divisé en plusieurs parcelles. Les plaines occupent seulement 550 000 ha, mais la forte demande alimentaire pousse les agriculteurs à cultiver environ 420 000 ha des terres marginales inaptes à la production agricole.

Le climat est tropical, mais le relief montagneux rend les écosystèmes très variables, ce qui permet d'avoir des régions sèches et semi-arides dans le nord-ouest et des montagnes très humides dans le sud et le nord. En général, les précipitations sont caractérisées par une distribution bimodale durant l'année avec une grande saison de pluies de mars/avril à juin/juillet et une petite saison de pluies d'août à novembre/décembre. Dans les montagnes les plus humides, il pleut durant tous les mois de l'année. La pluviométrie étant le facteur principal de production, les périodes de campagne respecte l'ordre pluviométrique. Ainsi, dépendamment des zones agro-écologiques, on distingue trois campagnes principales : la campagne de printemps dont la récolte a normalement lieu de juin à fin août, la campagne d'été dont la récolte a lieu en septembre/octobre et la campagne d'automne/hiver dont la récolte a lieu de décembre à fin février. Pour le cas du riz, 28 % est cultivé au printemps et

53 % durant la saison d'été. Il faut noter que plus de 95 % des surfaces cultivées se trouvent en zones pluviales.

La superficie irriguée ne représente qu'environ 5 % des surfaces agricoles, soit près de 80 000 hectares, dont plus de 40 % sont concentrés dans la Vallée de l'Artibonite, tandis que le reste couvre en particulier les plaines des Cayes (département du Sud), Jacmel (département du Sud-Est) et le Plateau Central. Les systèmes d'irrigation ont subi à travers le temps des détériorations importantes imputables au manque d'entretien et aux cyclones périodiques.

Les techniques de production sont très rudimentaires avec une disponibilité et un accès très limité aux intrants agricoles tels que semences de qualité, fertilisants, pesticides, outils, machinerie, etc. La consommation annuelle d'engrais varie entre 15 000 et 45 000 tonnes en fonction de l'approvisionnement subsidié par le gouvernement Haïtien. Les rendements des cultures sont en général très faibles et les variations annuelles de production peuvent être importantes puisqu'elles sont corrélées avec les variations de pluies. Ils varient de 2 à 3 tonnes de paddy à l'hectare par récolte, notamment pour les variétés TCS-10 et Malaika. Cette performance agronomique s'est révélée meilleure là où les conditions de production ont été remplies.

Les pertes après récolte sont très élevées en raison de l'insuffisance des infrastructures de séchage et de stockage des grains. Ces pertes peuvent atteindre jusqu'à 40 % des récoltes selon la culture. Le manque de structures adéquates de stockage oblige les producteurs à vendre leurs produits immédiatement après la récolte.

De plus, les systèmes semenciers formels sont presque inexistants dans le pays. Le seul système semencier existant est pour le riz dans la vallée de l'Artibonite. Certaines institutions (ACDI / VOCA, CRS, World Vision) ont des activités semencières à petite échelle. Les agriculteurs haïtiens ont donc un accès très limité à de nouvelles variétés. La plupart du temps, de nouvelles variétés de semences entre dans le système à travers des distributions dans le cadre de programmes d'urgence. Cependant, ces semences peuvent parfois ne pas être adaptées et causer des pertes considérables pour les producteurs.

Depuis décembre 2008, l'État Haïtien subventionne les engrais afin de les rendre plus accessibles aux petits producteurs et de promouvoir leur utilisation afin d'augmenter la productivité agricole et de rendre la filière du riz plus compétitive. Le niveau de subvention fixé par l'État est important et de l'ordre de 80 %. Avec les subventions, la consommation d'engrais a augmenté de 15 000 tonnes en 2008 à 45 000 tonnes en 2010 (figure 6). Environ 50 % des engrais sont utilisés dans la culture du riz. Cependant, en 2011 le gouvernement haïtien a distribué jusqu'à la fin-août 17 400 tonnes d'engrais uniquement, ce qui montre une réduction importante de l'utilisation de cet intrant. En 2016, la subvention de l'État était passée à 60 %.

Pour ce qui est de la main d'œuvre, tous les travaux agricoles principaux tels que labours, désherbage, récolte, battage et vannage, se font typiquement à la main en Haïti. On note toutefois que la mécanisation est importante dans la plaine irriguée de l'Artibonite (pour le riz) alors que les labours se font le plus souvent avec des bœufs dans le plateau central. Ainsi, les travaux agricoles en Haïti demandent beaucoup de main d'œuvre et ainsi 63,3 % des ménages agricoles emploient de la main d'œuvre agricole (ENSA).

Enfin, les produits agricoles, en particulier le riz, font face à une concurrence étanche des produits importés. Les marchés urbains et ruraux sont bien pourvus en produits importés particulièrement en riz, huiles végétales et en farine de blé. Les importateurs assurent l'approvisionnement régulier des grossistes des principaux marchés. Cet état de fait est la résultante des mesures de politique commerciale prises par les dirigeants du pays entre 1983 et 1995, qui ont opté pour le démantèlement du système de protection commerciale avec l'élimination des barrières non tarifaires à l'importation, comme le contingentement, les interdictions d'importation et l'ouverture de tous les ports au commerce extérieur. Les échanges commerciaux, à partir des ports des principales villes du pays, se faisaient sur fond de contrebande. D'autres mesures ont ciblé les tarifs sur les produits agricoles qui sont passés de 200 % à moins de 50 % avant de connaître son niveau de démantèlement accru, caractérisé par la réduction de manière sévère des droits de douane au milieu des années 90.

Les tarifs ont été réduits et simplifiés à six taux, 0 %, 3 %, 5 %, 10 %, 15 % et un pic de 57,85 % sur la gazoline. En 2009, le gouvernement, en proie à des difficultés d'ordre budgétaire, a procédé à un léger relèvement des droits de douane sur certains biens : bon nombre de produits alimentaires accusant un taux de 0 % ont été révisés à la hausse. Les différents taux sont passés à 3 % pour certains et à 5 % pour d'autres dont le riz.

Contraintes relevées et atouts identifies

Le tableau ci-avant permet de comprendre les différents défis auxquels fait face le sous-secteur rizicole mais aussi les atouts qu'il présente. Ainsi, de ce qui précède, il y a lieu de retenir que la production de riz est confrontée aux difficultés suivantes que beaucoup de documents ont déjà relaté dont ceux du MARNDR et de l'étude réalisée par l'IICA en 2012 :

1) le drainage inadéquat de certaines parcelles rendant difficile le labour motorisé des sols, notamment dans la vallée de l'Artibonite, la plaine de Torbeck, la plaine d'Abraham ;

2) la faible disponibilité de semences de qualité, dans pratiquement toutes les zones de production ;

3) l'approvisionnement irrégulier et le prix relativement élevé des engrais chimiques, malgré les efforts du MARNDR ; l'engrais fourni par le MARNDR est en grande partie passé par des commerçants. L'ensemble des riziculteurs sont confrontés à ce problème ;

4) l'utilisation trop abondante de main d'œuvre agricole à des moments et des étapes critiques, notamment dans la vallée de l'Artibonite ;

5) le manque d'équipements motorisés pour effectuer le travail du sol. C'est le cas par exemple de la zone de Ferrier où les riziculteurs haïtiens dépendent des tractoristes dominicains pour le travail du sol, faute d'accès au capital, et en raison de la faiblesse des fournisseurs de services locaux de labourage. Il en résulte des retards fréquents dans l'exécution des opérations culturales qui affectent les rendements ;

6) le manque d'eau d'irrigation durant la saison sèche, obligeant par exemple à réduire la superficie emblavée en riz dans la vallée de l'Artibonite ;

7) l'inexistence de crédit institutionnel obligeant les agriculteurs à emprunter à taux élevés ou à vendre leurs récoltes sur pied avant maturité ;

8) les faibles prix payés aux producteurs se traduisant par la faible rentabilité de la culture du riz et la baisse des revenus, d'autant que la vente se fait dans certaines zones de production à crédit aux marchandes et les prix sont fixés par ces dernières. À quoi s'ajoute le manque d'organisation des producteurs pour influencer les décisions et défendre leurs intérêts quant à la filière riz ;

9) la protection insuffisante (ou nulle), de la part de l'État des produits locaux, notamment le riz.

Cependant, quoique minimes mais non insignifiants, certains atouts peuvent être identifiés sur lesquels on peut agir pour redonner au sous-secteur le nouveau souffle tant attendu. Ce sont :

- de grandes superficies et de bonnes terres non mises en valeur ;
- la disponibilité en eau d'irrigation et de terres irrigables ;
- une diversité de milieux agro-écologiques autorisant la mise en place d'une large gamme de systèmes de production durables ;
- l'existence de modèles techniques éprouvés et d'étude expérimentale qui peuvent être diffusés pour une amélioration de la production agricole et enfin ;
- l'existence d'un marché local en croissance continue à satisfaire.

Proposition d'intervention pour redynamiser le sous-secteur rizicole

Si l'on se tient aux mesures suggérées dans les documents d'étude réalisée sur le secteur agricole haïtien dont le sous-secteur rizicole, et compte tenu des contraintes citées plus haut, il serait logique de retenir les mesures qui suivent :

- un appui à la production artisanale de semences pour les différentes zones de production de riz ;
- la disponibilité de matériels de labour des sols, notamment dans le Nord-Est ;
- une meilleure gestion des ressources en eau, tant au niveau des réseaux d'irrigation et de drainage qu'à celui de des parcelles ;
- l'élaboration et la vulgarisation d'itinéraires techniques améliorés, ainsi que la formation des producteurs des différentes zones de production ;
- l'extension du processus de regroupement des parcelles en blocs de production ;
- l'amélioration de la confection des casiers rizicoles pour pouvoir utiliser les engins mécaniques dans les opérations de préparation des sols ;
- la mise en place d'un système de crédit et d'un fonds de garantie pour desservir les producteurs rizicoles.

Toutefois, en sachant que des interventions en ces termes ont été tentées, quoique de manière insuffisante, discontinue et inefficacement mis en œuvre, je crois qu'il y a lieu d'apporter une attention soutenue à la « subvention de l'engrais azoté dans le but d'augmenter le rendement à l'hectare et profiter du coup de réduire sur le moyen terme le cout de la subvention en apprenant aux agriculteurs à utiliser la biomasse assortie de la production (racines, tiges et feuilles) pour augmenter la fertilité des sols par la réalisation d'engrais (compost) non chimique ». Mais, sans négliger les autres mesures susmentionnées.

Le MARNDR, dans le cadre du sous-programme de subvention de fertilisant et amélioration de la productivité des cultures et des sols, a mené une étude expérimentale en vue d'analyser la réponse de trois variétés de riz (Crête- à-Pierrot (CAP), TCS-10 et la lignée L1) à différentes doses d'azote (30 kg, 50 kg, 75 kg, 100 kg/ha) en termes de rendement-grain et de production de biomasse de janvier à juin 2012. Celle-ci a été réalisée dans le but de réaliser les premiers essais du Programme de Subvention de Fertilisants (PSF) sur les doses d'engrais appliquées à la culture du riz dans la zone, plus particulièrement sur la réponse de quelques variétés de riz à diverses doses d'azote. Les résultats ont montré que :

« Le rendement moyen en matière sèche dans les plantes entières, incluant graines, feuilles, tiges et racines, s'élevait à 11,14±2.80 T/ha. Entre les doses de N, il variait de 9,75 T/ha pour les parcelles ayant reçu 30 kg/ha N à 13,29 T/ha pour celles ayant reçu 100 kg/ha N. Les rendements obtenus dans les parcelles ayant reçu 100 kg/ha de N étaient significativement supérieurs à ceux obtenus dans les autres. Entre les phénotypes, le rendement variait de 9,83 T/ha pour TCS-10 à 13,11 T/ha pour CAP. La variété CAP s'était montrée significativement supérieure à TCS-10 et L1 en termes de production de biomasse totale. Il n'y avait pas de différence significative entre TCS-10 et L1.

Ainsi, alors que la production en grains a représenté pour l'ensemble des variétés 41,53 % de la biomasse totale, la production en feuilles, tiges et racines a représenté 58,47 %, soit 11,32 tonnes de matière organique (poids sec) par hectare par an qui ont été perdues pour le sol, sachant que les agriculteurs font deux récoltes de riz par an sur la même parcelle et considérant que, dans la Vallée de l'Artibonite, les feuilles et les tiges de riz sont généralement brûlées par les agriculteurs (Innocent, 2012) même si des animaux en mangent une petite partie. »

La conclusion de cette étude a été ce qui suit :

> « Considérant que les feuilles et les tiges de riz sont généralement brûlées dans la Vallée de l'Artibonite, il s'agit de la perte de 11,32 tonnes de matière organique (poids sec) par hectare par an qui partent en fumée au lieu de servir à améliorer la fertilité, la structure, la texture, le pH et la qualité des sols de rizière de la Vallée si elle était compostée ou enfouie. Cela représente, respectivement pour l'État haïtien et les riziculteurs, une perte de 540 à 360 gourdes par sac de 100 lbs d'urée ou de sulfate, abstraction faite des impacts environnementaux néfastes qui peuvent s'ensuivre. »

Alors, fort de cette étude réalisée par le ministère sectoriel concerné, il serait un choix judicieux de proposer la mesure réaliste et concrète qui consisterait à :

1. promouvoir, par l'encadrement technique nécessaire et la sensibilisation, la culture de la variété Crête- à-Pierrot (CAP) au taux d'engrais composé de N de 100 kg puisque cette dernière s'était montrée significativement supérieure à TCS-10 et L1 en termes de production de biomasse totale ;
2. sensibiliser et conditionner l'accès aux engrais subventionnés à l'engagement du riziculteur bénéficiaire à fabriquer et/ou à utiliser le compost à partir de la biomasse résultant de la culture de riz pour fertiliser le sol.

Cette mesure aurait pour effet l'accroissement du rendement habituel de 3T/ha à 5,10T/ha et la réalisation d'économie allant de 540 à 640 gourdes par sac de 100 lbs d'urée ou de sulfate. Ceci permettrait dans un moyen et long terme de réduire les dépenses effectuées par l'État haïtien pour la subvention d'intrants agricoles et de pouvoir réaffecter ses argents à d'autres fins utiles. Parallèlement, il y aurait une revitalisation réelle des fermes rizicoles, une amélioration du revenu des riziculteurs et une amélioration de la fertilité du sol et de sa conservation.

Conclusion

Il est important de souligner que les problèmes auxquels fait face le secteur agricole en Haïti sont de taille. Le sous-secteur rizicole ne saurait être épargné. Cependant, il n'en demeure pas moins que les contraintes qui constituent des goulots d'étranglement au développement du sous-secteur ne sont pas insurmontables. C'est dans cette optique que cette proposition s'inscrit afin de permettre, par des décisions rationnelles, efficaces et moins coûteux à moyen et long terme, que la production rizicole puisse être revigorée et reprendre sa position d'en temps.

Ainsi, il est soumis à l'appréciation de tout un chacun la suggestion suivante formulée comme une mesure à deux volets :

a) faciliter l'accès à l'engrais azoté aux riziculteurs pas la subvention tout en faisant la promotion, par l'encadrement technique nécessaire et la sensibilisation, de la culture de la variété Crête-à-Pierrot (CAP) au taux d'engrais composé de N de 100 kg puisque sa production en termes de biomasse totale était significativement supérieure aux variétés TCS-10 et L1 ;

b) sensibiliser et conditionner l'accès aux engrais subventionnés à l'engagement du riziculteur bénéficiaire à fabriquer et/ou à utiliser le compost à partir de la biomasse résultant de la culture de riz pour fertiliser le sol.

Cette décision donnerait corps à la croissance du rendement des sols, faisant passer le rendement habituel moyen de 3T/ha à 5,10T/ha et à la réalisation d'économie allant de 540 à 640 gourdes par sac de 100 lbs d'urée ou de sulfate. Ceci permettrait à moyen et long terme de réduire les dépenses effectuées par l'État haïtien pour la subvention d'intrants agricoles et de pouvoir réaffecter ses argents à d'autres fins utiles. Les impacts de cette mesure seraient, en particulier, d'une importance capitale sur la pratique culturale de nos riziculteurs qui amenuisent d'année en année la fertilité du sol, et changerait peu à peu les perceptions paysannes de la méthode « abattus-brulis » qui demeure un fléau pour la durabilité de notre agriculture et une menace pour l'environnement de manière générale.

Références bibliographiques

Politique de Développement Agricole 2010 – 2025, Ministère de l'Agriculture, des Ressources Naturelles et du Développement Rural (MARNDR), octobre 2011.

RAPPORT D'ESSAI SUR L'AZOTE DANS LA CULTURE DE RIZ, Ministère de l'Agriculture, des Ressources Naturelles et du Développement Rural (MARNDR), Juillet 2014.

ENQUÊTE D'ÉVALUATION DE LA PERFORMANCE DE LA CAMPAGNE DE PRINTEMPS 2011 ET ANALYSE DES MARCHES ET DE LA SÉCURITÉ ALIMENTAIRE, Coordination Nationale de Sécurité Alimentaire (CNSA), septembre 2011.

Oxfam America Research Backgrounders, Haiti Rice Value Chain Assessment: Rapid diagnosis and implications for program design, David C. Wilcock and Franco Jean-Pierre, 2012.

HAITI : Perspectives sur la sécurité alimentaire, CNSA, Juillet-Décembre 2016.

PROPOSITIONS D'ORIENTATION POUR LA POLITIQUE AGRICOLE ET DE DEVELOPPEMENT RURAL MARNDR / GTA 2007 - 2017.

EXAMEN DES POLITIQUES COMMERCIALES, RAPPORT DE HAÏTI, OMC, 27 octobre 2015

Institut Interaméricain de Coopération pour l'Agriculture (IICA), Système de Financement et d'Assurances Agricoles en Haïti (SYFAAH), HAITI : ETUDE DE LA FILIERE RIZ, RAPPORT DE CONSULTATION, PAR LE GROUPE CJ-CONSULTANTS, Octobre 2012.

SUBVENTIONS DES ENGRAIS EN HAÏTI

JOEL LE TURIONER[1]

Contexte

Depuis 2000 en Haïti les engrais étaient subventionnés à l'importation dans le cadre du Programme de Subvention des Fertilisants ((PSF) ; nous étions donc en présence d'un système de « subvention de/par l'offre ». Malgré ces subventions pouvant aller jusqu'à représenter 50 % de la valeur réelle et marchande des engrais, les quantités annuelles utilisées se sont situées en moyenne à 20 000MT (à l'exception des années 2009 et 2010 ou la conjonction de plusieurs dons ont fait que les quantités importées ont été plus importantes : 35 000 et 45 000MT). Comme le montre le tableau ci-dessous la subvention de l'offre n'a donc pas permis de développer l'utilisation des engrais en Haïti durant toute cette période.

Graphique 1 – Importations et consommation total d'engrais en MT et prix moyens / sac de 45 kgs

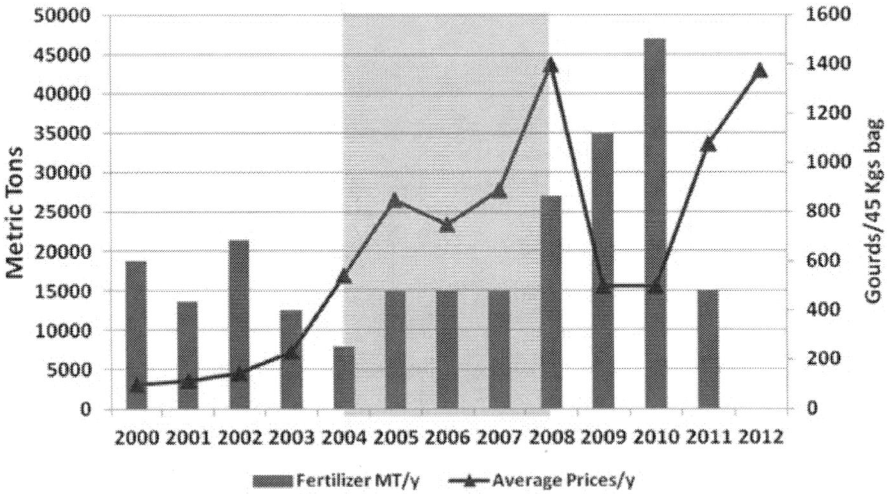

Source: Various, Ballande & Damais, 2004, Seed Security Assessment 2010, and WINNER Program

Principales causes de l'échec de la subvention de l'offre

La première cause mise en évidence par l'audit du ministère des Finances et du Trésor Public est le clientélisme régissant la distribution des engrais subventionnés et la deuxième est la généralisation des malversations liées à cette distribution. La troisième cause a été l'absence de déve-

1 Consultant

loppement du secteur privé induit par la subvention de l'offre. En effet les effets induits de cette stratégie furent nombreux et très dommageables pour le secteur privé comme :

- Le côté aléatoire et irrégulier des approvisionnements en fonction des disponibilités des principaux donateurs (Venezuela ; Japon avec le KR2 pour citer les plus importants) empêchant l'importation des engrais au prix réel du marché par le secteur privé sous peine de voir le stock constitué invendable.
- L'absence de possibilité de développement du réseau de distribution du secteur privé, puisque que c'est l'État qui « distribuait » les engrais subventionnés.
- La demande des agriculteurs qui est basée sur la revendication politique et non pas par les besoins agronomiques et d'augmentation de revenus (cas en particulier de l'Artibonite).
- Le fait que même quand le PSF n'est pas actif, le secteur privé n'ose pas importer au prix du marché de peur d'une subvention de l'offre qui se décide au dernier moment.
- Le focus du secteur privé concentré sur les « gros coups » d'importation pour le compte du gouvernement dans le cadre de la subvention de l'offre, ne permettant pas le développement de réseau de distribution.

Suite à ces constats et à l'audit du trésor public, l'arrêt effectif du PSF a été prononcé le 31/12/2016.

Mise en place de projet pilote de subvention de la demande en Haïti :

En parallèle, et ce depuis 2012, le ministère de l'Agriculture, des Ressources Naturelles et du Développement Rural (MARNDR), avec le soutien financier de plusieurs partenaires (BID, Banque Mondiale, AFD), a initié la mise en place de projets pilotes de subventions de la demande, dites «intelligentes » (SMART subsidies), car permettant de cibler précisément les bénéficiaires de ces appuis, et de proposer aux agriculteurs à la fois des paquets techniques à un tarif subventionné, mais également un accompagnement en termes de conseil agricole, offert notamment par les fournisseurs d'intrants. Ce mécanisme de solvabilisation de la demande par un système de bons (vouchers) doit également permettre aux fournisseurs d'intrants et de conseil agricole de se développer sur des bases commerciales.

Ces projets incluent le RESEPAG1, cofinancé par la Banque mondiale et le premier à inaugurer cette approche intégrée du conseil agricole et de la facilitation de l'accès aux intrants ; le Programme de Mitigation des Désastres Naturels (PMDN) financé par la BID, le projet Sécurité Alimentaire (SECAL) cofinancé par l'UE et l'AFD, et le Programme de Transfert de Technologies aux Agriculteurs - PTTA sont actuellement en cours sous l'égide du MARNDR, et le projet RESEPAG entre dans une seconde phase. Le projet AVANSE (USAID), est mis en œuvre en partenariat avec le MARNDR, selon des modalités quelque peu différentes mettant l'accent sur le développement du secteur privé existant et l'augmentation des revenus des agriculteurs et sur une participation financière de ces derniers pour les intrants subventionnés partiellement via le système de vouchers à lecture électronique.

1. Le Système d'Incitation via les Bons d'Achat (SIBA) : l'expérience d'AVANSE/USAID

Le programme « Appui à la Valorisation du potentiel Agricole du Nord, à la Sécurité Economique et Environnementale » (AVANSE) financé par l'USAID et mis en œuvre en partenariat avec le MARNDR, est un programme d'une durée de cinq ans destiné à développer une croissance économique durable, soutenable et significative dans une zone à fort potentiel de production agricole composée du Nord et du Nord-Est de la République d'Haïti. A cette fin, AVANSE promeut l'introduction de paquets techniques améliorés pour l'agriculture autant dans les plaines que dans les piémonts et les zones montagneuses en se consacrant a trois cultures clés que sont : le riz, la banane / plantain et le cacao. Durant la période du programme, AVANSE a comme objectif de travailler avec 20 000 ménages agricoles en utilisant l'approche des Champs Ecole Paysans (CEP) qui seront les points focaux pour la diffusion des bonnes pratiques culturales auprès de leurs pairs.

En implantant le Système d'Incitation via les Bons d'achats (SIBA) qui est un programme de support auprès des petits agriculteurs, AVANSE recherche, autant que possible, à remplacer les subventions directes destinées à l'introduction des nouvelles techniques par un système de bons d'achat (BA) plus orienté vers le marché. Ce système a été conçu pour stimuler la demande du marché en subventionnant partiellement la demande des producteurs tout en renforçant les capacités des fournisseurs à livrer les intrants clé des paquets techniques vulgarisés par AVANSE.

Depuis février 2014, AVANSE a testé et validé le fonctionnement du SIBA et a lancé en mars 2015 un système de bons d'achat à lecture électronique et traitement informatique développé par une firme haïtienne spécialisée, TRANSVERSAL, permettant un enregistrement des transactions commerciales des acteurs en temps réel sur une plateforme consultable en ligne 24h/24 7j/7 permettant une traçabilité efficace du système. A travers ce système, AVANSE a offert une subvention a plus de 5 000 producteurs de riz pour l'achat des engrais promus par le projet afin d'en accélérer l'adoption en vue d'améliorer leur productivité dans le Nord et Nord-Est d'Haïti (Ouanaminthe, Ferrier, Fort-Liberté et Grison-Garde).

Avant de rentrer plus dans l'explication du fonctionnement de ce système d'incitation, il est important de comprendre ce qu'est un SIBA.

Qu'est-ce qu'un Système d'Incitation via les Bons d'Achat (SIBA) ?

Les systèmes d'incitations sont un ensemble de moyens (ex: démonstrations + subventions) mis en œuvre pour provoquer des changements de comportement rapides (ex: changement de méthodes culturales + achat d'engrais) d'une catégorie de population en faisant en sorte que l'intérêt immédiat de l'incitation (accès économique à des prestations jusqu'ici trop onéreuses) déclenche un processus de changement à long terme qui sera ensuite auto-entretenu par le mieux-être qu'il apporte à la personne (amélioration du niveau de vie du ménage) ayant eu accès à l'incitation.

1. Encadré 1 – Quelques principes de mises en œuvre :

Pour arriver aux objectifs décrits ci-dessus, les systèmes d'incitations doivent donc être :

1. Très **attractifs** surtout au début afin d'amener des changements rapides dans les comportements techniques ;
2. Destinés à des **activités rentables** pour assurer la durabilité des changements ;
3. **Définis dans le temps avec une stratégie de sortie** conçue et connue dès la mise en place du programme afin d'assurer la rentabilité des changements même et surtout après la fin des incitations ;
4. **Sans effets de distorsion** sur le marché, aussi bien pour le marché des intrants en s'assurant que la chaîne de distribution reste dans la réalité économique de ses activités, que pour le

marché de la production agricole en s'assurant que l'augmentation de production induite par les incitations n'entraînera pas de baisse de rentabilité au niveau de l'agriculteur ;

5. « **Commerciaux** » en intégrant toute l'activité en amont et en aval de l'incitation (fournisseurs d'intrants et mise sur le marché) et en s'assurant du gain de rentabilité de tous les acteurs participant au système.

Pour garantir **la stratégie de sortie de la subvention,** il est impératif que le producteur observe non seulement une augmentation de rendement mais aussi une augmentation de revenu grâce à l'adoption de technique de production améliorée lui permettant de financer une partie plus importante des intrants subventionné dans le temps jusqu'à sa prise en charge totale après la fin du projet. En plus de l'augmentation de rendement obtenue grâce à l'adoption de la nouvelle technique, la valorisation de la production par la création de lien avec des acheteurs à plus haute valeur ajoutée est encouragée afin de soutenir cette augmentation de revenu dans le temps.

Pour faciliter la mise en place de systèmes d'incitations performants, transparents, traçables et durables l'utilisation des bons d'achats est vivement recommandée, voire indispensable. Ces derniers sont un moyen de paiement total ou partiel (papier fiduciaire infalsifiable d'une certaine valeur faciale) à usage identifié (ex : achat d'engrais) destinés à une catégorie de population préalablement ciblée (ex : agriculteurs capables de payer cash la partie non subventionnée et cultivant du riz) échangeables contre la prestation auprès d'un réseau d'affiliés au système (ex : distributeurs d'intrants) pendant une période de validité définie, qui, au moment de leur émission, doivent avoir leur contrepartie en valeur disponible dans un compte dédié, placé dans une banque de premier ordre, et ce pour toute la durée de leur validité.

Comment ça marche ?

Dans le cadre du projet AVANSE, ce sont les Champs Ecole Paysans (CEP) qui ont servi de base à la mise en place du système. En effet, l'avantage des CEP est que les agriculteurs qui cultivent reçoivent la formation et le suivi technique pour la mise en œuvre des façons culturales et des intrants, mettant ainsi toutes les chances de leur côté pour l'optimisation des intrants et donc pour une augmentation significative de la rentabilité de cultures, ce qui est une des conditions primordiales pour le bon fonctionnement d'un SIBA.

Une fois les producteurs éligibles identifiés par la filière et intégrés dans la base de donnée du système, le processus d'achat des engrais par l'utilisation des bons d'achat s'effectue en trois étapes consécutives auprès des partenaires affiliés au système, à savoir les **institutions financières** (IMF) chargées de recueillir le paiement de la partie non-subventionnée du producteur et de l'activation des BA, les **distributeurs d'intrants** chargés de livrer les engrais contre réception des BA, et l'**importateur** chargé de constituer un stock d'engrais à l'avance pour la campagne duquel se fournit les distributeurs (voir schéma de fonctionnement du SIBA ci-dessous) – ces acteurs affiliés sont tous équipés de smartphones capables de « lire » les BA permettant de les tracer dans les différentes phases de son circuit :

1. ***Achat du BA par l'agriculteur au guichet IMF (activation du BA) :*** le producteur insère son numéro d'identité dans le smartphone (CIN/NIF) afin de valider son identité auprès du guichetier ; le BA est flashé par le guichetier lors de son achat par l'agriculteur ; la somme perçue est enregistrée dans la base de données. Le guichetier fait signer une fiche de dépôt au producteur et lui en remet une copie ; le guichetier conservera dans ses archives l'original de la fiche qui sera consultable en cas d'audit. Le reçu fournit par l'IMF est pris en photo

lors de la validation de la transaction sur le smartphone, ainsi que la carte d'identification du producteur (CIN/NIF), qui sont alors directement enregistrés dans la base de données et consultables en ligne ;

2. ***Achat d'un stock d'intrants chez un importateur affilié au SIBA :*** avant le lancement de la campagne, les distributeurs s'approvisionnent chez un Importateur affilié au SIBA ; ce dernier livre les intrants chez le distributeur sur demande de celui-ci et insère dans le smartphone du distributeur le type de produit et la quantité livrée au moment de la livraison ; les stocks des distributeurs peuvent donc être suivis à distance afin d'éviter tout problème d'approvisionnement pendant une campagne ;
3. ***Achat des intrants par les producteurs munis de leur BA chez les distributeurs d'intrants (négociation du BA) :*** l'agriculteur se rend ensuite avec son BA chez le distributeur affilié le plus proche de son domicile. Le distributeur dispose lui aussi d'un smartphone identifié lui permettant de flashé le BA pour remettre les intrants correspondants à l'agriculteur ; la transaction est instantanément enregistrée dans la base de données. Là également, l'agriculteur s'identifie en insérant son numéro d'identification (CIN/NIF), signe un bon de livraison, qui est alors photographié avec le smartphone du distributeur, ainsi que sa carte d'identité ; ces pièces sont alors instantanément entrées dans la base de données et consultables en ligne par AVANSE.

La gestion informatique et électronique des bons d'achat a pour avantage de tracer l'ensemble des BA en temps réel, de suivre en continu l'évolution des stocks des intrants chez les différents distributeurs en temps réel et de déclencher ainsi les réapprovisionnements via les importateurs en temps utile, de produire tous les justificatifs signés sous forme électronique directement disponible en ligne au niveau d'AVANSE, et d'authentifier les BA à rembourser aux distributeurs avant de procéder à celui-ci. Il s'agit donc d'un contrôle et d'un suivi en continu et d'une production des pièces comptables nécessaires au remboursement sous forme électronique, pouvant être imprimée lorsque nécessaire.

Avantages des systèmes de subvention de la demande

Les principaux avantages de ce genre de système sont les suivants :

- **La subvention est dans la main de l'agriculteur**, car il est celui qui reçoit les bons d'achat. De ce fait, les détournements de la subvention deviennent pratiquement impossibles ;
- **Le producteur est considéré comme un entrepreneur, et non comme un assisté,** en investissant une partie de ses revenus dans le paiement de la partie non-subventionnée des bons d'achat, l'incitant ainsi à en maximiser la bonne utilisation ;
- **Le secteur privé peut se développer étant donné que le prix du marché est respecté** ; avec les bons d'achat, le réseau de distribution vend au prix du marché, la subvention étant remboursée directement au distributeur. Il n'y a donc pas de distorsion, contrairement aux subventions à l'importation qui rendent impossibles les importations non subventionnées à un prix plus élevé que les importations subventionnées et donc à un prix de vente non compétitif par rapport au prix de vente basé sur les importations subventionnées ;
- **La traçabilité des fonds** est assurée grâce à au système de gestion informatique et électronique permettant de suivre le flux du BA depuis l'agriculteur jusqu'au revendeur/détaillant,

en passant par l'importateur et l'établissement financier, dans la mesure où tous ces intervenants ont été préalablement affiliés au SIBA ;

Ainsi, les systèmes d'incitation via les bons d'achat sont un outil permettant de transmettre de façon traçable une subvention partielle et régressive dans le temps à une population ciblée afin d'atteindre un objectif précis.

Résultats

Dans le cadre d'AVANSE, la mise en place de ce système a contribué à l'atteinte des résultats suivants :

- Doublement du rendement des producteurs grâce à l'adoption du paquet technique promu par AVANSE incluant l'utilisation des engrais (i.e. Système d'Intensification Rizicole – SRI) ;
- Amélioration de l'accès aux engrais pour plus de 5,000 producteurs de riz (incluant certains producteurs reconduit d'une saison à l'autre) ;
- Renforcement du réseau de distribution des intrants et services en mobilisant cinq distributeurs dans les zones d'intervention du projet (Ouanaminthe, Ferrier, Fort-Liberté et Grison Garde) et un importateur assurant la constitution d'un stock à l'avance pour chaque saison ;
- Réduction du niveau de subvention de 75 % à 50 % de 2014 à 2016 avec comme objectif de la descendre à zéro d'ici 2018 (fin du projet) ;
- Mobilisation d'une dizaine de caisses d'épargne et de crédit ayant développé les liens entre les producteurs et les services financiers.

Conclusion

Ainsi, deux constats peuvent être dressés sur la situation des différentes subventions des engrais en Haïti :

- La subvention « à l'importation » des engrais par l'État a créé une distorsion du marché qui a empêché les importateurs d'importer plus au prix normal ce qui a limité l'utilisation globale des engrais en Haïti et est entré en contradiction avec les BA qui respectent le prix réel des intrants ne limitant ainsi pas l'importation et la distribution aux seuls intrants subventionnés. Si cette situation change avec l'arrêt effectif du PSF au 30/09/2016, il n'y a néanmoins pas de prise de décision claire du MARNDR sur l'avenir de la subvention des engrais et son mode d'administration en Haïti ;
- On observe que plusieurs projets mettant en œuvre des systèmes d'incitation (subvention de la demande) coexistent avec des stratégies différentes, dont certains opérant dans des zones d'intervention similaires pouvant entrainer une certaine confusion chez les agriculteurs qui sont ciblés par plusieurs projets différents.

Dans ce contexte, il serait important que l'ensemble des acteurs, MARNDR et bailleurs de fonds, continuent de travailler ensemble, comme cela a déjà été initié dans le cadre de la concertation entre les différents projets et le MARNDR, à un consensus sur le type de subvention des intrants à mettre en œuvre en Haïti au niveau national et dans le cas où la subvention de la demande est la méthode retenue, à une harmonisation des systèmes d'incitation en Haïti afin d'en améliorer l'efficacité et la portée pour le bénéfice des producteurs haïtiens.

Améliorer la productivité du riz pour augmenter les revenus en milieu rural et la sécurité alimentaire en Haïti

TRAVIS J. LYBBERT[1] ET ABBIE TURIANSKY[2]

Résumé

La productivité agricole en Haïti est faible et a connu peu de croissance au cours des 50 dernières années. C'est surtout le cas pour le riz haïtien. Nous évaluons une intervention qui vise à améliorer les pratiques agronomiques en production de riz irrigué en Artibonite, qui fournit 75 % à 80 % de la production totale de riz en Haïti. Cette intervention et nos estimations des coûts et des avantages sont basées sur un récent essai de contrôle randomisé (ECR) en Artibonite. L'ensemble des pratiques agronomiques au cœur de l'intervention est le Système de Riziculture Intensive (SRI), qui est censé être une innovation favorable aux pauvres qui aide les agriculteurs à répondre à leurs besoins alimentaires tout en réduisant l'utilisation de l'eau et les dépenses en semence. Basé sur un horizon d'évaluation de sept ans, nous constatons que tous les ratios avantage-coût, sauf le scénario le plus optimiste, sont inférieurs à 1, suggérant que l'intervention, telle qu'elle est structurée, est peu susceptible d'être rentable. Accroître la productivité de riz en améliorant les pratiques agronomiques reste louable, mais il est difficile de réaliser des gains importants de productivité. L'intervention que nous proposons pourrait ne pas être rentable, mais de nombreux agriculteurs trouveront que certaines combinaisons de pratiques améliorées sont rentables et devraient être encouragés à expérimenter, évaluer et adopter de telles pratiques. De plus, les composantes individuelles de notre intervention ou une version qui cible spécifiquement les riziculteurs les plus susceptibles de bénéficier de l'amélioration des pratiques agronomiques, pourraient avoir un ratio avantage-coût nettement plus élevé.

Introduction

Haïti est un pays pauvre, mais le niveau de vie est particulièrement faible dans les zones rurales où seulement 10 % de la population a accès à l'électricité et moins de 8 % a accès à l'eau potable[3]. Plus de 85 % des Haïtiens en milieu rural travaillent dans l'agriculture, qui, en tant que secteur,

1 Professeur, Économie des ressources et de l'agriculture, UC Davis

2 Chercheur, Recherche en politique des mathématiques

3 IFAD. 2016. "Rural poverty in Haiti." http://www.ruralpovertyportal.org/country/home/tags/haiti, Accessed 25 July 2016.

contribue à une part importante (25 %) du PIB total d'Haïti[4]. En raison de la faible productivité, cependant, ces ménages agricoles ne peuvent généralement pas compter uniquement sur l'agriculture pour leur subsistance : quatre cinquièmes des agriculteurs dépendent d'activités extra-agricoles pour compléter leurs revenus[5].

La productivité agricole en Haïti est faible et a connu peu de croissance au cours des 50 dernières années[6]. Les défis et les contraintes de productivité abondent, cela inclut l'insuffisance des infrastructures, la dégradation écologique, l'insécurité foncière, le manque d'investissement des marchés, des facteurs de production et de résultat faiblement développés et de fréquents chocs climatiques, politiques et économiques. La demande annuelle de nourriture en Haïti s'accroît d'environ 2% par an, mais l'approvisionnement alimentaire augmente seulement de 0,4 %. Plus de la moitié des Haïtiens sont sous-alimentés, et l'apport calorique moyen en Haïti est environ 20 % en dessous des objectifs d'alimentation recommandée pour la population par l'Organisation pour l'alimentation et l'agriculture[7]. La production de riz national ne représente que moins de 20 % de la consommation locale[8]. Pour parvenir à la sécurité alimentaire et à réduire la pauvreté, les organismes d'aide ainsi que les organismes gouvernementaux ont investi de plus en plus dans l'agriculture, dans l'espoir qu'une plus grande productivité et que des bénéfices accrus pour les agriculteurs permettent d'améliorer la sécurité alimentaire et le bien-être des ménages agricoles[9].

La vallée de l'Artibonite (dorénavant, l'Artibonite) est la plus grande région productrice de riz en Haïti. Entre 75 % et 80 % du riz du pays est cultivé en Artibonite qui abrite le plus grand fleuve du pays et un système d'irrigation étendu. Pourtant, la plupart des 1,6 millions d'habitants de l'Artibonite sont touchés par la faim saisonnière et 43 % font face à une insécurité alimentaire grave. La chaîne de valeur du riz en Artibonite est faible en raison de la faible productivité résultante de l'insuffisance des infrastructures, d'un accès limité aux technologies agricoles et aux facteurs de production, d'un séchage, d'une récolte et d'un entreposage insuffisants et de systèmes de commercialisation inefficaces et mal gérés. Le fossé sans cesse grandissant en Haïti entre la consommation de riz en hausse, qui a quintuplé depuis 1985, et une baisse de la production de riz, qui a stagné, est comblé avec du riz bon marché importé des États-Unis[10].

Les contraintes structurelles sur la productivité agricole sont amplifiées par la fréquence des tempêtes tropicales et des ouragans, exacerbées par le couvert végétal appauvri et une infrastructure insuffisante pour y répondre en cas de catastrophe. Certaines régions en Haïti

4 Programme alimentaire mondial. "Haiti Profile." https://www.wfpusa.org/countries/haiti/, accessed 31 January 2017.

5 IFAD. 2016. "Rural poverty in Haiti." http://www.ruralpovertyportal.org/country/home/tags/haiti, Consulté le 25 Juillet 2016.

6 Données de FAOSTAT : www.fao.org/faostat. Consulté le 27 février 2017.

7 Organisation des Nations Unies pour l'alimentation et l'agriculture. 2015. « State of food insecurity in the CARICOM Caribbean. » Bridgetown (Barbade) : Organisation des Nations Unies pour l'alimentation et l'agriculture.

8 Organisation des Nations Unies pour l'alimentation et l'agriculture. 2015. « State of food insecurity in the CARICOM Caribbean. » Bridgetown (Barbade) : Organisation des Nations Unies pour l'alimentation et l'agriculture.

9 Une autre préoccupation, qui déborde le cadre de cette analyse, est l'incidence des importations à bas prix de riz des États-Unis sur les marchés de riz et les agriculteurs en Haïti.

10 Voir Cochrane, N., N. Childs et S. Rosen. 2016. « Haiti's U.S. Rice Imports» USDA Economic Research Service, RCS-16 a-01. Les préoccupations politiques et économiques que cette dépendance du riz américain peuvent être réelles, mais elles sont également au-delà de la portée de cette analyse.

ont fait face à plusieurs années d'affilées de sécheresse extrême, tandis que d'autres régions sont confrontées à des inondations subites et des glissements de terrain dus à des pluies extrêmes[11]. En octobre 2016, l'ouragan Matthew a détruit toutes les cultures vivrières et 90 % des arbres fruitiers et forestiers dans les régions touchées et a causé des dommages pour le secteur agricole estimés à 580 millions $[12]. Le changement climatique est susceptible d'augmenter ces risques sur la production liés à la météo en raison de la hausse des températures, de phénomènes météorologiques de plus en plus erratiques et de la montée des eaux.

Description de l'intervention

Il y a beaucoup de réponses envisageables à la faible productivité agricole et à la grande insécurité alimentaire. L'intervention que nous évaluons comme solution possible vise à améliorer les pratiques agronomiques pour la production de riz irrigué en Artibonite. La portée et la structure de l'intervention comprennent les éléments qui ont été mis à l'essai en 2012-14 et rigoureusement testés au cours d'un essai de contrôle randomisé (ECR) en 2014-16 en Artibonite que nous avons récemment terminé en collaboration avec des partenaires locaux et des associations d'agriculteurs.

L'ensemble des pratiques agronomiques au cœur de cette intervention sont basées sur le système de riziculture intensive (SRI), distingué généralement par trois pratiques spécifiques :

- *Le repiquage précoce* de semis à 8-12 jours plutôt que la plantation de semis de 21 à 30 jours dans le système traditionnel. Étant donné que ces très jeunes semis sont relativement tendres et les racines et les feuilles sont petites, le repiquage exige une plus grande dextérité et des profondeurs de plantation plus faibles (1 à 2 cm).
- *Une plantation espacée* de semis uniques sur une grille (en règle générale, 20 × 20 cm), contrairement à un espacement aléatoire de groupes de 3 à 6 semis plus âgés dans le système traditionnel. À la suite de cette particularité, une rizière SRI nouvellement repiquée semble plus éparse et plus fragile qu'un champ traditionnellement repiqué.
- *Une irrigation intermittente*, qui permet aux champs de sécher périodiquement. Au contraire, le système traditionnel maintient l'eau stagnante dans les rizières tout au long de la saison de croissance. Si l'alternance entre submersion et séchage peut induire une meilleure croissance des racines et, ainsi, une absorption plus efficace des éléments nutritifs, cela permet aussi aux mauvaises herbes de se développer.

Pour maintenir la santé des sols, le compost est une recommandation standard du SRI en remplacement des engrais chimiques. Parce que le compost peut être moins cher que les engrais chimiques, cette composante du SRI peut se traduire par des économies de coûts. Cependant, le compost n'est pas largement disponible en Artibonite et l'implantation d'un programme de compostage à l'échelle que nous considérons dans cette analyse est impossible en raison du manque d'infrastructures et du volume de compost nécessaire pour remplacer les engrais chimiques. Nous n'avons donc pas inclus le compost dans le cadre de notre intervention hypothétique.

11 Agence américaine pour le développement international. « Haiti: Environment and Climate Change Fact Sheet (2016). » http://reliefweb.int/report/haiti/haiti-environment-and-climate-change-fact-sheet-2016, consulté le 31 janvier 2017.

12 Hishamunda, Nathanaël. « Haiti: Hurricane Matthew Situation Report. » Organisation des Nations Unies pour l'alimentation et l'agriculture : http://reliefweb.int/sites/reliefweb.int/files/resources/FAO-SituationReport_HurricaneMatthew_221116.pdf, consulté le 31 janvier 2017.

Le SRI remplace fondamentalement certains facteurs de production (semences et eau) avec d'autres (désherbage et travail de repiquage). Étant donné que les coûts de main-d'œuvre peuvent varier largement de ménage en ménage, c'est aussi le cas pour le compromis économique inhérent au SRI. Pour certains agriculteurs, par exemple ceux qui ont accès à une main d'œuvre relativement bon marché, une adoption du SRI en gros pourrait générer une vraie productivité et des bénéfices. Pour d'autres agriculteurs, le compromis économique établi par le SRI est beaucoup moins logique, mais il peut néanmoins servir comme un moyen précieux vers une finalité : être exposé au SRI et à son changement radical des pratiques traditionnelles peut catalyser l'apprentissage et l'amélioration des pratiques agronomiques même parmi ceux qui sont peu enclins à adopter le SRI *en soi*. En particulier, être exposé au SRI semble inciter les agriculteurs à porter une plus grande attention à leurs pratiques agronomiques et à adopter des pratiques de production améliorée que les locaux nomment SRA (*Système de Riziculture Amélioré*), qui fait changer beaucoup de pratiques en direction du SRI mais s'arrête avant l'adoption du SRI en entier (par exemple, planter en rang des semis en groupes de deux ou trois). Certains agriculteurs pourraient expérimenter le SRI en apprenant sur le sujet, en adoptant uniquement certaines composantes au début, et éventuellement en changeant pour le système complet au fil du temps. Pour de nombreux agriculteurs, le SRA peut augmenter la productivité et la rentabilité. En tant qu'élément critique de conception de cette intervention, les agriculteurs décident quels éléments adopter en fonction de leurs coûts de main-d'œuvre et d'autres considérations. Cette auto-sélection dans l'adoption complète du SRI ou l'adoption partielle (SRA) s'appuie sur les avantages distinctement hétérogènes liés à l'adoption complète du SRI.

D'après ce que nous avons appris en pilotant et en conduisant l'ECR, l'intervention de productivité hypothétique du riz SRI sur plusieurs fronts que nous évaluons comprend les éléments suivants :

1. **Parcelles de démonstration du SRI.** Une parcelle de démonstration du SRI est établie dans chaque bloc d'irrigation (~ 215 hectares) par des agriculteurs formés.
2. **Programme de formation.** La formation suivra une approche « former le formateur » dans laquelle des agriculteurs leaders sont formés et forment ensuite des autres agriculteurs dans leur bloc d'irrigation. Pendant que la formation enseignera plus précisément les pratiques du SRI, elle encouragera également les pratiques améliorées du SRA. Les agriculteurs seront encouragés à expérimenter le SRI sur au moins une petite partie de leurs terres cultivées et à adopter des pratiques du SRA sur toutes leurs parcelles de riz restantes.
3. **Support technique.** L'intervention fournira une allocation saisonnière aux formateurs agriculteurs et un soutien avec un salaire partiel pour les techniciens et les agents de vulgarisation du Bureau Agricole Communal (BAC) du gouvernement.
4. **Coordination et mise en œuvre par les associations d'utilisateurs d'irrigation locale.** Chaque bloc d'irrigation est géré par une association. Ces associations, qui ont été créées en 2009 tout au long de l'Artibonite avec l'appui de la BID, fourniront les capacités institutionnelles locales afin de coordonner et de mettre en œuvre l'intervention. Bien que les associations d'utilisateurs de l'irrigation ne couvrent pas actuellement toutes les rizières irriguées de l'Artibonite, un appui continu de la BID vise à créer des associations supplémentaires afin de couvrir complètement la vallée. Nous concevons donc cette intervention SRI-A pour travailler par le biais de ces associations et pour définir l'étendue géographique de cette intervention afin d'être à environ 28 000 ha de riz irrigué en Artibonite, ce qui représente près de 80 % de la production totale de riz en Haïti.

5. **Soutien de l'expansion du crédit agricole.** Un soutien initial, mais diminuant permettra aux caisses locales de prêter directement aux agriculteurs en collaboration avec les associations locales d'irrigation. Ce soutien permettra un crédit de formation aux agriculteurs afin d'assurer une compréhension suffisante du crédit agricole, mais aussi un soutien partiel et diminuant aux coopératives de crédit pour les frais administratifs associés en initiant des prêts les deux premières années (par exemple, les coûts de cartographie des parcelles pour estimer la taille de la parcelle de base pour la limite de crédit). Cet élément de l'intervention s'aligne sur une campagne nationale visant à améliorer l'accès des agriculteurs au crédit[13].
6. **Dragage et entretien des canaux d'irrigation primaire et des drains.** L'entretien des canaux principaux et des drains nécessite une machinerie lourde et est de la responsabilité de l'ODVA, une division du ministère de l'Agriculture qui fonctionne en Artibonite. Ces dernières années, cela semble avoir été fait uniquement quand une prise en charge externe supplémentaire réservée à cet effet est disponible (par exemple, des ONG comme Oxfam America). Nous supposons qu'une prise en charge externe partielle les premières années du programme sera nécessaire pour que l'ODVA drague et maintienne correctement les drains et les canaux primaires et donc nous incluons cette prise en charge partielle du coût de l'intervention. Nous supposons que, au fil du temps, l'Agence sera en mesure d'assumer ses responsabilités sans financement extérieur. Les associations d'irrigation sont responsables de la coordination des agriculteurs pour nettoyer tous les canaux secondaires et tertiaires ainsi que les drains.
7. **Incitations aux fournisseurs de services en motoculture.** En adoptant des pratiques améliorées, les agriculteurs doivent avoir accès à des services de préparation de terrain suffisants et en temps opportun. De nombreux agriculteurs utilisent ces services en embauchant un fournisseur de service en motoculture (tracteurs à deux roues), mais il y a actuellement trop peu de fournisseurs pour accueillir une culture étendue de riz SRI. Un soutien aux fournisseurs de ces services pourrait venir sous forme de bons donnés aux agriculteurs par le biais de la coopérative de crédit. Ces bons réduiraient les frais de préparation du terrain par hectare pour l'agriculteur et stimuleraient ainsi la demande pour ces services. Aussi, cette mesure incitative pourrait provenir sous forme de subventions directes sur les motoculteurs (ou, de manière équivalente, sous forme de réduction des droits de douanes d'importation sur cet équipement importé). Puisque le coût de ces mesures incitatives est à peu près compensé par les avantages aux fournisseurs de services, nous n'incluons pas les coûts incitatifs dans cette analyse.

Notre zone d'étude est une région de l'Artibonite avec une grande association de petits riziculteurs, l'Association Irrigants Liancourt-Artibonite (*AILA*) et un système d'irrigation établi qui rend réalisable l'alternance entre la submersion et le séchage requis par SRI. La zone a été sélectionnée tant pour la pertinence de son terrain pour le SRI que pour la relation que l'ONG d'application, Oxfam America, avait avec les groupes d'agriculteurs opérant dans la région.

L'échantillon comprend 748 agriculteurs qui cultivent la terre en quatre blocs d'irrigation situés au sein du système de gestion *AILA*. Les partenaires locaux ont sélectionné quatre blocs qu'ils jugeaient propices à la mise en œuvre du SRI pour faire partie du programme. Deux des blocs ont été choisis au hasard comme des blocs de traitement. Avant la mise en œuvre du projet sur les technologies agricoles, en février-mars 2014, tous les ménages de l'étude ont complété

13 Le Nouvelliste. « De nouvelles mesures de la BRH pour booster le crédit.» Port-au Prince, Haïti. 11 novembre 2016.

une enquête sur les ménages agricoles, qui a ensuite été répétée au cours des hivers 2015 et 2016, au milieu et à la fin du projet. Au cours de chaque saison des plantations, une petite enquête de mi- saison a été réalisée avec un sous-ensemble d'agriculteurs afin de recueillir des données plus proches de la réalité dans le temps, lorsque les données sur les exploitations agricoles sont plus faciles à se souvenir avec précision.

Au cours des saisons des plantations 2014 et 2015, les agriculteurs des deux blocs de traitement ont reçu une formation et un soutien au SRI. Ce traitement consistait en une formation en méthodologie du SRI ainsi qu'un soutien technique et un crédit agricole supplémentaire[14]. En outre, l'agence de gestion gouvernementale locale de l'eau, avec le soutien de l'ONG d'application, a fourni une assistance afin de nettoyer les canaux d'irrigation et les drains partagés. L'Agence a nettoyé le système primaire de grands canaux et de drains qui nécessite un nettoyage à la machine. L'association d'irrigation, également financée par l'ONG, a organisé une série de journées de travail pour conduire les agriculteurs à nettoyer ensemble les petits canaux qui peuvent être nettoyés avec des outils manuels.

Observations

- Tout au long de cette analyse, nous utilisons une intention à traiter (IAT) qui évalue l'impact du programme de traitement sur tous les agriculteurs qui ont reçu le traitement, indépendamment de savoir s'ils ont adopté le SRI. Nous avons observé que l'adoption de la technologie n'était pas simple : de nombreux agriculteurs ont adopté certaines parties de la technologie sans choisir le système complet. Une mesure IAT capte cet éventail de réponses pour le traitement, plutôt que de se focaliser uniquement sur les agriculteurs qui ont pleinement adopté l'intervention. Nous avons observé un rendement augmenté de 14 % pour les agriculteurs avec le traitement.
- Les agriculteurs dans notre groupe de traitement SRI ont encouru des coûts plus élevés que ceux du groupe témoin. Le SRI est connu pour avoir des exigences de travail plus élevées que les méthodes de culture traditionnelles, mais nous observons des facteurs de production de main d'œuvre plus élevés pour tous les agriculteurs avec le traitement, y compris ceux qui adoptent des méthodes traditionnelles ou améliorées. Nous avons observé que les agriculteurs avec le traitement engagent 18 % de plus que les agriculteurs témoins et contribuent à 22 % de main d'œuvre familial en plus. Les agriculteurs ont déclaré qu'en raison de travaux difficiles et demandant plus d'attention, requis pour le SRI, ils devaient aussi passer plus de temps à superviser les ouvriers : les agriculteurs avec le traitement passent près de 50 % de temps en plus à superviser les travailleurs que les agriculteurs témoins.
- Nous avons également observé une augmentation pour les agriculteurs avec le traitement pour certains coûts hors main d'œuvre, y compris la préparation du sol, les engrais, la récolte, la mouture et le transport des cultures. Les agriculteurs ont appris à cultiver leur terre trois fois, en se basant sur la conviction que labourer plus profondément permettrait de diminuer les mauvaises herbes. Par conséquent, les agriculteurs avec le traitement ont

14 Ce crédit supplémentaire a été calibré pour couvrir l'augmentation moyenne des coûts de main d'œuvre de désherbage attribuable au SRI en se basant sur les précédents essais et pilotes par nos partenaires de recherche. Il est également subordonné à l'adoption du SRI. Calibré et conditionné de cette façon, il a été conçu pour simplement compenser les coûts supplémentaires liés au SRI et permettre ainsi les agriculteurs aux liquidités insuffisantes à adopter le SRI.

dépensé deux fois plus que les agriculteurs témoins pour les coûts de préparation du terrain. L'augmentation des engrais, les agriculteurs avec le traitement ont dépensé 19 % de plus pour des engrais que les agriculteurs témoins, pourrait être le résultat de la volonté des agriculteurs d'investir davantage dans leurs champs s'ils se sentaient plus optimistes quant à leurs rendements. Typiquement le SRI devrait réduire les frais d'engrais comme la formule standard du SRI encourage l'utilisation du compost au lieu d'engrais chimiques, mais le compost n'était pas disponible dans la région de cette étude[15]. Enfin, la récolte, la mouture, et les frais de transport dépendent de la quantité récoltée, donc ces coûts augmentent avec l'augmentation du rendement. Les agriculteurs avec le traitement ont dépensé 21 % de plus que les agriculteurs témoins sur ces dépenses liées à la récolte.

Analyse des avantages et des coûts

Avantages

Les avantages directs de cette intervention proviennent des rendements en riz plus élevés. Nous supposons que les importants avantages qui suivent au niveau du ménage sous forme de revenus plus élevés, d'une sécurité alimentaire améliorée et de la réduction de la vulnérabilité dépendent tous des gains de productivité directs attribuables à l'intervention et, donc, mettent l'accent sur une augmentation des rendements du riz comme notre principal critère d'avantages.

Entre 2010 et 2014, le rendement de riz moyen en Haïti était de 2,5 tonnes par hectare et le rendement a augmenté légèrement, en moyenne de 2,4 % par an ces dix dernières années[16]. En Artibonite, les rendements sont les plus élevés dans le pays, en raison des conditions plus favorables de croissance et d'une irrigation particulièrement répandue. Une étude de la productivité du riz en Artibonite en 2007 a révélé que les rendements de riz sont en moyenne de plus de 4 tonnes par hectare[17]. Les données de référence de notre ECR sont compatibles avec ces rendements moyens supérieurs et indique des rendements moyens dans les blocs de contrôle de plus de 5 tonnes par hectare.

Enfin, pour évaluer cette augmentation globale de production de riz de l'Artibonite, nous devons supposer un prix du riz sur le marché local. Nous utilisons le prix médian de vente signalé par les agriculteurs dans notre échantillon et le taux de change actuel, ce qui donne un prix du riz sur le marché local de 236 $ par tonne métrique. Nous supposons que ce prix est constant au cours des sept années de l'intervention.

15 Les partisans du SRI affirment également que les dépenses au titre des semences et de l'eau devraient être réduites. Nous n'avons pas observé moins de dépenses pour les semences dans notre groupe de traitement donc nous n'incluons pas cela dans notre analyse. En Artibonite, les agriculteurs ne paient pas l'eau, donc des économies d'eau ne se traduisent pas par des économies financières pour les agriculteurs.

16 Données issus de FAOSTAT: www.fao.org/faostat. Consulté le 27 Février 2017.

17 IDB. 2009. « Programme d'intensification agricole de la Vallée de l'Artibonite: Une contribution à la relance agricole en Haïti » 1 mars. http://www.iadb.org/fr/infos/articles/2009-03-01/programme-dintensification-agricole-de-la-vallee-de-lartibonite,5520.html (Consulté le 2 Mars 2017).

Coûts

Les coûts liés à cette intervention apparaissent principalement sous la forme de coûts de production privés plus élevés sur l'exploitation agricole. Nous basons ces coûts sur les variations de coût de production mesurées dans notre ECR.

Un coût notable qui est exclu est le coût des semences : les promoteurs du SRI prétendent que, en raison de l'espacement des semis, le SRI devrait réduire les coûts de semence. Cependant, on n'a pas observé de coûts inférieurs pour les agriculteurs dans notre étude. Le coût des semences constitue moins de 9 % du total des coûts hors main d'œuvre, en moyenne. Donc même si nous avions observé une diminution des coûts des semences, il serait peu susceptible d'avoir un impact global important. De même, nous avons omis la réduction des coûts qu'entraînerait un changement des engrais chimiques pour le compost parce que, comme indiqué plus haut, mettre en œuvre un programme de compostage à l'échelle nécessaire est impossible dans un avenir prévisible.

Nous comptabilisons le coût externe de soutien aux divers éléments de l'intervention. Ces coûts externes sont particulièrement importants au cours des années d'intensification agressives. La majorité de ces coûts externes fournit un soutien à chaque bloc en Artibonite pour le soutien technique et à la formation du SRI-A, le soutien et la formation au crédit et le nettoyage du canal. Nous supposons que tous ces coûts d'intervention s'estompent avec le temps, l'adoption de pratiques améliorées se diffusant dans la vallée. Cette hypothèse implique que les banques engagées dans les prêts agricoles atteignent un équilibre durable des prêts sans soutien externe après la quatrième année de l'intervention, ce qui est concevable si nous restons optimistes. Cela implique également que l'ODVA soit en mesure de poursuivre le programme de nettoyage des canaux primaires et des drains, qu'il est attendu de faire dans le cadre de ses responsabilités en cours.

En plus de ces coûts externes au niveau du bloc de l'intervention, nous comptabilisons un soutien direct fourni aux associations d'irrigation qui sont les intermédiaires clés de mise en œuvre de cette intervention. Ce soutien s'estompe également au fil du temps, la nécessité d'une coordination directe et d'une formation diminuant après trois ou quatre années.

Les ratios avantage-coût (RAC) qui ressortent de cette analyse de l'intervention SRI-A définie ci-dessus et les coûts et les avantages tel que décrits sont rapportés dans le tableau 1.

Tableau 1 Les ratios avantage-coût avec différents taux d'actualisation.

Intervention	Taux d'actualisation	Avantage	Coût	RAC	Qualité des éléments de preuve
SRI-A afin d'améliorer la productivité du riz en Artibonite, Haïti	3 %	48 098 829 $	62 989 719 $	0,76	Solide : Conception de la recherche expérimentale avec validité interne solide. Limitée à une zone géographique réduite de l'Artibonite et avec un horizon d'étude limité dans le temps.
	5 %	43 735 864 $	57 731 660 $	0,76	
	12 %	32 018 835 $	43 428 896 $	0,74	

En prenant pour acquis nos projections de référence, nous trouvons que le RAC est bien inférieur à 1,0. Même avec ce point de référence relativement favorable, notre intervention SRI-A proposée ne réussit pas un simple test RAC. Ensuite, nous envisageons plusieurs scénarios alternatifs, et nous présentons quelques limites pour une discussion plus approfondie de ces résultats.

Nous avons évalué ensuite cinq scénarios favorables afin de déterminer si notre intervention SRI-A peut fournir un meilleure RAC en vertu d'autres séries d'hypothèses.

1. *Vente du riz au poids.* En Artibonite, le riz non broyée (riz paddy) est vendu au volume[18]. Mais le riz paddy produit par le SRI est plus dense que le riz paddy produit par d'autres méthodes[19]. Si les agriculteurs pouvaient vendre leur riz paddy au poids, ils recevraient donc une prime pour chaque sac correspondant à l'augmentation du poids. Nous supposons une prime pour le SRI de 30 % du prix. De plus, nous supposons que cette prime incite les agriculteurs à accroître la part des terres avec le SRI de 20 % et de diminuer la part du SRA de 10 %.
2. *Faibles coûts externes.* Nous supposons que tous les coûts externes sont réduits de 30 %. Ces économies de coûts peuvent être réalisées, par exemple, en ciblant la formation et le soutien aux agriculteurs plus susceptibles d'adopter et de bénéficier des meilleures pratiques.
3. *Désherbeuses mécaniques.* La main-d'œuvre supplémentaire requise pour arracher les mauvaises herbes est une préoccupation majeure pour le SRI. En conséquence, plusieurs désherbeuses mécaniques ont été développées pour rendre plus efficace le désherbage. Nous supposons qu'une désherbeuse mécanique manuelle réduit le travail de désherbage de 50 %. Ainsi, nous supposons que cela incite les agriculteurs à accroître la part des terres alloués au SRI de 40 % et à réduire la part du SRA de 10 %.
4. *Apprentissage amélioré.* Nous supposons que les gains en efficacité axés sur l'apprentissage sont de 10 %. Pour les agriculteurs, cela pourrait refléter une combinaison (i) d'agriculteurs apprenant à mettre en œuvre des pratiques améliorées plus précisément et efficacement et (ii) d'agriculteurs les mieux adaptés à mettre en œuvre le SRI-A convertissant rapidement leurs terres au SRI et au SRA, quand ils découvrent que leurs avantages sont meilleurs que la moyenne.
5. *Meilleur cas.* Notre meilleur scénario combine ces quatre scénarios.

Le scénario d'apprentissage amélioré fait progresser le plus le RAC, ce qui est raisonnable, étant donné que ces gains d'efficacité supposée s'accumulent au fil du temps et améliorent fondamentalement les avantages pour les agriculteurs. Mais c'est uniquement le scénario du « meilleur cas » qui réussit le simple test du RAC ; c'est à dire que le RAC dépasse un.

---

18 Les agriculteurs déclarent leur récolte et les quantités de ventes en volume. Dans notre analyse, nous avons converti le volume en poids en se basant sur la densité moyenne du riz produit en Artibonite. Pour simuler les ventes en masse du riz SRI de haute densité, nous supposons que le prix par volume de riz augmente en conséquence.

19 Nos partenaires agronomiques en Haïti ont testé les densités du riz cultivé par différentes techniques en essais agronomiques. Ils ont constaté que le SRI était, en moyenne, 25 % plus lourd en volume. D'autres ont trouvé le même modèle (Thakur, A.K., N. Uphoff and E. Antony. 2010. « AN ASSESSMENT OF PHYSIOLOGICAL EFFECTS OF SYSTEM OF RICE INTENSIFICATION (SRI) PRACTICES COMPARED WITH RECOMMENDED RICE CULTIVATION PRACTICES IN INDIA" *Experimental Agriculture* 46(1): pp.77-98). Le mécanisme derrière cet avantage n'est pas clair. Certains sélectionneurs pensent, par exemple, qu'il peut être dû à une récolte SRI tardive en raison de la maturation inégale du grain.

Avantages potentiels non-mesurés

Il y a plusieurs dimensions potentielles des avantages que nous ne sommes pas en mesure de saisir dans cette analyse. Par exemple, le SRI prétend souvent améliorer la résistance du riz à s'implanter en raison des tempêtes de fin de saison. Cela pourrait signifier que le SRI améliore la capacité d'adaptation de la production de riz en plus de modifier le rendement pour une année donnée. D'un autre côté, les agriculteurs rapportent que le SRI est plus vulnérable aux pénuries d'eau en début de saison (quand les semis sont particulièrement fragiles), donc la résistance globale du SRI aux fluctuations de la disponibilité de l'eau n'est pas claire. Évaluer les gains de résistance explicites sans tenir compte des plus grands risques de début de saison est au-delà de cette analyse.

Les partisans du SRI affirment également que le SRI a des avantages environnementaux substantiels. En plus de réduire la consommation d'eau, la réduction des engrais chimiques en faveur du compost réduit le ruissellement nocif et pourrait améliorer la santé des sols à long terme. Les pratiques d'irrigation intermittente pourraient même réduire les émissions de méthane par rapport aux inondations continues[20]. Comme pour les avantages possibles de la résistance accrue de la plante, une évaluation quantitative de ces avantages potentiels pour l'environnement est au-delà de l'échelle de cette analyse.

Un autre avantage potentiel que nous ignorons dans la présente analyse porte sur le plan alimentaire. Davantage de riz sur les marchés locaux pourrait générer des avantages pour la santé en réduisant la faim saisonnière et en améliorant la sécurité alimentaire. Le fait que le riz bon marché importé des États-Unis soit considérablement moins cher que le riz produit localement modère cet avantage de sécurité alimentaire. En raison de ces complexités, il n'est pas évident que produire plus de riz en Artibonite, qui est relativement bien relié aux marchés, conduira nécessairement à améliorer la sécurité alimentaire.

Conclusion

Le SRI a été largement promu comme une innovation dans les pratiques de production de riz qui peut considérablement améliorer les rendements et transformer la vie des riziculteurs pauvres. Notre évaluation d'une intervention SRI suggère que, dans l'ensemble, investir dans une telle intervention en Haïti ne semble pas apporter des avantages suffisants pour justifier des coûts de production plus élevés.

Comment concilier des faibles ratios avantage-coût avec le soutien passionné que reçoit le SRI de la part des principaux promoteurs, tant en Haïti que dans d'autres endroits ? Nous croyons que cette contradiction reflète le compromis économique fondamental que le SRI pose aux agriculteurs : des pratiques améliorées ont une logique économique pour un agriculteur seulement si le surcoût entraîné par les pratiques est plus que compensé par les gains de rendement. Dans ce cas, les coûts supplémentaires de main d'œuvre et de préparation du terrain sont considérables en moyenne, mais en particulier les coûts de main d'œuvre varient largement, certains agriculteurs exploitant une main d'œuvre familiale et d'autres engageant une main d'œuvre dans des proportions différentes. Étant donné que ces RAC reposent sur des moyennes, ils ne tiennent pas comptent des variations dans la main d'œuvre familiale à travers les ménages. Des avantages net-

20 Khosa, M. K., B.S. Sidhu, and D.K. Benbi. 2010. "Methane emission from rice fields in relation to management of irrigation water" Journal of Environmental Biology. 32, 169-172.

tement hétérogènes impliquent que les RAC faibles en moyenne ne contredisent pas nécessairement un soutien élogieux mais isolé du SRI chez les agriculteurs. L'analyse complète de l'ECR explore ces effets hétérogènes en détail[21]. Compte tenu de cette hétérogénéité, il est donc tout à fait possible que les RAC pour une intervention SRI qui vise spécifiquement les agriculteurs ayant accès à une main d'œuvre moins chère pourraient être supérieurs à 1,0. Une telle intervention serait plus proche de notre meilleur scénario où l'apprentissage amélioré est alimenté par un ciblage efficace vers ceux qui devraient en bénéficier le plus et par une adoption rapide (c'est à dire l'auto-sélection) par ces agriculteurs.

21 Voir Turiansky, A., T.J. Lybbert, R.Tescar, T. Bourdier, and M.R. Carter. "Who Benefits from the System of Rice Intensification (SRI)? Impact Evidence from a Randomized Control Trial in Haiti" Document de travail.

Le système de riziculture intensif (SRI) en Haïti : trajectoire, potentiel et perspectives d'avenir

JEAN-RUSNEL ETIENNE[1]

Avant-propos

La crise des prix des denrées alimentaires d'avril 2008 a suscité un regain d'investissements dans l'agriculture. Mais la véritable question est la suivante : quel type d'agriculture est encouragé ? En 2013, la Conférence des Nations unies sur le commerce et le développement (CNUCED) signalait que les actions restaient à ce jour fortement axées sur le renforcement de la production, en particulier avec le slogan « plus avec moins ». Cette « solution » tient compte des ressources à disposition de nos petits paysans. Cette publication rappelle la nécessité d'investir dans le Système de riziculture intensif pour une agriculture réellement durable et la souveraineté alimentaire. Le SRI est une approche agroécologique initialement axée sur l'augmentation des rendements rizicoles en repiquage manuel. Depuis le début des années 1990, les systèmes de riziculture intensifs sont promus car ils permettent, quand l'eau peut être maîtrisée, d'obtenir des rendements supérieurs à 0,7 tonnes/ha généralement obtenus à la valle de l'Artibonite. Le SRI consiste notamment à repiquer un nombre inférieur de plants, plus jeunes et plus espacés, cultivés dans des sols principalement en aérobie plutôt que dans des champs inondés en permanence. Le SRI apporte divers avantages sociaux, économiques et environnementaux. S'ils sont soutenus par des politiques et des investissements appropriés, ces avantages peuvent être encore renforcés pour permettre à nos petits paysans d'accéder à la souveraineté alimentaire.

Contexte et justification

Selon les chercheurs de l'Université de Cornell, le système de riziculture intensif (SRI) a permis de multiplier la production par quatre, atteignant des rendements moyens sur les exploitations concernées de 8 tonnes de riz par hectare. Le SRI est plus économe pour les fermiers, qui utilisent 10 fois moins de plants et 100 fois moins d'eau que les fermiers traditionnels. Le principe de base consiste à transplanter les plants de riz plus jeunes (moins de 15 jours contre 30 dans les techniques normales), à leur laisser plus d'espace et limiter au maximum les apports en eau. En alternant irrigation et périodes plus sèches, le SRI favorise l'apparition d'organismes aérobies (ne se développant qu'en présence d'air), qui favorisent à leur tour la croissance des plants. La présence nécessaire de ces micro-organismes empêche également toute utilisation de pesticides artificiels.

1 Agronome, spécialiste de l'agroécologie

En outre, à chaque saison de culture en SRI (système de riziculture intensif), l'écosystème du sol s'améliore, et par conséquent le potentiel de performance des prochaines cultures.

Le Système de Riziculture Intensif ou SRI a ainsi suscité un vif intérêt parmi ceux qui sont concernés par le développement rural durable en général, et par l'agriculture en particulier. Il a été démontré à partir des essais en station de recherche et des expériences des paysans malgaches, comme il l'a été aussi dans d'autres pays tropicaux (Uphoff et al. 2002), que le SRI accroît les rendements d'une manière considérable, voire spectaculaire, et cela avec peu ou pas d'achats d'intrants extérieurs. Compte tenu de ces résultats, il était naturellement permis de penser que le SRI pourrait être particulièrement bénéfique aux cultivateurs les plus pauvres. Cependant, malgré les avantages apparents du SRI, la méthode n'a pas encore été largement adoptée en Haïti. La place prépondérante qu'occupe le riz dans le revenu des ménages, l'alimentation, ainsi que l'utilisation de la terre dans le milieu rural haïtien, permet de supposer que l'accroissement du rendement du riz auprès des petits exploitants agricoles peut avoir des impacts importants à la fois sur la pauvreté et sur l'environnement haïtien.

Produire plus et en qualité pour assurer la souveraineté alimentaire et augmenter les revenus des ménages

Cette technique (le SRI) consiste à apporter au plant de riz toutes les conditions nécessaires pour optimiser sa croissance. Elle permet de limiter les besoins en semences en améliorant les rendements du fait de la multiplication de talles vigoureuses et productives. Ceci passe notamment par une transplantation soignée de jeunes plants (brin par brin au stade deux feuilles ou deux brins au stade trois feuilles) repiqués avec des écartements de plus de 20 cm, une fertilisation organique importante et une gestion de l'eau parfaitement maîtrisée afin d'éviter l'asphyxie des plants tout en stimulant leur développement racinaire. L'entrée et l'évacuation régulière de l'eau suivie de sarclages manuels, favorisent l'oxygénation des sols et la disponibilité d'éléments minéraux pour le riz. En SRI (système de riziculture intensif), les plants prélevés dans les pépinières ont moins de huit jours alors qu'il est possible de repiquer des plants de quinze jours en SRA (système de riziculture améliorée) bien qu'ils aient déjà commencé à grandir. Pendant deux semaines après le repiquage, le sol est gardé humide, la mise en eau et l'assèchement des rizières sont alternées en SRI.

Le SRI peut relever le défi de fournir aux petits paysans des techniques nécessitant peu d'intrants et de main d'œuvre, mais qui accroissent le rendement et protègent les sols. Outre de meilleures techniques agricoles, les riziculteurs ont également besoin d'intrants de qualité pour la production de riz.

Les principaux points forts des techniques de SRI sont les suivants :

- La sécurisation et l'augmentation de la production rizicole. Dans la vallée de l'Artibonite et à Mirebalais (USAID, 2010) les appuis du projet USAID/WINNER ont permis aux paysans d'augmenter leur rendement de 0,7 tonnes à 2 tonnes/ha en moyenne.
- L'augmentation des productions de riz en saison des pluies et en contre-saison.
- L'économie de semences pour des productions équivalentes ou plus élevées.
- La possibilité de réduction des temps de repiquage car le nombre de plants à transplanter est plus faible du fait des écartements plus lâches, bien que les jeunes plants doivent être manipulés avec plus de précautions.

- Une meilleure valorisation de l'eau disponible.

Grâce au SRI, les producteurs de riz ont vu leur rendement nettement s'augmenter ces deux dernières années. L'accroissement du rendement agricole enregistré ces deux dernières années par des producteurs soutenus par le USAID dans le Nord, trouve sa justification dans l'introduction de nouvelles techniques culturales et d'intrants de qualité, un encadrement plus systématique des paysans, la formation des paysans, etc. L'expérience a montré que le SRI produit des rendements supérieurs et plus stables que le système traditionnel de travail, et ce dès la première saison de culture.

Le potentiel des techniques de SRI (système de riziculture intensif) en Haïti

Lorsque les rizières peuvent être aménagées afin de faciliter une bonne gestion de l'eau, le SRI est une technique productive et sécurisée qui demandent des semences et du fumier ou compost, et pas ou peu d'engrais minéraux, d'herbicides et de pesticides. Les possibilités d'augmentation des rendements ou de réduction des coûts de production sont variables en fonction des contextes socio-économiques et des habitudes de culture du riz et de la disponibilité de nos paysans en fumure organique. Cependant, sur la base des pratiques observées, des éléments techniques du SRI peuvent souvent se montrer très pertinents. En témoignent ainsi les divers résultats déjà existants à la valle de l'Artibonite et dans le plateau central avec le projet USAID/WINNER.

Renforcer la compétitivité de la chaîne de valeur riz

Une intervention sur la chaîne de valeur du riz profitable aux petits paysans consiste en des approches les intégrant dans cette chaîne avec comme objectif d'augmenter leurs revenus, d'abord par l'amélioration des prix au producteur (politique de prix) et la prise en compte de manière coordonnée des contraintes. En Haïti, où la principale céréale consommée est le riz, aussi bien en milieu urbain qu'en milieu rural, elle est importante non seulement pour renforcer la compétitivité des exportations, mais aussi pour développer des systèmes agricoles durables (en particulier le SRI), lutter contre la pauvreté et promouvoir l'inclusion financière, en particulier des personnes pauvres en milieu rural. Pour renforcer la compétitivité de la chaîne de valeur du riz local, les structures d'appui au développement recommande une formalisation des relations entre acteurs de la chaîne de valeur. L'approche chaîne de valeur devrait miser sur l'interrelation des acteurs de la filière, c'est-à-dire des relations qui reposent sur la concertation, l'échange d'informations, bref, sur des relations de confiance qui peuvent déboucher sur des engagements. Ces dernières peuvent être orales c'est-à-dire basées sur un arrangement informel où formalisés à travers un document écrit (contrats).

Miser sur la qualité du riz pour être plus compétitif

Les critères de qualité prennent une importance grandissante auprès de nos consommateurs. Les acteurs de la chaîne de valeur du riz qui voudraient tirer leur épingle du jeu commercial, doivent dès lors, s'assurer que le riz qu'ils mettent sur le marché est de bonne qualité et respecte les standards mis en place par la communauté internationale. L'adhésion des petits paysans à la chaîne de valeur doit être fortement subordonnée à leur capacité à respecter les standards internationaux et les normes de qualité des produits. Ces normes exigent un respect strict de certaines règles sanitaires et de sécurité dans les processus de production. L'interventionnisme des pouvoirs publics à travers des politiques adaptées et une régulation du marché pourraient aider à assurer la responsabilité sociale permettant une distribution équitable de la valeur ajoutée dégagée dans la chaîne de valeur du riz.

La filière rizicole locale a des difficultés à répondre à cette demande, même si les populations urbaines gardent un ancrage fort avec les territoires ruraux et restent attachées aux produits traditionnels. Le marché reste ainsi insuffisamment pourvu à cause d'une productivité faible, de l'irrégularité de l'offre en quantité et en qualité, d'un manque d'infrastructures et de services adéquats pour le regroupement, le transport, la transformation et la commercialisation.

Développer les aides publiques adéquates pour promouvoir les pratiques SRI agro-écologiques

Les politiques commerciales du gouvernement concernant les importations ou les exportations du riz jouent un rôle clé pour obtenir une adéquation globale de l'offre et de la demande du riz sur notre marché, parvenir à des prix qui prennent en compte les intérêts de chacun et limiter l'incidence de la volatilité des prix mondiaux. L'efficacité de ces politiques dépend également de la capacité même de la filière à se structurer. Le commerce pour le riz est en effet massivement faussé par les politiques agricoles des pays développés (USA, UE, RD), tant en termes de mesures aux frontières (tarifs, quotas, barrières non-tarifaires), qu'en terme de soutien aux exportations et soutien interne. Des mesures d'appui aux filières et des politiques de protection et de régulation des marchés doivent donc être formulées et mises en œuvre de façon cohérente.

Pour cela, le gouvernement doit :

- Établir un cadre national pour la mise en place de la production SRI agroécologique ; investir dans la recherche agroécologique, sa diffusion et son enseignement.
- Encourager la collaboration entre les agriculteurs, les populations locales, les vulgarisateurs, les professeurs et las chercheurs pour l'identification des problèmes, l'expérimentation et l'innovation.
- Soutenir les pratiques SRI agro-écologiques dans leurs programmes de marchés publics sur les denrées alimentaires (par exemple pour les écoles, les hôpitaux, etc.) ;
- Avec les organisations de petites productrices et petits producteurs, explorer la viabilité et les avantages que pourrait avoir la promotion d'une certification ou d'autres outils pour soutenir la vente des produits SRI agro-écologiques ; envisager la mise en place d'aides plus directes (comme des paiements pour les services écosystémiques) et de mesures pour améliorer l'accès au financement afin d'accompagner les petits exploitants dans leur transition vers des systèmes agro-écologiques ; réfléchir à des moyens pour s'assurer que le secteur privé puisse participer aux efforts pour déployer le SRI agroécologique à grande échelle (par le biais de mesures incitatives et de réglementations/mesures dissuasives) ;
- Créer ou renforcer les systèmes de réglementation et de conformité sur les pesticides dangereux susceptibles de dégrader les systèmes et de retarder la réhabilitation écologique des terres soumises à une exploitation intensive.

Le défi sera de tout faire désormais pour que les chercheurs spécialisés en génétique, sciences du sol, défense et protection des cultures, soient aussi capables d'avoir une vision globale et prospective sur les conditions dans lesquelles les divers types d'exploitants agricoles sont exposés à la concurrence sur les marchés internationaux et sur les conséquences de celles-ci en matière de revenus et de devenir des SRI en Haïti.

La politique tarifaire d'Haïti sur le riz peut-elle stimuler la production rizicole ?

Dès le début des années 80 on va assister à un changement de contexte. D'abord, on assiste du point de vue des idées à un changement de paradigme avec la remise en cause du consensus keynésien qui a dominé la réflexion économique et les débats sur le développement depuis la fin de la seconde guerre mondiale. Un nouveau contexte intellectuel se met en place, il fait du marché la principale institution de régulation des économies. Ce consensus remet en cause l'interventionnisme étatique dans la mesure où il crée des distorsions qui sont à l'origine de tous les déséquilibres que connaissent les économies. Le rétablissement des équilibres exige le désengagement de l'État des activités économiques et accorde au marché un rôle plus important dans la régulation des activités économiques. Particulièrement dans le secteur agricole, les nouvelles politiques adoptées dans les années 80 se caractérisent par une remise en cause profonde de l'interventionnisme et un pari sur la capacité des acteurs privés à se prendre en charge et à assurer une reprise de la production agricole. Or, quelques années après, on se rend compte que ces nouveaux choix en matière de développement agricole n'ont pas eu les effets escomptés.

Haïti doit avoir des politiques agricoles pour réguler l'offre et donc les revenus agricoles et le pouvoir d'achat des consommateurs.

D'abord à l'importation en modulant les droits d'entrée en fonction de notre besoin. Cela, en utilisant des outils plus efficaces que des droits de douane fixes, pas assez protecteurs lorsque le prix mondial est très bas et que le taux de change fluctue, mais en utilisant soit des prélèvements variables qui garantissent un prix d'entrée fixe en gourdes, soit des quotas d'importation. C'est cette absence de maîtrise de l'offre, accentuée par le démantèlement des mesures qui existaient – baisse des protections à l'importation et « découplage » des subventions – qui a eu pour effet que, contrairement aux prévisions des modèles économétriques ayant prédit que la libéralisation des échanges agricoles de l'Uruguay Round accroîtrait les prix mondiaux, on a assisté à un effondrement de ces prix.

Une augmentation des droits de douane sur le riz entraînerait probablement une hausse des prix sur le marché intérieur, en particulier pour le riz principalement importé. Des études réalisées dans d'autres pays en développement dans des situations similaires ont démontré que certaines catégories de producteurs répondraient de manière particulièrement positive à une hausse des prix du riz, en particulier sur le moyen terme. Ainsi, une politique visant à augmenter les tarifs rizicoles en Haïti se traduirait probablement par un accroissement de la production du riz.

L'ensemble de ces raisons explique l'importance que devrait accorder le pays au dossier agricole dans le cadre des négociations commerciales internationales. L'amélioration des conditions actuelles des marchés internationaux des produits agricoles et une plus grande prise en compte de leurs préoccupations pourraient contribuer à une meilleure accélération de la croissance économique. À ce titre, les questions de l'accès au marché sont d'importance primordiale de par leur impact sur la compétitivité tant sur les marchés intérieurs qu'extérieurs de notre agriculture.

Quelles leçons en termes de politique commerciale ?

L'analyse des différents scénarios tend à montrer que nos gouvernements pourraient être amenés à choisir entre privilégier les revenus des recettes tarifaires d'une part - ce qui reviendrait à protéger les producteurs du riz locaux face à une monté des importations du riz -et d'autre part, favoriser le surplus du consommateur. En effet, les projections montrent qu'une libéralisation importante est favorable au surplus du consommateur mais défavorable en termes de recettes tarifaires. Une libéralisation importante et rapide pourrait aussi porter préjudice à nos petits paysans locaux moins compétitifs que la concurrence internationale. Une libéralisation limitée et un traitement spécial et différencié, on l'a déjà noté, semblent entraîner une diminution plus limitée des revenus tarifaires et une augmentation des importations moins rapide.

Protéger les semences rizicoles paysannes

Aujourd'hui, la mise au point, la production et la diffusion des variétés de semences sont aux mains de firmes privées. Tout passe désormais par l'industrie semencière qui impose ses critères d'homogénéité et de standardisation. Cette approche a provoqué la disparition de multiples variétés. L'idée est, dès lors, de revenir à un mode de production plus adapté aux nouveaux défis en matière de résilience (changement climatique) de biodiversité (goût, etc.) et d'autonomie locale. Dans notre société, on observe un regain d'intérêt pour les variétés anciennes de riz (madame gougousse), recherchées par un nombre croissant de consommateurs. C'est à la fois la diversité de couleurs et de formes qui attire, mais plus encore une saveur retrouvée. Dans les foires de la biodiversité cultivée, il n'est pas rare de remarquer, aux stands de dégustation des produits de variétés anciennes, des personnes gagnées par l'émotion de retrouver le parfum subtil des aliments savoureux de leur tendre jeunesse.

Références bibliographiques

ALLAIS M., 1993, La politique de libre échange, le GATT, et la communauté européenne, Allocution au premier sommet alimentaire européen, document ronéoté, Bruxelles, 32 p.

Oxfam. 2016. Learning from System of Rice Intensification (SRI) in Haiti. SRI-Rice website. December 8. [Document prepared for Oxfam SRI Conference in Haiti, Dec. 2016.

Oxfam. 2016. Apprendre du Système de Riziculture Intensive (SRI) en Haïti. SRI-Rice website. December 8. [French language document prepared for Oxfam SRI Conference in Haiti, Dec. 2016.]

Sénélus, Therno N. A. 2016. Le SRI pour augmenter la production rizicole dans l'Artibonite. Le National, August 7. [Feed the Future's project Chanje Lavi Plantè is working with SRI in Artibonite.]

2013. Haiti - agriculture: System of Rice Intensification in the north, Haiti Libre. June 15

Anderson K, B. Hoekman, and A.Strutt. 1999. "Agriculture and the WTO: Next steps".CIES Discussion Paper 99/14, University of Adelaide, Australia

TREBUIL (G.), 1993 - Agriculture pionnière, révolution verte, et dégradation de L'environnement en Thaïlande. Tiers Monde, 34 (134) : 365-383

GOUROU (P.), 1984 - Riz et civilisation. Paris, Fayard, 299 p.

BARRÈS J.-F., BILLAZ R., DUFUMIER M., GENTIL D., 1980, Méthodes d'évaluation des projets, Paris, AMIRA/INSEE-coopération.

BILLAZ R., DUFUMIER M., 1980, Recherche et développement agricole, Paris, PUF, coll. techniques vivantes.

BLOKLAND A., 1990, « La gestion des terroirs au Mali. Analyse des contraintes et des acquis dans les projets d'assistance technique néerlandais », Les cahiers de la Recherche Développement, n° 26, Montpellier.

CHAUVEAU P., 1995, « Les agricultures africaines : évaluer la performance ou privilégier les processus ? », Marchés méditerranéens et tropicaux, n° 3194 (hors-série), pp. 205-212.

COCHET H., DEVIENNE S., 2006, « Fonctionnement et performances économiques des systèmes de production agricole : une démarche à l'échelle régionale », Cahiers Agricultures, vol. 15, n° 6, Montrouge.

DUFUMIER M., 1986, Les politiques agraires, Paris, PUF, coll. Que sais-je ?

DUFUMIER M., 1996, Les projets de développement agricole. Manuel d'expertise, Paris, Karthala.

DUFUMIER M., 2002, Un agronome dans son siècle. Actualité de René DUMONT, Paris, Karthala/INAPG.

DUFUMIER M., 2004, Agricultures et paysanneries des Tiers mondes, Paris, Karthala.

Analyse de la filière rizicole en Haïti à la lumière des discutions autour des politiques de libéralisation

CAMILLE CHALMERS[1]

Cet article tente d'attirer l'attention des lecteurs sur une période particulière de la vie de la République d'Haïti : l'application des politiques de libéralisation dans le cadre d'un paquet global de réformes économiques regroupées autour de l'appellation des politiques d'ajustement structurel. Toutefois, nous espérons expliquer cette période avec un exemple singulier et d'actualité. La production et la consommation du riz nous donne cette singulière opportunité d'illustrer et d'argumenter notre propos. L'hypothèse soutenue dans ce travail est formulée ainsi : la manière dont les autorités haïtiennes ont appliqué les politiques de libéralisation constitue un obstacle pour la mise en place des politiques publiques en faveur de la filière rizicole du pays. Nous proposons ici une réflexion sur les choix de politiques macro et sectorielles qui ont largement contribué à mettre notre société dans une profonde crise socioéconomique.

L'objectif principal de cet article est d'analyser les conséquences des politiques de libéralisation sur la filière rizicole en Haïti. Les objectifs spécifiques sont : 1) Présenter les particularités de l'application des politiques de libéralisation commerciale en Haïti ; 2) Analyser le comportement et les grandes tendances de la production et de la consommation rizicole dans le pays ; et 3) Élaborer des pistes de politiques publiques en faveur de la production nationale agricole, spécialement la production du riz.

Un regard sur la genèse du problème

Au début des années 80, en plein régime dictatorial, Haïti emboite le pas de l'implémentation des politiques d'ajustement structurel dictées par la Banque mondiale (BM) et le Fonds Monétaire International (FMI). Les premières mesures consistaient en la destruction des forces productives rurales afin de créer les conditions pour une main d'œuvre bon marché dans les grandes villes du pays, principalement la région métropolitaine de Port-au-Prince. Le mot d'ordre fut l'abandon du milieu rural car l'agriculture ne fait pas partie du futur des pays en développement comme Haïti. Les promesses d'investissement massif dans le secteur de la sous-traitance et d'affluence des capitaux étrangers, qui auront des impacts positifs sur le développement et le bien-être économique de la population, incitent les gouvernements successifs de cette décennie à appliquer à la lettre les recettes des institutions financières internationales et ceci sans prendre en compte le contexte socioéconomique du pays. La protection des industries naissantes et la consolidation

1 Directeur exécutif de la Plateforme haïtienne de Plaidoyer pour un Développement Alternatif (PAPDA) et membre du conseil consultatif du projet, *Haiti priorise*

des secteurs d'activités pourvoyeurs d'emplois n'étaient pas à l'ordre du jour. L'État ne cherche plus à améliorer la productivité et la compétitivité des industries nationales. La logique du développement extravertie a pris le dessus. Donc, l'organisation socioéconomique traditionnelle des paysans, artisans et de la classe populaire de manière générale est reléguée au second plan ou tout simplement effacée des plans de développement du pays.

Les politiques de libéralisation économique amorcées au cours de la seconde moitié des années 80 ont scellé l'avenir du pays et de ses futures politiques de développement. L'ouverture du pays à la concurrence externe fait de l'économie haïtienne la plus ouverte du continent américain, avec des tarifs douaniers variant de 0 à 50 %, sans aucune considération pour l'industrie locale. Le processus de libéralisation a conduit à l'élimination progressive et complète des droits de douane à l'exportation pour la grande majorité des lignes tarifaires. Ces politiques accélèrent la détérioration de la balance commerciale du pays (MARNDR, 2004 ; BRH, 2014).

La libéralisation frappe de plein fouet l'agriculture. Les acteurs de ce secteur économique entrent brutalement dans une concurrence déloyale avec de agriculteurs étrangers, principalement des États-Unis, qui ont à leur disposition les dernières technologies et tous les appuis financiers nécessaires y compris de généreuses subventions étatiques. Les paysans haïtiens qui pratiquent une agriculture de subsistance n'ont aucune chance de gagner sur le marché de la concurrence face aux grands producteurs de l'agriculture de marché ou agroindustriels évoluant dans le domaine de la monoculture[2].

La production rizicole locale explique parfaitement cette situation. Le pays passe de 100 % de production du riz pour la consommation locale dans les années 70 à plus de 80 % de dépendance face aux importations de cette denrée actuellement. C'est un fait que le pays a connu une véritable expansion démographique passant de 5 millions en 1980 à plus de 10 millions en 2016 et une baisse de la population rurale de 75 % en 1980 à 52 % en 2013. L'explosion démographique est accompagnée naturellement d'une croissance de la demande de consommation du riz, donc l'importation de ce produit est un moyen de palier au déficit de production locale. Cependant, le changement brutal dans le rapport production nationale et importation est saisissant. De plus, depuis 1980, l'offre du riz sur le marché local n'est pas résultante d'une baisse de la demande car les quantités produites par les agriculteurs haïtiens sont écoulées (MARNDR, 2015).

La consommation de riz ne cesse d'augmenter. La production stagne comme nous allons le démontrer dans la partie analytique de la filière. Cette situation est le résultat des politiques de libéralisation. L'argumentaire principal des adeptes des politiques de libéralisation affirme que ces politiques offrent davantage de liberté de choisir aux consommateurs car en situation de concurrence les producteurs vont offrir leurs produits à un prix plus abordable et de qualité, qui, par ricochet, stimulera la croissance économique et une meilleure répartition des richesses. Pour faire le point sur cette assertion, nous allons mettre l'emphase sur les points de vue en faveur et les critiques des politiques de libéralisation.

Politiques de libéralisation et son implémentation dans le contexte haïtien

Les politiques de libéralisation renvoient à un ensemble d'accords qui garantissent la libéralisation des échanges commerciaux, la privatisation des entreprises publiques et la dérèglementation de l'économie. L'Organisation Mondiale du Commerce est l'institution créée en 1994 pour sur-

2 Les écologistes démontrent que l'agriculture paysanne est supérieure à l'agro-industrie monoculturale parce que la première produit des biens écologiques et la deuxième détruit l'écosystème.

veiller l'application des accords de libéralisation à travers le monde. Pour appréhender les fondements des politiques de libéralisation et ses conséquences sur l'économie haïtienne, dans cette section, nous allons mettre l'accent sur les arguments en faveur de la libéralisation ; les critiques de la libéralisation et le processus de libéralisation de l'économie haïtienne.

Principaux arguments en faveur de la libéralisation

La libéralisation économique est alimentée par la théorie ricardienne des avantages comparatifs des pays. Selon les conclusions de cette théorie, les pays doivent se spécialiser dans la production des biens et services pour lesquels ils peuvent gagner en productivité par rapport aux autres nations. Les échanges internationaux peuvent donc déboucher sur l'optimum économique en situation de concurrence parfaite. Les politiques de libéralisation se basent sur la libéralisation commerciale, la privatisation et la dérèglementation de l'économie.

La libéralisation commerciale consiste à faciliter la rentrée d'un ensemble d'acteurs sur un marché commun ou un groupe de marché par le biais d'accords bilatéraux, régionaux ou internationaux qui favorisent la concurrence, davantage d'innovations pour pouvoir rester compétitif et l'amélioration dans la qualité des produits offerts et la réduction des prix. La suppression, la réduction ou l'uniformisation des droits de douane à l'importation et à l'exportation permettra la croissance à long terme.

La privatisation se réfère au transfert, partiel ou total, de propriété d'une entreprise du secteur public au secteur privé. Les partisans de la privatisation avancent des arguments tels que l'État est mauvais gestionnaire ; les entreprises privatisées sont plus efficientes qu'avant ; la privatisation est une tendance mondiale de par ses résultats concluants ; les entreprises sont plus rentables aux mains du secteur privé car la logique sous-entendue est la maximisation du profit ; etc.

La dérèglementation se base sur le principe libéral de non-intervention de l'État dans l'économie. L'imposition des règles aux agents économiques fragilise les initiatives privées, nuit à la liberté d'entreprise et empêche le bon fonctionnement du marché. Selon les libéraux, le marché a la capacité de s'autoréguler sans une intervention extérieure. Le marché dérèglementé permet la libre circulation des capitaux nécessaires pour atteindre le plein emploi et la croissance économique.

Des points de vue critiques contre la libéralisation

L'optimisme des politiques de libéralisation n'est pas justifié par des résultats sur le plan socioéconomique. Les pays en développement qui ont appliqué les politiques de libéralisation n'enregistrent pas de changements positifs profonds dans les conditions socioéconomiques de leurs populations, sinon une dépendance fragile au marché global qui les affecte à moindre choc. Les avantages comparatifs de Ricardo n'expliquent pas le processus de développement ni le fonctionnement de l'économie car il s'avérait non nécessaire pour un pays comme Haïti d'investir dans le secteur agricole parce que d'autres États peuvent produire davantage par hectare de terre cultivée. Cette situation est générée par l'inégale dotation technologique et scientifique des nations actuellement. Les accords qui découlent de la libéralisation doivent donc tenir compte des spécificités des pays en termes de production et de niveau d'industrialisation.

La libéralisation commerciale n'implique pas une situation de concurrence pure et parfaite qui favoriserait les consommateurs, sans des effets dévastateurs sur l'économie. Les grandes entreprises étrangères qui bénéficient des avantages fiscaux de leur gouvernement ou qui obtiennent du financement de l'État ou du secteur privé à des taux d'intérêt préférentiels peuvent éliminer les autres acteurs sur le marché et du même coup déboucher sur une situation de monopole préjudiciable aux consommateurs.

Le secteur privé ne garantit pas la bonne gestion d'une entreprise ou une gestion plus efficiente que le secteur public. La privatisation est le transfert des avoirs d'une logique qui garantit le bien commun, donc l'État, à une logique qui vise la maximisation des profits. La logique de maximisation des profits est généralement préjudiciable aux consommateurs.

Les crises bancaires qu'a connues le système au cours de ces dernières décennies sont les résultats des décisions des détenteurs de capitaux privés qui agissent comme bon leur semble. La déréglementation de l'économie ne fonctionne nulle part et n'apporte pas de progrès aux pays. Les dragons asiatiques ont consolidé leur croissance et leur développement sur une forte intervention de l'État dans l'organisation de leur économie. Sur la base de ces dernières expériences, nous pouvons affirmer que le processus de développement est un projet à long terme qui exige le renforcement de l'économie à travers des investissements massifs dans des domaines économiques et sociaux comme les infrastructures pour accroitre la productivité et compétitivité de l'économie ; l'éducation pour avoir une masse critique de recherche, une classe d'entrepreneurs innovants, des travailleurs qualifiés, etc. ; du financement nécessaire à la production ; les appuis nécessaires aux investissement dans les secteurs stratégiques et les services sociaux de base ; etc. Le développement d'un pays ne peut donc pas se faire dans la logique des politiques de libéralisation.

Le processus de libéralisation de l'économie haïtienne

L'imposition des politiques de libéralisation est marquée par un changement brusque à court et moyen terme dans l'économie du pays. Ces politiques ont des conséquences dévastatrices sur l'ensemble de la société, c'est-à-dire le bien-être de la majorité de la population haïtienne. Actuellement, la pauvreté absolue frappe 78 % de la population. Les personnes vivant dans la pauvreté extrême sont au nombre de 56 % de la population totale du pays (UNICEF, 2015). Le niveau de développement actuel d'Haïti ne peut pas être expliqué en dehors des politiques de libéralisation que les autorités du pays ont appliquées les 30 dernières années.

De 1983 à 1995, les institutions financières internationales ont imposé au pays des mesures de « redressement » qui visent la fermeture des entreprises publiques jugées non rentables financièrement ; la stabilisation et l'assainissement des dépenses de l'État ; l'application d'un taux de change flexible et d'une politique monétaire restrictive ; et le démantèlement du système tarifaire douanier. La fermeture des entreprises publiques telles que l'usine Enaol et l'usine sucrière de Darbonne infligent de graves pertes à l'agriculture livrant ainsi une bonne partie de la main d'œuvre agricole au chômage. Les mesures de stabilisation et d'assainissement frappaient les entreprises qui évoluaient dans le domaine de la construction et de l'entretien des ouvrages publics, le crédit agricole, et d'une manière générale, elles ont porté sur les dépenses de l'administration publique.

L'adoption d'un régime de change flottant et la libéralisation du taux d'intérêt ont converti la Banque Centrale haïtienne en un agent de contrôle de l'inflation et de stabilisation du taux d'échange au détriment des politiques de relance et de croissance économique. Les tarifs douaniers sur les produits agricoles ont connu une baisse de 200 % à moins de 50 %, avant de passer à un démantèlement total à six taux 0 %, 3 %, 5 %, 10 %, 15 % et un taux spécial de 57,85 % sur les produits pétroliers. En 2009, face à la crise de recettes fiscales, le gouvernement a procédé à une légère hausse des droits de douane, passant de 0 % à 3 %. Cependant cette mesure ne concernait pas l'importation du riz qui rentre sur le marché haïtien avec un tarif douanier de 3 %.

L'économie haïtienne n'est pas compétitive par rapport aux marchés étrangers. Les produits manufacturiers qui représentent 92 % des exportations haïtiennes accusent un déficit commercial de l'ordre de 864 935 139 dollars américains, soit un déficit commercial de 95 % par rapport aux importations de produits manufacturiers. La fermeture des entreprises publiques a eu un effet de domino sur l'économie du pays car elles représentaient un puissant levier qui permettait à l'État d'intervenir dans l'économie. Les mesures de politique de libéralisation ont donc favorisé l'affaiblissement de la capacité de l'État à stimuler la relance économique en intervenant au niveau du secteur réel.

En 2015, les importations ont atteint les 3,4 milliards de dollars contre moins de 990 millions de dollars d'exportation. Dans une étude réalisée sur la période 1990-2008 par la Plateforme Haïtienne pour un Développement Alternatif (PAPDA), on a pu démontrer qu'il y a une constante augmentation des importations qui détériore la balance commerciale du pays ; les importations des aliments dépassent les exportations totales du pays ; une augmentation disproportionnée des marges des commerçants sur les produits agricoles importés avec une tendance à la hausse. Ces mesures provoquent aussi un appauvrissement des planteurs haïtiens qui se voient dans l'obligation de concurrencer les agriculteurs étatsuniens. La fermeture de banques de crédit agricole et la libéralisation financière ont laissé les personnes à faibles ressources, principalement les paysans et travailleurs informels urbains, à la merci des banques privées et des institutions de microfinancement, les politiques de libéralisation représentent donc un élément fondamental dans la réduction à l'accès au crédit de cette catégorie de la population (PAPDA, 2011 : 11).

La production et la consommation du riz en Haïti versus politiques de libéralisation

La production du riz se réfère aux accès et mécanismes existant pour appuyer les agriculteurs de la semence à la vente des récoltes. Dans ce travail, nous considérons aussi en tant que production la quantité totale du riz écoulé sur le marché par les planteurs haïtiens au cours d'une année. La consommation renvoie à la quantité totale du riz acheté par les ménages durant une année.

Autour de 54 000 hectares sont utilisés pour la production du riz en Haïti avec une forte concentration dans le département de l'Artibonite avec 280 00 has, en net recul par rapport aux 35 000 has emblavées en 1997 selon une étude de l'IRAM/Agricorp.

Depuis 1986 à nos jours la consommation du riz en Haïti est quintuplée tandis que la production stagne comme on peut le constater dans la graphique 2. L'augmentation de la consommation coïncide justement avec le début de la libéralisation économique. On peut affirmer que la réduction des droits de douane sur l'importation des produits agricoles (200 % à 50 % de tarif douanier en 1986) est la principale cause de l'augmentation de l'importation sur le riz à cette époque, passant de 7 000 tonnes métriques en 1985 à 25 000 tonnes métriques en 1986. En 1994, les importations ont excédé 140 000 tonnes métriques. L'année suivante, les autorités ont baissé les tarifs douaniers à 3 %. Les importations sont passées à 207 000 tonnes métriques au cours de la même année. Bien qu'il existe un marché sûr pour écouler la production du riz, la production locale stagne de 1985 à nos jours.

Région	Localités	Superficie (ha)
Artibonite	Toute la Vallée de l'Artibonite	2 8000
Zone du bassin versant Sud de la mer des Caraïbes	Torbeck, Plaine des Cayes, Saint-Louis du Sud	2 500
Nord	Saint-Raphaël, Grison-Garde, Limbé, Plaine du Nord	4 000
Versant Sud de la Gonâve	Petit-Goâve, O'Rouck, Petite Rivière de Nippes, Petit-Trou	3 500
Nord-ouest	Saint Louis du Nord, Anse-à-Foleur, etc.	1 000
Autres zones	Centre, Artibonite, Nord-est, Grand'Anse, etc.	14 797
Total		53 797

Graphique 2. Production et consommation du riz en Haïti de 1971 à 2015

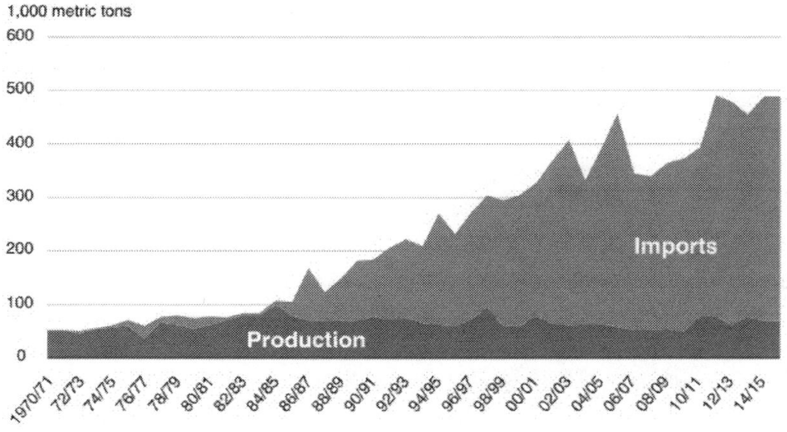

Note: Figures are on a marketing year basis. Since 2007/08, Haiti's marketing year has been July-June. Prior to 2007, it was January-December.
Source: USDA Economic Research Service using data from USDA's Foreign Agricultural Service.

L'État haïtien ne fait pas de l'agriculture une priorité. Les autorités ne dégagent pas assez de ressources pour investir dans l'augmentation de la capacité productive des agriculteurs haïtiens. Le budget du secteur agricole oscille entre 4 % à 7 % depuis les années 90 au grand dam de ses apports considérables au Produit Intérieur Brut du pays (23,5 % actuellement). Au cours de l'année fiscale 2016-2017, les autorités ont prévu d'octroyer 5,7% du budget[3] au ministère de l'Agriculture. Le manque d'investissement dans le secteur agricole est en concordance avec les politiques de libéralisation appliquées depuis les années 80 dans le pays. La filière rizicole en subit les conséquences. Selon les sources officielles, entre 80 % à 90 % de la consommation locale dépend des importations (USDA, 2016).

3 Cette année, près de 62 % du budget est destiné aux dépenses de fonctionnement contre 38 % qui va être utilisé dans des dépenses de fonctionnement.

De très nombreux acteurs interviennent dans la filière rizicole avec souvent des intérêts divergents. Citons rapidement : les riziculteurs estimés à 130 000 personnes seulement pour la région de l'Artibonite directement engagés dans la production, les travailleurs agricoles au nombre de 30 à 35000 personnes, les fournisseurs de services de mécanisation, de fertilisants et de pesticides, les fournisseurs de semences améliorées, les Sarahs locales (estimés à au moins 10 000 femmes), les transformateurs (221 moulins pour la région de l'Artibonite), les sarahs urbaines, les institutions d'encadrement, les institutions de financement, les coopératives (comme le RACPABA) et les fédérations de coopératives comme le FENAPRI (Fédération nationale des Producteurs de riz), trois importateurs contrôlent au moins 70 % des importations commerciales (chiffres de 2012). Dans le cadre de cet article il est impossible de présenter une cartographie de ces divers acteurs et les rapports de pouvoir qu'ils ont tissés. Notons simplement l'importance des enjeux politiques autour de la production rizicole et l'apparition de nouveaux acteurs au niveau de la commercialisation, des mécanismes de financement et des structures de plaidoyer. Il convient de souligner que l'un des changements importants dans la chaîne de commercialisation du riz est l'installation du groupe Brandt avec le « Ti malice » qui modifie profondément les relations entre les acteurs avec une capacité de transformation estimée à 7,5 tonnes métriques par heure pour une projection de production annuelle de 23 000 tonnes métriques.

Comme nous l'avons souligné, à chaque baisse de tarifs douaniers, on assiste à une augmentation de l'importation. Cependant cette tendance ne s'applique pas aux prix. Les prix ont augmenté considérablement au profit des importateurs comme l'a révélé la PAPDA. Toutefois, la stagnation de la production rizicole et la baisse de la production agricole en général sont compensées par l'importation qui contribue à assurer la sécurité alimentaire de la population haïtienne.

Sur une période de 15 ans, la quantité de paddy demandée en Haïti a cru de plus de 160 %. Pendant cette même période la consommation journalière par habitant est passée de 89,74 grammes en 1990 à près de 192 grammes en 2004. Une considération des informations disponibles montrent qu'entre 1991 et 1995 la consommation par tête était en moyenne de 123 grammes par jour. Entre 1996 et 2000, en dépit de l'augmentation de la population, la quantité de riz consommée par une personne par jour a fait un grand saut pour atteindre le niveau de 163 grammes. Cette augmentation a continué entre 2001 et 2004 pour arriver au niveau de 188 grammes.

Au fil des années, la consommation du riz a relégué les autres produits au second rang pour représenter 23% des apports en calorie des ménages haïtiens alors qu'en 1985 elle était de 7%. La dépendance du pays de l'importation de ce produit peut entrainer une situation d'insécurité alimentaire car la grande majorité du riz importé vendu sur le marché haïtien provient des États-Unis (USDA, 2016). Tout changement de politiques de ce pays vis-à-vis d'Haïti ou ses décisions de politiques en matière de production rizicole auront des répercussions directes sur les consommateurs haïtiens indépendamment du marché mondial. De plus, la concurrence des producteurs haïtiens avec leurs pairs étatsuniens ne se réalise pas dans de termes clairs comme l'explique le graphique suivant.

La demande totale de riz est estimée annuellement par l'USAID a 520.660 tonnes métriques en 2013. Le marché de consommation alimentaire a été profondément modifié par les politiques de libéralisation. Les Haïtiens sont conscients de la qualité du riz produit localement (Shelda, sheila, madan gougousse, la crête, TCS) mais leur choix est largement déterminé par les rapports de prix sur le marché au détail. La consommation per capita est estimée à 50 kg per capita annuellement.

La disponibilité du riz sur les marchés haïtiens a suivi les tendances suivantes entre 2009 et 2012

Source	2009	2010	2011	2012
Domestic	77 112	84 645	85 762	64 204
Imports	398 838	396 354	455 508	436 827
Total	475 950	480 999	541 508	501 031
Re-exports	15 000	15 000	15 000	15 000
Availability	460 950	465 999	526 508	486 031

Graphique 7. Prix du riz sur le marché haïtien par rapport au prix sur le marché des Etats-Unis en 2015

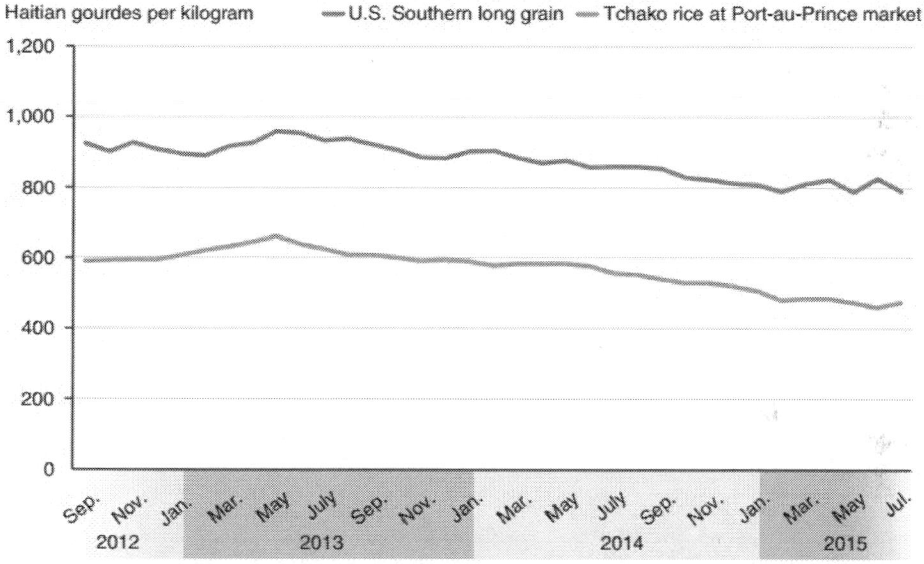

Source: USDA, Economic Research Service, using data from USDA and the Haitian Ministry of Agriculture, Natural Resources and Rural Development.

Le graphique 7 démontre que les prix du riz sur le marché haïtien suivent la tendance des prix sur le marché des États-Unis. Cependant le riz coûte moins cher en Haïti qu'aux États-Unis. Cette situation peut être expliquée par l'application d'une politique de production du riz aux États-Unis qui vise l'exportation par le dumping. Tenant compte du faible niveau d'imposition sur l'importation de ce produit en Haïti, au final les consommateurs ont l'accès à ce produit à un prix en-dessous du prix d'équilibre. Donc, le dumping appliqué par les États-Unis et la non intervention de l'État haïtien pour protéger les riziculteurs haïtiens expliquent parfaitement la raison de la stagnation de la production haïtienne depuis plus de 30 ans.

Un des arguments avancés pour imposer les politiques de libéralisation commerciale est la concurrence qui favoriserait l'innovation dans le but de rester compétitif sur le marché. Si l'on en croit cette théorie, le changement drastique dans les habitudes alimentaires des Haïtiens qui demandent davantage de riz devrait stimuler l'innovation dans la filière rizicole en Haïti. L'observation de l'évolution du secteur rizicole réfute complètement cette assertion. Donc, dans la réalité, les conditions de productions et les politiques tarifaires appliquées par les autorités haïtiennes sur la base des recettes des institutions financières internationales ne favorisent pas la concurrence et l'innovation qui devrait en découler. Les résultats déclarés ne sont pas atteints, bien au contraire les conditions de production des planteurs haïtiens ne cessent de se détériorer comme on peut le constater dans le tableau suivant.

Tableau 1. Contraintes rencontrées par les agriculteurs durant les différentes campagnes rizicoles de l'année 2014

	Printemps 2014	Automne	Hiver
Manque de ressources financières	38%	44%	64%
Manque de travailleurs agricoles	12%	4%	14%
Manque d'encadrement	30%	27%	40%
Maladie des Plantes	2%	2%	4%
Baisse de fertilité de Sol	12%	20%	32%
Catastrophe naturelle	9%	4%	0%
Mauvaise semence	12%	16%	14%
Ne trouve pas d'engrais	31%	20%	38%
Ne trouve pas de pesticide	27%	14%	0%
Erosion	4%	2%	1%
Manque d'irrigation	34%	16%	39%

Source : MARNDR, 2015.

Les données présentées dans le tableau 1 expliquent l'abandon des riziculteurs par l'État et les institutions financières du pays. Bien que la vente sur le marché du riz local soit assurée, les agriculteurs font face à des contraintes majeures dans le processus de production. La libéralisation financière et la fermeture des banques de crédit agricoles affectent plus de 64 % de producteurs de riz dans le pays. La logique d'État minimal constitue un frein à la production rizicole. Au cours des campagnes 2014, jusqu'à 40% des agriculteurs ont identifié le manque d'encadrement technique comme une contrainte majeure à la production du riz local. La vente des intrants agricoles est livrée au secteur privé. Près de 40 % des planteurs ont détecté le manque d'engrais comme contrainte et 27 % n'ont pas trouvé de pesticides pour réaliser leurs activités. Le démantèlement des institutions de l'État qui évoluaient dans le domaine de la construction sous prétexte de stabiliser et d'assainir les dépenses publiques ont de graves conséquences sur la production du riz local, affectant 40 % des riziculteurs.

Pistes de politiques publiques

Face à la stagnation de la production rizicole et l'augmentation de la demande locale, les décideurs publics doivent chercher des alternatives pour impulser la production. Les pistes de politiques publiques développées dans les lignes qui suivent serviront à la mise en place de stratégies pour assurer la soutenabilité de la production rizicole et des interventions de l'État dans le secteur agricole de manière générale.

- L'analyse du marché et de la chaîne de valeur de la production et de la commercialisation du riz suggère qu'il s'agit ici d'une question essentielle pour l'avenir du pays.
- La question de la production rizicole doit être intégrée dans une logique globale de combat contre la faim et la malnutrition et ses dramatiques conséquences.
- La production rizicole doit être mise en perspective dans le cadre d'une revalorisation globale de la production alimentaire avec une vision intégrée des filières : céréalières (riz, maïs, sorgho), des tubercules (igname, patate, manioc, ...), des légumes, des fruits et des poissons, et de l'élevage. La promotion d'une filière doit être envisagée dans une logique de complémentarité privilégiant les dynamiques complexes de l'économie familiale paysanne dans une option poly vivrières.
- L'effort de revalorisation de la production nationale implique une rupture fondamentale par rapport au choix de l'extraversion qui domine les politiques économiques dans notre pays en particulier à partir de l'occupation militaire de 1915.
- Cet effort de revalorisation implique aussi des interventions structurantes contre la dégradation de l'environnement et une réforme agraire intégrale.
- Il faudra nécessairement rompre avec les politiques de libéralisation et du tout pour le marché préconisé par la plupart des interventions qui sont en place actuellement dans notre pays.
- Il faut envisager des politiques spécifiques en faveur des riziculteurs. Notamment, des impôts sur des produits importés qui vont être investis dans l'appui à la production rizicole, un financement direct aux agriculteurs, donner aux coopératives de producteurs l'accès aux marchés d'importation avec une régulation étatique.
- Il faut évidemment des appuis en termes de crédit, d'accès aux marchés et de mécanismes d'assurance géré par le secteur public.
- Il faut u meilleur contrôle des ressources en impliquant les agriculteurs dans la gestion des ressources.
- Une révision de la politique de commerce extérieure est indispensable. Nous avons une belle marge de manœuvre jusqu'ici non exploitée d'utiliser intelligemment le cadre offert par Single Market and Economy (SME) de la CARICOM qui nous autorise à un réarmement tarifaire sans encourir les foudres de l'OMC. Il faut une gestion saisonnière des importations.
- La formation de Réseaux de coopératives locales, régionales et nationales qui vont agir sur la production, la distribution, la promotion et la vente du riz.
- La création de banques publiques de financement du secteur rizicole.
- La mise en place de centres de recherche avec les dernières technologies agro-écologiques pour encadrer les agriculteurs.

Réflexions finales

Cet article avait pour objectif d'analyser les conséquences des politiques de libéralisation sur la filière rizicole en Haïti. Nous avons pu démontrer que l'une des conséquences de ces politiques a été d'augmenter l'insécurité alimentaire et le niveau de dépendance du pays face aux importations alimentaires. Les accords internationaux et régionaux ne devraient pas inciter les pouvoirs publics à abandonner un secteur aussi vital pour l'économie nationale et qui présente d'importantes réserves de productivité. Les potentialités du secteur sont uniques pour le pays. L'État doit intervenir pour protéger le secteur et apporter les financements et appuis nécessaires aux agriculteurs.

Sans tomber dans la répétition de lieux communs dépourvus de sens et abondamment galvaudés du genre « Haïti est un pays essentiellement agricole », nous affirmons que l'agriculture haïtienne reste et demeure un secteur d'activité important pour l'ensemble de l'économie du pays. L'industrialisation devrait être pensée en connexion avec les excédents générés par le secteur agricole et une amélioration des conditions de vie de la paysannerie frappée par des niveaux de misère et de précarité insoutenables. Son développement est bénéfique non seulement pour maintenir les emplois de 50 % de la population active, mais aussi sur le plan stratégique en tant que nation. Il faut désormais considérer l'agriculture comme un secteur qui fait partie de l'avenir. Les politiques de libéralisation ont complétement échoué en Haïti. Le diagnostic réalisé de la production du riz en est une preuve convaincante. Rompre avec ce type de choix et de politiques s'avère nécessaire et indispensable en vue de construire la prospérité et le bien-être pour l'ensemble de la population. Les politiques publiques doivent tenter de mettre un frein à la grave crise alimentaire actuelle. L'OCHA, selon les données publiées en juillet 2017 estime que 2,35 millions de personnes vivent dans une situation d'insécurité alimentaire aigue sévère. Ceci ne doit pas continuer et le pays a les moyens de construire une prospérité durable si les producteurs paysans sont placés au centre de nos stratégies productives.

Estimer les coûts et les avantages des interventions en vue de réduire les pertes post-récolte et d'améliorer l'accès au marché, en tenant compte des problèmes de transport, d'infrastructure et de stockage

ROMY REGGIANI THEODAT[1]

Résumé

Le secteur agricole haïtien contribue pour plus de 25 % du PIB national et emploi plus de 60 % de la main d'œuvre disponible[2]. Pourtant les besoins alimentaires sont satisfaits à environ 43 % par la production nationale, les importations couvrent 51 % et l'aide publique environ 6 %, montrant une baisse importante de la production par comparaison à la décennie 80, où la production nationale représentait plus de 80 % des produits alimentaires consommés.

En dépit de la faible capacité du secteur agricole, des pertes relativement importantes, évaluées à plus de 50-60 % de la production, sont enregistrées dans le circuit de commercialisation. Plusieurs raisons expliquent cette situation, mais c'est principalement le résultat du manque d'infrastructure pouvant favoriser la commercialisation des produits agricoles dans de bonnes conditions.

Afin d'aborder les problèmes de pertes enregistrées dans la chaîne de distribution des produits agricoles, deux interventions sont proposées : la mise à disposition de camions spécialisés aux associations de producteurs pour transporter des produits fragiles et périssables depuis leurs zones de production jusqu'aux marchés et la mise en place de centres de tri, de conditionnement et de conservation.

Pour ces interventions, la filière priorisée est la filière fruits et légumes et il a été choisi trois zones importantes : l'Artibonite, Saint-Raphaël et la région Sud.

Une analyse coût-avantage a été entreprise pour déterminer la rentabilité des interventions. Les ratios avantage-coût confirment que si l'État haïtien entreprend la première intervention, les

1 Économiste

2 MARNDR/FAO, Recensement général de l'agriculture 2010

avantages enregistrés seront plus que proportionnels au montant investi. Par contre, le Centre de Tri, de Conditionnement et de Conservation ne parait pas autant rentable, ayant des ratios juste au-dessus de un.

Introduction

Les besoins de consommation en produits alimentaires en Haïti sont satisfaits à 43 % donc, les importations couvrent plus de 50 % de nos besoins alimentaires, ce qui créé une situation de dépendance du pays par rapport à l'extérieur. Cela est en partie dû à la faible capacité de production du secteur agricole bien qu'il contribue à 25 % du PIB et qu'il emploie 2/3 de la population active[3]. Pourtant, la production, quoique de faible quantité, enregistre des pertes énormes dans le processus de commercialisation liées à des contraintes d'ordres structurelles.

Essentiellement, les principales contraintes ou difficultés qui affectent les différentes filières agricoles sont, entre autres, des routes rares et en mauvais états, moins de 5 % des ménages ruraux ont accès à des routes bitumées[4], l'absence d'infrastructures de marchés permettant une meilleure conservation des produits agricoles qui sont des produits périssables, les mauvaises conditions de transport sans oublier les conditions précaires de manipulations qui accélèrent la détérioration des produits et qui diminuent leur valeur économique.

La perte post-récolte peut être définie comme la dégradation en quantité et en qualité d'une production alimentaire de la récolte à la consommation. Les pertes de qualité comprennent celles qui affectent la composition nutritive/calorique, l'acceptabilité et la comestibilité d'un produit donné. Ces pertes sont généralement plus fréquentes dans les pays développés. Les pertes de quantité se réfèrent à celles qui entraînent une perte en quantité d'un produit. La perte de quantité est plus fréquente dans les pays en développement (Victor Kiaya, 2014).

Le volume de perte enregistré dans les produits agricoles le long de la chaîne de distribution (zone de production-marché public) est très important, estimé à plus de 50 à 60 % de la quantité produite. Cela est dû à une mauvaise organisation du circuit de commercialisation de ces produits. En effet, il n'existe pas d'espace de stockage approprié, pas de centre de tri et de conditionnement et les conditions de transport des principales « Madan sara » intermédiaires entre le producteur et le consommateur ne sont pas modernes et sont très risquées.

En effet, ce résultat est dû à un manque d'investissement dans le secteur agricole. Selon Le Recensement National des Entreprises de Production et de Commerce, environ 75 % des entreprises évoluent dans le secteur du commerce (achat et vente). Moins de 50 entreprises interviennent dans l'agro-industrie. Cela est le résultat de l'ouverture des marchés, les accords commerciaux n'ayant pas été pris en faveur de l'industrie locale en générale et de l'agro-industrie en particulier, commencée en 1987 et qui s'est accentuée entre 1994 et 1996, les entreprises locales n'ont pas pu résister à la concurrence internationale[5]. N'étant plus compétitives, les entreprises qui évoluaient dans le secteur agricole/agro-industriel, pour la grande partie, se sont retirées. De plus, dans le secteur agricole, il existe beaucoup de risques liés aux catastrophes naturelles, aux épidémies et aux manques d'infrastructures. Sans oublier l'absence de crédits appropriés pour le secteur agricole, d'assurance-crédit, le circuit de commercialisation est peu organisé ce qui

3 Plan national d'investissement agricole, 2010

4 DÉVELOPPEMENT DES FILIÈRES ET RENFORCEMENT DES SYSTEMES DE COMMERCIALISATION, 2010

5 PLAN NATIONAL D'INVESTISSEMENT AGRICOLE, 2010

décourage tout agent économique d'entrer dans le secteur. L'intervention publique devient donc importante pour organiser et mettre en place les infrastructures nécessaires pouvant favoriser les investissements dans ce secteur, dont on sait qu'il emploie plus de deux tiers de la population[6].

Par conséquent, l'absence de ces infrastructures de marché et de transports liée à un manque d'investissement approprié[7] constitue un obstacle au développement de ce secteur, et crée une condition de dépendance de l'économie haïtienne vis-à-vis de l'extérieur (Haïti est un importateur net)[8]. Les Haïtiens importent environ 50 % des produits alimentaires qu'ils consomment avec pour conséquences immédiates le faible revenu des producteurs paysans, leur appauvrissement et de ce fait l'abandon des espaces agricoles vers les zones urbaines, ces dernières ne disposant pas d'infrastructures adéquates pour les recevoir, ce qui contribue à créer, à terme, des conditions de vie économique très précaires et vulnérables dans les villes.

L'État haïtien doit mettre en œuvre des politiques publiques afin d'aborder les problèmes de pertes enregistrées dans la chaîne de distribution des produits agricoles en mettant l'accent sur les interventions pouvant garantir l'accès au marché de ces produits comme de meilleures conditions de transport, des infrastructures pour le conditionnement de ces produits, un système de qualité et en encourageant le développement de l'agro-industrie.

Bien que le ministère de l'Agriculture, des Ressources Naturelles et du Développement Rural (MARNDR) dispose d'un important budget, et que le budget du MCI ait été augmenté lors de ces cinq dernières années, les actions menées en vue de faciliter la commercialisation des produits agricoles demeurent infructueuses. De plus, dans le document qui définit les grandes orientations stratégiques au niveau national, l'accent a été mis sur la modernisation de l'agriculture comme l'une des principales actions pour les trois premières années (2014-2016) dans le cadre de la mise en œuvre de ce plan. Mais selon le rapport d'état d'avancement du PSDH[9], les résultats tardent encore à venir. De plus, le plan national d'investissement agricole de 2010, souligne que des soutiens aux « madam sara » seront effectifs pour assurer de meilleures conditions d'emballage, et de stockage et garantir un transport pouvant réduire les pertes au moment de la livraison.

Dans le cas présent, l'accent sera mis sur les conditions d'accès au marché des produits fragiles et périssables en provenance des grandes zones de production. Il s'agit de définir des actions pouvant améliorer le transport de ces produits à destination des marchés, d'assurer la régularité des stocks indépendamment des saisons et de construire des centres de tri et de conditionnement tout en développant un système de qualité afin d'augmenter la valeur ajoutée le long de la chaîne de distribution.

Description des interventions

Quant aux fruits et aux légumes, ils représentent plus de 25 % des cultures et sont présent en grande quantité dans les zones de Kenscoff, du Nord, de l'Artibonite et du Sud[10]. Il y a des problèmes liés à la manipulation et à l'emballage, qui altèrent la qualité des fruits et légumes quand

6 Résultats des enquêtes nationales de la Production, 2014
7 PLAN NATIONAL D'INVESTISSEMENT AGRICOLE, 2010
8 Quatrième Conférence des Nations Unies sur les pays les moins avancés, mai 2011, Istanbul (Turquie)
9 Plan Stratégique de Développement d'Haïti (PSDH)
10 SYNTHÈSE NATIONALE DES RÉSULTATS DU RÉCENSEMENT GÉNÉRAL DE L'AGRICULTURE (RGA), 2008-2009

ils arrivent sur le marché. Les pertes dans le circuit de distribution sont énormes. Pour cela, il est important de chercher à résoudre ce problème lié à la commercialisation de ces produits fragiles et périssables.

Intervention 1: Camions de transport

L'intervention proposée est la mise à disposition de camions spécialisés aux associations de producteurs pour transporter des produits fragiles et périssables depuis leurs zones de production jusqu'aux marchés.

Une étude réalisée par SOLAAL[11] en France montre que le système amélioré de transport réduit les pertes de 30 % à 9 % pour les produits fragiles et périssables comme les fruits et légumes. Le transport du produit doit prendre en compte la gestion de la température et la façon dont les marchandises sont empilées afin de faciliter la circulation d'air. Puis, le véhicule doit être équipé d'un système de réfrigération pour certains produits et pour les caissons utilisés. Il est important de souligner que le packaging contribue pour beaucoup à la valorisation du produit tout en minimisant les détériorations. (Victor Kiaya, 2014).

Par conséquent, comme avantage pour l'intervention relative à l'amélioration du transport, nous pouvons identifier la réduction des pertes post-récolte et l'économie sur les dépenses de transport réalisées par les « madan sara ».

Les coûts supportés seront le coût d'acquisition des véhicules spécialisés, le coût de sensibilisation et le coût de transport.

Intervention 2: Centre de tri, de conditionnement et de conservation

La mise en place de ce centre pour les activités de stockage des produits agricoles ainsi que les actions en faveur de la transformation, de la commercialisation et de l'amélioration du système de transport (camions spécialisés à la disposition des associations de transporteurs) permettront de mieux valoriser la production actuelle et de réduire les pertes post-récolte, avec un impact direct sur la sécurité alimentaire[12].

Un centre de tri, de conditionnement et de conservation a été mis en place à Kenscoff en 2013 afin de commercialiser dans de meilleures conditions les fruits et légumes produits dans ce milieu tout en mettant à la disposition du centre un camion de transport spécialisé. D'autres tentatives ont été faites par le gouvernement haïtien dans le cadre de la construction des micro-parcs dont certains devraient se spécialiser dans le conditionnement des produits achetés chez les producteurs.

Le taux de perte lié à l'absence d'un conditionnement de qualité est estimé à 15 %. Un projet d'appui dans le cadre de la coopération Taiwan-Haïti souligne que si le système de conditionnement est mis en place, cela aura comme impact une réduction de ces pertes liées au système traditionnel de conditionnement.

Pour la deuxième intervention, nous gardons comme avantage la réduction des pertes post-récolte. Les coûts identifiés sont le coût d'acquisition du Centre de Tri, de Conditionnement et de conservation, le coût de fonctionnement du centre et le coût d'installation du système de qualité.

11 SOLIDARITÉ DES PRODUCTEURS AGRICOLES ET DES FILIÈRES ALIMENTAIRES

12 PLAN NATIONAL D'INVESTISSEMENT AGRICOLE, 2010

Les zones retenues pour lancer les deux interventions sont St Raphaël, la Vallée de l'Artibonite et le Sud[13]. La période d'analyse est de 10 ans.

Calcul des coûts et des avantages

Si l'État fait l'acquisition de véhicules spécialisés alors pour chaque gourde investie, la production agricole gagnera 2,56 gourdes, 2,56 gourdes et 2,59 gourdes pour les taux d'actualisation respectifs de 3 %, 5 % et 12 %. Pour la deuxième intervention, si l'État haïtien investi dans le Centre de Tri, de Conditionnement et de Conservation, cette mesure augmentera l'avantage de 1,18 gourdes, 1,19 gourdes et 1,24 gourdes pour chaque gourde dépensée, pour les taux d'actualisation respectifs de 3 %, 5 % et 12 % de la production agricole locale.

Certes, pour la deuxième intervention, la rentabilité est relativement faible par rapport aux avantages identifiés mais il faut remarquer que l'État doit encourager toute activité de développement de la production nationale, en particulier pour assurer la sécurité alimentaire pour l'ensemble de sa population.

Outre les avantages identifiés, les impacts qui en découlent sont importants. Tout d'abord, l'installation du centre de tri, de conditionnement et de conservation améliorera la qualité des produits donc augmentera leur prix de vente, ce qui se traduira par une augmentation du revenu des producteurs. Deux raisons soutiennent ce résultat. Premièrement, le produit est mieux valorisé et deuxièmement, il y a moins de pertes. En outre, il faut souligner que ces produits pourront être achetés par les chaînes d'hôtels et de restaurants, du fait de leur meilleure qualité ce qui contribue à une baisse des importations des fruits et légumes sur le marché haïtien. Sans oublier les possibilités d'exportations sur le marché caribéen[14].

Par ailleurs, l'amélioration des activités post-récolte, en particulier, les activités de stockage et de développement de meilleures conditions de transport, valoriseront la production des fruits et légumes, ce qui réduira les pertes post-récolte. Il s'ensuit une augmentation de l'efficacité et de la productivité des producteurs-paysans dont le résultat immédiat est une augmentation de la disponibilité alimentaire. Cela aura d'importantes retombées sur la sécurité alimentaire et contribuera à la baisse des importations[15].

Intervention 1	Taux d'actualisation	Avantage	Coût	RAC	Qualité des éléments de preuves
Mise en place de camions spécialisés à la disposition des associations de transporteurs	3%	17 673 800 601,71	6 912 921 918	2,56	Solide
	5%	16 174 493 521,22	6 309 625 673,61	2,56	Solide
	12%	12 332 866 128,25	4 763 818 673,49	2,59	Solide

13 Trois documents pour l'installation des micros parcs sur le traitement, le conditionnement et la conservation des fruits et légumes ont été élaborés sous la direction du ministère du Commerce et de l'Industrie (MCI) tout en faisant ressortir les potentialités de ces zones.

14 PLAN NATIONAL D'INVESTISSEMENT AGRICOLE, 2010

15 PLAN NATIONAL D'INVESTISSEMENT AGRICOLE, 2010

Intervention 2	Taux d'actualisation	Avantage	Coût	RAC	Qualité des éléments de preuves
Mise en place de centres de tri, de conditionnement et de conservation et développement d'un système de qualité pour les associations de producteurs identifiées dans trois zones de récoltes	3%	9 753 095 297,30	8 257 950 989	1,18	Solide
	5%	8 925 718 935,79	7 482 738 139	1,19	Solide
	12%	6 805 758 498,04	5 496 434 628	1,24	Solide

Conclusion

L'un des principaux problèmes auxquels sont confrontés les acteurs du secteur agricole est l'ensemble des contraintes liées à la commercialisation des produits. Cela a comme conséquence directe la baisse de leurs revenus et l'augmentation des importations des produits de consommation. Par conséquent, l'étude a montré que l'amélioration du système de transport et la mise en place de centres de tri, de conditionnement et de conservation serait un atout majeur pour réduire les pertes post-récolte, le coût du transport des « madan sara » et augmenter le revenu des producteurs.

Avec les produits qui seront conservés, les « madan sara » verront donc leur revenu augmenté. De plus avec le conditionnement qui sera amélioré, cela valorise le produit et permet aux producteurs tout comme aux « madan sara » d'obtenir un revenu plus élevé. Les retombées de manière globale, seront donc une hausse de la production de fruits et légumes accessibles à la population locale, entrainant une baisse des importations dans cette filière et améliorant la contribution du secteur agricole dans le PIB national.

Références bibliographiques

L. Kitinoja, H.Y. AlHassan, Identification of Appropriate Postharvest Technologies for Small Scale Horticultural Farmers and Marketers in Sub-Saharan Africa and South Asia – Part 1. Postharvest Losses and Quality Assessments

Carlos Hsiang, Dr. Wu Shun-Ta, Appraisal of Haiti, post harvest lost reduction program, Taiwan ICDF, 2012

Ministère de l'Agriculture des Ressources Naturelles et du Développement Rural (MARNDR), Politique de développement agricole 2010-2025, 2010

Ministère de l'Agriculture des Ressources Naturelles et du Développement Rural (MARNDR) Développement ds filières et renforcement du système de commercialisation, 2010

Ministère de l'Agriculture des Ressources Naturelles et du Développement Rural (MARNDR), Résultats des enquêtes nationales de la Prodution, 2014

Ministère de l'Agriculture des Ressources Naturelles et du Développement Rural (MARNDR), Plan National d'Investissement Agricole, 2010

Ministère de l'Agriculture des Ressources Naturelles et du Développement Rural (MARNDR), Filière des cultures maraichères et opportunités pour un crédit sécurisé, 2013

Victor Kiaya, post-Harvest lost and strategy to reduce them, Action Contre la Faim (ACF), 2014

Infrastructures

Construction de la route nationale n° 5 et du pont sur la rivière es Anglais : Analyse coût-avantage de ces infrastructures routières

Amien Sauveur

Rapport sur l'informatisation des procédures au port international du Cap-Haïtien

Yvrose Guerrier et Jeff Allien

Construction de la route nationale n° 5 et du pont sur la rivière Les Anglais : Analyse coût-avantage de ces infrastructures routières[1]

AMIEN SAUVEUR[2]

Résumé

En Haïti, il est indéniable que le réseau routier du pays est déficient, les routes sont dégradées plus rapidement qu'elles sont réhabilitées ou construites. Ces problèmes, qui sont d'ordre structurel, entravent le développement socioéconomique du pays. Ainsi, l'objectif principal de ce travail est d'identifier les coûts et les avantages de deux propositions en infrastructure routière, à savoir la construction de la route nationale n° 5 et la construction d'un pont sur la rivière Les Anglais. D'après les ratios avantage-coût, la construction de cette route devrait apporter un mieux-être, de manière globale, pour la population du nord-ouest et le pont impliquerait une réduction de 57% des pertes post-récoltes.

Liste des Sigles

ACA : Analyse coût avantage

COV : Coûts d'opération des véhicules

DALY : Disability-Ajusted Life Year/Année de vie ajustée sur l'incapacité

FER : Fonds d'entretien routier

GES : Gaz à effet de serre

1 Je tiens à adresser des sincères remerciements à toutes les personnes qui, d'une façon ou d'une autre, m'ont aidé à mener à terme ce travail de recherche. Plus particulièrement, qu'il me soit permis de remercier Monsieur Ifodenet FRANÇOIS, Statisticien-Economiste, pour son soutien infaillible dans la collecte et le traitement des données qui ont rendu possible l'élaboration de ce document. Ensuite, il m'est obligatoire de remercier Monsieur Brad WONG, PhD, Économiste en Chef au Copenhagen Consensus Center (CCC) qui a été mon accompagnateur tout au long du procéssus et qui a fait preuve d'un bon guide dans la conception de la feuille de calculs consolidant ainsi le travail de recherche. Ses commentaires et suggestions m'ont été d'une aide bien précieuse. Enfin, des remerciements spéciaux vont à l'endroit de Madame Nancy DUBOSSE, PhD, Chef de Projet « Haïti Priorise » au Copenhagen Consensus Center (CCC) qui, dès le début du projet a été toujours disponible pour moi.

2 *Économiste Appliqué,* ministère de la Planification et de la Coopération Externe

MPCE : Ministère de la Planification et de la Coopération Externe

MTPTC : Ministère des Travaux Publics, Transport et Communication

PIB : Produit intérieur brut

PME : Petite et moyenne entreprise

QALY : Quality-Ajusted Life Year/Année de vie ajustée sur la qualité

RCA : Ratio coût-avantage

RN : Routes nationales

VAN : *Valeur actuelle nette*

VVS : Valeur de vie statistique

Introduction

L'infrastructure comprend différents éléments nécessaires au fonctionnement de l'économie. Les infrastructures peuvent avoir des impacts économiques significatifs, accroître la rentabilité des entreprises à travers notamment les facilités d'accès et d'échanges, stimuler le marché du travail ainsi que les investissements dans le secteur privé. De plus, elles affectent la productivité et donc la compétitivité sur les marchés extérieurs ainsi que la capacité d'un pays à attirer les investissements étrangers. Pour un pays en voie de développement comme Haïti, la mise en place d'infrastructures de qualité est un défi de taille. Selon un rapport de la Banque mondiale (1994), l'infrastructure publique est la roue de l'activité économique, et la défaillance des infrastructures dans les pays pauvres retarde leur décollage économique. Cependant, la contribution des infrastructures routières et autoroutières au développement économique régional et local fait l'objet, depuis longtemps, de recherches approfondies pour savoir si elles sont nécessaires ou suffisantes au développement.

Dans les pays en développement, plus particulièrement Haïti, la question de la construction d'infrastructures de transport est souvent associée à celle des politiques de développement territorial. Tout d'abord, il faut noter qu'Haïti a un taux de croissance démographique de 2,5 % et connaît une forte urbanisation, si bien que dans la région métropolitaine de Port-au-Prince, la densité est de 10 à 18 000 habitants/ km2[3]. Ceci n'empêche pas que la majorité de la population vit en milieu rural. D'où, un certain défi d'aménagement du territoire pour répondre aux besoins de la population en termes de mobilité et d'accès aux biens et services. Les gouvernements qui se sont succédé n'ont jamais fait des routes et des moyens de transport une priorité pour le développement économique, social et sanitaire du pays. En plus, les crises politiques successives n'ont pas aidé. Les derniers grands travaux routiers en Haïti remontent à 1975 avec la construction des routes nationales 1 et 2. Depuis, il n'y a pas eu réellement d'extension du réseau routier. Au contraire, ce dernier, initialement structuré autour d'un maillage national, départemental et communal, a perdu près de 30 % de son étendue au cours des 15 dernières années[2]. Un timide programme de réhabilitation, ces dernières années, avec la collaboration des acteurs internationaux n'a pas amené de changement significatif.

Le réseau routier en Haïti demeure déficient. Les routes sont dégradées plus rapidement qu'elles sont réhabilitées ou construites. Selon le MTPTC, il y aurait 3 400 km de routes ap-

3 Organisation Panaméricaine de la Santé (2007). Haïti : Santé à l'Amérique 2007, PAHO/WHO. [En ligne] www.paho.org/hia/archivosvol2/ paisesfra/haiti%20frances.pdf.

proximativement classées en routes nationales, routes départementales et routes communales. Toujours selon les statistiques du MTPTC, seulement 10 % du réseau est dans un bon état contre 50 % dans un très mauvais état, avec une moyenne de 80 % en mauvais état. Le réseau routier national compte environ 700 km et relie les villes d'importance socioéconomique. Jusqu'à 4 000 véhicules l'utilisent par jour, pour les routes les plus fréquentées. Le réseau départemental comporte 1 500 km et assure la circulation d'environ 1 000 véhicules[4]. Il relie les villes de moindre importance avec les routes nationales. Les routes communales, habituellement carrossables, assurent la fonction de desserte de la commune. La circulation automobile y est très faible. L'insuffisance du réseau routier, combinée à l'état piteux des routes et des véhicules de transport, provoque l'isolement d'une partie importante de la population rurale, qui représente deux tiers de la population totale. De ce fait, plus de la moitié de ces habitants n'ont accès à aucun service de transport et plus d'un tiers n'y ont accès qu'au travers de routes difficilement praticables. Ces conditions limitent à l'extrême l'accès aux services de base (approvisionnement, éducation, santé) et aux occasions de développement économique (production, commerce).

Sur plan de l'infrastructure routière, le département du Nord-Ouest est l'un des départements du pays les plus négligés. Le Nord-Ouest est le seul département du pays à ne pas avoir accès à un kilomètre de route bétonnée ou asphaltée. Port-de-Paix n'est donc connectée aux autres villes uniquement par des routes en terre battue. C'est une zone géographiquement difficile qui nécessite des infrastructures routières adaptées. Le Nord-Ouest est très exposé aux aléas hydrométéorologiques en raison de l'absence de travaux de mitigation notamment la protection des versants, le curage des drains et des ravines et la stabilisation des berges des rivières. Outre la construction de ponts sur la route nationale pouvant faciliter son accès avec l'extérieur en cas de catastrophes, le département est isolé du reste du pays. Cette situation associée à la dégradation progressive des berges des rivières risque de rendre difficile l'accès à certaines communes comme Saint-Louis du Nord, Anse-à-Foleur et Chansolme en cas de catastrophes. Ainsi, la route nationale RN5 c'est-à-dire le tronçon de route de Gonaïves à Port-de Paix se révèle d'une importance capitale pour permettre au département du Nord-Ouest d'avoir un accès facile.

Ce travail de recherche, se basant essentiellement sur l'analyse coût-avantage, va traiter deux interventions en infrastructure routière qui devraient être prioritaire pour l'État haïtien dans les prochaines années. C'est d'abord la construction de la route de Gonaïves à Port-de-Paix et ensuite la construction d'un pont sur la rivière les Anglais.

Concernant la deuxième intervention, ce pont permettra de relier deux départements du pays, à savoir le département du Sud et celui de la Grand'Anse. Il s'agit donc d'une route départementale qui est une alternative par rapport à une route nationale. En construisant ce pont sur la rivière "les Anglais" on permettra aux gens d'atteindre différentes communes de la Grande Anse limitrophes au département du Sud plus rapidement et à moindres coûts.

4 Ministère des Travaux Publics, Transports et Communications d'Haïti (s.d.). Enjeux et défis de la lutte contre la pauvreté : transport routier, MTPTC

Calcul des coûts et des avantages

Intervention 1 : La route nationale n° 5, Gonaïves-Port de Paix

Les coûts comprennent les coûts initiaux d'implantation, les coûts d'entretien et le coût d'un poste de péage.

Les coûts initiaux d'implantation sont la somme des coûts des différentes activités telles que les études du plan de la route, les devis, les frais de recherche, la construction d'infrastructures et équipements, et le démantèlement.

Les coûts d'entretien représentent la somme des coûts de réparation des surfaces de la chaussée, le traitement des fissures et la signalisation des travaux. Ces différentes composantes sont calculées en fonction du coût de construction des infrastructures et des équipements. En général, selon MTPTC, ils représentent environ 27% du coût de construction des infrastructures et des équipements soit, respectivement, 10%, 15% et 2% pour la réparation des surfaces de la chaussée, le traitement des fissures et la signalisation des travaux. L'entretien de la route sera réalisé sur une fréquence de 5 ans, de ce fait pour estimer le flux annuel des coûts d'entretien, on a ventilé les coûts par année.

En Haïti, les routes ne disposent pas encore de postes de péages. De plus, au MTPTC il n'y a pas d'étude antérieure sur le coût d'un poste de péage. De ce fait, pour estimer ce paramètre, on a utilisé une étude dans un pays du sud comme Haïti, le Cameroun. Ce coût est constitué de trois composantes : le coût de construction du poste, de la main d'œuvre et des équipements d'exploitation.

Les avantages escomptés comprennent la réduction des temps de déplacement, la réduction des coûts d'opération des véhicules, la **réduction des coûts liés aux accidents, la réduction des pertes après récolte et l**es recettes des postes de péages.

La réduction des temps de déplacement, conséquence d'une amélioration des conditions de circulation, est l'un des avantages souvent substantiels des projets en transport. La composante monétaire associée à ce gain en temps dans l'analyse coût-avantage est établie à partir de deux principaux paramètres : les économies de temps de main d'œuvre et les économies de temps de cargaison.

Le temps passé par un individu à se déplacer à un coût et il s'agit d'un coût d'opportunité, en ce sens qu'il réduit son temps disponible pour la réalisation d'autres activités tels que le travail, le loisir, les études ou le magasinage. Le temps d'attente ou de déplacement supplémentaire engendre des coûts tels que des retards au travail, ceci entraînant une réduction du salaire ou la prolongation d'une journée de travail. Les gains en temps réalisés au cours d'un déplacement après l'intervention représentent pour l'individu un gain en ce qui a trait à son budget-temps disponible, que l'on pourrait appeler les économies de temps de main d'œuvre.

Le coût d'opération des véhicules regroupe le coût d'acquisition, le coût moyen annuel de l'essence, le coût moyen annuel de lubrifiant, le coût moyen annuel des pneus et le coût total annuel de maintenance. Ces données ont été recueillies lors des focus et des estimations de l'auteur.

Intervention 2 : Le pont sur la rivière L*es Anglais*

Les coûts se composent des coûts initiaux d'implantation et des coûts d'entretien.

Les coûts initiaux d'implantation sont la somme du Plan, des devis, des frais de recherche, de la construction des infrastructures et des équipements, d'expropriation et de démantèlement.

Le coût d'entretien représente la somme des coûts de réparation des surfaces, le traitement des fissures et la signalisation des travaux. Ces différentes composantes sont calculées en fonction du coût de construction du pont principal et des 2,5 km de routes. D'après les données disponibles sur les projets déjà réalisés, en général, ils représentent environ 30% du coût de construction des infrastructures et des équipements soit, respectivement, 10%, 15% et 5% pour la réparation des surfaces, le traitement des fissures et la signalisation des travaux. L'entretien du pont se fera tous les 5 ans, de ce fait pour estimer le flux annuel du coût d'entretien, on a ventilé les coûts par année.

Les avantages escomptés de la construction du pont Les Anglais sont la réduction des coûts liés au temps d'attente et de déplacement, la réduction des coûts d'opération des véhicules, et la réduction perte après récolte.

Tableau récapitulatif: Ratios avantage-coût (RAC)

Interventions	Taux d'actualisation	Avantage	Coût	RAC	Qualité des éléments de preuve
Construction route P-de-P à Gonaives	3%	51 850 943 953,70	18 138 700 450,74	2,9	Moyenne
	5%	38 312 283 146,65	16 520 306 618,60	2,3	
	12%	17 780 311 358,42	13 199 819 039,00	1,3	
Construction pont les Anglais	3%	1 774 247 371,31	1 010 584 314,59	1,8	Moyenne
	5%	1 331 616 701,48	883 389 966,63	1,5	
	12%	621 741 282,92	653 036 530,01	1,0	

Conclusion

L'analyse coût-avantage de la construction de la route de Gonaïves à Port-de-Paix et du pont sur la rivière Les Anglais se révèle d'une importance capitale pour la mise en œuvre de ces interventions par l'État haïtien.

Pour l'intervention traitant de la route nationale 5, on peut donc conclure qu'en termes d'efficacité économique, cette intervention devrait être implémentée en Haïti plus précisément dans le département du Nord-Ouest, qui est l'un des départements du pays où les conditions socioéconomiques sont plus lamentables. Avec de tels ratios avantage-coût, il est évident que la mise en œuvre de cette intervention va apporter des changements considérables conduisant à l'amélioration des conditions de vie de la population du Nord-Ouest.

Il y aura des retombées positives à plusieurs niveaux. Elle permettra l'intégration des différents marchés dans le département du Nord-Ouest car, les routes facilitent non seulement le commerce, mais aussi la productivité de la main-d'œuvre à l'intérieur et à l'extérieur de l'agriculture. Elle aidera aussi à réduire les pertes après récoltes et à lutter contre l'extrême pauvreté dans ce département, qui d'ailleurs est le pauvre du pays, la route ayant des effets compensateurs sur la demande de main-d'œuvre et de production. En abaissant le coût de l'exportation, une route augmentera la demande d'intrants (tel que la main-d'œuvre) et les produits. En réduisant le coût de l'importation, une route augmente la concurrence, réduisant potentiellement la demande.

Quant à la construction du pont, ceci entrera dans le cadre du développement régional car il facilitera l'accès entre plusieurs communes dans la grande région du Sud. Autrement dit, ce pont permettra une intégration régionale sur le plan économique et social.

Au final, nous recommandons l'implémentation de ces deux interventions dans l'infrastructure routière.

Références bibliographiques

Valérie Meunier « l'Analyse coût-Bénéfice : Guide Méthodologique » ; les cahiers de la securité industrielle

Binswanger, H., S. Khander and M. Rosenzweig,"How infrastructure and financial institutions affect agricultural output and investment in India", Journal of Development Economics, 1993, 41 (2) 337-366

Corinne Meunier, « infrastructures de transport et developpement, l'apport de l'economie des réseaux » ; les cahiers scientifiques du Transport No 36/1999- Pages 69-85

Fritz Gérald Chéry, « La Structure de l'Economie & la Réformen de l'Etat en Haiti » ; imp. Henry Deschamps – Page 209

Glenn P. Jenkins, Cost-benefit analysis for investment decisions, Development Discussion paper: 2011-1

MTPTC (2015), « Rapport sur l'élaboration d'une Stratégie Nationale de Sécurité Routière Rapport Initial » – révisé février

Gouvernement du Québec(2016), « Guide l'analyse Avantages-coûts des projets publics en transport routier, Méthodologie », Edition 2016

Banque Mondiale, Rapport sur le développement dans le monde 1994 : Une infrastructure pour le développement, Juin 1994

Sassi F. Calculating QALYs, comparing QALY and DALY calculations. Health Policy Plan, 2006

Olken, B.A. and Barron, P. The simple economics of extortion: evidence from trucking in Aceh, journal of Political Economy, 2009, Vol.117, no. 3

Khander, S. R. and koolwal, G.B. Estimating the long-term impacts of rural roads: a dynamic panel approach, World Bamk Policy Research Working Paper Series, 2011

Van de Walle, D. Impact evaluation of rural road projects, journal of development effectiveness, 2009, Vol. 1(1), pp. 15-36

Gibson, J. and Rozelle, S. Poverty and Access to Roads in Papua New Guinea, Economic development and cultural change, 2003, Vol. 52(1), pp. 159-185

Casaburi, L., Glennerster, R. and Suri, T. Rural roads and intermediated trade: Regression discontinuity evidence from Sierra Leone, 2013

Asher, S. and Novosad, P. Market Access and Occupational Choice: Evidence from Rural Roads in India, Job Market Paper, 2015

Khandker, S.R.., Z. Bakht, and Koolwal, K.B. Gayatri, "The poverty impact of rural roads : evidence from Bangladesh", 2006

Rapport sur l'informatisation des procédures au port international du Cap-Haïtien

YVROSE GUERRIER[1] ET JEFF ALLIEN[2]

Résumé

Plusieurs ports dans le monde entier entrent dans cette dynamique d'automatisation des procédures pour les avantages offerts par celle-ci. Au regard des enjeux économiques actuels en Haïti notamment dans le Nord, un système informatique dédié au port, permettant à tous les professionnels portuaires et à l'administration des douanes d'échanger des données et des messages en toute confidentialité et sécurité apporterait des gains de productivité considérables pour le passage portuaire parmi d'autres paramètres.

Les recherches documentaires ont montré l'importance d'une dématérialisation des procédures portuaires. Sur cette base, et tenant compte du contexte, une étude d'analyse coût-avantage a été menée en ayant pour objectif de fournir aux décideurs des instruments adéquats pour cibler les investissements publics dans le secteur portuaire. Un état des lieux de la situation portuaire en Haïti a orienté l'effort vers le port du Cap-Haitien.

Les ratios avantage-coût convergent vers des valeurs supérieures à 1. Ce qui signifie que l'intervention portant sur l'automatisation des procédures du port du Cap-Haitien peut être entreprise. Dans une logique de priorisation des besoins, l'État haïtien devrait envisager cette intervention.

Définition des sigles

AGD : Administration Générale des Douanes

APN : Autorité Portuaire Nationale

CEA : Commission Economique pour l'Afrique

CNUCED : Conseil de Nations Unies pour le Commerce et le Développement

NTIC : Nouvelles Technologies de l'Information et de la Communication

OMC : Organisation Mondiale du Commerce

ONE : Oficina Nacional de Estadística (République dominicaine)

PIB : Produit Intérieur Brut

PMA: Pays Moins Avancé

1 Chef de Service, Ministère de la Planification et de la Coopération Externe (MPCE)

2 Analyste de projet, Ministère de la Planification et de la Coopération Externe (MPCE)

PPP: Partenariat Public Privé

RAC : Ratio avantage-coût

SYDONIA: Système Douanier Informatisé

USAID: Agence Américaine pour le Développement International

Introduction

Le développement du commerce international reste un élément significatif dans la croissance des économies. Il devient, du coup, important de considérer l'échange entre les économies comme un véritable accélérateur, un vecteur d'accroissement du produit intérieur brut d'un pays. Si les opportunités qu'offre le commerce international sont efficacement exploitées, elles sont susceptibles de permettre aux économies les plus faibles d'accélérer le rythme d'approche des objectifs de développement durable.

Selon une note du secrétariat de la CNUCED sur le commerce international dans le programme de développement pour l'après-2015 dans les pays en développement, le poids du commerce dans les activités économiques est non négligeable. Le ratio moyen commerce/PIB est passé de 27 % (1986-1990) à 60 % (2008-2012) et ce même dans les pays les moins avancés (PMA).

L'économie haïtienne présente un déficit permanent de sa balance commerciale dû à sa large proportion d'importation des économies partenaires (Selon l'ONE, les importations haïtiennes de la République dominicaine (RD) s'élèvent à 1,42 $ milliard en 2014). Une situation qui s'est aggravée depuis le tremblement de terre de 2010. Actuellement, la balance chute à -236 millions de dollars américains[3].

La situation défavorable de la balance commerciale est surtout une question de compétitivité entre les marchés régionaux de biens et de services. Cette compétitivité dépend grandement de la capacité de l'économie haïtienne à maintenir un niveau de prix qui soit capable de réduire l'écart import-export, mais aussi de l'efficacité des services commerciaux du reste du monde en dépit de la concurrence. Haïti est peu compétitif dans les prix et dans l'utilisation et la maîtrise des technologies de l'information et de la communication.

En 2013, le rapport de la Banque mondiale sur la compétitivité dans le monde décrit les conditions internes, déterminantes du niveau de compétitivité de l'économie haïtienne, mais aussi une analyse comparative des prix des services de transport maritimes dans la région caribéenne :

La structure haïtienne du coût du transport maritime n'est pas compétitive par rapport aux services similaires dans la région des Caraïbes — les coûts de chargement et de déchargement d'un conteneur standard à Port-au-Prince sont de loin les plus élevés des ports des Caraïbes. Selon TranSystem, le coût total par TEU était 595 $ US par des opérateurs privés haïtiens à Public Berths et 445 $ US à Haïti Terminal Varreux, comparés à 121 $ US à Puerto Rico, 109 $ US en République dominicaine, 109 $ US au Port the Point Lisas, Trinidad et Tobago, 156 $ US au port de Spain à Trinidad et Tobago et 154 $ US à Miami. (**Haiti—Let's Talk Competition, A Brief Review of Market Conditions, 2016**)

Le port du Cap-Haïtien connaît une situation de rendement sous-optimal. En effet, les conditions d'exploitation du port ne répondent pas aux mesures standards internationales. Les délais

3 Organisation Mondiale du Commerce, 2017, dernières mises à jour

de dédouanement peuvent aller de 4 à 8 jours tandis que dans d'autres pays caribéens, le délai est de moins de 24 heures.

	Haïti	République dominicaine	Amérique latine et Caraïbes
Coûts à l'importation (USD/conteneur)	1 555	1 145	1 666
Couts à l'exportation (USD/conteneur)	1 200	1 040	1 287
Délai à l'importation (jours)	26	10	18
Délai à l'exportation (jours)	28	8	17
Importations (% du PIB)	54	30	23
Exportations (% du PIB)	18.9	25.6	19.8

www.worldbank.org

Une gestion efficace des opérations portuaires est avantageuse pour la compétitivité de tout le pays. Cette efficacité est bénéfique pour l'économie nationale (source de revenu). Celle-ci aide également le gouvernement, à mettre en place une politique nationale et internationale, à protéger le pays des fraudes, à combattre le trafic illégal de marchandises interdites et limitées, à fournir des informations statistiques sur des transactions de commerce extérieur utiles pour la planification économique et à encourager le commerce international.

Dans une perspective de croissance économique, axée sur le développement du commerce international du pays, nous proposons le réaménagement informatique du port du Cap-Haïtien. Il s'agit de réduire les délais de dédouanement et les coûts de passage portuaire. De manière concrète, nous proposons l'informatisation des modes d'exploitation portuaires par la mise en place d'un guichet unique électronique portuaire et de technologie de contrôle sans intrusion.

Description de l'intervention

Haïti a des potentiels maritimes énormes avec plus de 1 500 kilomètres de côtes à son actif. Pourtant, Haïti figure parmi les pays de la Caraïbe qui exploitent le moins leurs ressources marines. Alors que ces derniers cherchent à mettre leurs ports en adéquation avec les normes internationales en vue de de capter le maximum des produits maritimes surtout avec l'élargissement du Canal de Panama, Haïti tarde encore à effectuer des investissements majeurs dans les infrastructures portuaires.

La réunion autour du réaménagement du port du Cap-Haïtien tenue le jeudi 28 juillet 2014 entre le gouvernement haïtien et l'Agence Américaine pour le Développement International (USAID) vient rompre la tendance. La rencontre s'est soldée par un accord portant sur la rénovation du port du Cap-Haïtien via un projet financé à près de 65 millions de dollars américains. Ce dernier vise à accroître la compétitivité des services portuaires dans le nord à travers l'amélioration des infrastructures et les opérations des services douaniers. Le projet à travers ses trois composantes : la construction d'un terminal à conteneur, la réalisation de travaux de sûreté et le recrutement d›un opérateur privé pour l›exploitation du terminal à compteur dans le cadre d'un partenariat public privé (PPP). Cependant, il n'aborde pas l'automatisation des services du port du Cap-Haïtien. Aussi, nous nous y sommes intéressé.

Pour la desserte des services portuaires du port du Cap-Haïtien, on enregistre une lenteur bureaucratique liée à un déficit d'automatisation des services. De ce fait, faute d'installation de serveur miroir au port du Cap-Haïtien, la communication du port du Cap-Haïtien avec celui de Port-au-Prince via le système informatisé douanier appelé Sydonia est fréquemment interrompue. Ce qui implique un retard dans le contrôle des bordereaux et dans le paiement de ces bordereaux. Avec l'inexistence du backup informatique, le miroir ne prend pas le relais et ne permet pas le fonctionnement du Sydonia au Cap-Haïtien avec une rupture des opérations à Port-au-Prince. Par ailleurs, le contrôle des marchandises est fait de façon artisanale. Ce qui rend long le temps de vérification des marchandises.

Les différents acteurs de la chaine logistique du port du Cap-Haïtien ont tendance à avoir, de façon isolée, leur propre système informatique de suivi des marchandises sans une véritable interconnexion alors qu'un guichet unique portuaire électronique permettrait à tous les parties prenantes du processus d'être liées par une interface et de pouvoir suivre en temps réel les marchandises.

L'état de la situation a amené à envisager la mise en œuvre d'une intervention portant sur l'informatisation des procédures au port international du Cap-Haïtien. Cette dernière doit être réalisée par le renforcement des capacités de la chaîne logistique du port du Cap-Haïtien à travers des plateformes informatiques d'échanges très avancées au sein des communautés portuaires, afin de rendre plus efficaces les services logistiques à haute valeur ajoutée, qui se préparent à être mis au point avec :

- **Un guichet unique électronique portuaire** ayant une plateforme informatique qui intègre tous les acteurs de la chaîne logistique avec une base de données commune. Il permettra de simplifier et d'unifier l'ensemble des procédures. Il s'agira également de mettre l'accent sur les interfaces avec les systèmes d'information privés des opérateurs de terminaux, des douanes et des agents maritimes, sur les technologies (matériels, logiciels, télécommunications, protocoles) et sur l'interconnexion des lignes maritimes du réseau du port du Cap-Haïtien avec le réseau du port de Port-au-Prince.
- **Un système de numérisation des conteneurs** pour garantir la fluidité des procédures et des activités portuaires. L'inspection des conteneurs par scanner à rayons X à destination est un moyen efficace de contrôler la qualité des marchandises en conteneur sans les décharger. La vitesse de balayage, la puissance de pénétration du rayon, son excellente résolution spatiale et la flexibilité du système sont autant de facteurs clés qui assurent sa performance.

Calcul des coûts et des avantages

Description des coûts

Les coûts se composent des coûts d'acquisition des biens et services nécessaires (les matériels informatiques et électroniques) et le coût de formation des cadres-utilisateurs du système (guichet unique et système informatique portuaire). En outre, la formation des cadres utilisateurs accroît leur compétence en termes d'efficacité, de précision et d'habileté dans le manœuvre de gestion et d'opération portuaire. L'élévation des capacités techniques des cadres formés induit d'autres coûts salariaux.

Il y a aussi le coût d'installation du guichet unique électronique portuaire, qui agrège toutes les opérations nécessaires à la création d'une interface commune à tous les utilisateurs, clients et acteurs du port du Cap-Haïtien. On compte, entre autres, l'acquisition de logiciels commerciaux (y compris les modules de paiement électronique, l'installation, l'adaptation du portail aux besoins du port du Cap-Haïtien et la maintenance du logiciel ; le moteur et l'interface utilisateur de ces modules, développés par la CNUCED, au cœur du système de traitement et de gestion des données de la mise à jour du logiciel si de nouvelles versions sortent ; et l'assistance technique.

L'obsolescence logicielle et matérielle peut affecter la performance du système informatique du port. Par conséquent, des coûts d'entretien et de maintenance s'imposent, surtout pour la mise à jour des applications portuaires et le renouvellement de matériels.

Enfin, l'un des coûts importants dans le projet d'automatisation des procédures portuaires reste celui des travaux électriques. Il comprend les dépenses pour les travaux de conditionnement électrique (aménagement de salle électrique pour les circuits, mise à la terre, câblage et sécurité physique) ; les sources d'alimentation et de distribution principales consistent en l'implantation d'un système de transfert automatique, d'aménagement de lignes d'alimentation, et un système de secours pour les serveurs.

Description des avantages

Les avantages escomptés comprennent le gain de ressources lié à la limitation des déplacements qui mobilisent des frais de carburant ; l'augmentation du commerce international, le renforcement de la sécurité basé sur les pertes réduites de contrebande, et la réduction des prix des services portuaires du Cap-Haïtien.

Calcul du Ratio Avantage-Coût (RAC)

Tableau récapitulatif

Intervention	Taux d'actualisation	Avantage (en gourdes)	Coût (en gourdes)	Ratio avantage-coût	Qualité des éléments de preuve
Informatisation des procédures au port international du Cap-Haïtien	3%	6 349 640 093	799 854 513,30	7,9385	Moyenne
	5%	5 250 995 918	753 455 269,50	6,9692	
	12%	2 846 276 781	632 676 163,76	4,4988	

Notes: Calcul des auteurs

Conclusion

Le port du Cap-Haïtien serait plus efficace dans la desserte des services avec l'automatisation de ses procédures. A travers celle-ci, il soutiendra la compétitivité économique d'Haïti ainsi que la création de richesse en améliorant le temps de passage des marchandises, en éliminant les barrières non tarifaires et procédurales, en utilisant des outils technologiques performants, en luttant contre la contrebande et en investissant dans la formation des techniciens.

Les calculs ont démontré que les ratio avantage-coût pour les taux d'escompte de 3%, 5% et 12% sont supérieurs à 1. Cela traduit que les avantages économiques sont supérieurs aux coûts économiques. En d'autres termes, l'intervention générera de la richesse. Donc, cette intervention devrait être entreprise.

Références bibliographiques

Fagueret V. (2008). L'informatisation portuaire/ Master II de droit maritime et des transports p.4-38

El Khayat, M. 1994, L'échange de données informatisées dans les activités d'exportation des pays du Sud : les passages portuaires pp.359-374

Experts internationaux résidents CNUCED et Coordination nationale du projet (20 septembre 2016). Projet de dématérialisation des procédures de dédouanement « Guichet unique de l'AGD) p.19-27

Cantens, T. (2015). « Un scanner de conteneurs en « Terre Promise » camerounaise : adopter et s'approprier une technologie de contrôle », *L'Espace Politique* [En ligne], 25 | 2015-1, mis en ligne le 05 avril 2015, consulté le 09 mars 2017. URL : http://espacepolitique.revues.org/3415 ; DOI : 10.4000/espacepolitique.3415

Gilles, M. et Gilles, P. (2012). « Réforme et modernisation des douanes en Afrique subsaharienne francophone, 1995-2010. Customs Administration Reform and Modernization in Francophone Sub-Saharan Africa, 1995-2010 », *Revue d'économie du développement*, 3/2012 (Vol. 20), p. 105-146

Banque mondiale/ Unité de Lutte contre la Corruption (Janvier 2007) Gouvernance et Corruption en Haïti : **Résultats de Enquête diagnostique sur la Gouvernance et la Corruption en Haïti** p.22-24

Commission présidentielle sur la compétitivité – Groupe de travail sur la compétitivité (juillet 2009). Vision partagée pour une Haïti inclusive et prospère – Rapport préliminaire CHAP I et II

Commission Economique pour l'Afrique (CEA) (26 juin 2008). **Étude sur les insuffisances dans l›utilisation Technologies de l›Information et de la Communication (TIC) pour la Facilitation des échanges dans les pays africains et Outils pour rapprocher les écarts existants en matière de TIC : GUICHET** UNIQUE: UN OUTIL POUR LA FACILITATION DES ECHANGES Partie 2

SIMBWA, G. (2015). Les B.A.-BA de la gestion portuaire : Quid de la RDC p.1-3

Autorité Portuaire Nationale et International Finance Corporation (2016). Cap Haitien Port Public Private Partnership, Investors Conference p1-15

United States Agency for International Development (USAID) and Government of Haiti (GOH) (2015). Public Private Partnership Cap Haitien Port Project p. 1-21

Institut Portuaire d'Enseignement et de Recherche-Normandie (IPER), 2017

Ministère de l'Economie et des Finances (MEF) /Administration Générale des Douanes(AGD), Services Statistiques, (2015-2016) ; MEF : *Grille salariale de l'Administration publique*

Journal «Le National» (6 août 2015)

World Bank, 2016, www.wto.org

World Bank, 2016, Haiti-Let's Talk Competition, A Brief Review of Market Conditions

Oficina Nacional de Estadística (ONE), 2014, République Dominicaine Organisation Mondiale du Commerce, 2017, dernières mises à jour

SERVICES PUBLICS

Appliquer les lois sur la décentralisation en Haïti : une analyse coût-avantage

Tarah Télusma Thelusme

L'inclusion d'une clause exigeant que les firmes étrangères sous-traitent aux firmes locales au moins 20% des appels d'offre remportés afin de stimuler le transfert de technologie : une analyse coût-avantage

Romy Reggiani Theodat

Mise en place d'un système national d'assistance légale : une analyse coût-avantage

Jimmy Verne

Analyse des coûts et des avantages de la modernisation de l'État civil en Haïti : outils informatiques au service de l'enregistrement de naissances

MOÏSE CELICOURT[1]

Résumé

Les estimations portent à croire qu'aujourd'hui 30% des enfants naissent sur le territoire et ne possèdent pas un document de naissance pour attester leur existence légale. Cette situation prive l'enfant de ses droits fondamentaux et risque de le condamner à une exclusion forte au sein de la société.

Cette intervention se propose de fournir des pistes de solutions en se basant sur les outils technologiques notamment l'utilisation de matériels et équipements informatiques mis à la disposition des offices d'état civil pour une meilleure couverture de ce service au profit de la population. Elle utilise le scénario contrefactuel de la mise en place du registre civil initié par l'État haïtien en 2005 en partenariat avec plusieurs partenaires techniques et financiers dont l'OEA et l'ACDI. L'objectif poursuivi par cette intervention consiste à conduire une analyse coût-avantage de l'informatisation du processus d'enregistrement des naissances en vue de fournir des certificats de naissances à l'ensemble des nouveau-nés.

Les coûts associés à cette intervention comprennent les investissements en acquisition et de la maintenance des matériels et équipements informatiques (ordinateurs, imprimantes, serveurs,), et les dépenses de fonctionnement et de la main d'œuvre (formation, énergie, transmission de données, etc.).

Les avantages globaux de cette intervention sont estimés suivant deux scénarios, portant sur l'impact de la détention ou non du certificat de naissance sur l'éducation bien qu'on sait légalement la loi haïtienne interdit aux responsables des institutions scolaires privées l›admission des enfants sans certificats de naissance dans le milieu scolaire surtout au niveau secondaire. Ainsi, à un taux d›actualisation de 5% et en supposant que la non détention du certificat de naissance soit un obstacle pour l›enfant, les avantages totalisent 273,5 million de dollars pour la période sous-étude. Le ratio avantage-coût est 10,5.

1 *Économiste, Secrétaire Exécutif de la CRFP&GE,* Ministère de l'Economie et des Finances

Acronymes

ACDI	Agence Canadienne de Développement International
AIMF	Association internationale des Maires francophones
ANH	Archives Nationales d'Haïti
BECI	Bureau d'État Civil
BID	Banque Interaméricaine de Développement (IDB anglais)
BONI	Bureau Office National d'Identification
CIN	Carte d'Identification Nationale
GARR	Groupe d'Appui aux Rapatriés et Réfugiés
MJSP	Ministère de la Justice et de la Sécurité Publique
ONI	Office National d'Identification
OEA	Organisation des États Américains
OEC	Officier d'État Civil
PUICA	Programme interaméricain d'enregistrement universel de l'état civil dans les Amériques
PTF	Partenaires Techniques et Financiers
RAC	Ratio avantage-coût
SEDI	Secrétariat Exécutif au Développement Intégré de l'OEA
SIGEC	Système Intégré de Gestion de l'État Civil
TPI	Tribunal de Première Instance
VAN	Valeur Actuelle Nette
USAID	Agence Américaine de Développement
USD	Dollar américain

Introduction et mise en contexte

L'enregistrement des faits d'état civil gagne une importance particulière dans les discussions politiques de divers États ainsi que de nombreuses instances internationales. Cette activité gouvernementale qui se résume essentiellement à la délivrance de certificats de naissances et des cartes d'identité entretient aussi des liens étroits avec divers aspects du développement économique et social (BID, 2016).

Il constitue un droit humain fondamental et une preuve légale d'existence d'un individu confronté à une propension d'être marginalisé par les avantages de vivre dans une communauté et d'être condamné à une vie d'exclusion (BID, 2013). En ce sens, le refus d'accès aux services publics et sociaux dû à l'absence d'un document officiel d'identité peut être assimilé à l'une des plus grandes défaites d'un individu dans la société. Alors c'est la triste réalité de plusieurs millions de personnes.

Dans une perspective plus large, l'enregistrement des naissances, composante du système d'enregistrement des faits d'état civil, permet de favoriser une bonne planification, et surtout la planification des services à fournir à certaines catégories de la population (enfants, adultes, vieillards) et l'évaluation des politiques publiques. Un bon système d'enregistrement, par exemple, permet à l'État de planifier le nombre d'écoles à fournir à une région ou la quantité de centres de santé à construire pour garantir de soins de santé suffisants à la population. Les retombées au profit de certains groupes spéciaux dû à un enregistrement de naissances peuvent se révéler fructueuses.

L'UNICEF estime que 230 millions[2] d'enfants âgés entre 0 et 4 ans ne sont pas enregistrés dans le monde actuellement. Le continent américain accumule environ 6,5 millions de cet effectif dont 1,3 million chaque année sont dépourvus de certificats de naissance.

En Haïti, la problématique de l'état civil est cruciale en particulier l'enregistrement des naissances. Selon les résultats de l'Enquête Mortalité, Morbidité, et Utilisation des Services réalisés en 2012 par l'Institut haïtien de statistique et d'informatique (IHSI), environ 20 % des enfants ne sont pas enregistrés par les services d'état civil et environ 30% d'entre eux ne disposent aucun certificat de naissance. Cette situation prive une bonne portion de la population de leur droit puisque ces derniers ne sont pas légalement reconnus.

Depuis 2005, l'État haïtien avec l'appui de divers partenaires techniques et financiers notamment l'Organisation des États Américains (OEA), l'Agence Canadienne de Développement (ACDI) et l'Agence Américaine de Développement (USAID), s'est doté d'un nouveau système de registre civil, basé sur les nouvelles technologies, permettant l'enregistrement de tous les Haïtiens indépendamment de l'endroit où ils se trouvent. Bien que le système soit en place, seul les Haïtiens ayant atteint l'âge[3] de la majorité sont habilités à s'inscrire dans le registre civil. Aujourd'hui, environ 6 millions d'Haïtiens se sont enregistrés dans ce nouveau registre civil.

L'objectif poursuivi par cette intervention consiste à conduire une analyse coût-avantage de l'informatisation du processus d'enregistrement des naissances en vue de fournir des certificats de naissances à l'ensemble des nouveau-nés.

Cadre institutionnel de l'état civil

L'enregistrement civil pour l'ONU est perçue comme une « institution publique » gérée l›État qui sert à la fois les intérêts généraux et les intérêts individuels en collectant, filtrant, documentant, classant, conservant, corrigeant, actualisant et certifiant les données sur les événements d›état civil concernant les individus et leur famille, ainsi que les caractéristiques de ces événements, et en fournissant les preuves documentaires officielles et permanentes de l›existence de l›identité ainsi que des circonstances personnelles et familiales (Nations Unies, 2000).

En Haïti, l'enregistrement des naissances est obligatoire au regard du Code civil haïtien portant sur les actes de naissances, de légitimation, de reconnaissance et d'adoption et renouvelé au niveau de la Constitution de 1987. Le Code pénal, en ses articles 294-299, puni sévèrement toute personne ayant assisté à une naissance et n'ayant pas fait déclaration au point qu'elle peut encourir une peine d'emprisonnement allant de 6 à 30 jours. La responsabilité générale de la coordination et du contrôle du système d'état civil est confiée plusieurs institutions étatiques notamment le ministère de la Justice et la Sécurité Publique, le ministère de la Culture et le Ministère des Affaires Étrangères.

---

2 UNICEF, 2013

3 La Constitution haïtienne de 1987 fixe en son article 16.2, l'âge de la majorité à dix-huit (18) ans, ce qui habilite chaque haïtien de pouvoir exercer leurs droits civils et politiques s'ils réunissent les autres conditions prévues par la Constitution et par la loi.

Le processus d'enregistrement en Haïti comprend trois étapes principales : la déclaration qui est suivie ensuite par l'enregistrement et l'octroi du certificat qui boucle ce dit processus. La déclaration se produit généralement lors de l'événement de naissance lui-même dans un centre hospitalier en présence des professionnels de la santé ou par l'un des parents de l'enfant à l'officier d'état civil du lieu du domicile de la mère. Si l'enfant est né dans un centre hospitalier, une attestation de naissance est délivrée aux parents qui auront la responsabilité d'entreprendre les démarches d'enregistrement auprès du bureau d'état civil du lieu de son domicile. Au cas où l'accouchement se ferait à domicile et comme c'est la situation la plus répandue, il revient au père ou à la personne qui a en assisté de produire la déclaration auprès de l'officier du bureau d'état civil. L'obtention du certificat de naissance par les déclarants est réalisée dans les jours suivants la date de la déclaration au bureau de l'état civil.

Organisation du système d'état civil haïtien

Le ministère de la Justice et de la Sécurité Publique assure la responsabilité de recrutement et de titularisation des officiers de l'état civil et en assure le contrôle à travers son service d'inspection et les commissaires du gouvernement des tribunaux de première instance. Le service de d'inspection joue un rôle important dans la bonne marche du système puisqu'il doit contrôler les registres d'état civil d'une part, et assurer que la population soit suffisamment informée de l'importance de l'enregistrement des faits d'état civil d'autre part. À souligner que ce service n'a jamais été opérationnel en raison des moyens et des mesures d'accompagnement limités. En effet, la gouvernance du système est en grande partie assurée par ce ministère.

Les Archives Nationales, structure déconcentrée du ministère de la Culture, garantissent la conservation d'une copie des registres acheminés par les parquets des tribunaux de première instance et c'est ce qui les habilitent à produire des extraits d'archives qui ne sont autres que des copies complètes des actes archivés. Ce qui fait qu'aujourd'hui, dans la pratique, il est le seul document d'identification officiel accepté pour l'accès à un certain nombre de services notamment l'obtention d'un document de voyage, l'inscription récente dans toutes les facultés de l'Université d'État d'Haïti.

Le ministère des Affaires Étrangères intervient surtout par l'entremise des ambassades et consulats qui fournissent des services d'état civil aux Haïtiens vivant à l'extérieur du pays.

Ce qui fait défaut encore aujourd'hui c'est le fait que l'ensemble de ces institutions impliquées dans le système d'état civil ne parviennent pas à intervenir de façon coordonnée dans la perspective d'une sécurisation juridique des documents. Au point où les officiers d'état civil ne sont soumis à aucun contrôle systématique si bien que les registres des actes, dans la majeure partie des cas, ne sont pas transmis au ministère de la Justice.

Contraintes du non enregistrement

Malgré certaines mesures de politiques adoptées par les pouvoirs publics en faveur d'un changement profond lié à la problématique de l'état civil en Haïti, dans la réalité les autorités ne jouent pas suffisamment leur rôle central pour appuyer la promotion universel de l'enregistrement des naissances en Haïti. La quasi majorité des dispositions légales régissant le système d'enregistrement se base sur des décrets ou arrêtés présidentiels et non des lois, ceci démontre le désintérêt notable des autorités. Ce désintérêt se manifeste plus concrètement à travers les ressources modestes allouées aux services en charge de l'état civil, des ressources humaines non qualifiées et peu nombreuses pour offrir le service à l'ensemble de la population, un sous-équipement des bureaux en matériel, et souvent de la pénurie des documents de registres et de formulaires pour l'enregistrement des naissances.

La procédure d'enregistrement de naissances en Haïti est lourde et a été longtemps discriminatoire à un certain moment au point où elle a fait naitre une « *citoyenneté à deux vitesses*[4] ». Les délais trop longs pour l'obtention des certificats de déclaration, provoquant des allers-retours incessants des déclarants, démontrent clairement la lourdeur administrative. De plus, les personnes les plus touchées par le non-accès aux certificats de naissances concernent principalement les personnes vivant en milieu rural, jadis nommées paysans et disposant d'un certificat différent de celui des résidents en ville (citadin), et des populations des zones en difficulté en milieu urbain notamment les bidonvilles.

Il arrive que les bureaux d'état civil ne disposent même pas de registres ou formulaires d'enregistrement, ce qui pousse encore plus loin les délais de remise des certificats. Les déclarations sont parfois reçues dans des cahiers ordinaires pour être ensuite retranscrites dans les registres.

Les établissements de soins, conventionnellement, devraient censés être les points d'inscription pour les nouvelles naissances mais, dans la réalité, ils ne suivent pas les exigences légales en la matière. Cependant, dans le cas d'Haïti, la majorité (75%) des femmes haïtiennes accouchent à domicile[5], ce qui complique la situation des familles en raison des déplacements souvent payants et plutôt coûteux pour avoir accès aux certificats de naissances pour leurs enfants. De plus, le système sanitaire haïtien est moins exigeant en matière de dotation d'un certificat de naissance pour avoir accès aux soins de santé.

De plus, le constat d'une répartition géographique déséquilibrée est frappant. Le territoire national est doté de 189 bureaux d'état civil et seulement 3 d'entre eux existent aux niveaux des sections communales, 570 en total, l'échelon de base de la collectivité territoriale haïtienne.

Certains bureaux d'état civil (BECI) fonctionnent, de fait, comme des « *officines privées*[6] » sous contrat avec l'État au point qu'ils facturent des actes (naissance, reconnaissance volontaire d'un enfant naturel et de décès.) censés être gratuits. Dépendamment du lieu géographique où l'on se situe sur le territoire, l'acte de naissance peut varier entre 50 et 1 000 gourdes « 1,4 ~ 27,8 $US, 2007 » (GARR,2007). Donc, le critère de coût est aussi assimilé aux contraintes pouvant empêcher les parents de fournir à l'enfant l'acte de naissance.

Conséquences du non enregistrement

Les risques d'exclusion dans la société d'un enfant ou d'un individu tout au long de sa vie, en raison de son non enregistrement sont importants, en ce sens où l'accès à certains droits peuvent carrément lui être refusés. Un enfant qui ne dispose pas d'acte de naissance peut se trouver privé d'un accès au système éducatif ou de soins sanitaires, à la participation sociale, et à la protection.

Dans une recherche (2013) conduite par la Banque Interaméricaine de Développement (BID), Brito et al. montrent que dans tous les pays d'Amérique latine et les Caraïbes, l'absence de certificat de naissance est étroitement lié à un niveau d'éducation plus faible ainsi qu'à un niveau

4 DIAL, 1990

5 MSPP EMMUS V, 2012

6 Rapport GARR, 2007

de vaccination plus faible. Ce manque peut entrainer le refus d'une institution scolaire d'offrir des services éducatifs à des enfants dépourvus d'acte de naissance. Bien que des études qualitatives poussées en Haïti n'établissent pas encore le lien de causalité entre les enfants sans certificats de naissances et les difficultés d'accès aux services publics, il n'en demeure pas moins dans la réalité que ces derniers sont véritablement exposés aux risques de ne pas y avoir accès. Des contraintes légales exprimées dans la loi empêchent un enfant haïtien ne disposant pas d'acte de naissance d'avoir accès à l'éducation.

Processus de modernisation du registre civil haïtien

L'État haïtien a initié en 2005, la modernisation de son registre civil en vue de favoriser le perfectionnement et le renforcement de l'enregistrement universel de l'état civil en Haïti. Cette initiative intitulée « Programme interaméricain d'enregistrement universel de l'état civil dans les Amériques (PUICA) », rentre dans le cadre du programme d'universalisation de l'établissement de l'identité civile dans les Amériques exécuté par le Secrétariat exécutif au Développement intégré (SEDI) de l'OEA avec le financement de l'Agence canadienne de développement (ACDI).

Malgré le décret de 2005 portant création de l'ONI qui vise l'identification de tous les Haïtiens et Haïtiennes, seules les personnes atteignant la majorité ont été habilités à s'inscrire au registre lors de son lancement jusqu'à présent. Plus de trois (3) millions d'Haïtiens se sont fait inscrire à la fin de l'année 2007. D'autres partenaires techniques et financiers ont toutefois accompagné l'État haïtien tout au long de la période notamment l'USAID, le Venezuela, et le Japon en fournissant de l'assistance pour renforcer les capacités de l'ONI ainsi que d'autres instances impliquées dans l'identification jusqu'en 2015. Aujourd'hui, environ six (6) millions d'Haïtiens se trouvent dans ce registre civil tenu par l'ONI.

Après la période électorale de 2006, les bureaux de l'ONI étaient au nombre de 42 sur tout le territoire national en 2007 pour offrir des services de délivrance de Carte d'Identification Nationale (CIN) à tous les citoyens majeurs. La gratuité de l'enregistrement à l'identification vise à faciliter la détention d'un document authentique à tout adulte ne disposant pas de pièce d'identité, moyennant qu'il se fasse accompagner par deux témoins possédants eux leur pièce d'identité. Actuellement, l'ONI dispose de cent quarante-deux (142) bureaux à travers le pays ainsi que d'une représentation dans certaines ambassades d'Haïti à l'étranger notamment en République dominicaine pour effectuer l'enregistrement des Haïtiens vivant à l'extérieur.

En 2006, parallèlement à la mise en place du nouveau système de registre civil conduit par l'ONI, les Archives Nationales d'Haïti (ANH) ont bénéficié de l'assistance de l'Association internationale des Maires francophones (AIMF), pour la mise en place d'un système digital intitulé « Système Intégré de Gestion de l'État Civil (SIGEC) » en remplacement de l'ARCHIVEX qui a fonctionné entre 2000 et 2006. Du même coup, l'appui de l'OEA a couvert la numérisation de plus 16 millions d'actes au niveau des ANH depuis l'indépendance du pays. Les objectifs poursuivis par cette assistance consistent à : saisir tous les répertoires civils des Archives Nationales et des Greffes des TPI; compléter les registres manquants entre eux; déconcentrer les services des Archives en mettant en place un service dans les bureaux de poste (déjà fonctionnel dans certaines villes) pour les demandes et livraison à domicile d'extraits d'acte de l'état civil; et décentraliser les archives vers les communes lorsque les infrastructures seront disponibles.

Ces avancées n'ont pas permis, jusqu'à présent, de faciliter la modernisation du système d'enregistrement à l'état civil et son articulation pour une généralisation du système d'identification nationale. Bien que le système actuel de registre civil supporté par l'ONI tel qu'il est conçu puisse prendre en charge l'enregistrement des naissances.

Calculs des avantages et des coûts

Estimations des avantages

Dans le cadre de cette étude, nous nous intéressons spécifiquement aux avantages d'un enregistrement des naissances sur le coût de transport, le gain de temps, l'économie du gouvernement ainsi que d'autres avantages inhérents liés à l'éducation, l'accès aux services financiers, ou le droit de vote.

Les calculs des avantages liés au coût de transport évité, à l'économie du temps et la réduction des coûts pour le gouvernement ont été effectués. L'avantage global de l'économie du temps et de la baisse des coûts du gouvernement non actualisé découlant de cette intervention s'élèvera à 9 millions de dollars US. Les avantages estimés à 29,6 millions de dollars US à un taux d'actualisation de 3% font état d'une intervention qui exclut l'effet du non enregistrement des naissances sur l'éducation des enfants. Ils s'élèveront à 19,0 et 8,3 millions de dollars US respectivement à des taux d'actualisation de 5 et 12%. Ces avantages courants de la détention du certificat de naissance incluent ceux liés à la possibilité d'exercer ses droits civils et politiques notamment le droit de vote ou de se porter candidat, le droit d'accès au système financier bancaire ou de pouvoir épargner en toute sécurité en vue de bénéficier d'un taux d'intérêt préférentiel.

Par contre, l'absence de certificat constitue, fort probablement, un obstacle à l'éducation en Haïti, puisque la loi haïtienne interdit les responsables des établissements scolaires d'accepter l'admission d'un enfant ne détenant pas un certificat de naissance. Même lorsqu'on ne dispose pas des données empiriques nous permettant de corroborer notre assertion, les avantages attendus de cette intervention sont plus importants. Dans ce cas, les avantages se portent à 570,1 millions de dollars US à un taux d'actualisation de 3%, 273,5 millions de dollars US à un taux d'actualisation de 5%, et 37,3 millions de dollars US à un taux d'actualisation de 12%.

Estimations des coûts

Les principaux éléments qui influencent les coûts d'amélioration du système d'enregistrement civil peuvent être décrits comme suit. Premièrement, l'investissement dans la technologie en termes de matériels et logiciels. Certains de ces coûts sont déjà encourus pour faire fonctionner l'ensemble des bureaux de l'ONI à travers le territoire national. Le coût associé à l'acquisition des serveurs de bases de données pour le stockage des informations est déjà encouru puisque l'ONI dispose d'un centre d'opération de données (Data Center). Par contre, les coûts opérationnels liés à la maintenance du système sont pris en compte dans le budget de fonctionnement de l'institution auxquels des ajustements sont faits pour la montée en charge des bureaux additionnels devant accompagner les officiers d'état civil. Ces crédits de fonctionnement alloués à l'ONI doivent alimenter les dépenses pour maintenir fonctionnel les serveurs, le coût de transport des données des zones périphériques (département, commune, section communale) vers le serveur central logé à Port-au-Prince (internet, fibre optique, etc.). Actuellement, le transport des données sur l'enregistrement des citoyens majeurs émanant des zones périphériques vers la base de données centrale s'effectue via les infrastructures du réseau de communication d'une compagnie de téléphonie mobile sur place de façon instantanée. Des ressources pour financer des dépenses d'investissement sont également dégagées notamment pour la formation, l'acquisition de nouveaux équipements informatiques pour les chefs-lieux de départements pour assurer une plus grande couverture.

Le coût total de l'offre du service d'enregistrement aux nouveau-nés s'élève à environ 12 millions de dollars US pour l'année de base 2016. Si cette tendance se maintient pour les dix prochaines années, le coût hors renouvellement atteindra 7,5 millions de dollars US à un taux d'actualisation de 3%, 6,7 millions de dollars US à un taux d'actualisation de 5%, et environ 5 millions de dollars US à un taux d'actualisation de 12%. Si l'on tient compte du coût de renouvellement des équipements de l'ONI qui a été réalisé à l'année 2015, le niveau de celui-ci affichera 10,0 ; 8,9 et 6,2 millions de dollars US respectivement aux taux d'actualisation de 3, 5 et 12%. De plus, avec un taux de réussite de l'intervention situé à 75%, les coûts supplémentaires de délivrance des certificats de naissances au 27% des nouveaux nés jusqu›à présent non pris en compte par le service actuel notamment en matière d›éducation porteront à 22,9 ; 17,2 et 6,9 millions de dollars US respectivement aux taux d'actualisation de 3, 5 et 12%.

Analyse des résultats empiriques

Les résultats de l'analyse coût-avantage démontrent que les avantages économiques découlant de l'enregistrement des naissances sont supérieurs aux coûts engagés. Cette intervention devrait toucher globalement environ 2 millions d'enfants sur la période dont 27% d'entre n'ayant aucun acte de naissance spécifiquement.

Tableau 1

Scénario 1 : L'absence de certificat de naissance n'est pas un obstacle à l'éducation -> le certificat de naissance n'affecte pas l'inscription à l'éducation

Intervention	Réduction	Avantage	Coût	RAC	Qualité des éléments de preuve
Enregistrement électronique du certificat de naissance	3%	29 590 300	9 988 284	3,0	Moyenne
	5%	18 967 609	8 879 079	2,1	
	12%	8 324 650	6 183 368	1,3	

Tableau 2

Scénario 2 : L'absence de certificat de naissance est un obstacle à l'éducation -> certificat de naissance améliore l'inscription à l'éducation, mais augmente le coût de l'éducation

Intervention	Réduction	Avantage	Coût	RAC	Qualité des éléments de preuve
Enregistrement électronique du certificat de naissance	3%	570 105 243	32 821 005	17,4	Moyenne
	5%	273 533 512	26 093 594	10,5	
	12%	37 290 498	13 049 730	2,9	

Au niveau des tableaux 1 et 2, le ratio avantage-coût est ainsi présenté. Au regard d'une intervention qui exclut les conséquences néfastes de la non détention d'un certificat d'enregistrement sur l'éducation d'un enfant, ce rapport est de 3,0 au taux d'actualisation 3%, 2,1 et 1,3 respectivement aux taux de 5% et de 12%. Ce qui signifie clairement qu'un investissement de l'État de 1 $ US dans l'informatisation de l'enregistrement des naissances en Haïti provoquerait un retour de 3 $ US.

Par contre tel que le démontre le tableau 2 relatif à l'impact de l'absence de certificat de naissances chez l'enfant et les impacts sur son éducation, pour un taux d'actualisation de 3%, le niveau de ce rapport est de 17,4. Ils sont à 10,5 et 2,9 respectivement lorsque les taux d'actualisation sont de 5% et de 12%. Les retombées sont beaucoup plus consistantes pourvu que l'État investisse 1 $ US dans l'amélioration du système et cela rapportera 17,4 $ US à l'ensemble de l'économie.

Il faut être très précautionneux quant aux résultats économiques obtenus puisqu'il ne suffit pas de rendre opérationnel la solution informatique pour l'enregistrement pour que cela lève nécessairement les diverses contraintes du système. Il faut que des avancées conjointes soient réalisées dans d'autres composantes telles que le contrôle et l'inspection, la révision/normalisation du cadre légal et institutionnel. Autrement dit, sur le plan politique, les autorités doivent faire preuve d'un certain intérêt sur la problématique de l'état civil.

Conclusion

L'enregistrement des naissances devient actuellement un enjeu majeur de développement pour tous les États qui se soucient du bien-être de leur citoyens et surtout du développement durable puisqu'il conditionne tout le cycle de vie de l'individu mais aussi son inclusion au sein de la société. Haïti n'est pas épargné par l'ampleur de cet enjeu devenu plutôt mondial.

L'État haïtien a entrepris des initiatives visant à moderniser son système de registre civil depuis presque une décennie par l'identification spécifique de ses citoyens majeurs. Il s'avère nécessaire que cette démarche se généralise pour tous les Haïtiens, indistinctement, dans le but de garantir les droits fondamentaux de chaque individu vivant sur le territoire. Les estimations réalisées sont très modestes puisqu'elles ne présentent pas tous les avantages qui découlent de cette intervention. Quel est le poids de la fraude et la corruption auxquels le secteur privé ou/et le secteur public pourrait faire face avec la présence d'un système d'enregistrement civil fiable et unique ? Cette interrogation, par exemple, pourrait déjà procurer à l'économie haïtienne des avantages plutôt significatifs. Sur la base des résultats affichés par l'ONI sur l'octroi des cartes d'identification nationale, nous estimons que les avantages liés à la délivrance des certificats d'enregistrement correspondent au temps économisé, aux coûts de transports évités et à une baisse de coûts engagés par l'État.

Références bibliographiques

Ana Corbacho, Steve brito, Enregistrement de naissances et l'impact sur l'accès à l'éducation, Banque Interaméricaine de Développement, Aout 2012.

Collectif Haïti de France, État civil et carte d'identité en Haïti, Paris. Consultable en ligne : http://www.collectif-haiti.fr / - Cadre de Coopération Intérimaire, Rapport Groupe Appui au renforcement de l'état civil, Port-au-Prince, 2004.

Décret portant la création de l'ONI, juin 2005

Département des affaires économiques et sociales, Manuel des systèmes d'enregistrements des faits d'état civil et de statistiques d'état civil, Série F No 72, Nations Unies, New York, 1998. Consultable en ligne: https://unstats.un.org/unsd/publication/SeriesF/SeriesF_71F.pdf

GSMA HEAD OFFICE, Birth Registration in Tanzania: Tigo's support of the new mobile birth registration system, UK aid, United Kingdom, 2016. Consultable en ligne: www.gsma.com/mobilefordevelopment/programmes/digital-identity

Mia Harbitz, Ivan Arcos Axt, Identification and Governance Policies: The legal, Technical, and Institutional Foundations that Influence the Relations and Interactions of Citizen with the Government and society, IBB, September 2011.

Report of the Office of the United Nations High Commissioner for Human Rights, Birth registration and the right of everyone to recognition everywhere as a person before the law, United Nations, New York, 2014.

Steve B., Ana C. and R. Osorio, Enregistrement de naissances: La clé de l'inclusion en Amérique Latine et Caraïbes, Banque Interaméricaine de Développement, Octobre 2013.

UNICEF, Every Child's Birth Right: Inequities and trends in birth registration, UNICEF, New York, 2013. Consultable en ligne: http://data.unicef.org/wp-content/uploads/2015/12/Birth_Registration_lores_final_24.pdf

World Vision Haïti, Le système de protection de l'enfant en Haïti, Port-au-Prince, juin 2012.

Wiza Loutis, Diagnostic des systèmes d'enregistrement à l'État Civil et d'identification Nationale en Haïti, Groupe d'Appui aux Rapatriés et Refugiés (GARR) et Droits & Démocratie, Port-au-Prince, 2007.

Analyse sur la faisabilité du vote électronique en Haïti

PIERRE MICHEL CHÉRY[1]

Résumé

Haïti fait face à des obstacles de plus en plus grands pour pouvoir organiser des élections fiables, acceptées par tous. Ainsi, le système électoral haïtien doit : réduire son budget de manière à s'affranchir progressivement de la dépendance externe ; garantir la fiabilité du vote en empêchant autant que possibles les fraudes et les irrégularités ; faciliter les opérations pour le votant, et réduire les délais de toutes les opérations de la chaîne de traitement.

Ces différents défis peuvent être adressés par un modèle de vote électronique.

Un investissement de l'ordre de 17 millions $ US dans un système de vote électronique à double vérification (équipement et logiciel) permettraient aux élections haïtiennes de gagner en efficacité (rapidité de la proclamation des résultats, réduction des délais entre les étapes du processus, suppression de certains postes de gestion de contentieux) ; et en fiabilité, avec la réduction très significative des possibilités de fraudes et d'irrégularités.

Entre autres avantages, le vote électronique permettra de réduire les dépenses directes avec des économies réalisées avec l'élimination de l'impression des bulletins (13 millions $ US), la gestion du centre de tabulation (CTV) (4 million $ US), la gestion d'un personnel pléthorique (2 million $ US). La réduction de dépenses dans ces trois postes compte pour plus de 70% dans la réduction des dépenses. D'autres dépenses de moindre importance sont également éliminées ou réduites.

Les montants actualisés à 5% des investissements (17 millions $ US) et des avantages (90 millions $ US) ont montré un ratio avantage-coût de 5,3.

Introduction

Avec la chute des Duvalier, sauf en de rares occasions, les élections ont toujours été une source de déboires pour la majorité des citoyens haïtiens. Très coûteuses et généralement très mal organisées, elles n'arrivent pas à apporter la stabilité sociale et politique tant espérée par la population haïtienne. Au contraire, elles ont des conséquences politiques désastreuses pour le pays. La présence de la MINUSTHA dans le pays est une des conséquences des résultats contestés des élections de l'année 2000.

Les Conseils Électoraux ont toujours été incapables d'empêcher les fraudes et irrégularités de toutes sortes au moment des opérations de vote. Pire, ils ont toujours été dans l'impossibilité de garantir la fiabilité des résultats proclamés. Ce sont là quelques-unes des causes majeures qui

1 Nos remerciements aux Dr Frédérique Gérald Chéry et Brad Wong pour leurs précieuses contributions à la réalisation de cette étude.

expliquent le peu d'engouement des électeurs haïtiens pour aller voter ; moins de 30% pour les élections de 2015.

Un système de vote électronique bien élaboré peut éviter la plupart des écueils récurrents constatés lors des élections. Si le vote électronique ne peut offrir aucune protection contre les bris, les sabotages, les incendies, il peut au moins permettre d'avoir des résultats fiables, là où le vote n'a pas été physiquement perturbé par des actions violentes. Cependant, le vote électronique requiert une infrastructure technologique et organisationnelle différente du vote manuel. Notre propos ici est de montrer la faisabilité du vote électronique en Haïti en mettant l'accent sur 1) les économies que le pays peut faire, et ; 2) la garantie de la fiabilité, tout en présentant les risques de fraude qui sont également possibles dans le vote électronique.

Analyse documentaire - Le vote électronique dans le monde

Le vote électronique peut se faire de différentes façons : Il peut s'agir d'un vote manuel avec dépouillement électronique (Argentine 2012, Cordoba). Il peut s'agir d'un vote avec machine électronique non reliée au réseau internet. Il peut s'agir de vote avec machines reliées dans un réseau Intranet totalement indépendant du réseau Internet. Il peut s'agir de vote avec des machines reliées dans un réseau privé *Virtual Private Network* exploitant le réseau Internet, tout en restant isolé de celui-ci. Il peut s'agir de vote exploitant directement le réseau Internet, soit par ordinateur, soit par mobile (Estonie).

La mise en place d'un système de vote électronique est un processus long, d'environ 10 ans. Aucun pays n'a généralisé un tel système de vote du premier coup. Les systèmes de vote électronique ont été testés, d'abord, à une petite échelle dans des élections partielles ou locales. Dans certains pays comme la Belgique et même l'Estonie, le vote électronique n'est offert aux citoyens que comme alternative au vote traditionnel.

Dans une étude sur la sécurité du vote en ligne commandité par le « National Electoral Committee » estonien[2], les auteurs[3] ont identifié les préoccupations morales et démocratiques ainsi que les risques liés au vote en ligne. On notera qu'il s'agisse du vote en ligne ou du vote électronique sur site, les interrogations sont les mêmes, sauf que les risques sont plus grands avec le vote en ligne. Il convient d'en faire état.

Les préoccupations comprennent :

- *L'intégrité du vote* : la garantie que les résultats du vote sont corrects et qu'ils reflètent les choix effectifs des électeurs conformément à la loi. L'aspect légal concerne les aspects suivants : l'autorisation de vote pour le votant, l'unicité du vote (un votant, une voix), la falsification impossible du vote, l'uniformité du vote (même système pour tous), la possibilité de revoter avec annulation du choix précédent, la hiérarchie des modèles (priorité au vote manuel), la possibilité du vote blanc.
- *Le secret du vote* : personne ne peut savoir pour qui un électeur a voté, s'il a voté, etc...
- *La convivialité du système* : Le système, du point de vue technique, doit être accessible et facile d'emploi pour tous les électeurs.

2 http://www.vvk.ee/public/dok/E-voting_concept_security_analysis_and_measures_2010.pdf consulté le 28-aout-2016

3 Arne Ansper Ahto Buldas Aivo Jürgenson Mart Oruaas Jaan Priisalu Kaido Raiend Anto Veldre Jan Willemson Kaur Virunurm

- *La fiabilité du système :* les mécanismes doivent être transparents et publics. Le votant doit pouvoir s'assurer que son vote a été pris en compte, des tiers autorisés doivent avoir les possibilités de vérifier la conformité des résultats par rapport aux votes. Le recomptage des votes doit pouvoir être fait sans difficulté.
- *La possibilité de vérifier par d'autres moyens :* cette préoccupation requiert la duplication fidèle des opérations de manière à pouvoir vérifier si les résultats restent identiques dans tous les points de contrôle, et avec d'autres algorithmes de comptage.

La plupart des risques identifiés ont un rapport à l'infrastructure technologique (informatique, télécommunication) utilisée :

- L'exigence de sécurité au niveau du matériel utilisé par le votant (ordinateur, poste de vote, machine à voter) ;
- L'exigence de sécurité au niveau du point d'accès public à Internet (public internet access points) ;
- L'exigence de sécurité au niveau du réseau public ;
- L'exigence de sécurité au niveau du système central (fiabilité du réseau de serveurs et d'ordinateurs) ;
- L'incapacité de pouvoir servir tous les électeurs (le réseau télécom ne couvre pas certains points du territoire, problème lié à la capacité des bandes passantes, de vitesse d'exécution sur le réseau, plantage récurrent des ordinateurs à cause des goulots) ;
- Les risques liés à la centralisation du processus (possibilité pour des individus ou des groupes (à l'intérieur ou à l'extérieur) qui maîtrisent l'environnement technologique du vote de saboter ou de falsifier les résultats) ;
- Les risques liés à des changements non autorisés dans les données de base du vote ou des résultats ;
- Les risques liés à un management approximatif du système (logiciel non testé à fond, paramétrage erroné des modules, faiblesse dans la gestion des tâches, etc.).

Quelques exemples de pays ayant adopté le vote électronique

La Suisse est l'un des pays les plus avancés en matière de vote électronique. Le système a été conçu comme une extension du vote par correspondance, déjà en application dans le pays. Dans le vote par correspondance, le votant dispose de deux enveloppes. Une enveloppe avec l'adresse du votant était destinée à recevoir une enveloppe scellée avec le bulletin rempli du votant. De cette façon, le respect du secret du vote était garanti, puisque l'enveloppe scellée n'était ouverte qu'après avoir été mêlée aux autres enveloppes provenant du système traditionnel. Pour utiliser le système de vote électronique, le votant suisse, en 2016, n'avait besoin que de sa carte de vote avec mention vote électronique, de sa date de naissance, de sa commune d'enregistrement légal et d'un ordinateur avec une liaison internet stable[4]. Après avoir voté, le système lui retourne un numéro contenu également sur la carte de vote pour indiquer que son bulletin a été déposé dans l'urne électronique.

Ce système qui met l'accent sur le secret et la fiabilité du vote, n'est pas applicable pour l'instant en Haïti pour trois raisons : 1) Haïti ne connaît pas encore l'habitude du vote par correspondance ;

4 Source: http://ge.ch/vote-electronique/votations-mode-demploi, consulté le 30 août 2016

2) il postule que chaque votant a facilement accès à un ordinateur, ce qui n'est pas le cas en Haïti ; 3) le niveau de maîtrise de l'outil informatique dans la population n'est ni convaincant, ni assez généralisé pour permettre d'envisager la mise en place d'une pareille infrastructure de vote en Haïti tout de suite.

Tout comme le système suisse, le vote électronique estonien ne vient pas se substituer au vote à l'urne, qui est prépondérant dans le cas où le votant aurait eu recours aux deux possibilités.

Pour utiliser le vote électronique, le votant estonien a besoin de sa carte d'identité électronique, de deux codes PIN et d'un ordinateur branché sur le réseau Internet. La carte SIM du téléphone portable de l'électeur peut servir également de carte d'identité électronique[5]. Le votant doit se brancher sur le site de la Commission électorale pour y déposer son enveloppe électronique. Le vote est associé à un nombre aléatoire, la clé publique et la clé privée du votant puis il est encrypté avant d'être transféré au serveur. Le système retourne un numéro unique au votant.

Il est permis au votant de voter plusieurs fois, mais le système ne retiendra que la dernière opération. Il peut annuler son vote électronique en votant à l'urne le jour de l'élection.

Comme pour le système suisse, le système estonien est un outil de vote additionnel qui n'écarte pas le vote manuel, du moins pour l'instant. On peut reprendre certaines des observations faites pour le modèle suisse : 1) il postule que chaque votant a facilement accès à un ordinateur, ce qui n'est pas le cas en Haïti ; 2) le niveau de maîtrise de l'outil informatique dans la population n'est ni convaincant, ni assez généralisé pour permettre d'envisager la mise en place d'une pareille infrastructure de vote en Haïti, ou du moins pas tout de suite.

Description de l'intervention

Le système électoral haïtien est très inefficient et onéreux à la fois. L'Inefficience du système vient du fait que l'État haïtien doit mobiliser les mêmes niveaux de ressources quel que soit le nombre de votants qui se présentent aux urnes. À son niveau le plus bas, le système électoral est organisé autour du bureau de vote (BV). Chaque BV doit pouvoir accueillir au plus 400 votants. Donc, il faut disposer de 400 bulletins au moins par BV. Par ailleurs, l'impression des bulletins de vote coûte à l'État haïtien plus qu'il n'en devrait. Cela vient du fait que plus le nombre de candidats est important dans une circonscription électorale, plus il faut un bulletin de vote de plus grande dimension.

Dans la chaîne de traitement des informations, en amont, les matériels de vote sont acheminés graduellement au centre de vote et de manière à être disponibles, bon an mal an, au moment du vote. Mais, la récupération des documents de vote en aval ne se fait pas avec le même niveau de professionnalisme constaté au moment de la distribution des matériels sensibles. La logistique de récupération ne suit pas, et cela a des conséquences graves sur la fiabilité des documents parvenus au Centre de Tabulation (CTV). Il se trouve que des candidats ont des copies différentes des mêmes procès-verbaux « uniques » d'un BV. Au CTV, le conseil électoral doit procéder à la vérification des procès-verbaux qui peuvent être falsifiés au cours de l'acheminement, inexploitables dans certains cas d'irrégularités.

Justement pour lutter contre la fraude et le bourrage des urnes, les autorités électorales brésiliennes ont décidé de « supprimer les urnes, les bulletins et les cartes électorales » en instaurant

5 http://www.lemonde.fr/technologies/article/2011/03/04/l-estonie-paradis-du-vote-electronique_1488593_651865.html, consulté le 30 août 2016

le vote électronique. Le modèle brésilien est le modèle le plus mentionné en Haïti. Il est présenté comme le système le plus fiable, conçu pour résister au bourrage d'urne, avec identification du votant au moment du vote.

Le choix que nous proposons, pour être la solution la plus appropriée à tous les problèmes que connaît Haïti avec ses élections, est le système de vote électronique avec double vérification. Ce choix répond à la plupart des défis posés à l'administration électorale. La double vérification consiste à vérifier le numéro du votant par rapport à son empreinte. Si le votant peut confier sa carte d'électeur à une tierce personne, il ne peut lui confier ses empreintes. Ainsi, le votant est appelé à fournir ces deux informations à la machine (ordinateur) avant de pouvoir voter. Il n'aura accès au système de vote que s'il passe les deux vérifications.

L'infrastructure est à envisager à plusieurs niveaux : Bureau Central, Bureau électoral Communal, Centre de Vote. Au niveau du Bureau Central, la table (fichier) centrale des votants est éclatée en plusieurs petites tables, une table par circonscription électorale. Chaque ordinateur d'un centre de vote aura une copie d'un extrait de la table centrale pour les votants de la circonscription. Cette table ne contiendra que les CIN, les noms et les empreintes des votants de la circonscription. Cette démarche peut être reprise au niveau de la commune et du département si on envisage des contrôles régionaux. Dans chaque bureau de vote, la machine à voter est un ensemble d'équipements assemblés de manière à faciliter la logistique. Cet ensemble comprendra un ordinateur avec un écran tactile d'une dimension diagonale de 27 pouces ou plus si possible, d'un lecteur de carte magnétique, d'un lecteur d'empreinte et d'une imprimante de récépissé.

Comment se déroule l'opération de vote ? Le votant se présente devant l'ordinateur, il introduit sa carte de votant (CIN), il présente son pouce au lecteur d'empreinte. La machine vérifie les deux données. Si elles correspondent, les options sont affichées. Le votant choisit alors son ou ses candidat(s) rien qu'en appuyant sur le carré de son choix. Sur le plan ergonomique, le système est étudié pour permettre au votant de terminer son choix comme il le fait pour les appels et les envois de messages sur son téléphone. Dès qu'il fait enregistrer son vote, une copie cryptée du vote est imprimée pour le votant. Une copie est gardée dans le rouleau de l'imprimante.

La double vérification élimine toute possibilité de séquestration de la carte du votant de la part d'un parti politique ou d'un candidat. Certains partis politiques ou candidats ont l'habitude de requérir la carte électorale de certains votants avec qui ils ont négocié la cessation de la carte.

Du fait qu'il n'y a qu'un enregistrement à clé unique disponible pour le votant, cette option rend impossible les bourrages d'urne et les votes multiples. Au niveau de la circonscription, dépendant du niveau de l'infrastructure réseau des bureaux de vote, le système peut désactiver l'accès à l'enregistrement d'un lecteur dès le premier vote afin qu'il n'ait plus la possibilité d'essayer à nouveau. Un deuxième contrôle de dépistage peut être effectué pour savoir si un lecteur a voté ou tenté de voter plus d'une fois. Tous ces contrôles peuvent être faits de manière discrète par le système. Des irrégularités, tels que : l'absence de signature, des noms ne figurant sur la liste d'émargement, les numéros de CIN absents ou mal reportés sur les feuilles de contrôle, la somme des votes incorrecte dans les procès-verbaux, les libellés sous forme de texte qui ne correspondent pas aux nombres en chiffre, etc., sont automatiquement évitées.

Calculs des coûts et des avantages

Identification de coûts

Le tableau 1 élabore les différents postes de dépenses pour le système de vote actuel et le vote électronique. Généralement, ce sont des postes liés à l'administration du personnel, à la campagne de communication, de la formation du personnel et à la logistique, tout en tenant compte, cependant, des réaffectations mentionnées plus haut.

Les coûts du vote électronique se composent des coûts maintenus et des coûts ajoutés. En maintenant la distribution des bureaux de vote tels qu'ils figurent dans le budget électoral de 2016-2017, on aura besoin de 11 000 ordinateurs environ. L'autre poste de dépense important est le développement du logiciel de traitement du vote électronique. Le logiciel de vote électronique, tel qu'envisagé, doit être un logiciel simple du point de vue de sa fonctionnalité : création d'une base de données par circonscription électorale, contrôle d'identité automatique des votants et enregistrement des bulletins de vote au niveau du BV et transfert des données électroniques par internet directement au siège central de vérification et de dépouillement. L'outil Internet ne sera utilisé que pour le transfert des données cryptées vers le siège central de vérification et de dépouillement.

Tableau 1 : Tableau de comparaison entre le modèle actuel et le Vote Électronique

Rubriques	Budget CEP 2016-2017	Montant Maintenu	Montant Rejeté	Montant Ajouté	Total Nouveau Budget
(1)	(2)	(3)	(4)	(5)	(6) = (3)+(5)
1. Structure organisationnelle du CEP renforcée	2 426 750,00	2 164 000,00	262 750,00	215 450,00	2 379 450,00
2. Acquisition matériel électoral	13 148 476,00		13 148 476,00		-
3. Liste électorale mise à jour, imprimée et disponible	610 280,00	40 080,00	570 200,00		40 080,00
4. Gestion dépôt de candidature, tirage au sort et accréditation assurée	10 614 521,00	9 322 521,00	3 778 980,00		9 322 521,00
5. Centres de vote et personnel électoral disponibles	6 831 134,00	16 180 847,00	2 456 887,00	2 628 000.00	18 808 847,00
6. Campagne d'éducation et d'information renforcée	2 490 000,00	2 490 000,00			2 490 000,00
7. Centre de Tabulation de Vote (CTV) fonctionnel	4 683 675,00	200 000,00	4 483 675,00		200 000,00
8. Assistance technique	897 000,00		897 000,00		-
9. Appui à la Coordination et à la gestion du processus électoral	2 204 960,00	2 204 960,00			2 204 960,00
x. Frais de Gestion	1 093 204,00	1 093 204,00			1 093 204,00
Grand Total	55 000 000,00	33 695 612,00	25 597 968,00	2 843 450,00	36 539 062,00

L'un des facteurs importants du vote électronique est l'aspect ergonomique qui doit permettre au votant une utilisation conviviale et simple. Pour cela des tests à 1% de l'électorat (60 000 votants) devront permettre de juger de l'aspect ergonomique et de la procédure de vote. Un test à 10% de l'électorat (600 000 votants) doit conclure au choix d'une configuration satisfaisante adaptée au votant haïtien.

Identification des avantages

Le budget des élections de 2016-2017 est estimé à 55 millions $ US par le CEP. En recourant au vote électronique, sans une analyse poussée de l'infrastructure organisationnelle, nous avons pu ramener ce budget à 36 millions $ US, du moins dans nos calculs. Plus de 25 millions $ US ont été rejetées grâce au vote électronique. Les quatre postes majeurs de ces réductions de dépenses sont les suivants : acquisition du matériel de vote (13 million $ US), Centre de tabulation (4 million $ US), gestion de dépôt de candidature (3 million $ US), personnel électoral (2 millions $ US). Il convient de remarquer que les postes de matériel et de centre de tabulation représentent environ près de 70% des économies à réaliser.

Le vote électronique va nécessiter une importante réaffectation du personnel, des postes de travail seront supprimés pour laisser la place à d'autres postes nécessaires au vote électronique. Les postes de formation, de communication et de support logistique seront réorientés en fonction des exigences du vote électronique. En ce sens, le vote électronique va nécessiter un personnel moins nombreux mais mieux formé pour la mise en place des réseaux dans les centres de vote, pour les interventions de secours, le traitement des contingences et pour assister les votants en difficulté.

En plus des coûts réduits et les coûts rejetés (tableau 1), les avantages comprennent également l'économie de temps (6,5 millions $) découlant de la réduction des délais de production de bulletins, la réduction des durées de livraison, la réduction des délais de publication, la réduction du nombre de contestations, et la réduction des délais dans le processus de vote. En fin, la dernière composante des avantages sera une augmentation de la participation au vote, évaluée à 10,2 millions de dollar.

Ratio avantage-coût

Tableau 2 : Tableau comparatif des ratios avantage-coût

Taux d'actualisation	3%	5%	12%
Coûts totaux actualisés	17 068 000 $	17 068 000 $	17 068 000 $
Avantages totaux actualisés	94 431 918 $	90 954 010 $	80 449 752 $
RAC	5,5	5,3	4,7

Conclusion

Le budget des élections (présidentielle et sénatoriale) est de 55 000 000,00 $ US (cinquante-cinq millions de dollars). Avec l'adoption du vote électronique et sans aménagement approprié de l'organisation du système électronique, nous sommes parvenus à des économies de l'ordre de 18 460 938,00 $ US (dix-huit millions quatre cent soixante mille neuf cent trente-huit dollars). Ce qui représente une économie de plus de 34%.

Ces économies ont été réalisées en supprimant les postes de dépenses liés à l'impression des bulletins et des opérations au niveau du Centre de Vote. Cependant, il faut tenir compte des nouvelles dépenses liées à la mise en place du vote électronique.

Le gain le plus attendu avec le vote électronique serait de voir les Haïtiens reprendre confiance dans les institutions du pays en leur démontrant qu'on peut mettre en place des institutions fiables, transparentes qui respectent leur volonté.

Références bibliographiques

Droulers M. (2010). FEMMES, VOTE ET POLITIQUE AU BRESIL

Halderman J and Hursti H., Kitcat J, MacAlpine M., Finkenauer T, Springall1 D. (2014). Security Analysis of the Estonian Internet Voting System. Technical report - May 2014

Hari K. Prasad, Halderman J., Gonggrijp R (2010). Security Analysis of India's Electronic Voting Machines

Jazi Zoubeir (2015).Pourquoi le vote électronique n'est-il pas généralisé? francais@rcinet.ca. Consulté en août 2016

National Electoral Committee (2010). Sous la direction de Ansper A. E-voting concept security:analysis and measures. Tallinn 2010

Pour ou contre le vote électronique? ENTRETIENS>THIERRY BOUTTE ET MONIQUE BAUS Publié le mardi 20 mai 2014 à 20h50 - Mis à jour le mercredi 21 mai 2014 à 15h14

The National Republican Institute for International Affairs (1991).The 1990 Elections in Haiti

Ulloa F. (2006). Cost of Registration and Elections.http://aceproject.org/ace-en/focus/core/cre/cry_ht, consulté le 14 décembre 2016

United States General Accounting Office(1996).Haiti: U.S. Assistance for the Electoral Process

Analyse des coûts et des avantages de la mise en place d'une force armée

RUDY JOSEPH[1]

Résumé

La Constitution de 1987, et sa version amendée, font des Forces armées d'Haïti (FAD'H) et de la Police Nationale d'Haïti (PNH) les institutions de la force publique. Cependant, seule la Police Nationale d'Haïti est existante à l'heure actuelle et remplit du même coup des tâches qui ne devraient pas faire partie de ses attributions. Depuis le décret du 9 octobre 2015 portant sur la l'organisation et le fonctionnement du ministère de la Défense, il a été décidé de la création du corps de génie militaire, qui constitue un embryon de la nouvelle force armée. La présente étude se penche sur l'opportunité de l'opérationnalisation effective de la nouvelle force armée en identifiant les coûts et les avantages qui en découlent.

L'intervention proposée est la mise en place d'une force armée dont l'effectif atteindra 6 500 militaires en 2050 avec des missions de protection du territoire, de protection des aires protégées, et de l'intervention en cas de catastrophe naturelle. Les coûts associés à cette intervention sont les coûts pour l'opérationnalisation de la force armée (construction ou réaménagement des académies militaires, des quartiers généraux, des bases et des points de contrôle, entretien) ; ceux associés aux missions de protection du territoire comme la construction de postes de contrôle frontalier; les matériels et équipements pour la protection des aires protégées et pour évacuer les habitants des zones précaires en cas de catastrophes prévisibles.

Les avantages découlant de la mise en place la force armée sont la diminution des pertes de l'Administration Générale des Douanes au niveau des frontières, la réduction de la déforestation et la préservation de la biodiversité et la réduction des pertes humaines liées aux catastrophes naturelles. A partir des données disponibles, un faible ratio avantage-coût de 1,6 à un taux d'actualisation de 5%, nous indique que cette intervention est faiblement rentable.

Liste des abréviations

AGD : Administration Générale des Douanes

DPC : Direction de la Protection civile

FADH : Forces Armées d'Haïti

MD : Ministère de la Défense

---

1 *Économiste-Planificateur, Analyste de projet*, Direction de l'Investissement Public, Ministère de la Planification et de la Coopération Externe

MENFP : Ministère de l'Éducation Nationale et de la Formation Professionnelle
MINUSTHA : Mission des Nations Unies Pour la Stabilisation d'Haïti
MSPP : Ministère de la Sante Publique et de la Population
PNH : Police Nationale d'Haïti
PSDH : Plan Stratégique pour le Développement d'Haïti
PTI : Plan Triennal d'Investissement

Introduction

L'histoire d'Haïti a été en tout temps marqués par l'influence de nos forces armées, depuis la lutte pour l'indépendance avec l'armée indigène, en passant par leurs divers coups de force visant à renverser des gouvernements constitués. Suite aux événements conduisant à l'occupation américaine de 1915, de nombreux changements y ont été effectués, notamment la dénomination. Ce modèle légué par les Américains à leur départ en 1934 va durer jusqu'à la publication de l'arrêté du 6 janvier 1995[2] sur la restructurant de l'Armée et de la Police. Cet acte a marqué la démobilisation de l'armée, cependant aucun acte légal n'a consacré sa mise à pied effective.

Cependant, le débat n'a jamais été clos quant à sa démobilisation effective. D'où la décision du Président Me Boniface ALEXANDRE de créer la Commission Citoyenne Nationale de Réflexion sur les Forces Armées d'Haïti. Cette commission, dans son rapport présenté le 25 janvier 2006, a jeté les premières bases de la remise sur pied des Forces Armées d'Haïti. Quelques années plus tard, le président Michel Joseph Martelly crée une commission de défense et de sécurité nationale. Cette commission a présenté en août 2011, un document présentant « les grands axes de la politique de défense et de sécurité nationale », et dans lequel ont été puisé les projets prioritaires à considérer pour l'élaboration du Plan Triennal d'Investissement : la définition de la vision, des missions et de l'organisation de la force armée, l'élaboration d'un plan de mise en œuvre et la mise en place de la force armée.

Dans la même optique ont été publiés le livre sur la vision et les orientations du ministère de la Défense, le 14 mars 2013, le Livre Blanc du dit ministère en Juin 2015 et le décret du 9 octobre 2015 portant sur son organisation et son fonctionnement, ouvrant la voie à la remobilisation des FAD'H. Afin d'avoir une idée des retombées économiques de la mise en place d'une force armée en Haïti, des études s'imposent. D'où l'analyse coût-avantage qui permettra, d'avoir des éléments de réponse sur son opportunité.

Etat des lieux des FAD'H

Dans son ouvrage intitulé « Armée et politique en Haïti » Kern Delince dresse l'état des lieux des FAD'H, de l'époque d'après l'occupation américaine. Héritant du modèle d'organisation de la Gendarmerie mis en place par le corps des Marines durant l'occupation américaine, l'armée a été plutôt construit sur un modèle hybride, car elle livre à des activités relevant de l'attribution d'une force de police. Les ressources humaines de l'armée (avoisinant les 7 500 hommes en 1967) étaient réparties en officiers, sous-officiers, hommes de troupe et agents de police rurale. A cet effectif, il fallait ajouter, durant la dictature des Duvalier, 7 000 à 8 000 homme faisant partie de

2 Source: https://www.haiti-reference.com/pages/plan/histoire-et-societe/forces-de-securite/armee-decret-1995/

la VSN, une milice parallèle, directement sous le contrôle du président de la République et dont l'une des principales attributions fut la neutralisation des FAD'H[3].

Cette institution a souffert de tout un ensemble de problèmes qui ont constitué de graves entraves à l'accomplissement de sa principale mission qui est la protection du territoire nationale. Citons entre autres la primauté des intérêts personnels sur les intérêts collectifs de l'institution, le manque d'unité et de cohésion, la corruption, l'absence d'une idéologie propre à l'institution, la méconnaissance des problèmes fondamentaux du pays, la méfiance de la population qui la considère plutôt comme un instrument de répression, l'incapacité des moyens existants des défendre l'intégrité du territoire nationale[4].

Vers une remobilisation des Forces Armées d'Haïti

La Commission Citoyenne Nationale de Réflexion sur les Forces Armées d'Haïti a fait sortir un rapport en date du 23 janvier 2006. Il est vrai que ce document ne fait aucune analyse sur les causes profondes et occasionnelles de la démobilisation des FAD'H en 1995, mais il expose les divers arguments en faveur et contre la présence des forces armées en Haïti. Complétant le rapport préliminaire de septembre 2005, il pose les premières bases pour la remobilisation des Forces Armées d'Haïti. Selon les recommandations de la commission, cette nouvelle force devra se démarquer des agissements qui ont été les caractéristiques de l'ancienne force dissoute en 1995 et se construire selon les conditions qui prévalent actuellement dans la région, les contraintes budgétaires du pays et suivant les arguments militants en faveur d'une force armée en Haïti. La commission a également recommandé la séparation claire et nette des taches de l'armée des taches de police, qui ont été une des faiblesses de l'ancienne FAD'H. Le rapport de cette commission constitue le principal document de base dans l'établissement de notre scénario de base.

Théorie[5]

La Défense n'échappe pas à la théorie économique, qu'il s'agisse de son utilité, des marchés militaires ou de l'optimisation des dépenses militaires avec notamment la fonction de la défense.

La défense, ainsi que son résultat souhaité qui est la paix, sont des biens publics. De ce fait, ils sont caractérisés par la non concurrence, et la non rivalité. Ces biens incitent également à la gratuité, ce qui peut donner lieu à des litiges au sein d'un état ou entre les alliances faisant partie d'une alliance militaire. Cette situation vient du fait notamment que les citoyens ne révèlent pas leur véritable préférence en matière de défense. Ce qui constitue un véritable défi pour l'État afin d'estimer la quantité optimale de ce bien malgré les diverses solutions théorique, surtout qu'il lui est impossible d'estimer le vrai prix que les bénéficiaires de la défense sont prêts à payer. De plus, les coûts marginaux et surtout les avantages marginaux de nombreux investissements dans la défense ne sont pas immédiatement évidents et restent difficiles à quantifier.

Le marché de la défense qui est un marché public diffère en plusieurs points des marchés privés. Contrairement aux marchés privés, les marchés de la défense sont exempts des mécanismes

3 Kern Delince, Armée et Politique en Haïti, p 76-89

4 Kern Delince, Armée et Politique en Haïti, p

5 Keith Hartley and Binyam Solomon Measuring Defence Output : An Economics Perspective, University of York, UK and Defence Research and Development Canada

d'incitation et de pénalités. Il n'y a pas d'incitations à stimuler et à récompenser les commandants militaires pour rechercher et introduire des améliorations de la productivité ou pour identifier de nouvelles opportunités rentables. De même, les gestionnaires militaires sont peu susceptibles de perdre leur emploi pour un rendement médiocre, et il n'y a pas de marché de capitaux pour promouvoir et récompenser les fusions et les prises de contrôle même si elles pourraient offrir des économies et des améliorations verticales et de conglomérats. Cela a pour conséquence qu'elles sont lentes à s'adapter aux changements qui sont le fait des pressions budgétaires, des nouvelles technologies, des victoires et des défaites, et parfois des points de vue des hauts dirigeants militaires.

Du fait que la défense soit financée par les ressources nationales d'un pays, le gouvernement se met en position de monopole en tant qu'acheteur et fournisseur des forces armées. Chacune des forces armées est un fournisseur monopolistique de systèmes aériens, terrestres et maritimes dotés de droits de propriété monopolistique. Il y a des barrières à une nouvelle entrée qui empêchent toute offre des produits concurrents. Toutefois, l'efficacité technique peut permettre aux activités traditionnellement entreprises « en interne » par les forces armées d›être « ouvertes » à la concurrence des fournisseurs privés (par exemple, afin d›identifier les vrais coûts marginaux pour différents niveaux de production ou de service).

L'incertitude domine la politique de défense. La politique de défense doit répondre à toute une gamme de menaces futures, dont certaines sont inconnues et inconnaissables. Des hypothèses sont nécessaires sur les futurs alliés potentiels et leurs réponses aux menaces, l'emplacement des menaces, les nouvelles technologies et la dimension temporelle des menaces (par exemple, aujourd'hui, dans 10 à 15 ans ou 30 à 50 ans, où les incertitudes sont les plus grandes). Ces incertitudes signifient que les forces doivent être capables de s'adapter au changement et que les investissements de défense d'aujourd'hui doivent être capables de faire face aux menaces de demain. Contrairement à ce qui se fait sur les marchés privés, les incertitudes dépendent et sont déterminées par les gouvernements, les États-nations et certains acteurs non étatiques.

Description de l'intervention

La présente intervention se base sur le rapport de la Commission Citoyenne Nationale de Réflexion sur les Forces Armées d'Haïti qui a proposé la création d'une nouvelle armée dont les missions seront (1) la protection du territoire nationale par la surveillance et le contrôle de la zone frontalière et des cotes haïtiennes, (2) la protection des forêts et des zones réservées, et (3) l'évacuation des habitants dans les zones précaires en cas de catastrophes naturelles prévisibles.

L'intervention couvre une période de 33 ans, 2017-2050 et englobe tout un ensemble d'activités. Certaines devront être réalisées sur une courte période : le traitement définitif des cas des militaires démobilisés et l'intégration, sur demande, de ceux remplissant les conditions requises par la force armée et n'étant pas en conflit avec la loi, et la constitution d'un état-major provisoire. D'autres s'étaleront sur le moyen et le long terme, y compris la rédaction, l'adoption et la publication de lois relatives à la force armée; la constitution d'un état-major suivant le schéma définitif de la force armée; la construction (ou le réaménagement) d'infrastructures militaires; le passage de plusieurs unités de la PNH sous commandement militaire; le recrutement des aspirants militaires; l'acquisition de matériels et d'équipements; le déploiement des militaires, ainsi que les tâches relevant de leurs attributions.

Le principal objectif de la mise en place d'une force armée est la sauvegarde de la souveraineté nationale. À travers cette intervention, il s'agit de reprendre le contrôle effectif de notre territoire par la surveillance de nos frontières terrestres maritimes et aériens afin de mettre fin aux activités des contrebandiers, de freiner la déforestation et de préserver la biodiversité du pays, et d'avoir les capacités de réaliser une évacuation dans un délai très court.

Notre intervention vise la portion de la population âgée entre 20 et 40 ans, indépendamment de leur genre, et de leur appartenance sociale et religieuse. Le processus de recrutement se déroulera sur l'ensemble du territoire national et visera à intégrer chaque année 186 militaires dans la force armée, en vue de compléter l'effectif des ingénieurs militaires déjà en activité. Ce qui lui permettra un effectif de 6 506 militaires en 2050.

Calcul des coûts et des avantages

Description et calcul des coûts

La mise en place de la force armée avec les missions de protection du territoire, de protection des aires protégées et d'évacuation nécessiteront des dépenses importantes, dépenses qui auront rapport avec la mise en place de la force armée et l'exécution de ses missions de protection du territoire, de surveillance des aires protégées et d'intervention en cas de catastrophes prévisibles.

La mise en place de la force armée passe tout d'abord par la construction ou le réaménagement de trois académies militaires, des quartiers généraux pour les quatre régions militaires ainsi que leur entretien. Ensuite viennent les coûts liés à la formation des aspirants militaires. Il faut aussi les habiller (trois uniformes par année), les nourrir (à raison de trois repas par jour), les armer et mettre à leur disposition tout en ensemble de moyens pour assurer le bon fonctionnement des divers infrastructures militaires (eau, électricité, carburant, communication). Enfin, il y a la rémunération du personnel militaire et du personnel civil qui seront employés dans les travaux de construction et d'entretien, également comme chefs cuisiniers et cuisiniers.

En vue d'accomplir sa mission de défense du territoire, la construction ou le réaménagement de casernes, de poste de contrôle frontalier est primordiale pour l'armée de terre, ainsi que leur entretien. Elles sont au nombre de 30 (soit 16 casernes et 14 postes de contrôle frontalier). Il faut aussi envisager la construction ou le réaménagement de bases pour la Marine Haïtienne, ainsi que leur entretien. Elles seront au nombre de trois.

La surveillance des aires implique la construction de postes dans les environs immédiats de ces espaces. L'intervention prévoit la construction de 14 postes dédies à la surveillance des aires protégées. Les avantages préjudiciables constitueront aussi un coût.

En fin, en cas de catastrophes naturelles prévisibles, La main d'œuvre constitue la composante unique des coûts. Le coût est inclus dans les salaires des militaires.

Tableau 1 – Résumé des coûts, millions de gourdes

Taux d'actualisation	3%	5%	12%
Construction, opération, entretien, réaménagement	30 838,4	22 100,4	9 333,7
Défense du territoire	7 189,2	5 658,4	3 146,4
Surveillance des aires	1 551,2	1 537,5	1 518,3
Coûts totaux	39 578,8	29 296,3	13 998,4

Des coûts n'ont pas pu être calculées vue la difficulté à recueillir les données adéquates. Il s'agit :

- Pour l'aviation : coût de construction de bases, coût des matériels et équipements
- Pour la Marine Haïtienne : coût des matériels et équipements

Description et calcul des avantages

L'intervention entraînera de nombreux avantages pour le pays tout entier. Les avantages quantifiés dans notre travail sont : la diminution des pertes au niveau de l'Administration Générale des Douanes, la réduction de la déforestation et conservation de la biodiversité, et la réduction de perte des vies humaines en cas de catastrophe naturelle.

Diminution des pertes de l'Administration Générale des Douanes au niveau des frontières terrestres. La présence de la force armée, mènera à la reprise effective du contrôle de nos frontières et contribuera à l'augmentation des recettes douanières.

Réduction de la déforestation et préservation de la biodiversité. La force armée pourra jouer un rôle important dans la durabilité environnementale.

Réduction de perte des vies humaines. Dans le cadre des efforts visant à réduire notre vulnérabilité face aux catastrophes naturelles, la force armée jouera un rôle important en évacuant les habitants dans les zones précaires, en cas des catastrophes prévisibles.

Tableau 2 – Résumé des avantages par fonction, en millions de gourdes

Taux d'actualisation	3%	5%	12%
Diminution des pertes de l'administration générale des douanes au niveau des frontières	62 892,1	43 882,9	16 488,5
Réduction de la déforestation et conservation de la biodiversité	20,4	7,5	1,2
Évacuation	2 696,6	1 532,6	359,3
Avantages totaux	65 609,1	45 423,1	16 848,9

Avantages non mesurés

Dans cette étude, des avantages n'ont pas pu être mesurés. Il s'agit

- Des avantages découlant de la lutte contre le trafic de drogue
- Des avantages pour la PNH qui s'occupe des tâches pour lesquelles elle est constituée
- Des économies réalisées avec la prise en charge par l'armée du transport de matériels lors des élections[6].
- Il y a aussi les gains pour l'économie nationale des emplois indirects créés par la mise en place de la force armée, qui pourraient être un revenu important pour le secteur de l'agriculture, et celui de la couture, contribuant ainsi à augmenter leur part dans le PIB.

6 Lors des dernières élections, cette tâche a été sous la responsabilité de l'UNOPS

Tableau 3. – Récapitulatif des coûts et avantages de l'intervention

Intervention	Taux d'actualisation	Avantage	Coût	RAC	Qualité des éléments preuves
Mettre en place une force armée	3%	65 606 013 614	39 578 789 078	1,7	Limitée
	5%	45 421 507 376	29 296 290 610	1,6	
	12%	16 848 752 149	13 998 386 590	1,2	

Intervention	Réduction	Avantage	Coût	RCA	Qualité des preuves
Mettre en place une force armée - sans la patrouille forestière	3%	65 588 630 965	38 027 632 523	1,7	Limitée
	5%	45 415 566 977	23 637 895 628	1,9	
	12%	16 847 756 096	10 851 984 815	1,6	

Conclusion

En vue de contribuer au renforcement de l'administration de la justice et de la sécurité en Haïti, nous avons proposé une intervention sur la mise en place d'une force armée. A travers ce document, une analyse des coûts et des avantages que vont engendrer la mise en œuvre de cette proposition a été faite.

L'estimation des coûts et des avantages nous a permis d'arriver à certaines conclusions. Les impacts de cette intervention sont limités et peu bénéfiques, traduisent par son RAC de 1,6 à un taux d'actualisation de 5%. Chaque gourde investie dans le cadre de cette intervention entraînera un bénéfice de 1,6. Comme les coûts et avantages ont été estimés pour chaque fonction, l'analyse nous a permis de voir leur relative contribution au RAC. La main d'œuvre nécessaire afin de patrouiller les zones forestières désignées est coûteux. L'omission de ce rôle pour la force armée augmente légèrement le RAC de 1,6 à 1,9 (taux d'actualisation de 5%).

De plus, la mise en œuvre de cette intervention nécessiterait des efforts énormes en matière budgétaire. En considérant seulement le coût de construction et de réaménagement des infrastructures militaires plus de 14 milliards de gourdes sont nécessaires, soit en moyenne 453 millions de gourdes. Or, sur l'ensemble du Plan Triennal d'Investissement (PTI) 2014-2016, les prévisions budgétaires pour le ministère de la Défense n'étaient que de 55 millions de gourdes. Cela reviendrait à augmenter le budget d'investissement du ministère de la Défense d'environ 400 millions de gourdes annuellement. Si nous comparons les coûts de l'année 2017 de l'étude avec les prévisions budgétaires, nous constatons que le budget du ministère de la Défense représente seulement 0,4% du total des prévisions alors l'application des coûts de l'étude au budget augmenterait son poids, la faisant passer à 2,5%. De plus, le budget est aussi financé par les ressources externes. Cela équivaudrait à baisser les ressources allouées à d'autres secteurs ou rechercher d'autres sources de financement. Suivant ces considérations, la mise en place d'une force armée ne constituerait pas un facteur pertinent dans cadre des efforts visant à faire d'Haïti un pays émergeant en 2050.

Cependant il convient de faire remarquer que certains coûts n'ont pas pu être calculés et surtout que la mise en œuvre de l'intervention est déjà amorcée, avec la présence de plus d'une centaine d'ingénieurs militaires en divers endroits et que d'autre sont en passe de les rejoindre. De plus, dans sa déclaration de politique générale, le premier ministre Jack Guy Lafontant positionne la mise en place de l'armée comme un des axes prioritaires de son administration. Ce qui porte à croire qu'il existe un écho politique favorable à ce sujet.

Références bibliographiques

Kern Delince (2006). Armée et politique en Haïti. Condé-sur-Noireau, France

Ministère de la Défense (Mars 2013). Visions et orientations

Gouvernement de la République d'Haïti (Juin 2015). Livre Blanc sur la sécurité et la défense nationale pour le développement économique et social durable d'Haïti

Keith Hartley and Binyam Solomon Measuring Defence Output : An Economics Perspective

La numérisation des registres de propriété foncière en Haïti : une analyse avantages-coûts

BERTRAND JOSEPH[1]

Résumé

Avec une densité actuelle de 393 habitants/km^2, les pressions sur le foncier entraînent l'augmentation exponentielle de la valeur des terres et des conflits majeurs troublant la paix publique. Le manque de clarté dans le domaine foncier entraîne un état d'insécurité qui fragilise les investissements. De plus, l'utilisation du sol ne répond pas à une politique globale de développement et d›aménagement du territoire.

Cette intervention vise à rendre efficace et efficient les services fonciers pour que ces derniers puissent satisfaire dans les meilleurs délais les demandes des usagers. Elle permet d'économiser non seulement des dépenses, mais aussi de réduire la fraude et les litiges liés à la propriété foncière. Plus précisément, l'objectif de cette étude est d'analyser les coûts et les avantages de la numérisation des registres fonciers.

La mise en œuvre du système d'enregistrement numérique implique des coûts. Ce sont principalement : les coûts de développement (coûts d'acquisition de serveurs, d'ordinateurs et logiciels, et autres) ; les coûts d'exploitation (salaires techniciens, frais de connexion internet, ...). La numérisation implique également des coûts judiciaires liés aux « conflits dormants » étant donné l'irrégularité de certains titres extra-légaux. Ces coûts sont très élevés pour la société et plombent les initiatives des gouvernements pour la modernisation de la gestion du foncier en Haïti.

En termes d'avantages, la numérisation des registres fonciers améliore l'efficacité de la gestion et la sécurité foncière. Elle devrait permettre de sécuriser à moindre coût et avec un délai acceptable les propriétaires de terrain. Les avantages liés à la numérisation sont donc : des économies de coûts de temps, des économies sur les coûts d'administration (stockage) et d'autres retombées liées à la réduction de paiements d'intérêts sur les prêts.

La numérisation a un très grand coût de développement pour la société, en tenant compte des conflits « dormants » qu'elle va engendrer durant sa phase de développement. Cependant, sur la seule période de 12 années, elle va générer d'importants avantages supérieurs à ces coûts de conflits. Pour chaque gourde investie, on s'attendra à ce qu'elle soit plus que doublée (2,55).

Introduction

Le droit de propriété, rattaché fondamentalement aux droits de l'homme, est sacré et constitue les fondements de nos économies et sociétés. Il est juridiquement inscrit, de manière explicite, dans

1 *Économiste-Planificateur*

la Constitution haïtienne de 1987 qui réaffirme et renforce les droits du citoyen à la propriété et à l'initiative privée. *La propriété privée est reconnue et garantie. La loi en détermine les modalités d'acquisition, de jouissance ainsi que les limites* précise l'article 36 de la Constitution. Ce droit de propriété, poursuivent les articles 36-3 et 36-4, *entraîne également des obligations. Il n'en peut être fait usage contraire à l'intérêt général.* Et plus spécifique au domaine foncier, *le propriétaire foncier doit cultiver, exploiter le sol et le protéger, notamment contre l'érosion.*

En effet, Haïti couvre une superficie d'environ 27 750 km^2 et la population totale est estimée en 2015 à hauteur de 10 911 819 habitants par l'Institut Haïtien de Statistique et d'Informatique. Avec une densité actuelle de 393 habitants/km^2, les pressions sur le foncier entraînent l'augmentation exponentielle de la valeur des terres et des conflits majeurs troublant la paix publique. Le manque de clarté dans le domaine foncier entraîne un état d'insécurité qui fragilise les investissements. De plus, l'utilisation du sol ne répond pas à une politique globale de développement et d'aménagement du territoire. Entre autres, ces grands traits dominent la structure foncière haïtienne :

- Une tradition de propriété privée donnant lieu à une petite propriété généralisée et morcelée par le partage égalitaire ;
- Un domaine de l'État indéfini et mal localisé et représentant 10% du territoire national ;
- L'informalité de la plupart des transactions et des mutations foncières ;
- Une insécurité foncière née des faiblesses des institutions ;
- L'irrégularité des titres de propriété ;
- Des conflits fonciers difficiles à prendre en charge par le système judiciaire ;
- Une gestion peu rationnelle des archives entraînant des coûts de transaction jusqu'à 25% de la valeur de la propriété (Groupe de travail du foncier, Haïti).

A la lumière de ces constats, il s'avère évident que la question foncière est une donnée non maitrisée en Haïti. Ceci suscite des interrogations et nous incite à poser ces questions : Comment peut-on dépasser l'obstacle du foncier étant donné les contentieux, les contraintes, l'occupation illicite des terrains, les coûts élevés d'administration et de transaction par la promotion d'une nouvelle gestion du foncier axée sur la numérisation des archives foncières afin de réduire le temps et les coûts des transactions ? Quels sont les coûts et les avantages de la numérisation des titres fonciers à l'échelle de la société ?

Les transactions foncières en Haïti et l'état de la situation de la gestion des archives

Aujourd'hui, les statuts juridiques des terres sont de trois types en Haïti :

- Le domaine privé de l'État, mal connu, qui est évalué à 10% de la surface du pays,
- Le domaine public (routes, bords de mer et de rivières, etc.),
- La propriété privée validée par des titres fonciers. Dans la pratique, la petite propriété privée et l'indivision sont le statut juridique d'une partie importante des terres.

La propriété de parcelles achetées en bonne et due forme est considérée comme la forme d'accès à la terre la plus souhaitable. Les démarches sont cependant complexes et le coût de l'établissement d'un nouveau titre lors d'une mutation est souvent élevé.

Sur le plan institutionnel, l'entité chargée de l'information cadastrale rurale et urbaine est l'Office National du Cadastre (ONACA) qui relève du ministère des Travaux publics, Transports et Communications, et créé en 1984. L'office a pour mission d'établir le cadastre général de la République. Pourtant, un rapport sur le foncier en Haïti produit en mai 2010 par le gouvernement haïtien et l'OEA précisait que l'ONACA n'a couvert que 5% du pays, plus particulièrement certains secteurs du grand Port-au-Prince, et d'autres dans la région de la Vallée de l'Artibonite. Les capacités de l'ONACA sont grandement réduites, poursuit le rapport, puisqu'il doit composer *avec des ressources financières limitées, une technologie dépassée et un personnel qui manque de formation*.

Quant à la Direction Générale des Impôts (DGI) à travers sa Direction de l'Enregistrement et de la Conservation Foncière, elle archive, transcrit et officialise le titre foncier après l'avoir reçu des arpenteurs et des notaires qui préparent et certifient les données sur les titres fonciers. Elle est responsable du titrage de toutes les terres publiques, mais en vertu des pratiques coutumières, les notaires émettent les titres des propriétés privées.

Selon le Groupe de Travail sur le Droit Foncier en Haïti, la procédure pour la vente par acte authentique peut être divisée en quatre étapes majeures, y compris :

1. **La promesse de vente** marque une formalisation des négociations entre l'acheteur et le vendeur. Elle reflète la décision que la vente d'une propriété foncière devrait avoir lieu, et constate des conditions telles qu'une description de la propriété et du prix.
2. **L'arpentage** est un processus mené par un arpenteur qui consiste à mesurer et documenter les dimensions, les délimitations et les surfaces du terrain. Il inclut une analyse de l'historique du terrain et détermine les usages du terrain.
3. **L'acte de vente authentique** est la procédure officielle pour compléter une vente par acte authentique et requiert l'intervention du notaire pour compiler toute la documentation qui garantit une diligence correcte due par rapport au terrain, comme la vérification du droit de propriété du vendeur et de l'identité de l'acheteur et du vendeur.
4. **L'enregistrement et la transcription de l'acte de vente** est l'étape finale de la procédure et consiste à authentifier l'acte de vente, moyennant le paiement des droits, taxes et frais à la DGI. Une fois cette étape est confirmée, l'acte de vente authentique est final.

A la DGI, sont archivés les titres fonciers. La gestion de ces archives reste, jusqu'à aujourd'hui, documentée. Depuis 1824, le bureau central a accumulé un registre de 2 500 livres, qui n'ont jamais été numérisés à des fins d'alléger et de moderniser le processus et donnant ainsi lieu à des coûts de transaction et d'administration élevés et à la fragilisation des titres de propriété.

Il faut noter que la DGI a récemment procédé à la numérisation d'une partie des archives dans le seul but de les conserver mais pas à des fins de gestion numérisée pour alléger le processus. La gestion reste toujours documentée, l'accès à l'information n'a pas été modifié et les archives numérisées n'ont aucune valeur authentique. Également, les expériences pilotes du Comité Interministériel à l'Aménagement du Territoire (CIAT) dans certaines communes du pays sont relativement faibles pour porter à opérer les changements notables dans le système de gestion des archives foncières.

Description de l'intervention envisagée : « Numérisation des titres fonciers »

Cette intervention vise à rendre efficace et efficient les services fonciers pour que ces derniers puissent satisfaire dans les meilleurs délais les demandes des usagers. Elle permet d'économiser non seulement des dépenses, mais aussi de réduire la fraude et litiges liés à la propriété foncière.

Les principales composantes de la numérisation des titres fonciers comprennent :

- L'inventaire et la restauration des archives foncières pour leur numérisation
- L'acquisition de matériel informatique
- La conception de l'architecture du système d'informations foncières
- La numérisation et vectorisation des documents fonciers et topographiques
- La sauvegarde de l'information foncière et topographique
- La mise en œuvre du système d'information informatisé
- La formation d'agents des Services Fonciers

Calculs des coûts et des avantages

L'objectif de cette étude est d'analyser les coûts et les avantages de la numérisation des registres fonciers.

Description des coûts

Les coûts de la numérisation sont surtout liés à l'acquisition de matériel informatique, à la mise en place du système informatique et son entretien, au paiement de salaires des techniciens, à l'administration judiciaire des coûts des conflits, et à d'autres coûts de démarrage.

Il faut noter que les coûts d'administration judiciaire des conflits occupent une part importante dans la numérisation vu le nombre élevé des titres irréguliers en Haïti. Ainsi, toute politique de modernisation de la gestion du foncier doit poursuivre en tout premier lieu la minimisation de ces coûts tout en cherchant à normaliser (légaliser) certains accommodements sociaux découlant du droit coutumier. Aussi, le renforcement du système judiciaire doit être également poursuivi.

Les coûts de la numérisation sont : les coûts de développement du système et les coûts d'exploitation.

Coûts 1 : Coûts de développement de la numérisation	Coûts 2 : Coûts d'exploitation (de stockage)
Coût software	Salaire analystes système
Nouveaux ordinateurs	Frais de connexion internet
Coût de Numérisation des archives existantes	Frais d'information au public d'intérêt
Coût d'extension du système aux professionnels privés (Notaires)	Coûts de maintenance du système informatique, comprenant le renouvellement des licences du logiciel et le remplacement des ordinateurs. Ces coûts sont estimés à 15% du coût total d'équipement et de matériel et sont appliqués tous les cinq ans.
Coûts de sensibilisation auprès de la population	Coût lié aux « conflits dormants » qui seront générés par la numérisation et la régularisation des titres à problèmes pendant la numérisation

Description des avantages de la numérisation

En plus d'améliorer la sécurité de la tenure foncière, d'établir le marché formel du foncier et la réduction des litiges, la numérisation des titres réguliers présente des avantages supportés par la littérature économique. Le principal avantage de la numérisation est la réduction du temps et des économies sur la tenure informatique des archives (diminution des coûts d'administration et des transactions foncières). Aussi, elle permet un plus grand accès au crédit, vu l'amélioration des droits de propriété foncière et la sécurité des prêts, qui impactera au final sur la réduction de taux d'intérêt des prêts informels, soit parce que les risques d'emprunter ont diminué, soit parce que le nombre d'emprunteurs augmentera et ceci engendra une concurrence entre eux.

Les avantages de la numérisation sont donc :

- Les coûts d'administration et de stockage impliquent pour l'État des coûts de gestion et de conservation des archives foncières. Pour cela, l'État emploie un nombre important de personnel pour s'assurer de la gestion, de la conservation des titres fonciers et de produire l'information nécessaire à toute personne intéressée. De plus, il acquiert du matériel de stockage (bâtiments, chaises, bureaux, classeurs, imprimantes, encre, papiers, ...) et malgré cela, la conservation des archives a un niveau élevé de risque de perte. Le séisme du 12 janvier témoigne de la fragilité de la sécurisation des titres fonciers en Haïti.
- Les économies de coûts d'exploitation (réduction, coûts de personnel, DGI)
- Les économies de coûts annuels de temps (gain de temps) sont ceux relatifs au temps d'acquisition de l'information par l'ensemble des acteurs impliqués dans le processus. Ils mesurent les coûts d'opportunité des transactions foncières ; c'est-à-dire qu'ils peuvent être utilisés alternativement à d'autres activités productives de l'économie. Le temps d'effectuer une recherche sur les titres de propriété existants est estimé entre 3 et 12 mois. Le temps d'attente à partir du moment le notaire soumet le dossier à la DGI pour enregistrement et reçu de paiement est estimé entre 3 et 18 mois[2]. On a retenu le temps d'attente de 6 mois en moyenne pour les deux opérations. Supposant que la numérisation accélère considérablement l'épluchage des archives, on suppose que le gain de temps sera de 5 mois.
- La réduction de paiements d›intérêt de prêts (coût privé)
- Les coûts des transactions foncières (hors coûts de la propriété) sont ceux pris en compte dans les procédures des transactions et de recherche documentaire notamment liés à l'expédition de l'acte d'arpentage avec les anciens titres de propriété émargés et la préparation de l'acte de vente par le notaire.

Une étude réalisée par le groupe de travail sur le droit foncier en Haïti, en 2012 a constaté que ces transactions peuvent durer en moyenne 18 mois et impliquent des coûts financiers atteignant jusqu'à 25% de la valeur de la propriété, incluant les frais professionnels et les droits d'enregistrement et de transcription à la DGI. En raison de ces coûts élevés des transactions, les professionnels du foncier sont peu enclins et restent réticents à inverser la situation actuelle, dont la modernisation du cadastre limiterait leur marge de profits.

2 https://www.habitat.org/sites/default/files/haiti_english_manual-web.pdf

Calcul du ratio avantage-coût (RAC)

La période d'évaluation du projet de numérisation est de 12 ans. Les coûts et les avantages s'étalent sur sept années, le temps de numériser les archives existantes avec une force de 150 personnes. A cette durée s'ajoutent cinq années, le temps de garder encore les archives existants (en copie dure) pour assurer la transition définitive.

RAC, avec coûts des conflits

Intervention	Réduction	Avantage	Coût	RAC	Qualité des éléments de preuves
Intervention : Numérisation des archives foncières	3%	24 733 794 245.24	8 954 246 329,74	2,76	Limitée
	5%	21 404 328 902.95	8 365 855 586,44	2,55	
	12%	13 478 290 848.03	6 719 869 399,84	2,00	

La numérisation a un très grand coût de développement pour la société, tenant compte des conflits « dormants » qu'elle va engendrer durant sa phase de développement. Cependant, sur la seule période de 12 années, elle va générer d'importants avantages supérieurs à ces coûts de conflits. Pour chaque gourde investie, on s'attendra à ce qu'elle soit plus que doublée.

Les limites du modèle d'analyse

Les limites liées aux résultats du modèle sont surtout liées :

- Aux contraintes d'accès aux informations et à la qualité de certaines données
- À l'estimation limitée des données sur le nombre et la durée des transactions foncières en Haïti
- À la non certitude des estimations sur le nombre et le coût d'administration des conflits terriens
- À la non disponibilité des acteurs clés au cours de la réalisation de l'enquête de collecte d'informations.

Conclusion

Au final, la numérisation est une action recommandable dans le cadre des politiques publiques visant à sécuriser les titres fonciers afin de permettre l'attractivité des investissements privés. Cependant, on ne change pas facilement une structure foncière qui s'est constituée et renforcée pendant plusieurs siècles, quels que soient ses dysfonctionnements. Il faut apporter des solutions, mais aussi ne pas provoquer de bouleversements radicaux et tenir compte des besoins essentiels de la société. Des actions en support se devraient de l'accompagner, comme :

- Dans le cadre d'une concertation ouverte et d'un débat permanent, mettre en œuvre une politique foncière respectueuse du droit de propriété, qui protège les droits des usagers du sol. Cette réforme foncière doit contribuer à la paix sociale ;

- La révision du cadre légal sur le foncier aux fins d'adaptation. Cette intervention est entreprise en amont afin de doter le pays d'un cadre légal performant capable de prendre en compte les accommodements sociaux, de permettre l'analyse juridique des titres de propriété et la reconnaissance authentique des archives numérisées, pour qu'elles soient à valeur juridique égale des archives matérielles ;
- La régularisation des titres de propriété et le renforcement de la justice ;
- Le renforcement des institutions et des professionnels intervenant dans le domaine du foncier en Haïti ;
- La formation aux acteurs à l'utilisation de l'information dématérialisée.

Références bibliographiques

Gouvernement haïtien et OEA (2010). *Modernisation du cadastre et de l'infrastructure des droits fonciers en Haïti*

Habitat pour l'Humanité (2012). *Vente légale de bien foncier en Haïti,*

Habitat pour l'Humanité (2014). *Sécurisation des droits fonciers en Haïti,*

Hali Edison (2003). *Qualité des institutions et résultats* économiques : *un lien vraiment* étroit?

ONACA (2014). *Nouvelle vision pour la gestion du cadastre d'Haïti,*

Raymond Renaud (1934). *Le régime foncier en Haïti,* les Editions Domat-Monchrestien, Paris, France

Stephen Knack et Philip Keefer (1995). *Institutions and economic performance: cross-country tests using alternative institutional measures*

Sultan Hafeez Rahman and Sumaiya Kabir Talukder (2016). *"Benefits and Costs of Digitizing Land Records in Bangladesh".*

Tim Hanstad (1998). *"Designing Land Registration Systems for Developing Countries"*

Klaus Deininger, Aparajita Goyal (2012). *"Going digital: Credit effects of land registry computerization in India"*

Les avantages de la numérisation du gouvernement et d'un accès amélioré à l'internet mobile en Haïti[1]

PANTELIS KOUTROUMPIS[2]

Résumé

L'infrastructure des TIC constitue un élément clé de croissance à travers le monde. Contrairement à d'autres investissements publics et privés, les réseaux de télécommunications constituent la base pour une numérisation socio-économique élargie. Haïti a une infrastructure de ligne fixe rudimentaire qui couvre une partie limitée des zones urbaines denses et ses réseaux mobiles sont généralement pour la voix uniquement et couvrent les lignes de transports très fréquentées et les grandes villes. Sans investissement dans des réseaux mobile de haute qualité et avec une couverture étendue, le pays continuera à souffrir d'une mauvaise connectivité tandis que ses citoyens ne seront pas en mesure de mieux organiser leurs activités quotidiennes et de se connecter avec le reste du pays et du monde.

Je propose un certain nombre d'initiatives qui visent à accroître la pénétration du mobile haut débit à 50 % de la population. Afin de prendre en charge cette transition, j'envisage l'installation d'un autre câble sous-marin pour couvrir l'augmentation du trafic international. La connectivité accrue combinée avec l'amélioration des vitesses de connexion (3G / 4G) et des prix bas (une fraction du revenu mensuel médian) aidera à créer de nouvelles entreprises qui numérisent des activités quotidiennes pendant que les individus pourront mieux surveiller leurs activités commerciales et interagir avec le gouvernement.

J'ai également tenté d'estimer l'impact d'une plus large politique de numérisation dans le pays en me concentrant sur des domaines spécifiques d'amélioration comme l'enregistrement des propriétés, l'enregistrement des entreprises et l'accès au crédit pour les petites entreprises. Les résultats sont basés sur un mélange entre littérature académique, preuves issues des conditions locales et hypothèses explicites.

Dans l'ensemble les effets de l'augmentation de la pénétration du haut débit mobile remboursent les coûts d'un facteur 10, tandis que les retombées provenant de la numérisation du gouvernement varient considérablement avec des retombées moyenne de près de 4,7.

1 Je tiens à remercier Gregory Domond pour les précieuses informations qui ont été nécessaires pour préparer ce rapport. Je remercie Brad Wong et Gaelle Prohete pour les précieux commentaires et le soutien dans l'écriture de ce rapport.

2 Chercheur, Imperial College Business School

Introduction

Il y a beaucoup de preuves sur l'importance des infrastructures de haut débit sur la croissance économique locale et nationale. Les effets sont directs et indirects dans ce processus. Les premiers effets directs proviennent des investissements et de la maintenance des nouveaux réseaux ou des réseaux améliorés et ces retombées augmentent peu à peu du fait que l'adoption d'infrastructures fixes et mobiles se diffuse à de plus larges parties de la population locale. Les effets indirects proviennent de services polyvalents que ces infrastructures offrent.

L'échange continu de données pour les citoyens et les entreprises par le biais de canaux fixes ou mobiles est fondamental et transformateur, avec le niveau actuel des capacités technologiques, ce qui permet des changements phénoménaux dans la vie quotidienne au sein de différents contextes socio-économiques. La capacité de participer à la vie des entreprises et des réseaux sociaux, d'acheter et de vendre des biens et des services en ligne, de recueillir et de partager des informations dans un contexte standardisé, de télétravailler, d'interagir avec le gouvernement, de recevoir des services d'éducation et de santé sont tous des services indirects qui peuvent être fournis aux particuliers par le biais de réseaux haut débit mobile.

La littérature récente confirme l'effet positif de l'adoption du haut débit sur la production économique. À l'aide d'un panel de 66 pays de la Banque mondiale pour la période de 1980 à 2002, Qiang et Rossotto (2009) ont constaté qu'une augmentation de 10 lignes pour 100 habitants dans les pays à revenu élevé peut augmenter le produit intérieur brut (PIB) par habitant de 1,21 %. Étant donné que le niveau de développement affecte le niveau d'adoption, la conception de la recherche doit tenir compte de ces effets inverses. Utilisant un panel plus récent de 22 pays de l'OCDE de 2002 à 2007 et un modèle structural pour démêler les effets inverses, Koutroumpis (2009) trouve un effet annuel moyen de 0,24 % pour l'adoption du haut débit, ce qui représente presque un dixième de toute la croissance dans ces pays. Avec la mise en œuvre de la couverture du haut débit et la portée de l'accès des lignes fixes, Czerinch et al. (2011) ont analysé un panel OCDE de 1996 à 2007 et ont trouvé un effet équivalent de 0,9 à 1,5 % pour l'ajout de 10 lignes haut débit pour 100 personnes. Qui plus est, la première étude a identifié qu'une masse critique d'utilisateurs doit être en place avant que des effets plus importants commencent à émerger. Ce niveau d'adoption était estimé à 30 % de la pénétration du haut débit fixe (lignes pour 100 habitants), ce qui se traduit pratiquement par la moitié de la population connectée à Internet.

Mettre l'accent sur l'accès mobile au lieu du fixe est une caractéristique commune des pays en développement. L'absence d'héritage de réseaux de cuivre a empêché ces régions d'installer des améliorations rentables qui permettent d'atteindre des vitesses plus élevées comme ce fut le cas dans la plupart des pays de l'OCDE. Cet effet combiné avec le déploiement relativement rapide des infrastructures mobiles et les vitesses beaucoup plus élevées (par rapport à l'ADSLx) atteintes aujourd'hui a changé leur intérêt pour la modernisation des infrastructures mobiles en premier lieu. Il n'y a aucune raison de s'attendre à un effet moindre basé sur le canal d'utilisation (fixe ou mobile), les technologies modernes pouvant parfaitement se connecter à chacun des environnements de manière transparente. Malgré tout, il y a des preuves dans la littérature récente que l'impact de l'infrastructure mobile sur la croissance économique est forte et significative également. En observant un panel de 192 pays pour la période de 1990 à 2007 Gruber et Koutroumpis (2011) ont estimé que les communications mobiles avaient un effet de 0,2 % sur le PIB annuel et une augmentation directe de la productivité. Plus récemment Koutroumpis et Cave (2016)[2] ont observé 49 pays pour la période de 2000 à 2015 et ont estimé l'effet haut débit mobile pour les différentes générations d'accès mobile. Cet effet sur le PIB annuel (pas simplement un effet de croissance mais l'impact total sur une base annuelle) est fonction de la vitesse de connexion, il augmente encore une fois avec les générations futures à un taux décroissant, et des niveaux d'adoption en général. En termes simples, le passage de la 2G à la 4G pour un pays avec une pénétration de 100 % augmente l'effet sur le PIB annuel de 1 %. Un effet similaire est obtenu si le même pays augmente le taux d'adoption de 75 % à 100 % dans le cas de réseaux 2 G.

Le développement et l'utilisation des réseaux fixes et mobiles aident à stimuler une plus grande numérisation d'un pays. Les entreprises avec une connexion haut débit peuvent rapidement s'adapter aux variations de la demande et équilibrer leurs opérations en conséquence en utilisant les infrastructures de cloud et des possibilités d'externalisation. Les petites ou les grandes sociétés peuvent rechercher des clients et faire de la publicité dans des réseaux variés. Les individus peuvent stimuler leurs compétences et communiquer directement avec les employeurs et les travailleurs indépendants peuvent faire du commerce par le biais de plateformes en ligne et gérer leurs actifs en temps réel. Ces changements n'apparaissent pas immédiatement avec le déploiement des réseaux, mais le décalage significatif pour l'adoption qui est observé dans de nombreux cas, dont celui d'Haïti, peut être rattrapé par des solutions existantes dans ces domaines.

Outre les technologies nécessaires, l'adaptation des pratiques de gestion, l'investissement dans les compétences et la compréhension des cultures locales, le processus de numérisation exige un environnement institutionnel et réglementaire sain pour se matérialiser. Un cadre réglementaire solide garantit la concurrence entre opérateurs, fournit des prix d'accès plus faible pour les abonnés, protège les données à caractère personnel des entreprises et des particuliers qui cherchent à les utiliser de manière imprévue et surveille les pratiques du secteur des affaires dans le secteur des TIC. Le processus de numérisation comme lors de tout autre changement systémique dans un pays doit être pris en charge intégralement par les administrations locales et les institutions afin d'apporter toute modification significative. Comme pour les processus de gestion, la gouvernance et les institutions soulignent la nécessité d'une approche holistique dans cette révolution imminente. Un certain nombre de pays dans le monde entier ont lancé des plans nationaux haut débit ou des agendas numériques pour différencier ce processus d'autres activités et soutenir les actions parallèles qui sont nécessaires pour les opportunités de croissance qui émergeront.

L'infrastructure des télécommunications en Haïti

Haïti a un des revenus par habitant les plus bas au monde avec 828,8 USD actuels comme le rapporte la Banque mondiale en 2015, classant le pays comme le plus pauvre des Amériques. L'économie a ralenti ces dernières années passant de 2,8 % en 2014, à 1,2 % en 2015 et 0,8 % en 2016 (prévu) et l'aide étrangère a chuté de 16,5 % à 5,3 % en 2015, en raison de l'instabilité politique et de la médiocre performance du secteur agricole. La grande dépréciation de la gourde (monnaie locale) et la sécheresse ont conduit à l'augmentation des prix et à une inflation élevée (mais en baisse) de 12,9 %. Six Haïtiens sur dix (59 %) vivent sous le seuil de pauvreté, gagnant moins de 2,42 $ par jour et presque la moitié d'entre eux (24 %) vivent dans une pauvreté extrême gagnant moins de 1,23$ par jour[3].

La situation de l'infrastructure des télécommunications dans le pays est rudimentaire. Les raccordements du téléphone fixe sont signalés comme étant faibles sur le terrain (0 %), tandis que moins d'un dixième des ménages ont un ordinateur à la maison (9,4 %). Moins de la moitié

3 Données de la Banque mondiale (Dec 2016), http://www.worldbank.org/en/country/haiti/overview

des ménages équipés d'ordinateurs ont accès à Internet à la maison (4,4 %). Seulement 12,3 % des Haïtiens utilisent Internet de quelque manière que ce soit, soit au travail, à domicile ou dans tout autre lieu communautaire. En ce qui concerne les connexions mobiles, celles-ci ont beaucoup mieux fonctionnées dans le pays. Il y a actuellement 68,8 connexions pour 100 personnes dans le pays, fournissant une large base pour le déploiement d'accès à des réseaux plus avancés. Seulement 0,2 % de ces abonnés utilisent l'internet haut débit mobile (UIT, 2016).

Les coûts pour tout accès numérique nous informent sur la situation sous-jacente. Par exemple une connexion fixe haut débit (FTTx) de Digicel coûte 55 $ / mois minimum, ce qui se traduit par 80 % du revenu annuel moyen seulement pour accéder à Internet. Pour des vitesses plus élevées cela coûte encore plus cher, jusqu'à 220 $ / mois, un coût trois fois plus élevé que le revenu moyen et presque 100 fois plus élevé que le revenu de la majorité des Haïtiens. De même, le coût d'un ordinateur de base varie entre 500 $ et 600 $ ce qui est prohibitif pour la plupart des gens dans le pays. À partir de cette situation, il est clair que le déploiement et l'utilisation des réseaux de lignes fixes en dehors des grandes zones urbaines du pays n'est pas une alternative possible pour stimuler l'économie numérique d'Haïti car l'infrastructure existante en place est limitée, empêchant ainsi une modernisation rapide et rentable.

Alors que l'adoption de l'internet mobile est relativement forte, malgré tout une des plus faibles dans la région – la couverture mobile n'est pas aussi forte qu'attendue. À partir de données participatives d'OpenSignal j'observe que Port-au-Prince et une poignée d'autres grandes villes sont bien couverts. En outre, certains axes de connexion de transport sont également bien desservis mais la grande majorité rurale du pays est un « désert ». Renforcer l'impact des infrastructures mobiles nécessitera une augmentation dans la couverture et la qualité des connexions. Cela doit aussi tenir compte des conditions économiques locales afin que les investissements puissent atteindre l'équilibre et également produire des retombées économiques significatives. Actuellement les plans plus populaires dans le pays comprennent l'utilisation de 50 ou 100 Mo de données pour les téléphones mobiles et ce sont principalement des plans prépayés[4].

L'infrastructure dorsale est également nécessaire afin de déployer des services de télécommunications de haute qualité. Les opérateurs doivent échanger leurs données avec d'autres fournisseurs dans le monde entier et cela est obtenu avec des câbles sous-marins internationaux. À l'heure actuelle, Haïti est relié à l'internet mondial via 2 liaisons : un câble sous-marin à Port-au-Prince qui se connecte à la Jamaïque et l'autre qui fait des bonds dans les îles des Caraïbes pour atteindre les Bahamas. En plus de ces dépenses de capital, les fournisseurs de la connectivité internationale sont tenus de payer pour le transit IP aux acteurs télécom mondiaux. (Telegeography 2015)

Numérisation du gouvernement

La numérisation du gouvernement nécessite une approche holistique qui allie une connaissance approfondie des lois locales, de la culture et des institutions, une identification des différents engorgements dans les processus de tous les jours, une expérience en gestion de projets dans le secteur public et surtout une volonté politique de conduire ce changement. Dans cette section, je présente quelques domaines clés dans lesquels les performances d'Haïti sont faibles comparativement à d'autres pays des Amériques et qui peuvent être abordés afin d'avoir un impact durable sur l'économie du pays. En particulier, ces changements visent à répondre à l'investissement in-

4 Information fournie par Gregory Domond (Haiti Prioritise)

ternational limité vers Haïti et également à améliorer l'efficacité du gouvernement et le classement du pays dans le rapport « Doing Business ». D'après ce rapport j'ai isolé trois domaines clés dans lesquels le pays est en retard par rapport à d'autres voisins d'Amérique latine et des Caraïbes. En particulier, il faut 97 jours pour créer une entreprise en Haïti alors que la moyenne des Amériques est de moins d'un tiers à 29,4. La raison de ce retard, c'est qu'il faut presque 80 % de cette durée pour que le Registre du commerce du ministère du Commerce et de l'Industrie autorise les opérations des nouvelles entreprises.

De même, l'enregistrement d'une propriété est un processus agaçant en Haïti. Il faut plus de 10 mois, pour enregistrer une vente immobilière, ce qui est près de cinq fois le temps nécessaire dans d'autres pays de la région. La plupart du temps est dépensé à transcrire et enregistrer le contrat de vente à l'autorité fiscale (DGI). L'enregistrement des propriétés est aussi un processus important ayant des implications économiques accrues pour un pays, les terrains et les bâtiments comptant pour entre 50 % et 75 % de la richesse dans la plupart des économies partout dans le monde. Par ailleurs, la transparence et certaines informations mises à jour dans les registres fonciers se sont avérées être associées à une augmentation des investissements, des valeurs foncières accrues et des chances plus élevées de financement. En outre, un registre de la propriété mis à jour permet de mieux planifier la ville et permet aux gouvernements de cartographier leurs besoins et de déployer leurs services en conséquence.

Enfin, même après la création d'une entreprise en Haïti, il est possible que l'accès au financement soit limité. En fait, il n'y a aucun bureau de crédit dans le pays ou toute forme de distribution de données sur le crédit (positives ou négatives) et aucune information provenant d'autres sources sur la solvabilité des particuliers et des entreprises (y compris pour les entreprises de services, etc..). Le registre actuel couvre 1,6 % des adultes, tandis que dans d'autres pays dans les Amériques, cela va jusqu'à 12,3 %, ce qui est toujours un chiffre très faible. Aussi la « profondeur » de l'information sur le crédit est inexistante, alors que dans d'autres pays, elle est de 4,7 points sur 8. Les registres de crédit constituent une condition préalable pour presque n'importe quelle activité d'investissement dans de nombreuses économies dans le monde entier. Ce type d'information peut aider à réduire les asymétries entre les bailleurs de fond et les emprunteurs ainsi qu'à améliorer l'accès au crédit, offrant des taux d'intérêt plus bas et aidant à maintenir une base cohérente pour une analyse plus approfondie.

Calcul des coûts et avantages

Dans cet article, j'entreprends l'évaluation des coûts et avantages pour une couverture haut débit mobile modernisée et l'utilisation et la numérisation accrue dans les activités du gouvernement. En me basant sur les avantages établis de l'augmentation de la numérisation, j'ai examiné les interventions suivantes :

Intervention 1 :

- Installer un câble sous-marin supplémentaire pour augmenter la connectivité internationale (pour permettre des vitesses plus élevées dans les connexions fixes et mobiles.
- Construire ou moderniser les infrastructures pour accroître la couverture et la capacité du haut débit mobile à 50 % de la population pour des groupes d'utilisation spécifique (de 100 Mo à 1 Go par abonné par mois) en privilégiant les grandes villes comme Port-au-Prince pour réduire les risques d'adoption initiaux.

Intervention 2 :

Numériser le gouvernement afin d'améliorer les flux de travail, rationnaliser les procédures internes. Cela implique l'équipement nécessaire, les formations et les logiciels requis pour améliorer les services gouvernementaux. Dans ce processus, j'entreprends trois études de cas distincts qui aident à lutter contre des problèmes particuliers dans le secteur public haïtien. Ce sont les suivants :

- Numériser le gouvernement pour améliorer le flux de travail, rationnaliser les procédures internes. Cela implique l'équipement nécessaire, les formations et les logiciels requis pour améliorer les services gouvernementaux.
- Créer un bureau de crédit pour accroître l'accès au financement de 1,6 % à 20 % des PME.
- Numériser le gouvernement pour réduire le nombre de jours pour créer une entreprise de 97 à 12 jours.

Les coûts et les avantages du haut débit mobile

Le haut débit mobile en Haïti sera la base de l'accroissement des avantages provenant de l'infrastructure haut débit. Les autres options de ligne fixe ne sont pas prises en compte en raison des coûts beaucoup plus élevés et d'une plus longue période de déploiement. Le scénario d'adoption suppose que la couverture 4G sera en place en 2017 pour 50 % de la population en mettant l'accent sur les parties les plus grandes et les plus animées des villes. En fonction de la réussite de cette intervention une couverture supplémentaire peut être fournie à des régions plus rurales du pays.

Etant donné la relativement faible priorité d'un investissement pour un câble sous-marin en ce moment, je calcule le RAC sans ce coût.

Les calculs du coût global dépendent en grande partie des abonnés dans les réseaux locaux où la 4 G est fournie. Les coûts de l'interconnexion sous-marine et le calendrier de cette intervention n'affectent pas le ratio avantages-coûts qui a été estimé.

Les avantages de l'utilisation des services proviendront de la procédure d'adoption. À cet effet, j'envisage une transition graduelle des abonnés actuels vers la 4G et un taux de pénétration de 50 % pour le haut débit mobile d'ici 2021.

Tableau 1 : Ratios avantage-coût pour une pénétration 50 % du mobile haut débit en Haïti (Source : calculs de l'auteur)

Intervention	Taux d'actualisation	Avantage	Coût	RAC
Augmenter la pénétration du mobile haut débit à 50 % en 5 ans et installer un câble sous-marin pour soutenir l'augmentation du trafic	3 %	907 678 451 688	80 119 502,151	11,33
	5 %	567 229 591 109	56 108 821 955	10,11
	12 %	138 256 684 207	20 301 146 639	6,81

Tout d'abord, j'utilise un horizon de 20 ans pour ces processus contrairement aux processus d'infrastructures qui eux s'étendent jusqu'en 2050. La raison principale est que des équipements et des logiciels informatiques ont des périodes d'amortissement plus courtes par rapport aux infrastructures à grande échelle. Aussi, la tendance vers des solutions basées sur le cloud pourrait nécessiter des investissements substantiels pour ces installations à l'avenir.

Créer une entreprise en Haïti nécessite une première étape d'enregistrement avec le Registre du commerce et une deuxième étape pour obtenir l'autorisation d'exploitation. La première étape demande 20 jours et la deuxième 77. Un simple enregistrement ne devrait pas prendre plus de 1 jour pour être réalisé alors que l'autorisation devrait être réalisable en moins de 11 jours (deux semaines) dans un environnement entièrement numérisé. Ce processus a cependant des coûts d'installation substantiels. Selon des données récentes il y a 900 000 entreprises en Haïti, bien que seulement un tiers d'entre elles soient officiellement enregistrées[5].

Tableau 2 : Ratios avantage-coût pour créer une entreprise en 11 jours en Haïti (Source : calculs de l'auteur)

Études de cas	Taux d'actualisation	Avantage	Coût	RAC
Réduire la durée pour créer une entreprise de 97 à 12 jours	3 %	4 574 576 423	2 086 513 592	2,19
	5 %	3 786 158 378	1 858 409 638	2,04
	12 %	2 163 368 123	1 369 945 306	1,58

Améliorer l'accès au crédit de 1,6 % à 20 % en Haïti nécessitera la numérisation de toutes les entités officielles et une initiative visant à officialiser les non officielles. Après la réforme, plus de 165 000 entreprises dans le pays seront en mesure d'avoir leurs dossiers de crédit disponibles à être utilisés par les bailleurs de fond et cela leur permettra d'accéder au crédit. Pour chaque 1 % d'augmentation de couverture de crédit le crédit total dans l'économie a augmenté de 0,4 %[6].

Tableau 3 : Ratios avantages-coûts pour l'augmentation de l'accès au financement en Haïti (Source : calculs de l'auteur)

Études de cas	Taux d'actualisation	Avantage	Coût	RAC
Créer un bureau de crédit et accroître l'accès au financement de 1,6 % à 20 % des PME	3 %	8 474 793 947	944 416 763	8,97
	5 %	7 014 182 109	841 170 276	8,34
	12 %	4 007 824 414	620 077 107	6,46

Améliorer l'enregistrement des propriétés est également une tâche importante de numérisation. Dans mes calculs, j'ai estimé approximativement que 10 millions de titres de propriété (ou

5 Private Sector Assessment in Haiti (2016) – Inter-American development Bank

6 Martinez Peria, M. S., et Singh, S. (2014). The impact of credit information sharing reforms on firm financing?. World Bank Policy Research Working Paper, (7013).

droits) devront être numérisés. Les trois principales étapes dans l'enregistrement d'une propriété, c'est à dire le traitement d'une transaction, la transcription de la transaction et la confirmation de la vente sont censées prendre 11 jours au total, en fait les deux premières étapes, seront achevées en moins d'une journée.

Tableau 4 : Ratios avantage-coût pour réduire les délais d'enregistrement des propriétés en Haïti (Source : calculs de l'auteur)

Études de cas	Actualisation	Avantage	Coût	RAC
Réduire la durée d'enregistrement des propriétés de 312 à 11 jours	3 %	17 612 710 260	4 559 728 360	3,86
	5 %	14 577 198 923	4,061 245 114	3,59
	12 %	8 329 246 779	2 993 787 573	2,78

Tableau 5 : Ratios avantage-coût pour la numérisation globale en Haïti

Intervention	Taux d'actualisation	Avantage	Coût	RAC	Qualité des éléments de preuve
Numérisation des processus gouvernementaux	3 %	675 383 608 613	134 818 852,205	5,01	Moyenne
	5 %	558 982 749 750	120 080 048 968	4,66	
	12 %	319 396 428 111	88 518 212 598	3,61	

Conclusion

Les interventions proposées ont été choisies comme fondamentales afin d'aider à améliorer l'infrastructure de télécommunications existante et à augmenter sa capacité de résistance à des catastrophes naturelles, avec l'ajout d'une autre liaison internationale. En outre, elles visent à améliorer les pratiques institutionnelles et de gouvernance actuelles en permettant une reprise plus rapide des processus d'affaires de base, en inculquant la transparence et la responsabilisation envers les représentants du gouvernement et en luttant contre la corruption qui remettra le pays sur pied.

Nous constatons que bien que les coûts des investissements d'infrastructures soient élevés ceux-ci semblent avoir une période saine de retour sur investissement pour l'économie à 10,11 avec un taux d'actualisation de 5 %. Le processus de numérisation coûte presque deux fois plus et conserve un ratio avantages-coûts de 4,66 dans le scénario de référence. Plus important encore, la création d'un bureau de crédit et l'augmentation de la couverture de crédit semble être l'intervention la plus importante pour les cas examinés, rapportant 8,34 de ses coûts. L'enregistrement des propriétés est solide également en rapportant 3,59 fois son coût à et réduire le nombre de jours d'enregistrement des entreprises rapportera un peu plus de deux fois le coût de sa mise en œuvre. Toutes ces estimations sont fondées sur un certain nombre d'hypothèses, mais le plus souvent, elles sont en grande partie prudentes, représentant en partie les particularités du pays et les écarts par rapport à d'autres cas analysés dans la littérature. Il est également préférable d'un point de vue de priorisation d'avoir des attentes relativement plus réalistes pour les retours sur l'investissement à venir lorsque l'on traite de changements fondamentaux.

La principale conclusion de ce rapport est qu'améliorer la connectivité en Haïti est bénéfique pour le pays et ses citoyens et elle agit également comme une indication d'une volonté politique forte d'améliorer la gouvernance et le climat des affaires dans le pays.

Références bibliographiques

Ahlfeldt, G . M., Koutroumpis, M. T. P., & Valletti, (2016). Vitesse 2.0-évaluation des accès aux autoroutes numériques universelles. JEEA, (à paraître)

Bloom, N., Sadun, R. et Van Reenen, J. (2012). Américains le font mieux : les multinationales américaines et le miracle de la productivité. *The American Economic Review,102*(1), 167-201.

Bruhn, M. (2011). Licence à vendre : l'effet de la réforme d'inscription entreprise sur activité entrepreneuriale au Mexique. *La Review of Economics and Statistics,93*(1), 382-386.

Cardona, M., Kretschmer, T., & Strobel, T. (2013). TIC et la productivité : conclusions de la littérature empirique. *Politique et l'économie de l'information,25*(3), 109-125

Cave M. et P. Koutroumpis (2016), « La prime à large bande mobile dans les pays en développement »

Czernich, N., Falck, O., Kretschmer, T., & Woessmann, L. (2011). Infrastructure à large bande et la croissance économique. *Le Journal économique, 121*(552), 505-532.

Gruber, H., & Koutroumpis, P. (2011). Télécommunications mobiles et l'impact sur le développement économique. *La politique économique, 26*(67), 387-426.

Jeroschewski 2013, 0,1 cent par MB : assurer la rentabilité des futures données dans les marchés émergents, (McKinsey)

Koutroumpis, P. (2009). L'impact économique de la large bande sur la croissance : une approche simultanée. *Politique des télécommunications, 33*(9), 471-485.

Anthony Martinez, M. S. et Singh, s. (2014). L'impact du partage des réformes sur le financement de l'entreprise d'information crédit ?. *World Bank Policy Research Working Paper,* (7013).

O ' Mahony, M., Robinson, C. et Vecchi, M. (2008). L'impact des TIC sur la demande de main-d'œuvre qualifiée : une comparaison entre pays. *Labour economics,15*(6), 1435-1450.

Qiang, C. Z. W., Rossotto, C. M., & Kimura, K. (2009). Incidences économiques de la large bande. *Information et communication pour le développement 2009 : étendre la portée et augmenter l'impact, 3,* 35-50.

Défis du haut débit mobile en Haïti

GREGORY DOMOND

Le marché des télécommunications, qui fut jadis axé sur la voix (services téléphoniques), devient aujourd'hui fortement influencé par le trafic de données. En fait, il s'agit de la tendance mondiale du secteur des télécommunications. Cette mutation intervient grâce à la numérisation des informations à transmettre. Aujourd'hui, toutes les informations peuvent être numérisées, c'est-à-dire qu'elles peuvent prendre les valeurs binaires : 0 et 1. Ainsi, les informations sont exprimées en Kilobit, kilooctet, Megaoctet et Gigaoctet. La transmission de tous ces bits et octets exige une vitesse, d'où le débit binaire. Plus le débit binaire est élevé, plus la transmission de données est rapide. C'est ce qui explique la nécessité du haut débit dans cette société de l'information.

Le haut débit ou le service à large bande se définit comme étant une vitesse élevée de connexion à Internet. Le haut débit se prête mieux à l'utilisation que les services à bas débit (ligne téléphonique, modem) puisqu'il permet d'envoyer et de télécharger plus d'informations plus rapidement. Il s'agit en fait de la vitesse de la liaison établie entre l'abonné et le réseau. Il faut souligner que cette liaison est constituée de deux liens : un lien montant (de l'utilisateur vers le réseau) et un lien descendant (du réseau vers l'utilisateur).

Il n'existe pas de consensus global sur le débit minimal du haut débit. La définition du haut débit varie d'un pays à l'autre. Il est défini sur la base de la transmission et de la technologie utilisée.

Ainsi, le réseau à haut débit d'hier devient à bas débit aujourd'hui grâce au fait que ces vitesses augmentent avec le développement de technologies de transmission. Cependant, de nombreux acteurs affirment que 512 kilobits par seconde est le minimum pour un service à haut débit. Une vitesse de 512 kbps permet donc de participer à une vidéoconférence en temps réel. En réalité, le haut débit se mesure en Mégabits par seconde (Mbps) et en Gigabits par seconde (Gbps).

L'accès au haut débit se fait de plusieurs manières : connexions ADSL, fibre optique, connexion fixe sans fil, liaison satellite, modem câble et réseaux mobiles sans fil (réseaux 3G, 4G).

La capacité de transmettre en tout temps de grands volumes d'informations représente une caractéristique importante dans le paysage des télécommunications d'aujourd'hui. Certains services et applications ne peuvent pas fonctionner sans le haut débit, car les échanges se font en temps réel.

Marché haïtien des Télécommunications

Le marché haïtien des télécommunications fut dominé par la téléphonie fixe filaire pendant longtemps. Aujourd'hui, le paysage est nettement différent grâce à une diversité de moyens de communications électroniques disponibles. Cependant, il faut reconnaitre que de nombreux services TIC restent indisponibles ou sous-exploités à cause de plusieurs facteurs. Passant d'un monopole à un statut de marché libéralisé, les progrès sont aujourd'hui énormes et palpables. Il y a vingt ans de cela, le taux de pénétration téléphonique était inférieur à 1 téléphone pour

100 habitants. Aujourd'hui, plus de 65% des haïtiens disposent d'un téléphone cellulaire. Toute cette évolution du marché est une conséquence directe de la décision de libéraliser ce marché.

Les premiers opérateurs mobiles à pénétrer le marché d'Haïti utilisaient les normes CDMA et TDMA. Le TDMA allait être vite abandonné au profit de la norme GSM. Peu après, tous les opérateurs du marché ont exploité la norme GSM (2G). Le défi de la téléphonie cellulaire fut relevé depuis l'an 2000. Un peu plus tard, les utilisateurs ont pu utiliser le service de message court (SMS) grâce à la migration des réseaux 2G vers le GPRS (General Packet Radio Service, 2.5G).

Le marché des données a connu une révolution profonde en Haïti. Cette migration a permis également l'accès à Internet via le téléphone cellulaire à bas débit, c'est-à-dire avec des vitesses de l'ordre de quelques kilobits par seconde. Ce débit allait s'améliorer à travers la migration vers le EDGE (Enhanced Data Rate for GSM Evolution, 2.75 G). Les abonnés cellulaires pouvaient accéder à Internet à une vitesse de plus de 100 kb/s.

La 3G est l'étape qui révolutionne le marché des données en Haïti. Désormais, un pourcentage considérable de la population haïtienne a accès à des services de 3G.

Pourquoi le haut débit ?

Le haut débit répond à une exigence de qualité des services de télécommunications. Les fichiers de grande taille (en MegaByte, GigaByte) exigent le haut débit ou une grande bande passante pour leurs téléchargements rapides. Le téléchargement d'un message composé d'un milliard de bits prendrait environ trois heures avec un débit 100 kbps. Ce même message aurait besoin de 9 minutes pour être téléchargé avec un débit de 2Mbps, et d'une seconde pour un débit de 1Gbps. A l'ère de la société de l'information, les professionnels et les utilisateurs des TIC veulent échanger rapidement à longueur de journée toutes sortes d'informations. Ce qui est le plus exigeant, ce sont les échanges en temps réel. La téléphonie, la vidéoconférence, les jeux vidéo et les applications multimédia ne peuvent pas souffrir de délais. Ces communications qui impliquent une interaction doivent atteindre les destinataires le plus vite possible afin qu'ils puissent réagir à temps.

Le trafic de données augmente chaque jour à la faveur des réseaux sociaux. La demande en capacité reste une constante, vu l'engouement des jeunes à utiliser les applications des réseaux sociaux (Facebook, Youtube, WhatsApp, etc.).

Devant la demande grandissante de MB, les opérateurs sont amenés régulièrement à faire des investissements importants pour pouvoir supporter le trafic ainsi généré. Paradoxalement, ces utilisations régulières et intensives ne retournent pas l'investissement consenti dans les infrastructures et les opérations du réseau, parce que le marché des données en Haïti se heurte à des obstacles criants, tels que le faible pouvoir d'achat des consommateurs, le taux élevé d'analphabétisme, etc.

Le marché des données qui absorbe une bonne partie du marché de la voix peine à garantir un retour sur investissement à moyen terme.

Les services les plus gourmands en haut débit ou bande passante comprennent les vidéos, les fichiers joints au courrier électronique, les vidéoconférences, etc.

Mobilité du haut débit

De nos jours, le multimédia, le haut débit et la mobilité sont les centres d'intérêt des consommateurs des services de télécommunications.

Les consommateurs haïtiens veulent accéder à des services à haut débit en tout lieu. L'exploitation de la mobilité du haut débit répond à des besoins professionnels et à la nécessité de pouvoir échanger des informations en tout lieu avec des contacts. La fourniture du haut débit en mode mobile est de loin plus exigeante qu'en mode fixe. La mobilité du haut débit implique que la même vitesse soit disponible tout au long de la trajectoire de l'utilisateur. Ce qui n'est pas toujours garanti en raison de différentes contraintes techniques relatives à la fourniture de la même couverture radioélectrique dans toutes les zones géographiques d'un pays donné. Pour garantir le haut débit mobile, de nombreuses infrastructures doivent être déployées sur la zone ciblée. Le haut débit mobile ne doit pas être seulement disponible dans les grandes villes telles que : Port au prince, Jacmel, Cap Haïtien, mais dans toutes les communes du pays, et surtout le long des axes routiers pour permettre aux utilisateurs d'accéder en tout à un service de qualité.

Options technologiques pour le haut débit mobile en Haïti

Les principales options pour le haut débit mobile en Haïti sont les technologies sans fil à large bande comme la 3G, la HSDPA (High Speed Downlink Packet Access, 3.5G), le Wimax, la 4G et les satellites de télécommunications. Les deux opérateurs de téléphonie cellulaire fournissent des services 3G depuis un certain temps. Toutefois, les services de la troisième génération ne sont disponibles que dans certaines zones du pays.

La HSPDA, une variante de la 3G, soit 3. 5G, fait partie de l'offre dans certains endroits de la zone métropolitaine de Port au prince. Les fournisseurs d'accès à Internet permettent à leurs abonnés d'avoir accès à des débits supérieurs à la 3G dans certaines zones du département de l'Ouest.

Compte tenu de la réalité actuelle, très peu d'utilisateurs ont accès à un haut débit mobile en Haïti. Quelles sont les options à envisager pour fournir ce service ?

Le déploiement du haut débit mobile par satellite est une solution technologique viable pour une grande couverture radioélectrique et un service à haut débit. Cependant, cette option n'est pas adaptée à la capacité de consommation du marché haïtien.

L'option la plus logique et plus adaptée à l'environnement haïtien passe par la migration des opérateurs de téléphonie mobile vers la 4G. Elle vaut tant pour les consommateurs que les opérateurs existants. Cette solution n'est pas sans défis.

Défis relatifs au déploiement du haut débit mobile en Haïti

Plusieurs défis doivent être relevés par les acteurs (régulateurs, opérateurs de téléphonie et de télévision) afin de pouvoir garantir le haut débit mobile en Haïti. Les principaux défis à relever sont les suivants : le déploiement d'une dorsale nationale, la disponibilité de ressources spectrales, l'accès aux services dans les zones éloignées capacité d'exploitation des services d'Internet, le pouvoir d'achat des consommateurs et la capacité des connexions internationales.

Déploiement d'une dorsale nationale

La fourniture du haut débit est tributaire de l'existence d'une dorsale nationale (Backbone nationale). En effet, ce réseau national de transmission, donc ce grand tuyau, a pour fonction d'alimenter toutes les zones en signal à haut débit. Par rapport aux attentes et aux moyens disponibles, cette dorsale nationale devrait être déployée en fibre optique.

Une dorsale nationale en fibre optique est la meilleure option pour Haïti. Elle alimentera les stations de base 4G installées à travers le pays. Les stations de base 4G devront par la suite rayonner dans tous les zones des signaux radioélectriques pour permettre aux utilisateurs d'accéder au haut débit en mode mobile.

Les opérateurs ont déjà commencé à déployer la fibre optique à travers tout le pays pour connecter toutes les stations de base en haut débit.

Disponibilité de Ressources spectrales

Le spectre de fréquences radioélectrique est une ressource rare et indispensable au déploiement des réseaux de télécommunications. Ainsi, à chaque service de télécommunications est allouée une gamme de fréquence spécifique en raison des performances radioélectriques recherchées.

La partie du spectre de fréquence exploitée mondialement pour le déploiement des réseaux 4G est actuellement occupée en Haïti par les stations de télévision analogiques. Pour pouvoir disposer de ces fréquences pour les réseaux 4G, il faut nécessairement procéder au déplacement des chaînes de télévision analogique. La transition de la télévision analogique vers la télévision numérique permet donc de libérer cette bande de fréquence. Ainsi, la télévision numérique occupera d'autres bandes de fréquences. La bande de fréquence ainsi libérée sera exploitée pour les réseaux 4G.

En Haïti, le processus de transition de la télévision vers le numérique est déjà enclenché. Actuellement, le régulateur du secteur des télécommunications, le CONATEL et la chaîne de télévision publique, Télévision nationale d'Haïti (TNH) sont en train de tester la télévision numérique. A la fin de l'expérience pilote dans la zone métropolitaine de Port au prince, la télévision numérique terrestre (TNT) sera lancée à l'échelle nationale. Après le passage des chaines de télévision analogique au numérique, les opérateurs pourront exploiter la bande 700 MHz pour déployer des réseaux 4G.

Accès aux services de télécommunications dans les zones éloignées

L'accès et l'utilisation de services sont ce qui justifie la raison d'être de ces technologies. En Haïti, la disponibilité des services dans toutes les zones habitées est le maillon faible de tous les fournisseurs. Dans les zones desservies par les opérateurs, les utilisateurs se plaignent de la mauvaise qualité des services fournis. Certains services ne sont pas déployés dans certaines zones. Les principes de base de l'accès et du service universel ne pas encore une réalité en Haïti. Certains endroits du territoire sont victimes d'un traitement discriminatoire à cause de leur fable pouvoir d'achat ou de la faible capacité de consommation de certains services considérés comme avancés par rapport à d'autres.

Les opérateurs de télécommunications doivent s'engager à déployer leurs infrastructures sur toute l'étendue du territoire national afin de garantir un accès équitable à tous.

Un taux de pénétration élevé du haut débit mobile dans les zones reculées pourra aider à combler le fossé numérique entre les utilisateurs de Port au prince et ceux se trouvant dans les autres départements géographiques.

Capacité d'exploitation des services d'Internet

L'exploitation optimale des services et applications des TIC requiert un certain niveau de connaissance et de compétence. Malheureusement, Haïti a un taux d'analphabétisme élevé, ce qui représente un frein à la pleine utilisation des TIC par un grand pourcentage des consommateurs haïtiens.

Une formation en technologies de l'information et de la communication manque à ceux qui savent lire et écrire. De nombreux professionnels peinent à utiliser les services par manque d'initiation aux technologies de l'information et de la communication.

Cette situation prive de nombreux utilisateurs potentiels de la possibilité de pouvoir bien profiter des bénéfices et opportunités du secteur.

Pouvoir d'achat des consommateurs

Les consommateurs haïtiens disposent d'un faible pouvoir d'achat, ce qui ne manque pas d'impacter négativement la consommation des produits et services du secteur des télécommunications/TIC. La situation socioéconomique précaire du pays empêche les potentiels consommateurs de bien profiter des progrès du secteur. Les conditions socioéconomiques sont telles que les Haïtiens ayant un faible revenu accordent la priorité à ce qui est vital tels que les besoins fondamentaux. Devant le pouvoir d'achat limité des consommateurs, les fournisseurs de service se contentent de fournir les services TIC de base.

Par rapport aux autres marchés, le coût du MB de données (Mégabyte) est trop élevé en Haïti. Cette situation n'est pas sans conséquence négative sur la consommation. Le forfait journalier de MB offert aux utilisateurs se révèle nettement insuffisant pour la quantité de transactions qu'ils effectuent. Après épuisement de cette allocation, les consommateurs doivent payer au MB toutes les autres consommations de données.

L'abonnement mensuel à l'internet est une option peu utilisée en Haïti en raison du tarif prohibitif pratiqué sur le marché.

L'acquisition des terminaux mobiles est un autre défi de taille. L'accès et l'utilisation d'Internet à haut débit sont tributaires d'un téléphone intelligent (smartphone). Le coût de ce terminal cellulaire sophistiqué est prohibitif en Haïti en raison du faible pouvoir d'achat des consommateurs.

Capacité des connexions internationales

Les connexions internationales sont un autre maillon de la chaine qui ne doit pas être négligé. Internet est disponible en Haïti par des liaisons internationales mises en place entre les fournisseurs étrangers et les opérateurs locaux. Les signaux transportant Internet en Haïti transitent à travers des satellites ou des câbles en fibre optique. Actuellement, il existe deux câbles optiques internationaux desservant Haïti. Chacun des opérateurs de téléphonie exploite un câble optique sous-marin pour pouvoir desservir sa clientèle.

Concernant la capacité des connexions internationales, les opérateurs de téléphonie mobile peuvent intervenir sur deux fronts. D'abord, il s'agit de faire une exploitation optimale des dizaines de Gigabits par seconde dont ils disposent pour desservir la population haïtienne en haut débit mobile à travers tout le pays. Ensuite, ils devront envisager l'augmentation de la bande passante internationale en vue de répondre aux demandes futures des utilisateurs.

L'internet par satellite en Haïti entre dans le cadre de connexions privées de certaines organisations internationales.

Conclusion

Le trafic de télécommunications augmente chaque jour davantage grâce à la multiplication des moyens de communications électroniques mis à la disposition des utilisateurs. L'échange de données entre les terminaux mobiles est la tendance incontournable pour tous les marchés du monde.

Le marché des télécommunications haïtien doit relever le défi du haut débit parce que trop d'opportunités dépendent de cet accès à grande vitesse : amélioration de la qualité de services, développement de nouveaux services, services en ligne, administration électronique, etc. Les technologies qui permettent l'accès à haut débit sont disponibles et ont déjà donné des résultats dans d'autres pays. Elles doivent être déployées en Haïti. Le déploiement réel des réseaux de 4G en Haïti devrait aider à mettre à la disposition des utilisateurs haïtiens où qu'ils se trouvent sur le territoire des services à haut débit. La 4G déployée à titre expérimental dans certaines zones du pays devra être sous peu une réalité pour tous les consommateurs.

Le haut débit a des impacts considérables sur l'économie et l'éducation. Tous les acteurs de la chaine bénéficieront des retombées positives de services mobiles à haut débit en Haïti.

Analyse des coûts et des avantages d'une augmentation des salaires et de l'introduction d'un programme de rémunération par la performance dans la fonction publique[1]

RIPHARD SERENT[2]

Résumé

Ce travail de recherche estime les coûts et les avantages d'une augmentation des salaires et de la mise en place d'un programme de rémunération par la performance dans la fonction publique, en vue d'une amélioration des services publics en Haïti. Des expériences faites dans des pays comme l'Indonésie et le Ghana montrent qu'augmenter les salaires dans la fonction publique n'a pas produit les résultats attendus. En revanche, les expériences faites au Brésil et au Mexique montrent qu'une augmentation de salaire dans la fonction publique génère des impacts positifs dans l'amélioration des services publics. Notre travail a montré que l'effet médian de ces études est nul. Ce qui nous amène à conclure que le ratio -avantage-coût (RAC) est égal à 1 dans une telle politique. Donc, basé sur les expériences de ces pays, le travail affirme que le RAC est de 1 pour toute augmentation de 10% des salaires dans la fonction publique en Haïti. D'un autre côté, une politique de rémunération par la performance s'avère plus prometteuse et devrait, en principe, aider à améliorer le niveau des services publics en Haïti, moyennant certaines mesures devant augmenter les recettes de l'État et contraindre le fonctionnaire à respecter ses obligations d'atteindre certaines cibles indicatives. En effet, en utilisant une expérience faite au Rwanda et des données du programme pilot de l'USAID de financement par la performance dans le secteur santé en Haïti, notre travail estime les coûts et les avantages de la mise en œuvre d'un tel programme dans la fonction publique et trouve un ratio avantage-coût de 3,56 avec un taux de réduction de 5%.

---

1 L'auteur est responsable du choix et de la présentation des faits contenus dans ce document de recherche et des opinions qui y sont dégagées, lesquelles ne sont pas nécessairement celles du Centre de Consensus de Copenhague et n'engagent l'institution non plus. Ce travail est réalisé sous la direction de l'économiste en chef Brad Wong, PhD., suivant les règlements de l'institution. Toutes les idées exprimées dans le document sont de l'auteur, sauf celles citées en référence.

2 Professeur, Université Quisqueya et économiste à Radio Vision 2000

Liste des sigles et abréviations

CGD : Center for Global Development

CSAPFP : Conseil Supérieur de l'Administration et de Fonction Publique

CNRA : Commission Nationale à la Réforme Administrative

CTC : Centre de Traitement de Choléra

DGI : Direction Générale des Impôts

FMI : Fond Monétaire International

FUNDE : Financement de l'éducation nationale au Brésil

FPP : Financement par la Performance

IBM : Institut de la Banque mondiale

IPC : Indice de Perception de la Corruption

MSH : Management Sciences for Health

OIT : Organisation Internationale du Travail

OMRH : Office de Management des Ressources Humaines

ONG : Organisation non-Gouvernementale

ODD : Objectifs de Développement Durable

OCDE : Organisation de Coopération et de Développement Economique

PIB : Produit Intérieur Brut

RPP : Rémunération par la Performance

RAC : Ratio avantage-coût

USAID : United States Agency for International Development

UTC : Unité de Traitement de Choléra

Introduction

Depuis pratiquement les années 1980, le paradigme du nouveau management public (NPM) fait apparaitre des préoccupations grandissantes des gouvernements en ce qui a trait à l'amélioration des services publics et une meilleure relation entre l'État et les citoyens (Hughes, 2015). En Amérique Latine et dans les Caraïbes, les préoccupations ne sont pas différentes en ce qui a trait à la mise en place et la promotion des réformes au niveau du secteur public, en vue notamment de mieux appréhender les objectifs de développement durable (ODD) qui requièrent une administration publique plus dynamique avec des personnels très motivés. C'est la raison pour laquelle des grandes institutions financières internationales, œuvrant dans le développement, continuent de promouvoir des réformes dans le secteur public des pays de la région et que la plus grande part (36%) des prêts accordés par la Banque mondiale en 2014 a été dédiée au secteur public (Banque mondiale, 2014, p.44).

En Haïti, la situation demeure beaucoup plus préoccupante que dans le reste de la région ; l'accès aux services publics continue d'être un vrai casse-tête. Les serviteurs publics ne sont pas motivés. Les règlements internes ne s'appliquent presque pas. Il suffit de regarder ce qui se passe à l'immigration, dans les hôpitaux publics, dans la justice, dans les écoles publiques, les douanes et la direction générale des impôts (DGI) et le niveau de la corruption qui sévit au sein même de l'administration publique. En effet, selon la Transparency International, Haïti demeure le pays perçu comme le plus fortement corrompu, non seulement de la région mais aussi du monde entier, pour avoir chuté de 2 points et de trois places dans le dernier rapport sur l'indice de perception de la corruption (Transparency International, 2016).

Si des efforts ont été consentis par différents gouvernements durant ces 10 dernières années pour améliorer les services publics, aujourd'hui, les besoins sont tels, et le contexte politique et économique du pays est tellement suffocant, que les résultats escomptés sont loin d'être atteints et les services publics semblent avoir empirés, nonobstant une augmentation des salaires dans la fonction publique en 2013 pour calmer les revendications de certains fonctionnaires et améliorer leur niveau de motivation pour de meilleur service.

En effet, le ministère de l'Économie et des Finances (MEF) avait procédé à une augmentation de 12,18% de la masse salariale en 2013 pour tenter d'améliorer le niveau des services publics, entre autres. Ces augmentations salariales ont été faites dans la fonction publique à partir de l'enveloppe budgétaire dégagée dans le projet de budget 2012-2013 (MEF, 2013).

En fait, les fonctionnaires qui touchent entre 5 000 à 10 000 gourdes avaient une augmentation de 16% et dans cette catégorie, nous retrouvons presque l'intégralité des enseignants pour le 1er et le 2e niveau primaire. Cependant, pour les employés de la fonction publique qui touchaient entre 10 001 et 21 500 gourdes, ils ont obtenu une augmentation de 12%. Dans cette catégorie l'on retrouve beaucoup de policiers et tous les fonctionnaires de la santé publique, infirmières, auxiliaires, etc. Tandis que pour la catégorie qui gagne entre 21 500 et 42 000 gourdes, où l'on retrouve les salaires des hauts gradés de la police, des médecins et d'autres types d'enseignants qui sont plutôt au niveau secondaire et universitaire et la catégorie où l'on retrouve les assistants chefs de services, ces deux catégories ont obtenu une augmentation pouvant atteindre 3%.

Nonobstant ces importantes augmentations, environ 3 ans après, il est difficile d'évaluer l'impact de cette politique d'augmentation des salaires en 2013, car le contexte économique et politique du pays a évolué, notamment avec une augmentation des coûts de la vie, l'inflation ayant plus que doublé pendant ces trois années. D'un autre côté les constats de nos jours font état d'une administration publique offrant des services qui laissent à désirer. Donc, à côté d'une telle politique d'augmentation de salaires, on n'avait pas envisagé un programme de rémunération par la performance dans le but de garder la motivation des fonctionnaires à des fins de meilleurs services publics, sous la base de l'expérience positive faite dans le secteur de la santé dans les années 1990 avec l'USAID et le MSH.

C'est dans ce contexte que, dans le cadre de la recherche de solutions intelligentes d'amélioration des services publics, ce travail analyse les coûts et les avantages d'une politique d'augmentation des salaires dans la fonction publique et de la mise en place d'un programme de rémunération par la performance (RPP). Le reste de l'étude concerne des revues de littérature sur les impacts des deux interventions avec des discussions et une étude de cas sur Haïti qui nous permet de mieux appréhender les coûts et les avantages du PRP.

Une revue de littérature sur les impacts d'une augmentation de salaires dans la fonction publique

Le cas du Ghana

Plusieurs théories suggèrent qu'une hausse des salaires en dessous d'un certain point de référence peut réduire la performance du travail (Mas, 2006). En fait, l'une des expériences les plus récentes concernant des politiques d'augmentation de salaires dans la fonction publique est celle du Ghana qui n'a pas accouché les résultats escomptés et qui renforce des évidences quant à l'impact négatif d'une telle politique sur la productivité du travail et l'amélioration des services publiques. En effet, au lieu de réduire la corruption au sein de la police, les recherches financées par le Centre International de Croissance (IGC) trouvent que l'augmentation des salaires de la police augmente effectivement les niveaux de corruption sur les routes ghanéennes. Selon toute observation et tout témoignage, on peut dire que la situation du Ghana, après l'augmentation des salaires des policiers en 2010, n'est pas tout à fait différent de celle d'Haïti après l'augmentation de 12% des salaires des agents de la police en Haïti en 2013.

Le cas de l'Indonésie

L'intérêt des chercheurs à expérimenter les impacts d'une augmentation de salaire dans la fonction publique ne se limite pas en Afrique. En Asie, notamment en Indonésie, on a examiné l'impact d'une importante augmentation inconditionnelle de salaire sur la performance des professeurs dans le secteur public. Reep et al. (2016) ont examiné la motivation et l'efficacité des professeurs en fonction de la performance des étudiants à travers un doublement des salaires des professeurs en Indonésie. En utilisant une expérience randomisée à grande échelle à travers un échantillon représentatif d'écoles en Indonésie qui ont touché plus de 3 000 enseignants et 80 000 étudiants, Ree et al. (2016) trouvent que le doublement des salaires des professeurs a non seulement amélioré la satisfaction des professeurs de manière significative, par rapport à leurs revenus, mais aussi a réduit la velléité des enseignants à détenir des emplois extérieurs et a diminué le stresse financier autodéclaré. Néanmoins, après deux ou trois années, le doublement de la rémunération n'a entraîné aucune amélioration des résultats d'apprentissage des élèves, suggérant que l'augmentation de salaires était juste un transfert aux enseignants avec aucun impact discernable sur le niveau de performance des élèves.

Ce qui nous amène donc à dire que, contrairement aux partisans des augmentations de salaires dans la fonction publique ou aux modèles de salaires d'efficience, une augmentation sans conditions de salaires des enseignants n'a aucun impact sur les résultats des élèves. Ces résultats semblent être pratiquement similaires à ceux observés en Haïti durant ces trois dernières années–après la dernière vague d'augmentation de salaire dans la fonction publique (12,7%), notamment au niveau du corps des enseignants–où les résultats au niveau du baccalauréat sont de plus en plus catastrophiques, avec moins de 30% de réussite (Serent, 2016).

Le cas du Brésil

La tendance observée dans les deux cas précédents n'est pas la même en qui concerne le Brésil, où l'impact d'une augmentation de salaire a été examiné dans le système d'éducation publique du

Brésil. En effet, en utilisant des données du système éducatif dans un modèle économétrique, le premier examen de Menezes-Filho et Pazello (2007) a révélé que les salaires des professeurs ne sont pas liés à la compétence des élèves des écoles publiques dans les résultats des tests, sous réserve des autres caractéristiques des enseignants observés. Néanmoins, il existe une corrélation positive dans le secteur privé. Cela pourrait être dû au fait que les salaires ne sont pas importants dans la détermination de la performance dans le secteur public ou qu'il existe une corrélation parasite entre les salaires et la compétence. Ces résultats vont dans le même sens que ceux de Ferraz et al. (2011) qui ont examiné les impacts des incitatifs monétaires sur la qualité et la performance dans le milieu politique au Brésil et qui ont trouvé que des salaires plus élevés pour les hommes politiques brésiliens conduisent à de meilleures performances, à la fois par un canal de sélection et un canal de salaire d'efficience.

Le cas de du Mexique

Dans le cas du Mexique, les résultats ont été encore plus intéressants dans un programme visant à renforcer la présence de l'Etat dans des communautés les plus marginalisées du pays, à travers deux offres de salaire réparties de manière aléatoire sur les sites de recrutement. En effet, les résultats de Dal Bó et al (2013) ont montré que des salaires plus élevés contribuent à attirer de meilleurs candidats en termes de qualité et de motivation et que dans les lieux où l'on annonce un salaire plus élevé, le candidat moyen était plus intelligent, il avait de meilleurs traits de personnalité, des gains plus élevés et disposait d'un meilleur profil professionnel. Plus loin, la démarche expérimentale pour le cas du Mexique prouve qu'une augmentation salariale de 43% conduit à une situation où les meilleurs candidats sont 43% plus productifs. Donc les coûts sont égaux aux avantages et que le ratio avantage-coût (RAC) est de 1.

Implication pour le cas d'Haïti

En analysant les trois premières études de cas (Ghana, Indonésie et Brésil), qui traitent des impacts d'une augmentation de salaire dans le secteur public, on peut avancer que l'effet médian de ces études est nul. Sous la base de cette assomption et en se basant sur ce que devient les services publics en Haïti, trois ans après la dernière vague d'augmentation de salaire dans la fonction publique, on peut conclure qu'une augmentation de salaire n'aurait aucun effet sur les employés existants et que l'augmentation de salaire serait juste un transfert. Donc, avec un pourcentage d'augmentation de 10% et une masse salariale de 32 571 985 371 HTG (MEF, 2016), une politique d'augmentation des salaires dans la fonction publique affiche un coût total de l'ordre de 3 257 198 537 HTG et des avantages de la même valeur, avec n'importe quel taux de réduction. Par conséquent, les coûts de l'augmentation de salaire sont égaux aux avantages. Donc, le RAC est égal à l'unité.

Une revue de littérature sur les impacts de la rémunération par la performance

Il existe une grande préoccupation de longue date que le secteur public et les organisations non-gouvernementales doivent fonctionner comme des entreprises privées dans leurs attitudes opérationnelles, en vue de donner de meilleurs résultats à la population (Weibel, 2007). Cette idée s'est renchérie avec l'avènement d'un paradigme dans le secteur public qui est le nouveau management public (NMP), qui veut que l'État adopte le managérialisme en vue répondre efficacement aux besoins de la population (Hughes, 2015, pp. 74-100). Parmi les différents outils que l'État pourrait emprunter du secteur privé, figure le système de « rémunération par la performance » (RPP) ou le « financement par la performance » (FPP) dont l'introduction dans la fonction publique constitue un grand défi pour l'État (Varone et Giauque 2001; Swiss 2005; Cardona 2006).

Le cas du Rwanda

Rwanda a été l'un des pionniers en matière de programme de financement par la performance (Rusa et al. 2009, dans Eichler et al. 2009). Dans le cadre de la quête d'une meilleure performance en matière de santé et des stratégies visant à atteindre les objectifs du millénaire pour le développement (OMD), le gouvernement rwandais a procédé à une expansion d'un programme pilote de financement par la performance, et ce dernier a donné des résultats substantiels dans le secteur de la santé. En effet, les provinces ayant un financement basé sur la performance (FBP) ont enregistré des hausses plus élevées en matière de soins curatifs et préventifs. A partir d'un niveau bas de 0,2 visite curative par personne par année dans toutes les provinces, le FBP a atteint 0,5 visite par personne par année contre seulement 0,3 visite pour les provinces qui ne sont pas dans le système de FBP. L'expérience du Rwanda a montré que les systèmes basés sur la performance peuvent générer des résultats rapides à grande échelle, en termes d'expansion de l'utilisation et de couverture, en particulier pour des services qui sont faciles à livrer et à mesurer (Rusa et al. 2009, dans Eichler et al. 2009). De plus, les résultats ne sont pas différents de ceux trouvés dans d'autres pays en développement.

Le cas d'Haïti

Le programme de financement par la performance (FPP) a été introduit en Haïti en 1995, à travers un projet de l'Agence des États-Unis pour le développement international (USAID) qui visait à améliorer les soins de santé primaire dans le pays. Le projet a commencé en 1999 sous le leadership de l'organisation MSH avec trois ONG contractés pour la phase d'implémentation. La rémunération de ces ONG était fonction de l'atteinte d'un ensemble de cibles indicatives fixées dans le secteur et de la provision des documents justificatifs de dépenses à l'appui. Des progrès significatifs ont été enregistrés dans les indicateurs clés de santé, à savoir la couverture vaccinale, les visites prénatales, les visites postnatales, la planification familiale et l'accouchement assisté sur les six années de la phase d'implémentation du projet (Eichler et al. 2009).

Discussion et calculs des coûts et des avantages

Les résultats du projet pilote de l'USAID, qui a introduit un programme de financement ou de rémunération par la performance (FPP/RPP) en Haïti, montrent qu'une telle approche s'avère des plus viables à améliorer les services publics dans des secteurs clés, où la performance peut être mesurée. L'expérience d'Haïti dans une telle démarche n'est pas tellement différente de celle du Ghana. Cependant, les grandes préoccupations demeurent : le type d'emploi qui répond mieux à ces genres d'initiative comme les « craft jobs[3] », c'est-à-dire les emplois où la performance de

3 Application d'un ensemble général de compétences à des tâches spécifiques, mais avec des résultats stables et similaires, par exemple : collection de revenu, pratique médical, enseignement (Hasnain, 2013, p.242)

l'employé peut être mesurée à partir d'une cible indicative (Hasnain, 2014), comme par exemple le nombre de passeports délivrés par jour, le nombre de contribuables servis à la direction générale des impôts (DGI) par jour, le nombre de patients vus par jour dans les hôpitaux publics, le nombre de cas de choléra traités dans une unité de traitement de choléra (UTC) ou un centre de traitement de choléra (CTC), le nombre de cas de détention préventive prolongée traités dans les prisons civiles, etc.

La grande question maintenant serait de savoir comment des employés, qui ont des emplois dont la performance ne peut pas être mesurée sous la base d'une cible indicative, réagiraient face à un programme de rémunération par la performance ? Ce que Wilson (1989) dans Hasnain (2010, p.242) appelle des « coping jobs[4] », par exemple des emplois liés à des fonctions managériales ou de leadership. Dans un tel contexte, il est probable que le ratio avantage-coût (RAC) soit plus bas que celui enregistré dans les « craft jobs ». Une discussion plus poussée sur cette préoccupation adaptée au contexte d'Haïti, ainsi que sur l'implémentation d'un tel programme, est portée dans la partie conclusion et recommandation.

En fait les données fournies par Eichler et al. (2009) ont permis de calculer les coûts et les avantages d'un programme de financement ou de rémunération basée sur la performance dans la fonction publique en Haïti, mais ceci est toutefois adapté pour les « craft jobs » et peut être étendue théoriquement à tout le secteur public.

En fait, selon une analyse des données des chercheurs, une augmentation de 4% des coûts totaux conduit à une augmentation d'environ 12 % dans les services. En manipulant des données de Eichler et al. (2009) sur le coût total des services de santé, les coûts liés à la composante pour des services de support et techniques, les rémunérations au fournisseurs de soins de santé et la composante incitative, ajouté à des données du FMI sur le total des dépenses du gouvernement haïtien en pourcentage du PIB, le pourcentage dépensé par le gouvernement en termes de coûts de fonctionnement, nous avons trouvé que la mise en place d'un programme de rémunération par la performance dans la fonction publique affiche des coûts de l'ordre de 1 336 680 703 gourdes à tous les taux de réduction, tandis que les avantages se retrouvent dans une fourchette de 4 770 587 616 à 4 739 220 744 gourdes, dépendamment du taux de réduction. Ce qui accuse un RAC de 3,56 avec un taux de réduction de 5%.

Tableau 1 : Coûts et avantages

Interventions	Taux d'actualisation	Avantage	Coût	Ratio avantage-coût	Qualité des éléments de preuve
Augmentation de salaires	3%	3 257 198 537	3 257 198 537	1	Moyenne
	5%	3 257 198 537	3 257 198 537	1	
	12%	3 257 198 537	3 257 198 537	1	
Rémunération Par la Performance	3%	4 770 587 616	1 336 680 703	3,57	Moyenne
	5%	4 763 367 189	1 336 680 703	3,56	
	12%	4 739 220 744	1 336 680 703	3,55	

Source : calcul de l'auteur

4 Application des compétences génériques à des tâches spécifiques, mais les résultats ne peuvent pas être évalués, par exemple : les emplois de management (Hasnain, 2013, p.242)

Les avantages non-mesurés

Il est clair qu'une politique d'augmentation des salaires et de rémunération par la performance dans la fonction publique génère un ensemble d'avantages qui ne sont pas quantifiés et qui ne peuvent être quantifiables à travers des modèles économiques ou des approches économétriques. En effet, en plus d'une augmentation de revenus dans l'économie, ces deux programmes auront des conséquences directes sur l'économie, notamment en ce qui a trait à la consommation et au produit intérieur brut (PIB), car il s'agit ici d'une création monétaire de plus de 3,2 milliards de gourdes sur le marché avec pour contrepartie des services publics rendus. En outre, d'autres approches pourraient voir des avantages liés au bien-être des bénéficiaires, notamment un meilleur accès à l'éducation des enfants, à la santé et aux loisirs.

Conclusion et recommandations

Dans le cadre de notre travail, il était question d'analyser les coûts et les avantages d'une augmentation des salaires et de la mise en place d'un programme de rémunération par la performance dans la fonction publique en Haïti, dans une perspective de recherche de solutions intelligentes quant à l'amélioration des services publics dans le pays.

Une analyse de quatre études de cas (Ghana, Brésil, Indonésie et Mexique) a montré que l'effet médian d'une augmentation de salaire dans la fonction est nul et que toute augmentation inconditionnelle traduit juste un transfert, et donc, le RAC est égal à l'unité (1). Ce qui nous pousse à soutenir qu'une augmentation de 10% des salaires dans la fonction publique en Haïti sera juste un transfert et n'aura presque pas d'impacts significatifs sur la motivation des fonctionnaires et par la suite sur l'amélioration des services publiques, par rapport à cette montée vertigineuse du coût de la vie en deux ans. D'autant plus que trois ans après la dernière vague d'augmentation de 12,8% des salaires dans la fonction, le niveau des services fournis par le secteur public reste encore des plus critiques.

D'un autre côté, en analysant le programme de rémunération par la performance du Rwanda et en utilisant des données d'un programme pilote de financement par la performance mise sur pied par l'USAID et le MSH en Haïti dans le secteur santé, ce travail estime que les coûts de la mise en place d'un programme de rémunération par la performance dans la fonction publique sont de l'ordre de 1 336 680 703 gourdes à tous les taux de réduction, pour des avantages estimés dans une fourchette de 4 770 587 616 à 4 739 220 744 gourdes, en fonction du taux de réduction. Ce qui accuse un ratio avantage-coût de 3,56 à un taux de réduction de 5%. Le point saillant de l'expérience de l'USAID c'est qu'une augmentation des coûts de 4% dans la RPP-santé entraine une hausse de 12% des avantages. Ce qui pourrait théoriquement s'étendre sur le reste de la fonction publique.

Si les perspectives d'une augmentation de salaire dans la fonction publique s'avèrent discutables, dans la mesure où les coûts sont égaux aux bénéfices, la mise en place d'un programme de rémunération ou de financement par la performance s'avère, de son côté, des plus prometteuses, mais avec des nuances liées aux types d'emplois qui seraient plus à même d'être affectés par une telle initiative. Selon la littérature, il serait difficile d'adopter un tel programme pour les « coping jobs » dans la fonction publique, où les performances sont difficilement mesurables. Néanmoins, pour un tel type d'emplois, la performance pourrait être mesurée directement sur la base des résultats globaux atteints et non pas sur des cibles indicatives proprement dites. Ce qui nous amène à formuler quelques recommandations pour une mise en œuvre de toute initiative de rémunération par la performance dans le secteur public :

- Réviser et renforcer les politiques fiscales du pays pour mobiliser plus de ressources, devant alimenter le budget national, que ce soit à travers un élargissement de l'assiette fiscale ou une augmentation de la pression fiscale. Ceci permettra de supporter tout programme de rémunération par la performance ;
- Réviser et voter la loi anti-corruption pour l'étendre au programme de rémunération par la performance et éviter tout détournement ou mauvaise utilisation de ces fonds alloués au programme ;
- Renforcer les règlements internes dans les institutions publiques pour que le fonctionnaire puisse s'adonner à ses tâches et ne gaspille pas du temps qui peut être alloué à la fourniture de service aux citoyens ;
- Définir des dispositions légales, incluant des peines très sévères, devant contraindre le fonctionnaire public à respecter son engagement vis-à-vis de l'atteinte d'une cible ;
- Mettre sur pied une commission parlementaire devant veiller à la production des chiffres ou des rapports liés au programme RPP, en vue d'éviter toute manipulation ou de maquillages de statistiques pour s'accaparer des fonds du programme (RPP).

Références bibliographiques

Aijala, K, 2012, Secteur public- un employeur de choix ? Rapport sur le projet relatif à la compétitivité de l'employeur public, OCDE

BRIDES, 2007, "Diagnostique sur la gouvernance et la corruption", supporté par l'ULCC et IBM

Vardona, F, 2006, Performance related pay in the public service in OECD and EU member states, Seminar on Remuneration System for Civil Servants and Salary Reform, Vilnius, Lithuania: Sigma Program, OECD

Dal Bo, E, Finan, F et Rossi, A M, 2013 ' Strengthening state capabilities: The role of financial incentives in the call to public service', The Quarterly Journal of Economics, vol.128(3), pp.1169-1218

Eichler, R., P. Auxila, and J. Pollock. 2001. "Performance-Based Payment to Improve the Impact of Health Services: Evidence from Haiti." World Bank Institute Online Journal (April 2001)

Eichler, R, Auxila, P, Antoine, U et Desmangles, B, 2009, ' *Haïti : Goind to scale with a performance incentive model*', cité dans Eichler, R et Levine, R, 2009, Performance incentives for global health: Potential and Pitfalls, Center for Global Development

Ferraz, C et Finan, F, 2011, Motivating politicians : The impacts of monetary incentives on quality and performance, UC Berkeley

Foltz, J D & Opoku-Aguemang, K A, 2015, Do higher salaries lower petty corruption? A policy experiment on West Africa's highways, International Growth Center, viewed at: file:///C:/Users/brh/Downloads/Foltz-Opoku-Agyemang-2016-Working-paper.pdf

Haitilibre, 2012, 'Augmentation des salaires de 3% à 16% dans la fonction publique', viewed at : http://www.haitilibre.com/article-6737-haiti-social-augmentation-des-salaires-de-3-a-16-dans-la-fonction-publique.html

Hughes, O E 2012, Public Management, in '*Public management and administration: an introduction*', 4th edn, Palgrave, New York, pp. 74-102

Hasnain, Z, Manning, N, Pierskalla, J H, 2014, The Promise of Performance Pay? Reasons for Caution in Policy Prescriptions in the Core Civil Service, Oxford University Press

ICG, 2016, Higher salaries worsened police corruption in Ghana, according to IGC-funded research, viewed at: http://www.theigc.org/news-item/higher-salaries-worsened-police-corruption-in-ghana-according-to-igc-funded-research/

Le Nouvelliste, 2016, 'Les enseignants en grève les 14 et 15 Janvier, viewed at : http://lenouvelliste.com/lenouvelliste/article/154204/les-enseignants-en-greve-les-14-et-15-janvier

Mas, A, 2015, 'Pay, reference points and police performance', *Quaterly Journal of Economics,* vol.121, issue 3

Menezez-Filho, N &, Pazello, E, 2007, 'Do teachers' wages matter for proficiency? Evidence from a Funding Reform in Brazil', *Economics of Education Review,* ELSVIER, vol.26(6), pp.660-672 http://www.sciencedirect.com/science/article/pii/S0272775707000660

OCDE, 2005, Performance-related pay policies for government employees. Paris: OECD Publishing

Rusa, L, Schneidman, M, Fritsche, G et Musango, L, 2009 '*Rwanda : Performance-based financing in the public sector*', cité dans Eichler, R et Levine, R, 2009, Performance incentives for global health: Potential and Pitfalls, Center for Global Development

Ree, J, Muralidharan, K, Pradhan, M & Rogers, H, 2016, Double for Nothing? Experimental Evidence on the Impact of an Unconditional Teacher Salary Increase on Student Performance in Indonesia, viewed at: http://econweb.ucsd.edu/~kamurali/papers/Working%20Papers/Double%20for%20Nothing%20(Current%20WP).pdf

Swiss, James E. 2005. A framework for assessing incentives in results-based management. Public Administration Review, vol 65, pp.592–602

Serent, R, 2016, 'Résultats catastrophiques du baccalauréat 2016 : mauvais signaux pour le développement d'Haïti' Radio Vision 2000, viewed at : http://radiotelevision2000.com/home/?p=74029

PNUD, Programme cadre de réforme de l'Etat : Modernisation administrative et décentralisation (2007-2012)

Transparency International, 2016, Rapport sur l'indice de perception de la corruption 2016 http://www.transparency.org/cpi2015?gclid=CKinlNz-ltMCFUcHhgodnu8P0g#results-table

Varone, et David G, 2001, 'Policy management and performance-related pay: Comparative analysis of service contracts in Switzerland', *International Review of Administrative Sciences,* vol. 67, pp.:543–65

Weibel, A, Rost, K et Osterloh, M, 'Pay for performance in the public sector-Benefits and (hidden) Costs, Journal of Public Administration Research and Theory, Oxford University, vol.20(2), pp.387-412

World Bank, 2010, Transforming Indonesia's Teaching Force Jakarta: Human Development Department, World Bank East Asia and Pacific Region

Wilson, J Q, 1989, Bureaucracy: What government agencies do and why they do it, New York, Basic Books World Economic Forum, 2014, The Global Competitiveness Report, viewed at: http://www3.weforum.org/docs/WEF_GlobalCompetitivenessReport_2014-15.pdf

World Bank 2014, World development annual report: poverty and prosperity, Washington DC, United States

Appliquer les lois sur la décentralisation en Haïti

TARAH TÉLUSMA THELUSME

Résumé

La théorie de la décentralisation part du principe que pour amorcer un développement local et participatif, il faut accorder un certain pouvoir à des collectivités locales reconnues par la constitution ou par la loi. La décentralisation doit permettre aux populations rurales d'assurer leur développement, plus et de meilleure façon. Le but de cette intervention est d'étudier les coûts et avantages, sur cinq ans, de la mise en exécution des prévisions institutionnelles prescrites par la loi afin de réaliser la décentralisation complète et améliorer les capacités des communes à desservir la population. Les coûts et les avantages sont calculés pour les actions suivantes : la mise en place des conseils techniques aux mairies, la formation des élus locaux, et la mise en disposition des ressources nécessaires pour l'exécution des devoirs municipaux. Le ratio avantage-coût pour la décentralisation est 10,2 à un taux d'actualisation de 5%. Plus les ressources sont dépensées au niveau local, plus la gestion et les compétences des cadres locaux s'améliorent, et plus les Haïtiens sont encouragés quant à leur propre potentiel et à leur avenir.

Glossaire

ASEC : Assemblée de la Section Communale

CASEC : Conseil d'Administration de la Section communale

CT : Collectivités Territoriales

FGDCT : Fonds de Gestion et de Développement des Collectivités Territoriales

MICT : Ministère de l'Intérieur et des Collectivités Territoriales

MPCE : Ministère de la Planification et de la Coopération Externe

PIP : Programme d'Investissement Public

Introduction

Trente-six (36%) de la population totale vit dans le département de l'Ouest, et 92% de la population de l'Ouest vit dans l'aire métropolitaine de Port-au-Prince[1]. La décentralisation est une nécessité en Haïti : les activités sont concentrées autour d'une seule ville, et la tendance de migration y est forte, réduisant ainsi les capacités des autres communes d'attirer les ressources humaines nécessaires pour gérer les municipalités et collecter les recettes. En outre, avec cette population entièrement centralisée, la machine administrative est lourde, et l'État ne peut être

1 Calculs faits à partir des données sur la population tires dans l'Enquête sur les Conditions de Vie des Ménages Apres le Séisme de l'IHSI, 2012

efficace et efficient sur le territoire national. De ce fait, il y a une concentration des services publics dans cet espace géographique : 46% des agents de la fonction publique se trouvent dans la capitale et les environs. Il y a une plus grande disparité entre les zones urbaines et rurales : 86% dispensent des services en milieu urbain, contre 14% en milieu rural[2].

Globalement, la décentralisation est un transfert d'autorité et de responsabilités des fonctions publiques, de l'administration centrale, vers les instances gouvernementales subordonnées ou quasi autonomes et/ou vers le secteur privé. La Banque mondiale (2011) définit la décentralisation comme étant un système d'administration dans lequel le pouvoir de décision est exercé à la fois, par l'État et par des personnes morales autonomes soumises au contrôle, en principe de légalité, des autorités étatiques qui implique le transfert d'attributions de l'État à des collectivités ou institutions différentes de lui et bénéficiant, sous sa surveillance, d'une certaine autonomie de gestion.

Le but de cette recherche est d'analyser les coûts et les avantages de la mise en œuvre de la décentralisation tel que prescrit dans les textes législatifs autour de ce concept. Dans le cadre de notre travail de recherche, nous avons considéré l'aspect politique à travers le transfert de pouvoir de l'État central aux CT ; l'aspect fiscal pour l'étude de nos avantages; territoriale à travers la délimitation des CT et administrative dans l'aspect de la mise en place des conseils techniques au niveau des mairies et de la formation des élus locaux.

ANALYSE DOCUMENTAIRE

La décentralisation

La décentralisation est un mode d'organisation institutionnelle qui consiste à faire gérer par des organes délibérants élus les affaires propres d'une CT. Par le principe de la personnalité morale, c'est à dire la reconnaissance d'une personnalité juridique propre, des pouvoirs de décision, justifiés par l'existence de ces affaires propres, sont reconnus à ces entités administratives autres que l'État et non situés par rapport à lui dans une relation hiérarchique[3].

Selon la commission travaillant sur la question de décentralisation de la Columbia University et la Banque mondiale, il existe différents types de décentralisation. La décentralisation politique vise à conférer aux citoyens ou à leurs élus plus de pouvoirs de décision. La décentralisation administrative est le transfert de responsabilité de la planification, du financement et de la gestion liée à certaines fonctions du gouvernement central et de ses organes vers des unités d'administration sur le terrain, des cellules ou niveaux subalternes de l'administration, des autorités publiques semi-autonomes, des municipalités ou des régions. La décentralisation fiscale se définit par le transfert vers les administrations locales, des pouvoirs de décisions relatives à la mobilisation des ressources au niveau local en vue de l'exécution des responsabilités dévolues par le gouvernement central[4].

2 Gouvernement d'Haïti, Commission nationale à la réforme administrative. « Problématique de la décentralisation et réalité des collectivités territoriales », mars 2002

3 Deshommes (2004)

4 Boko, 2008

Les collectivités territoriales et la décentralisation en Haïti

La décentralisation mène la bonne gouvernance par trois moyens : (1) en améliorant l'efficacité de l'allocation de ressources, (2) en promouvant la transparence, qui réduit les possibilités de corruption, et (3) en améliorant le recouvrement de coûts. Les gouvernements locaux, étant plus proche aux citoyens, sont en mesure de répondre à leurs besoins.

Mais, selon Azfar et al. (1999), il y a des conditions préalables, qui peuvent influencer la performance des instances publiques locales : les responsabilités de tous les niveaux de l'État devraient être bien définies, avec aucun chevauchement en matière de pouvoir et juridiction. Il faut une loi décrivant en détail les structures et statuts des institutions publiques, surtout au niveau local. Il faut aussi une loi précisant les mécanismes de contrôle et de suivi. En support des lois organiques, il faut un cadre réglementaire, les pratiques de l'institution détaillées. Finalement, les élections locales devraient se tenir régulièrement et pas en même temps que les élections nationales.

Dans la constitution haïtienne[5], « la décentralisation doit être accompagnée de la déconcentration des services publics avec délégation de pouvoir et du décloisonnement industriel au profit des départements » (Art 87.4). Les différents CT y sont définis ; la section communale, la commune, l'arrondissement et le département. Le territoire national est subdivisé en départements qui sont divisés en arrondissement qui sont formés des communes dont découlent les sections communales. Aux départements elle a octroyé la personnalité morale (Art. 77) ; aux communes elle a accordé l'autonomie administrative et financière, qui est un des attributs de la personnalité morale.

Chaque conseil exécutif d'une CT est assisté d'une assemblée délibérante (art. 63.1, 67 et 80) pour le bon fonctionnement de la gouvernance locale. En effet, le conseil d'administration de la section communale (CASEC) est assisté dans sa tâche par une assemblée de la section communale. Le conseil municipal est assisté par un conseil technique fourni par l'administration centrale et rend compte à l'assemblée municipale qui elle-même en fait rapport au conseil départemental (art.71 et 73).

En 2006, il y avait plusieurs décrets portant sur l'aspect administratif de décentralisation en Haïti[6]: l'une a fixé les principes fondamentaux de gestion des emplois de la fonction publique territoriale et de ses établissements publics, institutionnalisant la fonction publique territoriale au même titre que la fonction publique centrale. L'emploi au niveau territorial de manière permanente est organisé à travers les fonctionnaires territoriaux : le conseil supérieur de la fonction publique territoriale (CSFPT), ainsi que l'Institut national de l'administration territoriale (INAT), et des centres de gestion régionaux de la fonction publique territoriale (CGR/FPT). L'autre a fixé le cadre général de la décentralisation, de l'organisation et du fonctionnement des collectivités territoriales haïtiennes. Il clarifie des principes de la décentralisation et spécifie l'obligation de déconcentrer les services de l'État. En outre, il réitère l'autonomie des collectivités territoriales.

*La **décentralisation fiscale** en Haïti*

Une politique de décentralisation fiscale se conçoit dans un cadre juridique qui définit clairement les responsabilités dévolues au niveau local ainsi que les sources de revenu décentralisées. Dans

5 Constitution de 1987, Titre V, Chapitre I : Des Collectivités Territoriales Et De La Décentralisation

6 Paul et Charleston (2015)

ce cadre, il revient au gouvernement de mettre à la disposition des administrations locales des ressources adéquates pour l'exécution des responsabilités accrues qui leur sont attribuées, mais aussi la distribution équitable des ressources centralisées allouées aux communautés locales[7]. Pour que les administrations locales et les organisations privées puissent exercer de manière efficace les fonctions administratives décentralisées, elles doivent disposer de revenus d›un niveau adéquat. De même, elles doivent avoir le pouvoir de décision concernant les dépenses[8].

En Haïti, la commune a des fonctions à la fois politique et technique. La constitution a doté la commune d'une autonomie administrative et financière. Pour ce, le conseil municipal, en tant qu'organe exécutif élu au suffrage universel est responsable d'administrer ses ressources au profit exclusif de la municipalité et rend compte à l'assemblée municipale qui elle-même en fait rapport au conseil départemental (Art.73) et de gérer les biens fonciers du domaine privé de l'état situé dans les limites de sa commune. Ils ne peuvent être l'objet d'aucune transaction sans l'avis préalable de l'assemblée municipale (Art.74).

En ce qui concerne les compétences techniques requises de la commune, elle doivent gérer les exploitations des carrières; appliquer les normes et les règlements en matière d'utilisation du sol et d'habitat, de l'orientation et du contrôle du développement physique local, ainsi que l'octroi des permis de localisation d'activités, de lotir, de bâtir et d'interventions dans le cadre du bâti; mettre en place et entretenir de réseaux de services et d'équipements collectifs (assainissement, gestion des déchets, drainage, eau potable, marché, cimetières, terrains de jeux, foyers culturels, voiries, places publiques...); offrir des services sociaux visant la satisfaction des besoins de clientèles particulières ou marginales (orphelinats, crèches, asiles, logements sociaux, cantines ...), entres autres[9].

Dans l'état actuel de la législation, la commune constitue la seule CT a bénéficier de ses propres ressources sous forme de redevances et de taxes et d'impôts locaux. La loi avait également prévu des recettes constituées des transferts et subventions de l'État, de dons en espèces ou en nature, et de produits des emprunts dûment autorisés[10].

En parlant des ressources adéquates, le plus souvent on se limite aux taxes communales et aux subventions de l'État. Mais le gouvernement haïtien a aussi l'obligation « de doter les CT de moyens financiers adéquats, d'établir les programmes de formation en gestion administrative et gestion de projets de caractère productif et social et de doter les CT d'instruments financiers et organisationnels leur permettant de jouir pleinement de leur autonomie [11]». C'est dans cette optique que le Fonds de Gestion et de Développement des Collectivités Territoriales (FGDCT) a **été créé en** 1996 ; actuellement géré par le MICT.

L'article 3 de la loi du 20 août 1996 indique que le fonds est alimenté par des salaires de tous les fonctionnaires de l'État et de tous les employés du privé touchant plus que 5 000 gourdes ; une majoration des bordereaux de douane à l'exception des produits pétroliers, pharmaceutiques, alimentaires, les intrants agricoles et le papier, des plaques d'immatriculation et les vignettes, et des billet d'avion ; un pourcentage du prix de vente des paquets de cigarettes, les primes d'assurance, des montants gagnés à la loterie et tous autres jeux et paris assimilés, et de l'impôt sur le

7 Boko (2008)
8 Decentralization Thematic Team, Columbia University and World Bank
9 Deshommes (2004)
10 Deshommes (2004)
11 Deshommes (2004)

revenu. Bien que beaucoup d'opacité entoure les dépenses du FGDCT, les allocations sont versées aux communes, les principaux agents de développement, étant plus proche de la population, et privilégiés sur le plan financier.

La décentralisation fiscale et la satisfaction des citoyens

Encore, il faut distinguer entre la décentralisation fiscale et politique. Il y a des mesures qui déconcentrent la prestation des services publics et qui accordent aussi le pouvoir de collecter les impôts et de générer les recettes aux gouvernements locaux. En revanche, il y a l'aspect politique qui ne fait qu'augmenter les opportunités des citoyens à participer aux prises de décisions. En ce qui concerne la satisfaction ressentie par les citoyens envers leurs élus, plusieurs études ont démontré que c'est directement lié à la décentralisation fiscale.

La corrélation entre la décentralisation fiscale et la satisfaction des citoyens a été étudiée dans les différents coins du monde. En Chine[12], une étude a été menée, utilisant les données transversales répétées (Enquête sociale générale de Chine) sur les ménages urbains chinois pour tester l'hypothèse : est-ce que la décentralisation fiscale augmente le bien-être individuel ? Les données utilisées ont été recueillies à trois reprises, en 2003, 2005 et 2006, et couvraient la plupart des provinces de Chine. Le constat final : une grande décentralisation des revenus augmente la satisfaction à l'égard de la vie, après avoir contrôlé un ensemble riche de caractéristiques individuelles et plusieurs facteurs macroéconomiques importants.

Une autre recherche au Chili[13] indique que la décentralisation fiscale vers les municipalités affecte positivement la satisfaction individuelle de la vie. Les chercheurs confirment que les caractéristiques environnementales de la juridiction dans laquelle les gens contribuent de manière significative à expliquer le bien-être personnel des gens. Parmi les variables au niveau municipal qui méritent d'être mentionnées, l'impact de la pauvreté et la part de la population urbaine semblent être des variables explicatives importantes. Fait intéressant, les budgets participatifs sont également négligeables pour expliquer la satisfaction de la vie.

Les Européens d'Europe centrale et orientale ont connu une croissance économique entre 1999 et 2008, le produit intérieur brut (PIB) de ces pays[14] a augmenté de 400% en moyenne. Pourtant, les niveaux de bonheur individuel sont restés stagnants, augmentant de moins de 15% dans la plupart des pays. Rodriguez-Pose et Maslauskaite (2012) ont étudié cette question de l'impact de la décentralisation sur le bien-être des citoyens. Les résultats indiquent que des niveaux plus élevés de décentralisation politique sont associés à un degré plus élevé de satisfaction de la vie. Dans toutes les spécifications, le coefficient est positif et significatif.

D'autres études empiriques antérieures montrent une relation positive entre la décentralisation et la satisfaction de la vie. On peut citer : Frey et Stutzer 2000 et 2002, Bjørnskov et al. 2008, Hessami 2010, Voigt et Blume 2009, Díaz-Serrano et Rodríguez-Pose 2011, Sujarwoto Et Tampubolon 2015 et Saez et Letelier 2016.

12 Gao et al (2014)

13 Letelier et Lozano (2016)

14 La République tchèque, l'Estonie, la Hongrie, la Lettonie, la Lituanie, la Pologne, la Roumanie, la Slovaquie et la Slovénie

Calculs des coûts et des avantages

Pour reprendre, l'intervention analysée sur cinq ans est la mise en exécution des prévisions institutionnelles prescrites par la loi afin de réaliser la décentralisation complète et améliorer les capacités des communes à desservir la population. Dans le contexte haïtien, il s'agit de la mise en place des conseils techniques dans les mairies, la formation des élus locaux et des cadres territoriaux, et les transferts pour supporter leur fonctionnement.

Les coûts

Les coûts de cette intervention ont pour objectif de mettre en place les balises de la décentralisation. Ils se composent de : la formation des élus locaux et des cadres territoriaux, la mise en place des conseils techniques des mairies et les allocations budgétaires aux mairies[15], assemblées et conseils pour les loyers et la bureautique.

Les avantages

Notre calcul des avantages se base sur la corrélation entre la décentralisation fiscale et la satisfaction des citoyens constatée et décrite par plusieurs études ; Bjornskov et al. (2008) et Stevenson et Wolfers (2013) en particulier. La corrélation entre la décentralisation fiscale et la satisfaction des citoyens est positive, et cette satisfaction amène une augmentation en activités économiques.

Les retombées institutionnelles ne sont pas chiffrées, conséquence de l'autonomie financière des collectivités locales. L'État sera plus disponible sur le territoire national. La décentralisation augmente les compétences des communes et leur permet de s'assumer financièrement. De ce fait, elles peuvent réduire le taux de migration vers la capitale et augmenter les ressources humaines locales, stimulant les investissements du secteur privé. Sur un plan agricole, elle peut conduire à une meilleure gestion des productions/ plantations locaux. En somme, la décentralisation a un effet positif sur de nombreux domaines pouvant conduire au développement.

Tableau récapitulatif

Taux d'actualisation	Avantages	Coûts	Ratio avantage-coût
3%	111 793 724 079	10 946 138 738	10,21
5%	105 577 293 249	10 348 368 541	10,20
12%	87 605 139 069	8 617 069 572	10,17

Conclusion

La décentralisation, dans le cadre de notre travail, est un transfert de pouvoir de l'État central vers les collectivités locales encore appelées collectivités territoriales. La constitution de 1987 définit les différentes collectivités territoriales et donne la prérogative aux communes en tant qu'autorité administrative et financière. D'autres textes législatifs élargissent les compétences des communes en tant que collectivité territoriale. De ce fait, les communes sont les CT les

15 Il y a 140 communes.

mieux placés dans un cadre de décentralisation. Faire appliquer les lois sur la décentralisation revient à :

- Mettre en place les indicatifs de la constitution à travers la mise en place des conseils techniques et de différentes assemblées
- Former les élus locaux en vue d'une meilleure prise en charge des tâches qui leur sont assignées.

L'objectif de cette recherche est d'analyser les coûts et les avantages de la mise en œuvre de la décentralisation tel que prescrit dans les textes législatifs. Les coûts et les avantages sont calculés pour les actions suivantes : la mise en place des conseils techniques aux mairies, la formation des élus locaux, et la mise en disposition des ressources nécessaires pour l'exécution des devoirs municipaux. Le ratio avantage-coût pour la décentralisation est 10,2 à un taux d'actualisation de 5%. Plus les ressources sont dépensées au niveau local, plus la gestion et les compétences des cadres locaux améliorent, et plus les Haïtiens sont encouragés quant à leur propre potentiel et à leur avenir.

Il convient de souligner que le contexte politique n'est pas toujours favorable. Les élections locales n'ont pas toujours lieu. Ce qui peut ralentir le processus décentralisation. En outre, les études ont montré une corrélation négative entre certains indices macroéconomiques (par exemple le PIB, l'inflation et le chômage), l'instabilité politique et l'insécurité, et le bien-être perçu par l'individu. Si on ne s'attaque pas à ces problèmes structurels, la capacité des municipalités d'agir en faveur de leurs mandants sera encore limitée.

Références bibliographiques

Azfar, Omar et al. "Decentralisation, government, an public services- the impact of institutional arrangements", IRIS Center, University of Maryland College Park, September 1999.

Decentralization Thematic Team, Banque mondiale et Columbia University. "Sourcebook en ligne sur la decentralisation et developpement local", http://www.ciesin.columbia.edu/decentralization/French/General/Qu'est-ce%20que.html, accédé 21 mars 2017:

Banque Mondiale, Participation en développement communautaire : Renforcer les communautés en Haïti

Boko, Sylvain. "Un apercu sur la decentralisation fiscale et les finances locales en Afrique Francophone", avril 2008. http://siteresources.worldbank.org/CMUDLP/Resources/BOKO.pdf, accédé 21 mars 2017

Deshommes, Fritz, Décentralisation et Collectivité Territoriales en Haïti, un état des lieux, Editions Cahiers Universitaires, 2004

Díaz-Serrano L, Rodríguez-Pose A. , *Decentralization, Happiness, and the Perception of Institutions,* 2011

CEPR Discussion Papers 8356, C.E.P.R., London. Madrid, Spain: IMDEA

Gao,S., Meng, X., et Zhang, L. "Fiscal decentralization and life satisfaction: evidence from urban China", *Social Indicators Research*, decembre 2014, vol, 119, Iss. 3, pp 117-1194

Gouvernement d'Haiti, Commission nationale à la reforme administrative. "Problematique de la decentralisation et realite des collectivites territoriales", mars 2002. http://haiticci.undg.org/uploads/05_Probl%C3%A9matique%20de%20la%20decentralisation%20et%20realite%20de.pdf, accédé 21 mars 2017

Gouvernement d'Haiti. Ministère de l'Intérieur et des Collectivités Territoriales, Recueil des textes normatifs entourant l'action locale, avril 2011

Lebovics Maxime, « Analyse des apports et des contraintes du développement participatif », Afrique contemporaine, 2007/3 n° 223-224, p. 403-432. DOI : 10.3917/afco.223.0403

Letelier, Leonardo et Jose Luis Saez Lozano. "Fiscal decentralization and life satisfaction in Chile: a municipal multilevel analysis. Comision economica para america latina y el Caribe, 2016, http://www.cepal.org/sites/default/files/events/files/proposal_letelie_saez_v_jornadas_de_fin_local_sc_2016_1.pdf, accédé 22 mars 2017

Nikolov, Dimce. "Decentralization and decentralized governance for enhancing the delivery of services in transition countries", UNDESA, september 2006.

Paul, Benedique and Charles Charleston. Les Collectivites Territoriales: analyseurs du processus democratique bloque en Haiti, Haiti Perspectives, vol. 4, no. 3, automne 2015.http://www.haiti-perspectives.com/pdf/4.3-colletivite.pdf, accede 22 mars 2017

Population totale, population de 18 ans et plus, Ménages et densités estimés en 2012. Enquête sur les Conditions de Vie de la Population après Séisme (ECVMAS). IHSI/MEF

Republique d'Haiti. Constitution de 1987, Titre V, De la décentralisation et des Collectivités Territoriales, juillet 2015

Rodriguez-pose, Andres ad Kristina Maslauskaite. "Can policy make us happier? Individual charateristic, socio-economic factors and life satisfaction in central andn Eastern Europe", Cambridge Journal of Regions, Economy and Society (2012) 5 (1): 77-96

Voigt S, Blume L. ,*The Economic Effects of Federalism and Decentralization: A Cross-Country Assessment*, 2009 CESifo Working Paper No: 2766. Munich, Germany: CESifo

Woodly Fleurjuste, GADE HAITI, Gestion des équipements et services publics

L'inclusion d'une clause exigeant que les firmes étrangères sous-traitent aux firmes locales au moins 20% des appels d'offre remportés afin de stimuler le transfert de technologie: une analyse coût-avantage

ROMY REGGIANI THEODAT

Résumé

En effet, dans le cadre des marchés publics en Haïti, bien que le nombre de firmes locales participantes aux appels d'offre public soit supérieur au nombre de firmes étrangères, il s'ensuit que les firmes étrangères gagnent des parts plus importantes des marchés publics, 70% environ. Cette situation actuelle montre que les dépenses publiques profitent davantage aux économies concurrentes d'Haïti.

Pour remédier à cette situation, il est proposé une intervention qui permettra aux entreprises haïtiennes d'obtenir dans le cadre de ces contrats des tâches à exécuter pour le compte des firmes étrangères. Cela aura comme effet de développer leur capacité dans l'exécution de certaines activités, de renforcer leurs compétences et d'améliorer leur compétitivité. Ce qui permettra à terme que les firmes locales gagnent des parts plus importantes des marchés publiques puisqu'elles ont profité des transferts de technologie, et dont l'un des impacts est la création d'emploi dans l'économie.

Dans le cadre de cette étude, les avantages identifiés sont des gains de productivité et l'effet multiplicateur sur le PIB et les coûts sont ceux liés au transfert de technologie, à l'administration et ceux supportés par les firmes étrangères pour trouver un partenaire local. L'analyse avantage-coût a montré que si l'État haïtien entreprend cette intervention, les avantages enregistrés seront plus que proportionnels au montant investi. L'intervention rapportera entre 4,5 gourdes d'avantages pour chaque gourde dépensée ; 0,95 sans effet multiplicateur.

Introduction

Sur les 10 dernières années écoulées, les dépenses de l'État haïtien ont été très importantes dans l'optique de stimuler la croissance économique, pourtant celle-ci n'est pas au rendez-vous. En effet, les taux de croissance du PIB pour cette même période sont tout à fait contraires aux attentes des politiques. Les dépenses de l'État haïtien devraient permettre le progrès technologique et le renforcement des entreprises locales tant du secteur privé que public (Chery, 2010) afin de favoriser la création de richesse et à terme la création d'emploi. Les marchés publics se définissent comme des marchés qui sont des contrats passés entre l'État et des tiers (personnes morales ou physiques) dans le but de réaliser des ouvrages de construction, d'acquérir des biens et des services ou encore de bénéficier de prestations intellectuelles.

Les documents légaux sur les marchés publics en Haïti, entre autres, ceux relatifs aux modalités d'application de la loi sur les marchés publics en Haïti, prévoient dans les articles 57,58 et 59 des clauses préférentielles pour les entreprises locales[1] mais aucun accent n'est mis sur la sous-traitance et le transfert de technologie avec des firmes locales, pour les marchés publics remportés par les firmes étrangères. Il est important de souligner que sur ces 5 à 10 dernières années, la part de marché des entreprises internationales est d'environ 70% contre 30% pour les firmes locales[2]. Or, l'État doit pouvoir faire progresser l'économie haïtienne dans le cadre de ces commandes publiques par une meilleure orientation des dépenses en vue de permettre aux entreprises locales de mieux s'organiser, d'arriver à la maîtrise de certaines technologies qui leur permettraient d'entrer sur le marché international tout en gagnant des parts de marchés importants.

Cela sous-entend que l'État haïtien doit, par le moyen des politiques publiques, permettre aux entreprises locales d'être plus compétitives en maitrisant les paramètres prix et qualité afin d'intégrer le marché international. De plus, l'évolution du contexte international dans le cadre de la mondialisation demande aujourd'hui que pour qu'une entreprise soit pérenne, elle doit être compétitive sinon elle sera incapable d'intégrer le marché international et de plus, pourra perdre des parts importantes du marché local, et être incapable de gagner les appels d'offre pour exécuter les commandes publiques. En effet, les entreprises haïtiennes sont faiblement capitalisées et font face à des coûts d'opération très élevés[3] ce qui diminue la compétitivité des entreprises haïtiennes comparativement à d'autres pays de taille semblable comme le Rwanda où les prévisions en termes de taux de croissance sont de 8% (FMI, 2013).

Pourtant Haïti a signé divers accords, dont ceux lui permettant d'intégrer à terme le marché commun caribéen. Avec la CARICOM, il est prévu d'ouvrir les marchés publics afin de faciliter les entreprises de la région à participer aux appels d'offres des pays membres dans la perspective de développer les marchés, de favoriser une plus grande concurrence, permettant à l'État d'avoir des biens et des services avec un meilleur rapport qualité prix, et dans le futur, avec la signature probable de l'AMP[4], d'ouvrir le marché à l'ensemble des pays de l'OMC signataires de cet accord, les entreprises locales verront donc leur part de marché réduite et, pour certaines d'entre elles, déclareront faillites si elles ne sont pas compétitives avec toutes les conséquences néfastes que cela engendrerait sur l'économie en Haïti.

Par conséquent, l'État haïtien doit, dans le cadre de ses politiques publiques, mettre l'accent sur certaines actions afin de permettre une meilleure compétitivité des firmes locales. Les com-

1 Modalités d'application de la loi fixant les règles générales relatives aux marchés publics en Haïti et aux conventions de concession d'ouvrage de service public

2 Rapport annuel de la Commission Nationale de Marchés Publics (CNMP) ex.2011-2012,02012-2013, 2013-2014, 2014-2015

3 Plan stratégique du MCI 2013-2016

4 L'accord de l'Organisation Mondiale du Commerce (OMC) sur les marchés publics (AMP)

mandes publiques, comme souligné précédemment, sont l'instrument approprié avec lequel l'État peut, dans le cadre de ses dépenses, garantir une meilleure compétitivité des entreprises locales. L'État haïtien passe des marchés publics tous les ans pour des montants représentant 15% du PIB national[5]. L'État haïtien peut utiliser ces montants dépensés dans le cadre des achats pour démarrer le processus de construction de la compétence nationale (Chéry, 2010) dans les différents secteurs jugés stratégiques afin de contribuer à la croissance économique d'Haïti et à la création d'emploi.

Dans le cadre de ce travail, il convient de proposer une intervention selon laquelle l'État haïtien doit inclure dans les documents nationaux relatifs aux appels d'offres une clause qui veut que pour tout marché remporté par une entreprise étrangère, celle-ci doit sous-traiter aux entreprises locales environ 20% de ce marché, assurant par la même occasion le transfert des technologies. Afin d'évaluer l'efficacité de chaque gourde qui sera dépensée dans le cadre de cette intervention, nous procéderons à une analyse coût-avantage, qui va permettre d'apprécier la magnitude d'impact de ces exigences locales en matière de marchés publics.

Analyse documentaire

L'intervention consiste en l'insertion d'une clause dans le document légal des marchés publics en Haïti pour que les firmes étrangères sous-traitent des contrats à hauteur de 20% avec les firmes locales. Dans le cadre de cette analyse coût-avantage, il est important de voir pour chaque gourde investie dans des contrats passés lors des marchés publics, quel bénéfice pourrait en tirer l'économie nationale si cette décision était prise, plus précisément les gains de productivité et l'effet multiplicateur sur le PIB national.

Les dispositions pour encourager les entreprises locales peuvent recouvrir différents aspects et peuvent être effectives dans différents secteurs et toucher tous les intrants dans la plupart des biens et services, selon les priorités du pays en question. Elles comprennent, pour ne citer que celles-là : (UNCTAD, 2013)

- Des seuils minimums sur la quantité de matières achetées localement pour la production de marchandises, généralement exprimée en pourcentage du volume, du tonnage, de la longueur ou du nombre, en particulier pour les intrants industriels lourds
- Des seuils minimums sur le montant des dépenses ou des heures de travail pour l'utilisation des services, allant de l'ingénierie et du transport aux services financiers et aux assurances ;
- Des exigences explicites ou implicites pour que les entreprises / entités tiennent compte du développement du contenu local dans leur projet et leur planification stratégique,
- Des exigences pour les entreprises, les exploitants ou les investisseurs d'établir localement des installations, des usines, des unités de production ou d'autres

On s'attend au renforcement des entreprises locales par le transfert de technologie, une conséquence directe de l'exigence imposée par l'intervention sur les firmes internationales. Étant donné que le secteur du BTP représente en moyenne 70% des marchés publics, la valeur ajoutée se trouvera dans le secteur industriel.

Veloso (2006) dans ses travaux sur l'impact de telles exigences sur l'économie montre que les entreprises étrangères sont plus réticentes dans les transferts de type horizontal (transfert de

5 Rapport annuel Commission Nationale de Marchés Publics (CNMP) ex.2011-2012,02012-2013, 2013-2014, 2014-2015

savoir-faire qui pourrait impliquer une concurrence du bénéficiaire) que de type vertical[6], et qu'il y a un effet plus important des externalités résultant des transferts de type vertical sur les économies en développement.

Dlala (1990) a montré, pour les pays du Maghreb, comment les entreprises locales pouvaient bénéficier du transfert de technologie dans le cadre des contrats passés entre les firmes étrangères et les firmes locales. Il est encore attesté que les firmes étrangères montraient une certaine réticence quant aux restrictions définies dans le cadre de ces partenariats. Il faut donc souligner que si ce sont les firmes étrangères qui définissent les modalités de partenariats, il sera difficile d'obtenir les retombées économiques voulues. Pour cela, l'État doit définir dans une clause ce qu'il attend d'un partenariat, dans le cadre d'un marché public.

Nous avons aussi pris en compte les travaux de Chéry (2010), qui montrent comment les dépenses publiques peuvent favoriser le développement des entreprises locales. Il est important pour l'État de développer une politique visant à développer les secteurs protégés en vue de soutenir et de renforcer la compétitivité des secteurs exposés à la concurrence internationale. Par conséquent, en amenant les firmes étrangères à sous-traiter dans des secteurs sans concurrence internationale, sachant que le secteur industriel compte pour plus de 20% du PIB et le secteur BTP, pour environ 60-70% des marchés publics, il sera plus facile dans ce secteur d'encourager un transfert de technologie horizontale, permettant aux entreprises locales d'être plus performantes dans la production de biens non exposés à la concurrence locale mais qui serviront d'intrants aux entreprises locales qui pourront profiter des améliorations technologiques apportées dans ces secteurs.

Calcul des coûts et des avantages

L'intervention retenue comprend l'inclusion d'une clause dans le document légal des marchés publics demandant que pour tout contrat remporté par une firme étrangère, celle-ci doit sous-traiter au moins 20% de ce contrat à une firme locale. C'est la solution proposée afin d'encourager le transfert de technologie et de compétences des firmes étrangères aux firmes haïtiennes. L'analyse des coûts et des avantages de cette action s'étale sur 15 années.

Le montant global des marchés publics est de 61,5 milliards de gourdes. Bien que les firmes haïtiennes soient beaucoup plus nombreuses que les entreprises internationales[7], elles remportent seulement 30% du marché public, soit 18,4 milliards de gourdes. L'intervention propose que les firmes étrangères sous-traitent 20% des appels remportés aux firmes haïtiennes ; une opportunité chiffrée à 8,6 milliards de gourdes pour le secteur privé haïtien.

Description des coûts

Les coûts identifiés se composent des coûts de transfert de technologie, des coûts administratifs, et des recherches entreprises par les firmes étrangères pour les partenaires locaux.

---

6 Pour plus de détail, Investissement direct étranger, transfert de technologie et croissance économique en Europe Centrale et Orientale Cristina Jude (2015) et commercialisation de brevets et de savoir-faire Académiques vers l'industrie, les joint-ventures, en évitant les pièges, les questions contractuelles (dr, bojan pretnar)

7 Elles sont 35, contres 15 firmes étrangères dans ce secteur.

Tableau 1 – Coûts

Composante	Millions de gourdes
Transfert de technologie	322,1
Administration	30
Recherche	137,6
Approvisionnement local	19 703,7
Total, non-actualisé	20 193,4

Nous supposons qu'il y aura aussi une augmentation de l'offre des firmes étrangères provenant du fait que les firmes internationales, en sollicitant les fournisseurs locaux, vont forcément augmenter leurs coûts pour réaliser les travaux. Pour évaluer ce coût, nous nous sommes référés à la démarche de Veloso (2006), étudiant le secteur automobile au Brésil, qui a estimé l'inflation des coûts résultant de l'approvisionnement local entre 0,5% et 8%. N'ayant pas d'autres sources pour faire une comparaison, nous avons pris le médian (4,3%) pour la première année et avons appliqué un glissement graduel jusqu'à 1,9%, supposant une amélioration des savoir-faire et de l'efficacité de la part des firmes locales au fil des années.

Descriptions des avantages

L'analyse documentaire nous a conduits à identifier l'avantage des gains de productivité dans le secteur industriel par les firmes locales comme le principal avantage. Les transferts de technologies apportent des gains de productivité de manière directe dans le secteur où ils ont été effectifs et ont un impact sur le PIB national. En effet, l'effet multiplicateur (M) se traduit par la capacité des économies, en développant leur attractivité et leur compétitivité à faire profiter le tissu économique de la création de richesses réalisée sur son territoire (Florentin et Chabanel, 2016). Donc, l'augmentation de la valeur ajoutée du secteur va avoir un impact sur la croissance économique.

Kraay (2014) a étudié l'impact des dépenses publiques sur l'ensemble de l'économie. Dans un échantillon de 102 pays en développement, il estime le multiplicateur des dépenses publiques à environ 0,4 ; c'est à dire qu'un dollar de dépense publique supplémentaire augmente le PIB la même année d'environ 40 centimes, sachant qu'il reste généralement dans une gamme d'environ 0,3 à 0,5 et que le multiplicateur est, le plus souvent, significativement différent de zéro et également nettement inférieur à un.

En outre, Kraay (2014) estime que les multiplicateurs sont plus grands dans les pays relativement moins exposés au commerce international. Les importations sont un bon indicateur de l'ouverture. L'économie haïtienne est relativement ouverte : les importations comme % du PIB étaient d'environ 50 % en 2015, 40-45 % avant le tremblement de terre en 2010. Par comparaison, les importations en % du PIB sont en moyenne de 38 % dans les pays à faible revenu. Donc M peut être inférieur en Haïti ; c'est à dire moins que les 0,4 en moyenne. Nous avons sélectionné un effet multiplicateur de 0,3.

Tableau 2 – Gains de productivité

Taux d'actualisation	Milliards de gourdes
3%	16,2
5%	13,4
12%	7,2

Shen et al. (2014) abordent la question de l'impact des dépenses publiques, lorsque les ressources proviennent de l'extérieur. Avec le financement de la dette intérieure, les effets d'éviction standards associés aux dépenses gouvernementales priment. Quand le gouvernement augmente l'emprunt national pour financer son augmentation de la consommation, les épargnants exigent un taux d'intérêt plus élevé pour contenir la dette publique. Un taux d'intérêt supérieur évince alors l'investissement privé. Grâce au financement de la dette intérieure, le multiplicateur d'impact de sortie est de 0,26. Le multiplicateur de sortie est beaucoup plus grand qu'avec un financement interne. Le multiplicateur d'impact est de 0,43, comparé à 0,26 avec un financement intérieur. En utilisant les résultats de Shen et al. (2014), l'indication est que M en Haïti est autour de 0,3 la première année et augmente avec le temps. Nous avons augmenté M progressivement de 0,3 à 0,42 pendant la durée de vie du projet.

En supposant un effet multiplicateur à travers l'économie, manifesté par la croissance du produit intérieur brut (PIB), les avantages se multiplient par un facteur 5.

Tableau 3 – Tableau récapitulatifs, ratios avantage-coût

Intervention	Taux d'actualisation	Avantage	Coût	RAC	Qualité des éléments de preuve
Insérer une clause exigeant que dans les appels d'offres 20% du contrat soit sous-traité aux entreprises locales si c'est une entreprise étrangère qui remporte le marché (avec l'effet multiplicateur)	3%	73 712 403 409	15 562 255 211	4,74	Aucune
	5%	62 897 150 602	13 984 489 019	4,50	
	12%	38 971 224 324	10 281 788 045	3,79	

Intervention	Actualisation	Avantage	Coût	RCA	Qualité des éléments de preuve
Insérer une clause exigeant que dans les appels d'offres 20% du contrat soit sous-traité aux entreprises locales si c'est une entreprise étrangère qui remporte le marché (sans l'effet multiplicateur)	3%	16 237 483 168	15 562 255 211	1,04	Aucune
	5%	13 351 307 479	13 984 489 019	0,95	
	12%	7 192 008 565	10 281 788 045	0,70	

Les montants sont en gourdes

Conclusion

La commande publique est l'un des instruments dont l'État haïtien dispose pour renforcer l'offre locale en orientant ses achats en vue d'améliorer la performance économique des entreprises locales. Les entreprises étrangères étant plus compétitives, elles remportent toujours les appels d'offres publiques, dans plus de 70% des cas. Il était donc proposé de prendre certaines mesures légales qui se traduisent par l'imposition aux firmes étrangères de sous-traiter environ 20% de leurs contrats aux firmes locales. Cela permettra à ces dernières de renforcer leur compétence par le biais de transferts de technologie et d'améliorer leur compétitivité.

En utilisant la méthode ACA, nous constatons que l'État haïtien gagnerait en réalisant cette intervention, puisque pour chaque gourde investie, le PIB et les gains de productivité augmenteront de façon plus que proportionnelle, comme indiqué dans le tableau récapitulatif. Les firmes locales pourront donc bénéficier des transferts de technologie dans le cadre des contrats qui leur seront sous-traités, apprendre des firmes étrangères et développer un savoir-faire dans l'exécution de certaines tâches. Par conséquent, les firmes locales étant plus compétitives par le fait que leur productivité augmente et la valeur ajoutée des secteurs dans lesquels elles évoluent affichera un taux de croissance positif. Il s'ensuit que plus de richesse sera créée dans l'économie haïtienne dont les retombées sont, entre autres, la création d'emploi pour l'économie haïtienne et l'augmentation des recettes fiscales de l'État haïtien.

Références bibliographiques

Frédéric Gérald Chéry (2010), L'action de l'Etat et l'Economie en Haïti,

Commission Nationale des Marchés Publics (CNMP) Rapport annuel 2010-2011, 2011-2012, 2012-2013), 2013-2014, 2014-2015, 2015-2016

M. Duhamel, F. Barsacq, Guide pratique pour rétablissement de contrats de transfert de technologies, 1996, Commission Union Européenne

Fonds Monétaire International (FMI), promouvoir une économie mondiale plus sure et plus stable, rapport annuel 2013

Arnaud FLORENTIN, Boris CHABANEL, l'Effet multiplicateur Local, Un levier incontournable pour inspirer le développement des territoires, 2016

Patrick Guillaumont, l'absorption du capital, 1971

Dlala Habib (1990) Le transfert de technologie et de savoir-faire industriels en Tunisie. In: Annales de Géographie, t. 99, n°554, pp. 441-457;

Cristina Jude, Investissement direct étranger, transfert de technologie et croissance économique en Europe Centrale et Orientale, 2015

Aart Kraay (2014), Government Spending Multipliers in Developing Countries: Evidence from Lending by Official Creditors, American Economic Journal: Macroeconomics, 6 (4): 170–208

Valérie Meunier, Éric Mardsen, l'analyse coût-bénéfice, Guide Méthodologique, 2009

Dr. Bojan Pretnar, Commercialization of patents and know-how from academia to industry, joint ventures, avoiding the pitfalls, contractual issues

Wenyi Shen, Shu-Chun S. Yang, Luis-Felipe Zanna (2014), Government spending effects in low-income Countries

United Nations Conference on Trade and Development, Local Content Requirements and The Green Economy, 2014

Francisco M. Veloso (2006), Understanding local content decisions: Economic analysis and an application to the automotive industry, Journal of regional science, vol.46, no.4, pp.747-772

Mise en place d'un système national d'assistance légale : une analyse coût-avantage

JIMMY VERNE[1]

Résumé

Tous les documents juridiques internationaux reconnaissaient à tous l'accès à un ensemble de droits intimement liés à la personne humaine. Cependant, dans la pratique, la jouissance de ces droits ne se fait pas avec la même facilité en fonction du milieu social duquel un individu est issu. En Haïti, en dépit du fait que la loi définit la durée maximale qu'un individu doit passer en situation de détention préventive, la majorité des personnes incarcérées, soit 72%, connaissent la détention préventive prolongée.

Ce taux élevé de détention préventive prolongée est la résultante d'un ensemble de facteurs dont l'un est la difficulté éprouvée par certains justiciables de payer le service d'un avocat pour les représenter. Avec la détérioration de la situation économique, cette catégorie est de moins en moins capable de se payer les services d'un avocat.

Depuis quelques années, il existe un programme d'assistance légale, mais il est limité et ne touche que cinq (5) juridictions de première instance sur les dix-huit (18) qui existent dans le pays. Le présent document présente les coûts et les avantages de l'élargissement de ce programme en instituant un système national d'assistance légale. Les différents calculs opérés ont démontré que les avantages qui découleront d'une telle intervention représenteront près de trois (3) fois le montant nécessaire à la mise en œuvre de l'intervention.

Introduction

L'accès de tout individu à la jouissance de ces droits est un principe universellement reconnu à travers la déclaration universelle des droits de l'homme de 1948. L'article premier stipule que tous les êtres humains naissent libres et égaux en dignité et en droits. Les articles 7 et 8 du document en question renforcent cette idée en apportant les précisions suivantes.

> Article 7. *Tous sont égaux devant la loi et ont droit sans distinction à une égale protection de la loi. Tous ont droit à une protection égale contre toute discrimination qui violerait la présente Déclaration et contre toute provocation à une telle discrimination.*
>
> Article 8. *Toute personne a droit à un recours effectif devant les juridictions nationales compétentes contre les actes violant les droits fondamentaux qui lui sont reconnus par la constitution ou par la loi.*

---

1 Planificateur-économiste, Assistant Chef de Service, Service d'Analyse Préinvestissement, Direction de l'Investissement Public, Ministère de la Planification et de la Coopération Externe (MPCE)

La constitution haïtienne de 1987 s'est inspiré de ce principe en son article 18 en stipulant que tous les Haïtiens sont égaux devant la loi.

Pour jouir de ce principe d'égalité devant la loi sur lequel insistent les instruments juridiques, il faut tout une mise en place afin de rendre justice à qui justice est dû. De là vient l'importance du système judiciaire, conformément au postulat « nul ne peut se faire justice à soi-même », constitué des institutions judiciaires, parajudiciaires ainsi que les auxiliaires de justice.

Cependant, la réalité est tout à fait différente de ce qui est prévu dans les textes. L'accès à la jouissance de ses droits n'est pas la même suivant la catégorie sociale dans laquelle se trouve un citoyen.

Un ensemble d'éléments sont à la base de cette situation. L'un des éléments est l'insuffisance des juges de siège et des juges instructeurs. Au cours de l'année judiciaire 2014-2015 le système judiciaire haïtien ne disposait que de 63 juges instructeurs pour 8 046 personnes en attente de jugement[2]. Ajouté à cela il y a le manque de ressources pour faire fonctionner correctement l'administration judiciaire et l'administration pénitencier. Aussi, il est à considérer le phénomène de la corruption qui, selon des témoignages souvent exposés dans l'opinion public, touche tous les niveaux du système judiciaire.

En outre, il faut considérer le fait que connaissent beaucoup de justiciables à se faire représenter légalement. Se payer les services d'un professionnel du droit est pratiquement chose impossible pour des gens issus des catégories sociales les plus pauvres. Selon l'enquête auprès des ménages (2012) de l'Institut Haïtien de Statistique et d'Informatique (IHSI), 58,5% de la population haïtienne vit sous le seuil de la pauvreté avec moins de 2,25 dollars américains dont 23,8% en situation d'extrême pauvreté avec 1,25 dollars. Dans une telle situation, on comprend que 60% de la population haïtienne se trouve confronté à de sérieuses difficultés lorsqu'il est question de se faire représenter par un professionnel du droit, que ce soit dans une affaire relevant du droit privé, ou du droit public.

Cette situation entraîne de nombreuses conséquences pour la société. La plus évidente est la détention préventive prolongée. Une étude menée par le RNDDH en octobre 2010 a révélé que 75% des détenus étaient en détention préventive. Cela provoque une injustice criante à certains individus, car certaines fois des gens qui auraient été condamnés à six mois d'emprisonnement s'ils avaient été jugés pour les infractions qu'ils ont commises, ont déjà passé deux ou trois ans en cellule en attente de ce jugement. Cinq ans plus tard, en 2015, le taux de détention préventive prolongée à très peu diminué (72,19%) selon un rapport de la Section des droits de l'homme (SDH) de la MINUSTAH.

Pour ce qui est du problème de la représentation légale, la mise en place d'un système national d'assistance légale se présente alors comme le service public de justice par excellence pour répondre à cette exigence. Depuis quelques années, la MINUSTAH a pris un ensemble d'initiatives en matière d'assistance légale. Avec ce support, on a procédé en 2008, à la création du premier Bureau d'Assistance Légale (BAL). Lancé officiellement en 2012, le programme d'assistance légale était à sa troisième phase en 2015. A cette troisième phase on comptait neuf (9) bureaux d'assistance légale dont cinq (5) se retrouvent dans l'aire métropolitaine. Les neuf (9) bureaux sont repartis sur cinq (5) des dix-huit (18) juridictions de première Instance du pays.

Cette étude fait une évaluation de ce que cela va représenter comme coût pour implanter un BAL dans les treize (13) juridictions qui n'en disposent pas encore et les avantages qui vont découler d'une telle initiative.

2 http://rnddh.org/content/uploads/2015/10/7-Rapport-Justice-9-oct-2015.pdf

Théorie

Plusieurs courants théoriques sont avancés pour justifier l'aide juridique. Si pour certaines, il est de la responsabilité des avocats de fournir des services juridiques aux plus démunis, pour d'autres il est du ressort de l'État de jouer ce rôle. Parmi ces dernières, certaines font appel à l'utilitarisme pour justifier l'intervention de l'État, tandis que d'autres veulent que l'aide juridique soit un droit fondamental dans une société démocratique.

Pro Bono publico : responsabilité des avocats en matière d'aide juridique

Selon cette approche théorique, l'aide juridique résulte de la responsabilité juridique. En échange du monopole à la pratique du droit, les barreaux ont assumé une certaine responsabilité sociale à défendre gratuitement certaines causes fondées à titre de service à la communauté. Cette pratique est particulièrement courante aux États Unis[3].

La faille majeure de l'optique pro bono est son aspect paternaliste dans la définition des causes fondées. Les représentants du mouvement critique du droit exposé le fait que le droit est un système qui bénéficie à la classe dominante et qui ne tient pas compte des groupes défavorisés[4]. La critique poursuit en affirmant que le fait d'imposer aux avocats la responsabilité sociale de défendre les personnes défavorisées, à défaut d'un système d'aide juridique, semble aussi déraisonnable et injuste que serait d'abolir l'assurance-santé et d'imposer aux médecins de soigner gratuitement les personnes incapables de payer leurs honoraires[5].

L'utilitarisme en tant justification de l'aide juridique

Selon cette théorie, l'aide juridique est nécessaire pour promouvoir la dignité humaine des plus défavorisés. En cas de rareté des ressources, les priorités doivent être établies en fonction de ce qui apportera le plus grand bénéfice au plus grand nombre de citoyen. À cet effet, l'aide juridique ne fait que rétablir l'équilibre entre les riches et les pauvres permettant à ces derniers un accès aux tribunaux[6].

Calcul des coûts et des avantages

L'Intervention « Mise en place du système national d'assistance légale » consistera concrètement en la mise en fonctionnement de treize (13) bureaux d'assistance légale (BAL). Une fois ces treize BAL en service, on sera alors dans une situation où toutes les juridictions de première

3 Bradley V. Odsen, "The Need for Pro Bono Programs in Alberta" (1987) 2 J.L & Social Policy à 93-96, cite par Poirier, Donald. «Droit à l'Aide Juridique des Personnes Confrontées a une Demande de Tutelle d'Enfants ou de Personnes Âgées.» Journal of Law and Social Policy 5. (1989): 61-88.

4 Alan Hunt, "The Critique of Law : What is Critical about Critical Legal Theory?" dans P. Fritzpatrick & A. Hunt, ed. Critical Legal Studies, (Oxford: Basil Blackwell Inc, 1987) à 5-21; cite par Poirier, Donald. «Droit à l'Aide Juridique des Personnes Confrontées à une Demande de Tutelle d'Enfants ou de Personnes Âgées.» Journal of Law and Social Policy 5. (1989): 61-88

5 Poirier, Donald. «Droit à l'Aide Juridique des Personnes Confrontées à une Demande de Tutelle d'Enfants ou de Personnes Âgées.» Journal of Law and Social Policy 5. (1989): 61-88.

6 Poirier, Donald. «Droit à l'Aide Juridique des Personnes Confrontées à une Demande de Tutelle d'Enfants ou de Personnes Âgées.» Journal of Law and Social Policy 5. (1989): 61-88.

instance disposeront chacun au moins un BAL. Mettre ces BAL en service apportera des avantages énormes pour les citoyens en situation économique défavorisée et plus largement au pays en termes de justice sociale. Cependant, cela représentera un coût financier non négligeable pour faire cette mise en œuvre.

Coûts

Pour créer un bureau d'assistance légal il y a un ensemble de coûts à supporter, parmi les plus évidents on doit citer : la location d'un espace de bureau, les matériels de bureau et autres types de matériels, les fournitures de bureau, et la rémunération du personnel affecté à l'intervention.

À la deuxième phase du projet d'assistance légale en cours, le coût moyen annuel de fonctionnement d'un BAL est de 161 514 dollars US[7], soit 10 744,671 gourdes. En somme, pour les 13 BAL que visent l'intervention « Mise en place du système national d'assistance légale », un besoin total de 139 680 723 gourdes est nécessaire à la mise en œuvre.

Avantages

Les avantages découlant de la mise en fonctionnement de ces 13 BAL sont au nombre de deux : les gains de productivité économique des détenus et les économies réalisées au niveau du coût de détention par le gouvernement.

Lorsque, grâce à l'intervention un individu est libéré, soit parce qu'il fut non-coupable de ce qu'on lui reprocha, soit parce qu'il a déjà purgé la peine correspondant à l'infraction commise, cela lui donne la possibilité de s'adonner à une activité économiquement rentable. D'où le gain de productivité économique attendu avec sa libération. Le gain de productivité des non-coupables représente ce qu'ils peuvent gagner en termes de revenu si l'intervention leur permet la possibilité de recevoir leur jugement rapidement et éviter la perte du temps en prison, en moyenne 24 mois. Le gain de productivité pour les coupables est basé sur ce qu'on a identifié comme le nombre de mois, en moyenne 12, pour avoir purgé une peine.

Le deuxième avantage concerne les économies réalisées au niveau du coût de détention par le gouvernement. Les personnes en situation de détention sont à la charge de l'État. Par voie de conséquence, quand l'État s'arrange pour que les individus ne restent pas en prison injustement, la dépense évitée représente une économie pour l'État et la société.

Tableau récapitulatif

Intervention	Taux d'actualisation	Avantage	Coût	Ratio avantage-coût	Qualité des éléments de preuve
Mise en place du système national d'assistance légale	3%	398 725 987	139 680 723	2,85	Moyenne
	5%	388 776 239	139 680 723	2,78	
	12%	357 371 425	139 680 723	2,56	

7 http://www.haitilibre.com/article-11129-haiti-justice-lancement-de-la-phase-ii-d-assistance-legale-gratuite.html

Conclusion

L'analyse coût-avantage de cette intervention « Mise en œuvre du programme national d'assistance légale » démontre que l'intervention sera bénéfique pour la société, les avantages escomptés étant supérieur aux gourdes investies.

L'intervention projette de contribuer à la libération de près de trois mille individus en situation de détention préventive prolongée, dont on s'attend à ce que près de moitié soit jugée non coupables. Une grande importance dans un pays comme Haïti où les conditions de détention sont très en dessous du standard en la matière. La libération de ces individus permettra à ces derniers de pouvoir chercher du travail pour prendre soin de leurs familles, cela va également libérer les ressources qui allaient être engagées pour les entretenir en cellule, pour être affectées à d'autres devoirs de l'État.

Plus globalement, la société dans son ensemble va profiter d'une telle intervention, car plus les gens évoluent dans un espace où ils ressentent que des efforts sont engagés afin de préserver un minimum de justice sociale, plus ils sont en confiance et plus ils sont motivés à travailler au bien-être de la communauté.

Naturellement, l'intervention ne va pas éradiquer le problème de la détention préventive prolongée, d'ailleurs elle ne le prétend pas. Elle n'en saurait être capable non plus, étant donné qu'elle ne concerne que l'aspect de l'aide juridique aux justiciables ayant peu de moyens économiques, alors que le problème de la détention préventive prolongée a plusieurs autres causes à côté du problème de la représentation juridique. Toutefois elle touche un aspect assez crucial. Si les autres causes sont traitées parallèlement à cette intervention, et que tous les acteurs concernés prennent leurs travaux à cœur, on pourra parvenir à résoudre le problème de la détention préventive prolongée et garantir un minimum aux justiciables haïtiens de quelque origine sociale qu'ils soient.

Références bibliographiques

Anne Fuller, Philippe Texier, Michel Brosseau, Dilia Lemaire, et Patrick Pierre-Louis. La détention préventive prolongée en Haïti, The Vera Institute, Juillet 2002

Poirier, Donald. «Droit à l'Aide Juridique des Personnes Confrontées a une Demande de Tutelle d'Enfants ou de Personnes Agées.» Journal of Law and Social Policy 5. (1989): 61-88.

http://digitalcommons.osgoode.yorku.ca/jlsp/vol5/iss1/4

Declaration Universelle des Droits de l'Homme de 1948

http://lenouvelliste.com/lenouvelliste/article/156876/La-detention-preventive-prolongee-reste-un-probleme-majeur-en-Haiti

http://www.haitilibre.com/article11129haitijusticelancementdelaphaseiidassistancelegalegratuite.html

http://reliefweb.int/report/haiti/ha%C3%AFtilebalunservicepublicdejustice

Banque de la republique d'haiti: http://www.brh.net/documents/note_inflat1016.pdf

http://rnddh.org/content/uploads/2015/10/7-Rapport-Justice-9-oct-2015.pdf

http://lenouvelliste.com/lenouvelliste/article/42826/Combien-coûte-un-detenu-a-la-Republique

http://www.haitilibre.com/article13254haitijustice89desdetenusdupenitenciernationalendetentionpreventiveprolongee.html

http://www.haitilibre.com/article14350haitijustice4nouveauxbureauxdassistancelegale.html

http://www.haitilibre.com/article2703haitijusticedetentionunefaibleamelioration.html

http://www.hpnhaiti.com/site/index.php/nouvelles/38justiceasecurite/16832haitijusticeunbureaudassistancelegaleinaugureacarrefour

http://lenouvelliste.com/lenouvelliste/article/161412/DetentionpreventiveprolongeeenHaitiundefipourlesautoritesjudiciaires

http://lenouvelliste.com/lenouvelliste/article/122712/EntreresponsabiliteetcompliciteLesacteursdelachainepenaleetledramedeladetentionpreventive